国学新读本

淮 南 子

杨有礼 注说

河南大学出版社
·开封·

国学新读本编辑委员会

总策划　马小泉

主　编　李振宏

编　委　(以姓氏笔画为序)

　　　　马小泉　王　健　朱绍侯　刘小敏
　　　　李中华　李振宏　苏凤捷　何晓明
　　　　张云鹏　张富祥　宋会群　杨天宇
　　　　杨寄林　杨朝明　赵国华　郑慧生
　　　　姜建设　袁喜生　曹　峰　曹础基
　　　　曾振宇　戚良德　龚留柱　熊铁基

目　录

序 …………………………………………… 李振宏（1）
《淮南子》通说 ………………………………………（1）

卷一　原道训 ……………………………………（124）
卷二　俶真训 ……………………………………（152）
卷三　天文训 ……………………………………（174）
卷四　地形训 ……………………………………（216）
卷五　时则训 ……………………………………（243）
卷六　览冥训 ……………………………………（278）
卷七　精神训 ……………………………………（293）
卷八　本经训 ……………………………………（312）
卷九　主术训 ……………………………………（328）
卷十　缪称训 ……………………………………（365）
卷十一　齐俗训 …………………………………（386）
卷十二　道应训 …………………………………（412）
卷十三　泛论训 …………………………………（448）
卷十四　诠言训 …………………………………（479）

卷十五　兵略训 …………………………………………（500）

卷十六　说山训 …………………………………………（529）

卷十七　说林训 …………………………………………（559）

卷十八　人间训 …………………………………………（589）

卷十九　修务训 …………………………………………（626）

卷二十　泰族训 …………………………………………（647）

卷二十一　要略 …………………………………………（681）

参考文献 …………………………………………………（695）

序

最近一些年来,一股"国学热"的思潮强劲涌动,在文化学界以至于整个社会上,引起了强烈反响。为什么在这样一个社会的大变革时代,在从传统社会向现代社会的转型期,最为传统的国学,却能引起国人的极大兴趣,这的确是一个值得思考和研究的问题。

"国学"作为一个学术文化概念,产生于近代。从渊源上讲,"国学"概念的产生,与"国粹"有些关联,并且是从对抗西学侵入的角度提出来的。今天,中华民族早已是一个独立于世界民族之林的自立自强的民族,全球经济一体化所带来的世界文化的汇合与交融,也早已是历史发展的必然趋势,而在这样的历史大势中,却会有"国学热"的产生,乍一看来,确有不可思议之处,但实际上,国学的当代走红,则与我们今天所处的历史时代有着一定的关系。

随着改革开放的迅速推进,随着市场经济的强劲发展,传统道德受到了强烈冲击,传统文化与现代文化观念的碰撞也日益强烈。于是,如何看待传统文化的问题,就严峻地提到了国人的面前。传统文化的出路何在,它从何而来,要走向何方,如何对之进行价值重估,一切关心文化问题、有着强烈历史责任感的人们,无不把关注的目光投向中国的传统学术。当然,也不排除一些对改革开放和市场经济所带来的冲击无法理解和接受,对现代经济发展对传统道德的亵渎强烈抗议的人们,自然而然地发出向传统文化复归而倡导国学的呼声。总之,不论是出于积极的思考,还是抱着一种向后看的心态,对国学的重视则成了最近十多年来一种普遍的文化选择。

于是,对待"国学热"就需要有一个分析的态度。对于任何一个民族的发展来说,传统文化都是其牢固的根基,是其一切历史的出发点,摒弃传统、甚至全盘否定传统文化,都是幼稚可笑的,不可取的。但一遇到问题就求助于传统,甚至一味狂热地提倡向传统复归,也是走不通的,过去那句常说的"倒退是没有出路的"话,虽说不是什么至理名言,却也还是有些道理的。这些年来,一些地方出现的中小学生、甚至幼儿园小朋友的读经热,就是一种值得注意的倾向。国学,毕竟是一种学术,需要有一定的文化基础,有一定的分析批判能力,才能对之进行识读、鉴别而决定其取舍。所以,严格地说,对于国学,尤其是经学,在当代中国,需要的是研究以及在此基础上的批判继承,而不是再像传统社会中那样采取唱诗班的方式,对青少年一代进行无分析地灌输。因此,如何弘扬传统文化,就是一个需要思考的问题。

正是基于以上考虑,为着弘扬优秀传统文化的需要,也为着对社会上盲目崇尚读经的风气有所引导,我们组织了这套"国学新读本"丛书,选择一些在中国传统文化中影响较大的国学典籍,对之进行简明扼要的注释,然后在读本前边,用较大篇幅解读该典籍的基本思想文化内涵,评述其在中国文化史上的地位和影响,并对如何阅读该典籍做出读书方法上的引导。通过这样一个较为翔实的导读内容,以批判分析的态度,给青年人的国学典籍阅读提供一个健康的思想导向。根据这样的宗旨,这套丛书,在大的结构上,每本都分为通说和简注两个部分,通说是导读的性质,简注在于疏通文字,希望这样的安排,能够为青年朋友和一般社会读者提供一个国学入门的向导。果能如此,也就实现了撰著者和出版者的愿望。

国学所以是国学,就在于它是我们祖国优秀民族文化和民族精神的载体。在这些国学典籍中,包含着民族文化的基因,蕴藏着民族精神的范型。衷心期待这套丛书能够成为广大读者学习国学精华,体认民族精神,继承祖国优秀文化遗产的良师益友。

李振宏
2008 年 2 月 28 日

《淮南子》通说

两千一百多年前,即公元前139年,我国出现了一部集体创作的鸿篇巨制。它是汉代新道家理论和实践的总结,是一部重要国学典籍。这部对中国历史、中国文化、中华民族精神有着很大影响,而看起来又好像长期受到冷遇的书叫《淮南子》,主持编著此书的人叫刘安。

一 刘安的生平

刘安(前180年~前123年)是汉高祖刘邦的孙子,淮南厉王刘长的长子,继位为淮南王。然而这位皇孙的家世极为不幸,从祖母到自己有三代自杀之怨。他6岁时就失去了父亲。

刘安的祖母赵姬,是西汉赵国真定(今河北正定南)人。她年轻时,因为长得美貌,被赵王张敖选为美人,收进王宫。高祖八年(前199年),58岁的刘邦有事,从东垣(今河北石家庄东北)经过赵国,张敖恭谨接待,献上赵姬去伺候刘邦。不久,刘邦扔下赵姬回京城了。刘邦走后,张敖发觉赵姬得幸已有身孕,知道她怀的是刘邦的孩子,就把她当做皇帝的姬妾看待,不敢让其再住在王宫里,专门修筑一处庭院,给她居住。

第二年(前198年),有人向汉高祖告密,说他去年在赵国停留期间,权臣贯高曾经撺掇张敖谋反,打算派人暗杀刘邦。汉高祖听到这件事暴跳如雷,立即派人把张敖、贯高等人抓到长安来,并杀了贯高,把张敖降为宣平侯。赵姬因此事的牵连,被关进河内郡(治今河南武陟西南)的监狱。

赵姬觉得自己是冤枉的,就央求狱吏去给汉高祖送信,说身上怀着皇上的孩子,请皇上赦免她。刘邦正在气头上,没有理会这件事。赵姬走投无路,只好让弟弟赵兼到长安找辟阳侯审食其(吕后亲信),请求他去向吕后说情。吕后妒忌,不肯替赵姬说好话。审食其见吕后的脸色不好看,也没有强求她。赵姬绝望了,生下儿子后就悲愤地自杀了。看管赵姬的那个狱吏,只好把婴儿送到刘邦那儿去。刘邦看见这个没娘的孩子,后悔莫及,便给这个儿子起名刘长,使他以吕后为母,令吕后好生抚养。同时派人将赵姬送回她的家乡真定安葬。 高祖十一年(前196年),刘长长到三岁的时候,淮南王黥布谋反,刘邦一面封小刘长为淮南王,一面亲自征讨黥布。黥布被捕杀后,刘长即淮南王位,王都寿春(今安徽寿县),拥有九江、庐江、衡山、豫章四郡,地盘颇大。

刘长一直生活在吕后身边,吕后因其无母,也很溺爱他。刘长依附吕后,自然对吕后也很亲近。所以,刘邦死后,吕后专权,刘邦诸子或逼死,或毒死,或饿死,刘长却得以幸免。后来,刘长长大了,渐渐弄明白了他母亲的死因,才对吕后痛恨起来。吕后死后,他又把仇恨转移到审食其身上,时刻想杀死审食其,替母亲报仇。

汉文帝三年(前177年),刘长从淮南到长安来上朝,这时候,他已是一个22岁的强壮青年,身材魁梧,力能扛鼎。他仗着与皇帝的关系(此时刘邦的儿子只剩下他和文帝两人),平常骄横无比,放纵不羁,做了许多违法乱纪的事,文帝看在兄弟的分上,总是宽赦他,致使他越来越没规矩。他陪同文帝去皇家苑囿游猎,竟然跟文帝同坐一辆车子,而且还口口声声地直呼文帝为"大兄(大哥哥)"。

一次,刘长陪同文帝打猎归来,路经辟阳侯审食其的住处,就悄悄地带着几个随从,衣袖里藏着一根铁槌,上门去找审食其报仇。审食其不知底细,开门迎接,刘长一铁槌将他打倒在地,命令手下人魏敬杀了审食其。这样,刘长就认为是替他母亲报了仇。

刘长知道自己犯了法,就光着上半截身子,到皇宫里去向汉文帝请罪。他对汉文帝说:"臣下的母亲,本来就不应该坐监狱,审食其能够向吕后说情却不肯为母亲力争,这是第一条大罪;吕后杀害戚夫人和赵王如意的时候,审食其不加劝阻,这是第二条大罪;吕后分封诸吕,要夺刘家的天下,审食其也不反对,这是第三条大罪。我今天杀了他,既是为母亲报仇,也是替天下除害。我知道这么做是违法的,所以特地来向陛下请罪。"汉文帝听了,对刘长很同情,就赦免了他。但此事震惊朝野,引起从太后到太子及文武大臣的不安,他们都忌惮刘长。

从此以后,刘长更加放肆起来。他回到淮南国,甚至废除了朝廷制定的法律,完全按自己的心意行事,从礼仪法度上以汉天子自况。他出门的时候,竟敢乘坐只有皇帝才能乘坐的黄伞车,并还跟皇帝一样,在他经过的地方一律实行戒严,不准老百姓通行。刘长还把朝廷任命的官员赶回去,换上自己的亲信。这些无法无天的举动,汉文帝看在眼里,但不愿下诏书责备他,就让舅父、车骑将军薄昭以长辈的名义给刘长写了一封长信,规劝他改邪归正,免得给皇帝丢脸,让天下人笑话。可是,刘长不但不听薄昭的劝告,反而恼羞成怒,对汉文帝怀恨在心。

汉文帝六年(前174年),棘蒲侯柴武的太子柴奇,在长安北面的谷口起兵造反。这次事件追查起来,发现柴奇曾派人去联络刘长,于是汉文帝派人把刘长召到长安来接受审查。那些原先忌惮刘长的大臣们趁机向文帝告状,罗列了刘长一大堆罪状,主张以谋反罪把他斩首示众。文帝不想落一个杀死兄弟的名声,决定赦免死罪,废黜他的诸侯王封爵。最后批准了将刘长流放到偏僻荒凉的蜀郡严道邛邮(今四川荥经西南)的处置方案。

有位叫袁盎(即爰盎)的大臣,不同意这样处置刘长。他劝谏文帝说:"陛下平时最娇纵淮南王,也没有安排一个好老师对他严加管教,所以才弄到这种地步。淮南王性情刚烈,他心里不服气,万一在半路上寻了短见,陛下最后还得落一个逼死兄弟的名声。"文帝说:"我不过是先让他尝一点儿苦头,吓唬他一下罢了,一旦他认错,就把他接回来恢复他的封爵。"于是,刘长就被押禁在囚车里上了路,沿途各县以次转送。

那时候的囚车,车厢就像一个大箱子,把犯人装进去以后就锁住车门,贴上封条,不到地方谁也不能打开。车厢上面只开着一个小口,按规定的时间给犯人送饭吃。刘长的性格暴烈刚强,他可受不了这个耻辱。在押送的路上,刘长对身边的侍者说:"谁说你老子是勇者?我只因为骄纵,所以不知道我的过错到了这样的地步。人生在世,哪能受这种窝囊气!"遂绝食而死,时年仅25岁。那些护送囚车的人,听着里面没了动静,可谁也不敢启开封条,还是一站一站地往前传送。后来,一直送到雍县(今陕西凤翔南)。雍县的县令冒罪打开囚车,发现刘长确实死了,才急忙派人去向文帝报告。

汉文帝听说刘长绝食死了,心疼得了不得,不由得对袁盎说:"我真后悔没听您的话,终于落了这么个下场。"袁盎宽慰他说:"陛下把淮南王流放到蜀郡去,是为了他改过自新,也不是诚心害死他。他绝食自杀,完全是护送人员照顾不周造成的,这决不是陛下的过错。他反正已经死了,陛下就不必过分伤心了。"汉文帝只好以列侯的名义葬刘长于雍地,还专门安排了30家老百姓看管他的坟墓。

刘长死的时候，丢下了四个年幼的儿子，长子就是刘安。此时刘安也只五六岁。祖母自杀，父亲虽为之报了仇却又为文帝所逼，同样落一个自杀下场，这两代的厄运对刘安幼小的心灵产生了很大的影响，他对皇室的怨恨，不言而喻。但在当时的情况下，小刘安只能把怨恨埋藏在心里。这对刘安日后性格和情趣的形成起了不能忽视的作用。

刘长的死，是一幕悲剧，在当时轰动天下。文帝十二年（前168年），民间有为刘长鸣不平者，编了一首歌谣，讽刺文帝跟刘长兄弟不和的事。歌词是这样的："一尺布，尚可缝；一斗粟，尚可舂；兄弟二人，不相容。"意思是说，一尺布，还可以缝制成衣服一起共穿；一斗粟谷，还可以舂成米一同共吃；何况天下之大，兄弟二人却不能相容吗？当然，那些编歌谣的人并不懂得，汉文帝同淮南王刘长的矛盾，不是简单的兄弟争夺，但可看出当时是有人同情刘长的。朝野内外的议论，使文帝不免有些尴尬。为了表明自己并非容不得兄弟，汉文帝在原埋葬地，按诸侯的待遇为死去的刘长建造陵园，并且给他追加了"厉王"的谥号。依据谥法的规定，暴虐傲慢而不亲爱就是"厉"。这个谥号的追加算是给刘长的一生盖棺定论了。同时，文帝把城阳王刘喜改封为淮南王，统治淮南故地，以此表明他对刘长的处置不是为了贪图淮南之地。

汉文帝十六年（前164年），文帝让刘喜回城阳故地。将原来刘长封地一分为三，分别封给刘长还在世的三个儿子（刘长四子原皆封为侯，此时小儿子刘良已逝，无后）。刘安名义上承袭父亲刘长的封爵为淮南王，而实际所得的封地只有其父的三分之一，仍都寿春。封地大致范围是今安徽淮河以南，巢湖、肥西以北，塘河以东，凤阳、滁县以西地区。是年，刘安16岁。

刘安为淮南王以前，受教育的情形史书无记载，但他是淮南厉王刘长的长子,在刘长生前,估计他一定受到当时培养王子的正常教育。更重要的是,父亲被流放而死给他很大的教训,他要由武而文,立志以文才立足于天下。这是一般的教育不能比的。

《史记·淮南衡山王列传》记载"淮南王安为人好读书、鼓琴,不喜弋猎狗马驰骋",说明刘安的爱好及性格和父亲刘长相反,和一般王侯贵胄的情趣截然不同。在他为王的日子里,不断学习,逐渐成为一个博学多才、思维敏捷的文质彬彬的学者。

刘安同父辈的文帝、兄弟辈的景帝之间都相安无事,同叔侄辈的武帝更是谈得来。汉武帝刘彻16岁(前140年)即位,刘安已40岁。他是武帝的堂叔。武帝非常赞赏他的文才,尊重他的人格。《汉书·淮南衡山济北王传》说:"时武帝方好艺文,以安属为诸父(叔父),辩博善为文辞,甚尊重之。"武帝建元二年(前139年),刘安入朝,武帝更是高兴。每次会见宴请,武帝都与刘安谈说古今政治得失,以及天文地理等方术技艺、诗歌辞赋,一直到天黑才罢休。一次,汉武帝让刘安写一篇解说《离骚》的文字《离骚传》。刘安清晨接到诏令,到早饭时分(约早上八九点钟)就写完交给了武帝①,可见其才思之敏捷。《离骚传》的部分内容,尚保存在《史记·屈原贾生列传》中。刘安认为《离骚》兼有《国风》和《小雅》之长,而屈原其志可与日月争光。这是最早给屈原和《离骚》以崇高评价的作品。武帝对这位学识渊博、才华超群的叔父很是敬重,就连发给淮南国的诏书、文告,都要请当时全国最著名的大文学家司马相如等人斟酌修改后才正式发出,生怕行文不好让叔父笑话。

淮南王刘安不仅自己是个博学多才的学者,而且喜好招延天

---

① 见《汉书·淮南衡山济北王传》,高诱《淮南鸿烈集解叙目》记为汉文帝时事,《离骚传》作《离骚赋》,实误。

下宾客。由于他自己学识渊博,又礼贤下士,所以他"招致宾客方术之士数千人"①。投奔到刘安门下的人才多是具有各种学识专长的各种流派的学者、方术之士。他们云集古都寿春,形成了以刘安为首的淮南学派。东汉王逸《招隐士·序》中说:"昔淮南王安博雅好古,招怀天下俊伟之士,自八公之徒,咸慕其德而归其仁。"其中最为著名的有苏飞、李尚、左吴、田由、雷被、毛被、伍被、晋昌,号称"八公",大约都是新道家中人。儒家学者有大山、小山之徒。而《易》学专家就聘有九人,号称"九师说"②。

刘安经常跟淮南学派的学者们一起议论国家兴亡,寻求治世良方;搜集古史逸闻,探讨学术方技,兼综百家异说,归之于新道家。他在当时较为宽松的环境中,凭借其雄厚的人力和财力,组织学者俊士无拘无束地著书立说。《汉书·淮南衡山济北王传》记载刘安和门客们著述情况时说:刘安"欲以行阴德拊循百姓,流名誉,招致宾客方术之士数千人,作《内书》二十一篇,《外书》甚众;又有《中篇》八卷,言神仙黄白之术,亦二十余万言"。这里的《内书》就是今本《淮南子》。《外书》即《汉书·艺文志》所著录的《淮南外》三十三篇,是些杂说。《中篇》可能是神仙方术、炼丹术的著作。黄白,就是黄金白银。但是《中篇》早已失传,其内容已不得其详。《汉书·刘向传》说:"上(汉宣帝)复兴神仙方术之事,而淮南有《枕中鸿宝苑秘书》,书言神仙使鬼物为金之术,及《邹衍重道延命方》。"据说,该书是刘向的父亲刘德在汉武帝时治淮南狱而得,刘向年幼读诵,觉得内容十分新奇,就把它献给汉宣帝,声称据书中所载能提炼黄金。这本书大约与《中篇》内容相近。由此可知,《淮南子》是由集体创作的。刘安有很高的学术素养,能躬亲

---

① 《汉书·淮南衡山济北王传》。
② 《汉书·艺文志》班固自注。

其事,参加实际的编写工作。

《淮南子》成书后,刘安称为"刘氏之书"①,于建元二年(前139年)朝见时,作为礼物献给汉武帝:"初,安入朝,献所作《内篇》,新出,上爱秘之。"②武帝对该书十分重视,不仅赏识其思想内容,而且很珍贵地将其保存起来。

与《淮南子》同时献给武帝的刘安的作品还有《颂德》及《长安都国颂》。建元三年(前138年),闽越围东瓯,东瓯告急于汉求救。武帝使严助发会稽兵浮海往救。六年,闽越又举兵攻南越,刘安给汉武帝上书,留下了《谏伐闽越文》③。此外,见于《汉书·艺文志》著录淮南王刘安的作品还有《淮南道训》二篇,《淮南王赋》八十二篇,《淮南王群臣赋》四十四篇,《淮南歌诗》四篇,《淮南杂子星》十九篇。见于《隋书·经籍志》著录的作品有:《汉淮南王集》一卷,《淮南记》一卷,《淮南变化术》一卷,《淮南万毕术》一卷,《淮南中经》四卷,《淮南八公相鹤经》二卷。南朝梁萧统编订的《文选》中列有刘安所作《招隐士》一文,此文也见于《楚辞》中,但书题名为"淮南小山"作,当是《淮南群臣赋》四十四篇之一。从《文选注》中,我们还得知刘安尚有两部研究《庄子》的著作:《庄子略要》和《庄子后解》。

淮南王刘安著作见于他书还有一些,有的疑为伪托。仅从以上所列出的刘安著作来看,其作品数量之多,涉猎领域之广泛,内容之丰富,在当时都是无与伦比的,难怪南宋高似孙在《子略》中评价他说:"淮南天下奇才也!"当然题名为刘安的著作中,有一些和《淮南子》一样是刘安和宾客共同撰写的,但也正如《淮南子》一

---

① 《淮南子·要略》。
② 《汉书·淮南衡山济北王传》。
③ 见《汉书·严助传》。

样,刘安起着组织者和审定者的作用。遗憾的是,由于刘安以后的遭遇,使得他的绝大部分著作都已失逸,这不能不说是中国文化的一大损失。

刘安,这位性格内向,深谙道家处世哲学,颇具政治头脑的学者式的诸侯王,最后竟因谋反事败而自杀。对此,后世许多人都不能理解,不肯相信,甚至为他鸣冤。但是《史记》、《汉书》都记载他因谋划叛乱而畏罪自杀之事,并对其谋反经过作了详细的叙述。

刘安虽然从小对父亲的死心怀怨恨,但在相当长的时间内并没有谋反行动。据《史记·汉兴以来诸侯王年表》记载,刘安为王期间,曾在淮南王七年(前158年)朝拜文帝,十三年(前152年)朝见景帝,二十六年(前139年)朝见武帝。刘安同三代皇帝之间,均相安无事。《史记·淮南王列传》还记载:"元朔三年,上赐淮南王几杖,不朝。"几杖是指几案与手杖,用来供老年人平时靠身和走路时扶持之用的,所以古代以赐几杖为敬老之礼。汉武帝对刘安赐几杖,是表示对他的尊重。刘安正是在这种与朝廷相安无事的情形下,才得以在学术文化上有卓越的成就。

但是正如他父亲一样,刘安与朝廷的矛盾仍然是存在的。当吴楚七国之乱兴起时,刘安差一点儿被卷进去。史籍记载,当吴国使者到淮南时,刘安欲发兵响应。淮南相先表示愿领兵参战,但领兵后守城不出,因而刘安没有参与这次叛乱。这次犹豫的举动,说明刘安虽然与朝廷有矛盾,但还不想反叛。

刘安具体谋反的准备是在武帝即位后开始的。建元二年(前139年),41岁的刘安到京城朝见武帝。武安侯田盼与淮南王刘安关系很好,他以太尉的身份出来迎接刘安。他对刘安说:"现在皇上没有太子,您是高祖的孙子,又是天下闻名的大好人,一旦皇上驾崩,不立您当皇帝还能立谁呢?"这席话提醒了刘安。于是刘安"阴结宾客,拊循百姓,为畔逆事"。建元六年(前135年)彗星现于空中,方士散布流言飞语,"(淮南)王心以为上无太子,天下有变,诸侯并争",便愈益加紧准备作战兵械,收揽人心,广招人才,"谋反滋甚"①。

可见,刘安开始在淮南加强军备只是想保护自己。他并不一定相信皇帝驾崩后会立自己当皇帝;而是预见到因为没有立太子,将会出现诸侯割据争雄的局面,所以他要早做准备,以免到时被动。可是,随着家里出现的一件件麻烦事,把刘安逼上了反叛的道路。

刘安有两个儿子,大儿子庶出叫刘不害,小儿子嫡出叫刘迁,刘迁被立为王太子。麻烦事就出现在他们身上。

元朔五年(前124年),太子刘迁学习剑术,自以为天下无敌。他听说父亲门客中号称"八公"之一的郎中雷被善于击剑,便叫他来比剑法。雷被虽一再辞让,最后还是被迫从之。比剑中雷被误伤了太子,太子大怒。雷被极为恐惧。正好这时候,朝廷需要军士,规定凡自愿参军的人,都可以到京城报名,任何人不许阻拦。雷被得知,想以参军上前线击匈奴来躲避此事。刘安多次听到太子刘迁说雷被的坏话,就撤了雷被的职来教训大家。雷被逃到京城长安,上书表白自己。武帝下令廷尉及河南郡官员追查此事。

有关官员要逮捕太子刘迁。刘安夫妇不愿交出太子,而淮南相持相反态度:督促向朝廷交出太子。刘安便派人上书告淮南相的状,这样一来,事情就闹大了。武帝下令廷尉追查处理,结果连淮南王刘安自己也牵连进去了。朝廷公卿大臣要求将刘安逮捕治罪。刘安闻讯,与太子商量对策。他们计划如果朝廷官员来抓,就把官员杀掉,然后起兵。后来,武帝不同意公卿大臣们的意见,宣布赦免刘安,取消淮南王两个县的封邑,刘安这才没有起兵。

---

① 见《史记·淮南衡山王列传》。

当时诸侯王的子弟都被封为侯,刘安不喜欢大儿子刘不害,没有封他为侯。王后不把他当儿子,太子刘迁也不把他当哥哥。刘不害有个儿子刘建,身高力壮。他们父子俩常埋怨待遇不公,于是刘安家庭内部发生了矛盾。元朔六年(前123年),刘建暗中交结朋党,想杀害太子,让自己的父亲取而代之。太子得知此事后,多次把刘建抓起来拷打。刘建叫朋友寿春人严正上书皇帝,声称自己知道淮南王想谋杀朝廷官员的事情。武帝把此事交给河南郡去追查处理。这时当年被刘长椎死的审食其之孙审卿,和朝廷丞相公孙弘友善。为替自己的祖父报仇,审卿极力在公孙弘面前说淮南王的不是,公孙弘这才疑心淮南王图谋不轨,于是对此案穷加追究。在他们严厉的督察下,河南郡把刘建抓起来审问,刘建又把刘安及其僚属都供了出来。刘安见孙子刘建被抓走审问,知道自己做的事情即将败露,就又有了发兵反叛的打算。

元狩元年(前122年),刘安采用了谋士伍被的计策,派人"作皇帝玺,丞相、御史、大将军、军吏、中二千石、都官、令丞印及旁近郡太守、都尉印,汉使节法冠"①。并命人进入京城,混在大将军、丞相身边的侍从人员中,准备在淮南王发兵后,里应外合刺杀大将军、丞相等高级官员,掀起一场叛乱。

可是,事到这时,刘安又犹豫不决。甚至在朝廷来逮捕淮南王太子刘迁时,刘安还想大事化小,同意太子出去接受逮捕。太子决定牺牲自己保住父亲平安,但自杀未死。就在这个关键时刻,那个曾经出谋献策,教刘安如何谋反的重要谋士伍被竟倒向朝廷,自动向官吏告发淮南王。朝廷得知淮南王密谋造反的详情,立即出兵逮捕了淮南王太子、王后,包围了王宫,将在国中的宾客全部抓获,搜缴了谋反的书节印图等证据。所受牵连者达数千人之多。刘安

---

① 《史记·淮南衡山王列传》。

见大势已去,就在带着皇上符节来惩治他的官员到达之前,饮恨自杀了。刘安从 16 岁为淮南王至此,共为王 42 年,享年 58 岁。后淮南国被改为九江郡。

淮南王的谋反有他自己怨恨、复仇的心理因素,更是朝廷步步进逼的结果。可以说刘安的谋反是被逼的。中央朝廷为什么要逼刘安走上谋反之路呢？更深层次的原因,只能从他所处的时代背景中去寻找。

二　刘安所处的时代

（一）汉初皇权与封国的矛盾

楚汉战争时,刘邦迫于政治形势,先后承认和加封一些重要将领为诸侯王,称为异姓王。但他们占有全国大部分土地,并握有重兵,这使西汉朝廷感到威胁很大。所以,不久刘邦以谋反罪消除掉了主要的异姓王,换上了一批同姓王。刘安的父亲刘长就是在这种情况下被封为淮南王的:"高祖十一年十月,淮南王黥布反,立子长为淮南王,王黥布故地,凡四郡。上自将兵击布,厉王遂即位。"①

刘邦认为封同姓王,可以"惩戒亡秦孤立之败"②,是维护朝廷稳定的可靠保证,他还规定:"非刘氏王者,天下共击之"③。但这些同姓王的封地和权力也还是很大,并且随着社会生产力的发展,他们的势力也不断增长。他们仍然是威胁朝廷的力量。汉文帝就

---

① 《史记·淮南王列传》。
② 《汉书·诸侯王表序》。
③ 《史记·吕太后本纪》。

是因为淮南王刘长可能对他的皇权构成威胁,才以谋反的罪名废除了他的王位,并把他发配偏僻之地的。汉景帝时"吴楚七国之乱"的爆发,更是朝廷与封国间矛盾的集中反映。

中央政权一直注意解决朝廷与封国的矛盾。从文帝开始,就对同姓王采取了逐步限制,最终消灭的基本策略。文帝初步实施了贾谊提出的"众建诸侯而少其力"①的办法,就是在原来的封地上增加封君的数目,以分散其实力。文帝在刘长死后,将淮南封国一分为三,就是这办法的实施。景帝时,朝廷与封国矛盾公开化,景帝采用晁错"削藩"的建议,动不动就用削减封地来惩罚诸侯王。平定七国之乱后,景帝下令诸侯王再不准亲自治国。封国中所有的官吏,都由皇帝任免,并大量裁减封国官员数量。这样朝廷削除诸侯国的态度更为明朗,对付他们的手段也更加严酷。

武帝时,积极完成尚未最后完成的中央集权事业,继续打击已被削弱的诸侯王势力,强化或新颁发许多法令以打击封君(包括王与侯)。随着汉初积累下来的雄厚国力,到这时被充分发挥出来,中央集权空前加强,到武帝末年汉初以来所封王侯基本上被削除。从这样的发展趋势来看,武帝不管淮南王刘安有没有谋反之心,他都是要想法削弱其力量,直到除掉淮南国。更何况刘安又是个学识过人,广招宾客,收揽民心,声望颇大的诸侯王呢。

从文帝到武帝对诸侯王打击的基本国策,对于巩固中央集权来说,无疑是正确的。但站在诸侯王的角度,抵制朝廷的步步进逼,乃至谋反,也是情理之中的事。所以,汉初诸侯国很少没有反叛企图的。这是由当时大的政治斗争形势和分封诸侯的体制所决定的。

在这种时代背景下,来看《史记》、《汉书》记载的两代淮南王

---

① 《汉书·贾谊传》。

的"谋反"事实及其起因,就不难理解了。本来心里就怀有怨恨的两代淮南王,在受到废王、削地等处分时,心理上自然是不平衡的。例如刘安被武帝削除二县后,就曾"自伤曰:'吾行仁义,见削,甚耻之。'"①另外,一些在政治斗争中失败的人,投靠他们,起到推波助澜的作用。如刘长时,大夫但、士伍开章等70人与棘蒲侯太子柴奇谋反,事前与刘长有联系,事后又受到他的包庇。刘安时"阴结宾客"②,而"其群臣宾客,江淮间多轻薄,以厉王迁死感激安"。他们"妄作妖言阿谀王"③。这些人对中央朝廷,显然是不安定的因素,矛盾的激化是随时存在的,这在《史记》、《汉书》中反映得十分明显。在这样的情况下,淮南王想反叛或者说不想反,甚而说既想反又不想反,都是可能的。事实就是如此,大可不必再深究。因此,应该说西汉前期朝廷和封国斗争的整个大的政治形势,是决定为什么文质彬彬的刘安也要谋反的重要原因。

(二) 儒道两家思想的竞争

儒道两家思想文化的起源同样古远。先秦时期儒道两家势均力敌,旗鼓相当。秦朝的灭亡,证明了法家治国的失败,儒道之间的竞争又显现出来。

秦汉时期的道家与先秦道家不同,其政治思想更为明确和突出,我们称他们为新道家。新道家主张的黄老之学应时而成为汉初统治者的指导思想。与此同时,儒家也不甘失落,积极向皇权靠拢,争占统治思想的地位。这样,在西汉前期,儒道两家的竞争和封建统治者审慎的选择始终存在。

---

① 《史记·淮南衡山王列传》。
② 《史记·淮南衡山王列传》。
③ 《汉书·淮南衡山济北王传》。

开始，刘邦很讨厌儒生，开口便大骂"竖儒"，甚至往儒生的帽子里撒尿，所谓"沛公不好儒"①。这一方面固然是因为开始时鞍马未定，用不着儒生和诗书；另一方面，也因为他周围的许多谋臣如陆贾、萧何、曹参、陈平等，都在政治上重视新道家的黄老思想。所以，像陆贾《新语》那样的新道家代表作特别受欢迎。但是儒家也有其长处，他们熟悉古代典籍和礼仪制度。原秦博士叔孙通就是这样一个儒生。开始他带领弟子百余人降汉时，为了讨得刘邦喜欢，脱了儒服，改换上刘邦故乡人穿的楚式短衣，捞到一个博士，号称稷嗣君。五年以后，因群臣争功，醉后喧哗，叔孙通建议制订礼仪，提出"儒者难于进取，可与守成"②。于是采古礼参考秦仪制定朝仪。刘邦看到这套君臣有别，尊卑分明的礼仪，十分得意地说："我今天才知道做皇帝的尊贵了。"叔孙通定朝仪是汉初儒家对皇权的首次贡献，证明儒家的礼仪及思想对巩固封建等级制度的作用。刘邦拜他为太常（掌管礼仪和宗庙祭礼的高级官员），赐黄金五百斤，众儒生也各有封赏。可见，儒家绕过一段弯路，也在朝廷立住了脚。为此，叔孙通被司马迁称为"汉家儒宗"③。当时，高祖刘邦正忙于戡定内乱，尚未来得及选择哪种思想治国，不久他就死去了。

汉初，第一个明确地以新道家黄老思想来指导政治实践的是齐相曹参。他以胶西人黄老道家盖公为师，"相齐九年，齐国安集，大称贤相"④。惠帝时，曹参继萧何任汉相，遂将新道家黄老思想带至中央推广到全国。《史记·吕后本纪》载："孝惠皇帝、高后之时"，"君臣俱欲休息乎无为，故惠帝垂拱，高后女主称制，政不出

---

① 《史记·郦食其列传》。
② 《史记·叔孙通列传》。
③ 《史记·叔孙通列传》。
④ 《史记·曹相国世家》。

房户,天下晏然"。这是当时推行黄老新道家思想的写照。

汉文帝可以说是新道家皇帝。"文帝本修黄老之言,不甚好儒术,其治尚清静无为。"①在文帝的带动下,窦太后也"好黄老之言,不说儒术"②。就连景帝和窦家的孩子也不能不读老子的书,遵从新道家思想。窦太后是汉文帝的皇后,景帝的生母,笃信黄老,元光六年(前129年)崩。她历经文帝、景帝、武帝三个朝代,上承文帝,下启景帝及诸窦,在她的影响和坚持下,黄老之学得到了空前的发展和巩固,新道家思想占据了统治地位。

在新道家思想占据统治地位的西汉前期,儒家在朝廷也占有一席之地,虽然"诸博士具官待问,未有进者",但汉兴以来,"诸儒始得修其经艺,讲习大射乡饮之礼"③。皇帝对儒生不仅不再拒而不见、开口便骂了,而且从文帝开始,慢慢征用了。随之,儒道两家争夺社会地位的斗争也加剧了。景帝时,儒生辕固生(姓辕名固,生即先生之省)与新道家信徒黄生当着景帝的面在朝廷上争论商汤王、周武王"受命"的事。黄生根据黄老的观点说:"汤、武取代桀、纣不是承受天命,而是篡杀。"辕固根据儒家的观点说:"不对!桀纣昏庸无道,普天下的民众都愿归附汤、武,汤、武顺从民心诛杀桀、纣,不得不取代他们做天子,这不是承受天命又是什么呢?"黄生坚持说:"旧帽子虽然破,还要戴在头上;新鞋子虽然新,还是穿在脚上。为什么呢?这因为上下要有所区别。桀、纣无道,仍不失为君主;汤、武贤圣,毕竟是臣下。君主有了过失,做臣下的不帮助改正,反而把君主杀了自己做起天子,这不是篡杀是什么呢?"辕固马上质问黄生:"照你这样说,高皇帝推翻秦朝做天子,也是错的

---

① 《风俗通·正失》引刘向语。
② 《史记·儒林列传》。
③ 《史记·儒林列传》。

吗?"汉景帝劝解说:"吃马肉不吃有毒的马肝,也不能说不知道马肉的味道;讨论学问不争论汤、武受命,也不能说是学识浅薄。"这场争论,最后在景帝的介入下才告结束。景帝袒护几乎无言可对的黄生,正说明这时的最高统治者是站在新道家思想一边。尽管如此,儒道之争并没有停止。

崇道黜儒的窦太后,对辕固很不满意。一次召他来讨论儒道优劣问题。窦太后问辕固怎么看待《老子》这部书。辕固极力贬低道家之言说:"《老子》上写的都是一般人的话,没有什么了不起。"窦太后不由得大发雷霆,当场把他臭骂了一顿,并且还强迫他到兽栏里去跟野猪搏斗,算是对他的惩罚。汉景帝怕辕固出危险,就偷偷地塞给他一把匕首。这样,辕固才免一死。这次较量,儒生处于劣势,但他们自恃清高,极力贬低《老子》,绌道倾向是很明显的。

汉武帝即位后,不满足于像文帝、景帝那样恭俭无为,而要干一番轰轰烈烈的事业。他已不能容忍黄老之学,而要选择儒学。他即位的第二年(前139年),诏举贤良方正直言敢谏之士。儒生董仲舒应诏上"天人三策",要求"罢黜百家,独尊儒术"①。董仲舒的"天人三策",完全是在武帝的启发下,揣摩、迎合武帝的意图而发挥出来的,因此,武帝对董仲舒极表赞赏,将其对策列为第一。但由于怕窦太后阻挠,未能立即实行。儒臣赵绾、王臧建议武帝政事不必请示太后,汉武帝明知他们说得对,可也不敢照他们说的做。窦太后得知武帝身边的一批儒臣老是在背地里说三道四的,就去责备武帝,强迫他下令把赵绾、王臧关进监狱,并免除丞相窦婴、太尉田蚡等儒臣的职务,改任她所喜欢的柏至侯许昌为丞相、

---

① 董仲舒对策《汉书·武帝纪》在元光元年,即前134年,此从《通鉴》。

武强侯庄青翟为御史大夫。直到建元六年(前135年)窦太后死后,汉武帝才得以实行董仲舒的建议,大力提倡儒学,设太学,置五经博士,表彰六经,确立儒学的至尊地位。

这场西汉前期的儒道两家思想的竞争,决定了刘安及《淮南子》的命运。刘安建元二年(前139年)入朝,"献所作《内篇》"。这就是《淮南子》。就是说,《淮南子》是在新道家思想占据统治地位的时期写成的,在当时是合法的。刘安以叔父的身份将此书作为礼物交给武帝,并自负地称为"刘氏之书"①。我们可以这样认为,刘安献书是希望刚即位的武帝选择《淮南子》作为治国的哲学思想和政治理论,继续以新道家思想作为统治思想。从这一点来看,献书的那个时刻,刘安还没有谋反之心。有人认为《淮南子》的成书,是刘安谋反的一个组成部分,是诸侯国分裂势力与中央对抗的思想武器,这似乎不符合当时的实际。当然,以清静无为,尤其是主张皇帝垂拱无为为突出特征的新道家思想,可能客观上对诸侯国扩展自己势力有利。但《淮南子》写作的真正目的,是为了总结汉初以来统治阶级推行新道家思想理论和治国实践的成功经验,并为今后国家的发展开出济世良方,使之更适应新的历史进程的需要。至于武帝对于《淮南子》从"爱秘之"到后来事实上"束之高阁",这也与儒道思想竞争有关系。主要是董仲舒的新儒学体系既用君权神受理论使汉王朝统治神圣化、绝对化,又交给统治者"三纲五常"的绳索,能更有效地束缚人民的思想和行动,这就更能迎合有雄才大略的汉武帝的口味和需要。所以汉武帝最后选择了董仲舒的新儒家思想,罢黜百家,独尊儒术,把新道家总结性的最高理论著作《淮南子》也给罢黜掉了。

以上主要是为了解刘安其人及《淮南子》其书提供的一些时

---

① 《淮南子·要略》。

代背景。其实刘安这个时代还有许多内容与刘安及《淮南子》有关。例如文景时代经济的恢复与发展,为刘安提供了供养大批宾客的物质条件。刘安正是凭借其雄厚人力和财力,才得以广揽学者"英隽"①,专心致志地从事理论的探讨和著述。又例如汉初黄老新道家思想的盛行,提供了较为宽松的环境来从事著书立说,《淮南子》的作者不是奉旨写作,而是独立地把西汉前期思想文化进行概括总结。同时新道家思想从统治思想到社会思潮上下互相影响,不断地丰富提高,也是《淮南子》可以集文化大成的历史条件。此外,一些具体的政治斗争和事件,也时时影响着刘安及其儿孙、门客,使他们之间产生矛盾。大儿子刘不害及孙子刘建,因刘安不爱刘不害,使他们不得为侯,待遇不公产生的矛盾是当时政策引起的淮南王室内部父子、祖孙之间的矛盾。与淮南太子刘迁有仇隙的雷被、反复无常的伍被的攻讦搆陷,可以说是当时形势、法令引起的淮南王与门客之间的矛盾。还有淮南王与父辈政敌(如怨恨刘安之父刘长"杀其大父"的审卿)之间的矛盾。这些矛盾与刘安的谋反及自杀都有关系。

任何人和书都不能脱离时代的影响,以上根据史事所作的叙述,对于深入了解《淮南子》一书是必要的。

三 《淮南子》的传本、内容结构及研究

(一)《淮南子》的书名和传本

《淮南子》一书是西汉淮南王刘安主持门客集体撰写的。由于刘安博学多才,能躬于其事,我们可以说他是《淮南子》的主编

---

① 《汉书·伍被传》。

者和审定者。这从该书的体例和风格上便能看出。

建元二年(前139年)即汉武帝即位的第二年,刘安把此书作为礼品献给武帝。这说明《淮南子》至迟在此之前已经成书,其成书时间宜以是年论。而写作时间当在文景之世。

刘安把《淮南子》称为"刘氏之书"①,取名叫《鸿烈》。《淮南子·要略》说:"此《鸿烈》之《泰族》也"。《泰族》是《淮南子》第二十篇的篇名。《西京杂记》也说:"淮南王安著《鸿烈》二十一篇"这都证明此书原名《鸿烈》。"鸿烈"二字是什么意思呢?高诱《淮南子叙目》说得很明确:"鸿,大也;烈,明也;以为大明道之言也。"这就是说,"鸿"是广大的意思,"烈"是光明的意思,《淮南子》的作者自认为此书包括广大而光明的道理。

前122年,刘安因谋反事败而自杀,他的大量著作不久就散失了。到了光禄大夫刘向奉命校阅宫廷藏书,才把《淮南子》这部书整理出来,刘向校定后名之曰《淮南》。东汉史学家班固《汉书·艺文志》根据刘向、刘歆父子所定,称为《淮南内》。但是刘向只称《淮南》而不称"子",《汉书·艺文志》论次儒家至小说,名曰诸子十家,于是后人据此而加"子"字,称为《淮南子》。如《西京杂记》卷三云:"淮南王安著《鸿烈》二十一篇,…号为《淮南子》,一曰《刘安子》。"《隋书·经籍志》以后多以《淮南子》称之。到唐代又有了把《淮南鸿烈》四字合为书名的。如《旧唐书·经籍志》著录《淮南鸿烈音》二卷,何诱撰。现以《淮南子》为通用的书名。

西汉末刘向校定《淮南子》,《汉书·艺文志》将其列入"杂家"。东汉已出现五家注解本:许慎约在42岁时作《淮南鸿烈间诂》。比许慎要小二十一二岁的马融也有《淮南子注》。马融的弟子延笃、卢植分别注《淮南子》。卢植的弟子高诱,著有《淮南子

---

① 意即自己的书,《淮南子·要略》。

注》。今马融注全佚,延笃注今存仅一条,卢植注今存四条,许慎、高诱两家注也不全。

《隋书·经籍志》著录《淮南子》21卷,许慎注,又有高诱注亦21卷。《旧唐书·经籍志》有高诱注21卷,又一书名《淮南商诂》,不著录作者,可能"商"为"间"之误,即许慎注。《新唐书·艺文志》高、许两家注并列,同《隋志》。《宋史·艺文志》则云,许注21卷,高注13卷。这说明许、高两种注本起初曾并行于世,至宋时两者相混逐渐难分。对此历代学者都有辨析。晁公武《郡斋读书志》说许注题曰"记上",陈振孙《直斋书录解题》谓传本皆云许注,而详《叙目》之文却为高诱撰,"然则《许注》既佚,宋人以其零落仅存者孱入《高注》,遂题许慎之名,而其未孱入者,仍名《高注》可知也。要其冠以高诱之《序》,则高《注》为多矣"。近代学者杨树达著《汉书窥管》说:"今本许、高二注混杂,篇题下注有'因此题篇'四字者为高注,为《原道》、《俶真》、《天文》、《地形》、《时则》、《览冥》、《精神》、《本经》、《主术》、《泛论》、《说山》、《说林》、《修务》十三篇,余八篇为《缪称》、《齐俗》、《道应》、《诠言》、《兵略》、《人间》、《泰族》、《要略》皆许注也。《高注》注释往往有一事两说者;某称一曰云云者,大都是《许注》,并后人所孱入也。"许慎注比高诱注要早一百二三十年,其注文比较简略;另外,许慎撰《说文》时,采用了《淮南子》注的字义数百条。这些特点也可以作为区别高注的参考。由于高、许两注离《淮南子》成书年代最近,有很重要的参考价值,但也有不少误注,有儒家的偏见。

《宋史·艺文志》著录《淮南鸿烈解》21卷,而注其下曰淮南王刘安撰。《四库全书总目》卷一一七杂家类说:"似乎《解》亦安撰者,诸书引用,遂并《淮南子》之本文亦题曰《淮南鸿烈解》,误之甚矣。"应该说,《淮南鸿烈》为刘安撰,而注解则是许慎、高诱为之。《四库全书总目》、《二十二子》等,皆题《淮南子》汉淮南王刘安撰,高诱注。

《淮南子》有21卷本和28卷本两种。21卷本流传久远。明《正统道藏》太清部"动"、"神"、"疲"字号收载《淮南鸿烈解》28卷。即将《原道训》、《俶真训》、《天文训》、《地形训》、《时则训》、《主术训》、《泛论训》等7篇各分为上下卷,自此《淮南子》有两种版本系列流传。清以来的主要丛书如《四库全书》、《百子全书》、《二十二子》、《四部丛刊》、《诸子集成》、《丛书集成初编》、《十子全书》等,所收均为21卷本。

《淮南子》有多种版本和注本,吴则虞考证为162种。现存北宋仁宗时刻《淮南鸿烈解》本为最早。现列主要注本和版本如下:(1)《淮南子注》1卷,汉刘安撰,许慎注,清孙冯翼辑,清嘉庆中承德孙氏刻《问经堂丛书》本。(2)《淮南鸿烈间诂》2卷,汉刘安撰,许慎注,清叶德辉辑,清光绪中长沙叶氏刻《观吉堂所著书》本。(3)《淮南子》2卷,汉刘安撰,明归有光辑评,明天启六年丙寅(1626)刻《诸子汇函》本。(4)《淮南子》1卷,汉刘安撰,明焦竑注释,明翁正春评林,明书林詹圣译刻《注释九子全书》本。(5)《淮南子校补》1卷,清刘台拱撰,清道光十四年甲午(1834)世德堂刻《刘端临先生遗书》本。(6)《淮南子》21卷,刘安撰,清庄逵吉校,清乾隆五十三年(1788)刻本。(7)《淮南天文训补注》2卷,清钱塘撰,清道光中金山钱氏据借月山房汇抄刻版重编增印《指海》本。(8)《淮南子正误》12卷,清陈昌齐撰,清刻《赐书堂全集》本。(9)《淮南内篇评议》4卷,清俞樾撰,清光绪二十五年己亥(1899)刻《春在堂丛书》本。(10)《淮南鸿烈集解》21卷,附录1卷,刘文典集解,1923年商务印书馆本。(11)《淮南集解补正》胡环琛撰,1940年安吴胡氏排印《朴学斋丛书·第一集》本。(12)《淮南内篇集证》21卷,刘家立撰,1924年中华书局本。其中近代著名学者刘文典所著《淮南鸿烈集解》较为详尽。该书以清乾隆年间庄逵吉校本为底本,以清钱塘《淮南天文训补注》作附录,裒辑清代学者王念孙、孙诒让、俞樾、洪颐煊、陶方琦、王引之、钱大昕、梁履绳、桂馥、孙志祖、顾炎武、刘绩、郝懿行、胡鸣玉等二十余家之说,并遍引《艺文类聚》、《北堂书钞》、《初学记》、《白贴》、《意林》、《太平御览》等唐、宋类书为佐证,并加以校正,资料丰富,是深入研究《淮南子》的较好注解本。

(二)《淮南子》的著书宗旨和各篇内容及结构

刘安主持编撰的《淮南子》有着明确的指导思想和创作意图。他在《要略》中说:"夫作为书论者,所以纪纲道德,经纬人事,上考之天,下揆之地,中通诸理。虽未能抽引玄妙之中才,繁然足以观终始矣。总要举凡,而语不剖判纯朴,靡散大宗,惧为人之惛惛然,弗能知也;故多为之辞,博为之说,又恐人之离本就末也,故言道而不言事,则无以与世浮沉;言事而不言道,则无以与化游息。故著二十篇。"这里明确指出,"纪纲道德,经纬人事"是全书的根本宗旨。可见,这种阐明、弘扬新道家的道德用以规划、治理人间事务,就是为治国安邦提供理论依据,具有从新道家理论的高度,总结与概括人类社会的深刻意义。作者反对"言道而不言事","言事而不言道"的片面倾向,特别强调理论联系实际的创作原则,这就是把"言道"与"言事"紧密结合起来,以道统事,以事证道,落实到用道来解释和改造世界。为了体现写作目的和原则,作者强调繁复、曲折、详尽、铺张的写法,力求通过大量的事实和反复申述,让人们理解接受新道家思想。据两汉之际思想家桓谭说,《淮南子》这部书也曾经悬挂在外,向世人征求修改意见,大概是学《吕氏春秋》的做法。公布出去,也没有人提修改意见,这说明其写作目标是达到了。

《淮南子》的体系庞大,结构严密,它以道家理论为核心,融会各家,形成新道家的思想体系。全书二十一篇。一篇为序,二十篇每篇都是精妙的专论。它不仅以理性审视各种学说,择优从善,而且还站在新道家的高度对某一方面作系统的理论阐述,对流行观点的偏颇及局限作出恰如其分的分析,使之真正成为新道家理论和实践的总结。作者自认为对全书的结构、线索作了精心安排,各篇的次第是按内容关系顺次勾连推进的。下面简介各卷(篇)内容。

卷一《原道训》:原道,道是万物的本原。训,训释,解说。除最末一篇《要略》外,每篇均冠以"训"字,有人认为"训"字乃高诱作注时加上的。本篇全面阐述了道的概念、本质特征,并以道说明宇宙演化过程。还论及与道密切相关的无为观、人性论、苦乐观、生命观等重大哲学命题。

卷二《俶真训》:俶真,意即道的本真面目。本篇论述道的历史变化。以宇宙和人类的起源发展演化的历史为经线,追述不同时域人对道的态度;以"真人之游"为纬线,用真人与其他几种人对照,描述道演变的过程,从而论证人类只有归真返朴,天下才能大治。

卷三《天文训》:天文,指天体在宇宙间分布及运行的现象。本篇以论述天文为纲,全面探讨天人关系,涉及天文学、历法、气象、音乐、度量衡及数学等多方面的内容。其思想内容主要是唯物积极的,也难免有唯心消极的一面。

卷四《地形训》:地形,大地的表面环境、形貌。本篇考查地理及其变化。涉及自然地理、经济地理、人文地理等多方面的内容;还对生物起源、进化及分类,大自然几种物质之间的制约关系作了探讨。

卷五《时则训》:时则,季节时令变化的法则规律。本篇叙述四时运行变化的规律和统治者顺应时则施行的政令。其内容多据

《吕氏春秋·十二纪》,又见于《礼记·月令》、《逸周书·时训》。

卷六《览冥训》:览冥,意为审察人性与上天相通的玄妙幽深的境界。本篇通过阐述自然界和人类社会中万事万物的相互关系和固有的运动变化规律,来论证人类必须让自己的精神返回天道,进而证明"无为"学说及政治主张的正确性。

卷七《精神训》:精神,精气、神志。本篇论述人的精神的产生及对精神的持守。涉及生命来源、生命要素、生命价值以及养生之道等重大问题。

卷八《本经训》:本经,根本常法。本篇阐明实行道治是天下长治久安的根本的永恒的法宝,而仁义礼乐只是暂时、局部起作用的治标之术。

卷九《主术训》:主术,指君主统治的方法。本篇全面论述了君主治国的方针、策略和方法,描绘出作者理想的圣明君主的形象。

卷十《缪称训》:缪称,意为引述不同的思想。本篇对上层统治者自身修养问题作了全面、具体乃至琐细的阐述。

卷十一《齐俗训》:齐俗,齐同礼法风俗。本篇研究礼法风俗的差异与统一。主张以道德之论齐同世俗,治理天下,批驳儒家礼法观。

卷十二《道应训》:道应,道在实践中的验证。本篇撷取56则史实或故事,从各个侧面对道作了极为形象生动的解说。

卷十三《泛论训》:泛论,广泛、全面论述的意思。本篇涉及的问题确实比较广泛,诸如法制、治政方针、是非、人才、祸福及鬼神等等问题;阐明其历史观,治乱兴衰规律及君主统治指导思想和原则。

卷十四《诠言训》:诠言,解释阐明事物真理的话。本篇论述的中心是"无为"。阐明"无为"是道的本质精髓,无为而治是治国安民、成就霸业的根本。

卷十五《兵略训》：兵略，用兵的谋略、法则。本篇是军事专论，集中论述了战争的起源、性质、用兵原则，战略战术、将领的行为准则以及军队内部管理等问题。

卷十六《说山训》：说山，解说事理，委积如山。本篇采用箴言体，论及诸多问题，并从方法论的角度加以升华，使抽象、深奥的道论更形象、具体和通俗，易于理解。其中充满唯物论和辩证法。

卷十七《说林训》：说林，解说事理，聚积如林。本篇与《说山训》性质相同。喻说道的理论及处世之道。

卷十八《人间训》：人间，意指人世间的事情。本篇揭示了社会生活中的各种矛盾，论述了处理这些矛盾所用的方法和所依据的原则。

卷十九《修务训》：修务，意即努力学习，加强修养。本篇从积极无为观出发，反复论述学习、修养的意义和作用，提倡努力学习，加强修养，为积极入世创业创造主观条件。

卷二十《泰族训》：泰族，总聚；犹言总结。本篇带有全书总结的性质。集中论述自然规律和人事关系，并把它们归结到道之中。

卷二十一《要略》：要略，即提要。本篇是本书的序，详尽地说明了著书目的、各篇的内容、写作原则和形式。并对先秦诸子百家产生的背景、历史条件进行了分析，说明一定的学说是一定时代的产物，又是为一定的政治目的服务的，从而暗示本书也要为西汉的统治服务。

对于《淮南子》的架构，有的人根据自己的推断把全书的篇目顺序打乱，重新排列组合、进行分类，这对于分析问题可能有好处。其实本书作者本身就是根据其内容安排各篇次第的，其结构颇为严密。

全书除卷二十一《要略》外，以"道"为主线，依次分为四个层次。第一层次，包括卷一《原道训》、卷二《俶真训》，雄居全书之首，成为全书的纲领。论述道的本质特征。第二层次，包括卷三

《天文训》到卷八《本经训》,处于全书中间,起着承上启下的作用。论述道与自然和人事的关系。其中前三卷论自然,后三卷论人事。第三层次,包括卷九《主术训》到卷十九《修务训》,处于本书的后半部分,是道落实到人世间的各个方面,又分为五个方面。第四层次,卷二十《泰族训》,处于全书后面,作为总结。最后是卷二十一《要略》,为全书的序言。全书内容结构如下图所示:

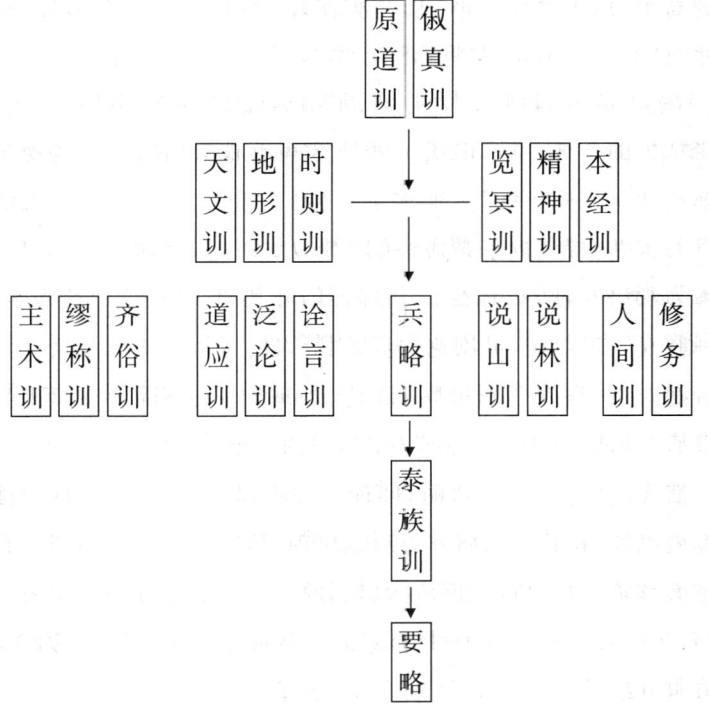

(三)《淮南子》的研究情况

对《淮南子》的研究,从刘向整理出来以后就开始了。但古注今存只有东汉高诱、许慎两家。

从东汉到明代,不见系统深入研究该书的专著。今天所能看到的,除各种类书所摘引(如唐魏征作过部分篇章摘要)和明代人茅坤、茅一桂叔侄和张宾王、袁石公作过眉评,归有光、焦竑为之评注外,大概只剩了前人文论或笔记,像杨子《法言》、刘知几《史通》、高似孙《子略》、刘勰《文心雕龙》等书中的只言片语的批评。

《淮南子》真正受到关切与研究是从清代开始的。清人以谨严的治学态度,着重于文字上的笺校义释、版本注本的考订等考据范畴的研究,出现了众多的学者,其中王念孙成就最丰。他以72岁的高龄,用了数年的时间,九次校订《淮南子》,剖析毫厘,匡正旧注,订正九百多处,并将旧注致误的原因归纳为由于不明文字假借,不通声韵,不辨字体的差别,正字和注文掺杂,妄加、妄删、脱字、衍字、破句、错简等62个种类。实可称他为《淮南子》考据方面的第一功臣。他所撰《读淮南杂志叙》成为研究校勘学的人的必读书。其书今存《读书杂志》中。其他如庄逵吉、俞樾、陶方琦、洪颐煊、陶鸿庆、钱塘、孙诒让、曾国藩、叶德辉、王绍兰、王鸣盛、姚范、刘台拱、王仁俊、吴汝纶、金其原等人的考据也成就显著。清代学者把有关《淮南子》的考据问题,处理到了相当详密的程度,这为以后《淮南子》的研究,打下了良好的基础。

清代以后,《淮南子》的研究有了新的发展。除了考据方面有所发展以外,在其思想研究方面也出现了可观的成绩。近年,台湾师范大学陈丽桂教授依据所搜集到的一百六七十种中外文书刊资料(《80年来的淮南子研究目录》,《书目季刊》第25卷第3期,1991年12月),撰写了《〈淮南子〉研究八十年》一文(此文收入《汉学研究之回顾与前瞻》),分考据、义理、其他各项,全面论述了80年来《淮南子》学在各地发展的概况。以下仅就主要成就和近年新成果作简要介绍。

在考据方面,较早而规模较大的,首推刘文典《淮南鸿烈集解》和刘家立《淮南子集证》。可惜,上述两书都丰富有余,缜密不足。杨树达、何宁针对《集解》的疏失,作文指正。继《集解》、《集证》之后,以校释疏义为主,或补前人之疏,或匡前贤之误,或提出新见新义者有吴承仕、杨树达、王叔岷、郑良树、刘殿爟、于长卿、马宗霍等。此外,于省吾、刘盼遂、陈丽桂也在其文字、语言方面做了研究。这些都是对全书所作的笺校义释。此外还有对书中某些篇卷或少数语词提出确诂者。

校释疏义之外,郭翠轩、张严、郑良树、于长卿等对《淮南子》的版本或注本进行了考辨,麦文郁、阮廷焯考求了《淮南子》文字的出处。

在评注、语译方面,方元《淮南子要略篇释》、方大纶《主术训注》都是单注一篇,沈德鸿《淮南子选注》、张之纯《评注淮南子》或节选数篇中的部分段落为注,或每篇选部分段落评注,而吕凯、杨坚或节选、语译而无注,或仅分段,标点。近年,沈晋华《淮南子箴言录》将选文分为12类,进行注译,并增加"点题",引用典故及同意文句等以加深理解,以增广异闻,实为新体例。

特别要介绍的是,近年来出现了几种《淮南子》全注全译。最早的一本,是1990年吉林文史出版社出版的陈广忠的《淮南子译注》,七十余万字。每篇有题解,分段注释,后有译文。注释简明扼要,译文较为准确、流畅,为初学者提供了一个现代语体的读本。由于是面向青年的普及性读本,所以注释简略,考证难以详备。另一本是1994年广东人民出版社出版的陈一平的《淮南子校注译》,原文以刘文典《集解》为底本,分卷(篇)注译。每篇包括说明、原文、注释、校勘和译文五部分。说明部分解释题意,概括内容,注释采用页末注形式,颇便阅读。第三本是1995年贵州人民出版社出版的许匡一的《淮南子全译》,此书为《中国历代名著全译丛书》的一种,每卷分为题解、分段注释、译文三部分,每段原文标有编号,书后有参考书目,便于读者查核。此三种均为普及性译注,便于初学者学习使用。三种全注全译的出版反映了社会的需要,也代表了《淮南子》注译方面的研究水平。但学术界仍需要更高水平《淮南子》校释出现。

在《淮南子》思想的研究方面,上世纪二三十年代,已有一些论文和专著,如姚章《淮南王书中的哲理》、管道中《淮南子书中修养要旨》、江振羽《淮南子所代表的政治思想》、韩爓《淮南子的政治思想》、杨没累《淮南子的乐律学》、胡适《淮南王书》等。其中杨没累的一篇为较专门而深入的论文。胡适的专著,其分量不重。

近三四十年来,在《淮南子》的思想研究方面有了很大进展。中国思想史专著对《淮南子》比较重视,大都辟有专章(节)论述,有关学术论文也日渐增多。

其中篇幅相当、内容也较有深度的有:侯外庐《淮南鸿烈集解中的子学及其学术》、韩逋仙《集黄老学说大成的淮南子》、冯友兰《淮南子》、郑良树《淮南子通论》、周绍贤《淮南王刘安》、徐复观《淮南子与刘安的时代》、于长卿《刘安》、任继愈《淮南鸿烈中的唯物主义哲学思想》和《淮南子——西汉道家思想的理论结晶》、韦政通《淮南子》、孙叔平《淮南子》、吴光《集大成的黄老学著作淮南子》、金春峰《淮南子的思想特点及其在政治上的消极倾向》、杨宪邦《淮南子的社会政治主张和哲学思想》、刘宏章等《淮南子的哲学思想》等。这些作品由于大部分隶属于思想专著中的部分章节,自有其篇幅上的统一性规范,有的部分虽因作者个人特殊的学养而呈现一定的深度和品质,绝大部分却限于整体性,都只粗略介绍,而难以全面入微。而散见于杂志期刊者,则有祝瑞开《淮南鸿烈思想的剖析》、于首奎《略论淮南子的哲学思想》、陈丽桂《淮南鸿烈思想研究》等等。以上作品,除了简介刘安生平与著作等问题外或析论《淮南子》的思想体系,或主述书中几个思想理论问题,诸如道、气、天人关系、形神修养、知识、社会、政治、道德、无为、阴阳感应、人事祸福、历史观等诸项。

专门针对《淮南子》某一思想论题的研究,是近二三十年来研究的主要内容。研究本体思想的,如李增《淮南子的道论》、陈丽桂《淮南子的道论——淮南道论的渊源、调和与转化》、杨曾文《论淮南子的唯物主义自然观》、王德有《淮南子之道》等等。研究其政治思想的,如熊铁基《淮南子的政治思想及其与吕氏春秋的比较分析》、贺凌虚《淮南子的政道与治术》、孙实明《淮南子对官方哲学和政治的批判》、吴顺令《淮南子之政治思想研究》、陈丽桂《淮南子论政》等。其论"法"的,如安乐哲《淮南子主术中法的概念》、李增《淮南子对先秦法家之法之批判》、王赞源《淮南子与法家法论的比较》、段秋澜《淮南子与刘安的法律思想》、华友根《淮南子法律思想刍议》等。其论"无为"的,如谢天佑、王家范《评淮南子的无为思想》、李增《淮南子的无为思想》、吴方桐《淮南子的无为思想》、陈丽桂《淮南子的无为论》、吴怡《先秦诸子与淮南子的无为思想》。其论修养的,如高汉声《论淮南子关于形、神、知、行的心理理论》、陈丽桂《淮南子论修养》、李增《淮南子修养论之研论》、胡凫湘《淮南子的人生观和养生思想》。此外,如李增《淮南子之知识理论》、陈远宁《淮南子的辩证法思想》、陈丽桂《淮南子论兵》、吴天恩《淮南子道应训书后》、叶佩华《淮南子道应篇探微》、周立升《淮南子的易道观》、丁毅华《淮南子的风俗论》等等,也都是其书中的主要思想论题。

关于《淮南子》与诸子的比较研究,尤以与《吕氏春秋》的比较颇为突出,如熊铁基《从吕氏春秋到淮南子——论秦汉之际的新道家》、牟钟鉴《吕氏春秋与淮南子的比较分析——兼论秦汉之际的学术思潮》、金春峰《吕氏春秋的儒家思想倾向及其与淮南子基本倾向的区别》、余明光《吕氏春秋与淮南子对道家黄老两派思想的继承》。还有与《老子》作比较的,如朱锦江的《老子与淮南子》。有与《庄子》作比较的,如周骏富《淮南子与庄子的关系》、王叔岷

《淮南子与庄子》、邹丽燕《淮南内篇与老庄思想关系》,有与《文子》作比较的,如江世荣《先秦道家言论集·老子古注之一文子述略——兼论淮南子与文子》。

至于研究与《淮南子》相关的某些外缘问题也有不少论文,如刘安的身世、生平,或《淮南子》的体例、价值、研究方法,旁及淮南内书与外书的关系等等,在此不一一罗列。

《淮南子》的研究,还受到国外学者的重视。日本汉学家致力于此书研究的颇多。从事版本、得失与《文子》的关系、日本德川时代各家注解考的有仓石武四郎《淮南子的历史》,译文方面有后朝胜太朗《国译淮南子》、楠山春树《选译淮南子》。从事思想方面研究的学者更多,综合性通论其思想的有本田济、金谷治、宇野茂彦、田中麻纱巳等。专门讨论"气"观念的有平冈桢吉、福永司光等。讨论其自然思想的有田中麻纱巳、马场英雄、有马卓也。讨论其修养理论的有板野长八、小林理惠等。讨论法政思想的有宫本胜、铃木喜一。此外,还有讨论其律数的田边尚雄,讨论地理观念的田中柚美子、薄井俊二,讨论与诸子关系的有津田左右吉、楠山春树、泽田喜多男、向井哲夫、冈阪猛雄等等。他们有关《淮南子》的论文数目虽不多,却各有特色,少相抄袭模仿。有些论题甚至国内学者尚未涉及。

西方学者研究《淮南子》的甚少,他们多是研究书中某一篇,甚至一段。但也各具特色可供参考。

总的来看,学术界对《淮南子》无论是在考据整理还是在思想研究等方面所做的工作,与这部论著的重要性相比,仍然极不相称。两千年来,对该书的评价是不公平的。现在需要有新的较高水平的校释本,以补正旧注的不足;也需要有高水平的学术研究专著,以加深对它的评析;还需要有新的通俗读本,以使更多的人特别是青年易于读懂它、了解它,让大家更好地利用和发挥这部典籍的历史价值和现实价值。当前要继续对《淮南子》的作者刘安及淮南学派、主旨思想进行研究,对《淮南子》本体论、政治、军事、养生处世、自然科学方面进行研究。还要研究《淮南子》对于中国历史的发展、中国传统文化精神的形成、中国国民性格的塑造所起到的作用,使大家借以明了中国文化的历史渊源。

四 《淮南子》的主要思想

(一)《淮南子》的理论基础——道论

新道家"兼儒墨,合名法",但其中心思想是道家之"道"。它们以"道"为逻辑起点,以"道"为思想体系建构的核心,因而反复论道。如《文子》的第一编是《道原》,陆贾《新语》的第一篇是《道基》,1973年马王堆出土的古帛书中也有《道原》。作为新道家理论和实践总结的《淮南子》,更是以"道"作为它的理论基础和贯串全书的主线,而其他思想都是围绕着道逐层展开。

(1) 道的含义

"道"字最早见于西周金文,作"𢖻",从行从首会意,像人抬头处于十字街头之状,其本义是引道而行。后来增"止"符,逐渐定型,其本义更明显。许慎《说文解字》卷二说:"道,所行道也,从辵从首。"这种以"道"为一定方向的人行道路,已属其本义的引申义了。人们凭着经验对事物存在的变化过程长期观察,逐渐认识到事物存在变化过程所遵循的特定轨迹,也像具有一定方向性的人行道路。于是"道"字又引申为事物变化的规律或原则。随着"道"所体现的具体规律或原则逐渐地抽象化,形成主观的"道"观念。春秋时期已有"天道"和"人道"的提法。如"天道远,人道迩"①。

道家代表人物老子首先提出"道"的新学说,对"道"观念作了形而上学的解释。"道"是老子哲学的最高范畴,它兼具宇宙本原和秩序法则双重含义。但是在《老子》书里,这"道"是抽象的玄之又玄的概念,它的含义,并非一目了然。对此,以后的论道者虽多有解释,然而就连论道最精辟者庄子的解说也尚不明晰。

《淮南子》集先秦至汉初各家道论融于一体,以道为其最高范畴,对道的含义作了充分的描述,不仅对老子的观点进行引申和发挥,而且对老庄及其他论道者的观点进行修正和总结。全书第一篇《原道训》开宗明义,就描述了道的含义:

> 夫道者,覆天载地,廓四方,柝八极;高不可际,深不可测,包裹天地,禀授无形;原流泉浡,冲而徐盈;混混滑滑,浊而徐清。故植之而塞于天地,横之而弥于四海;施之无穷,而无所朝夕。舒之幎于六合,卷之不盈于一握。约而能张,幽而能明,弱而能强,柔而能刚,横四维而含阴阳,纮宇宙而章三光。甚淖而滒,甚纤而微。山以之高,渊以之深,兽以之走,鸟以之飞,日月以之明,星历以之行,麟以之游,凤以之翔。

这里揭示道的含义有二:一是道是宇宙万物的本原,即道生万物,所谓"禀授无形"就是说有形的万物由道不露形迹地产生出来;二是道是规律和准则,这里山高、渊深、兽走、鸟飞、日月之明、星历之行等事物的运动变化都是以道为根据,也就是说,道是事物变化的规律和准则。

第一,道生万物。

《淮南子》认为,"道"是万物发生的总根源,是天地万物之前

---

① 《左传·昭十八年》。

的原初状态。"道者一立而万物生矣","万物之总,皆阅一孔;百事之根,皆出一门"①。世界上有形的物体都由道产生,"夫道,有形者皆生焉"②。由于它是一种超越于天地万物之上的存在,所以叫做"太上之道","夫太上之道,生万物而不有,成化像而弗宰"。这个"太上之道",产生万物,但不占有万物;它使万物运动变化,却不做万物的主宰。它化生万物而没有目的和意识,是一种自然而然的过程。"道"与万物之间,没有人间伦理感情的色彩:生物不为善,死物不为罚;"得以利者不能誉","莫之知德";"用而败者不能非""莫之能怨"③。

《淮南子》此说来源于老子,《老子·四十二章》说:"道生一,一生二,二生三,三生万物。"而《淮南子》则说:"道始于一,一而不生,故分而为阴阳,阴阳合和而万物生,故曰:'一生二,二生三,三生万物。'"④这里"道始于一"是对老子观点的引申和发挥,也是对其观点的修正。它比"道生一"更确切一些。所以在引《老子》原文时不引"道生一"而只引"一生二………"。

第二,道是规律、准则。

《淮南子》认为,道是万物运动的最普遍的总规律,"道者,物所导也"⑤。天地之所以能有次序地运行,万物之所以能有次序地变化,就是由于受着道规律的支配。所谓山高渊深,兽走鸟飞,日月光明,星历运行,麟游凤翔,都是由于道的支配而形成的运动变化现象。这种道规律高妙无比,"其生物也,莫见其所养而物长;其

---

① 《淮南子·原道训》。
② 《淮南子·泰族训》。
③ 《淮南子·原道训》。
④ 《淮南子·天文训》。
⑤ 《淮南子·缪称训》。

杀物也,莫见其所表而物亡。此之谓神明"①。这实际上是指大自然内在的固有的运动规律,是大自然隐微而无穷无尽的造化之功,它是物质性的。

道又是各种自然和社会事物的具体规律,这是上述普遍规律在具体事物中的体现。这种具体规律可分为天地之道与人事之道两类。天地之道就是自然界万物产生灭亡、变化发展规律。"天地之道,极则反,盈则损。"②这是一个普遍的规律。"天道曰圆,地道曰方。""天不发其阴,则万物不生;地不发其阳,则万物不成。天圆地方,道在中央。"③天道规律的特点是循环往复、周而复始。地道规律的特点是正直不偏。天道圆和地道方,都是阴阳之道规律的作用。天道地道都属于自然的范畴,是自然的而非人为的,在这个意义上,道与自然相通。而人道则是人类社会共同遵守的基本准则,是道这个总规律在人类社会一切活动中的体现。如顺乎自然,无为政治,这是社会政治生活总的原则。《主术训》说:"无为者,道之宗。故得道之宗,应物无穷。"又如以弱胜强,以柔胜刚,以后制先,这是为人处世的法则,这一法则是依据道阴阳变化规律而提出的。《原道训》说:"柔弱者道之要也。"《诠言训》说:"执后者,道之容也……后之制先,数也。"此外,仁义、法等都是人道。

道规律是客观的,人们不能违背它。"夫道者,无私就也,无私去也,能者有余,拙者不足,顺之者利,逆之者凶。"④道的规律不依人的好恶为转移,对人类社会的影响却是巨大的,因此,《淮南子》指出,"唯体道能不败",主张"举事而顺于道"⑤。人们的行为只

---

① 《淮南子·泰族训》。
② 《淮南子·泰族训》。
③ 《淮南子·天文训》。
④ 《淮南子·览冥训》。
⑤ 《淮南子·俶真训》。

要能够循道,就可以避免失败。

(2) 道的特征

《淮南子》认为,道之所以能生万物,并成为规律是由它的两个重要特征决定的。

第一,道无形无象而又实存。

道是无形无象的。"大道无形"①,"视之不见其形,听之不闻其声,循之不得其身","其动无形","其行无迹";"忽兮恍兮,不可为象兮","幽兮冥兮,应无形兮"②。道没有具体形状,无边无际,眼见不到,耳听不到,手摸不着。这种无形象性有两重含义:含义之一,是说道作为世界的原始状态,它是浑然不分的,所以又称之为"一"。含义之二,是说道作为万物运动的总规律是内在的。这两重含义说明道并不是虚无,而是一种无形的实存。"若无而有,若亡而存。万物之总,皆阅一孔;百事之根,皆出一门","夫无形者,物之大祖也。……是故有生于无,实出于虚"③。正因为道无形无象而实存,所以它才能成为有形万物的本原。

第二,道无所不在,运动不息。

道是无限的存在。"夫道者,覆天载地,廓四方,柝八极,高不可际,深不可测,包裹天地,禀授无形……舒之幎于六合,卷之不盈于一握。"④"道至大者无度量。"⑤"道至高无上,至深无下,平乎准,直乎绳,圆乎规,方乎矩,包裹宇宙而无表面,洞同覆载而无所

---

① 《淮南子·诠言训》。
② 《淮南子·原道训》。
③ 《淮南子·原道训》。
④ 《淮南子·原道训》。
⑤ 《淮南子·齐俗训》。

碍。"①道在空间上可大可小,可伸可缩,可聚可散,可盈可虚,包容一切;在时间上无始无终,亦无穷尽。但道生生不息地运动着,由始初状态发展演化成有形万物,正是在这永恒的运动过程中,道才不断演化产生宇宙万物。

(3) 道与几个概念的关系

道与太一

《吕氏春秋》说:"道也者,至精也,不可为形,不可为名,强为之,谓之太一。"②《淮南子》同《吕氏春秋》一样,也使用太一范畴。太一又称为一,它是产生天地万物的本体。太一的特征是浑沌无形。"洞同天地,浑沌为朴,未造而成物,谓之太一。"③太一广大浩渺,浑沌纯朴,它不有意造作,却形成万物,这个太一是就道的无形无象而言的。天地万物由无形的太一产生,也可以说"有形出于无形"④,或者说"无形而生有形"⑤。无形的太一涵盖天地万物,成为天地万物的本根。因此,在本原论的意义上,太一相当于道。

道与阴阳

《老子》说:"万物负阴而抱阳"⑥,以阴阳说明万物的构成。《淮南子》进一步认为,道包含有阴阳两个对立的方面,阴阳相摩相荡而演化出万物。《天文训》说:"道始于一,一而不生,故分而为阴阳,阴阳合和,而万物生。"《览冥训》说:"故至阴飂飂,至阳赫赫,两者交接成和,而万物生焉。"在道生成天地万物的过程中,也

---

① 《淮南子·缪称训》。
② 《吕氏春秋·大乐篇》。
③ 《淮南子·诠言训》。
④ 《淮南子·说山训》。
⑤ 《淮南子·俶真训》。
⑥ 《老子·四十二章》。

存在阴阳变化,"古未有天地之时,惟像无形。……乃别为阴阳,离为八极,刚柔相成,万物乃形"①。"天地以设,分而为阴阳,阳生于阴,阴生于阳,阴阳相错,四维乃通,或死或生,万物乃成。"②道在永恒的运动中,又与阴阳变化相伴相随,"夫太上之道……与刚柔卷舒兮,与阴阳俯仰兮"③。这种与阴阳变化相伴随的道,就是事物运动发展的规律。因此道又是阴阳之道。由此可见,阴阳变化是道的内容。

道与无为

无为在《老子》和《庄子》里都有解释,《淮南子》对无为范畴作了与老庄不同的新解释。"何谓无为?智者不以位为事,勇者不以位为暴,仁者不以位为患,可谓无为矣。"④"所谓无为者,不先物为也。所谓无不为者,因物之所为也。"⑤就是一切依循道的原则、规定行事,不人为地做违背道规律和道本性的事,"私志不得入公道"⑥。可见《淮南子》阐释的无为,不是凝滞不动,而是因道而为,循道而行。所谓"无为为之,而合于道",就是说无为是道的要求和内容,顺应自然而做的事和道契合;而"达于道者,反于清净,究于物者终于无为"⑦。通达道的人,能返回到清净的天性;深究道规律的人,能归宿到无为。所以说,"无为者,道之宗"⑧。无为是道的重要原则。

道与仁义礼乐

---

① 《淮南子·精神训》。
② 《淮南子·天文训》。
③ 《淮南子·原道训》。
④ 《淮南子·诠言训》。
⑤ 《淮南子·原道训》。
⑥ 《淮南子·修务训》。
⑦ 《淮南子·原道训》。
⑧ 《淮南子·主术训》。

仁义礼乐是儒家大力提倡的政治伦理原则和规范。《老子》说:"大道废,有仁义。"①"故失道而后德,失德而后仁,失仁而后义,失义而后礼,夫礼者忠信之薄而乱之首。"②《淮南子》对此也有解释和发挥,如《齐俗训》认为:"率性而行谓之道,得其天性谓之德,性失然后贵仁,道失然后贵义。是故仁义立而道德迁矣,礼乐饰则纯朴散矣,是非形则百姓眩矣,珠玉尊则天下争矣。凡此四者,衰世之造也,末世之用也。"但是《淮南子》并不同意《老子》的"绝仁弃义",它认为仁义礼乐不仅是客观存在的,而且是为天下、治国家所不可缺少的。《本经训》说:"仁者,所以救争也;义者,所以救失也;礼者,所以救淫也;乐者,所以救忧也。"在仁义礼乐与道的关系上,主张仁义礼乐必须服从道和德,"仁义不能大于道德,仁义在道德之包"。如果离开道与德,就不能解决治理国家、防淫止乱的问题。所以治国必须"持以道德,辅以仁义"③。

道与法

法家主张"以法为本"④,"一断于法"⑤。《淮南子》承认法在治国中的作用,"法者,天下之度量,而人主之准绳也"⑥。有了法,才能赏善罚恶,诛奸禁暴,因此,把君主乘势行法,当做"主术"的重要手段。但法不能易风移俗,治正人心,因而不能一味严刑重罚。法必须顺自然之道,才能起到应有的作用。"刑罚不足以移风,杀戮不足以禁奸,唯神化为贵,至精为神。"⑦这里"神化"是表现最精粹道术的感化、教化。顺自然之道,做到诛而无怨,这才是

---

① 《老子·十八章》。
② 《老子·三十八章》。
③ 《淮南子·览冥训》。
④ 《韩非子·饰邪》。
⑤ 《史记·太史公自序》。
⑥ 《淮南子·主术训》。
⑦ 《淮南子·主术训》。

道的要求,"制而诛之者,法也。民已受诛,怨无所灭,谓之道。"①可见,法也是服从于道的。

《淮南子》的道论以道家和其他黄老学说为宗,兼采儒、法、阴阳等家的思想,成为新道家最为完善的道论。目的是寻求维护汉王朝统一和稳定的理论方案,为适应社会大一统的现实需要服务。

(二)《淮南子》的宇宙论

(1) 宇宙形成说

《淮南子》吸收了战国至汉初的自然科学的最新成果,发挥其极高的想象力和推断力,穷究天地,剖析宇宙演化,站在新道家的立场上总结出当时最为系统的宇宙演化和万物发生学说。

对于宇宙万物的生成过程,《天文训》有六阶段和三阶段论,《精神训》有五阶段论,《俶真训》有大小两个三阶段论,说法虽然各不相同,但揭示的宇宙演化的基本过程是一致的,都包括了从混沌未分的道,分化出天地阴阳,而后产生万物这三个最主要的发展环节。

第一环节指天地未分前的混沌一体的状态,这种状态称为"太昭"②。太昭又分成道—虚廓—宇宙—元气几个层次。在这个环节中,道、虚廓、宇宙、元气都是"无形",没有具象。第二个环节指产生天地、阴阳的阶段,由于元气有一定的形态和界域,它逐渐向两极演变,清阳之气上升形成天,重浊之气凝结变成地。天和地的精气融合起来形成阴阳。第三个环节指产生万物的阶段。万物皆由阴阳变化而成:

---

① 《淮南子·诠言训》。
② 《淮南子·天文训》。

阴阳之专精为四时,四时之散精为万物。积阳之热气生火,火气之精者为日。积阴之寒气为水,水气之精者为月,日月之淫为精者为星辰。①

天之偏气,怒者为风;地之含气,和者为雨。阴阳相薄,感而为雷,激而为霆,乱而为雾。阳气胜则散而为雨露,阴气胜则凝而为霜雪。②

古未有天地之时,惟像无形……有二神混生,经天营地……于是乃别为阴阳……万物乃形。烦气为虫,精气为人。③

《淮南子》对天地万物形成过程的描述可用下图表示:

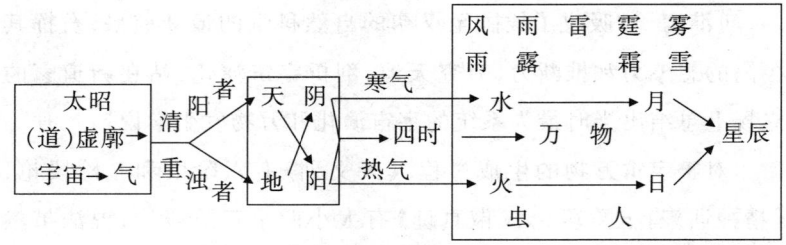

这一宇宙万物生成系统的间架结构成为以后整个中国封建时代宇宙论的传统格式和基本框架。

《淮南子》以宇宙形成系统为基础,进而完成了天地万物产生及发展的理论体系。这一理论体系,由于受当时自然科学发展水平的限制,使它带有浓厚的直观想象成分,显然不科学,不符合实际,但它修正和完善了前人的理论,力图给宇宙万物形成发展学说以唯物主义的解释。其有以下几个特点:

第一,强调生成宇宙万物的"道"是物质的。老子提出了宇宙万物的生成问题,不过他的思维模式是:道等于无,"天下万物生于

---

① 《淮南子·天文训》。
② 《淮南子·天文训》。
③ 《淮南子·精神训》。

有,有生于无"①,"道生一,一生二,二生三,三生万物"②。新道家提出道即太虚,"虚无形,其裻冥冥,万物之所从生"③,将道生万物引向了唯物主义的解释。《淮南子》站在新道家的立场上,对老子的观点进行了修正。《淮南子》在《天文训》中说"道始于虚廓","道始于一",显然"道"和"虚廓"、"一"基本上是同义语。虚廓经过"生宇宙,宇宙生元气",然后形成天地万物;"一"也是这样,"一也者,万物之本也"④,它们和"道"同是生成宇宙万物的东西。而"虚廓"和"一"都是通过"元气"的作用和阶段生成万物。"元气有涯垠,清阳者薄靡而为天,重浊者凝滞而为地。"⑤元气具有边际,向轻清和重浊两极分化,最后形成天地。"一而不生,故分而为阴阳,阴阳合而万物生。故曰:一生二,二生三,三生万物。"⑥"一"不直接生物,所以分出阴阳二气,阴阳二气的和谐统一,便产生出万物。这说明"虚廓"、"一"和"道"都是一种物质的"气"。这就是《天文训》引《老子》那段著名原文时,有意不引"道生一"的原因。《淮南子》将"道生一"改为道等于一,道就是一,否定了老子"有生于无"的主张,这样便把《老子》中关于"道"的超自然性的成分析除出去了,它不再是"一"的生有者,而是与"一"有同等品格的东西。"道始于一","道"寓于"一"之中,使"道"兼有物质实体和规律的双重意义,这也是对老子把"道"逻辑地说成先自然而存在的否定。《淮南子》明确将元气说引入宇宙论,成为后来王充元气自然论的先驱。

---

① 《老子·四十章》。
② 《老子·四十二章》。
③ 《经法·道法》。
④ 《淮南子·诠言训》。
⑤ 《淮南子·天文训》。
⑥ 《淮南子·天文训》。

《淮南子》在修正老子"道"时,利用了老子思想资料。"道"、"虚廓"、"一"在化生万物之前是处于混而未分的原初状态,这种状态是无形的。所以《原道训》也说:

> 夫无形者,物之大祖也……所谓无形者,一之谓也……夫无形而有形生焉……是故有生于无,实出于虚。

实际上这里"有生于无"之"无"不是"虚无",只是"无形"。因为不仅"元气"是物质的,生"元气"的"一"、"虚廓"、"道"也是物质的,不过是原初物质"甚纤而微",看不见,听不到,摸不着,几乎是无形罢了。可以把它们理解为物质的抽象,因此也可以称之为"虚"或"无"。关于这一点《俶真训》说得是很明白的:"物莫不生于有","无形而生有形",就是说,万物没有不是从"有"开始的,但最初的"有"又处在一种无形的状态。

《淮南子》还发挥《庄子·齐物论》关于宇宙生成过程的猜测,改造了庄子"万物出乎无有,有不能以有为有,必出乎无有"①的观点,认为由原初物质混沌的"道",发展形成宇宙万物。《淮南子》在《俶真训》中说:

> 所谓"有始者",繁愤未发,萌兆牙蘖,未有形埒,垠堮,无无蠕蠕,将欲生兴而未成物类。"有未始有有始者",天气始下,地气始上,阴阳错合,相与优游竞畅于宇宙之间;被德含和,缤纷茏苁,欲与物接而未成兆朕。"有未始有夫未始有有始者",天含和而未降,地怀气而未扬,虚无寂寞,萧条霄霓,无有仿佛,气遂而大通冥冥者也。

这里采用向前推导的方式,将宇宙万物的演化由近及远分为三个阶段,对每个阶段"道"的具体物质形象进行了描绘:在最远的"有未始有夫未始有有始者"阶段,整个宇宙还处于一片"冥冥"的混

---

① 《庄子·庚桑楚》。

沌之中，但混沌的"道"开始形成天地，天"含和"着阳气，地"怀藏"着阴气。在较远的"有未始有有始者"的阶段，这时"天气始下，地气始上"，阴阳二气在整个宇宙间"相与优游"，万物正酝酿发展形成之中。在近的"有始者"阶段，万物"未发，萌兆牙蘖……无无蠕蠕，将欲生兴而未成物类"，但这未成形的万物中充满着物质的道。与此同时，《俶真训》还叙述了从"无"到有的另外三个阶段。"有有者"是现实世界动植万物生意葱茏的景象，"有无者"是广大宇宙空间寂寥自运、无从感知的景象，这两者，都是对现实世界不同侧面观察看到的景象。"有未始有有无者"，这是"有有者"前的一个阶段，这时天地已经形成，万物由"无"到有地陶冶形成之中。而"有未始有夫未始有有无者"这是天地还没有分开，具体的宇宙万物还没有产生的混沌一体的无形状态。从以上两个三阶段看来，《淮南子》认为，宇宙万物都是由物质的混沌体"道"构成的，宇宙是永恒的物质世界。

第二，强调阴阳二气在万物产生过程中的重要作用。道家特别是新道家将阴阳说引入宇宙万物生成论中，《老子》说："万物负阴而抱阳，冲气以为和。"[①]《吕氏春秋·大乐篇》："太一出两仪，两仪出阴阳。阴阳变化，一上一下，合而成章。""万物所出，造于太一，化于阴阳。"《淮南子》更是这样做的。关于《淮南子》论阴阳变化是道的主要内容已在前面"道与阴阳"中有所论述。这里，从阴阳二气在万物生成过程中扮演的重要角色，来看阴阳二气在万物生成论中的作用。

《淮南子》所构筑的宇宙万物形成系统中，阴阳是分别由天地产生的两种气。万物都是阴阳二气所造成的。阴阳产生万物遵循

---

① 《老子·四十二章》。

着"阳施阴化"①的原则。阳气是一种吐气,向外释放能量;阴气是一种含气,向内蓄积能量。所以阳释放出万物生成所需的素质,阴则吸收阳给予的素质后具体地生成万物。就天地而言,天是阳,释放出万物生长必需的素质如阳光,具体地孕育万物则通过地(阴)来实现。就动植物而言,雄是阳,给予生殖必需的素质精,而雌是阴,吸收它而繁殖后代。但是阴阳对生成万物的作用并不是绝对的。天地本身是阴阳的结合体,天地各自内部阴阳的共同作用才能成其德,促成万物生长。"是故天不发其阴,则万物不生;地不发其阳,则万物不成。"②而且阴阳本身也存在着相互依存、相互产生的关系。"天地以设,分而为阴阳,阳生阴,阴生阳,阴阳相错,四维乃通,或死或生,万物乃成。""夏日至则阴乘(依附)阳,是以万物就而死。冬日至阳乘阴,是以万物仰而生。"③《淮南子》将朴素唯物主义的阴阳学说与宇宙万物生成理论紧密结合起来,极大地丰富和发展了阴阳学说。同时,它站在新道家的立场上,继承了早期阴阳说中贵阴的观念,坚持了道家贵阴处柔的主张。这与同时代董仲舒建立的"阳尊阴卑"的阴阳学说形成鲜明对照。

第三,强调水是生命形成的前提。水是生物所不可缺少的重要物质,人们在生产、生活实践中很早就认识到它对生物生长发育不可或缺的作用,并抽象出水是世上最基本物质的观念。《尚书·洪范》将水列为五行之首,《管子·水地》更指明"水"是"万物之本原也,诸生之宗室也"。"人,水也,男女精气合,而水流形。"《淮南子》将水纳入宇宙万物形成系统中,系统地论述了水在万物生成过程中的作用,在前人的基础上大大前进了一步。《原道训》赞扬了

---

① 《淮南子·天文训》。
② 《淮南子·天文训》。
③ 《淮南子·天文训》。

水的品德和作用:

> 天下之物,莫柔弱于水。然而大不可极,深不可测。修极于水穷,远沦于无涯。息耗减益,通于不訾。上天则为雨露,下地则为润泽。万物弗得不生,百事不得不成。……与万物始终,是谓至德。

这是继承道家崇尚水德的理论。自从水产生之后,才开始出生入死,自无蹠有,自有蹠无的有形生命之链的循环。《地形训》则进一步论述了这个过程:

> 暖湿生容,暖湿生于毛风,毛风生于湿玄,湿玄生羽风,羽风生暖介,暖介生鳞薄,鳞薄生暖介。五类杂种兴乎外,肖形而蕃。

宇宙有了水之后,开始出现一种湿润之气,叫湿玄,生物直接从这里产生。这说明水是生物起源和进化的前提。各类物种的起源如暖湿、暖介都与水有关。《地形训》介绍的这一过程可以图示如下:

```
         ↗ 毛风→暖湿→容(人类祖先)
   湿玄
         ↘ 羽风→暖湿→暖介→鳞薄
```

《淮南子》认为各种生物都来源于一种湿润细微的水汽的物质,这和现代科学关于地球上的生命从水中产生的假说有相通之处。其说虽是不合科学的说法,但肯定物质的东西是生物的起源,无疑是朴素唯物主义的说法。另外,关于生物的进化,作者已意识到各类自然物从原始状态到高级状态的进化规律。

(2) 天人关系说

天人关系是古代思想家一直探讨的问题,新道家的思想家们也不例外,他们除了论"道"之外,也必"究天人之际",以便使自己的种种议论和见解,建立在更可靠的哲学思想基础之上。《吕氏春秋·序意篇》中说：

> 文信侯曰：尝得学黄帝之所以诲颛顼矣，爰有大圜在上，大矩在下，汝能法之，为民父母。盖闻古之清世，是法天地。凡十二纪者，所以纪治乱，所以知寿夭吉凶也，上揆之天，下验之地，中审之人，若此则是非可不可无所遁矣。

这段话可以看做是《吕氏春秋》的主旨。这里"大圜"指天，"大矩"指地，而它是把天和人、天道和人道，贯串起来一并考虑和说明，它认为人世间的是和非，可或不可，都须通过考察天、地才能得到正确的答案。司马迁写作《史记》自认为也是这个目的，他在《报任安书》中说：

> 以究天人之际，通古今之变，成一家之言。

这些言论极为典型地道出了新道家著书的目的和所关注的问题。《淮南子》的意思完全和他们一样，在《要略》中有反复表述：

> 夫为作书论者，所以纪纲道德，经纬人事，上考之天，下揆之地，中通诸理。……故著二十篇。

> 故著书二十篇，则天地之理究矣，人间之事接矣，帝王之道备矣。

> 若刘氏之书，观天地之象，通古今之事，权事而立制，度形而施宜。……故置之寻常而不塞，布之天下而不窕。

这显然是把人事、政论与天道紧密联系的天地之理。

《淮南子》在道家（尤其是庄子）思想的基础上，广泛吸取当时自然科学知识及新道家思想，完成了系统复杂的天人关系学说的理论体系。其学说具有以下特点：

第一，在天人关系上，以人为中心，为人的一切找自然的依据。在《淮南子》的天人关系学说中，最基本的一点就是把人与天的结构直接相比附，认为人的生理结构、情性道德都与天的结构、功能相类似和对应。《精神训》说：

>头之圆也像天,足之方也像地。天有四时、五行、九解、三百六十六日,人亦有四支、五藏、九窍、三百六十六节。天有风雨寒暑,人亦有取与喜怒。故胆为云,肺为气,肝为风,肾为雨,脾为雷,以与天地相参也,而心为之主。

因为人的身体结构,是与天地相参,所以就可以说:"天地宇宙,一人之身也,六合之内,一人之制也。"①人的身体就像一个小宇宙,人体、精神与天相类似,也可以说人与天相通:"遭急迫难,精通于天。"②"人主之情,上通于天。"③"天之与人,有以相通也,故国危亡而天文变,世惑乱而虹霓见。"④不仅人可与天相通,而且天的作用,往往要通过人而得以实现。如:天地之和合,阴阳之陶化万物,皆乘人气者也。⑤ 这实际是把以天为中心的天人关系,转到以人为中心的天人关系。

为了为人世间以帝王为中心的统治寻找依据,《淮南子》在《天文训》中,设计出了上天世界有一整套严密的组织结构,如上天分为九个区域,二十八星宿分属这九个区域。这当本于人世的九州,又如,天上有木、火、土、金、水五星分别管理上天东南中西北五方,每方都有一个天帝和辅佐之臣,其中中央的天帝是黄帝,负责统领四方。这当本于世间以帝王为中心的统治机构。

第二,天是自然的天,人的活动必须遵循天道自然的原则,不能违背自然规律,否则就要受到自然的惩罚。在前面"宇宙万物形成说"中我们论述了《淮南子》关于天的自然生成与发展。天在其生成发展演变中有自身的规律,不存在神灵的作用制导,没有人为

---

① 《淮南子·本经训》。
② 《淮南子·览冥训》。
③ 《淮南子·天文训》。
④ 《淮南子·泰族训》。
⑤ 《淮南子·本经训》。

的痕迹。正是这种无形的规律,使得天行有常。人们的活动必须遵循天道自然的原则和规律。如《淮南子》认为,天体年复一年周而复始地运行,形成各种不同季节时令的次第更换。人们在天规律性的运行中,应有与之相适应的政治活动。《天文训》说:

> 太阴治春,则欲行柔惠温凉;太阴治夏,则欲布施宣明;太阴治秋,则欲修备缮兵;太阴治冬,则欲猛毅刚强。

就是说人们必须根据不同的时节,进行不同的政治活动。在《时则训》里,作者按四季十二个月的时间顺序,逐季逐月记叙"时则"规律,包括天象、气候、物候、农事等,并在叙时则时,穿插叙述天子依据时则制定施行的政令,这是古代遵循天道规律从事以农业为中心的生产活动和以天子为中心的政治活动的经验总结。

《淮南子》认为,哪里能遵循天道规律,经济、政治治理得好,则哪里就会风调雨顺,国泰民安;哪里治理不好,天就会降下灾异。《天文训》说:

> 人主之情,上通于天。故诛暴则多飘风,枉法令则多虫螟,杀不辜则国赤地,令不收则多淫雨。

认为人们不按天道规律办事,就会受到上天的惩罚。而上天的惩罚,又是任何人都没有办法逃避的。《览冥训》说:

> 上天之诛,虽在圹虚幽闲,辽远隐匿,重袭石室,界障险阻,其无所逃之亦明矣。

在天道规律面前,《淮南子》认为应顺天之为,自然无为,当然不是寂然不动,而是因势利导。就这一点来说,它不同于老子的无为论,而比较类似于晋代郭象的"无为论"。这种"无为"就是"私志不得入公道"①,摈弃个人主观嗜欲和偏见,遵循客观规律办事。

---

① 《淮南子·修务训》。

"故达于道者,不以人易天。"①这才是人自然无为的态度。

《淮南子》天人关系说,有唯物主义的意义,也含有"天人感应"的唯心主义因素。它所指的"天",包容了神学意义上的"天"和自然之"天"。它所说的天人感应是一种双向交感,既有天主宰人世的一面,也有人的至精可以感动上天的一面。其主导倾向,在于强调人的活动必须遵循客观规律,否则就会受到自然的惩罚。这与全书主张的以道为核心的自然和以无为为纲的政治论是一致的。在封建中央皇权日益加强,没有人能监督帝王行为的条件下,《淮南子》利用"天"的惩罚来约束统治者的嗜欲,规范他们的行为,也有一定积极意义。这与董仲舒的维护君权神圣为目的的以"王"为中心的天人感应理论有原则的区别。

(3) 地人相关说

大地养育万物,地理环境与人类息息相关。很早人们便把地面的自然现象及其规律称为"地道",与天道、人道并称。《易·系辞》说:"易之为书也,广大悉备。有天道焉,有人道焉,有地道焉。"《淮南子》运用当时进步的自然地理和人文地理知识,结合阴阳五行学说,建立了与天人关系乃至整个宇宙生成理论相配套的地人关系说。作者从人类是天地的派生物,人类要适应地理环境的思想出发,特别论说了地理环境对人的影响。

第一,《淮南子》认为不同的地理位置为人们提供了不同的生存环境和物产。《地形训》对大地环境作了充满想象成分的描述:根据天圆地方说,认为大地是一个巨大的板块,东西宽二万八千里,南北宽二万六千里。大地的中央部分叫"九州",也就是中国。九州之外,分别扩展到"八殥"、"八纮"、"八极",九州之内分布着

----

① 《淮南子·原道训》。

九山、九塞、九薮、六水及相关的数十条河川。又用"八风"说明了气候状况。在大地上生活着不同人种、种族,他们的长相及生理状况各不相同,除中国外,分布于海外的有三十六国。《地形训》还认为,不同地理位置出产的物品也是不同的。这一方面由于气候不同,出产的物品就不一样,如北方种麦,南方产稻。另一方面,由于各地地形、土质,甚至阴阳属性不同出产的物品也不一样,所谓"山为积德,川为积刑;高者为生,下者为死;丘陵为牡,溪谷为牝"就是指不同阴阳属性,所以其出产物品从种类到品质都有所不同。这些论述有不科学的地方,也有许多合理的成分,代表了当时自然科学知识的水平。它说明地理环境决定人们生存条件的千差万别。

第二,《淮南子》认为不同的地理环境对人的生理、心理、风习有着巨大影响。《地形训》把不同的地理环境、不同的人种、人们不同的生活习性甚至不同的智能联系起来,提出了系统的地人相关说,认为不同的地理环境决定人们的性格,甚至决定人们的生理和心理特征。如:

> 是故山气多男,泽气多女,障气多喑,风气多聋,林气多癃,木气多伛,岸下气多肿,石气多力,险阻气多瘿,暑气多夭,寒气多寿,谷气多痹,丘气多狂,衍气多仁,陵气多贪,轻土多利,重土多迟,清水音小,浊水音大,湍水人轻,迟水人重,中土多圣人。皆象其气,皆应其类。

《地形训》中的这些描述,力图揭示和探索地人关系,但由于当时科学水平的限制,论述中有许多主观臆测、牵强附会的成分。

(三)《淮南子》的政治论

《淮南子》和《吕氏春秋》、《新语》一样,是秦汉时期新道家的代表作,也可以称为政论书。它们的主要目的是阐述新道家的政治主张和政治理论。《淮南子》作为新道家理论和实践的总结性著作,其政治论尤为令人关注。

(1) 无为论

无为是《淮南子》政治论的基本原则。《淮南子》(不计《要略》)共 20 篇,在 20 篇中,仅《天文训》、《地形训》、《时则训》等三篇没有明确讲到"无为",但这 3 篇的精神也与"无为"有关。如《天文训》的目的是"使人有以仰天承顺,而不乱其常者也"①,《时则训》"使君人者知所以从事",顺应天时,什么时候干什么事,"因循仿依,以知祸福,操舍开塞,各有龙忌,发号施令,以时教期"。②因此,可以说无为论贯串全书始终,成为全书的指导思想。

"无为"一词来源于《老子》,《老子》主要从"无争"和"无欲"的意义上揭示了"无为而治"的内涵,其"无为"有顺应客观态势,以柔克刚、以静制动、以后制先的含义,但其主导方面是崇尚自然而贬黜人事,提倡绝圣弃智,退让自保,反对人们积极从事认识和实践活动。庄子进一步发展了老子"无为"观中的消极因素,认为人在自然面前毫无作为,只能听任命运的摆布,所谓"无以人灭天,无以故灭命"③便是一例。《吕氏春秋》、《慎子》、《经法》、《文子》等书吸取道家无为思想的积极因素并加以发展,扩大了无为的含义,提出因势利导,君无为而臣无不为等内容的新的无为观。《淮南子》从老庄道家无为思想出发,吸收儒、法各家的某些理论,总结和完善了新道家的无为观,形成更系统、更全面的新道家无为论。

新道家学者司马谈的《论六家要旨》评论了新道家的无为论,

---

① 《淮南子·要略》。
② 《淮南子·要略》。
③ 《庄子·秋水》。

它说:

> 道家无为,又曰无不为。其实易行,其辞难知。其术以虚无为本,以因循为用。无成势,无常形,故能究万物之情。不为物先,不为物后,故能为万物主。有法无法,因时为业。有度无度,因物与合。①

这里司马谈的所谓"道家",不是指的以老庄为代表的道家,而是指的新道家。新道家所说的"无为",又可说是"无不为"。这一理论文辞上似乎难以理解,实际上易于实行。这种理论以"虚无"为基本特征,以"因循"自然规律和社会法则为应用原则。它正因为没有现成不变的模式,所以能穷究天地万物的真谛,它要求为政行事既不超于事物未萌之前,又不落于事物发展之后,这样恰如其时地行动才能成为万物主宰。"法"和"度"都要因时、因物而变,使其与之相配合。《淮南子》的无为论与司马谈所论其"术"根本一致,具有以下特点:

第一,《淮南子》的无为论,也是以老庄道论为基础,以清静、虚无、自然为基本特征,要求为政行事者"修其本"、"秉其要"、"返于朴"、"达于道",以达到"无为而无不为"的目的。

《淮南子》认为"无为"是"道"应用于人类社会政治活动中的体现,也是道对人们行事为政的基本要求:

> 无为者,道之宗。②

> 无为为之,而合于道。③

> 达于道者,反于清净,究于物者终于无为。④

这里说无为是道的主要内容和重要原则,以"无为"去行事就与

---

① 《史记·太史公自序》。
② 《淮南子·主术训》。
③ 《淮南子·原道训》。
④ 《淮南子·原道训》。

"道"契合,而通达道的人,是能返回到清净的天性,深究事物规律的人,能归宿到无为。可见《淮南子》的无为论是以其道论为基础的。

道的特征是无形无象,道生出天地万物,并不是有意识地这样,而是顺其自然;生成天地万物之后,也不以产生者自居,不把由它产生的事物拥为己有,即所谓"太上之道,生万物而不有,成化像而弗宰"①。而以道论为其基础的无为也具有与之相似的特征。

《主术训》开头就把无为的基本特征说得很明白:

> 人主之术,处无为之事,而行不言之教,清静而不动,一度而不摇,因循而任下,责成而不劳……进退应时,动静循理,不为丑美好憎,不为赏罚喜怒,名各自名,类各自类,事犹自然,莫出于己。

这里点明了为君之道,应该是实行无为而治,而无为的特征是清静、虚无、自然。君主清静不浮躁,坚守自然法则不动摇,不动口说教而使人民自然感化。采用虚无、清静的手法,进退适合时宜,动静遵循事理,不因美丑而产生好、恶之心,也不因赏罚而表现喜、怒之情。对事物的名称、分类都应顺随各自的名称和分类,办事顺从自然,而不由君主个人决定。

由清静、虚无、自然这一基本特征,还可连带出无为的其他特征。如"所谓为善者静而无为也,所谓为不善者,躁而多欲也"②。因为"静而无为"与"躁而多欲"相对称,就引出无为必须"寡欲"的特征。又如"圣人守清道而抱雌节,因循应变,常后而不先,柔弱以静,舒安以定,攻大石礪坚,莫能与之争"③。又引出"后""柔"等

---

① 《淮南子·原道训》。
② 《淮南子·泛论训》。
③ 《淮南子·原道训》。

特征。此外,诸如"易"、"简"、"去智"、"保真"等都是无为的特征。这些基本特征,正是司马谈《论六家要旨》中总结的新道家无为论"其术虚无为本"的基本宗旨。这些基本特征大都是吸收老庄道家无为思想而得。为了达到"无为无不为"的目的,《淮南子》的无为论有更为积极的展开。

第二,《淮南子》的无为论极为重视规律、法则,以因循自然规律和社会法则为应用原则。

《淮南子》认为宇宙万物都由"道"所生,然而"道"生万物又是自然而然地化生出来的,所以把这个原理应用到社会政治上,人生和政治又何尝不可听其自然变化呢?《原道训》说的"万物固以自然,圣人又何事焉"就是这个意思。《原道训》给"无为"下定义说:

> 所谓无为者,不先物为也。所谓无不为者,因物之所为也。所谓无治者,不易自然也。所谓无不治者,因物之相然也。

这里表明"无为"、"无不为"和"无治"、"无不治"的根本点是一致的。所谓"无为",就是不在事物自然变化之前去胡乱行动;所谓"无不为",就是顺应事物的自然本性而恰当行动。所谓"无治",就是不改变自然;所谓"无不治",就是遵循事物适宜的条件而适当行动。总之,"无为无不为"、"无治无不治",就是遵循自然规律,因时制宜,待时而动。这一思想,正是司马谈《论六家之要旨》中总结新道家无为论的"以因循为用……不为物先,不为物后,故能为万物主"的基本宗旨。《修务训》从"道论"直接引申出它的与老庄道家不同的无为:

> "无为者,寂然无声,漠然不动,引之不来,推之不往。如此者,乃得道之像。"吾以为不然。……若吾所谓无为者,私志不得入公道,嗜欲不得枉正术,循理而举事,因资而立功,推自然之势,而曲故不得容者。

这里"吾以为不然",明确地表明了作者的态度。在他们看来,"无为"并不是什么也不做,无所作为;而是个人意志不得干扰自然之公理,个人情欲不得蒙蔽正当的道术,遵循自然之理来做事,依据实际条件来成就功业,依顺自然趋势,而诈巧不能参与其中。这样的解释,从理论上破除了把"无为"视为无所作为的旧观念,反映了《淮南子》作者对于老子"无为"思想的积极改造,反映了新道家不同于老庄道家的一个重要特点。

在《淮南子》无为论中,突出地强调了"因"的思想。所谓"因"或"因循",有依据、遵循、继承之意,要求为政行事随物、顺势、依时而动,即要遵循自然规律和社会发展客观实际去办事。

在政治论上,儒、道、法三家都用"因"观念。《淮南子》主要继承和发挥稷下学派和《吕氏春秋》关于"因"的思想。《泰族训》说:

> 圣人之治天下,非易民性也,拊循其所有而涤荡之。故因则大,化则细矣。禹凿龙门,辟伊阙,决江浚河,东注之海,因水之流也。后稷垦草发菑,粪土树谷,使五种各得其宜,因地之势也。汤、武革车三百乘,甲卒三千人,讨暴乱,制夏、商,因民之欲也。故能因,则无敌于天下矣。

这段话中"故因则大,化同细矣"分明出自《慎子·因循》:"天道因则大,化则细。"而其基本论点"能因则无敌于天下"和"因水之流"、"因民之欲"等许多具体事例都与《吕氏春秋·贵因》开头所论基本相同。

但是《淮南子》的"因"理论更加深广。它先从"道法自然"出发,把"因"与自然联系起来。《淮南子》认为天地万事万物都有自然性势,不改变自然性势,与之协调,就是"因"。"因"的作用很大,"因则大,化则细","能因,则无敌于天下",《主术训》也说:"循道理之数,因天地之自然,则六合不足均也。"它再从"因"的作用出发,把"因"与"无为"联系起来。《原道训》说:"天下之事不可为也,因其自然而推之;万物之变不可究也,秉其要归之趣。"认为这个归本秉要、无为而无不为的无为之治,就是"因其自然而推之"。并把"无为"、"无不为"、"无治"、"无不治"分别解作"不先物为也","因物之所为","不易自然也","因物之相然也",也就是不按个人主观意志和欲望办事,而是遵循自然规律、法则办事。《修务训》也用"因"来定义"无为",说"无为"就是"循理而举事,因资而立功"。可以说,"因"是《淮南子》无为论的核心思想,只要因其所宜而用之都是"无为"。它最后从"因"是无为论的核心思想出发,把"因"作为无为论的应用原则推广到一切人事上,认定凡是一切事功没有不用"因"而成功的。《淮南子》认为:"三代之所道者因也。"[1]大禹治水"因水以为师"[2],"因水之流"[3],神农播谷是"因苗以为教"[4],后稷垦殖"因地之势"[5],汤、武取天下是"因民之欲"[6],这些都是三代圣王以"因"为用而成功的事例。《淮南子》还认为,在行事为政时要"因物以识物,因人以知人也"[7]。对待自然万物,要因循自然规律,"循道理之数,因天地之自然"[8],如"因高为田,因下为池"[9],要"因其可"、"因其然"[10];对待人事,要因顺民情民性民俗,在礼法教化上要"因民之所喜以劝善,因民之所恶而禁奸","因民之所好而为之节文","因其好色

---

[1] 《淮南子·诠言训》。
[2] 《淮南子·原道训》。
[3] 《淮南子·泰族训》。
[4] 《淮南子·原道训》。
[5] 《淮南子·泰族训》。
[6] 《淮南子·泰族训》。
[7] 《淮南子·主术训》。
[8] 《淮南子·原道训》。
[9] 《淮南子·修务训》。
[10] 《淮南子·泰族训》。

而制婚姻之礼……因其喜音而正雅、颂之声……因其宁家室、乐妻子,教之以顺……因其喜朋友而教之以悌,故长幼有序。然后修朝聘以明贵贱,飨饮习射以明长幼,时搜振旅以习用兵也,入学庠序以修人伦。此皆人之所有于性,而圣人之所匠成也"①。在君驭臣之术上要"因循而任下,责成而不劳"②。在用兵上更要"因势","因与之化"③。另外,整篇《时则训》都是讲的因自然而制人事。

不难看出,以上所说"因"思想的实质,是因循自然规律和社会法则而为政行事。这种"因"思想不仅是《淮南子》无为论的基本观念和核心思想,而且是汉初政治乃至整个汉代制度的核心精神。《淮南子》的无为论注入了"以因循为用"的"因"思想后,便将老庄道家"出世"、"避世"的"无为"改造成为"入世"、"用世"的"无为"了。

第三,《淮南子》的无为论强调人的能动作用,主张待时而变。《淮南子》道论认为,"道法自然"道是"无为"的;然而道生万物,所以它又是"无不为"的。"无为"是道的特性,而"无不为"则是道的作用。以这一理论为基础的《淮南子》无为论,把老子早已显露的"无为而无不为"思想大加阐发和强化,主张在因循自然的同时强调人的能动作用。《原道训》说:

> 所谓天者,纯粹朴素,质直皓白,未始有与杂糅者也;所谓人者,偶𥊍智故,曲巧伪诈,所以俯仰于世人而与俗交者也。

这里的所谓"天"是自然的天,客观存在;所谓"人"是人的主观能动性。虽然它把人的主观能动性看成是消极的,但是它似乎已意识到了自然的作用和人的能动作用同时存在,并在概念上将二者

---

① 《淮南子·泰族训》。
② 《淮南子·主术训》。
③ 《淮南子·兵略训》。

划分开来。《修务训》说:

> 夫地势,水东流,人必事焉,然后水潦得谷行;禾稼春生,人必加功焉,故五谷得遂长。听其自流,待其自生,则鲧、禹之功不立,而后稷之智不用。

这里认为"水东流"依自然西高东低的"地势",但也必须经过人的"事(治理、疏导)"。禾苗庄稼依自然条件生长,但成熟五谷还必须通过人的耕耘管理。这就进一步把因循自然规律同人的能动作用结合起来,缺一不可。甚至,人的能动作用能够改造自然。《修务训》说:

> 夫马之为草驹之时,跳跃扬蹄,翘尾而走,人不能制,龁咋足以噆肌碎骨,蹴蹄足以破卢陷匈。及至圉人扰之,良御教之,掩以衡扼,连以辔衔,则虽历险超堑弗敢辞。

烈马驯化为良马是经过了"圉人扰之,良御教之"等人的作为。这件事告诉我们,只要发挥人的能动作用,客观世界是可以改造的。这比老庄道家大大前进了一步。

在如何发挥人的能动作用上,《淮南子》突出地强调了"待时"。所谓"待时",即等待时机而作为,待时而动,待时而变。《淮南子》认为一个人要发挥主观能动性,不能不特别注意把握时机。《原道训》一再强调:"得在时,不在争。"就是说发挥人的作为关键不在先或后,而在于要抓住时机,时机到了,不问先后该动就动,该变就变。可是掌握时机是很难的,错过时机却很容易。《原道训》说:"时之反侧,间不容息。先之则太过,后之则不逮。夫日回而月周,时不与人游。故圣人不贵尺之璧,而重寸之阴,时难得而易失也。"《诠言训》也说:"时之至不可迎而反也;要遮而求合,时之去不可追而援也。"因此,善于作为的人,一定要善于"待时"。《说林训》说:"圣人者不能生时,时至而弗失也。"《说山训》说:"故圣人畜道以待时。"大禹就很清楚抢时机的重要,为了抓住时机,他"履遗而弗取,冠挈而弗顾"①。

"待时"的目的是为了发挥人的能动作用,更好地有作为,所以《淮南子》中"时"与"变","时"与"动","时"与"治","时"与"举事"连用,对举。如《泛论训》说,"圣人法与时变,礼与俗化",五帝三王"皆因时变而制礼乐","知法治所由生,则应时而变"。《人间训》说,"动不失时","进退应时","应时修备"。《诠言训》说,"内治而待时","有道者不失时与人"。《齐俗训》说:"世异则事变,时移则俗易。故圣人论事而立法,随时而举事。"《原道训》说:"应化揆时。"这些说明,《淮南子》是主张在关键时刻,充分发挥人的能动作用,也就是说,是主张积极有为的。它的待时而变、待时而动的思想应该是采撷法家的,法家以重时求变为传统,如《商君书·更法》说:"各当时而立法,因事而制礼,礼、法以时而定。"《韩非子·五蠹》说:"法与时转……治与时宜。"这些都为《淮南子》所吸取,成为其无为论的重要思想。这一思想,正是司马谈《论六家要旨》中总结新道家无为论"时变是守"②的特征。

《淮南子》无为论,以其道论为基础,几乎全面吸取了老庄道家无为思想及清静、虚无、自然的精神,作为其论说的基本特征;同时在儒、道、法重规律的"因"观念基础上,主要继承和发挥新道家的"因"思想,使之成为其论点的应用原则。甚至把法家的"时变"思想也结合起来使其论说更强调人的能动作用。这种具有自己特点的"无为无不为"的无为论就成为《淮南子》政治论的基本原则。

(2) 民本论

民本论是《淮南子》政治论的着眼点和出发点,它决定了《淮

---

① 《淮南子·原道训》。
② 《史记·太史公自序》。

南子》的政治倾向和政策倾向。

民本思想是一个很古老的思想,先秦诸子尤其是儒家多有论述。新道家也不例外,《吕氏春秋》认为"宗庙之本在于民"①。它有专门一篇《顺民》,其中说:"先王先顺民心,故功名成。夫以德得民心以立大功名者,上世多有之矣。失民心而立功名者,未之曾有也。"《吕氏春秋》的民本思想,强调的是"顺民心"和"得民心",这是当时时代条件的反映,由割据纷争的战国到秦统一,人心的向背尤为重要,所以它说:"欲为天子,民之所走,不可不察。"②"人主有能以民为务者,则天下归之矣。"③

《淮南子》将无为论与历史上的民本思想结合起来,形成了散发出时代气息的新的民本思想。其具有以下特点:

第一,《淮南子》认为民众是立国的根本,并提出"安民"的命题。

《淮南子》的民本论重视民众,以民众为根本。《泰族训》说:

> 国主之有民也,犹城之有基,木之有根;根深则本固,基美则上宁。

就是说,人民是根本,是基础,有了稳固的根基,国家才能巩固,君主统治才得安稳。这种以民为根本的思想在《主术训》中有更为明确的表述:

> 民者,国之本也;国者,君之本也。

这是说,人民是立国的根本,而国家又是君主的根本。这一命题与《吕氏春秋》"主之本在于宗庙,宗庙之本在于民"④相同,它们都

---

① 《吕氏春秋·务本》。
② 《吕氏春秋·功名》。
③ 《吕氏春秋·爱类》。
④ 《吕氏春秋·务本》。

采撷儒家孟子"民为贵,社稷次之,君为轻"①的思想。不过《淮南子》"民者,国之本"的"国"比"宗庙"、"社稷"所代表的封建政权更为明确,在这里再也看不到"天"、"神"的影子了。这一更为明确的命题,不是随意提出来的,而是奎于对民众力量的认识。《泰族训》说:

>所谓有天下者,非谓其履势位,受传籍,称尊号也,言运天下之力,而得天下之心。

>汤、武革车三百乘,甲卒三千人,讨暴乱,制夏、商,因民之欲也。故能因则无敌于天下矣。

这说明民众是一个不可忽视的政治力量,顺应民势,符合民心,就能得天下,反之,失去民心,就会失去天下。民众在国家治乱兴衰中的地位和作用在战国到汉初这段历史里反映得更加明显。在秦的建立与灭亡、汉的建立与走向兴盛中,民众显示出尤为巨大的威力,这给《淮南子》的作者们更现实的深刻教训和宝贵的经验,促使他们重视民众的情绪和要求,这就是这一命题得以发展的社会历史背景。

与以前民本思想不同的是,《淮南子》在提出"民者,国之本"的同时,还强调"食者,民之本"②,因比它又提出了"安民"或者叫"宁民"的命题。《诠言训》说:"为治之本,务在安民。"《泰族训》也说:"故为治之本,务在宁民。"这两句话基本相同,"宁"即"安",都是说"安民"是为政治国的根本。所谓"安民"就是安定民心,使民众安定、安乐。君主如何才能做到"安民"呢?《诠言训》说:

>安民之本在于足用,足用之本在于勿夺时,勿夺时之本在于省事,省事之本在于节欲,节欲之本在于反性,反性之本

---

① 《孟子·尽心下》。
② 《淮南子·主术训》。

于去载。去载则虚,虚则平,平者道之素也,虚者道之舍也。由于"食者,民之本",所以欲安民,首先要使民食用充足,满足他们的生活用度。要满足民众需要,就要求君主不耽误生产时间、省事、节欲、反性(返璞归真)、去载(抛弃精神负担)。这一系列的具体措施都是围绕着"虚"、"平"境界而展开的,即君主无为而治。这是"道"的归宿。

安民从"足用"出发,归宿到"道"虚静无为,这正是新道家政治论的一大特点。《淮南子》"安民"是移用了儒家孔子"安百姓"①的仁民观念,但在具体的安民措施上却采用道家的虚静无为作为最高指导原则,这就进一步完善了新道家政治论中的民本思想。

第二,《淮南子》提出了一系列安民的政策。

民众乃国家之本,欲治国当以安民为本,这个道理很简单。虽然道理很简单,但是要做到却不是容易的事。孔子就曾经说:"修己以安百姓,尧舜其犹病诸!"②意思是君主加强自身修养来使民众安定,这非易事,就连尧、舜恐怕还未完全做到哩!往往由于君主帝王的贪欲,驱使他们加重剥削、压迫,迫使民众走投无路而造反,这就是不容易做到安民的根本原因。因此《淮南子》为了封建国家的长治久安,从"民者国之本"的认识出发,提出了一系列安民的政策主张。

首先是"利民"政策。《泛论训》说:

> 治国有常,而利民为本;政教有经,而令行为上。苟利于民,不必法古;苟周于事,不必循旧。

这里明确提出了"利民"是治国的常规政策。它认为一切刑赏、教

---

① 《论语·宪问》。
② 《论语·宪问》。

化等通行的政令,都以"利于民"、"周于事(适合民事)"为根本原则,而不是简单地以古今定是非,既不必效法古代,也不必遵循旧例。这一政策的思想,与《商君书·更法》的"苟可以利民,不循其礼"相同,是采撮法家,而不同于老庄以"愚民"为治国原则,也不同于儒家以"仁民"为原则。《主术训》、《修务训》、《兵略训》各篇对"利民"政策都有很好的发挥。《主术训》说:

> 先王之所以应时修备,富国利民,实旷来远者,其道备矣。

这里说先王治国之道所以完美,是由于他采取了"富国利民"的政策。《主术训》还说,"尧之有天下也,非贪万民之富,而安人主之位也",而是为了"和辑"民众的"力征"。这也把"利民"原则说得很清楚。《修务训》说:

> 且古之立帝王者,非以奉养其欲也;圣人践位者,非以逸乐其身也。为天下强掩弱,众暴寡,诈欺愚,勇侵怯,怀知而不以相教,积财而不以相分,故立天子以齐一之。……所以衣寒食饥、养老弱而息劳倦也。

《兵略训》也说:

> 夫(君主)至于攘天下,害百姓,肆一人之邪,而长海内之祸,此大伦之所不取也。所为立君者,以禁暴讨乱也。今乘万民之力,而反为残贼,是为虎傅翼,曷为弗除。

这些都表明帝王的一切作为,不是为自己的私欲、安乐,去"害百姓",而是为了民众的生存,去采取"利民"政策。就是说不利己而利民。封建帝王的一切作为能从"利民"出发,就可能达到"安民"的目的。

其次是"富民"政策。《人间训》借西门豹治邺之事,提出"富民"政策,并指出了"富民"政策的作用:

> 西门豹曰:"臣闻王主富民,霸主富武,亡国富库。今王欲为霸王者也,臣故蓄积于民。君(魏文侯)以为不然,臣请升

城鼓之,甲兵粟米可立具也。"

显然,《淮南子》作者是站在西门豹一边,提倡"富民"政策,反对"亡国"的"富库"做法。西门豹的话说明,只有富民才能富国,蓄富于民,就能建立霸王之业。所谓"富民"就是使民众富裕。这一观念是由儒家孔子提出,《论语·子路》:"冉有曰:'既庶矣,又何加焉?'(孔子)曰:'富之。'"孔子还说"政有使民富且寿","薄赋敛则民富"①。《管子·牧民》说:"仓廪实,则知礼节;衣食足,则知荣辱。"把"富民"观念与道德连在一起。《淮南子》总结了秦亡汉兴的历史教训,进一步发挥了前人"富民"思想。《齐俗训》说:

> 秦王之时,或人葅子,利不足也;刘氏持政,独夫收孤,财有余也。

> 夫饥寒并至,能不犯法干诛者,古今之未闻也……夫民有余即让,不足则争。让则礼义生,争则暴乱起……故物丰则欲省,求澹则争止。

这是把"富民"与"安民"结合起来了,民富则道德观念也会随之增强。秦始皇时,民众"利不足",竟有人宰食自己的儿子,汉初民众"财有余",独身男子也收养孤儿。《淮南子》认为民众的安定、安乐及民心的归顺都取决于"富民"。可见《淮南子》的"富民"政策是从历史经验和教训中总结出来的。

富民政策首要的是发展生产,搞好农业。《主术训》说,因为"食者民之本",所以它要求君主"上因天时,下尽地财,中用人力",做到"群生遂长,五谷蕃植";还要"教民养育六畜,以时种树(耕种)",因地制宜,不适合种五谷的地方则种植竹木瓜果,还要保护生物资源,如"草木未落,斤斧不得入山林,昆虫未蛰,不得以火烧田";"孕育不得杀,鷇(雏鸟)卵不得探,鱼不长尺不得取,彘

---

① 《说苑·政理》。

不期年不得食"等,使"草木之发若蒸气,禽兽之归若流泉,飞鸟之归若烟云"。只有这样人民才能逐步富裕起来。再是要减轻民众的赋税负担。这也是富民的一个条件。《主术训》说,"仁君明王"能够做到"取下有节,自养有度",则民众不会遭受"饥寒之患";而"贪主暴君""侵渔其民,以适无穷之欲","则百姓无以被天和而履地德"。要富民,"人主租敛于民也,必先计岁收,量民积聚,知饥馑有余不足之数,然后取车舆衣食供养其欲"。即要求君主一定要考虑人民的负担能力,根据其财力适当地征收赋税。《主术训》还进行了具体的测算,得出富民必须重视粮食的储备:

> 夫民之为生也,一人蹠耒而耕不过十亩,中田之获,卒岁之收,不过亩四石。妻子老弱,仰而食之,时有涔旱灾害之患,无以给上之征赋车马兵革之费。由此观之,则人之生悯矣!夫天地之大,计三年耕而余一年之食,率九年而有三年之畜,十八年而有六年之积,二十七年而有九年之储,虽涔旱灾害之殃,民莫困穷流亡也。

在当时生产力的情况下,常常发生水旱虫灾,还要上缴赋税供给官府车马军队的费用,看来,富民是很困难的,因此,只有发展生产,逐年积累财富,增加储备,才能达到民富国强。关于储备,《礼记·王制》也有类似的说法。《王制》只到 9 年为止,《淮南子》则增加 18 年和 27 年,显然强调了储备在富民政策中的重要性。另外,强调"与民休息"也是富民的条件。《人间训》借魏臣解扁治东封之事提出了"与民休息",减少徭役。解扁下令民众冬天伐木,春天再从河道运出去卖掉。魏文侯批评说:"民春以力耕,暑以强耘,秋以收敛,冬间无事,又伐林而积之,负辁而浮之河,是用民不得休息也,民以敝矣。虽有三倍之入,将焉用之? 此有功而可罪者也。"增加徭役,人民得不到休养生息机会,民力已经疲惫不堪,虽然国家收入增多了,又有什么用呢? 这是"有功"反而该受责备的例子。

这说明,要富民,就要"与民休息"。这与汉初"轻徭薄赋"主张是一致的。

再则是"因民"的政策。《淮南子》在其无为论的指导下,提出了"因民"政策。它提出"安民",并非不讲法制和教化,而是用因民性、因民心、因民之欲而立法教人。《泰族训》说:

> 圣人之治天下,非易民性也……故先王之制法也,因民之所好而为之节文者也。因其好色而制婚姻之礼,故男女有别;因其喜音而正雅、颂之声,故风俗不流;因其宁家室、乐妻子,教之以顺,故父子有亲;因其喜朋友而教之以悌,故长幼有序。……故先王之教也,因其所喜以劝善,因其所恶以禁奸,故刑罚不用而威行如流,政令约省而化耀如神。故因其性则天下听从,拂其性则法县(悬之古字)而不用。

所谓"因民",就是依据民众的客观实际去治理民众。《淮南子》认为圣人治理天下,并不是强行改变民众的品性,而是因循民众已经具有的素质,因势利导,劝善禁奸。这样做,就能使民众听从教化和号令。"赏一人而天下誉之,罚一人而天下畏之。故至赏不费,至刑不滥。"①相反,违背民众的品性,法令公布出来也会失去其作用。可见"因民"政策对于"安民"有很大的作用。

第三,《淮南子》提出安民之"权要"在于君。

《淮南子》毕竟是古代封建君主制的拥护者。因此,民众始终是被治者。即使提出"民者,国之本也;国者,君之本也"②,也不是把民众放在第一位,而只是为了说明能否安民取决于君主,即所谓"是故人君者上因天时,下尽地财,中用人力","得失之道,权要

---

① 《淮南子·泛论训》。
② 《淮南子·主术训》。

(关键)在主"①。可见,所谓"民者国之本",并不是让民众当家做主,而是把侧重点落在君主身上。"为治之本,务在于安民"②,而能否达到安民其根源和责任在君而不在民。

《淮南子》认为民众不能安定和安乐主要是由在上位的君主引起的。《主术训》说:

> 是以上多故则下多诈,上多事则下多态,上烦扰则下不定,上多求则下交争。

> 一日而有天下之富,处人主之势,则竭百姓之力以奉耳目之欲,志专在于宫室台榭,陂池苑囿,猛兽熊黑,玩好珍怪。是故贫民糟糠不接于口,而虎狼熊黑厌刍豢;百姓短褐不完,而宫室衣锦绣。人主急兹无用之功,百姓黎民憔悴于天下,是故使天下不安其性。

这里民不能安定、安乐地生活,是由于君主奢欲使民众贫困的缘故。此外,严刑峻法也是加剧社会矛盾,使民不安的重要原因。《齐俗训》说:

> 乱世之法,高为量而罪不及,重为任而罚不胜,危为禁而诛不敢。民困于三责,则饰智而诈上,犯邪而干免。故虽峭法严刑,不能禁其奸。何者? 力不足也。

《主术训》说:

> 政苛则民乱。

> 末世之政……执政有司,不务反道,矫拂其本;而事修其末,削薄其德,曾累其刑,而欲以为治,无异于执弹而来鸟,捵棁而狎犬也,乱乃逾甚。

《淮南子》认为只有君主为政好,才能国泰民安。《本经训》说:

---

① 《淮南子·主术训》。
② 《淮南子·诠言训》。

> 古者圣人在上,政教平仁爱洽,上下同心,君臣辑睦,衣食有余,家给人足,父慈子孝,兄良弟顺,生者不怨,死者不恨,天下和洽,人得其愿。

为什么说安民之权要在于君呢?这与君主本身的思想素质有很大关系。《缪称训》说:

> 主者国之心,心治则百节皆安,心扰则百节皆乱。故其心治者,支体相遗也。
>
> 同言而民信,信在言前;同令而民化,诚在令外也。
>
> 上忿寻不诚,则不法民;忿寻不在民,则是绝民之系也。君反本而民系固也。

能否安民,最后不能不追到权力发源地的君主之心。所以,君主的自身的道德修养至关重要,关系到民心向背、国家治乱。《缪称训》还说:

> 唐尧之举错也,非以偕情也,快己而天下治;桀、纣非正贼之也,快己而百事废。喜憎议而治乱分矣。

人的一切言行都是感情的自然流露,君主情操的善恶美丑影响极大,决定着天下的治乱。因此《淮南子》要求君主加强自身的道德修养,在无为论的指导下,首先,对民众必须有儒家孟子提出的"恻隐之心"、"与民同乐",忧民之忧,乐民之乐。《主术训》说:

> 古之君人者,其惨怛于民也,国有饥者食不重味,民有寒者而冬不被裘……君臣上下同心而乐之。

其次,君主还必须有墨家勤俭为公、牺牲、服务的精神,"取下有节,自养有度","身被节俭之行而明相爱之仁"①。《淮南子》特别推崇黄帝、尧、舜、禹、汤、文、武那样的圣主,这些圣主始终孜孜不倦地加强自我修养,积善成德,以至诚之心矢志利民爱民,感化民心,

---

① 《淮南子·主术训》。

勤劳天下。《主术训》说：

> 尧之有天下也，非贪万民之富，而安人主之位也。……是故茅茨不翦，采椽不斫，大路不画，越席不缘，大羹不和，粢食不毇。巡狩行教，勤劳天下，周流五岳。……年衰志悯，举天下而传之舜，犹却行而脱屣也。

这是《淮南子》赞扬"仁君明王"的一个例子，而它对暴君暗王却无情地谴责。《本经训》说：

> 纣为肉圃酒池，焚燎天下之财，罢苦万民之力，刳谏者，剔孕妇，攘天下，虐百姓。

《兵略训》又说：

> 二世皇帝……纵耳目之欲，穷侈靡之变，不顾百姓之饥寒穷匮也。兴万乘之驾，而作阿房之宫；发闾左之戍，收大半之赋；百姓之随逮肆刑，挽辂首路死者，一旦不知千万之数。天下敖然若焦热，倾然若苦烈……

仁君明王民必安，国必治；暴君昏王民不安，国必乱。这再次证明安民之权要在于君。

《淮南子》的民本思想，乃是其政治论的光彩部分。但是，其民本思想并不是出于封建统治阶级对民众的"仁爱"之心，专为民众着想的，而是通过总结秦亡的教训和汉初的治国经验而提出的，其目的是为了封建国家长治久安。在存在阶级压迫和剥削的社会里，其民本思想是不能实现的，最多只会影响到封建统治者的一些暂时性的政策，给民众造成一点幻想。尽管如此，它在当时历史条件下提出一些安民主张，在客观上有利于减轻人民的沉重负担，发展社会生产，仍有一定的积极意义。统治阶级所以会提出这些主张，也是由于广大劳动人民经过长期艰苦斗争的结果。《淮南子》的民本思想，把君主看成是传统政治的主角，民众仅仅是被君主所支配的对象，这显然与现代民主观念存在着本质的差别。这是时代造成的局限,我们不能把它的民本论估价过高。

(3) 君臣论

西汉王朝建立后,汉初统治者为了加强君主集权,特别注重建立新型的君臣关系。《淮南子》适应形势发展的需要,提出了新的君臣论。它的君臣论以其无为论为基本原则,融会了儒道法各家的理论,形成了自己的特点。其主要包括以下几个方面的内容:

第一,"君制臣,臣事君"的君臣关系。

《淮南子》论述君臣关系的话几乎各篇都有,主要集中在《主术训》中,其中下面这段论述较为典型:

> 主道员者,运转而无端,化育如神,虚无因循,常后而不先也。臣道方者(依王念孙校改),论是而处当,为事先倡,守职分明以立成功也。是故君臣异道则治,同道则乱。各得其宜,处其当,则上下有以相使也。夫人主之听治也,虚心而弱志,清明而不暗,是故群臣辐凑并进,无愚智贤不肖莫不尽其能者。则君得所以制臣,臣得所以事君,治国之道明矣。

这段话里,首先是提出了"君臣异道"的主张。所谓"君臣异道"是说做君主与做臣子各自所遵循的原则是不同的。这里"主道员(通圆)"、"臣道方"与《吕氏春秋》"主执圜(同圆),臣处方"[1]的主张是一脉相承的。它们都是根据"天道圜、地道方,圣王法之"[2]而得出"君臣异道"。《吕氏春秋》说,"因者,君术也。为者,臣道也"[3],或者说:"大圣无事而千官尽能"[4]即君道无为,臣道有为。《淮南子》这里说,君道"虚无因循,常后而不先",就是说君主应行

---

[1] 《吕氏春秋·圜道》。
[2] 《吕氏春秋·圜道》。
[3] 《吕氏春秋·任数》。
[4] 《吕氏春秋·君守》。

贵"虚无"、贵"因循"、贵"后"的无为之道；臣道"论是而处当,为事先倡,守职分明以立成功",就是说臣子应行议论正确,处事恰当,遇事先行倡导,职责分明而不推诿,以争立功绩的有为之道,把君道无为、臣道有为说得更具体,更明确。

《淮南子》反复论述君道无为。它认为君道是"通于天道"的,"天道玄默,无容无则,大不可极,深不可测",所以君道应效法天道,"处无为之事,行不言之教,清静而不动,一度而不摇,因循而任下,责成而不劳","进退应时,动静循理","事犹自然,莫出于己","灭想去意,清虚以待。不伐之言,不夺之事,循名责实,使有司任而弗诏,责而弗教。以不知为道,以奈何为宝"①。明确主张君道无为,"君道者,非所以为也,所以无为也"②。

君道无为,必须臣道有为。《淮南子》多讲主术君道,而少及臣道,详君道而略臣道,但从臣道反于君道,君臣异道中,还是能看出臣道有为来。《泰族训》说,"立事者贱者劳而贵者逸",就是说,与"贵者逸"的君主相反,"立事"的臣子地位低下,而从事具体的工作,务劳、务动。也就是所谓"臣道方者,论是而处当,为事先倡,守职分明以立成功也"。除了做具体事情之外,臣子还必须具备忠信不欺的品德。《人间训》说："忠臣不苟利。""忠臣之事君也,计功而受赏,不为苟得,积力而受官,不贪爵禄。其所能者,受之勿辞也；其所不能者,与之勿喜也……辞所不能而受所能,则无殒堕之势,而无不胜之任矣。"

这样,"君臣异道"即君行无为之道,臣行有为之道,则天下太平,国家大治；君臣同道即君和臣都有为或臣和君都无为,则天下就会乱套,出现灾祸。

---

① 均见《淮南子·主术训》。
② 《淮南子·诠言训》。

其次是这段话里提出了君臣"各得其宜,处其当"的主张。所谓"各得其宜,处其当",就是君与臣各自得到所适宜的位置,处在各自恰当的地位。为什么君道无为而臣道有为呢？这完全是君臣各自的地位所决定的。《淮南子》认为,在封建社会里,君与臣同属于统治阶级,但是他们在政治体制中所处的地位是不同的。《缪称训》说：

君,根本也；臣,枝叶也。根本不美,枝叶茂者,未之闻也。

在整个执政集团中,君主是为政的主体,臣子是帮助君主为政的副体,所以这里说,君是根本,臣是枝叶,根本不健壮,却能枝叶繁茂,这是没有听说过的。在实际地位上,应当是君大而臣小,君贵而臣贱,君尊而臣卑。《说山训》说："末不可大于本,指不可大于臂,下轻上重,其覆必易。"《主术训》也说："枝不得大于干,末不得强于本,则轻重大小,有以相制也。若五指之属于臂,搏援攫捷,莫不如志,言以小属于大也。""人主之居也,如日月之明也。""得失之道,权要在主。""权势者,人主之车舆；爵禄者,人臣之辔衔也。"《诠言训》说："处尊位者如尸(祭祀时象征死者神灵的人),守官者如祝宰(分管其具体事务之人)。"这些都将君主与臣子所处的地位说得很清楚。由于君臣"各得其宜,处其当",所以君臣上下就可以配合默契,互为促进了。

再则是这段话里提出了"君制臣,臣事君"的主张。《淮南子》主张君道无为,但并不是君主无所作为,恰恰相反,它主张君主以无为去驾驭臣子,充分发挥臣子的聪明才智。所谓"夫人主之听治也,清明而不暗,虚心而弱志,是以群臣辐凑并进,无愚智贤不肖,莫不尽其能者。则君得所以制臣,臣得所以事君,治国之道明矣"[1],就是说君主治理政务,心灵虚静,嗜欲减少,清明而不昏昧,

---

[1] 《淮南子·主术训》。

那么群臣像车辐条凑聚于车轴上一样，入朝辅佐君主，不论是愚笨的还是聪明的，贤能的还是无能的，无不各尽其所能，这样，君主能够驾驭臣下，臣下能够效力君主，治国的方法就明确了。《主术训》还说：

> 乘众人之智，则天下不足有也；专用其心，则独身不能保也。是故人主覆之以德，不行其智，而因万人之所利。
>
> 夫乘众人之智，则无不任也；用众人之力，则无不胜也。
>
> 人主者，以天下之目视，以天下之耳听，以天下之智虑，以天下之力争。

这些都说明，君主治国要无为而治，不显露自己的聪明才智，但要善于放手让臣下施展其才华，集中臣下的智慧和力量为己所用。要做到这一点，君主必须以无为的姿态，利用法、术、势来驾驭群臣。《主术训》说："人主执正持平如从绳准高下，则群臣以邪来者犹以卵投石。""人主诚正则直士任事而奸人伏匿矣。""人主贵正而尚忠，忠正在上位，执政营事，则谗佞奸邪无由进矣。"这就是以法来考核群臣。《主术训》说："有术则制人，无术则制于人。""圣主之治也，其犹造父之御，齐辑之于辔衔之际，而急缓之于唇吻之和，正度于胸臆之中，而执节于掌握之间，内得于心中，外合于马志，是故能进退履绳，而旋曲中规，取道致远而气力有余，诚得其术也。是故权势者，人主之车舆也；大臣者，人主之驷马也。体离车舆之安，而手失驷马之心，而能不危者，古今未有也。"这就是说君主治国同驭手驾车一样，关键在于以权术驾驭群臣。《主术训》说："人主处权势之要，而持爵禄之柄，审缓急之度，而适取予之节，是以天下尽力而不倦。""权势之柄，其以移风易俗矣。""怯服勇而愚制智，其所托势者胜也。"都是说君主凭借所处在上位的权势去驾驭群臣，从而发挥群臣的才智和力量取得事业的成功，达到移风易俗，天下大治的目的。

从上述的君臣关系来看,《淮南子》除以无为论为指导外,显然移用了法家君尊臣卑的政治模式,又在这个模式中,填充了不少儒家思想。如《主术训》说:"夫臣主之相与也,非有父子之厚,骨肉之亲也,而竭力殊死,不辞其躯者何也?势有使之然也。……人之恩泽使之然也。……臣不得其所欲于君者,君亦不能得其所求于臣也,君臣之施者,相报之势也。""君不能赏无功之臣,臣亦不能死无德之君。"《缪称训》说:"臣之死君也,世有行之者矣,非出死以要名也,恩心之藏于中而不能违其难也。"这些正反映出新道家的特点。《淮南子》君臣关系论是历史正反两方面实践经验和教训的总结,符合汉初统治者加强君主集权的需要。

第二,"因循而任下,责成而不劳"的用人思想。

要造就"君制臣,臣事君"的君臣关系,任用人才是一个特别重要的问题。《主术训》说:"人主之一举也,不可不慎也。所任者得其人,则国家治,上下和,群臣亲,百姓附;所任者非人,则国家危,上下乖,群臣怨,百姓乱。"认为君主举用人才,一定要审慎、得当。如何任用人才呢?《主术训》提出了"因循而任下,责成而不劳"的思想,即在无为论的指导下,因循常规任用下属,监督他们各尽其责而君主自己不必操劳费力。这里包含有对人才的任用、管理等方面的思想。

首先,《淮南子》认为君主要最大限度地集中天下人的才智,充分发挥众人的力量。"因循而任下"之"因循",即前所论新道家无为论"以因循为用"的基本宗旨。也即《修务训》所谓"因资而立功"。君主所因之资,就是众人之智,众人之力。《主术训》说:

> 勇力不足以持天下矣。智不足以为治,勇不足以为强,则人材不足任,明也。而君人者,不下庙堂之上,而知四海之外者,因物以识物,因人以知人也。故积力之所举,则无不胜也;众智之所为,则无不成也。

这里所说的"智"和"勇",都是指君主个人的智和勇,这种君主个人的智和勇,是有限度的,不足以治理天下。所以说个人的才智是不够用的,只有集中众人的力量,发挥众人的才智,才能把事情办成功。《主术训》说:"人知之于物也浅矣",一个人的才能总是有限的。就算君主是天下耳最聪,目最明的人,他也照样是"目不能见十里之前,耳不能闻百步之外"①;如果君主"以天下之目视,以天下之耳听,以天下之智虑,以天下之力争"②,那情况就大不一样了。因此,君主不仅要提高自己的才智和能力,更重要的是要"总海内之智,尽众人之力"③。《淮南子》用楫(固定在船两侧的桨)来做比喻,《主术训》说:"七尺之楫而制船之左右者,以水为资。"君主治天下也是这个道理,只有以众人之智、众人之力为资,天下才会大治。《主术训》说:

> 夫乘众人之智,则无不任也;用众人之力,则无不胜也。千钧之重,乌获不能举也;众人相一,则百人有余力矣。是故任一人之力者,则乌获不足恃;乘众人之制者,则天下不足有也。

这说明在任用人才上,集中众人的智与力而用之是极为重要的。

其次,《淮南子》认为君主要因材施用,各得其宜,不可"弃材"。所谓"因循而任下"不仅是因众人之智、力而用之,而且是因材施用,即根据臣下的不同才能给予不同的任用。《主术训》说:

> 贤主之用人也,犹巧工之制木也:大者以为舟航柱梁,小者以为楫楔,修者以为榱橑,短者以为侏儒枅栌,无小大修短,各得其所宜,规矩方圆,各有所施。……是故林莽之材犹无可

---

① 《淮南子·主术训》。
② 《淮南子·主术训》。
③ 《淮南子·主术训》。

弃者,而况人乎!今夫朝廷之所不举,乡曲之所不誉,非其人不肖也,其所以官之者非其职也。……才有所修短也。是故有大略者,不可责以捷巧;有小智者,不可任以大功。人有其才,物有其形,有任一而太重,或任百而尚轻。是故审豪厘之计者,必遗天下之大数;不失小物之选者,惑于大数之举。

贤明的君主任用人才,就像灵巧的工匠裁取木料一样,无论大小长短,都让它们派上恰当的用场,各得其所宜,规矩方圆,都用得恰到好处。森林里的木材尚且没有可以丢弃的,更何况是人呢!如今朝廷不提拔那些不被乡里赞誉的人,并不是他们无才缺德,而是对这些人用非所能。一种才能有其长处,也有短处。有雄才大略者,不可以苛求他会雕虫小技,对只有小聪明的人,就不可以委任以大事。人有其才能,物有其形状,有人担负一份工作而觉得太重,也有人担负百份工作还觉得轻。所以,计较于毫厘之细的,一定遗失整个天下的大数。不愿放弃小事的计较的人,就会困惑于大事的实行。《泰族训》说:

勇者可令进斗,而不可令持牢;重者可令埴固,而不可令凌敌;贪者可令进取,而不可令守职;廉者可令守分,而不可令进取;信者可令持约,而不可令应变。五者相反,圣人兼用而财使之。

这里也是说君主对各种人才要"兼用",更要"财使",即既要综合使用更要恰当地使用他们。这才是正确的任用人才之道。

因材施用的用人之道,还牵涉到评价人才的标准。《淮南子》主张君主在评价人才的时候,要把握大的原则,看其主流,而不要纠缠鸡毛蒜皮的小事。《泛论训》说:"故人有厚德,无问其小节;而有大誉,无疵其小故","诚其大略是也,虽有小过,不足以为累;若其大略非也,虽有间里之行,未足大举。"《道应训》说:"权而用其长者。"因为人才很难十全十美。"自古及今,未有能全其行者也"①,不能因有某些不足而全盘否定其任用价值。只要他有一点长处,就一定有可利用的价值,就一定要任用其长,这样才能做到国无"弃材",人才悉为君主所用。

另外,《淮南子》认为在任用人才上要坚持公正的原则,不因人废言,也不因人废法。《主术训》说:

> 使言之而是,虽在褐夫刍荛,犹不可弃也;使言之而非也,虽在卿相人君,揄策于庙堂之上,未必可用。是非之所在,不可以贵贱尊卑论也。

这就是说,英明的君主是不依据人的贵贱尊卑的地位来论定是非在谁的身上。卑贱的役夫樵民的正确言论,不能弃之不用,而高贵的卿相人君的错误言论,也不一定要采用。

再则,《淮南子》认为君主对于所任用的人才要加强管理,对于臣下要加强督核。所谓"责成而不劳",并不是什么事情都不做,而是要监督臣下,使已任用的人才各尽其责;君主"不劳"具体之事,不与臣下争职,但管理人才,督察考核官吏,却是他的重要职责。君主怎样才能做到"责成而不劳"呢?《主术训》说:

> 古之为车也,漆者不画,凿者不斫。工无二伎,士不兼官。各守其职,不得相奸。人得其宜,物得其安。是以器械不苦,而职事不嫚。夫责少者易偿,职寡者易守,任轻者易权。上操约省之分,下效易为之功。是以君臣弥久而不相厌。

这样分官分职,各守其职,一方面有利于发挥人才的效用,"有一形者处一位,有一能者服一事"②。另一方面有利于君主管理人才,督核官吏。"上操其名以责其实;臣守其业以效其功,言不得过其

---

① 《淮南子·泛论训》。
② 《淮南子·主术训》。

实,行不得踰其法,群臣辐凑,莫敢专君。"① 君主明确规定各官位职事的权限,使其发挥各自的长处,各守其职,各安其位,做好各自的工作。同时君主根据各官位职事的规定,考核各官职的治绩,使臣下尽职尽责搞好各自的职事。君主也就可以"不劳"了。

《淮南子》"因循而任下,责成而不劳"的用人思想,以新道家无为论为指导,吸收了儒家尚贤、知人善任的思想和法家因任授官、循名责实的思想,使之更有利于封建君主集权统治。

第三,严于律己的君主自身修养学说。

封建社会里,君主是无为而治的直接实践者,安民、用人等无为政治主张的实行,关键决定于君主自身的思想素质。《淮南子》以老庄道家虚静无为的基本精神为指导,吸收了儒家重道德修养的修身工夫,提出了君主自身修养的学说。

《淮南子》认为君主自身道德修养至关重要:它不仅关系到民心向背(这一方面在前面"安民之权要在于君"已有论述,不再重复),而且对于臣下的作为及整个社会的治乱影响很大。《主术训》说:

> 是以上多故则下多诈,上多事则下多态,上烦扰则下不定,上多求则下交争。

《缪称训》说:

> 骄溢之君无忠臣。

这说明君主是臣子的榜样,如果君主不注重自身修养,那就会影响臣下及整个社会风气,所以君主必须注意自身的修养。

君主怎样修养呢?《淮南子》从各个方面进行了论述。首先要求君主做到清静无为,廉俭守节,处愚称德。《主术训》说:

> 清静无为,则天与之时。廉俭守节,则地生之财。处愚称

---

① 《淮南子·主术训》。

德,则圣人为之谋。

这里提出了"清静无为"、"廉俭守节"、"处愚称德"的修养原则。"清静无为"是君主自身修养的总原则。天、地及产生天地万物的道都是清静无为的,《精神训》说:"天清以静,地定以宁","静默者神明之宅也,虚无者道之所舍也。"而人的生命由道天地所产生,人也就应有清静无为的本性。《原道训》说:"人生而静,天之性也。"《齐俗训》说:"人之性无邪。"《人间训》说:"清静恬愉,人之性也。"人只有效法道及天地,保持清静无为的本性,才能生存。《精神训》说:"天清以静,地定以宁,万物失之者死,法之者生。"《俶真训》说:"静默恬淡所以养性也。"君主自身的修养更是如此。《主术训》说:"君人之道,处静以修身","圣人事省而易治,求寡而易澹,不施而仁,不言而信,不求而得,不为而成。块然保真,抱德推诚,天下从之","有道之主,灭想去意,清虚以待。"这些说明清静无为是君主自身修养的最高境界,君主必须加强清静无为的修养。"廉俭守节"是"清静无为"派生出来的一个修养原则。所谓"廉俭守节"就是要求君主通过修养达到廉洁节俭,持守操行,节制情欲。廉俭守节与聚敛多欲是相对的。君主多欲,臣下就聚敛。《说山训》说:"上求材,臣残木;上求鱼,臣干谷;上求楫而下致船;上言若丝,下方若纶。"这样下去就会弄得国危民乱。君主多欲,结果是不得其欲。《主术训》说:"君人之道,处静以修身,俭约以率下,静则下不扰矣,俭则民不怨矣。"《原道训》说:"圣人之治也……约其所守,寡其所求,去其诱慕,除其嗜欲,损其思虑。约其所守则察,寡其所求则得。"都是把"廉俭守节"作为君主自身修养的一项原则。"处愚称德"也是"清静无为"派生出来的一个修养原则。所谓"处愚称德"就是要求君主通过修养达到能以愚自居,称举贤德之士。要处愚称德,君主就要去智,废智。《原道训》说:"圣人之治也,掩其聪明,灭其文章,依道废智,与民同出于公。"《览冥训》

说:"耳目之察不足以分物理,心意之论不足以定是非,故以智为治者难以持国。"《主术训》说:"智不足以安危。"《诠言训》说:"弃智则道立矣。"《精神训》说:"弃聪明以反太素,休精神而弃知。"这些说明君主个人的智慧是有限的,所以要反对智巧,反对妄自造作,要达到清静无为的修养目标,君主要处愚,安守愚钝。这样就能用众智,举贤德之人。《主术训》说:"夫人主之听治也,清明而不暗,虚心而弱志,是故群臣辐凑并进,无愚智贤不肖,莫不尽其能。""乘众人之智,则天下不足有也。""乘众人之智则无不任也"。做到了这些,君主便可以无为而治了。清静无为、廉俭守节、处愚称德的修养原则要求君主严于律己,以身作则。这既是对老庄道家修养原则的继承和发挥,又是对汉初君主修身实践的理论总结。

其次,要求君主修身从自己身边小事做起,积小善成大德,要恒一,终身不懈。《缪称训》对君主自身修养问题作了详细的论述。它要求君主从自己做起,从身边小事做起,注重小节,正所谓"至德小节备,大节举"。具有最高德行的君主不忽略任何小节,也注重大节。"君子不谓小善不足为也而舍之。小善积而为大善。不谓小不善为无伤也而为之,小不善积而为大不善。"认为君主注重微细之处,不以小善不值得做就放弃,也不以小恶无大害就去做;因为小善能积累成大善,小恶积累多了就成了大恶。"壹快不足以成善,积快而为德;壹恨不足以成非,积恨而成怨。"君主做善事,不做恶事并不是用以追求声名,"圣人为善,非以求名",因此,尤其要持守独处之时,"君子慎其独也,释近斯远塞矣"。君主修身要时时处处严格要求自己,在别人看不到听不着独自一个人的情况下,也能按照道德规范办事。"若行独梁,不为无人不兢其容。故使人信己者易,而蒙衣自信者难。"就是说,道德的原则一刻也不能抛弃和放松,像走在独木桥上,不因为没有人而不戒慎自己的仪容。所以,让旁人相信自己容易,而蒙上衣服要自己相信就难了。只有不自欺才能不欺人。放弃眼前自身的修养指望实现远大的目标是行不通的。《缪称训》还要求君主修养"求诸己"。它说:"无诸己,求诸人,古今未之闻也。""怨人不如自怨,求诸人不如求诸己,得也。""知此之道,不可求于人,斯得诸己也。释己而求诸人,去之远矣。"这些是说,君主的修养完全要靠自己的努力来达到。自己做不到的,却要别人做到,从古到今都没有听到过。埋怨别人不如埋怨自己,要求别人不如要求自己,这才是对的。通晓一个道理,也不能求之于人,而要得之于自己。放弃自己而去求之于人,那么离开道就远了。所以,修养的关键在于自己的努力。《缪称训》认为君主修养不仅要从小事做起,从自己做起,而且要持之以恒,终身不懈。所谓"老而弗舍,通乎存亡之论者也",就是说,到老而不放松自己的修养,能够到老不松懈修养自己的道德,就能通晓事物存亡的道理了。这里所论述的修养态度和修养方法多取自儒家,而成为《淮南子》君主自身修养学说的重要组成部分。

再次,要求君主无论能否成为圣王,都要加强自身的修养。《缪称训》认为君王能否修养成功,有主观原因,也有客观因素。《淮南子》有时强调主观原因。"福生于无为,患生于多欲。"①"积爱成福,积怨成祸","有阴德者必有阳报,有阴行者必有昭名"②。有时又强调客观因素。"人之为,天成之。终身为善,非天不行;终身为不善,非天不亡。故善否,我也;祸福,非我也。""君子能为善而不能必得其福,不忍为非而未能必免其祸。"③这两种说法,从表面上看是相互对立的,因此有人认为《淮南子》对此问题"找不出

---

① 《淮南子·缪称训》。
② 《淮南子·人间训》。
③ 《淮南子·缪称训》。

一个满意的答案","论后不顾前,自相矛盾"。其实不然。这两方面的看法都符合客观实际,正反映了《淮南子》的辩证思想。它认为君主终身修养道德还不能直接带来善报,成就不了圣王功业,是因为客观因素,主要是"天"决定的。这里的"天"是时势、机遇的意思,也就是所谓时运、命运。如果君主有崇高道德却不能成为圣,如果君主终身行善却不免杀身之祸,这就是他的时运不好。但在正常的情况之下,君主的修养是能得到好的结果的,正所谓"圣人为善,非以求名,而名从之,名不与利期,而利归之"。所以它认为"福由己发,祸由己生"①,祸福都是由自己的主观因素引起的。《淮南子》强调加强君主自身修养,发挥主观能动作用,从自己做起,争取好的结果。它说:"圣人为善,若恐不及,备祸若恐不免。""圣人不求誉,不辟诽,正身直行,众邪自息。""善否,我也;祸福,非我也。故君子顺其在己者而已矣。"②"古之圣人,其和愉宁静,性也;其志得道行,命也。是故性遭命而后能行,命得性而后能明。"③这里《淮南子》提出了君主自身修养的理想境界。要求君主无论能否成就圣王功业,都要加强自身的道德修养。只有君主加强修养才有可能成为圣王。

五 《淮南子》的历史地位和评价

新道家《淮南子》,"兼儒、墨,合名、法"④,"采儒墨之善,撮名法之要"⑤并不是一件很容易的事。"兼"、"合"、"采""撮"得不

---

① 《淮南子·缪称训》。
② 《淮南子·缪称训》。
③ 《淮南子·俶真训》。
④ 《汉书·艺文志》。
⑤ 《史记·太史公自序》,《论六家要旨》。

好,就会变成互相抵牾,或大杂烩。因此,对这部著作历来褒贬不一。

认为《淮南子》是"杂家"的,大多持贬抑态度。"杂家"之说始于《汉书·艺文志》。此后历代的正史之经籍志袭用《汉书》,直到《四库全书总目提要》亦仍其旧。不少学者倾向于"杂家"说且加以贬斥,认为《淮南子》驳杂不成一家之言。西汉末年学者扬雄在其著作《法言·问神》中曾引"或曰"说:"淮南、太史公者,其多知欤,曷其杂也?"此"杂"是指的杂拼而缺乏统领之意。黄震《黄氏日钞》则同于梁启超批评《吕氏春秋》,视为"天下类书之博者"①,既视为"类书"当然与兼合采撮不一样了。《四库简明目录》也说它"纵横曼衍,多所旁涉"②。现当代一些著名学者也有这样的看法。范文澜说:"《淮南子》虽以道为归,但杂采众家,不成为一家言。"③侯外庐在《中国思想通史》第二卷中说:"其书意多杂出,文甚沿复。"冯友兰在《中国哲学史》中虽肯定《淮南子》的宇宙观,但认为此书"无中心思想"。

对于《淮南子》不成一家之言,前人早有驳正。高诱《淮南子·叙目》说:"学者不论《淮南》,则不知大道之深也。"扬雄《法言·问神》驳斥"或曰"也说:"杂乎杂,人病以多知为杂,惟圣人为不杂。"称赞它"多知",而并非驳杂。又说:"淮南子一出一入,字直百金。"其推崇可谓至极。刘知几在《史通·自叙》中说"其书牢笼天地,博极古今",刘勰也说《淮南子》"有倾天折地之说"④。近现代学者也对《淮南子》大加赞赏。梁启超在《中国近三百年学术史·淮南子》中认为《淮南子》"匠心经营,极有伦脊,非漫然獭祭

---

① 《黄氏日钞》卷五十五《读诸子·淮南子下》。
② 《四库简明目录》卷十三,子部、杂家。
③ 侯外庐:《中国通史》第二卷,第167页,人民出版社1978年版。
④ 《文心雕龙·诸子》。

而已","其书博大而有条贯,汉人著述中第一流也",并称"《淮南鸿烈》为西汉道家言之渊府"。胡适说《淮南子》为"绝代奇书","道家集古代思想的大成,而《淮南子》又集道家的大成"①。孙叔平《中国哲学史稿》说:"《汉书·艺文志》把《淮南子》列入'杂家'。其实,它并不是先秦各家思想的杂凑。对于道、儒、墨、法各家,它都有所继承,有所舍弃。"张岱年在《中国哲学史史料学·淮南子》中说:"《淮南子》主要是黄老之学,属于道家。"熊铁基《秦汉新道家略论稿》则认为"《淮南子》和《吕氏春秋》一样,是秦汉之际新道家的代表作"。这些驳斥《淮南子》不成一家之言的论述是中肯和实事求是的。

要驳斥《淮南子》不成一家之言的观点,必须给予《淮南子》符合实际的公正的评价,摆正它在中国学术史上的位置。

(一) 集众家之长归之于新道家

西汉前期至中期,是中国古代学术思想承前启后的重要阶段。《淮南子》是西汉前期至中期新道家理论和实践的总结。它以道家为主,集众家之长归之于新道家。

先秦时期,诸子百家各自著书立说,各家有各家的特点:道家的自然无为,儒家的礼乐仁义,法家的严刑峻法,名家的名实之辨……他们都不相同,都分别反映了社会思想的一个方面。新道家学说是道家之学的新发展。它以道家思想为核心,熔铸儒、法等各家思想为一体,成为一种当时最完善、最行之有效的理论。《淮南子》的写作本意就是站在新道家的立场上对西汉以前的诸子百家进行批判性的总结,以构筑自己新的理论体系,为新生的统一的封

---

① 胡适著:《中国中古思想史长编·第五章淮南王书》第126页,华东师范大学出版社1996年版。

建国家提供治国纲领。《要略》说:

> 若刘氏之书,观天地之象,通古今之事,权事而立制,度形而施宜,原道之心,合三王之风,以储与扈冶,玄眇之中,精摇靡览,弃其畛挈,斟其淑静,以统天下,理万物,应变化,通殊类,非循一迹之路,守一隅之指,拘系牵连之物,而不与世推移也,故置之寻常而不塞,布之天下而不窕。

这段落实于全书的写作旨意,决定了《淮南子》是一部集众家学说之长于新道家的著作,表现了作者容汇千川万流的大海般的胸怀和超越前人的气魄及对自己所创新的"不与世推移"的最终体系的自信。

《要略》回顾了殷周之际到战国末期道家以外各家学说、学派的形成及作用:"今《易》之《乾》、《坤》足以穷道通意也,八卦可以识吉凶、知祸福矣,然而伏羲为之六十四变,周室增以六爻,所以原测淑清之道,而捃逐万物之祖也。"这是讲《易》学。

"文王之时,纣为天子,赋敛无度……文王欲以卑弱制强暴,以为天下去残除贼而成王道,故太公之谋生焉。"这是讲姜太公的兵学。

"周公继文王之业,持天子之政,以股肱周室,辅翼成王。惧争道之不塞,臣下之危上也,故纵马华山,放牛桃林,败鼓折枹,搢笏而朝,以宁静王室,镇抚诸侯。成王既壮,能从政事,周公受封于鲁,以此移风易俗。孔子修成、康之道,述周公之训,以教七十子,使服其衣冠,修其篇籍,故儒者之学生焉。"这是讲儒家学说。

"墨子学儒者之业,受孔子之术,以为其礼烦扰而不说,厚葬靡财而贫民,服伤生而害事,故背周道而用夏政。……故节财、薄葬、闲服生焉。"这是讲墨家学说。

"齐桓公之时,天子卑弱……桓公忧中国之患,苦夷狄之乱,欲以存亡继绝,崇天子之位,广文、武之业,故《管子》之书生焉。齐景公内好声色,外好狗马……故晏子之谏生焉。"这是讲《管子》、《晏子》学说。

"晚世之时,六国诸侯……力征争权,胜者为右,恃连与国,约重致,剖信符,结远援,以守其国家,持其社稷,故纵横修短生焉。"这是讲纵横学说。

"申子者,韩昭厘之佐,韩、晋别国也。地墽民险,而介于大国之间,晋国之故礼未灭,韩国之新法重出,先君之令未收,后君之令又下,新故相反,前后相缪,百官背乱,不知所用,故刑名之书生焉。秦国之俗,贪狼强力,寡义而趋利,可威以刑,而不可化以善,可劝以赏,而不可厉以名……孝公欲以虎狼之势而吞诸侯,故商鞅之法生焉。"这是讲法家学说。

从以上各家的形成过程,可见各家学说虽然各不相同,但都是为顺应当时统治者的需要而产生的。梁启超在《淮南子要略书后》一文中,将各学派的产生原因正确地概括为"皆起于时势之需求而救其偏敝",但其"所谓时势需求者,仅著眼于政治方面;似未足以尽之"的批评,有所失察。《要略》中不仅从政治形势,也从地理环境、经济状况、人民智能风俗习惯等来说明各家形成。如《管子》成于齐国,除政治原因,还因为其地"东负海而北障河,地狭田少,而民多智巧"。又以韩国"地墽民险",作为申子刑名的成书条件。商鞅之法盛行秦国,还在于其俗"贪狼强力,寡义而趋利,可威以刑,而不可化以善,可劝以赏,而不可厉以名"。仅就其政治原因来看,在为治理天下服务这大方向上是一致的。《泛论训》也说:"百家殊业,而皆务于治",又对各有所出的百家之言其相同作用有颇深刻的认识。从其产生的原因和作用的一致性来看,各家都有可以被吸收、利用的长处。《要略》中说要为"学者""详说",就必然会广泛吸收各家学说之长来形成自己的完整体系。

各具有长处的百家学说其相互关系如何呢？《淮南子》认为，各家学说既有相互继承的一面，如《管子》"崇天子之位，广文、武之业"，"孔子修成、康之道，述周公之训"①，又有后人否定前人的一面："夫弦歌鼓舞以为乐，盘旋揖让以修礼，厚葬久丧以送死，孔子之所立也，而墨子非之。兼爱尚贤，右鬼非命，墨子之所立也，而杨子非之。全性保真，不以物累形，杨子之所立也，而孟子非之。"如此"趋舍人异"的原因，在于"各有晓心"②。晓心，即心中明白，是思想家的思维活动及其结果，是其意识感于外界而动所作出的反映。然而，百家与新道家的关系，不是相反相成的配合互补，而是部分包含于整体。《齐俗训》说："百家之言，指奏相反，其合道一体也。"《淮南子》站在新道家的立场上，重点继承了老庄的道家思想，但不是完全照搬因袭，而是有所选择，有所改造，有所创新。对儒、法各家有批判有吸收，兼合采撮各家之长，使之置于新道家思想的统帅之下，以道家思想为主体和核心。古今许多学者都明白这一点。东汉高诱《淮南子·叙目》中说："其旨近《老子》，淡泊无为，蹈虚守静，出入经道。言其大也，则焘天载地，说其细也，则沦于无垠，及古今治乱存亡祸福，世间诡异瑰奇之事。其义也著，其文也富，物事之类，无所不载，然其大较归之于道。"这里"归之于道"即是指集众家之长于新道家。

《淮南子》直接标明引用的前人论述有《诗》、《周书》、《老子》、《庄子》、黄帝、孔子、《易》、《韩子》、《曾子》、《神农之法》、《慎子》、《管子》、《春秋》、《国语》、《书》、《公孙龙子》等16种，其中引用最多者为《老子》，81章被引用了42章，共60处。《淮南子》间接引用的前人论述则更多。据杨树达《〈淮南子〉证闻》粗略统计

---

① 《淮南子·要略》。
② 《淮南子·泛论训》。

就有《老子》、《庄子》、《文子》、《列子》、《吕氏春秋》、《论语》、《孟子》、《荀子》、《商君书》、《尚书》、《诗经》、《左传》、《公羊传》、《子思子》、《公孙龙子》、《尸子》、《礼记》、《楚辞》、《韩诗外传》、《邓析子》、《晏氏春秋》、《管子》、《墨子》、《战国策》、《新语》及邹衍大九州说等26种。其中,《原道训》"全衍《老子》之旨";《俶真训》"全衍《庄子》之旨";《地形训》"此文九州自冀州与《禹贡》九州偶同外,余皆与《禹贡》违异,盖即邹衍大九州也";《缪称训》"多引证文,皆儒家说,与子思子佚文同者七八节";《道应训》"体裁效韩非《喻老篇》"。此外《庄子》、《吕氏春秋》被采用的也颇多。《文子》被采用的也较多,据刘文典《淮南鸿烈集解》引《文子》以校订《淮南子》的注文粗略统计,12篇全被采用,共达159处,为《淮南子》所采用最多的一种书。

《文子》,《汉书·艺文志》和《隋书·经籍志》都有著录。除篇数不同之外,两书的注都说文子是老子弟子。《文子》流传本与《淮南子》很多词句是相同的,长期以来引起学者对该书的怀疑。唐《柳宗元集》中收有《辨文子》一文,认为《文子》是一部"驳书","窃取他书以合之者多"。章太炎、梁启超也都如此说。胡适说得更明白:"《文子》一书,相传是老子的弟子所作,内容往往与《淮南王书》相同,故清代学者多用来校正《淮南》。但《文子》实是伪书,只可算是一种《淮南》节本。"①1973年,河北定县40号汉墓出土的大量竹简中就有《文子》,现已整理出与今本《文子》相同的文字六章。证明西汉流传的《文子》与今本《文子》大体相同,说明今本《文子》就是《汉书·艺文志》著录之本。据熊铁基《对〈文子〉的初步探讨》的研究,《文子》产生在战国末年,其思想和理论是新道

---

① 胡适著:《中国中古思想史长编·第五章淮南王书》第126页,华东师范大学出版社1996年版。

家的理论基础。① 如果将《淮南子》与今本《文子》相对照,更可以证明《文子》成书在《淮南子》之前,不是抄袭《淮南子》而成。如《淮南子》、《文子》首篇都是论述宇宙本原"道"的,《文子》篇名《道原》,起首一段为:"老子曰:有物混成,先天地生,惟像无形,窈窈冥冥,寂寥淡漠,不闻其声,吾强为之名,字之曰道。夫道者,高不可极,深不可测,苞裹天地,禀受无形。原流泏泏,冲而不盈,浊以静之,徐清施之,无穷无所,朝夕表之。不盈一握,约而能张,幽而能明,柔而能刚。含阴吐阳而章三光,山以之高,渊以之深,兽以之走,鸟以之飞,麟以之游,凤以之翔,星历以之行。以亡取存,以卑取尊,以退取先。"《淮南子》首篇名《原道训》,起首一段为:"夫道者,覆天载地,廓四方,柝八极;高不可际,深不可测,包裹天地,禀授无形。原流泉浡,冲而徐盈;混混滑滑,浊而徐清。故植之而塞于天地,横之而弥于四海,施之无穷,而无所朝夕。舒之幎于六合,卷之不盈于一握。约而能张,幽而能明,弱而能强,柔而能刚。横四维而含阴阳,纮宇宙而章三光。甚淖而滒,甚纤而微。山以之高,渊以之深,兽以之走,鸟以之飞,日月以之明,星历以之行,麟以之游,凤以之翔。"这两段文字大致相同,内容基本一致,都是给"道"下的定义,但两相比较,《淮南子》字数多于《文子》,文字修饰优于《文子》,含义也更完备;而《文子》比《淮南子》要精练,《文子》那段的最后三句,不见于《淮南子》,这充分说明《文子》并非《淮南子》的节本。而正相反,《淮南子》是在《文子》的基础上广泛吸收各家学说整理发挥而成的。

1973年出土的长沙马王堆3号汉墓帛书《〈老子〉乙本卷前古佚书》,是流行于西汉前期的黄老新道家的著作。《淮南子》对其

---

① 详见熊铁基著:《秦汉新道家略论稿》第68页,上海人民出版社1984年版。

也有明显吸收。据余明光《黄帝四经与黄老思想》举例,被《淮南子》间接引用的就有11处。其中受影响最深的是道与法相结合的学说,变老庄的消极的"无为"为包含刑名法术之学在内的积极的"无为"。如《经法·道法》说:"道生法。法者,引得失以绳,而明曲直者殹(也)。故执道者,生法而弗敢犯殹,法立而弗敢废。□能自引以绳,然后见知天下而不惑矣。"《经法·名理》说:"是非有分,以法断之。虚静谨听,以法为符。""唯公无私,见知不惑,乃知奋起。"《十六经·姓争》说:"作争者凶,不争亦毋以成功。顺天者昌,逆天者亡。""刑德相养,逆顺若成。"

《淮南子·主术训》则说:"法者,天下之度量,而人主之准绳也。县法者,法不法也;设赏者,赏当赏也。法定之后,中程者赏,缺绳者诛,尊贵者不重其罚,而卑贱者不重其刑,犯法者虽贤必诛,中度者虽不肖必无罪,是故公道通而私道塞矣。"《淮南子·修务训》也说:"若吾所谓'无为'者,私志不得入公道,嗜欲不得枉正术,循理而举事,因资而立(功),权自然之势,而曲故不得容者,事成而身弗伐,功立而名弗有,非谓其感而不应,攻而不动者。"可见《淮南子》和《经法》一样认为"法"是准绳,执法要公正无私;一样认为不能一味无作为,要顺应自然趋势而为。《淮南子》集众家之长归之于新道家,这就决定了《淮南子》是一部新道家的著作。

(二) 对后世学术的影响

高诱在《淮南子·叙目》中说:"故夫学者不论《淮南》,则不知大道之深也。是以先贤通儒述作之士,莫不援采以验经传。"这里对《淮南子》学术影响的评价是符合实际的。高诱,东汉涿郡人,卢植的弟子。他在《淮南子·叙目》中叙述其为《淮南子》作注的缘由时说:"自诱之少,从故侍中、同县卢君受其句读,诵举大义。会遭兵灾,天下棋峙,亡失书传,废不寻修二十余载。建安十年,辟司空橡,除东郡濮阳令,睹时人少为《淮南》者,惧遂凌迟,于是以朝铺(早晚)事毕之间,乃深思先师之训,参以经传道家之言,比方其事,为之注解,悉载本文,并举音读。典农中郎将弁(古"卞"字,姓)揖借八卷刺之,会揖身丧,遂亡不得,至十七年,迁监河东,复更补足。"从这里可以看出高诱注《淮南子》是为了抢救珍贵的文化遗产。据高诱《吕氏春秋序》载,他在为《淮南子》作注之后,还为《吕氏春秋》作注(注中亦引用《淮南子》),使这两部新道家巨著在经过东汉末年大战乱后得以流传下来。高诱注《淮南子》之前,还"正《孟子》章句",而注《吕氏春秋》是在"《孝经》解毕讫"之后。高诱还曾注《战国策》。这表明高诱本人就是东汉末年以整理古籍著称的大学问家。其先师卢植是"海内大儒,人之望也"。"少与郑玄俱事马融。能通古今学,好研精而不守章句。"曾"作《尚书章句》、《三礼解诂》"①,还曾与马日䃅、蔡邕等在东观校订中书《五经》传记,补续《汉记》。郑玄、马融都是东汉著名的经学家。"郑玄括囊大典,网罗众家,删裁繁诬,刊改漏失,自是学者略知所归。""凡玄所注《周易》、《尚书》、《毛诗》、《仪礼》、《礼记》、《论语》、《孝经》、《尚书大传》、《中候》、《乾象历》,又著《天文七政论》、《鲁礼禘祫义》、《六艺论》、《毛诗谱》、《驳许慎五经异义》、《答临孝存周礼难》,凡百余万言。"②马融"才高博洽,为世通儒,教养诸生,常有千数"。"著《三传异同说》。注《孝经》、《论语》、《诗》、《易》、《三礼》、《尚书》、《烈女传》、《老子》、《淮南子》、《离骚》,所著赋,颂""对策、遗令,凡二十一篇"③。他所注《淮南子》全佚。高诱《淮南子注》显然是师承卢植、马融而成。

---

① 《后汉书·卢植传》。
② 《后汉书·郑玄传》。
③ 《后汉书·马融传》。

据《隋书·经籍志》记载，《淮南子》还有许慎注。许慎也是东汉经学家，"少博学经籍，马融常推敬之，时人为之语曰：'《五经》无双许叔重'"。"撰为《五经异义》，又作《说文解字》十四篇。"①《说文解字》是我国第一部说解文字原始形体结构及考究字源的文字学专著，其中引用了《淮南子》，如四篇上鸟部"凤"字下云"濯羽弱水，莫宿凤穴"，就是引自《览冥训》。

又据《文选》李善注，《淮南子》还有延笃注。延笃是有名的经学家，"少从颍川唐溪典受《左氏传》"，"又从马融受业，博通经传及百家之言，能著文章，有名京师"②。

虽然这四种注至今只有高、许合成的一种注本，但在东汉后期竟有四位著名经学家竞相为《淮南子》作注，充分说明自汉武帝独尊儒术以来，以《淮南子》为代表的新道家在学术界并未完全受到排斥，相反在当时还颇受重视，成为热门。

《淮南子》在西汉时因其政治因素的影响，受到统治者的冷遇。汉武帝接受刘安献书"爱秘之"名为"爱"，实在"秘"，不愿《淮南子》在社会上广为流传。但《淮南子》还是受到有识之士的重视和引用。如刘文典《淮南鸿烈集解·天文训》引钱大昕云："太史公《天官书》多承《淮南》之文，唯改太阴为岁阴，其说岁星晨出之月，与《淮南》常差两月，一举夏正，一用天正，似异而实同。""班氏《天文志》虽承史公之文，而改岁阴为太岁，不复言太阴，是东汉人已不知太阴、太岁之有别矣。"《史记》在自然科学的天文学方面直接引用了《淮南子》的内容，这在"淮南狱"后不久，充分显示了司马迁的胆识，也表明了《淮南子》的学术价值。东汉著名科学家张衡的天文学著作《灵宪》也引用了《淮南子·天文训》的

---

① 《后汉书·许慎传》。
② 《后汉书·延笃传》。

内容。

司马迁在《史记·太史公自序》中收录了其父司马谈的《论六家要旨》,虽按当时官方意旨将儒家列为各家之首,但文中最为推崇的所谓道家即新道家,这实际上是不指名地推崇《淮南子》。因为"因阴阳之大顺,采儒墨之善,撮名法之要",正是《淮南子》的学术特色,而"立俗施事,无所不宜,指约而易操,事少而功多",正是对《淮南子》学术价值的赞崇。

汉武帝死后,昭帝继位,为检讨武帝时以盐铁官营为主的各项政策,于始元六年(公元前81年)召开盐铁会议,从各地召集来的60名文学贤良与武帝时主持经济改革的御史大夫桑弘羊展开了激烈的辩论。《盐铁论》是桓宽记述两派辩论的记录。辩论双方除博引先秦文献外,亦引用当代文献。如《盐铁论·毁学》大夫曰:"司马子言:'天下攘攘,皆为利往。'"《盐铁论·箴石》贤良曰:"贾生有言曰:'恳言则辞浅而不入,深言则逆耳失指。'"文字曰:"始江郡相董生推言阴阳,四时相继,父生之,子养之,母成之,子藏之。"《盐铁论·晁错》记载双方专门就淮南王刘安的著作进行辩论:大夫曰:"日者,淮南、衡山修文学,招四方游士,山东儒墨咸聚于江淮之间,讲议集论,著书数十篇,然卒于背义不臣,谋叛逆,诛及宗族。"文学曰:"春秋不以寡犯众,诛绝之义有所止,不兼怨恶也。故舜之诛,诛鲧;其举,举禹。夫以屿潘之玼而弃璞,以一人之罪而兼其众,则天下无美玉信士也。"可见刘安的著作在当时是与贾谊、司马迁、董仲舒等人的著作一样具有重大的社会影响,特别是在以文学贤良为代表的学术界中,反对株连,并不因为刘安谋反失败而否定其著作的学术地位。

刘向是西汉后期的著名学者,所著《说苑》20卷,据赵善治《说苑疏证》①考证，该书所采古事古语出自《淮南子》的有39处。其另一著作《新序》对《淮南子》也有所引用。

扬雄是西汉末年的著名学者，在其《法言》中将淮南与太史公相对比："或曰：'淮南、太史公者，其多知欤，曷其杂也？'曰：'杂乎杂，人病以多知为杂，惟圣人为不杂。书不经，非书也。言不经，非言也。言书不经，多多赘矣。'"②"淮南说之用，不如太史公之用也。太史公，圣人将有取焉，淮南鲜取焉尔，必也儒乎。乍出乍入，淮南也。"③这里扬雄虽然说刘安不及司马迁，但实际上还是承认刘安具有相当的学术地位。

《白虎通义》是班固根据经学家讨论、汉章帝裁决而撰写的一部儒家经典。该书是董仲舒以来今文经学说的总结，书中有些内容亦引自《淮南子》。如《八风》：风者"象八卦。阳生于五，极于九，五九四十五日变，变以为风，阴合阳以生风也。距冬至四十五日条风至，条者正也。四十五日明庶风至，明庶者迎众也。四十五日清明风至，清明者清芒也。四十五日景风至，景大也，阳气长养。四十五日凉风至，凉寒也，行阴气也。四十五日昌盍风至，戒收藏也。四十五日不周风至，不周者不交也，阴阳未合化也。四十五日广莫风至，广莫者大也，同阳气也。"而《淮南子·天文训》中说："何谓八风？距日冬至四十五日条风至，条风至四十五日明庶风至，明庶风至四十五日清明风至，清明风至四十五日景风至，景风至四十五日凉风至，凉风至四十五日阊阖风至，阊阖风至四十五日不周风至，不周风至四十五日广莫风至。"显然《白虎通义·八风》本自《淮南子·天文训》的这段话。可见，《淮南子》在经学盛行的

---

① 赵善诒：《说苑疏证》，华东师大出版社1985年版。
② 《法言·问神》。
③ 《法言·君子》。

东汉仍很有一定的影响。

东汉前期著名的思想家王充撰写《论衡》,极力反对经学神学化的思想。他在其《道虚》中说:"儒书言:淮南王学道,招会天下有道之人,倾一国之尊,下道术之士。是以道术之士,并会淮南,奇方异术,莫不争出。王遂得道,举家升天,畜产皆仙,犬吠于天上,鸡鸣于云中。此言仙药有余,犬鸡食之,并随王而升天也。好道学仙之人,皆谓之然。此虚言也。""案淮南王刘安,孝武皇帝之时也。父长,以罪迁蜀严道,至雍道死。安嗣为王,恨父徙死,怀反逆之心,招会术人,欲为大事。伍被之属充满殿堂,作道术之书,发怪奇之文,合景(影)乱首,八公之(传)[俌],欲示神奇若得道之状,道终不成,效验不立,乃与伍被谋为反事,事觉自杀,或言诛死。诛死、自杀,同一实也。世见其书深冥奇怪,又观八公之(传)[俌]似若有效,则传称淮南王仙而升天,失其实也。"这段记载表明,原是刘安谋反失败,随刘安牵连而死数万人的悲剧,大约在东汉初已被神化为"一人得道,鸡犬升天"的喜剧。王充一针见血地指出"此虚言也",并进一步分析形成这传闻的原因与《淮南子》的"深冥奇怪"有关。

东汉末年著名学者应劭在其《风俗通义·正失》中说:"俗说:淮南王安,招致宾客方术之士数千人,作《鸿宝》、《苑秘》枕中之书,铸成黄白,白日升天。谨按:《汉书》淮南王安……亲伏白刃,与众弃之,安在其能神仙乎?安所养士,或颇漏亡,耻其如此,因饰诈说,后人吠声,遂传行耳。"刘安升天的神话在东汉广为流传,应劭对此进行辩驳,分析这种神话的产生与"漏亡"的刘安养士宾客有关,也颇有道理。

东晋著名道教理论家葛洪《神仙传》收有刘安,将刘安正式作为道教的神仙。以后《淮南子》也被视为道教的经典,现传明正统《道藏》四辅第四太清部收有《淮南鸿烈集解》二十八卷,分收在

"动"、"神"、"疲"三函之中。

两汉以后,《淮南子》仍被他人著作引用,据刘文典《淮南鸿烈集解》粗略统计,有《晋书》、《宋书》、《隋书》、《史记索隐》、《史记正义》、《史记集解》、《汉书》晋灼注和颜师古注、《后汉书》李贤注、《水经注》、《山海经》郭璞注、《穆天子传》郭璞注、《世说新语》刘孝标注、《大戴礼记》卢辩注、《文选》李善注、《说文解字注》、《齐民要术》、《玉篇》、《北堂书钞》、《艺文类聚》、《一切经音义》、《白贴》、《开元占经》、《列子释文》、《太平广记》、《太平御览》、《酉阳杂俎》、《广韵》、《群书治要》、《困学纪闻》、《路史》、《意林》、《本草衍义序例》、《字汇补》、《云笈七签》、《摄大乘论音义》、《孔子集语》、《续博物志》等38种。其中《太平御览》1000卷,有208卷引用《淮南子》,遍及《要略》以外的20篇,共计260处;《艺文类聚》100卷,有49卷引用《淮南子》,遍及《时则训》、《主术训》以外的19篇,共59处;《初学记》30卷,有18卷引用《淮南子》,遍及《时则训》、《精神训》、《本经训》、《缪称训》、《道应训》、《要略》以外的15篇,共计44处;《文选》700余首,有80首的注引用《淮南子》,遍及《时则训》、《缪称训》、《诠言训》以外的18篇,共计139处。

唐宋以降,由于统治者倡导四书五经和佛学对儒学的影响日益加深,《淮南子》一度受到冷落,真正又受到关切是从清代乾嘉学派开始。在校订、研究《淮南子》方面成就较大的著名学者有惠栋、黄丕烈、顾广圻、卢文弨、王念孙、钱大昕、钱塘、钱坫、孙志祖、刘台拱、俞樾、陶方琦等。民国以来整理研究《淮南子》的著名学者有吴承仕、杨树达、王叔岷、沈雁冰、胡适、刘文典、于大成、徐复观等等。

《淮南子》备受两汉学者的重视,被后世书籍广泛引用,以及乾嘉以来许多学者为之整理、研究,这些说明《淮南子》对后世学术思想有着重大影响。

六 《淮南子》导读

(一) 新道家与淮南学派

新道家是一个重要的历史学派。司马谈作为新道家的一位学者,简明扼要地概括了新道家的理论要点:"其为术也,因阴阳之大顺,采儒墨之善,撮名法之要,与时迁移,应物变化,立俗施事,无所不宜,指约而易操,事少而功多。"①并第一次提出了"道家"(又称道德家)的名称。实际上他所概括的理论就是盛行于汉初的"黄老之学";他所说的"道家",已经是托名黄帝、渊源《老子》的新道家(也就是黄老学派)。

新道家思想虽渊源于老子以及后来的庄子,然而作为一个学派的酝酿和形成,可追溯到稷下黄老学派。公元前3世纪至2世纪之交,在齐威王、齐宣王时期,齐国国都临淄经济繁荣,文化昌盛。就在该城文化最为发达的稷门之下有个学宫,在这个稷下学宫中聚集了"士"近千人。他们由齐国官府供养,皆命曰列大夫,称稷下先生。与战国时一般养士风气不同,稷下学宫收养的多为"文学游说之士",即学士。这些人不担任官职而只管讨论问题,过着舒适的生活,拥有优裕的时间,从事著书活动,都有自己的论著。在他们之中,有很大一批人,"皆学黄老道德之术,因发明序其旨意"②。见于历史记载的有名学者,有宋钘、尹文、慎到、彭蒙、田骈、环渊、邹衍、驺奭、淳于髡、兒说、鲁仲连、接子等人。这就是稷下黄老学派。他们对于被称为黄老之学的新道家的形成起了很大

---

① 《史记·太史公自序》。
② 《史记·孟子荀卿列传》。

的作用。

　　为什么黄老新道家学派能在战国中期的齐国稷下学宫产生，并且成为风靡一时的学派呢？这和当时的大趋势及齐国的具体情况有关。战国中期，封建制度先后在各诸侯国建立，天下由分裂走向新的统一。与封建统一的大趋势相适应，理论上需要由道术分裂状态走向百家融合。在这样的大趋势下，需要一种有权威、可操作的新的思想体系。黄老之学遂应运而生。这种学说托名黄帝，更适应齐国的需要，齐国的当权者为了表示田氏代齐的正义性和田氏的正宗地位，因而抬出黄帝这位华夏族共同的祖先，将自己说成是黄帝的嫡传。另外老子与田氏政权也有某种特殊联系。据《史记索隐》考证，老子的故地苦县原属陈国，田氏的祖先陈公子完正是由陈国迁到齐国，因此齐统治者和稷下学者选择了来自田氏祖宗故地的老子学说，当是很自然的事。但是，完全照搬老子的思想，却又不能适应当时的局势和统治者的需要，也不能与其他学派相抗衡，于是，稷下学者继承改造了老子学说，"发明"了黄老之学。这是新道家的第一大成就。可惜，他们的著作未能保存下来，据今人考证，《管子》书中的《心术上》、《心术下》、《白心》、《内业》等四篇，属于稷下黄老学派的遗著，很可能是集体编写的。

　　约半个世纪以后，在秦国，吕不韦命令他的宾客集体编写《吕氏春秋》一书。这位阳翟大贾，不仅有政治眼光，遇秦公子子楚挟为"奇货"而得为相国，而且在学术发展史上做了一件大好事，组织人编写了《吕氏春秋》这部新道家的代表作。以前，稷下黄老学派的人，虽都有著述"发明黄老道德意"，但都没有著作或没有完全的著作流传下来，从遗留下来的部分著作和有关记载看，都不能作为黄老新道家的代表作。只有这部"以道德为标的，以无为为纲纪,以忠义为品式,以公方为检格"①的书,才可以称为最早、最大、最集中的新道家代表作。

可惜,吕不韦当时所集的"智略士"②,究竟是些什么人,我们却无法得知。这与那个时代的政治发展有关系。文信侯吕不韦本来是要效法黄帝教诲颛顼的做法,想以《吕氏春秋》这一新道家的理论作为政治纲领让秦王政用以治国统一天下。遗憾的是,秦王政看中了韩非的书,采取了法家的极端主义的严刑峻法的主张。结果,吕不韦落得个"与家属徙处蜀"③,实际上是被处以流放。他的宾客开始人还在,他服毒自杀后,"其宾客数千人窃共葬洛阳北邙山"④。于是,秦王政抓住"窃葬"的把柄,大肆打击其门下宾客:凡吕氏宾客,非秦人驱逐出境,秦人都流放房陵(当时为蜀地,今陕西汉中),参加葬礼的还要去掉爵位。经过这次冲击,新道家力量大大削弱了;新道家的代表作《吕氏春秋》自然也被打入冷宫。

但是,这种打击并没有使黄老新道家退出历史舞台;相反,他们无论是在思想专制的秦王朝,还是在极为动荡的秦汉之际,都顽强地传习着。司马迁在《史记·乐毅列传》中说:

> 乐臣公学黄帝、老子,其本师号曰河上丈人……河上丈人教安期生,安期生教毛翕公,毛翕公教乐瑕公,乐瑕公教乐臣公,乐臣公教盖公,盖公教于齐高密、胶西,为曹相国师。

从这段话里,我们可以看出:第一,这是传授黄老之学的一个系统,这个系统自战国末至汉初十分清晰,历世不衰。但它不会是唯一

---

① 高诱《吕氏春秋序》。见陈奇猷:《吕氏春秋校释》第1页,学林出版社1984年版。
② 《汉书·艺文志》自注。
③ 《史记·吕不韦传》。
④ 《史记·吕不韦传》索隐。

的,当还有其他一传再传的系统。如司马谈"习道论于黄子"①。《集解》徐广曰:"《儒林传》曰黄生,好黄老之术。"又如汲黯"学黄老之言"②等等,只是记载不全罢了。第二,这些人也都是某一时期的名人,如"乐臣公善修黄帝、老子之言,显闻于齐,称贤师"③。他以后的盖公、曹相国就更是名人了。可惜这些人都没有著述流传下来,其事迹也不多,所谓"当时则荣,没则已焉"④,因此除曹相国之外,司马迁也无法为他们立传。但是黄老新道家的思想影响是很大的,《汉书·艺文志》著录道家之书有37种之多,后来大多数亡逸了,但近年来马王堆汉墓出土帛书中又重新出现了好几种,足见那些书汉初确实是存在并且流传过的。

西汉初年,政治家们总结亡秦的经验教训,认定黄老新道家思想的意义重大,汉高祖刘邦曾指示陆贾著书论为治之道,书成,凡十二篇,每呈奏一篇,高帝无不称善,左右呼万岁,号其书曰《新语》。这部《新语》就是汉初新道家的代表作。随着黄老新道家思想付诸实践和占据统治地位,这一思想逐渐普及,以至成为"家人之言"。正因为如此,在《吕氏春秋》成书一个世纪以后,出现了黄老新道家的总结性著作《淮南子》。

《淮南子》是集体的著作,著《淮南子》的人可以称之为淮南学派。这个学派略似战国时的稷下黄老学派。二者都与养士之风有关,他们都供养了一大批的文人学者,因而形成了学派。处于这两个学派之间的吕不韦门下宾客也是如此,只是因为政治原因没有被称为学派。他们都不担任官职,只管讨论学术;都阐发黄老新道家思想;都有着明确的著书目的:稷下学派"著书言治乱之事,以干

---

① 《史记·太史公自序》。
② 《史记·汲郑列传》。
③ 《史记·乐毅列传》。
④ 《史记·孔子世家》。

世主"①；吕不韦明说要学黄帝教诲颛顼那样，著书规范秦王政；刘安献《淮南子》给武帝，也是为了向最高统治者提供治国之道。《淮南子·要略》说："著书二十篇，则天地之理究矣，人间之事接矣，帝王之道备矣。"

它们之间也有很大的不同，齐宣王不过是"喜文学游说之士"②，吕不韦未必有学识，而刘安则不一样，他"为人好书，鼓琴，不喜弋猎狗马驰骋"，"辩博善为文辞"③，并能亲自参与学者们的讨论和编著。当然最大最主要的不同，是所处的时代条件和所面临的社会问题不同。稷下先生和吕不韦宾客们根据道家清静无为的思想，对社会的动荡不安等问题，提出了自己的看法和主张，但是没有付诸实施。西汉初年，具有黄老新道家思想的人，努力宣传，如陆贾呈奏的《新语》，如各种黄帝书的传播甚至创造，同时又有统治者身体力行努力实践，如曹相国等人的实际行动。《淮南子》就是在这样的基础上诞生的。因而其内容更加丰富，思想更加全面。

如果说稷下黄老可以称为一个学派，淮南学派之名则更有其充分的理由。作为一个学派，当然要有一些共同的东西，如有大体相同的思想，有一定的师承关系等。人们称稷下黄老学派，就因为稷下学者中有一批人都是"言黄老之意"，但并非稷下学者的全部，在数百千学者之中，有76人享受"赐列第，为上大夫"待遇。大体上属于这一派的也只有"皆学黄老道德之术"的慎到、田骈、接子、环渊等。淮南王刘安门下所集宾客也不少，"养士数千"，但"高才者八人，苏非、李尚、左吴、田由、伍被、毛周、雷被、晋昌，号为

---

① 《史记·孟子荀卿列传》。
② 《史记·田敬仲完世家》。
③ 《汉书·淮南王传》。

八公"。这八个人是否即淮南学派的代表人物,是否就是著述《淮南子》的主要人物,没有更多的直接记载,但是从有关记载也可作些分析:第一,高诱作《淮南子·叙目》时有一个交待:

> 于是遂与苏飞、李尚、左吴、田由、雷被、毛被、伍被、晋昌等八人,及诸儒大山、小山之徒,共讲论道德,总统仁义,而著此书。其旨近《老子》……

这部"旨近《老子》"的书,儒家的大山、小山等人虽参加了讨论,主要作者当是排在前列的苏飞等八人。这八人不是儒家,应是在《淮南子》中发明黄老之意的新道家。

第二,因为政治的原因,淮南大狱,数千人"皆以罪轻重受诛",这些人的事迹大多湮没了。《汉书·淮南王传》中仅涉及伍被、雷被、左吴等人,《汉书》为伍被列了传,作为教训吸取:"伍被安于危国,身为谋主,忠不终而诈仇,诛夷不亦宜乎!"[①]传中记载,他以才能著,为淮南国中郎,是刘安百余名"英隽"之中的"冠首"。他在谋反事件中,其处境艰难。他不同意"举兵",但在淮南王软硬兼施下,又不得不"为王画反计"。在此过程中,他要回答和分析各种社会政治问题,他的思考和言论体现了他的思想。我们从《汉书·伍被传》所记其某些言论看,他主要是继承了黄老新道家思想。伍被反对叛乱,认为汉初相对安定的局面得来不易。当刘安问他:"方今汉庭治乎?乱乎?"他认为是"天下治","虽未及古太平时,然犹为治"。他在具体描述汉初安定局面时还说:"上(皇帝)之举错遵古之道。"错,即措。"举错遵古之道"是"清静无为"的做法。这一赞辞,明显地表明了他的黄老新道家思想。在"天下治"的描述中,虽有"君臣父子夫妇长幼之序皆得其理","风俗纪纲未有所缺"之类的话,似乎属儒家思想,但这并不奇怪,我们知道

---

① 《汉书·伍被传》赞。

新道家是兼采了儒家思想的。再说他所言之"治",主要是汉初"清静无为"的治,汉武帝刚即位不久,政策上还没有明显的改变,所以他在反复比较、分析秦末与当时的形势不同时,又说:

> 当今陛下临制天下,壹齐海内,泛爱蒸庶,布德施惠。口虽未言,声疾雷震;令虽未出,化驰如神。心有所怀,威动千里;下之应上,犹景响也。

这显然说的是"无为而治"及其结果。还有他说的"臣闻聪者听于无声,明者见于未形,故圣人万举而万全"。这是《淮南子》中有的思想,也是道家的思想。另外,他最后为刘安所献的"侥幸"之计,实际是玩弄权术,造成"民怨,诸侯惧",也表明其道家色彩。总之,这位"为冠首"的伍被,是属于新道家学派的。

第三,还有一个旁证。众所周知,道教是与道家有关系的,道教作品如《神仙传》、《录异记》等,均把刘安及八公说成是神仙。晋人葛洪《神仙传》中说刘安是得道成仙了,"八公"本来就是八位神仙。一天,刘安随八公白日升天:

> 安临去时,余药器置中庭,鸡犬舐啄之,尽得升天。故鸡鸣天上,犬吠云中也。

这就是成语"一人得道,鸡犬升天"的由来。这个故事当然是根据民间传说编造出来的,如托名东方朔所述的《汉武帝外传》就记有刘安成仙的传闻,对此,东汉王充的《论衡》、应劭的《风俗通义》都有专文进行辩驳。但葛洪仍郑重其事地说:"汉史秘之不言安得神仙之道,恐后世人主当废万机而竟求于安道。乃言安得罪自杀,非得仙也。"这些当然都是无稽之谈,但从中或可以反映"八公"和刘安是属于道家学派的。《神仙传》历来属道家辅教书,史志多入道家类,他不会把"诸儒大山、小山之徒"列进来,更不会把董仲舒之类的儒者当成神仙,或说其得神仙之道。

总之,淮南学派是存在的,这个学派属于黄老新道家。在当时历史条件下,这里集中了一批黄老新道家的学者,也是很自然的。

(二)《淮南子》不是杂家应为新道家

说《淮南子》不是杂家,似乎有些辩解的意思。但不得不辩解,因为其说始于汉代,一直流传至今,影响甚大,人们在习惯上很难改过来。

我们先从"杂家"之名的起源说起。西汉成帝时,刘向和许多学者一起奉诏整理国家图书。他们每整理完一部书,刘向就写出该书《叙录》一篇。后来,他将群书《叙录》汇编起来,辑成《别录》。刘向死后,他的儿子刘歆继承父业,在《别录》的基础上删繁就简,编成《七略》。班固著《汉书》,又在《七略》的基础上,改写成《艺文志》。今《别录》、《七略》早逸,我们能见到的是"杂家"列在《汉书·艺文志》"诸子略"中,但从杂家之名的起源来看,很可能刘向或者刘歆时就有了。

杂家是在图书分类中产生的。刘向、刘歆、班固将诸子图书细分时,发现《吕览》、《淮南》等书不好归入哪一家,就姑且另分出"杂家"一类,将难以确定其归属的书,都先归入此类。这是一种权宜之计。有些书通过反复考虑,确定归属后又从杂家内移出。这在《汉书·艺文志》中也留下了一点蛛丝马迹。在"右杂二十家,四百三篇"之后有"入兵法"三字。它表明原放在杂家类的书,后又放入兵法类去了。也有已入兵书类而杂家类还未消除的,这就出现了一书两见的现象,这种简单的处理,就使杂家真的成了"杂"家。然而《淮南子》不能列在此"杂"家中。

杂家这一类形成后,历代史志多沿其体例。如《隋书·经籍志》把一些不好分类的书也都统统编入杂家类,既包括《吕氏春秋》、《淮南子》这样的子书,如《论衡》、《仲长子昌言》、《蒋子万机论》、《傅子》等等,也包括《风俗通义》、《博物志》、《古今训》、《释俗语》、《四时录》、《诸书要略》以及各种各样的《杂记》、《杂说》等等，还包括《释氏谱》、《众僧传》、《高僧传》、《皇帝菩萨清净大舍记》以及《寿光书苑》、《宝台法藏目录》、《玄门宝海》等等，更是杂七杂八、不伦不类了。在学术上，这种大杂烩、大拼盘式的"杂家"是不存在的，为此，我们必须对列入杂家的《淮南子》重新定位、归类。

以上说了这许多，只从"杂家"之名的出现和子书的分类上，看到了《淮南子》被称为杂家的问题。但要解决这个问题，还是应该从思想内容上来解决。《汉书·艺文志》的分类，大多也是从思想内容上分的，不过有一些分得不准确罢了。

杂七杂八凑在一起本不能成为一家，但班固（可能本于刘向父子）却在《汉书·艺文志》中给杂家下了一个定义：

> 杂家者流，盖出于议官。兼儒、墨，合名、法，知国体之有此，见王治之无不贯，此其所长也。及荡者为之，则漫羡而无所归心。

考《汉书·艺文志》所录杂家之书共二十家四百三篇，而在当时就仅存《吕氏春秋》、《淮南子》两部书，所以关于"杂家"的定义，就只是这两部书的定义。如果仅从这个定义来看，这个所谓"杂家"与"道家"有着密切的关系。江瑔在《读子卮言·论道家为百家所从出章》里说："其得道家之正传，而所得于道家亦较诸家为独多者，则惟杂家。盖杂家者道家之宗子，而诸家皆道家之旁支也。惟其学虽本于道家，而亦旁通博综，更兼采儒墨名法之说，故世名之曰杂家。此不过采诸家之说以浚其流，以见王道之无不贯；而其归宿固仍在道家也。"这实际上只是就《吕氏春秋》和《淮南子》这样的所谓"杂家"而言，并非指那些杂七杂八的的书。如果说《吕氏春秋》和《淮南子》是"道家之宗子"，"得道家之正传"，"而亦旁通博综，更兼采儒墨名法之说"，"其归宿固仍在道家也"，那就再恰当不过了。

实际上《汉书·艺文志》给"杂家"所下的定义,用在黄老新道家身上倒很适合。所谓"出于议官",不就是指"不治而议论"的新道家"稷下黄老学派"和"淮南学派"吗;所谓"兼儒、墨,合名、法",显然本于《论六家要旨》,正是司马谈概括黄老新道家"采儒墨之善,撮名法之要"的理论特点;所谓"知国体之有此,见王治之无不贯",更是指黄老新道家思想而言了,与司马谈的话"立俗施事,无所不宜",也是一致的。班固或者刘向,把司马谈用以概括黄老新道家这些话,完全套在"杂家"头上,是他们的误解、疏忽,还是有意篡改?二者都有可能。这里似不必再深究了。

《淮南子》正是具备了以上特点,如高诱在《淮南子·叙目》所说:

> 于是遂与苏飞……八人,及诸儒大山、小山之徒,共讲论道德,总统仁义,而著此书。其旨近《老子》,淡泊无为,蹈虚宁静,出入经道。言其大也,则焘天载地;说其细也,则沦于无垠,及古今治乱存亡祸福,世间诡异瑰奇之事。其义也著,其文也富,物事之类,无所不载,然其大较归之于道,号曰《鸿烈》。

应该说这个概述是相当准确的。开始说"其旨近《老子》"是说《淮南子》重点继承了老子的道家思想,但不是完全照搬因袭,而是有所选择,有所改造,有所创新,形成有自己特色的思想体系。后面说"其大较归之于道"是点明《淮南子》所代表的学派与早期道家有着密切的渊源关系,但也颇有区别。一个"近"字,一个"大"字用得恰到好处。这显然是说《淮南子》属于黄老新道家。由此出发,他说淮南学派"讲论道德,总统仁义",可以理解为,以黄老新道家的"道"、"德"思想对儒、墨各家之"仁"、"义"等等总而统之。也就是说,以道家思想为主体和核心,对儒墨名法各家思想有批判,有吸收,而吸收的部分大都置于新道家思想的统帅之下。《淮南子》里也正是这样说的:"持以道德,辅以仁义"①。综上所述,《淮南子》不是杂家应为新道家。

(三)《淮南子》新道家政论体系

《淮南子》政治理论体系主要采撷道、儒、法三家思想。以道家虚静无为作为其最高原则,兼采儒、法之要,形成道、儒、法相融的政治理论体系。

《淮南子》采撮各家"善"和"要",在其为新生的统一封建国家提供的治国方略中已见端倪。《泰族训》说:

> 昔者五帝三王之莅政施教,必用参五。何谓参五? 仰取象于天,俯取度于地,中取法于人。乃立明堂之朝,行明堂之令,以调阴阳之气,以和四时之节,以辟疾病之灾。俯视地理,以制度量,察陵陆水泽肥墝高下之宜,立事生财,以除饥寒之患。中考乎人德,以制礼乐;行仁义之道,以治人伦,而除暴乱之祸。乃澄列金木水火土之性,故立父子之亲而成家;别清浊五音六律相生之数,以立君臣之义而成国;察四时季孟之序,以立长幼之礼而成官。此之谓参。制君臣之义、父子之亲、夫妇之辨、长幼之序、朋友之际,此之谓五。乃裂地而州之,分职而治之,筑城而居之,割宅而异之,分财而衣食之,立大学而教诲之,夙兴夜寐而劳力之。此治之纲纪也。

"此治之纲纪"就是《淮南子》治国的方略。在这个方略中,以老庄道家思想为主体和核心,而"采""撮"了各家之"善"和"要"。按司马谈的说法,阴阳家之"善"和"要"是"其序四时之大顺,不可失

---

① 《淮南子·览冥训》。

也"①,这里是以阴阳五行的变化规律为具体依据;儒家之"善"和"要"是"其序君臣父子之礼,列夫妇长幼之别,不可易也",这里"参五"的内容,几乎全是采撮儒家的"善"和"要"。所谓"裂地而州之,分职而治之"当然与法家主张有关,而"分财而衣食之"与墨家思想也不无关系。

那么《淮南子》对各家的"善"、"要"是怎样采撮的呢?为什么要这样采撮它呢?关于《淮南子》对老庄道家"无为"的吸收与改造,在前面"无为论"中已有述说,下面着重对法、儒两家作进一步的申述。

第一,对法家政治思想理论的批判和吸收。

《淮南子》对先秦各家的政治理论都有批判,也有所吸收。在这方面,对法家政治理论的态度最为典型。

首先,对极端专制主义的法家理论的批判。《淮南子》作者和其他汉初思想家一样,十分注重总结秦亡汉兴的历史教训,严厉批判了秦王朝的暴政和韩非等的法家政治论。秦始皇行韩非法治主张,统一了中国,建立了统一的封建专制主义中央集权国家。此后,他继续推行法家主张,"事统上法","事皆决于法"②,重徭厚赋,严刑峻法。《兵略训》说,秦二世"纵耳目之欲,穷侈靡之变,不顾百姓之饥寒穷匮也;兴万乘之驾,而作阿房之宫;发间左之戍,收太半之赋;百姓之随逮肆刑,挽辂首路死者,一旦不知千万之数。天下敖然若焦热"。民众苦不堪言,陈胜起兵而天下响应,导致了秦王朝迅速灭亡。《泛论训》也说,"秦之时",大造台榭苑囿,繁徭重赋,"道路死人以沟量","忠谏"、"仁义"之人不用,直到"高皇帝,存亡继绝,举天下之大义",灭秦而兴汉。这些都是对秦王朝崇

---

① 《史记·太史公自序》,下同。
② 《史记·秦始皇本纪》。

尚法治,行暴政的批判。不仅如此,《淮南子》还从理论上批判了法家的治国方法。《览冥训》说:

> 申、韩、商鞅之为治也,挬拔其根,芜弃其本,而不穷究其所由生。何以至此也? 凿五刑,为刻削,乃背道德之本,而争于锥刀之末,斩艾百姓,殚尽太半,而忻忻然常自以为治。……所以然者何也? 皆狂生而无其本者也。

这里认为申不害、商鞅、韩非等所主张的严刑苛法之治国方法是背本趋末、坑害百姓的理论。这种理论,背离道德的根本,一心追逐锥末刀尖的微薄利益。所以,《淮南子》一再强调要"除苛削之法,去烦苛之事"①,做到"上无苛令,官无烦治"②。这样,才有可能达到国泰民安。而"政苛则民乱",国家政治所造成民心思乱,"刑罚不足以移风,杀戮不足以禁奸"③。用严刑峻法来治乱,那就等于"抱薪而救火","凿窦(穴)而止水"④,越治越乱。所以,"乱世之法,高为量而罪不及,重为任而罚不胜,危为禁而诛不敢,民困于三责,则饰智而诈上,犯邪而干免。故虽峭法严刑,不能禁其奸。何者? 力不足也"⑤。这是站在封建王朝的立场上总结历史教训,批判法家单纯"以法治国"的主张。

其次是对法家思想的吸收。对于法家的法治,《淮南子》和其他新道家一样并不排斥。而是"撮名法之要"。《淮南子》肯定"法"的作用。它说:"所谓亡国者,非无君也,无法也。"⑥"主政者不能废法而治民。"⑦"法律度量者,人主之所以执下,释之而不用,

---

① 《淮南子·览冥训》。
② 《淮南子·齐俗训》。
③ 《淮南子·主术训》。
④ 《淮南子·览冥训》。
⑤ 《淮南子·齐俗训》。
⑥ 《淮南子·主术训》。
⑦ 《淮南子·泛论训》。

是犹无辔衔而驰,群臣百官反弄其上。"①承认"法"的重要性。关于法的公正、平等性,《商君书·赏刑》说:"刑无等级";《韩非子·有度》说:"法不阿贵","刑过不辟大臣,赏善不遗匹夫";《管子·任法》甚至说"君臣上下贵贱皆从法",这也就是司马谈所说的"不别亲疏,不殊贵贱,一断于法"。这是法家之"要",《淮南子》也吸收了。《主术训》说:"言事者必究于法","中程者赏,缺绳者诛,尊贵者不轻其罚,而卑贱者不重其刑。犯法者虽贤必诛,中度者虽不肖必无罪"。"人主之用法,无私好憎,故可以为命",而应该"喜不以赏,怒不以罚"。提出"法者,天下之度量,而人主之准绳也"。以"法"来"禁君,使无擅断"。即认为法令面前人人平等。法不仅是君主为政理官治民的依据,也应当是自己行事的标准,君主自身也纳入法令的管理系统之中,并把"法"作为限制暴君专制的手段。关于法的公开性,《商君书·定分》说:"圣人为法,必使之明白易知,名正,愚知(智)徧(遍)能知之。"《韩非子·难三》说:"法者编著之图籍,设之官府,而布之于百姓者也。"《淮南子》吸收了这一点,《主术训》说:"县(悬)法者,法不法也;设赏者,赏当赏也。"县,悬也,悬挂法律条文,是为了惩罚犯法者;设立奖赏章程,是为了奖赏应当奖赏的人。

再则是对法家法治提出了"无为"的要求。《主术训》说:"是故明主之治,国有诛者而主无怒焉,朝有赏者而君无与焉。诛者不怨君,罪之所当也;赏者不德上,功之所致也。民知诛赏之来,皆在于身也。故务功修业,不受赣于君……故太上,下知有之。"这里"下知有之"就是无为,实行刑赏也要求无为。《主术训》的另一处说得更明白:"今夫权衡规矩,一定而不易……常一而不邪,方行而不流,一日刑之,万世传之,而以无为为之。"法治要无为,必须注重

---

① 《淮南子·主术训》。

法的制定与法的施行。在法的制定上要因民情,而不能依君主自己的私意。《泰族训》说:"先王之制法也,因民之所好而为之节文者也。……因其性则天下听从,拂其性则法县而不用。"《主术训》说:"法生于义,义生于众适,众适合于人心,此治之要也。""法者非天堕,非地生,发于人间,而反以自正。""无为"就是因循自然,不遂意妄行。这里民性也是自然,"因民性"、"合于人心"、"发于人间"是法制定中的"无为"要求。在法的施行上,要君明、臣贤。君臣上下都能公正执法,就可以做到"无为"。《缪称训》说:"明主之赏罚,非以为己也,以为国也。适于己而无功于国者,不施赏焉;逆于己便于国者,不加罚焉。"认为君主实行法治不是为了自己的私利,而是为了国家利益。法不仅用于民而且也要用于君主自己。《主术训》说:"人主之立法,先自为检式仪表。""所立于下者,不废于上;所禁于民者,不行于身。""禁胜于身,则令行于民。"君主执行法治,只有公正行法,以身作则才能达到"无为而治"。《泰族训》说:"法虽在,必待圣而后治;律虽具,必待耳而后听。"执法者除了君主之外,还有百官有司。君主无为全靠有司有为。直接用法于民的,主要是有司。因此臣子有司的品德,以及执法的态度和能力,就成为"无为而治"的关键。《泰族训》说:"国之所以存者,非以有法也,以有贤人也;其所以亡者,非以无法也,以无贤人也。"法靠人来执行,得贤臣而用,也就成为君主治国的要务。《泰族训》说:"守不待渠堑而固,攻不待冲降而拔,得贤之与失贤也。""故圣主者举贤以立功,不肖主举其所与同……故观其所举,而治乱可见也。"得贤人还是失贤人关系到政治的成败。臣下愈贤,君主愈能无为而治。

第二,对儒家仁义礼乐的吸收及反对。

《淮南子》政治论的主旨与儒家不同,但却把儒家的一些思想和主张吸收过来,作为其政治理论体系的内容。如前述民本论中,就吸收了孟子"仁政"学说与民本思想的许多合理成分;又如在君主自身修养上亦多取自儒家,其所谓"求诸己"、"慎独",都是典型的儒家修身工夫。对于儒家的核心思想仁义礼乐,《淮南子》更是不排斥,而是给予适当的地位,加以总结和吸收。

首先,《淮南子》承认仁义礼乐在治国治民中的作用。《淮南子》和其他新道家一样,不同意老庄道家"绝仁弃义",认为仁义礼乐是客观存在的,是政治论体系中不可缺少的一部分。《齐俗训》说:

> 所谓礼义者,五帝三王之法籍风俗,一世之迹也。
> 礼者实之文也,仁者恩之效也。故礼因人情而为之节文,而仁发怦以见容。礼不过实,仁不溢恩也,治世之道也。

《主术训》说:

> 国之所以存者,仁义是也。

《泛论训》说:

> 乱国之君,务广其地而不务仁义,务高其位而不务道德,是释其所以存,而造其所以亡也。

《本经训》说:

> 是故仁、义、礼、乐者,可以救败……夫仁者,所以救争者;义者,所以救失也;礼者,所以救淫也;乐者,所以救忧也。

以上说明儒家所提倡的仁义礼乐,不仅是客观存在的,而且是治国治民所不可缺少的。《淮南子》认为仁义礼乐是"治世之道",是"国之所以存"的必不可少的条件之一,肯定"仁义礼乐可以救败"的作用。因此接受并吸收了仁义礼乐。为什么要接受和吸收"仁义礼乐"呢?这是由其无为论的"待时而变"的特征所决定的。这在《泛论训》中有论述:

> 故五帝异道而德覆天下,三王殊事而名施后世。此皆因时变而制礼乐者。

不同的时期,治国的方法是可以不同的,都是因时势的变化来制定礼乐。所以它还说:"先王之制,不宜则废之;末世之事,善则著之。"并进一步阐述说:

> 故圣人制礼乐而不制于礼乐。……故圣人法与时变,礼与俗化。衣服器械,各便其用;法度制令,各因其宜。故变古未可非,而循俗未足多也。百川异源,而皆归于海;百家殊业,而皆务于治。

这与司马谈《论六家要旨》中的说法是一致的,因为他们都是新道家。正因为"百家殊业,而皆务于治",所以儒家的仁义礼乐也好,法家的法度制令也好,其"善"或者"要"都是可以"采""撮"吸收的。

其次,《淮南子》认为仁义礼乐是衰落之世产生出来的,并为末世所运用的。《老子》说:"大道废,有仁义"[1],又说:"失道而后德,失德而后仁,失仁而后义,失义而后礼。"[2]《淮南子》继承了这一思想。《缪称训》说:

> 故道灭而德用,德衰而仁义生。故上世体道而不德,中世守德而弗坏也,末世绳绳乎唯恐失仁义。

《齐俗训》说:

> 率性而行谓之道,得其天性谓之德,性失然后贵仁,道失然后贵义。是故仁义立而道德迁矣,礼乐饰则纯朴散矣,是非形则百姓眩矣,珠玉尊则天下争矣。凡此四者,衰世之造也,末世之用也。

《本经训》说:

> 德衰然后仁生,行沮然后义立,和失然后声调,礼淫然后

---

[1] 《老子·十八章》。
[2] 《老子·三十八章》。

容饰。

这些话，都认为仁义礼乐产生于道德衰落之后。道德衰落的时代，人们应该崇尚仁义礼乐，"唯恐失仁义"，是"末世"之人所应有的原则。显然这一思想源于老子，但却对老子思想作了改造和积极的发挥。为什么衰世要崇尚仁义礼乐呢？《本经训》做了回答：

> 逮至衰世，人众财寡，事力劳而养不足，于是忿争生，是以贵仁。仁鄙不齐，比周朋党，设诈谞，怀机械巧故之心，而性失矣，是以贵义。阴阳之情莫不有血气之感，男女群居杂处而无别，是以贵礼。性命之情，淫而相胁，以不得已则不和，是以贵乐。是故仁、义、礼、乐者，可以救败，而非通治之至也。

从这段论述仁义礼乐在衰世时要"贵"的原因中，可以看出《淮南子》将仁义礼乐的作用限定在衰世。仁义礼乐，可以用来防范或制止某一方面的品行败坏，但不是日常治理及修养品性的最有效的方法和手段。

再则，反对儒家一些不合理的东西。《泛论训》说：

> 夫殷变夏，周变殷，春秋变周，三代之礼不同，何古之从……今世之法籍与时变，礼义与俗易。为学者循先袭业，据籍守旧教，以为非此不治……欲得宜适致固焉，则难矣。今儒墨者称三代文武而弗行，是言其所不行也……称其所是，行其所非。是以尽日极虑而无益于治，劳形竭智而无补于主也。

这里一方面反对儒家复古守旧的主张，认为治国不能只是"循先袭业，据籍守旧教"，另一方面认为儒家那些繁文缛节的礼乐是劳形竭智，是不符合无为政治原则的。

第三，"道"、"仁义"、"法"对于政治体系的作用及其相互关系。

首先，"道"是总统仁义、法的根本原则。《淮南子》认为"道"与"德"是治国之本。《泛论训》说：

> 国之所以存者,道德也。……故国之亡也,虽大不足恃;道之行也,虽小不可轻。……存在得道,而不在于大也;亡在失道,而不在于小也。

这是在总结秦亡汉兴的历史经验基础上所得出的结论。道德是国家长治久安的根本的永恒的法宝,执道行德则国存,失道去德则亡国。《淮南子》所谓的"道德",并不是儒家作为伦理观念意义上的"道德",而是符合无为原则的道家理论中的"道德",是作为治国纲纪的"道"与"德"。

《淮南子》认为必须坚持以道与德总统仁义礼乐。道德是本,仁义礼乐为末。《本经训》说:

> 是故知神明然后知道德之不足为也,知道德然后知仁义之不足行也,知仁义然后知礼乐之不足修也。今背其本而求其末,释其要而索之于详,未可与言至也。

这里道德是本,它符合其因民性、因人力、无为而治的主张,所以说"知神明"。仁义礼乐是末,是暂时、局部起作用的治标之术。认为背本求末,释要索详的人,不可跟他去讲论最高深的道德。《齐俗训》也说:

> 世之明事者多离道德之本,曰:"礼义足以治天下。"此未可与言术也。所谓礼义者,五帝三王之法籍风俗,一世之迹也。譬若刍狗、土龙之始成,文以青黄,绢以绮绣,缠以朱丝,尸祝袀袨,大夫端冕,以送迎之。及其已用之后,则壤土草劀而已,夫有孰贵之!……今欲学其道,不得其清明玄圣,而守其法籍宪令,不能为治亦明矣。

这里说"道德"是"清明玄圣"的根本性的治国原则,而"礼义"则是用于一时的具体的规定和习俗,时过境迁,就如祭祀时用的刍狗和求雨时用的土龙,等到用过之后,就只是泥土草芥而已,批驳了儒家"礼义足以治天下"的理论。《泛论训》说:"故圣人所由曰道,所为曰事。……故法制礼义者,治人之具也,而非所以为治也。"在《淮南子》看来,道德是总统仁义礼乐的根本原则,而仁义礼乐只是统治的手段,即所谓"治人之具"。离开了道德这个根本,仁义礼乐是不足为治的。

《淮南子》还认为道总统"法"。《泰族训》说:

> 故有道以统之,法虽少,足以化矣。无道以行之,法虽众,足以乱矣。……治国,太上养化,其次正法。

"法"必须在"道"的总统之下才能发挥其作用。所以《泰族训》说:"法者,治之具,而非所以为治也。"《泛论训》也说:"法制","治人之具也,而非所以为治也。"都是说"法"只是统治的手段而不是统治的目的。可见仁义和法都在"道"的总统之下。

其次,作为治世方法,仁义为本,法为末。新道家《淮南子》的政治理论体系正是这样,它不排斥仁义,也不废弃法治,把儒家的仁义和法家的法治都吸收到其政治理论体系中来,作为治国治民的工具和手段。《泰族训》说:

> 民无廉耻,不可治也。非修礼义,廉耻不立。民不知礼义,法弗能正也。非崇善废丑,不向礼义。无法不可以为治也,不知礼义不可以行法。法能杀不孝者,而不能使人为孔、曾之行;法能刑窃盗者,而不能使人为伯夷之廉。

这里"礼义"也可称"仁义",是儒家"仁政"的治国方法;法是刑法、权术、权势之类,是法家法治的方法。这两种不同的治世政策和方法并不是绝对不兼容的,而是可以相济相助,相辅相成的。仁义可以感化人民,是很有作用的,但它终究是抽象的精神,而不是具体的法令法规,因此不能只用仁义而不用法。没有法也不行,但只有法而没有仁义也不行。二者缺一不可。《淮南子》认为就仁义和法对治国治民及其相互关系来讲,又有本末之分。《泰族训》说:

> 治之所以为本者,仁义也,所以为末者,法度也。

> 故仁义者治之本也。今不知事修其本,而务治其末,是释其根而灌其枝也。且法之生也,以辅仁义。今重法而弃义,是贵其冠履而忘其头足也。故仁义者,为厚基者也,不益其厚而张其广者毁,不广其基而增其高者覆。赵政(秦始皇)不增其德而累其高,故灭;智伯不行仁义而务广地,故亡其国。

仁义是用仁爱之心感化人,具有无形而自化的特点;法治以法令赏罚善恶,具有有形而强制的特征。由此看来,仁义比法治更合无为政治的原则,更合安民、利民主旨,所以仁义和法,前者是本,后者是末,前者是主,后者是辅。所以《淮南子》在治国治民的方法上,将法置于仁义之下,把法作为治世之末节。《泰族训》说:

> 民交让争处卑,委利争受寡,力事争就劳,日化上迁善而不知其所以然,此治之上也。利赏而劝善,畏刑而不为非,法令正于上,而百姓服于下,此治之末也。

用仁义教化是"治之上",用法令赏罚是"治之末"。《淮南子》要求君主和百官在为政治民时要不失仁义,多以仁义教化,宽以法刑。《主术训》说:"府吏守法,君子制义,法而无义,亦府吏也,不足以为政。"要想为政成功必须行君子的仁义教化,而不只行府吏法治。《泰族训》说:"所谓仁者,爱人也;所谓智者,知人也。爱人,则无虐刑矣;知人,则无乱政矣。""若不修其风俗而纵之淫辟,乃随之以刑,绳之以法,虽残贼天下,弗能禁也。"都是说治国治民应以仁义为主,以法治为辅。君主只有"治由文理","刑不侵滥"[1],"法宽刑缓"[2],才能做到"上无烦乱之治,下无怨望之心"[3],天下大治。这种仁本法末的政治理论体系是从秦亡汉兴的历史经验中得

---

[1] 《淮南子·泰族训》。
[2] 《淮南子·主术训》。
[3] 《淮南子·泰族训》。

出来的。

再则,在其政治论体系的构成方式上,移用法家模式,而填充儒家思想内容。《淮南子》和其他新道家一样,极为重视对治国经验和治国思想的选用,从而创立新的政治理论体系。它以老庄道家的虚静无为作为其政治体系的最高指导原则,但由于道家对于政治理论主要只能提供一种基本原则,并没有适合于统一王朝具体可遵循的方案,因此在政治理论体系上,《淮南子》不得不采用较为具体详备的法家模式。它采撮法家尊君明法,治官分官分职,循名责实,君主兼用法、术、势为施政主体,臣子是佐治的副肢,君尊臣卑,君静臣动等一套政治论体系,来适应统一封建国家的需要。同时在法家的政治模式中,采撷儒家思想去填充它,从而改变了法家模式的精神与方向。法家以法为唯一的治国之道。商鞅说:"仁者能仁于人而不能使人仁,义者能爱于人而不能使人爱。是以知仁义之不足以治天下也。……圣王者不贵义而贵法。"①提出:"言不中法者,不听也;行不中法者,不高也;事不中法者不为也。"②。《韩非子·五蠹》说:"仁义用于古而不用于今也",认为仁义治国已过时,并提出"以法治国"的主张。秦始皇行法治主张,"事统上法","事皆决于法"③。《淮南子》则以道家虚静无为为指导,糅合儒家教化思想,去取代法家心目中法治的崇高地位,甚至把法治贬为末节,它理想的完美治国之道是"神化"。《主术训》说:

> 刑罚不足以移风,杀戮不足以禁奸,唯神化为贵,至精为神。

---

① 《商君书·画策》。
② 《商君书·君臣》。
③ 《史记·秦始皇本纪》。

这里的所谓"神化",就是以"无为而治"为特点的精神上的、无形的感化,其中包含有儒家的重教化思想。由于以"神化"为贵,就会出现"威厉而不杀,刑错而不用,省而不烦,故其化如神……莫不听从","法宽刑缓,囹圄空虚,而天下一俗,莫怀奸心"①的局面。

法家所讲的法治,不是近代意义上的民主政治,正好相反,它是为君主独揽大权服务的,是专制主义的政治学说。法家赋予专制君主无限的权力,立法权属于国君。《管子·论法》说:"生法者,君也;守法者,臣也;法于法者,民也。"就是说,法令唯一的设立与修正者是君主,而臣民只有执法、尽法的义务。由于全国上下只能以君主所"生"之法为言行准则,这就将君主的意志强制灌输到社会各个层面,从而强化了君主的权力。于是,君主便可利用法"独制四海之内"②,法便成了国君"以一人之力禁一国"③的工具。君主在"法"之上,它是超乎"法"上的绝对存在。实行法制的君主要执掌国家最高权力,即《韩非子·扬权》所谓"圣人执要。"不能给予臣下过多的权力和信任。因为,"爱臣太亲,必危其身;人臣太贵,必易主位"④,"万乘之患,大臣太重;千乘之患,左右太信。此人主之所公患也。"⑤只有君主抓住最高权力,那么"人主虽不肖,臣不敢侵也"⑥。君主要以"法"控制臣下,即"人主使人臣虽有智能,不得背法而专制,虽有贤行不得逾功而先劳,虽有忠信不得释法而不禁,此之谓明法"⑦。在极端法家理论中,不仅臣子难以得

---

① 《淮南子·主术训》。
② 《韩非子·有度》。
③ 《韩非子·难三》。
④ 《韩非子·爱臣》。
⑤ 《韩非子·孤愤》。
⑥ 《韩非子·忠孝》。
⑦ 《韩非子·南面》。

到一定的政治尊严,民众更是居于政治体系的最下层,更是法令所约束的对象。民众利益与国家、政权利益(实为君主利益)处于相对立的地位,《商君书》说:"民弱国强,国弱民强,故有道之国务在弱民。"①"民胜其政,国弱;政胜其民,国强"②。认为"君尊则令行……法制明,则民畏刑"③。《韩非子·显学》也说:"今不知治者,必曰:'得民之心。'欲得民之心而可以为治,则是伊尹、管仲无所用也,将听民而已矣。民智之不可用,犹婴儿之心也。……婴儿子不知犯其所小苦,致其所大利也。今上急耕田垦草,以厚民产也,而以上为酷;修刑重罚,以为禁邪也,而以上为严;征赋钱粟,以实仓库,且以救饥馑、备军旅也,而以上为贪;境内必知介而无私解,并力疾斗,所以禽虏也,而以上为暴。此四者,所以治安也,而民不知悦也。"它们是反对"民本"思想的,认为君主和民本在本质上是对立的、矛盾的。

《淮南子》的高明之处,便是针对法家偏重"法治",剥夺民众利益的理论,采撷儒家重教化的理论调和之。它把儒家仁义的道德观念,注入法家政治体制的构造中,以转换民与君对立的形态,使"安民""利民"成为超乎"法"与"君"的最高原则,仁义变成了政治的基本要素,从而降低了君主地位,规范了"法"的作用。《主术训》说:"法生于义,义生于众适,众适合于人心,此治之要也。"认为"法"在民众利益与仁义之下,法要符合民众的利益,依据仁义而定而用。君主与臣民都在法的约束之下。君主遵法,驭其臣;臣依法,忠君以治民;民奉法受治。《主术训》说:"其立君也,所以剸有司使无专行也。法籍礼义者,所以禁君使无擅断也。人莫得

---

① 《商君书·弱民》。
② 《商君书·说民》。
③ 《商君书·君臣》。

自恣则道胜,道胜而理达矣,故反于无为。"把"法"作为限制君主、臣子的一种手段。《主术训》又说:"国之所以存者,仁义是也;人之所以生者,行善是也。国无义,虽大必亡;人无善,志虽勇必伤。"这些论述,使法家法治的政治形态,变成充满仁义、有治无争的太平景象。从表层来看,《淮南子》政治体系似乎是法家的,其实它所采自法家的,仅是表层的模式,真正支撑这一模式的,是儒、道思想,这使其政治论体系较其他新道家更为完善。

七　校注说明

（一）本书的原文以刘文典《淮南鸿烈集解》（中华书局1989年版）为底本。参用庄逵吉校本。

（二）本书根据原文意思,每卷（篇）分出若干段。注释采用段末注形式,注释号用阿拉伯数字,外加小圆圈,如①。原文部分必要校勘亦在注释中说明。

（三）本书的注释,在吸收前贤成果基础上,断以己意,务求通俗简明,以文字注解为主,必要时通释全句,生僻字加注汉语拼音。多次出现的词语或典故,如有必要,则不避分别注释,惟繁简互见,以便阅读。

（四）本书引用各家观点一般只称人名,不注出处,书后附有参考书目,读者可以查核。

（五）本书在注说过程中参考了大量著述和相关研究成果,书名恕不一一罗列。若有明确的异说,则用"一说"注明。

卷一　原道训

夫道者,覆天载地,廓四方,柝八极①;高不可际,深不可测,包裹天地,禀授无形②。原流泉浡,冲而徐盈③;混混滑滑,浊而徐清④。故植之而塞于天地,横之而弥于四海⑤;施之无穷,而无所朝夕⑥。舒之幎于六合,卷之不盈于一握⑦。约而能张,幽而能明⑧,弱而能强,柔而能刚,横四维而含阴阳⑨,纮宇宙而章三光⑩。甚淖而湝,甚纤而微⑪。山以之高,渊以之深,兽以之走,鸟以之飞,日月以之明,星历以之行⑫,麟以之游,凤以之翔。

[注释]①道:自然规律。廓:扩张。柝:音 tuò,开拓。八极:八方之极远处。为八柢。　②禀:受。授:给予。无形:无具体形状,指万物萌生之前的状态。　③原:水的源头,后作"源"。浡:涌动。冲:通"盅",虚空。　④混混:水流大貌。滑滑:音 gǔ,通"汩",水流急貌。　⑤植:树立。塞:充满。弥:弥漫。此句以空间言道之廓大。　⑥施:延用。朝夕:指盛衰。　⑦舒:伸展。幎:音 mì,覆盖。六合:四方上下。一握:一把。　⑧约:缠束。　⑨横:充溢。四维:天区的四角。阴阳:哲学概念,用作解释万物化生之因。　⑩纮:音 hóng,维系。纲,拉网的大绳,作动词用。宇宙:时间和空间。章:同彰,明。三光:日、月、星。　⑪淖:音 nào,稀泥。湝:音 gē,多汁而黏稠貌。纤:细小。　⑫星历:星辰。

泰古二皇①,得道之柄,立于中央②。神与化游③,以抚四方。是故能天运地滞④,转轮而无废,水流而不止,与万物终始。风兴云蒸,事无不应⑤;雷声雨降,并应无穷。鬼出电入,龙兴鸾集,钧旋毂转⑥,周而复匝⑦。已雕已琢,还反于朴⑧。

[注释]①泰古:远古。二皇:伏羲和神农。一说,指天皇、地皇。②柄:根本。 ③化:自然变化的规律。 ④滞:停止,蓄积。 ⑤废:休止。蒸:蒸发,热气上升。应:相应。指顺应道的规律。 ⑥穷:穷尽。鬼出电入:出入快而无踪迹。钧:制陶器所用的转轮。毂:车轮中间车轴贯入处的圆木。⑦匝:音 zā,遍。 ⑧朴:未经加工的木料,指本性。

无为为之而合于道,无为言之而通乎德①,恬愉无矜而得于和,有万不同而便于性②,神托于秋豪之末,而大宇宙之总③,其德优天地而和阴阳④,节四时而调五行⑤,响谕覆育⑥,万物群生,润于草木,浸于金石⑦,禽兽硕大,豪毛润泽,羽翼奋也,角䚡生也⑧。兽胎不䶣,鸟卵不毈⑨,父无丧子之忧,兄无哭弟之哀,童子不孤,妇人不孀⑩,虹霓不出,贼星不行,含德之所致也⑪。

[注释]①无为:顺应自然,不有意为之。德:哲学概念,指道在具体事物上的表现。 ②恬愉:安静,安适。矜:音 jīn,骄傲。和:谐和,协调。有:得到,接触。有万不同:与各不相同的万事万物接触。便:音 pián,安,适。③神:精神。秋豪:亦作"秋毫",鸟兽秋天长出的毫毛。秋豪之末:极言其小。宇宙之总:指整个宇宙。 ④优:柔,使动用法。优天地:使天地和顺。⑤四时:即春夏秋冬。五行:水、火、木、金、土,古代认为是构成各种物质的元素。 ⑥响:音 xǔ,嘘气,这里指以气养物。谕:通妪,赋物以形体。响谕:养

育。覆育:庇护养育。 ⑦润:滋润,沾惠。浸:润。 ⑧硕:大。奋:强壮有力。骼:音gé,兽类的角。骨质的角为骼。一说,有枝的角为骼。 ⑨殰:音dú,死于胎中的幼兽。兽胎不殰:言兽不怀死胎。殰:音duàn,孵不出禽鸟的坏蛋。 ⑩孤:幼而无父。孀:妇女寡居。 ⑪虹霓:相传虹有雌雄之别,色鲜盛者为雄,曰虹;色暗淡者为雌,曰霓。旧以虹霓为灾气。贼星:也叫妖星,指各种怪异之星,如彗星、流星等。含:怀着。

夫太上之道,生万物而不有①,成化像而弗宰②,跂行喙息③,蠉飞蠕动④,待而后生,莫之知德,待之后死,莫之能怨。得以利者不能誉,用而败者不能非,收聚畜积而不加富⑤,布施禀授而不益贫⑥。旋县而不可究⑦,纤微而不可勤⑧,累之而不高,堕之而不下,益之而不众,损之而不寡,斫之而不薄⑨,杀之而不残,凿之而不深,填之而不浅。忽兮怳兮,不可为象兮⑩;怳兮忽兮,用不屈兮⑪;幽兮冥兮,应无形兮⑫;遂兮洞兮,不虚动兮⑬;与刚柔卷舒兮⑭,与阴阳俯仰兮⑮。

[注释]①太上:最上,至高无上。不有:不据为己有。 ②化像:造化所生成的物象,即各具形状的自然界万物。弗宰:不自为主宰。 ③跂:音qí,脚。喙:音huì,口,嘴。息:呼吸。跂行喙息:泛指人和动物。 ④蠉:音huān,虫飞动样子。蠕:音rú,虫爬行的样子。蠉飞蠕动:泛指各种昆虫。 ⑤待:依靠。德:感恩德。畜:同蓄。这几句是说"道"生杀成败事物是无形的,不能感觉到。 ⑥布施禀授:广泛施予。万物得道而生,则道普施惠于万物。益:增加。 ⑦县:襄,环。旋县,环圈。此以环圈形容道循环往复没有止境。 ⑧勤:竭尽。 ⑨斫:音zhuó,砍,削。 ⑩忽兮怳兮:似有似无,不可捉摸的样子。怳:音guǎng。 ⑪屈:竭尽。 ⑫幽、冥:皆混沌幽深貌。应无形:指呼应万物而不露形迹。 ⑬遂:同邃。遂、洞:亦混沌幽深貌。虚动:动而不起作用。 ⑭刚柔:指乾坤。乾坤是《周易》的两个卦名。《周易》

以为乾坤是宇宙的两种性质。卷舒:屈伸。指与乾坤一起活动。　⑮俯仰:升降。"忽兮"至"仰兮"几句是说"道"虽然无形难以捉摸,但它的作用是无穷的。其中的"忽兮悦兮"、"悦兮忽兮"、"幽兮冥兮"出自《老子》二十一章。

昔者冯夷、大丙之御也①,乘云车,入云蜺②,游微雾,骛悦忽③,历远弥高以极往④。经霜雪而无迹,照日光而无景。扶摇抮抱羊角而上⑤,经纪山川,蹈腾昆仑⑥,排阊阖,沦天门⑦。末世之御⑧,虽有轻车良马,劲策利锻⑨,不能与之争先。

[注释]①冯夷、大丙:一作冯迟、大白。传说中的两位天神。御:驾驭车马。　②云蜺:彩虹。　③骛:奔驰。　④历:经过。弥:更,益。极:最远处。　⑤扶摇:盘旋而上的风。抮:音zhěn,旋转。抱:环绕转动。羊角:形容弯曲倾斜的样子。　⑥经纪:经过。蹈腾:跨越。昆仑:古代传说中的神山名,其地非一处,此指位于西方之昆仑,参见《地形训》对昆仑山之描绘。⑦排:斥。阊阖:音chāng hé,天之外门。沦:进入。　⑧末世:接近衰亡的时期,意谓远离上古冯夷、大丙之近世。　⑨策:马鞭。锻:王念孙引刘绩本作"錣"音zhuì,马鞭末端用以刺马的尖刺。

是故大丈夫恬然无思①,澹然无虑,以天为盖,以地为舆②,四时为马,阴阳为御,乘云陵霄,与造化者俱③。纵志舒节,以驰大区④。可以步而步,可以骤而骤⑤。令雨师洒道⑥,使风伯扫尘⑦;电以为鞭策,雷以为车轮。上游于霄霓之野⑧,下出于无垠之门⑨,刘览偏照,复守以全⑩。经营四隅,还反于枢⑪。

[注释]①大丈夫:指领悟了道的人。　②澹:通"憺",安适。盖:车盖,古代车子上用来遮阳避雨的伞。舆:车厢,代指车。古有盖天说,谓天像一把

无柄的伞遮蔽大地,而地似一辆大车承载万物。 ③御:车夫。造化:指自然的创造,化育。造化者:指"道"。俱:在一起。 ④纵志:放纵自己的心志。舒节:使节奏舒缓。大区:太虚,天空。 ⑤步:缓步徐行。骤:疾驰。 ⑥雨师:司雨之神。洒道:洒水清洗道路。 ⑦风伯:风神,一名飞廉。 ⑧霓:音zhào,幽深。霄霓:虚无幽深的样子。 ⑨垠:形状。王念孙认为应作"垠鄂",边际。 ⑩刘览:同浏览。广泛观看。偏:一作"遍",全面。照:察看。全:指全真,全性。 ⑪经营:南北为经,东西为营,这里是周游之意。隅:方,旁。反:返。枢:门户的转轴,喻关键、本原。指道。

故以天为盖,则无不覆也;以地为舆,则无不载也;四时为马,则无不使也;阴阳为御,则无不备也①。是故疾而不摇,远而不劳,四支不动,聪明不损,而知八纮九野之形埒者,何也②?执道要之柄,而游于无穷之地。是故天下之事,不可为也,因其自然而推之③;万物之变,不可究也,秉其要归之趣④。

[注释]①备:完美无缺。 ②疾:急速。摇:动摇。纮:纲维,大绳子。八纮:即八极。传说地由八根绳子维系,故以八纮指大地极远处。九野:指天。传说天分为九大区域,中央及八方,参见《天文训》。埒:音liè,界限。形埒:界域。 ③为:人为。指违背规律的行为。推:探求。 ④秉:执掌。归:宗旨。要归:最重要的宗旨,犹言要道。趣:归,真谛。要归之趣:犹言最重要道理的真谛。

夫镜水之与形接也①,不设智故②,而方圆曲直弗能逃也。是故响不肆应,而景不一设③,叫呼仿佛,默然自得④。人生而静,天之性也⑤;感而后动,性之害也⑥。物至而神应,知之动也⑦。知与物接,而好憎生焉。好憎成形,而知诱于外⑧,不能反己,而天理灭矣⑨。故达于道者,不以人易天⑩,外与物化⑪,而内不失其情,至无而供其求,时骋而要其宿⑫。小大修短,各有其具⑬,万物之至,腾踊肴乱,而不失其数⑭。是以处上而民弗重,居前而众弗害⑮,天下归之,奸邪畏之,以其无争于万物也。故莫敢与之争。

[注释]①镜水:镜子和水。古常以静止的水为镜鉴物。形:被镜、水所照的形象。接:接触。 ②智故:巧饰,伪诈,巧诈。 ③响:回声。肆:放纵。景:通"影"。一设:单独出现。 ④叫呼:指回声。仿佛:指影子。默然:指听不见、看不见的形态。响和影本身不能听、不能见,昏默静寂,而自得其声状。⑤天之性:天赋的本性。 ⑥感:指受外界事物诱惑而有所触动。动:指动摇本性。 ⑦物:外界事物。神:精神。知:同"智",智慧。 ⑧形:现。成形:表现出来。知:欲。 ⑨己:本性。天理:天性。 ⑩人:人为,指世俗的、外在的、非自然的东西。天:与"人"相对,天性,本性。 ⑪物:指自身之外的万事万物。化:变化。 ⑫至无:虚无至极。时骋:随时变化发展。要:音yāo,求。宿:归宿。要其宿:成为万物的归宿。 ⑬修:长。具:备。 ⑭腾踊:奔腾跳跃。肴:通"殽",杂乱。数:法度。 ⑮处上:处于万民之上。居前:居万民之前,皆指居于统治地位。

夫临江而钓,旷日而不能盈罗,虽有钩针芒距①,微纶芳饵②,加之以詹何、娟嬛之数③,犹不能与网罟争得也④。射者扞乌号之弓⑤,弯棋卫之箭⑥,重之羿、逢蒙子之巧⑦,以要飞鸟,犹不能与罗者竞多⑧。何则?以所持之小也。张天下以为之笼,因江海以为罟,又何亡鱼失鸟之有乎?故矢不若缴⑨,缴不若无形之像⑩。夫释大道而任小数,无以异于使蟹捕鼠,蟾蜍捕蚤,不足以禁奸塞邪,乱乃逾滋⑪。

[注释]①旷日:很长的一天。罗:通"箩"。竹制的盛器。钩箴:钓鱼用的弯钩。钩尖尖利像针。芒:尖,锋刃。距:物体弯曲成角形的地方。芒距:指钓钩上锋利的倒刺。　②纶:丝绳。指钓丝。微纶:细微的钓丝。钓丝细则不易惊动鱼,故钓丝以微细为好。　③詹何:传为战国楚得道善钓隐者。娟嬛:传为老子弟子,战国楚哲学家。也是善钓者。数:术。技艺。　④网罟:音gǔ,捕鱼鳖鸟兽的工具。捕兽的叫网,捕鱼的叫罟。争得:比较收获的多少,竞争所得。　⑤扞:音hàn,张,拉。乌号:木名,即桑柘。木材坚韧,纹理细密,可制强弓。　⑥弯:拉。棋:一作綦,音qí,地名。其地产美箭。卫:箭羽。棋卫:棋地所产的带羽的利箭。　⑦重:音chóng。重之:加上。羿:传说尧时善射者。逢蒙子:传说是羿的弟子。　⑧要:音yāo,通"徼",取。指射猎疾飞的鸟。罗:捕鸟的网。罗者:用罗网捕鸟的人。　⑨矢:箭,竹制为箭,木制为矢。缴:音zhuó,射鸟时系在箭上的生丝绳。这里指拴着绳子的箭,射程较一般箭为远。　⑩无形之像:指天地、江海这些无形的"笼"、"网"。　⑪蟾蜍:蛤蟆。滋:增长。

昔者夏鲧作三仞之城①,诸侯背之,海外有狡心②。禹知天下之叛也,乃坏城平池,散财物,焚甲兵,施之以德,海外宾伏④,四夷纳职⑤,合诸侯于涂山,执玉帛者万国⑥。故机械之心藏于胸中⑦,则纯白不粹,神德不全⑧。在身者不知,何远之所能怀⑨?

[注释]①鲧:音gǔn,也作绲,禹的父亲。仞:古代长度单位,具体长度则说法不一,或以七尺为仞,或以八尺为仞。三仞:王念孙认为应作"九仞"。②背:背叛。狡心:狡诈之心。　④伏:同服。宾伏:归顺,臣服。　⑤四夷:古代对中原华夏族之外各族的统称,包括东夷、西戎、南蛮、北狄。职:进贡纳赋。臣子有向天子进献地方土特产、缴纳赋税的义务。　⑥涂山,地名。其地当今何处,众说纷纭,一说在今安徽怀远淮水边。玉帛:瑞玉和丝帛,古

代祭祀、会盟时用的珍贵礼品。执玉帛者:持玉帛为礼物参加会盟的诸侯。　⑦机械:巧诈。　⑧纯白:没有疵点的精白素丝,这里是至美无瑕的意思,指天性。粹:纯粹。神德:神圣的道德。　⑨在身者:指持守自己的天性。知:同"智"。怀:安抚。招徕。

是故革坚则兵利,城成则冲生①。若以汤沃沸,乱乃逾甚②。是故鞭噬狗,策蹄马③,而欲教之,虽伊尹、造父弗能化④。欲害之心亡于中,则饥虎可尾,何况狗马之类乎？故体道者逸而不穷,任数者劳而无功⑤。

[注释]　①革:用去毛并经加工的兽皮制成的甲胄。兵:兵器。冲:古代用来冲撞城墙的战车。　②沃:浇灌。以汤沃沸:就锅上舀汤浇下,以抑制锅里的汤沸腾。　③噬:音shì,咬。噬狗:善于咬人的狗。蹄马:善于用蹄踢人的烈马。　④伊尹:商汤之臣,名挚。本是汤妻陪嫁媵臣,掌庖宰之事,后佐汤伐夏桀,被尊为阿衡(宰相)。俞樾认为伊尹应作"尹儒"。古时善御的人。造父:传说是西周时善御者,曾取骏马献给周穆王,并为周穆王驾驭,以见西王母。　⑤害:危害、残害。任数:指玩弄权术。

夫峭法刻诛者①,非霸王之业也;箠策繁用者,非致远之术也②。离朱之明,察针末于百步之外,不能见渊中之鱼③;师旷之聪,合八风之调,而不能听十里之外④。故任一人之能,不足以治三亩之宅也。修道理之数⑤,因天地之自然,则六合不足均也⑥。是故禹之决渎也,因水以为师⑦;神农之播谷也,因苗以为教⑧。

[注释]①峭:严酷,苛刻。峭法:严峻的刑法。诛:惩罚。　②箠策:马鞭。术:方法。　③离朱:传为黄帝时视力特好的人。明:视力好。察:看清楚。　④师旷:春秋时晋平公的乐师,字子野,目盲而听力超人,善辨音乐。

聪:听力好。合:和。八风:八方之风。 ⑤修:遵循。数:规律。 ⑥六合:天地上下四方。均:平,相等。 ⑦禹:上古部落领袖,鲧的儿子。决:疏通、引导水流。渎:河道。古称江、淮、河、济为四渎。因水以为师:将顺随水势作为自己的老师。 ⑧神农:传说中古帝名,又称炎帝。相传他始教民使用农具,播种五谷。因苗以为教:将顺随五谷之性作为对自己的教诲。

  夫萍树根于水,木树根于土,鸟排虚而飞①,兽蹍实而走,蛟龙水居②,虎豹山处,天地之性也。两木相摩而然,金火相守而流③,员者常转,窾者主浮④,自然之势也。是故春风至则甘雨降⑤,生育万物,羽者妪伏⑥,毛者孕育⑦,草木荣华⑧,鸟兽卵胎;莫见其为者,而功既成矣。秋风下霜,倒生挫伤⑨,鹰雕搏鸷⑩,昆虫蛰藏,草木注根,鱼鳖凑渊;莫见其为者,灭而无形。木处榛巢,水居窟穴⑪,禽兽有芄⑫,人民有室。陆处宜牛马,舟行宜多水,匈奴出秽裘⑬,于、越生葛绤⑭。各生所急,以备燥湿;各因所处,以御寒暑;并得其宜,物便其所。由此观之,万物固以自然,圣人又何事焉⑮?

  [注释]①虚:空。排虚:凌空。 ②蹍:音zhí,踩。蹍实:脚踩大地。蛟龙:古代传说中龙一类的动物,生活在水中。 ③然:同燃。金:金属。相守:相持,相处。流:指融化为液体流动。 ④员:通圆。窾:音kuǎn,空。 ⑤甘雨:及时雨,指春雨。 ⑥羽者:鸟类。妪:音yù,指母体。妪伏:指鸟类以体伏卵孵化。 ⑦毛者:兽类。孕育:以母体受孕怀胎方式生育。 ⑧荣华:草木的花。 ⑨倒生:指草木。草木皆头向下,故曰倒生。挫伤:损伤,这里指草木凋落。 ⑩鹰雕:皆猛禽名,雕似鹰而大。鸷:音zhì,攫取。 ⑪木处:指生活在树上的动物。榛:丛木。榛巢:筑在丛木中的窝巢。水居:生活在水中的动物。 ⑫芄:音wán,禽兽巢穴中的垫草。 ⑬匈奴:古代北方游牧民族之一,散居大漠南北。裘:皮衣。 ⑭于、越:春秋战国时的吴国、越

国。葛:植物名,其纤维可织布。绤:音 chī,精细的葛布。 ⑮事:为。

九疑之南①,陆事寡而水事众,于是民人被发文身,以像鳞虫②;短绻不绔,以便涉游③;短袂攘卷,以便刺舟④;因之也⑤。雁门之北⑥,狄不谷食,贱长贵壮,俗尚气力⑦;人不弛弓,马不解勒⑧;便之也⑨。故禹之裸国,解衣而入,衣带而出;因之也⑩。今夫徙树者,失其阴阳之性⑪,则莫不枯槁。故橘树之江北,则化而为枳⑫;鸲鹆不过济⑬;貉渡汶而死⑭;形性不可易,势居不可移也⑮。

[注释]①九疑:山名,在今湖南宁远县南。 ②被:被当做"鬋",音 zuān,剪,断。文身:一种用针或其他利器在身上刺画图案或花纹的习俗。鳞虫:有鳞类动物的总称。 ③绻:音 kūn,一种有裆的短裤。绔:一种没有裆的套裤。短绻不绔:即穿没有裤腿的短裤,类似今之三角裤。 ④袂:袖子。攘:捋。攘卷:捋起袖子。刺舟:撑船。 ⑤因:顺随。 ⑥雁门:山名,又名句(音 gōu)注山,是古代九塞之一,地在今山西代县西北。 ⑦狄:古代对北方地区少数民族的泛称。谷食:以粮食作物为主食。谷:粮食作物的泛称。北方部族多为游牧民族,以肉类奶酪为主食,故言不谷食。长:老年人。贱长贵壮:生产力低下时期,人们要与猛兽及恶劣自然环境作斗争,崇尚气力,年老者被视为累赘。 ⑧弛:放松弓弦。勒:马络头,有嚼口的叫勒,无嚼口的叫羁。 ⑨便:适应,顺随。 ⑩裸国:神话传说中古国名,其民皆裸体。 ⑪徙:音 xǐ,迁,移。阴阳之性:犹言天地所赋予之本性。 ⑫枳:音 zhǐ,木名,似橘而小,果小味酸,不能食。古人认为枳乃橘种到江北变成的。 ⑬鸲鹆:音 qú yù,鸟名,俗称八哥。济:水名,源出河南济源县,原与黄河并行入海,后下游河道为黄河所夺。 ⑭貉:音 hé,兽名。汶:水名。古有三条汶水,皆在齐境内(今山东)。 ⑮势居:地位,事物固有的位置。

是故达于道者,反于清静;究于物者,终于无为①。以恬养性,以漠处神,则入于天门②。所谓天者,纯粹朴素,质直皓白,未始有与杂糅者也。所谓人者,偶䁱智故,曲巧伪诈,所以俯仰于世人③,而与俗交者也。故牛歧蹄而戴角,马被髦而全足者,天也④;络马之口⑤,穿牛之鼻者,人也。循天者,与道游者也;随人者,与俗交者也。夫井鱼不可与语大,拘于隘也⑥;夏虫不可与语寒,笃于时也⑦;曲士不可与语至道⑧,拘于俗,束于教也。故圣人不以人滑天⑨,不以欲乱情,不谋而当,不言而信,不虑而得,不为而成,精通于灵府⑩,与造化者为人⑪。

[注释]①究:探求。终:归宿。 ②以恬养性:以恬淡无为来涵养天性。漠:寂静,闲淡。处神:犹言养性。天门:天道的门户。 ③偶:同隅,角。不正为隅。䁱:音chá,差,不正为差。偶䁱:指世俗人为参差不正。俯仰:形容世俗周旋应酬的情态。 ④歧:岔。歧蹄:指牛蹄中间裂开。戴角:头上长角。被:通披。髦:音máo,这里指马及其他兽类颈领上长的长毛。 ⑤络:兜住马嘴的网状物,这里作动词用,给马套上马笼头。 ⑥拘:限制。隘:狭隘的环境。 ⑦夏虫:生活在夏天的昆虫。笃:固,限。夏虫至冬天则死,故言夏虫不识寒是由于受到时令的局限。 ⑧曲士:孤陋寡闻的人。至道:最高的道。 ⑨人:即上文"穿牛之鼻者,人也"之"人",指人为。滑:音gǔ,乱。天:即上文"马被髦而全足者,天也"之"天",指自然本性。 ⑩精:指生成万物的灵气。灵府:心。古以心脏为精神之宅,故言。精通于灵府:天地自然之精气与心灵融会贯通。 ⑪人:偶。为人:相偶,相伴随。句即上文"与造化者俱"的意思。

夫善游者溺,善骑者堕,各以其所好,反自为祸。是故好事者未尝不中①,争利者未尝不穷也。昔共工之力,触不周之山②,使地东南倾。与高辛争为帝③,遂潜于渊,宗族残灭,继嗣绝祀④。越王翳逃山穴,越人熏而出之⑤,遂不得已⑥。由此观之,得在时,不在争;治在道,不在圣⑦。土处下不争高,故安而不危;水下流不争先,故疾而不迟。

[注释]①好(音 hào)事者:热衷于世俗情事的人。中:音 zhòng,受外物所伤。 ②共工:古代神话中的人物,传说多异。或谓水神,或谓天神。触:用角顶撞。不周之山:山名。谓地在昆仑西北。据说原为天柱,被共工触坏,始有"不周"之名。 ③高辛:上古帝喾之号,相传是黄帝的曾孙,尧的父亲。 ④继嗣:后代。绝祀:祭祀断绝,比喻宗族灭亡。 ⑤越王翳:战国越国君,公元前411~前376年在位。 ⑥不得已:指就君位。 ⑦治:为,处事。圣:聪明。

昔舜耕于历山①,期年而田者争处垮埆,以封壤肥饶相让②;钓于河滨,期年而渔者争处湍濑,以曲隈深潭相予③。当此之时,口不设言,手不指麾④,执玄德于心,而化驰若神⑤。使舜无其志,虽口辩而户说之⑥,不能化一人。是故不道之道,莽乎大哉⑦!夫能理三苗⑧,朝羽民⑨,徙裸国⑩,纳肃慎⑪,未发号施令而移风易俗者,其唯心行者乎⑫!法度刑罚,何足以致之也!

[注释]①舜:古帝名。姚姓,有虞氏,名重华,史称虞舜。历山:传说中地名,其地无可确考。相传舜曾在此耕种。 ②期:音 qī,一周。期年:一周年。垮埆:音 qiāo què,贫瘠的土地。封:富厚。封壤:肥沃的土地。 ③湍濑:音 tuān lài,水浅流急处。曲隈:水流弯曲处。水流在拐弯处往往形成深潭,鱼多聚集。曲隈深潭:指水深多鱼处。 ④设言:发表言论。麾:同挥。 ⑤玄德:指道自然无为的性质。化:感化。驰:行。 ⑥说:音 shuì,劝说。户说之:挨家挨户去劝说。 ⑦不道之道:不可用言语表达的道。莽乎:宽广无际的样子。 ⑧理:治理。三苗:古代部族名,地在今长江中游以南一带。

⑨羽民:代传说中的古国名。　⑩徙:化。　⑪纳:缴纳,入贡,这里是使动用法。肃慎:古民族名。　⑫心行:指以自然无为主心而化之。

是故圣人内修其本,而不外饰其末①,保其精神,偃其智故②。漠然无为,而无不为也;澹然无治也,而无不治也。所谓无为者,不先物为也;所谓无不为者,因物之所为③。所谓无治者,不易自然也;所谓无不治者,因物之相然也④。万物有所生,而独知守其根⑤;百事有所出,而独知守其门⑥。故穷无穷,极无极⑦,照物而不眩⑧,响应而不乏。此之谓天解⑨。

[注释]①本:本性。末:指与本性相对的人为的东西。　②偃:停息。③因物之所为:顺随万物之所当为而为。　④相然:相宜。　⑤所生:产生的根源。守:把握。　⑥所出:产生的原因。门:关键。　⑦穷:追寻。极:到达。无极:无穷。　⑧照物:观照事物。眩:迷惑。　⑩解:晓悟。天解:晓悟了天道的人。

故得道者,志弱而事强,心虚而应当①。所谓志弱而事强者,柔毳安静,藏于不敢,行于不能②,恬然无虑,动不失时,与万物回周旋转③,不为先唱④,感而应之。是故贵者必以贱为号⑤,而高者必以下为基。托小以包大,在中以制外⑥,行柔而刚,用弱而强,转化推移,得一之道,而以少正多⑦。所谓其事强者,遭变应卒,排患扞难⑧,力无不胜,敌无不凌⑨,应化揆时⑩,莫能害之。是故欲刚者,必以柔守之;欲强者,必以弱保之。积于柔则刚,积于弱则强;观其所积,以知祸福之乡⑪。强胜不若己者,至于若己者而同;柔胜出于己者,其力不可量⑫。

[**注释**]①志弱:心志柔和。事:应付。心虚:指心中不存成见,恬静无为。应当:处事恰当。　②毳:音cuì,鸟兽的细毛,形容柔软。不敢:指柔弱。藏于不敢:以柔弱的态度修身。　③回周旋转:周旋的意思。　④唱:倡导。　⑤是故贵者句:古时王侯多自谦称孤、寡、不谷,故言尊贵的要以卑贱的东西为名号。　⑥托小:寄托于微小的事物。中:内心。制外:制约身外之物。　⑦一:指大而无所不包的混一状态。一之道:特点是"一"的道,即混一无形的道。正:当。　⑧卒:通"猝",突然的变故。扞:同"捍",抵御。　⑨力:动词,以力相敌。凌:凌驾,压过,胜过。　⑩亙化:应对变化。揆:音kuí,准则。揆时:以适时为准则。　⑪乡:同"向",方向,趋势。　⑫同:不分胜负,势均力敌。

故兵强则灭,木强则折,革固则裂,齿坚于舌而先之敝①。是故柔弱者,生之干也②;而坚强者,死之徒也。先唱者,穷之路也;后动者,达之原也③。何以知其然也?凡人中寿七十岁④,然而趋舍指凑,日以月悔也⑤,以至于死。故蘧伯玉年五十⑥,而有四十九年非。何者?先者难为知,而后者易为攻也⑦。先者上高,则后者攀之;先者逾下,则后者蹶之⑧;先者隤陷⑨,则后者以谋⑩;先者败绩,则后者违之⑪。由此观之,先者则后者之弓矢质的也⑫。犹錞之与刃⑬,刃犯难而錞无患者⑭,何也?以其托于后位也。此俗世庸民之所公见也,而贤知者弗能避也⑮。

[**注释**]①敝:坏。　②干:主干,本质。　③徒:类,同类。原:来源。　④中寿:古以上、中、下称人寿命长短。寿命最长者为上寿,次为中寿。但划分的具体年龄则说法不一。此以七十岁为中寿。　⑤趋:趋向,追求。舍:舍弃。指凑:旨趣。日以月悔:当作日以自悔,每天都在自我悔恨。　⑥蘧伯

玉:春秋时卫国人,姓蘧名瑗,字伯玉,是位著名的贤大夫。 ⑦知:同"智"。攻:通"功",功效。 ⑧逾:跨越。蹶:当作"蹳",踩、踏。 ⑨隤:音tuí,跌倒,绊倒。陷:捕捉野兽的陷阱。 ⑩以谋:趁机谋取。 ⑪违之:改变先者的做法。 ⑫弓矢:弓和箭,获取猎物的工具。质的:箭靶,目标。 ⑬镦:音duì,古代兵器如矛、戟等在柄末端加的金属套。平底的叫镦,锐底的叫鐏。 ⑭犯难:指受到挫伤。锋刃用来格斗,故易损坏,镦只是用作兵器的底垫,故无患。 ⑮公见:共见。知:通"智"。

所谓后者,非谓其底滞而不发①,凝结而不流,贵其周于数而合于时也②。夫执道理以耦变③,先亦制后,后亦制先。是何则?不失其所以制人,人不能制也。

[注释]①底滞:停滞。 ②周:合。数:道理。 ③耦:合。

时之反侧,间不容息①,先之则太过,后之则不逮②。夫日回而月周,时不与人游。故圣人不贵尺之璧,而重寸之阴③,时难得而易失也。禹之趋时也④,履遗而弗取,冠挂而弗顾,非争其先也,而争其得时也。是故圣人守清道而抱雌节⑤,因循应变,常后而不先。柔弱以静,舒安以定,攻大磨坚⑥,莫能与之争。

[注释]①反侧:翻身,比喻变幻之快。间:间隔。息:一呼一吸为息。间不容息:变化的间隔还来不及呼吸一次,形容其快。 ②逮:及。 ③璧:一种平圆形、中心有孔的玉器。阴:日影,引申指时间。 ④趋:追随。⑤清道:清静之道。雌:与雄相对,指柔弱退藏的性质。 ⑥磨:攻破,碾碎。

天下之物,莫柔弱于水,然而大不可极,深不可测,修极于无穷,远沦于无涯,息耗减益,通于不訾①。上天则为雨露，下地则为润泽②；万物弗得不生，百事不得不成。大包群生，而无好憎；泽及蚑蛲③，而不求报；富赡天下而不既④，德施百姓而不费；行而不可得穷极也⑤，微而不可得把握也。击之无创，刺之不伤，斩之不断，焚之不然，淖溺流遁，错缪相纷，而不可靡散⑥。利贯金石，强济天下⑦。动溶无形之域，而翱翔忽区之上⑧；邅回川谷之间⑨，而滔腾大荒之野。有余不足，与天地取与⑩，授万物而无所前后。是故无所私而无所公，靡滥振荡，与天地鸿洞⑪；无所左而无所右，蟠委错紾⑫，与万物始终。是谓至德。夫水所以能成其至德于天下者，以其淖溺润滑也。故老聃之言曰："天下至柔，驰骋天下之至坚，出于无有，入于无间。吾是以知无为之有益。"⑬夫无形者，物之大祖也；无音者，声之大宗也⑭。其子为光，其孙为水。皆生于无形乎！夫光可见而不可握，水可循而不可毁。故有像之类，莫尊于水⑮。出生入死，自无蹠有，自有蹠无⑯，而为衰贱矣！

[注释]①沦：没。远沦于无涯：广远无边的意思。息：繁衍，增长。耗：亏损，消。息耗：指事物的发展与衰落。减益：数量上的增加与减少。訾：音zī，计量。 ②润泽：指雨露滋润草木。 ③蚑：音 qí，虫爬行的样子。蛲：音 náo，蛲虫，一种人体寄生虫。蚑蛲：泛指低微生物。 ④赡：充足。既：尽。 ⑤行：流动。 ⑥淖溺：柔软的样子。错缪相纷：形容水流飞溅、旋涡纠缠的样子。靡散：破碎消灭。 ⑦贯：穿。济：通。 ⑧动溶：摇荡。无形之域：没有具体形状的地方，指大气、太空。忽区：同上文之"大区"，指天空。 ⑨邅：音 zhān，难以行进的样子。邅回：徘徊、周旋。 ⑩滔腾：激荡腾涌。二句谓太多了便给回天地（如渗入地下、蒸发上天），太少了便从天地取来（如雨降、泉涌）。 ⑪靡：多。靡滥：泛滥。鸿：大。洞：通。鸿洞：贯通。 ⑫蟠委：屈曲弯转，交错变化。紾：音 zhěn。 ⑬所引老聃之言见《老子》第四

十三章。与今本文字略异。驰骋:指控制,战胜。 ⑭夫无形二句:按道家观点,无形产生有形,无音产生有音,故言无形、无音为祖为宗。 ⑮有像:有具体形象的事物。无形为最尊,是天下的根本,而直接从无形中产生出来的,首先是光,其次是水。光是不可把握的,不属有像之类。故有像之类便推水为最尊了。 ⑯出生:生物从母体进入世间曰出生,即从无蹠有。入死:生物死则葬于地,故曰入死,即自有蹠无。蹠:音zhí,至,到。

是故清静者,德之至也;而柔弱者,道之要也;虚无恬愉者,万物之用也①。肃然应感,殷然反本②,则沦于无形矣③。所谓无形者,一之谓也。所谓一者,无匹合于天下者也④。卓然独立⑤,块然独处⑥。上通九天,下贯九野⑦。员不中规,方不中矩⑧。大浑而为一,叶累而无根⑨。怀囊天地,为道关门⑩。穆忞隐闵⑪,纯德独存,布施而不既,用之而不勤⑫。是故视之不见其形,听之不闻其声,循之不得其身⑬;无形而有形生焉,无声而五音鸣焉⑭,无味而五味形焉⑮,无色而五色成焉⑯。是故有生于无,实出于虚,天下为之圈,则名实同居⑰。

[注释]①用:需要。万物之用:万物不可缺少的素质。 ②肃然:严肃的样子。应感:对外界事物的影响作出反应。殷然:恳切的样子。反:返。反本:返回根本。 ③沦:入。 ④匹合:配对,成双。 ⑤卓然:特别突出的样子。 ⑥块然:孤独的样子。 ⑦九野:即九州区域,泛指大地。 ⑧规:圆规,这里指用圆规画出的标准圆。矩:画方形的曲尺,这里指用曲尺画出的标准方形。 ⑨浑:混,同。累:堆积,重叠。 ⑩怀:藏。囊:盛物的袋子,这里当动词用。关:门闩。为道关门:成为与道相通的关键。 ⑪穆:通默,静寂的样子。忞:音mín,蒙昧不明的样子。隐闵:隐蔽无形的样子。 ⑫既:尽。勤:劳苦。此句谓从无形施惠于万物来说,便是布施而不尽,而无形造物无止境却不觉得劳苦。 ⑬循:抚摩。 ⑭五音:古以宫、商、角、徵、羽为五音。

⑮五味:酸、苦、甜、辣、咸五种味道。　⑯五色:青、黄、赤、白、黑五种颜色。　⑰名:反映事物的概念,对事物的称号。实:被反映的客观事物,与称号相对的实体。同居:相合。

音之数不过五,而五音之变,不可胜听也;味之和不过五,而五味之化,不可胜尝也;色之数不过五,而五色之变,不可胜观也。故音者,宫立而五音形矣①;味者,甘立而五味亭矣②;色者,白立而五色成矣③;道者,一立而万物生矣。是故一之理,施四海;一之解,际天地④。其全也,纯兮若朴;其散也,混兮若浊⑤。浊而徐清,冲而徐盈。澹兮其若深渊⑥,泛兮其若浮云⑦;若无而有,若亡而存。万物之总,皆阅一孔⑧;百事之根,皆出一门⑨。其动无形,变化若神;其行无迹,常后而先。

[注释]①宫立句:古人把音调变化与社会政治秩序联系起来,认为五音中宫调居于中央统治地位。　②甘立句:古人认为在各种味道中,甘居于首要位置,以五味比之五脏,则甘为心。亭:定。　③白立句:白色是基本色,在它的基础上可着任何颜色,故言白色确定了,五色就可以产生。　④解:理,含义。际:达到。　⑤全:整体。朴:未经加工的木材。散:分散来看,具体一部分来看。全、散,皆从不同角度对"一"进行描述。　⑥澹:平静,恬静。　⑦泛:漂浮。　⑧总:汇聚。阅:历,经由,集中。孔:洞,这里是中心、焦点之意。　⑨门:门径。

是故至人之治也,掩其聪明,灭其文章①,依道废智,与民同出于公②。约其所守,寡其所求③,去其诱慕④,除其嗜欲,损其思虑。约其所守则察⑤,寡其所求则得⑥。夫任耳目以听视者,劳形而不明;以知虑为治者,苦心而无功。是故圣人一度循轨⑦,不变其宜,不易其常⑧,放准循绳,曲因其当⑨。

[注释]①至人:完美的人,即圣人。聪:听觉。明:视觉。聪明:代指人与外界接触的感觉器官。文章:错综华美的色彩或花纹。青与赤相配为文,赤与白相配为章。 ②公:正,正道。 ③约、寡:都是缩小、减少的意思。 ④诱慕:受引诱而羡慕,指对世俗荣誉、权势的企慕。 ⑤察:看清楚。 ⑥得:自得,满足。 ⑦度:标准。一度:统一标准。轨:车子两轮间的距离。古车轨有定制,故轨引申有法则、制度之意。 ⑧常:固定不变的规律、准则。 ⑨放:音 fǎng,循。准:测定平面的量器。绳:木匠用来取直的墨线。准绳:准则。曲因其当:委曲变通,皆依照适宜的准则。

夫喜怒者,道之邪也①;忧悲者,德之失也;好憎者,心之过也;嗜欲者,性之累也②。人大怒破阴,大喜坠阳③,薄气发喑④,惊怖为狂。忧悲多恚⑤,病乃成积;好憎繁多,祸乃相随。故心不忧乐,德之至也;通而不变,静之至也;嗜欲不载⑥,虚之至也;无所好憎,平之至也;不与物散,粹之至也⑦。能此五者,则通于神明⑧;通于神明者,得其内者也⑨。

[注释]①邪:偏。 ②累:音 lèi,忧患,负担。 ③人大句:古人认为怒的感情属于阴气,高兴则属阳气。人体是阴阳的对立统一体,正常的人体中,阴阳是平衡的。大怒则使阴气增加。破坏阴气在体内的平衡,故言大怒破阴。大喜则使阳气上升,破坏阳气在体内的平衡,故言大喜坠阳。 ④薄:迫。薄气:指人喜怒时使体内阴阳两气相迫。喑:音 yīn,哑。 ⑤恚:音 huì,发怒,怨恨。 ⑥载:生。 ⑦散:乱。 ⑧神明:见识超过一般人,达到先知先觉的地步,这里是得道者的代名词。 ⑨内:本性。

是故以中制外①，百事不废；中能得之，则外能收之②。中之得则五藏宁③，思虑平，筋力劲强，耳目聪明；疏达而不悖，坚强而不鞼④，无所大过，而无所不逮。处小而不逼，处大而不窕⑤。其魂不躁，其神不娆⑥，湫漻寂寞，为天下枭⑦。大道坦坦，去身不远，求之近者，往而复反。迫则能应，感则能动⑧，物穆无穷⑨，变无形像，优游委纵，如响之与景⑩。登高临下，无失所秉⑪，履危行险，无忘玄伏⑫，能存之此，其德不亏⑬。万物纷糅，与之转化，以听天下，若背风而驰⑭，是谓至德。至德则乐矣。古之人有居岩穴而神不遗者⑮，末世有势为万乘而日忧悲者⑯。由此观之，圣亡乎治人，而在于得道；乐亡乎富贵，而在于德和⑰。知大己而小天下，则几于道矣⑱。

[注释]①中：心，即本性。外：外界事物。　②收：取，引申为控制。③藏：通脏。五藏：脾、肺、肾、肝、心。　④悖：音bèi，乱。鞼：音 guì，折断。⑤窕：音 tiǎo，放肆。　⑥娆：音 niǎo，烦扰。　⑦湫漻：音 qiū liào　清寂。枭：雄豪。　⑧迫：逼近。　⑨物穆：深微的样子。　⑩响：回响。景，同影。响之与景：回响之与声音，影之与形体的省文。　⑪登高临下：喻顺畅得意之时。所秉：指道。　⑫玄伏：指道。后遂以玄指道家之道。伏：幽匿，也是玄的意思。　⑬存：保持。亏：损坏。　⑭听：治理。背风：背向风。背风而驰：顺风奔跑，喻迅速而容易。　⑮神：精神。遗：丧失。　⑯万乘：天子。周代规定天子出兵车万乘，故以万乘称天子。　⑰德：通得。　⑱大己：指重视自身修养。小：意动用法。小天下：以天下为小，即看轻自身以外的事物。几：近。

所谓乐者，岂必处京台、章华①，游云梦、沙丘②，耳听《九韶》、《六莹》③，口味煎熬芬芳④。驰骋夷道⑤，钩射鹔鹔之谓乐乎⑥？吾所谓乐者，人得其得者也⑦。夫得其得者，不以奢为乐，不以廉为悲，与阴俱闭，与阳俱开⑧。故子夏心战而臞，得道而肥⑨。圣人不以身役物，不以欲滑和⑩，是故其为欢不忻忻⑪，其为悲不惙惙⑫，万方百变，消摇而无所定⑬，吾独慷慨遗物⑭，而与道同出。是故有以自得之也，乔木之下，空穴之中，足以适情⑮；无以自得也，虽以天下为家⑯，万民为臣妾，不足以养生也⑰。能至于无乐者，则无不乐⑱；无不乐则至极乐矣⑲！

[注释]①京：高大。京台：相传是楚国的一个大台。章华：即章华台，传为春秋时楚灵王所造，地在今湖北监利县西北。②云梦：古代楚地著名的大泽，是楚王畋猎的主要场所。其地说法不一，大致在今湖北江陵以东、武汉以西、应城以南、洪湖南端以北一带。沙丘：苑名，相传为商纣王所造。地在今河北广宗西北。③《九韶》：古乐名，相传为舜所作，由九段乐曲组成，故名。《六莹》：相传是颛顼时的乐曲。④味：尝。煎、熬：皆烹调方法。煎熬芬芳：指精心烹调制作的美味佳肴。⑤夷：平坦。⑥鹔鹴：音 sù shāng，水鸟名，属雁一类，羽毛可以制成裘。⑦人得其得：意谓每人都得到自己应得的东西。⑧与阴两句：阴气闭藏，阳气开放，故句即与阴阳相协调之意。⑨子夏：孔子弟子，姓卜名商。心战：指两种不同的思想在内心产生矛盾冲突。臞：音 qú，瘦。⑩以身役物：使自己身体被外物所役使。⑪忻忻：得意忘形的样子。⑫惙惙：忧郁的样子。⑬方：类。消摇：摇荡。⑭慷慨：毅然决然的样子。遗物：抛弃、摆脱外物的束缚。⑮适情：使心情舒适。⑯以天下为家：指拥有天下。⑰养生：保养身心。⑱无乐：没有世俗的乐趣观，恬淡。无不乐：对任何东西都有乐趣。⑲极乐：最大的快乐。

夫建钟鼓①，列管弦②，席旃茵③，傅旄象④，耳听朝歌北鄙靡靡之乐⑤，齐靡曼之色⑥，陈酒行觞⑦，夜以继日，强弩弋高鸟⑧,走犬逐狡兔⑨,此其为乐也。炎炎赫赫⑩,怵然若有所诱慕⑪,解车休马,罢酒彻乐⑫,而心忽然,若有所丧,怅然若有所亡也。是何则?不以内乐外,而以外乐内。乐作而喜,曲终而悲。悲喜转而相生,精神乱营,不得须臾平。察其所以,不得其形,而日以伤生,失其得者也⑬。

[注释]①建:设置。钟鼓:古代贵族所用之乐器。 ②管:管乐,如箫、笛等。弦:弦乐,如琴、瑟等。 ③旃:音zhān,通毡,一种毛织物。茵:坐褥,垫子。 ④傅:附着,装饰。旄:旄牛。古以旄牛尾装饰于旗杆顶端。傅旄象:以旄牛尾、象牙来装饰器物。 ⑤朝歌:商朝都城,地在今河南淇县。鄙:郊外。靡靡之乐:轻柔淫荡的音乐。 ⑥齐:排列。靡曼:美丽。色:女色。 ⑦觞:酒杯。行觞:依次敬酒。 ⑧弩:古代一种用机械发射的弓。弋:音yì,用绳系箭而射。 ⑨走犬:善于奔跑的猎狗。 ⑩炎炎赫赫:炙手可热、显赫炽盛的样子。 ⑪怵:利诱。 ⑫彻:通撤,除。 ⑬形:内容,指乐的含义。伤生:损害本性。

是故内不得于中,禀授于外而以自饰也①。不浸于肌肤,不浃于骨髓②,不留于心志,不滞于五藏。故从外入者,无主于中,不止③;从中出者,无应于外,不行④。

[注释]①禀授于外:指接受外界的影响。 ②浃:透。 ③主于中:指在内心发生作用。 ④从中出者:从心中产生的思想主张。

故听善言便计,虽愚者知说之①;称至德高行,虽不肖者知慕之②。说之者众,而用之者鲜;慕之者多,而行之者寡。所以然者何也?不能反诸性也。夫内不开于中而强学问者③,不入于耳而不著于心,此何以异于聋者之歌也!

效人为之而无以自乐也。声出于口,则越而散矣。夫心者,五藏之主也,所以制使四支,流行血气,驰骋于是非之境,而出入于百事之门户者也④。是故不得于心,而有经天下之气,是犹无耳而欲调钟鼓,无目而欲喜文章也。亦必不胜其任矣⑤!

[注释]①善言:美好的言论。便计:适宜的计谋。说:音yuè,通悦。②称:颂扬。不肖:没道德,不正派。 ③开于中:心灵开窍。 ④门户:根源。 ⑤经:治理。

故天下神器①,不可为也。为者败之,执者失之②。夫许由小天下而不以己易尧者,志遗于天下也③。所以然者,何也?因天下而为天下也④。天下之要,不在于彼而在于我,不在于人而在于我身⑤,身得则万物备矣⑥!彻于心术之论,则嗜欲好憎外矣⑦!是故无所喜而无所怒,无所乐而无所苦,万物玄同也⑧。无非无是,化育玄耀⑨,生而如死。夫天下者亦吾有也,吾亦天下之有也,天下之与我,岂有间哉⑩!夫有天下者,岂必摄权持势⑪,操杀生之柄,而以行其号令邪?吾所谓有天下者,非谓此也,自得而已⑫。自得,则天下亦得我矣。吾与天下相得,则常相有已⑬,又焉有不得容其间者乎⑭?

[注释]①神器:神圣的东西。 ②执:把持。 ③许由:传说中上古高士。遗:音wèi,寄托。 ④因:顺随。句谓顺随自然来治理天下。 ⑤要:关键。彼、人:与我、身相对,指那拥有天下的位置。 ⑥身得:自身能保持天地之道。 ⑦彻:透,穿。心术之论:人们的思维观点,即人生观。外:抛弃。⑧玄同:指万物混同为一,它是玄妙深奥的,故曰玄同。 ⑨玄耀:神奇的

昭示。耀:明。 ⑩间:隔阂。 ⑪摄:持。 ⑫自得:保全自身之本性。天下虽大,赤与我同出于道,保全自身之本性即拥有天下之本性,故云自得即拥有天下。 ⑬相得:相合。常:长。相有:指我中有天下,天下中亦有我。 ⑭其间:天地之间。

所谓自得者,全其身者也。全其身,则与道为一矣。故虽游于江浔海裔①,驰要褭②,建翠盖③,目观《掉羽》、《武象》之乐④,耳听滔朗奇丽激抮之声⑤,扬郑、卫之浩乐⑥,结《激楚》之遗风⑦,射沼滨之高鸟⑧,逐苑囿之走兽⑨,此齐民之所以淫泆流湎⑩。圣人处之,不足以营其精神⑪,乱其气志,使心怵然失其情性⑫。处穷僻之乡,侧溪谷之间⑬,隐于榛薄之中⑭,环堵之室⑮,茨之以生茅⑯,蓬户瓮牖⑰,揉桑为枢⑱,上漏下湿,润浸北房⑲,雪霜滚灖⑳,浸潭苽蒋㉑,逍遥于广泽之中,而仿洋于山峡之旁,此齐民之所为形植黎黑㉒,忧悲而不得志也。圣人处之,不为愁悴怨怼㉓,而不失其所以自乐也。是何也?则内有以通于天机㉔,而不以贵贱、贫富、劳逸失其志德者也㉕。

[注释]①浔:音xún,水边。裔:边远处。 ②要褭:骏马名。褭:音niǎo。 ③翠盖:用翠鸟羽毛装饰的华丽车盖。 ④《掉羽》、《武象》:皆周王朝用于祭祀、朝贺等场合的雅舞名。 ⑤滔朗:激荡汹涌。激:扬厉。抮:旋转。滔朗、奇丽、激抮:都是对乐曲的形容。 ⑥郑、卫之浩乐:指春秋战国时郑国、卫国的俗乐,音调与雅乐不同。浩:盛大貌。 ⑦结:聚合。《激楚》:古曲名。遗风:遗声。 ⑧沼滨:水泽边。沼:水泽。 ⑨苑囿:古代养禽兽以供狩猎的园林圈地。 ⑩齐民:平民。淫泆:纵欲放荡。流湎:沉溺放纵。 ⑪营:惑乱。 ⑫怵然:恐惧的样子。 ⑬侧:伏。溪谷:山谷。 ⑭榛薄:丛杂的草木。此喻僻陋处。 ⑮堵:一平方丈的土墙为一堵。环堵之室:四周

各一丈的土屋,形容居室窄小。 ⑯茨:用茅草、芦苇等盖的屋顶。生茅:未经晒干、修整的茅草。 ⑰蓬户:用蓬草编织的门户。瓮牖:用破瓮当窗。牖:窗。 ⑱揉桑为枢:形容贫穷之家连门上的转轴都没有,只是把桑树皮揉成绳子绑扎门扇,以代替门枢。枢:门上的转轴。 ⑲北房:靠北的背阳幽暗的房间。 ⑳滚漨:霜雪满地的样子。 ㉑浸潭:滋润。笃蒋:植物名,即茭白,其嫩茎可做菜,其实可做饭。 ㉒植:树立,引申指直立的形体。形植:形体。黎黑:指形体黑瘦。黎:黑。 ㉓愁悴:忧愁憔悴。怼:音duì,怨恨。 ㉔天机:造化的奥秘。 ㉕志德:志向和德行。

　　故夫乌之哑哑,鹊之唶唶①,岂尝为寒暑、燥湿变其声哉!是故夫得道已定,而不待万物之推移也。非以一时之变化而定吾所以自得也。吾所谓得者,性命之情处其所安也②。夫性命者,与形俱出其宗。形备而性命成,性命成而好憎生矣。故士有一定之论,女有不易之行③,规矩不能方圆,钩绳不能曲直④。天地之永,登丘不可为修,居卑不可为短⑤。是故得道者,穷而不慑,达而不荣⑥,处高而不机⑦,持盈而不倾,新而不朗,久而不渝⑧,入火不焦,入水不濡⑨。是故不待势而尊,不待财而富,不待力而强,平虚下流,与化翱翔⑩。若然者,藏金于山,藏珠于渊⑪,不利货财,不贪势名。是故不以康为乐,不以慊为悲⑫,不以贵为安,不以贱为危,形神气志⑬,各居其宜,以随天地之所为。

　　[注释]①哑哑:象声词,乌鸦叫声。唶唶:象声词,鸟鸣声。 ②性命之情:生命的本质,指受之于道的本性。 ③士:男子。一定之论:固定的观点,即所谓得道。不易之行:封建社会要求妇女从一而终,故言不易之行。 ④钩:画曲线的工具。规矩、钩绳:喻一般的定律、准则。 ⑤永:长远。丘:

小土山。卑:地势低洼处。 ⑥慑:恐惧,颓废。荣:荣幸。 ⑦机:通几,危殆。 ⑧新:始。朗:明。渝:变。 ⑨濡:湿润。 ⑩平虚下流:指平和、虚静,处下不争的处世态度。化:造化。 ⑪藏金二句:意谓不以据有财宝为贵,让金、珠等物各适其宜。金从山出,珠自渊来,故金归于山,珠返于渊。 ⑫康:赞美。慊:不满足。 ⑬形:形体。神:精神。志:志向。

夫形者,生之舍也①;气者,生之充也②;神者,生之制也③。一失位,则三者伤矣④。是故圣人使人各处其位,守其职,而不得相干也⑤。故夫形者非其所安也而处之则废⑥,气不当其所充而用之则泄⑦,神非其所宜而行之则昧⑧。此三者,不可不慎守也。

[注释]①生:生命。舍:外壳。 ②充:实,满。 ③制:制约。 ④一:假设之词,一旦。失位:偏离应处的位置。三者:指形气神。 ⑤干:矛盾,抵触。 ⑥句谓非形体所安而处之则形体必受损伤。如火非形体所安,欲处之,则必为所伤。 ⑦句谓气如用得不是地方则会使人泄气。如硬要鼓足勇气去做客观上不可能做到的事情,那只能以泄气告终。 ⑧昧:昏暗,愚昧。

夫举天下万物①,蚑蛲贞虫②,蠕动蚑作,皆知其所喜憎利害者,何也? 以其性之在焉而不离也③。忽去之,则骨肉无伦矣④。今人之所以眭然能视⑤,营然能听⑥,形体能抗⑦,而百节可屈伸⑧,察能分白黑、视丑美⑨,而知能别同异、明是非者,何也? 气为之充而神为之使也⑩。何以知其然也? 凡人之志,各有所在,而神有所系者,其行也⑪,足蹪趎坎、头抵植木而不自知也⑫,招之而不能见也,呼之而不能闻也。耳目非去之也,然而不能应者,何也?神失其守也⑬。故在于小则忘于大,在于中则忘于外,在于上则忘于下,在于左则忘于右⑭。无所不充,则无所不在⑮。是故贵虚者,以毫末为宅也⑯。

[注释]①举:凡,皆。总括之词。 ②贞虫:泛指小昆虫。因其体小寿短,古人以为其未及知牝牡之合而死,故谓之贞。 ③性之在焉:各自的本性存诸己身,犹言保持着各自的本性。 ④忽:形容时间极短,须臾。伦:类。骨肉无伦:谓形体不复存在。 ⑤眭:眼睛深陷的样子。 ⑥营:通萦,环绕,这里是形容耳郭弯曲环绕的样子。 ⑦抗:坚实。 ⑧节:骨节,关节。 ⑨视:分辨。 ⑩神为之使:精神在形体内发挥作用。 ⑪系:依附,体现。其行:指人的行动。 ⑫蹟:跌倒。櫱:通枿,指树木砍断后残留的树桩。坎:地面凹陷处。抵:触,撞。植木:古时用来关门的直木。 ⑬神失其守:精神离开了应处的位置。 ⑭这几句的在于小、在于中、在于上、在于左,皆指神气志偏于一隅,不在恰当的位置。 ⑮句谓如能纠正偏差,则到处可以寄托精神,那就会感到自己的神气志无所不在。 ⑯句谓以虚静为贵的人,可以把毫毛末尖大的地方当做自己神气志的住宅,因为精神气志充于毫末,体现在毫末。

今夫狂者之不能避水火之难,而越沟渎之险者,岂无形神气志哉?然而用之异也。失其所守之位,而离其外内之舍①,是故举错不能当,动静不能中②,终身运枯形于连嵝列埒之门③,而蹟蹈于污壑阱陷之中④。虽生俱与人钧⑤,然而不免为人戮笑者⑥,何也?形神相失也。故以神为主者,形从而利;以形为制者,神从而害。贪饕多欲之人⑦,漠睧于势利⑧,诱慕于名位,冀以过人之智植于高世⑨,则精神日以耗而弥远⑩,久淫而不还⑪,形闭中距,则神无由入矣⑫。是以天下时有盲妄自失之患⑬。此膏烛之类也,火逾然而消逾亟⑭。

[**注释**]①外内之舍:形体所处为外舍,精神所处为内舍。 ②举错:行动。当:恰当。中:适宜。 ③枯形:枯萎的形体。崚:山岭。垺:山上的水流。门:类。 ④蹈:字当作陷。蹟陷:跌倒,陷入。阱陷:陷阱。 ⑤钧:同均,同等。 ⑥戮笑:耻笑。 ⑦饕:贪婪。 ⑧漠眠:糊涂,丧失理智貌。⑨冀:希望。植:立。高世:超乎世人,指尊显的社会地位。植于高世:跻身于社会上层。 ⑩耗:损伤。弥:更加。弥远:指精神偏离其适当位置越来越远。 ⑪淫:惑乱。 ⑫中:与形相对,指内心。距:通拒,阻闭。 ⑬盲妄:愚昧狂妄。 ⑭膏烛:经过油脂浸泡的树枝等物,用以点燃照明。亟:急速。

夫精神气志者,静而日充者以壮①,躁而日耗者以老②。是故圣人将养其神③,和弱其气,平夷其形,而与道沉浮俯仰④。恬然则纵之,迫则用之⑤。其纵之也若委衣⑥,其用之也若发机⑦。如是,则万物之化无不遇,而百事之变无不应。

[**注释**]①静而日充:恬静而一天天得到充实。壮:兴盛。 ②耗:同耗。老:衰朽。 ③将养:调养。 ④与道沉浮俯仰:与道一起运转变化。⑤迫:指外物相迫于己身。用:行,指对外物作出反应。 ⑥委:下垂。委衣:自然下垂的衣服,这里指人的神情像自然下垂的衣服那样恬静。句即俗言静如处女之意。 ⑦机:弩弓发箭的机关。发机:击发弓弩,形容迅猛。句即俗言动如逸兔之意。

卷二　俶真训

有始者，有未始有有始者，有未始有夫未始有有始者；有有者，有无者，有未始有有无者，有未始有夫未始有有无者①。

[注释]①以上几句见于《庄子·齐物论》。以下便是对这段话的逐句解释。

所谓有始者，繁愤未发①，萌兆牙蘖②，未有形埒垠堮③，无无蠕蠕④，将欲生兴而未成物类。有未始有有始者，天气始下，地气始上，阴阳错合，相与优游竞畅于宇宙之间⑤，被德含和⑥，缤纷茏苁⑦，欲与物接而未成兆朕⑧。有未始有夫未始有有始者，天含和而未降，地怀气而未扬，虚无寂寞，萧条霄霏⑨，无有仿佛，气遂而大通冥冥者也⑩。有有者，言万物掺落⑪，根茎枝叶，青葱苓茏⑫，萑蒮炫煌⑬，蠓飞蠕动，蚑行哙息⑭，可切循把握而有数量⑮。有无者，视之不见其形，听之不闻其声，扪之不可得也，望之不可极也，储与扈冶⑯，浩浩瀚瀚，不可隐仪揆度而通光耀者⑰。有未始有有无者,包裹天地,陶冶万物,大通混冥,深闳广大,不可为外⑱,析豪剖芒,不可为内⑲,无环堵之宇⑳,而生有无之根。有未始有夫未始有有无者,天地未剖,阴阳未判,四时未分,万物未生,汪然平静㉑,寂然清澄,莫见其形,若光耀之间于无有㉒,退而自失也㉓,曰:"予能有无,而未能无无也㉔。及其为无无,至妙何从及此哉!"

[注释]①繁:众多。愤:盈满。 ②兆:事物之始。牙:通芽。萌、牙:都是萌发、开始的意思。櫱:树木被砍后长出的新芽,引申指事物之始。 ③形埒:形状,界域。垠堮:边际,界限。 ④无:形容万物将出现时的形态。蠕蠕:蠕动的样子。 ⑤优游:自然协和的样子。竞畅:指阴阳二气飘逸通达。 ⑥被、含:都是蕴含的意思。 ⑦茏苁:草木茂盛,这里形容阴阳二气集中郁结的样子。 ⑧兆:占卜时火灼龟甲所坼裂之纹。朕:缝隙。兆朕:喻事物的征兆。 ⑨萧条:寂静。霄霓:虚无飘渺的样子。 ⑩仿佛:模糊含混的样子。遂:成。冥冥:指万物生成以前宇宙混沌的状态。 ⑪掺:众多的样子。万物掺落:万物繁茂,错落杂乱。 ⑫苓茏:茂盛的样子。 ⑬萑薏:色彩缤纷的样子。炫煌:光彩明亮。 ⑭蠕:虫飞动的样子。蠕:虫爬行的样子。 ⑮吟:通噖。蚑行吟息:泛指人和一切生物。 ⑮切:触摸。揗:通揗,抚摩。 ⑯储与扈冶:广大无边的样子。 ⑰隐仪揆度:都是审度、测量、计算的意思。 ⑱闳:广大,高大。不可为外:没有东西处在它的外面,即包容一切之意。 ⑲豪:毫毛。芒:草的末尖。此以毫芒代指微小的东西。不可为内:没有什么东西比它还要纤细。 ⑳堵:土墙。古垣墙长、高均有定制。一堵之墙为长、高各一丈。环堵:四周各一堵墙的空间。宇:空间。 ㉑汪然:宁静的样子。 ㉒光耀、无有:两个假托之名,实则指光和无。间:当作问。几句见《庄子·知北游》。 ㉓自失:神情怅惘,若有所失。 ㉔有无:指光。光视之无形,是一种"无",但毕竟是一种存在,故曰有无。无无:完全不存在的境界。

夫大块载我以形①,劳我以生,逸我以老,休我以死。善我生者,乃所以善我死也②。夫藏舟于壑,藏山于泽,人谓之固矣。虽然,夜半有力者负而趋,寐者不知,犹有所遁③。若藏天下于天下,则无所遁其形矣④。物岂可谓无大扬攉乎⑤?一范人之形而犹喜⑥,若人者,千变万化而未始有极也。弊而复新⑦,其为乐也,可胜计邪⑧!譬若梦为鸟而飞于天,梦为鱼而没于渊。方其梦也,不知其梦也,觉而后知其梦也。今将有大觉,然后知今此之为大梦也⑨。

[注释]①大块:天地。载我以形:以赋予我形体的方式来承载我。②句谓如果羡慕我活着,那也应羡慕我死,因为它们的缘由是一样的。③遁:隐。 ④几句谓藏舟于壑、藏山于泽犹被人负而趋,是因为除了壑、泽之外还有可隐匿的地方。如果藏天下于天下,就没人能偷走,这是没处隐匿的缘故。 ⑤扬攉:基本轮廓。 ⑥范:冶铸用的模具,这里用作动词。范人之形:指造化成人。 ⑦弊:疲困、破败。 ⑧自"大块载我以形"至此,略见于《庄子·大宗师》。 ⑨大觉:指领悟道以后的伟大觉醒。大梦:一辈子不能醒悟的梦。

始吾未生之时,焉知生之乐也?今吾未死,又焉知死之不乐也。昔公牛哀转病也①,七日化为虎。其兄掩户而入觇之②,则虎搏而杀之。是故文章成兽③,爪牙移易,志与心变,神与形化。方其为虎也,不知其尝为人也;方其为人也,不知其且为虎也。二者代谢舛驰④,各乐其成形⑤。狡猾钝悟⑥,是非无端,孰知其所萌?夫水向冬则凝而为冰,冰迎春则泮而为水⑦;冰水移易于前后,若周员而趋⑧,孰暇知其所苦乐乎!

[注释]①公牛哀:复姓公牛,名哀,春秋时人。转病:传说中的一种疾病,病发时可变成老虎食人。 ②觇:窥视。 ③文章:古以青与赤相配为文,赤与白相配为章,这里指外表。 ④代射:更替变化。舛:相违。 ⑤句谓当其为人,则为自己是人而高兴,当其为虎,又为自己是虎而快乐。⑥惛:神志不清。 ⑦泮:溶化。 ⑧周员:绕圈。员:同圆。

是故形伤于寒暑燥湿之虐者,形苑而神壮①;神伤乎喜怒思虑之患者,神尽而形有余。故罢马之死也,剥之若槁②;狡狗之死也,割之犹濡③。是故伤死者其鬼娆④,时既者其神漠⑤。是皆不得形神俱没也⑥。

[注释]①苑:一种形体枯萎衰竭的病。壮:兴盛。 ②罢:通疲,疲惫。槁:枯木。 ③狡狗:少壮的狗。濡:湿润而有光泽。 ④娆:烦扰,这里指鬼魂作祟害人。 ⑤既:尽。时既者:指寿终而死者。漠:寂静。 ⑥句谓得道者当既养形又养神,寿终而神不存。伤死者不懂养形,时既者不懂养神,所以说不得形神俱没。

夫圣人用心,杖性依神,相扶而得终始①。是故其寐不梦,其觉不忧。古之人有处混冥之中,神气不荡于外,万物恬漠以愉静,搀抢衡杓之气②,莫不弥靡③,而不能为害。当此之时,万民猖狂④,不知东西⑤,含哺而游,鼓腹而熙⑥,交被天和,食于地德⑦,不以曲故是非相尤⑧,茫茫沈沈⑨,是谓大治。于是在上位者,左右而使之,毋淫其性⑩;镇抚而有之,毋迁其德⑪。是故仁义不布而万物蕃殖,赏罚不施而天下宾服。其道可以大美兴,而难以算计举也⑫。

[注释]①杖:凭倚。终始:从生到死,指人的一生。 ②搀抢:彗星的别名。迷信以彗星为妖星。衡:通横,贯。杓:星名,北斗七星中第五至第七星,即柄部三星称为杓。彗星贯北斗,被认为是不祥之兆。一说,衡应作冲,冲、杓皆妖星。 ③弥靡:弥漫,充满。 ④猖狂:肆意妄行。 ⑤不知东西:指没有方位概念。 ⑥哺:口中所含的食物。鼓:拍击。熙:通嬉。 ⑦交:俱,都。地德:土地所产食物,如五谷。 ⑧曲故:不正直的智巧。尤:过失。 ⑨茫茫沈沈:茫然不分彼此的样子。 ⑩左右:支配。淫:惑乱。 ⑪镇抚:镇压和安抚。迁:改变。 ⑫大美:天地覆载万物,是最大的美,故称大美。而这种美是难以具体计算的。兴:与举同义,都是称引的意思。

是故日计之不足,而岁计之有余①。夫鱼相忘于江湖,人相忘于道术②。古之真人③,立于天地之本,中至优游④,抱德炀和⑤,而万物杂累焉⑥,孰肯解构人间之事⑦,以物烦其性命乎?

[注释]①二句语出《庄子·庚桑楚》,意谓从眼前利益看是不足的,但从长远利益看却是富有的。 ②道术:道的原则。相忘于道术:同化于道。语出《庄子·大宗师》。 ③真人:得道之人。 ④中至:中和。 ⑤炀:温暖。炀和:温和。 ⑥累:尘埃。杂累:混杂飞扬的尘埃。 ⑦解构:附会造作。

夫道有经纪条贯①,得一之道②,连千枝万叶。是故贵有以行令,贱有以忘卑,贫有以乐业,困有以处危。夫大寒至,霜雪降,然后知松柏之茂也。据难履危③,利害陈于前,然后知圣人之不失道也。是故能戴大员者,履大方④,镜太清者视大明,立太平者处大堂⑤。能游冥冥者与日月同光。

[注释]①经纪、条贯:皆条理、秩序之意。 ②一:指万物产生之前混一无形的状态。得一之道:把握混一无形之道。 ③据:处。 ④员:同圆。大员:指天。大方:指地。句谓头上能顶着一整个天的人,脚下便可踩着整个大地。 ⑤太清:最清静的东西。太平:非常平坦的地方。堂:平坦敞亮处。

是故以道为竿,以德为纶,礼乐为钩,仁义为饵,投之于江,浮之于海,万物纷纷孰非其有①。夫挟依于跂跃之术②,提挈人间之际③,撢掞挺捬世之风俗④,以摸苏牵连物之微妙⑤,犹得肆其志,充其欲⑥,何况怀瑰玮之道⑦,忘肝胆,遗耳目⑧,独浮游无方之外,不与物相弊挠⑨,中徙倚无形之域⑩,而和以天地者乎!若然者,偃其聪明,而抱其太素⑪,以利害为尘垢,以死生为昼夜。是故目观玉辂琬象之状⑫,耳听《白雪》、《清角》之声⑬,不能以乱其神;登千仞之溪,临猿眩之岸⑭,不足以滑其和⑮。譬若钟山之玉⑯,炊以炉炭⑰,三日三夜而色泽不变。则至德天地之精也⑱。是故生不足以使之,利何足以动之?死不足以禁之,害何足以恐之?明于死生之分,达于利害之变,虽以天下之大,易骭之一毛⑲,无所概于志也⑳!

[注释]①万物句:意谓纷繁万物无不受它的制约。 ②挟依:倚仗,依靠。跂跃:形容造作、别扭的样子。 ③提挈:扶持、提起。 ④撢掞、挺捬:都是引拔、推行的意思。 ⑤摸苏:摸索,探索。牵连:联系。 ⑥充:满足。 ⑦瑰玮:瑰丽宏伟。 ⑧肝胆:指人内心的感情世界。耳目:指人与外界接触的器官。 ⑨无方:无论哪一个方向,无论哪一个处所。无方之外:指不受方位、处所约束的冥冥境界。弊挠:杂糅。 ⑩徙倚:流连徘徊。 ⑪太素:素朴的本性。 ⑫辂:天子用的大车。琬:琬圭,一种玉制礼器。 ⑬《白雪》:古曲名,相传为师旷所作。《清角》:古曲名。 ⑭猿眩之岸:形容险峻

陡峭,连善攀悬崖峭壁的猿都会头昏眼花。　⑮滑:乱。　⑯钟山:神话传说中山名,即昆仑山。　⑰炊:用火烧。　⑱至德:最纯粹高尚的道德。　⑲骭:小腿。　⑳概:通慨,激动。

夫贵贱之于身也,犹条风之时丽也①;毁誉之于己,犹蚊虻之一过也。夫秉皓白而不黑,行纯粹而不糅,处玄冥而不暗②,休于天钧而不㱇③,孟门、终隆之山不能禁④,唯体道能不败。湍濑旋渊⑤,吕梁之深⑥,不能留也;太行、石涧、飞狐、句望之险不能难也⑦。是故身处江海之上,而神游魏阙之下⑧。非得一原⑨,孰能至于此哉!

[注释]①条风:春风。丽:经过。　②暗:视物不清。　③天钧:指大自然调和的状态。㱇:通毁,败坏。　④孟门:山名,在今山西省吉县西,绵亘黄河两岸。终隆:山名,即终南山,在今陕西省西安市南。孟门、终隆都是古代著名的要塞。　⑤湍濑:湍急之水。旋渊:水流湍急旋转的深渊。　⑥吕梁:水名,在今江苏徐州市东南。或谓在今陕西韩城。　⑦太行:山名,位于山西、河南、河北交界处,是东北至西南走向的大山脉。石涧:指险要的溪谷。飞狐:古要隘名,在河北涞源县北、蔚县南。句望:古要塞名,在雁门山,位于今山西代县西北。或谓即句注山。　⑧魏阙:古代宫门外的阙门,是古代悬布法令的地方,这里代指朝廷。　⑨一原:一个本原,指道。

是故与至人居①,使家忘贫,使王公简其富贵而乐卑贱②,勇者衰其气,贪者消其欲;坐而不教,立而不议,虚而往者实而归,故不言而能饮人以和③。是故至道无为,一龙一蛇④,盈缩卷舒,与时变化。外从其风⑤,内守其性,耳目不耀,思虑不营⑥。其所居神者,台简以游太清⑦,引楯万物⑧,群美萌生⑨。是故事其神者神去之⑩,休其神者神居之。

[注释]①至人:具有最高道德修养的人。 ②简:略。简其富贵:轻其富贵。 ③饮:给人饮食。饮人以和:使人精神和顺。 ④一龙一蛇:一时为龙,一时为蛇,形容时隐时现,时高时低,皆随时势变化。 ⑤风:指外界环境。 ⑥耀、营:都是惑乱的意思。 ⑦台:持。台简:持守简易不繁的原则。 ⑧楯:通揗,抚摩。引楯:拔擢,抚养。 ⑨美:赞美。这里有扶持褒扬之意。群美:广泛地褒扬。萌生:指开始萌发生长的事物。 ⑩事:劳碌。

道出一原,通九门,散六衢①,设于无垓坫之宇②,寂寞以虚无。非有为于物也,物以有为于己也③。是故举事而顺于道者,非道之所为也,道之所施也④。夫天之所覆,地之所载,六合所包⑤,阴阳所呴,雨露所濡⑥,道德所扶,此皆生一父母而阅一和也⑦。是故槐榆与橘柚合而为兄弟⑧,有苗与三危通为一家⑨。夫目视鸿鹄之飞,耳听琴瑟之声,而心在雁门之间。一身之中,神之分离剖判,六合之内,一举而千万里。是故自其异者视之,肝胆胡越⑩;自其同者视之,万物一圈也⑪。

[注释]①九门:指上天。传说天之广有九重,故曰九门。衢:四通八达的道路。六衢:指四面八方。 ②设:分布。垓坫:边际。宇:空间。 ③以:同已。 ④施:作用。 ⑤六合:四方上下为六合。 ⑥呴:吐气。濡:滋润。 ⑦生一父母:指产生于一个根源。阅:总。和:和谐之气。 ⑧槐榆:槐树和榆树。相传古代冬天燃用槐木,春天燃用榆木,故常以槐榆并称。橘柚:橘树和柚树,两种果木名,形状相似,果实则柚大橘小。 ⑨有苗:古代部落名,即三苗,地在今长江中游以南。三危:古部落名,在西方,具体位置则说法不一。或谓在今甘肃敦煌东南。其地有三危山,其民则以山名。 ⑩胡:古代北方民族的泛称。胡越:胡地和越国,以喻相距遥远。 ⑪万物一圈:万物都

在一个整体内。

百家异说,各有所出。若夫墨、杨、申、商之于治道①,犹盖之无一橑②,而轮之无一辐③。有之可以备数,无之未有害于用也;已自以为独擅之,不通之于天地之情也。今夫冶工之铸器,金踊跃于炉中,必有波溢而播弃者④,其中地而凝滞⑤,亦有以象于物者矣。其形虽有所小用哉,然未可以保于周室之九鼎也⑥,又况比于规形者乎⑦?其于道相去亦远矣!

[注释]①墨:墨子,春秋战国之际思想家,墨家学派创始人。杨:杨朱,战国初期思想家。申:申不害,战国中期法家。商:商鞅,战国法家代表人物。 ②橑:车盖上的盖弓。一个车盖有橑二十八根。 ③辐:古代车轮中连接轴心和轮圈的直木条。一个车轮有辐条三十根。 ④波溢:指金属液体在炉中沸腾而溢出。播弃:抛弃。 ⑤中地:掉在地下。 ⑥保:通宝。九鼎:相传是夏禹收集天下之金铸成的九只大鼎,后成为象征国家政权的传国之宝。 ⑦比:类似。规形:模拟物体的形状。比于规形者:指上述各家学说亦类似摈弃之金象物之形,无济大用。

今夫万物之疏跃枝举①,百事之茎叶条蘖②,皆本于一根,而条循千万也③。若此则有所受之矣,而非所授者④。所受者无授也,而无不受也。无不受也者,譬若周云之茏苁,辽巢鼓濞而为雨⑤。沈溺万物,而不与为湿焉⑥。

[注释]①疏跃:舒展,散布。 ②条:枝条。茎叶条蘖:比喻事物纷繁枝蔓。 ③条循:有规律地发展变化。 ④有所受之:指万事万物有所接受而发展。非所授者:指万事万物并非有意传授而使之发展。 ⑤周云:密云,

浓云。辽巢、彭濞：都是形容云蓄积的样子。　⑥沈溺：淹没。句谓云积聚成雨，淹没万物，而云本身不会湿。喻道影响万物而不混同于万物。

今夫善射者有仪表之度①，如工匠有规矩之数，此皆所得以至于妙。然而奚仲不能为逢蒙，造父不能为伯乐者②，是曰谕于一曲，而不通于万方之际也③。今以涅染缁，则黑于涅④；以蓝染青，则青于蓝。涅非缁也，青非蓝也⑤。兹虽遇其母，而无能复化已⑥。是何则？以谕其转而益薄也⑦。何况夫未始有涅、蓝造化之者乎？其为化也，虽镂金石，书竹帛，何足以举其数！由此观之，物莫不生于有也⑧。

[注释]①仪表：标准。　②奚仲：传说是发明车的人。逢蒙：传说是羿之弟子，古之善射者。造父：传说是周时善御者。伯乐：春秋秦穆公时人，善相马。　③谕：理解。一曲：一隅。万方之际：四面八方。　④涅：一种黑色染料。缁：黑色。　⑤蓝：一种植物，其叶可为蓝色染料，用蓝草染出的颜色即青色。　⑥遇：当作过。母：本。黑自涅出，则涅为黑母；青自蓝出，则蓝为青母。句谓黑、青虽超过其母，但不能重新变化生成涅和蓝。　⑦转而益薄：指万物接受道而产生发展，愈往后则离道愈远。　⑧既然被变化的事物不能变回母体，而事物又转而益薄，逆推之便得出万物产生于有的结论。

小大优游矣！夫秋毫之末，沦于无间①，而复归于大矣；芦苻之厚，通于无垠，而复反于敦庞②。若夫无秋毫之微，芦苻之厚，四达无境，通于无圻③，而莫之要御夭遏者④，其袭微重妙，挺挏万物，揣丸变化⑤，天地之间何足以论之。夫疾风勃木⑥，而不能拔毛发；云台之高⑦，堕者折脊碎脑，而蚊虻适足以翱翔。夫与蚑蟯同乘天机⑧，夫受形于一圈,飞轻微细者,犹足以脱其命,又况未有类也⑨!由此观之,无形而生有形,亦明矣⑩。

[注释]①无间:没有间隙的地方。句谓秋毫之小,但在没有空隙的地方,就显得它太大了。 ②芦苻:芦苇茎内层的薄膜。垠:界限。敦庞:厚而宽,丰足。 ③圻:通垠,边际。 ④要御、夭遏:都是阻隔、隔绝的意思。 ⑤袭微重妙:指不断产生出精微奇妙的事物。揣丸:和调。 ⑥勃:排除,推倒。 ⑦云台:高耸入云的台阁。 ⑧蚑蟯:泛指低微生物。天机:造化的奥秘。 ⑨未有类:指尚未有形体的物质。 ⑩几句说明越是精微无形的东西越能得道之精髓,既然万物转而益薄,越发展形体越大,可见有形是从无形发展来的。

是故圣人托其神于灵府,而归于万物之初①。视于冥冥,听于无声。冥冥之中,独见晓焉②;寂漠之中,独有照焉③。其用之也以不用,其不用也而后能用之;其知也乃不知,其不知也而后能知之也。夫天不定,日月无所载;地不定,草木无所植;所立于身者不宁,是非无所形④。是故有真人然后有真知⑤。其所持者不明,庸讵知吾所谓知之非不知欤⑥?

[注释]①灵府:指心。万物之初:万物产生之时混沌无形的状态。 ②晓:明。 ③照:假借为晓,这里是闻、听到之意。 ④形:显现。 ⑤真人:修养本性得道之人。 ⑥庸讵:何以,怎么。

今夫积惠重厚,累爱袭恩①,以声华呕苻妪掩万民百姓②,使知之讦讦然,人乐其性者③,仁也。举大功④,立显名,体君臣⑤,正上下,明亲疏,等贵贱,存危国,继绝世⑥,决挐治烦⑦,兴毁宗⑧,立无后者,义也。闭九窍⑨,

藏心志，弃聪明，反无识⑩，芒然仿佯于尘埃之外，而消摇于无事之业⑪，含阴吐阳，而万物和同者，德也。是故道散而为德，德溢而为仁义，仁义立而道德废矣！

[**注释**]①袭：重。　②声华：声誉荣耀。呕符：同呕咐，抚养。妪掩：爱抚养育。　③䜣䜣：快乐喜悦的样子。　④举：立。　⑤体：规矩。体君臣：确立君臣间的礼节规矩。　⑥继绝世：恢复已灭绝的世祀。世：世系。　⑦挐：纷乱。烦：纠缠，烦扰。　⑧宗：祖庙。　⑨九窍：指眼、耳、鼻、口及前后阴。　⑩反：同返。无识：指没有知识的古朴状态。　⑪业：事务，范围。

　　百围之木，斩而为牺尊①。镂之以剞劂②，杂之以青黄，华藻镈鲜③，龙蛇虎豹，曲成文章④，然其断在沟中，壹比牺尊，沟中之断⑤，则丑美有间矣。然而失木性钧也⑥。是故神越者其言华⑦，德荡者其行伪，至精亡于中，而言行观于外，此不免以身役物矣⑧。夫趋舍行伪者，为精求于外也⑨。精有湫尽⑩，而行无穷极，则滑心浊神而惑乱其本矣⑪。其所守者不定，而外淫于世俗之风，所断差跌者⑫，而内以浊其清明，是故踌躇以终，而不得须臾恬澹矣。

[**注释**]①牺尊：古代一种酒器，刻镂成牺牛状。　②剞：雕刻用的刻刀。劂：雕刻用的曲凿。　③华藻：华丽的文采。镈鲜：指牺尊上金饰鲜明夺目。　④龙蛇虎豹：指牺尊上所刻镂的图案。文章：错杂的色彩和花纹。　⑤壹：语助词，无义。　⑥间：差别。钧：同均，同等。　⑦越：散。华：浮而不实。　⑧观：表现给人看。以身役物：身体被外物役使。　⑨为精：使精神劳累。　⑩湫：尽。　⑪滑：乱。浊：混乱，迷惑。　⑫断：决断。差跌：失误，失败。

是故圣人内修道术,而不外饰仁义,不知耳目之宣,而游于精神之和。若然者,下揆三泉①,上寻九天,横廓六合②,揲贯万物③,此圣人之游也。若夫真人,则动溶于至虚④,而游于灭亡之野⑤。骑蜚廉而从敦圄⑥。驰于外方,休乎宇内⑦,烛十日而使风雨⑧,臣雷公⑨,役夸父⑩,妾宓妃⑪,妻织女⑫,天地之间何足以留其志!是故虚无者道之舍,平易者道之素⑬。夫人之事其神而娆其精,营慧然而有求于外⑭,此皆失其神明而离其宅也。是故冻者假兼衣于春,而暍者望冷风于秋⑮,夫有病于内者,必有色于外矣⑯。夫梣木色青翳,而蠃瘉蜗睆⑰,此皆治目之药也。人无故求此物者,必有蔽其明者。

[注释]①宣:当作宜。揆:度量。三泉:地下三重泉,指地下深处。②横廓:充分拓展。 ③揲贯:积累。 ④动溶:摇荡。至虚:极端虚无的区域。 ⑤灭亡:虚无。 ⑥蜚廉:传说中兽名。一说神禽名。敦圄:传说中兽名。一说仙人名。 ⑦外方:方外,世俗之外。 ⑧烛:照,这里是使动用法。十日:传说上古有十个太阳,羿射其九而留其一。 ⑨雷公:神话传说中的雷神。⑩夸父:神话传说人物。 ⑪宓妃:传说是伏羲氏之女,溺死于洛水,成为洛水之女神。 ⑫织女:原为星名,后遂演化出牛郎织女传说故事,织女也就成为神女之名。 ⑬舍:居室。道之舍:道的立足点。素:本性。 ⑭事:劳碌,使动用法。娆:烦扰。营:谋划。营慧:运用智谋。 ⑮假:借助。兼:添,加。暍:中暑。句谓受冻的人盼望春天如盼加衣,中暑的人则盼望秋天的凉风。⑯色:气色,神态。 ⑰梣木:木名,其皮可入药,即秦皮。色:当作已,治愈。青翳:一种眼病,即青光眼。蠃:蜗牛。蜗睆:一种眼病。一说当作烛睆。

圣人之所以骇天下者,真人未尝过焉①;贤人之所以矫世俗者,圣人未尝观焉。夫牛蹄之涔②,无尺之鲤;块阜之山③,无丈之材。所以然者何也?皆其营宇狭小④,而不能容巨大也。又况乎以无裹之者邪⑤!此其为山渊之势亦远矣!夫人之拘于世也,必形系而神泄⑥,故不免于虚⑦,使我可系羁者,必其有命在于外也⑧。

[注释]①骇:惊动。过:过问、关注之意。 ②涔:积水。 ③块阜:小土山。 ④营宇:范围,地域。 ⑤以无裹之者:指整个宇宙。宇宙万物从"无"中产生,故唯有"无"可以包裹整个宇宙。 ⑥系:拘囚。 ⑦虚:弱。 ⑧命:指受之于道的精神。

至德之世,甘瞑于溷澜之域①,而徙倚于汗漫之宇②。提挈天地而委万物③,以鸿濛为景柱④,而浮扬乎无畛崖之际⑤。是故圣人呼吸阴阳之气,而群生莫不颙颙然仰其德以和顺⑥。当此之时,莫之领理决离⑦,隐密而自成。浑浑苍苍⑧,纯朴未散,旁薄为一⑨,而万物大优⑩,是故虽有羿之知而无所用之。

[注释]①瞑:通眠。甘瞑:甜睡。溷澜:浑茫无边。 ②徙倚:流连徘徊。汗漫:也是浑茫无边的样子。 ③委:弃。 ④鸿濛:东方太阳升起处。景柱:测日影用的圭表。景:同影。句谓听任时间的自然流逝,不人为地划分测定。 ⑤浮扬:飘浮。畛崖:界限,疆域。 ⑥颙颙:仰慕的样子。 ⑦领理:治理。 决离:决断,分散。 ⑧浑浑苍苍:浑沌迷茫的样子。 ⑨旁薄:混同。 ⑩优:悠然自得。

及世之衰也,至伏羲氏,其道昧昧芒芒然①,吟德怀和,被施颇烈,而知乃始②。昧昧㽞㽞③,皆欲离其童蒙之心,而觉视于天地之间④。是故其德烦而不能一⑤。

[注释]①伏羲氏:传说中上古部落酋长。昧昧芒芒:纯厚广大的样子。 ②吟:通含。被施:施及,指施行德泽。知:同智。 ③昧昧、睎睎:皆形容求知的样子。 ④觉视:清醒地观察。 ⑤烦:杂乱不专一。

乃至神农、黄帝①,剖判大宗,窍领天地②,袭九薮,重九垠③,提挈阴阳,妦㧑刚柔④,枝解叶贯,万物百族⑤,使各有经纪条贯。于此万民睢睢盱盱然,莫不竦身而载听视⑥。是故治而不能和下。栖迟至于昆吾、夏后之世⑦,嗜欲连于物,聪明诱于外,而性命失其得⑧。

[注释]①神农:传说中古帝名,又称炎帝。黄帝:传说中古帝名,又称轩辕氏。 ②大宗:指事物的本源。窍:通。领:治理。 ③袭:重。薮:法则。垠:界域。 ④提挈:扶助。妦㧑:调和。 ⑤解:分散。贯:累积。族:类。 ⑥睢睢盱盱:仰视的样子。竦身:伸长脖子,踮起脚跟肃立,以示肃敬。载:通戴,尊奉。载听视:指听从神农、黄帝的意愿。 ⑦栖迟:延续。昆吾:夏的同盟部落,后为商汤所灭。夏后:夏后氏,古部落名,相传禹即其首领,后建立夏朝。 ⑧得:本。

施及周室之衰,浇淳散朴①,杂道以伪,俭德以行②,而巧故萌生。周室衰而王道废,儒墨乃始列道而议③,分徒而讼,于是博学以疑圣,华诬以胁众④,弦歌鼓舞,缘饰《诗》、《书》,以买名誉于天下。繁登降之礼,饰绂冕之服⑤,聚众不足以极其变,积财不足以赡其费⑥。于是万民乃始慲觟离跂⑦,各欲行其知伪,以求凿枘于世⑧,而错择名利⑨。是故百姓曼衍于淫荒之陂⑩,而失其大宗之本。夫世之所以丧性命,有衰渐以然⑪,所由来者久矣!

[注释]①浇:淡薄。 ②杂道以伪:用诡诈来混杂纯洁的道。俭:通险。 ③列:通裂。 ④疑:假借为拟。华诬:华丽不实。胁:逼迫,压服。 ⑤登:升。登降:犹言尊卑、上下。绂:古代祭服的一种装饰,缝于长衣之前。冕:古代的一种礼帽。绂冕:泛指祭祀礼服。 ⑥赡:供给。 ⑦愪:糊涂而不明事理。蹊:偏僻小路。离跂:造作、自负的样子。 ⑧凿:榫卯。枘:榫头。凿枘:形容投契、迎合。 ⑨错择:竞相追逐。 ⑩曼衍:连绵不绝。陂:山坡。 ⑪衰:音 cuī,按一定等级递减。渐:逐渐。

是故圣人之学也,欲以返性于初,而游心于虚也。达人之学也,欲以通性于辽廓①,而觉于寂漠也。若夫俗世之学也则不然,擢德搴性②,内愁五藏,外劳耳目,乃始招蛲振缱物之豪芒③,摇消掉捎仁义礼乐④,暴行越智于天下⑤,以招号名声于世⑥。此我所羞而不为也。

[注释]①达人:通达道德的人。辽廓:指混一无形的状态。 ②搴:音 qiān,拔取。擢德搴性:指违反自然,拔高、损伤自己的德性。 ③招蛲:通招摇。振缱:与招蛲同义,都是热衷追求的意思。 ④摇消、掉捎:声近而义同,都是振奋、激动的意思。 ⑤暴:表露。越:显扬。 ⑥招号:号召,谋求。

是故与其有天下也,不若有说也;与其有说也①,不若尚羊物之终始也;而条达有无之际②。是故举世而誉之不加劝,举世而非之不加沮③,定于死生之境,而通于荣辱之理。虽有炎火洪水弥靡于天下,神无亏缺于胸臆之中矣。若然者,视天下之间,犹飞羽浮芥也④。孰肯分分然以物为事也⑤!

[注释]①说:音 tuō,通脱,舍弃,解脱。 ②尚羊:通倘佯,徘徊。物之终始:指虚无的境界。条达:通达。 ③劝:勉励。沮:沮丧。 ④飞羽浮芥:

被风扬起来的羽毛,浮在水面的芥草,形容微不足道。 ⑤分分:通纷纷,忙乱的样子。

水之性真清,而土汩之①;人性安静,而嗜欲乱之。夫人之所受于天者,耳目之于声色也,口鼻之于芳臭也,肌肤之于寒燠②,其情一也;或通于神明,或不免于痴狂者,何也?其所为制者异也。是故神者智之渊也,渊清则智明矣;智者心之府也,智公则心平矣③。人莫鉴于流沫④,而鉴于止水者,以其静也;莫窥形于生铁,而窥于明镜者,以睹其易也⑤。夫唯易且静,形物之性也⑥。由此观之,用也必假之于弗用也⑦。是故虚室生白,吉祥止也⑧。

[注释]①汩:音 gǔ,扰乱。 ②燠:音 yù,热,暖。 ③公:平正。 ④沫:水泡。流沫:洪水季节河水中浮起的水泡。 ⑤睹:衍文当删去。易:平。 ⑥形:表现。 ⑦假:借助。句谓要达到某个目的必须借助不是直接针对该目的的行动。 ⑧虚室:虚清的心境。白:光明,指道。止:来临。

夫鉴明者,尘垢弗能薶①;神清者,嗜欲弗能乱。精神已越于外,而事复返之②,是失之于本,而求之于末也。外内无符③,而欲与物接,弊其玄光④,而求知之于耳目,是释其照照,而道其冥冥也⑤,是之谓失道。

[注释]①薶:音 wō,玷污。 ②事:使。 ③无符:不合。 ④玄光:受之于天的光明,即蕴含着道的精神。 ⑤释:放弃。照照:昭昭,光明,即"玄光"。道:导。冥冥:黑暗,指背离正道。

心有所至,而神喟然在之①,反之于虚,则消铄灭息②,此圣人之游也。故古之治天下也,必达乎性命之情。其举错未必同也③,其合于道一也。夫夏日之不被裘者,非爱之也④,燠有余于身也;冬日之不用翣者⑤,非简之也,清有余于适也。夫圣人量腹而食,度形而衣,节于己而已⑥。贪污之心奚由生哉!故能有天下者,必无以天下为也;能有名誉者,必无以趋行求者也⑦。圣人有所于达⑧,达则嗜欲之心外矣。孔、墨之弟子,皆以仁义之术教导于世,然而不免于僓⑨,身犹不能行也。又况所教乎⑩!是何则?其道外也⑪。夫以末求返于本,许由不能行也,又况齐民乎⑫!诚达于性命之情,而仁义固附矣。趋舍何足以滑心⑬!

[**注释**]①心有所至:心中有所欲望。喟然:叹息的样子,这里是形容精神劳碌疲惫的形态。在:伴随,存在。 ②消铄灭息:与"喟然在之"相对,形容精神安定寂静的形态。 ③错:通措。举错:行动。 ④爱:吝啬。 ⑤翣:音 shà,一种用雉羽制成的扇。 ⑥节:节制。 ⑦趋行:奔波忙碌的样子。 ⑧达:通,指通达于道。 ⑨僓:疲惫,丧败。 ⑩所教:指世人。 ⑪外:本性之外。 ⑫许由:传说中上古高士,尧曾把天下让给他,他不受而去。齐民:一般老百姓。 ⑬滑:乱。

若夫神无所掩,心无所载①,通洞条达②,恬漠无事,无所凝滞,虚寂以待,势利不能诱也,辩者不能说也③,声色不能淫也④,美者不能滥也⑤,智者不能动也,勇者不能恐也,此真人之道也。若然者,陶冶万物,与造化者为人⑥,天地之间,宇宙之内,莫能夭遏⑦。

[**注释**]①掩:遮蔽。载:承载。 ②通洞、条达:皆通畅无阻之意。

③辩者:巧言诡辩的人。说:音shuì,劝说。　④淫:惑乱。　⑤滥:过度。
⑥造化者:指道。人:偶。　⑦夭遏:阻断,夭折。

夫化生者不死,而化物者不化①。神经于骊山、太行而不能难②,入于四海九江而不能濡,处小隘而不塞,横扃天地之间而不窕③。不通此者,虽目数千羊之群④,耳分八风之调⑤,足蹀阳阿之舞⑥,而手会《绿水》之趋⑦,智终天地⑧,明照日月,辩解连环⑨,泽润玉石,犹无益于治天下也。

[注释]①化生:使生命发生变化,即控制人由生到死的变化。化物:使万物发生变化。化生者、化物者:皆指道。　②骊山:山名,在今陕西临潼县境内,为秦岭支脉,山势如苍黑色卧马,故名。　③扃:音jiōng,在门上、兵车上、鼎上起固定作用的横木,这里用作动词,横贯。窕:放肆。　④目数千羊之群:看一眼便能数出有千只羊的羊群,形容视力好。　⑤八风:八方之风。　⑥蹀:蹈。阳阿:古代著名倡优名,善舞。　⑦会:合。《绿水》:古舞曲名。趋:节奏。　⑧终:久远无穷。　⑨辩解连环:连环可解与否,是战国各家经常讨论的一个问题。名家惠施有连环可解的著名命题。

静漠恬憺,所以养性也;和愉虚无,所以养德也。外不滑内,则性得其宜;性不动和,则德安其位。养生以经世①,抱德以终年,可谓能体道矣。若然者,血脉无郁滞,五藏无蔚气②,祸福弗能挠滑③,非誉弗能尘垢,故能致其极。非有其世,孰能济焉④?有其人不遇其时,身犹不能脱,又况无道乎!

[注释]①经世:阅历世事。　②蔚:病。　③挠滑:扰乱。　④济:成。

且人之情,耳目应感动①,心志知忧乐,手足之攒疾痒②,辟寒暑,所以与物接也。蜂虿螫指而神不能憺③,蚊虻噆肤而知不能平④。夫忧患之来撄人心也⑤,非直蜂虿之螫毒,而蚊虻之惨怛也⑥,而欲静漠虚无,奈之何哉?夫目察秋豪之末,耳不闻雷霆之声;耳调玉石之声,目不见太山之高。何则?小有所志,而大有所忘也。今万物之来,擢拔吾性,攓取吾情⑦,有若泉源,虽欲勿禀⑧,其可得邪!今夫树木者,灌以潦水⑨,畴以肥壤⑩。一人养之,十人拔之,则必无余蘖⑪,又况与一国同伐之哉!虽欲久生,岂可得乎?今盆水在庭,清之终日,未能见眉睫,浊之不过一挠,而不能察方员⑫;人神易浊而难清,犹盆水之类也。况一世而挠滑之,曷得须臾平乎!

　　[注释]①应感动:受外界感应而动。　②攒:音 fèi,击,打。攒疾痒:以手触摸疼痒处。　③虿:蝎子一类的毒虫。螫:毒虫以毒刺刺人。憺:安适,愉快。　④噆:音 zǎn,嘬,指蚊虫吸血。　⑤撄:扰乱。　⑥惨怛:伤痛,惨痛。　⑦擢拔、攓取:皆拔取、损伤的意思。　⑧禀:受。　⑨潦:音 fán,地面的积水。　⑩畴:培土。　⑪蘖:树木再生的新芽。　⑫员:同圆。

　　古者至德之世,贾便其肆①,农乐其业,大夫安其职,而处士修其道②。当此之时,风雨不毁折,草木不夭,九鼎重味③,珠玉润泽,洛出《丹书》,河出《绿图》④。故许由、方回、善卷、披衣得达其道⑤。何则?世之主有欲利天下之心,是以人得自乐其间。四子之才,非能尽善,盖今之世也⑥,然莫能与之同光者,遇唐、虞之时⑦。

　　[注释]①便:利。肆:店铺。　②处士:隐居不仕的士人。　③九鼎

重:传说王者道德休明则鼎重,奸佞当道则鼎轻。味当为衍文。 ④《丹书》:传说禹时洛水有神龟出现,背上刻有排列一至九数字的图案,叫《丹书》,也叫《洛书》。《绿图》:即《河图》。传说古时在黄河发现排列有一至九数字的图形,叫《河图》。后人以《洛书》、《河图》作为帝王贤者受天命的瑞兆。 ⑤许由、方回、善卷、披衣,都是传说中上古的隐士。 ⑥盖:盖过,超过。 ⑦光:光彩,荣耀。唐、虞:指陶唐氏尧和有虞氏舜,皆传说中上古贤帝王,以揖让有天下。

逮至夏桀、殷纣,燔生人①,辜谏者②,为炮烙,铸金柱③,剖贤人之心④,析才士之胫⑤,醢鬼侯之女⑥,菹梅伯之骸⑦。当此之时,崤山崩⑧,三川涸⑨,飞鸟铩翼,走兽挤脚⑩。当此之时,岂独无圣人哉?然而不能通其道者,不遇其世。夫鸟飞千仞之上,兽走丛薄之中⑪,祸犹及之,又况编户齐民乎⑫?

[注释]①夏桀:夏代最后一位君主,暴虐荒淫,被汤推翻。殷纣:商代最后一位君主,为周武王所败,自焚死。燔:烧。 ②辜:一种分裂肢体的酷刑。 ③炮烙:殷纣所用的酷刑,用火烧铜格,令犯人爬行其上,即坠入炭火中烧死。金柱:即炮烙所用的铜柱。 ④剖贤人之心:《史记·殷本纪》载,比干"强谏纣。纣怒曰:'吾闻圣人心有七窍。'剖比干,观其心"。 ⑤析:解剖。胫:小腿。传说纣曾砸断才士腿骨,看它与常人有何不同。 ⑥醢:肉酱。这里指把人剁成肉酱的酷刑。鬼侯:商纣王时诸侯。 ⑦菹:肉酱。这里用作动词。梅伯:商纣王时诸侯。 ⑧崤山:山名,在今陕西蓝田县东南。 ⑨三川:即泾水、渭水和汧水,皆在今陕西省境内。古人以山崩川竭为亡国征兆。 ⑩铩:伤残。挤:折,断。 ⑪丛薄:草木丛生之处。 ⑫编户:编入户籍的平民。

由此观之,体道者不专在于我,亦有系于世矣。夫历阳之都,一夕反而为湖,勇力圣知与疲怯不肖者同命①,巫山之上,顺风纵火,膏夏、紫芝与萧艾俱死②。故河鱼不得明目③,稚稼不得育时④,其所生者然也。故世治则愚者不能独乱,世乱则智者不能独治。身蹈于浊世之中,而责道之不行也,是犹两绊骐骥⑤,而求其致千里也。置猿槛中,则与豚同⑥,非不巧捷也,无所肆其能也。舜之耕陶也⑦,不能利其里;南面王,则德施乎四海。仁非能益也,处便而势利也。古之圣人,其和愉宁静,性也;其志得道行,命也。是故性遭命而后能行,命得性而后能明,乌号之弓、溪子之弩⑧,不能无弦而射;越舲蜀艇⑨,不能无水而浮。今矰缴机而在上⑩,网罟张而在下⑪,虽欲翱翔,其势焉得?故《诗》云:"采采卷耳,不盈倾筐,嗟我怀人,寘彼周行。"⑫以言慕远世也⑬。

[**注释**]①历阳:县名,即今安徽和县。历阳城一夕而为湖,乃古代传说故事。 ②膏夏:木名,树高大而纹理密白如膏,故名。紫芝:一种食用菌名。萧艾:泛指杂草。 ③河鱼不得明目:黄河水浑,故河鱼无法明目。 ④稚稼,幼苗。育时:可以繁殖下一代之时。 ⑤两:假借为䌹,由两股线绞合成的绳。绊:套住马的腿。骐骥:千里马。 ⑥槛:关牲畜、野兽的栅栏。豚:小猪。 ⑦陶:制作陶器。相传舜曾耕于历山,陶于河濒。 ⑧乌号之弓:用乌号木制成的弓。溪子:古部族名,其地产劲弩。 ⑨舲:有窗的小船。艇:轻便小舟。 ⑩矰缴:拴着绳子的短箭。机:发。 ⑪网罟:捕鱼及鸟兽的工具,捕兽的叫网,捕鱼的叫罟。 ⑫引《诗》见《诗·周南·卷耳》第一章。卷耳:植物名,也叫苍耳子。倾筐:浅底的筐。寘:放下。周行:大道。 ⑬慕远世:思慕古代君子贤人。今人多认为《卷耳》是一首妇人思念丈夫的诗。

卷三 天文训

天地未形,冯冯翼翼①,洞洞灟灟②,故曰太昭③。道始于虚廓④,虚廓生宇宙,宇宙生气⑤。气有涯垠⑥,清阳者薄靡而为天⑦,重浊者凝滞而为地⑧。清妙之合专易⑨,重浊之凝竭难,故天先成而地后定。天地之袭精为阴阳⑩,阴阳之专精为四时⑪,四时之散精为万物⑫。积阳之热气生火,火气之精者为日;积阴之寒气为水,水气之精者为月。日月之淫为精者为星辰⑬。天受日月星辰,地受水潦尘埃⑭。

[注释]①冯:满。翼:盛。冯冯翼翼:指天地未形之时充斥盈满、浑沌不分的样子。 ②洞:无底为洞。灟:同属,连绵不尽。洞洞灟灟:指天地未形之时无边无涯的样子。 ③太昭:宇宙生成以前的浑沌阶段。 ④廓:空旷。虚廓:形容太昭虚清空旷的形态。 ⑤气:构成天地万物的原始的物质形态。 ⑥涯、垠:都是边际、界限的意思。 ⑦清阳者:指气之清轻部分。薄靡:形容飘逸飞散的样子。 ⑧重浊者:指气中浑浊凝重部分。 ⑨清妙:指清轻之气。专:通抟,捏之成团。合专:聚合成一个整体,指清轻之气飘逸上升聚合成天。 ⑩袭:合,和。天地之袭精:指天地之气汇合调和而成的精气。 ⑪专精:同袭精,阴阳二气汇合而成的精气。 ⑫散精:与专精相对而

言,指四时各自的精气。　⑬淫:过度。淫为精者:溢出之气中的精华部分。
⑭潦:积水。

昔者共工与颛顼争为帝①,怒而触不周之山②。天柱折,地维绝③。天倾西北,故日月星辰移焉;地不满东南,故水潦尘埃归焉。

[**注释**]①共工:神话传说中的天神名,一说水神。颛顼:传说中古帝名。　②触:以角撞物。不周之山:神话传说中山名,在西北方。　③天柱:盖天说认为,天圆地方,天由八根柱子支撑,支撑天的柱子就叫天柱。此言不周山被撞坏,天柱就断了,可见不周山是西北方的天柱。地维:地有四角,用大绳维系,维系大地的绳子就叫地维。

天道曰圆,地道曰方。方者主幽,圆者主明。明者,吐气者也,是故火曰外景①;幽者,含气者也,是故水曰内景②。吐气者施,含气者化③,是故阳施阴化④。

[**注释**]①明者:即天、阳。吐气:出气,向外释放能量。景:光,这里指气的外在表现。外景:向外放出光。　②幽者:即地、阴。含气:蕴含能量。内景:含光在内,向内蓄积光。　③施:给予。化:生,指生育万物的功能。
④阳施阴化:指阳性给予生成万物所需之素质,而阴性吸收后具体地生育万物。如天(阳)给予万物阳光,具体生育万物则由地(阴)来实现。

天之偏气,怒者为风①;地之含气,和者为雨。阴阳相薄,感而为雷②,激而为霆③,乱而为雾。阳气胜则散而为雨露,阴气胜则凝而为霜雪。毛羽者,飞行之类也,故属于阳④;介鳞者,蛰伏之类也,故属于阴⑤。日者,阳之主也,是故春夏则群兽除⑥,日至而麋鹿解⑦;月者,阴之宗也,是以月虚而鱼脑减⑧,月死而赢蚌膲⑨。火上荨⑩,水下流,故鸟飞而高,鱼动而下。物类相动,本标相应⑪。故阳燧见日,则燃而为火⑫;方诸见月,则津而为水⑬。虎啸而谷风至⑭,龙举而景云属⑮。麒麟斗而日月食⑯,鲸鱼死而彗星出⑰,蚕珥丝而商弦绝⑱,贲星坠而勃海决⑲。

[注释]①偏气:主流之外旁逸之气。怒:激烈。 ②薄:迫。 ③激:疾烈。霆:挟闪电而来的迅雷。 ④毛羽者:指鸟类。鸟类飞翔,属向上向外的性质,故属阳。 ⑤介:甲。介鳞者:指有甲鳞的龟鱼类动物。蛰:昆虫伏藏。龟虫缩于洞穴,鱼类潜藏水底,皆具收敛蓄积性质,故属阴。 ⑥除:指春夏季节兽类旧毛脱落,长出新毛。 ⑦日至:夏至和冬至。麋:驼鹿。解:脱落。古人认为每年夏至鹿脱去旧角,冬至麋脱去旧角。 ⑧月虚:当作月亏,指月亮由圆变缺,逐渐减损。 ⑨月死:没有月亮出现的时候,如朔晦之时。赢:通螺。蚌:蚌蛤,一种软体动物。膲:肉不满,指赢蚌瘦缩。 ⑩荨:火势上腾的样子。 ⑪本标:本末。 ⑫阳燧:用以聚日光取火的凹面金属镜。见:同现。见日:放置在阳光下。古以阳燧置日下取火。 ⑬方诸:用蚌壳或金属制成的在月光下承露取水的器具。津:湿润。 ⑭谷风:山风。虎居深山,而山风亦出自深山,同类相应,故虎啸而山风相伴随。 ⑮举:飞升。景:光明,吉祥。景云:祥云。属:跟随。龙属水类,云亦从水生,且龙为吉祥物,同类相应,故龙兴而有祥云伴随。 ⑯麒麟:古代传说中的祥瑞动物,形状似鹿。一说雄为麒,雌为麟。传说麒麟上与天通,如有争斗,则是上天阴阳失次之兆。 ⑰鲸鱼:世界上最大的动物,生活在海洋中,古人认为乃"海中自之王"。彗星:绕太阳运行的一种天体,以其常曳一长尾如扫帚,故名,古亦称孛星。古人认为彗星出现是除旧布新之兆。海中鱼之王鲸死,必有新王取代,故与彗星出现相应。 ⑱珥:同呵,嘴唇两旁为呵,引申为吐。商:五音之一。商弦:演奏商音的弦。古以商音属秋。蚕在秋天吐丝,商弦在秋天易断,二事亦同类相应。 ⑲贲星:流星。流星坠地则为陨星,此处即指陨星。决:指海水漫溢。星多则坠,水多则漫,亦同类相应。

人主之情,上通于天,故诛暴则多飘风①,枉法令则多虫螟②,杀不辜则国赤地③,令不收则多淫雨④。

[注释]①诛暴:刑罚暴虐。飘风:狂风。　②枉法令:指官吏为私利而歪曲法律。螟:一种水稻害虫。　③辜:罪。赤地:不毛之地,多指严重旱灾造成遍地草木不生。　④令不收:法令不合时宜。淫雨:久雨。

四时者,天之吏也①;日月者,天之使也②;星辰者,天之期也③;虹霓、彗星者,天之忌也④。

[注释]①吏:官吏,指上天对人主惩罚的直接执行者。　②使:使节,指传达上天对人世的褒贬。　③期:会合。古人观测天体运行以星为背景,如以日或月处某星位置表示某一时刻,故言星辰是天上日月会合的场所。　④虹霓:天之灾气。古人认为雄曰虹,雌曰霓。

天有九野,九千九百九十九隅,去地五亿万里。五星①、八风②、二十八宿③、五官④、六府⑤、紫宫、太微、轩辕、咸池、四守、天阿⑥。

[注释]①五星:木火土金水五大行星。　②八风:八种风,指条风、明庶风、清明风、景风、凉风、阊阖风、不周风、广莫风。　③二十八宿:古代天文学家将黄道附近的恒星分成二十八个星座,标为二十八宿,分属东西南北四方。宿,星座。　④五官:指田、司马、理、司空、都。　⑤六府:指子午、丑未、寅申、卯酉、辰戌、巳亥。　⑥紫宫:太微等,皆星名。

何谓九野?中央曰钧天,其星角、亢、氐①东方曰苍天,其星房、心、尾②;东北曰变天,其星箕、斗、牵牛③;北方曰玄天,其星须女、虚、危、营室④;西北方曰幽天,其星东壁、奎、娄⑤;西方曰颢天,其星胃、昴、毕⑥;西南方曰朱天,其星觜巂、参、东井⑦;南方曰炎天,其星舆鬼、柳、七星⑧;东南方曰阳天,其星张、翼、轸⑨。

[注释]①钧天:依《吕氏春秋·有始览》高诱注:"钧,平也,为四方主,故曰钧天。"钧,通"均"。角、亢、氐:为东方七宿之三宿。 ②苍:深蓝色或深绿色。五行学说中东方属木、属春、属青色,故称东方为苍天。房:二十八宿之一,东方苍龙七宿之第四宿。心:二十八宿之一,东方苍龙七宿之第五宿。也叫商星。尾:二十八宿之一,东方苍龙七宿之第六宿。 ③东北曰变天:北为阴,东为阳,东北则处于从阴向阳转化的位置,故曰变天。箕:二十八宿之一,是东方苍龙七宿之末宿。斗:二十八宿之一,北方玄武七宿之首宿。牵牛:简称牛,二十八宿之一,北方玄武七宿之第二宿。 ④玄:黑中带红的颜色,泛指黑色。五行说以北方属水属黑,故称北方为玄天。须女:亦作婺女,简称女,二十八宿之一,北方玄武七宿之第三宿。虚:二十八宿之一,北方玄武七宿之第四宿。危:二十八宿之一,北方玄武七宿之第五宿。营室:简称室,二十八宿之一,北方玄武七宿之第六宿。 ⑤幽:暗。幽天:西北是从西(少阴)向北(太阴)发展,故曰幽天。东壁:简称壁,二十八宿之一,北方玄武七宿主末宿。奎:二十八宿之一,西方白虎七宿之首宿。娄:二十八宿之一,西方白虎七宿的第二宿。 ⑥颢:白色的天光、云气。五行说以西方属金属白,故以西方为颢天。颢亦作昊。胃:二十八宿之一,西方白虎七宿之第三宿。昴:二十八宿之一,西方白虎七宿主第四宿。毕:二十八宿之一,西方白虎七宿之第五宿。 ⑦朱:阳。南方为火,西南方为火之末,炎气已降,但仍属阳,故称朱天。觜巂:简称觜,二十八宿之一,西方白虎七宿之第六宿。参:二十八宿之一,西方白虎七宿之末宿。东井:简称井,二十八宿之一,南方朱鸟七宿之首宿。 ⑧炎天:五行说以南属火属赤,火焰上升为炎,故以南方为炎天。舆鬼:简称鬼,二十八宿之一,南方朱鸟七宿之第二宿。柳:二十八宿之一,南方朱鸟七宿之第三宿。七星:简称星,二十八宿之一,南方朱鸟七宿之第四宿。 ⑨阳天:南方为太阳,东方为少阳,东南方处在两阳之间,故称阳天。张:二十八宿之一,南方朱鸟七宿之第五宿。翼:二十八宿之一,南方

朱鸟七宿之第六宿。轸：二十八宿之一，南方朱鸟七宿之末宿。

何谓五星①？东方，木也②，其帝太皞，其佐句芒③，执规而治春④；其神为岁星⑤，其兽苍龙⑥，其音角⑦，其日甲乙⑧。南方，火也⑨，其帝炎帝⑩，其佐朱明⑪，执衡而治夏⑫；其神为荧惑，其兽朱鸟⑬，其音徵，其日丙丁。中央，土也⑭，其帝黄帝，其佐后土⑮，执绳而制四方⑯；其神为镇星，其兽黄龙⑰，其音宫，其日戊己。西方，金也⑱，其帝少昊⑲，其佐蓐收⑳，执矩而治秋㉑；其神为太白，其兽白虎㉒，其音商，其日庚辛。北方，水也㉓，其帝颛顼㉔，其佐玄冥㉕，执权而治冬㉖；其神为辰星，其兽玄武㉗，其音羽，其日壬癸。

[注释]①五星：古代发现的绕太阳运行的五大行星，也是肉眼能观测到的全部行星，即岁星（木星）、荧惑（火星）、镇星（土星）、太白（金星）、辰星（水星）。　②木：五行说以东方配木，故以木星为东方之星。　③太皞：也作太皓，即伏羲氏，传说中古帝名，被祀为东方天帝。佐：辅佐。句芒：相传为上古主管树木之官，死后祀为木神。　④规：圆规。古人将规、衡、绳、矩、权五种测量器具称为五器，与五行及时令相配，规配春。　⑤五行说以岁星为木之精。　⑥苍龙：四象之一，为东方七宿之象。包括角、亢、氐、房、心、尾、箕七宿，东方青色，故名苍龙。　⑦角：五行说将宫、商、角、徵、羽五音与五行联系起来，以角配木，以徵配火，以宫配土，以商配金，以羽配水。　⑧日：指甲乙丙丁戊己庚辛壬癸十干，也叫十日。五行说将十日与五行相配，甲乙配木，丙丁配火；戊己配土，庚辛配金，壬癸配水。　⑨五行说以南方配火，故以火星为南方之星。　⑩炎帝：即神农氏，传说中古帝名，后人以之为南方之帝。　⑪朱明：即祝融，传说中上古掌管火的官，死后祀为火神。　⑫衡：秤杆。衡配夏。　⑬朱鸟：四象之一，为南方之象，包括井、鬼、柳、星、张、翼、轸七宿。　⑭五行说以中央配土，故以土星为中央之星。　⑮黄帝：传说中古帝

名,后人以之为中央之帝。后土:相传为上古掌管土地之官,死后为土神。　⑯制四方:黄帝是中央天帝,为最高神,故统领四方。　⑰黄龙:以四象为四方之兽,中央缺,遂以龙当土,土色黄,故曰黄龙。或谓黄龙乃太微垣旁之轩辕十六星。　⑱西方配金,故以金星为西方之星。　⑲少昊:也作少皞,传说中上古部落首领,后人以之为西方之帝。　⑳蓐收:西方神名。　㉑矩:测量物体是否正方的工具,五行以之配秋。　㉒白虎:四象之一,为西方之象,包括奎、娄、胃、昴、毕、觜、参七宿。西方色白,故称白虎。　㉓五行说以北方配水,故以水星为北方之星。　㉔颛顼:传说中上古帝名,号高阳氏,后人以之为北方之帝。　㉕玄冥:神话传说中水神名。　㉖权:秤锤,五行以之配冬。　㉗玄武:四象之一,为北方之象。包括斗、牛、女、虚、危、室、壁七宿。其象为龟蛇相缠状。龟蛇身有鳞甲,故曰武,北方色黑,故曰玄。

　　太阴在四仲①,则岁星行三宿②,太阴在四钩③,则岁星行二宿,二八十六,三四十二,故十二岁而行二十八宿④。日行十二分度之一,岁行三十度十六分度之七,十二岁而周⑤。

　　[注释]①太阴:即太岁,古代天文学家假设的星名。古人认为岁星十二年绕天运行一周,因将黄道附近周天分为十二等分,用十二辰表示,岁星每年过一等分,故可以用岁星所在辰作为岁名。但岁星运行方向是自西向东,与太阳在黄道上运行方向相反。为避免这种不方便,古代天文占星家假设太岁作与岁星实际运行方向相反的运动,以每年太岁所在辰纪年。仲:中间。四仲:将黄道分为十二等分中四个在中间的等分。如以十二辰为序,四仲即子卯午酉。　②行三宿:经过二十八宿中的三宿。　③钩:连接。四钩:十二辰各仲间的二辰为一钩。四钩即指四仲外的其他辰次。　④此将太岁纪年法与岁星经二十八宿纪年法结合起来。太岁十二年走完一周时,岁星也刚好经二十八宿一周。具体方法是:当太岁在子、卯、午、酉四仲时,岁星经二十八宿中的三宿,四年共经十二宿。太岁在四钩,即其他辰次时,岁星经二十八宿中的二宿多八年共经十六宿。　⑤度:古代分周天为365.25度,与太阳一周

天所需日数相配,太阳每天在黄道运行的距离为一度。十二岁而周:古人认为岁星(木星)十二年运行一周天。现代科学测定木星周期精确期为11.86年。

荧惑常以十月入太微①,受制而出行列宿,司无道之国②,为乱为贼,为疾为丧,为饥为兵③,出入无常,辩变其色,时见时匿④。

[注释]①荧惑:古星象家以之为主刑罚之星。太微:太微垣。古人将环绕北极和较近头顶天空的星象划分为三垣,太微垣是其中的上垣,在紫微宫东北,北斗之南,约占天空六十三度范围,大抵相当于室女、狮子和后发等星座的一部分。 ②制:帝王的诏命。古星象家以太微垣为天帝之廷,荧惑入太微垣受天帝之命,然后出巡列宿。司:通伺,监察。古人将天上星宿与地下区域相对应,有所谓分野说。如角、亢为郑分野,其天象对应地反映郑的情形,故荧惑出巡列宿便可监察地下相应区域的政治,监察地下无道之国。③句谓荧惑发现无道之国,便使该国出现种种灾祸,作为上天的谴告。④辩:变。辩变:变化。见:同现。火星荧荧似火,亮度常有变化,顺行逆行情况复杂,故古人名之为荧惑。

镇星以甲寅元始建斗①,岁镇行一宿,当居而弗居,其国亡土②,未当居而居之,其国益地、岁熟③。日行二十八分度之一,岁行十三度百一十二分度之五,二十八岁而周④。

[注释]①镇星:土星。古人测得土星二十八年周天一次,每年经过一宿,好像逐年镇压二十八宿一样,故称镇星。甲寅:甲寅年。元始:历法的开始。建斗:谓镇星运行自斗宿始。 ②句谓按照规律镇星当处某宿而未处,则该宿分野之国就有丧失国土之灾。 ③岁熟:庄稼丰收。 ④现代科学测定土星运行周期为29.46年。

太白元始以正月建寅，与荧惑晨出东方①，二百四十日而入②，入百二十日而夕出西方，二百四十日而入，入三十五日而复出东方③，出以辰戌，入以丑未④。当出而不出，未当入而入，天下偃兵⑤；当入而不入，当出而不出，天下兴兵。

[注释]①太白：金星。它光色银白，是全天最亮的星，故名。太白又有启明、长庚二名，黎明出现于东天时叫启明，夕暮出现在西天时叫长庚。②入：指行星在视线中消失。句谓金星在下合以后，肉眼可见，到上合以前重新没入太阳光中，肉眼不可见的周期是二百四十天。　③从甲寅正月晨出东方至此复出东方，这段时间就是金星的会合周期。四个阶段日数相加得六百三十五日。现代科学测定金星会合周期是583.92日。　④辰戌、丑未：皆指方位。辰为东南东，戌为西北西，丑为东北北，未为西南南。　⑤偃：停，止。太白主杀，如太白当出现而未出现，不该消失而消失，说明杀气不重，故天下和平，战争止息。

辰星正四时①，常以二月春分效奎、娄，以五月下②，以五月夏至效东井、舆鬼，以八月秋分效角、亢③，以十一月冬至效斗、牵牛，出以辰戌，入以丑未，出二旬而入④。晨候之东方，夕候之西方⑤。一时不出⑥，其时不和；四时不出，天下大饥。

[注释]①正：决定。　②春分：节气名，是日昼夜平分。效：现。③秋分：节气名，是日昼夜平分。　④旬：十日。　⑤辰星晨出于辰，夕出于戌，故晨候之东方，夕候之西方。　⑥一时：一季。

何谓八风①？距日冬至四十五日，条风至②；条风至四十五日，明庶风至③；明庶风至四十五日，清明风至④；清明风至四十五日，景风至⑤；景风至四十五日，凉风至⑥；凉风至四十五日，阊阖风至⑦；阊阖风至四十五日，不周风至⑧；不周风至四十五日，广莫风至⑨。

[注释]①八风：用八种风来表示节候时令。风常与八卦、八方、八音联系起来，产生多种说法，名称也各不相同。 ②条风：依《史记·律书》："条风居东北，主出万物。条之言条治万物而出之，故曰条风。"距日冬至四十五日：冬至过后四十五天，即立春。条风即代表立春时令。 ③明庶风：依《史记·律书》："明庶风居东方。明庶者，明众物尽出也。"条风至四十五日：即春分。明庶风即代表春分时令。 ④清明风：依《史记·律书》："清明风居东南维，主风吹万物而西之。"明庶风至四十五日：即立夏。清明风即代表立夏时令。 ⑤景风：依《史记·律书》："景风居南方。景者，言阳气道竟，故曰景风。"清明风至四十五日：即夏至。景风即代表夏至时令。 ⑥凉风：依《史记·律书》："凉风居西南维，主地。地者，沈夺万物气也。"景风至四十五日：即立秋，凉风即代表立秋时令。 ⑦阊阖风：依《史记·律书》："阊阖风居西方。阊者，倡也，阖者，藏也。言阳气道万物，阖黄泉也。"凉风至四十五日：即秋分。阊阖风即代表秋分时令。 ⑧不周风：依《史记·律书》："不周风居西北，主杀生。"阊阖风至四十五日：即立冬。不周风即代表立冬时令。 ⑨广莫风：依《史记·律书》："广莫风居北方。广莫者，言阳气在下，阴莫阳广大也，故曰广莫。"不周风至四十五日：即冬至。广莫风即代表冬至时令。

条风至，则出轻系，去稽留①；明庶风至，则正封疆，修田畴②；清明风至，则出币帛，使诸侯③；景风至，则爵有位，赏有功④；凉风至，则报地德，祀四郊⑤；阊阖风至，则收县垂，琴瑟不张⑥；不周风至，则修宫室，缮边城⑦；广莫风至，则闭关梁，决刑罚⑧。

[注释]①出:释放。系:拘囚。轻系:犯罪程度较轻的罪犯。去:除。稽留:监狱。 ②正:确定。封疆:疆界。修:整治。田畴:已经耕作的土地。 ③币帛:缯帛,古时用以馈赠或祭祀的礼物,这里泛指财物。使:出使,访问。 ④爵有位:给有职位的官员封赐爵位。 ⑤报地德:立秋庄稼成熟,故于此时举行仪式,祭祀天地,报答大地的恩德。郊:距都城百里谓郊。四郊:泛指四方之神。 ⑥县,通悬。县垂:指钟、磬等悬于架上演奏的乐器。琴、瑟:古代常用的两种拨弦乐器。秋分主杀,天子收敛享乐以示仁慈。 ⑦缮:修补。边城:边境的城墙。立冬农闲,故各种工程安排此时进行。 ⑧关:关口,关卡。梁:桥梁。决刑罚:判决诉讼,执行刑罚。

何谓五官?东方为田①,南方为司马②,西方为理③,北方为司空④,中央为都⑤。

[注释]①田:田官,主管农业之官。 ②司马:主管军事之官。③理:主管司法之官。 ④司空:主管土木建筑以及车服器械建造之官。⑤都:总。都官:统管四方之官。

何谓六府?子午、丑未、寅申、卯酉、辰戌、巳亥是也①。

[注释]①府:聚。六府:即六合。一年十二辰中互相呼应配合的六组时令。

太微者,太一之庭也①。紫宫者,太一之居也②。轩辕者,帝妃之舍也③,咸池者,水鱼之囿也④。天阿者,群神之阙也⑤。四宫者⑥,所以为司赏罚。太微者,主朱雀⑦,紫宫执斗而左旋⑧,日行一度,以周于天。

[注释]①太一:天帝。太一之庭:天帝之视事处。 ②紫宫:紫微垣,

居北天中央位置,占星家以之为天上的皇宫。 ③星象家以轩辕星座为上天的后宫。 ④咸池:星座名,属毕宿。水鱼:尾宿中有鱼星一颗,水鱼或即鱼星。囿:圈起来以作养畜种植的园地。 ⑤天阿:星名,属昴宿,在昴星团西。阙:城楼。 ⑥四宫:当作四守,星名,所指不详。 ⑦朱雀:即朱鸟,南方兽。太微垣属南宫范围,故云太微主朱雀。 ⑧斗:指北斗七星,在紫微宫内,形似斗,故名。北斗绕地球北极旋转,古人于日落后观察斗柄所指方向作为指示一年季节的标准。左旋:以顺时针方向旋转。

日冬至峻狼之山①,日移一度,凡行百八十二度八分度之五,而夏至牛首之山②,反覆三百六十五度四分度之一而成一岁。天一元始③,正月建寅,日月俱入营室五度④,天一以始建七十六岁,日月复以正月入营室五度无余分,名曰一纪⑤。凡二十纪,一千五百二十岁大终,日月星辰复始甲寅元⑥。日行一度,而岁有奇四分度之一⑦,故四岁而积千四百六十一日而复合故舍⑧,八十岁而复故日⑨。

[注释]①峻狼之山:神话传说中山名。太阳在冬至日位于此山,并由此开始绕黄道运行。由于冬至是一年中太阳位置最南的日子,故峻狼之山也即南极之山。 ②牛首之山:神话传说中山名。太阳在夏至日位于此山。由于夏至是太阳一年中位置最北的日子,故牛首之山又称北极之山。此谓牛首之山是太阳周天的中间点,由此向南回复,共365.25天绕行一圈,就是一年。 ③天一:即太岁。元:历元,历法的起点。古历家以甲子那天刚好是夜半朔旦冬至作为"一元",即历法的开始。这种情形要4560年才发生一次。 ④以营室五度作为冬至点,太阳运行到营室五度作为一年的开始,而这一天刚好是朔旦,则称日月俱入营室五度。 ⑤历元冬至同时是朔旦,但一年后的冬至却不再是朔旦。只有经过十九年以后,冬至才又恰好是朔旦。这个周期叫章。但这时冬至和朔旦虽然在同一天,仍不同时辰,即仍有余分。只有

经过七十六年,才能做到不仅冬至与朔旦同日,而且与元始日同时。《淮南子》将这一周期称为一纪。 ⑥元始七十六年虽然冬至与朔旦同日同时,但不一定在甲子那天,而元始日是甲子。只有经过1520年,才能再次出现冬至与朔旦同日同时且同在甲子日。故云日月星辰复始甲寅元。《淮南子》将这一周期称为大终。 ⑦奇:零数,余数。 ⑧去年冬至日到今年冬至日为一年。但如果去年冬至日正午记录下日影位置多则可发现今年冬至日正午日影不能与去年重合。这是因为一年的日数有奇四分度之一。连续观测四年,可发现冬至正午日影逐渐回复到原处,故云四岁而复合故舍。 ⑨经四个平太阳年,日数刚好成为整数,但这年冬至日不在原来的日子,而是刚好多了一天。经过八十年才能使日数既是整数,而且刚好回到相同的日子,故云八十岁而复故日。

　　子午、卯酉为二绳①,丑寅、辰巳、未申、戌亥为四钩。东北为报德之维也②,西南为背阳之维③,东南为常羊之维④,西北为蹄通之维⑤。日冬至则斗北中绳⑥,阴气极,阳气萌,故曰冬至为德⑦。日夏至则斗南中绳⑧,阳气极,阴气萌,故曰夏至为刑⑨。阴气极,则北至北极,下至黄泉⑩,故不可以凿地穿井⑪。万物闭藏,蛰虫首穴⑫,故曰德在室⑬。阳气极,则南至南极,上至朱天,故不可以夷丘上屋⑭,万物蕃息⑮,五谷兆长,故曰德在野⑯。

[**注释**]①绳:直线。二绳:子与午连成一直线,卯与酉连成一直线。②报:复。德:五行说以四季中的旺气为德。维:角。报德之维:北是阴气之极,东是阳气始发处,东北位于由阴复为阳的转折处,故云报德之维。 ③南为阳之极,西为阴之始发处,西南乃自南而西,背离阳气而去,故云背阳之维。④常羊:通倘佯,徘徊。五行说谓东南为纯阳用事,不盛不衰,所以叫常羊之维。 ⑤蹄:通号。五行说以西北为纯阴用事,然阳气亦将萌发,需要阳气的呼号才能打通阴气的闭结,所以叫蹄通之维。 ⑥中:符合。斗北中绳:北

斗指向北,从而与子午绳相合。　⑦德:恩惠。冬至是阴气的顶点,阳气开始,万物萌生,故以冬至为德。　⑧斗南中绳:北斗指向南面,从而与子午绳相合。　⑨刑:杀。夏至是阳气顶点而阴气之始,万物开始肃杀,故以夏至为刑。　⑩黄泉:指地下深处。　⑪句谓阴气极盛时,低下盈满阴气,故不可挖掘,以免触犯阴气。　⑫蛰虫:冬眠动物。首:向。　⑬德:旺气。　⑭夷:平。句谓阳气极盛时,高上皆弥漫阳气,故不可登高,以免触犯阳气。⑮蕃:盛。息:长。　⑯兆:多,盛。

　　日冬至则水从之,日夏至则火从之,故五月火正而水漏①,十一月水正而阴胜。阳气为火,阴气为水。水胜,故夏至湿;火胜,故冬至燥②。燥故炭轻,湿故炭重③。日冬至,井水盛,盆水溢④,羊脱毛⑤,麋角解,鹊始巢,八尺之修,日中而景丈三尺⑥。日夏至而流黄泽⑦,石精出⑧,蝉始鸣,半夏生⑨,蚊虻不食驹犊,鸷鸟不搏黄口⑩,八尺之景,修径尺五寸。景修则阴气胜⑪,景短则阳气胜;阴气胜则为水⑫,阳气胜则为旱。

　　[注释]①正:长官。火正:火为主宰。水漏:水气、阴气渗漏消失。②胜:举,上升。二句谓夏至虽火正,然水气始升,故潮湿,冬至虽水正,然火气始升,故干燥。　③古有悬土炭验气法。冬至前三日,将一包土与一包炭分挂衡杆两端,使之平衡。冬至阳气至,炭干燥则轻,衡杆向土包一端下沉。验夏至阴气至法亦同。夏至阴气至,炭潮湿,衡杆向炭包一端下沉。　④井水盛、盆水溢:皆水气极盛之象。　⑤羊脱毛:冬至阳气始至,羊感阳气而脱去旧毛,长出新毛,此乃阳气始动之象。　⑥八尺之修:指用来测量日影的圭表的高度。修:长。日中:正午。景:同影。丈三尺:与下文"修径尺五寸"是分别在冬至日和夏至日正午用八尺长的标杆得到的日影长度。　⑦黄泽:指从地下溢出的含有某些矿物质的液体,如硫磺水等。古人认为这些是黄土之精。　⑧石精:矿石。黄泽、石精属地阴,夏至阴气动于下,故显露于外。

⑨半夏:植物名,根可入药。　⑩食:叮咬。驹:小马。犊:小牛。鸷鸟:猛禽,如鹰雕之类。搏:攫取,捕捉。黄口:雏鸟。二句意谓夏至虽有阴气萌生,但阴杀之气尚弱,猛禽不捕杀幼雏,与秋主杀不同。　⑪圭表之影长短各有定数。如日影长度超过正常值,则为景修,古人认为这是阴气过盛。日影长度短于正常值,则为景短,这是阳气过盛。　⑫水:涝。

阴阳刑德有七舍。何谓七舍?室、堂、庭、门、巷、术、野①。十二月德居室三十日,先日至十五日,后日至十五日,而徙所居各三十日。德在室则刑在野,德在堂则刑在术,德在庭则刑在巷,阴阳相德,则刑德合门②。八月、二月,阴阳气均,日夜分平,故曰刑德合门。德南则生,刑南则杀③,故曰二月会而万物生④,八月会而草木死⑤。

[注释]①室:内室。堂:正屋。庭:院。巷:里中道路。术:邑中道路。阴阳家以阴阳刑德七舍说明刑德的相互关系。冬至所在月十一月为德在室,同时刑在野;十二月德在堂,刑在术;一月德在庭,刑在巷。……夏至所在月五月为刑在室,同时德在野;六月刑在堂,德在术;七月刑在庭,德在巷。以此类推。　②相德:相合。德:通得。合门:在门舍会合。　③德南二句:以室为北,以野为南,德向南则由冬而夏,万物趋于生长故生,刑向南则由夏而冬,万物趋于肃杀故杀。　④二月会:刑德在二月合门。　⑤八月会:刑德在八月合门。

两维之间,九十一度十六分度之五,而升日行一度①,十五日为一节,以生二十四时之变②。斗指子,则冬至,音比黄钟③。加十五日指癸④,则小寒,音比应钟。加十五日指丑,则大寒,音比无射。加十五日指报德之维,则越阴在地⑤,故曰距日冬至四十五日而立春⑥,阳气冻解⑦,音比南吕。加十五日指寅，则雨水，音比夷则。加十五日指甲⑧，则雷惊蛰，音比林钟。加十五日指卯中绳⑨，故曰春分则雷行，音比蕤宾。加十五日指乙，则清明风至，音比仲吕。加十日指辰，则谷雨，音比姑洗。加十五日指常羊之维，则春分尽⑩，故曰有四十六日而立夏⑪，大风济⑫，音比夹钟。加十五日指巳，则小满，音比太蔟。加十五日指丙⑬，则芒种，音比大吕。加十五日指午，则阳气极，故曰有四十六日而夏至，音比黄钟。加十五指丁，则小暑，音比大吕。加十五日指未，则大暑，音比太蔟。加十五日指背阳之维，则夏分尽，故曰有四十六日而立秋，凉风至，音比夹钟。加十五日指申，则处暑，音比姑洗。加十五日指庚，则白露降，音比仲吕。加十五日指酉，中绳，故曰秋分雷戒⑭，蛰虫北乡⑮，音比蕤宾。加十五日指辛，则寒露，音比林钟。加十五日指戌，则霜降，音比夷则。加十五日指蹄通之维，则秋分尽，故曰有四十六日而立冬，草木毕死，音比南吕。加十五日指亥，则小雪，音比无射。加十五日指壬，则大雪，音比应钟。加十五日指子。故曰：阳生于子，阴生于午。阳生于子，故十一月日冬至，鹊始加巢⑯，人气钟首⑰。阴生于午，故五月为小刑⑱，荠麦亭历枯⑲，冬生草木必死⑳。

[**注释**]①周天分为四维，两维之间即四分之一周天，周天365.25度，两维之间为91.3125度。升：当作斗。　②此以每十五天为一节气，一年共二十四节气，这是古历所用恒气（亦称平气）法，现代以定气法推算二十四气，并不是平均十五天为一气。　③比：从，属。黄钟：十二律之第一律。十二律是古代乐律，用三分损益法将一个八度分为十二个不完全相等的半音的一种

律制。古人往往将乐律与阴阳五行、历法结合在一起。这里便是将二十四气与十二律相配。方法是:从小寒到夏至按十二律倒序逐一比附节气,夏至到冬至则按十二律顺序逐一比附节气。 ④按十日配五行法,壬癸为水。子是水正,故将壬、癸分配于子之左右,子(冬至)前一节为壬,后一节为癸。 ⑤越阴在地:指大地度过阴气控制期,由阴转阳。 ⑥依十五日为一节说,立春当在距冬至日四十五天。然一回归年平均二十四气,每一气长实不止十五天,而是 15.218757 天,故在立春、立夏、夏至、立秋、立冬五气前加一日,以成一年 365.25 日之数。 ⑦阳气冻解:指立春阳气解冻。 ⑧按十日配五行法,甲、乙为木。卯为木正,故将甲乙分配于卯之左右。卯(春分)前一气为甲,后一气为乙。 ⑨中绳:指与卯酉绳相合。下文"指酉中绳"与此同义。 ⑩春分尽:指春季时令已尽。下文"夏分尽""秋分尽"等句式仿此。 ⑪有:又。 ⑫济:停止。 ⑬按十日配五行法,丙、丁为火。午为火正,故将丙、丁分配于午之左右。午(夏至)前一气为丙,后一气为丁。 ⑭戒:禁。雷戒:雷声禁匿。 ⑮冬眠之虫为保暖计,洞穴多座北向南。乡:通向。北向:指蛰虫北向钻穴伏藏。 ⑯加:读为架。加巢:筑巢。 ⑰人气:在人体中运行之气。钟:当,逢。冬至为一年之始,阳气初动,人体之气亦于此时会于头部。 ⑱小刑:五月夏至,阳之极,阴之始,即杀之初,故谓之小刑。 ⑲荠:荠菜,植物名。亭历:一年生草本植物名。 ⑳冬生草木:冬季开始生长的草木,如荠、麦、亭历等。

斗杓为小岁①,正月建寅,月从左行十二辰②。咸池为太岁③,二月建卯,月从右行四仲④,终而复始。太岁迎者辱,背者强⑤,左者衰,右者昌⑥,小岁东南则生,西北则杀⑦,不可迎也,而可背也;不可左也,而可右也,其此之谓也。大时者,咸池也⑧;小时者,月建也⑨。

[注释]①斗杓:北斗柄。小岁:相对于大岁而言,指包含十二月,无闰月之年。 ②句谓正月建寅,月球每月向左绕十二辰一周,即一周天。纪月之小岁与纪年之太岁运行方向相对应,皆以顺时针方向运行。 ③咸池:星

座名。太岁：即大岁，相对于小岁而言，指包含十三个月，有闰月之年。这是设想的与小岁运行方向相反的纪月星神，与纪年太岁不同。　④句谓二月建卯，月球每月向右绕行一周天。大岁与岁星运行方向相对应，皆以逆时针方向运行。　⑤迎：向。咸池属金，主杀，为凶神，故不可迎而可背。　⑥咸池之左为参宿，主战，故云处咸池之左则衰落，处咸池之右则昌盛。　⑦东南为阳故生，西北为阴故杀。　⑧咸池为大岁，一年十三月，故云大时。　⑨月建：用十二支纪月的方法，即一年分为十二月的小岁。与大时相对应故云小时。

天维建元，常以寅始①。起右徙②，一岁而移③，十二岁而大周天，终而复始。淮南元年冬④，太一在丙子，冬至甲午，立春丙子⑤。二阴一阳成气二，二阳一阴成气三⑥，合气而为音⑦，合阴而为阳⑧，合阳而为律⑨，故曰五音六律。音自倍而为日⑩，律自倍而为辰，故日十而辰十二⑪。月日行十三度七十六分度之二十六⑫，二十九日九百四十分日之四百九十九而为月⑬，而以十二月为岁。岁有余十日九百四十分日之八百二十七，故十九岁而七闰⑭。

[注释]①维：句首语气词，没有实际意义。建元：历元，历法开始。夏历以正月（建寅之月）为一年之始。　②徙：迁移。起右徙：从右边开始运行，即向左旋。这里是指太岁纪年法。　③一岁而移：指一年而移一辰。　④淮南元年：即汉文帝十六年（前164年），是年汉文帝封刘安为淮南王。　⑤太一：太岁。　⑥二阴一阳二句：意谓两个阴数与一个阳数相加合成两种气，两个阳数与一个阴数相加合成三种气。　⑦句谓将阴阳所合之数二和三相加为五，就构成音之数：宫商角徵羽五音。　⑧句谓将"二阴一阳"之二阴与"二阳一阴"之一阴相加则成数三，三是阳数，故合阴而为阳。　⑨律：十二律分成阴阳各六，阳为律，包括黄钟、太蔟、姑洗、蕤宾、夷则、无射，阴为吕。句谓将"二阴一阳"中的一阳与"二阳一阴"中的二阳相加成数三，再加上由阴

数合成的阳数三,就得到律之数六。 ⑩自倍:以本数加倍。音之数五,自倍则为十,符合日(十干)之数。 ⑪句谓六律之数自倍就是十二辰之数。 ⑫古人将月球在空中移动一周的路线叫白道。太阳在黄道上走一度,月球则在白道运行13.368421度。这是月球日行度。 ⑬句谓一月为29.530851,这是一月之日数。现代科学测定值为29.53039天。 ⑭以一月为29.530851天计,一年354.3702天与实际356.25比差10.8798天,积十九年之差日,刚好是七个月之数,故十九年而置七闰月。

日冬至子午,夏至卯酉①,冬至加三日,则夏至之日也②。岁迁六日③,终而复始,壬午冬至,甲子受制④,木用事⑤,火烟青⑥。七十二日,丙子受制,火用事,火烟赤。七十二日,戊子受制,土用事,火烟黄。七十二日,庚子受制,金用事,火烟白。七十二日,壬子受制,水用事,火烟黑。七十二日而岁终,庚子受制。岁迁六日,以数推之,七十岁而复至甲子。

[注释]①句谓如今年冬至是子日,明年则午日,后年又是子日,今年夏至是卯日,明年则酉日,后年又卯日,循环往复。 ②句谓子日加三日为卯,午日加三日为酉,正是夏至日。 ③冬至日从子到午,向前移了六日,从午到子,又向前移了六日,据此,一年有三百六十六天,这又是另一种历法。 ④受制:受命。句谓冬至虽在壬午日,但计算日数却由甲子日开始。下文丙子受制、戊子受制、庚子受制、壬子受制等都表示七十二天的起计数日。 ⑤用事:当令。五行说将一年平分为五等分,每等分七十二日,以配木火土金水五行。以冬至开始第一个七十二天,属木,所以叫木用事,余类推。 ⑥五行说以青赤黄白黑五色与木火土金水相配,木当令,色青,故连火冒出来的烟都是青色的,余类推。

甲子受制,则行柔惠,挺群禁①,开阖扇②,通障塞③,

毋伐木④。丙子受制，则举贤良，赏有功，立封侯，出货财⑤。戊子受制，则养老鳏寡⑥，行粥鬻⑦，施恩泽。庚子受制，则缮墙垣，修城郭⑧，审群禁，饰兵甲⑨，儆百官，诛不法⑩。壬子受制，则闭门闾，大搜客⑪，断刑罚，杀当罪⑫，息关梁⑬，禁外徙。

[注释]①挺：放宽，解除。冬日多禁令，春天则解除群禁。　②阖：用木制成的门。扇：用竹、苇编织的门。这里泛指门户。　③通障塞：冬日多设路障关塞，至春全部开通。　④春主生长发育，古代规定春天保护树木、母性及幼弱。　⑤古人认为春夏之交，应打开府库，救济贫困及封赏馈赠。⑥鳏寡：老而无妻曰鳏，老而无夫曰寡。　⑦粥：麸皮，米糠。鬻：粥。行粥鬻：煮麸皮米粥以救赈饥荒。　⑧垣：矮墙。墙垣：院墙。郭：外城墙。城郭：泛指城墙。　⑨审：确定。饰：通饬，整治。　⑩儆：告诫。儆百官：告诫百官恪守其职。不法：违法之人。　⑪大搜客：冬季禁外徙，故关闭宫闾时搜逐滞留在外人员。　⑫断：判决。当罪：应受惩处的人。　⑬息：关闭。

甲子气燥浊①，丙子气燥阳②，戊子气湿浊③，庚子气燥寒④，壬子气清寒⑤。丙子干甲子⑥，蛰虫早出，故雷早行。戊子干甲子，胎夭卵毈⑦，鸟虫多伤。庚子干甲子，有兵。壬子干甲子，春有霜。戊子干丙子，霆。庚子干丙子，夷⑧。壬子干丙子，雹。甲子干丙子，地动⑨。庚子干戊子，五谷有殃。壬子干戊子，夏寒雨霜。甲子干戊子，介虫不为⑩。丙子干戊子，大旱，苽封熯⑪。壬子干庚子，大刚，鱼不为⑫。甲子干庚子，草木再死再生⑬。丙子干庚子，草木复荣⑭。戊子干庚子，岁或存或亡⑮。甲子干壬子，冬乃不藏⑯。丙子干壬子，星队⑰。戊子干壬子，蛰虫冬出其乡⑱。庚子干壬子，冬雷其乡⑲。

[**注释**]①甲子:指甲子受制的七十二日。包括十一月,十二月和一月的小半。气燥浊:气干燥而带浊重。这是阴阳相交,虽阳气上升,仍未脱寒气浊重的缘故。 ②丙子:指丙子受制的七十二日,约包括一月大半、二月和三月大半。气燥阳:阳气兴盛,气干燥。 ③戊子:指戊子受制的七十二日,约包括三月小半、四月、五月及六月小半。气湿浊:气潮湿而浊重。 ④庚子:指庚子受制的七十二日,约包括六月大半、七月和八月大半。气燥寒:气趋向干燥寒冷。 ⑤壬子:指壬子受制的七十二日,约包括八月小半、九月和十月。 ⑥干:犯。丙子干甲子:指本该甲子受制却行丙子令,即冬行春令。下文戊子干甲子等类推。 ⑦胎夭:动物胎儿夭折。𪃿:孵不出禽鸟的坏蛋。 ⑧夷:通痍,创伤,指万物受创。 ⑨地动:地震。 ⑩为:成。 ⑪苽:植物名,即茭白,也作苽蒋。苽封:茭白之大者。燘:烤干。 ⑫大:通太。刚:硬,强劲。大刚:指秋行冬令,阴气太强。为:成。 ⑬再:两次。句谓秋行冬春之交时令,则会出现一年中草木两次枯死、两次萌芽的反常现象。 ⑭荣:草木开花。 ⑮岁:年成,收成。存:有。亡:无。岁或存或亡:指年成没有保障,丰歉不定。 ⑯地本有蓄藏性质,如初冬行冬春之交时令,地则丧失这一特性。 ⑰队:同坠,陨落。 ⑱乡:指蛰虫所伏之穴。 ⑲乡:地方。

季春三月,丰隆乃出,以将其雨①。至秋三月,地气不藏,乃收其杀②,百虫蛰伏,静居闭户,青女乃出③,以降霜雪。行十二时之气,以至于仲春二月之夕,乃收其藏而闭其寒④。女夷鼓歌,以司天和⑤,以长百谷禽鸟草木⑥。孟夏之月,以熟谷禾,雄鸠长鸣,为帝候岁⑦。是故天不发其阴,则万物不生;天不发其阳,则万物不成⑧。天圆地方,道在中央,日为德,月为刑,月归而万物死,日至而万物生⑨。远山则山气藏,远水则水虫蛰,远木则木叶槁。日五日不见,失其位也,圣人不与也⑩。

[**注释**]①丰隆:神名,其所司职则传说不一,或谓云师,或谓雷公,或谓

雨师。将:行。　②杀:深秋肃杀之气。　③青女:神名。传为主管霜雪之神。　④收:解除,结束。句谓解除、结束秋收藏之气,封闭寒气,不令通行。　⑤女夷:神名,是主管春夏万物生长之神。鼓歌:合鼓乐而歌。司:主管。天和:上天自然和顺之气。　⑥长:生长,使动用法。　⑦鸠:鸟名。帝:天帝。候:观测。岁:时令。　⑧天、地相对,则天为阳,地为阴。然天地本身亦阴阳和谐之结合体。天、地内部阴阳二气的共同作用才能成其德。　⑨月归:刑到来。夏至为刑,夏至后至冬至前便是月归,万物枯死。日至:德到来。冬至为德,冬至后至夏至前是日至,万物生长发育。　⑩与:悦喜。

日出于旸谷,浴于咸池,拂于扶桑①,是谓晨明②。登于扶桑,爰始将行,是谓朏明③。至于曲阿,是谓旦明④。至于曾泉,是谓蚤食⑤。至于桑野⑥,是谓晏食。至于衡阳,是谓隅中⑦。至于昆吾,是谓正中⑧。至于鸟次,是谓小还⑨。至于悲谷,是谓铺时⑩。至于女纪,是谓大还⑪。至于渊虞,时谓高舂⑫。至于连石,是谓下舂⑬。至于悲泉,爰止其女⑭,爰息其马,是谓县车⑮。至于虞渊,是谓黄昏⑯。至于蒙谷,是谓定昏⑰。日入于虞渊之汜⑱,曙于蒙谷之浦⑲,行九州七舍⑳,有五亿万七千三百九里。禹以为朝、昼、昏、夜。夏日至则阴乘阳,是以万物就而死㉑。冬日至则阳乘阴,是以万物仰而生㉒。昼者阳之分,夜者阴之分㉓。是以阳气胜则日修而夜短,阴气胜则日短而夜修。

[注释]①旸谷:亦作汤谷,神话中日所出处。咸池:神话中日沐浴之池。拂:掠过。扶桑:神木名,在咸池上,日出其下。　②晨明:太阳运行的第一个时刻。此文根据太阳一天中不同位置,将一天分成十五个时刻,每一时刻及太阳所处每一位置都有特定名称。　③爰:乃。朏:天将亮的样子。

④曲阿:神话中山名。　⑤曾:重叠。曾泉:神话中地名,其地多泉,故名。蚤:同早。　⑥桑野:神话中地名,在东方。　⑦衡阳:神话传说中地名。隅中:此时太阳升至半空,偏于一角,故名。　⑧昆吾:神话传说中山名。正中:日正当空,处在最高位置。　⑨鸟次:神话中山名,在西南。小还:谓太阳从最高位置开始回还。　⑩悲谷:神话传说中西南方之大峡谷。铺:食。铺时:吃饭的时候。　⑪女纪:神话中地名,在西北。大还:太阳在返回路上又进一步,故曰大还。　⑫渊虞:神话中地名。高舂:谓各家舂谷之时。　⑬连石:神话中地名,在西北。下舂:各家停止舂谷之时。　⑭悲泉:神话中地名。女:指羲和,驾日御者。　⑮县:同悬,挂。县车:挂车,即停车。　⑯虞渊:神话中地名。黄昏:此时光线暗淡,视物昏黄,故曰黄昏。　⑰蒙谷:神话中北极山名。定昏:谓天色全黑,视物不清。　⑱汜:水边。　⑲曙:日出。浦:水滨。　⑳九州:有几种说法,一是传说中原地区的行政区划。另一说以中国为九州之一,叫神州。此文当指后一说,泛指全天下。七舍:太阳一天途经的七个处所,泛指太阳所经地。　㉑乘:胜。夏至是阳的尽头,阴兴盛之始,故曰阴乘阳。就:趋向。　㉒仰:向往。　㉓分:职分,本分。

帝张四维①,运之以斗,月徙一辰,复反其所。正月指寅,十二月指丑,一岁而匝②,终而复始。指寅,则万物螾螾也③,律受太蔟。太蔟者,蔟而未出也④。指卯,卯则茂茂然⑤,律受夹钟。夹钟者,种始荚也⑥。指辰,辰则振之也⑦,律受姑洗。姑洗者,陈去而新来也⑧。指巳,巳则生已定也⑨,律受仲吕。仲吕者,中充大也⑩。指午,午者,忤也⑪,律受蕤宾。蕤宾者,安而服也⑫。指未,未,昧也,律受林钟。林钟者,引而止也⑭。指申,申者,呻之也⑮,律受夷则。夷则者,易其则也⑯,德以去矣⑰。指酉,酉者,饱也⑱,律受南吕。南吕者,任包大也⑲。指戌,戌者,灭也⑳,律受无射。无射,入无厌也㉑。指亥,亥者,阂也㉒,律受应钟。应钟者,应其钟也㉓。指子,子者,兹也㉔,律受黄钟。黄钟者,钟已黄也㉕。指丑,丑者,纽也㉖,律受大吕。大吕者,旅旅而去也㉗。其加卯酉㉘,则阴阳分,日夜平矣。故曰规生矩杀,衡长权藏,绳居中央,为四时根。

[**注释**]①四维:代指周天。运之以斗:用北斗来指挥周天的运行。②匝:环绕一周。 ③螾螾:蚯蚓蠕动的样子。这里形容万物初生时的形态。④蔟:丛聚。句谓太蔟即丛聚而未出,正与万物螾螾初生形态相应。⑤茂茂然:草木繁盛的样子。 ⑥种荚:豆类植物的种子,成熟时向两旁分裂的叫荚。种始荚:植物种子内的芽胎开始冲破外壳向外生长,泛指万物开始生长。 ⑦振:通震。 ⑧姑:故,陈。姑洗:乃洗涤陈旧,迎接新来之意。⑨巳:已也。 ⑩仲:中。吕:长。仲吕就是中间生长壮大之义,故云中充大。⑪忤:逆。 ⑫蕤:草木花下垂貌,形容温柔的样子。 ⑬昧:幽暗。⑭林:同綝。止也。这里指万物停止生长。 ⑮呻:呻吟。七月万物受阴气侵袭而呻吟,故以申为呻吟。 ⑯夷:伤。则:法,指万物生长之势。 ⑰至七月刑主事而德亡,故云德以去矣。⑱酉:就也。句谓八月粮食成熟,可以饱食矣。 ⑲南:任,保。包:通苞,草木茂盛。八月阴气助万物收成,故云任包大。 ⑳戌:灭也。 ㉑厌:足,余。无厌:无余。指阴气盛用事,阳气无余。 ㉒阂:阻隔。 ㉓应钟:意谓十月阳气虽有感应但尚微弱,仍伏藏在下。 ㉔兹:通滋,增长。 ㉕钟:聚集。已:同以。黄:指土。 ㉖纽:结扣,物之开合处,十二月阴阳之交,故以纽为形容。 ㉗吕:本义为膂,脊骨,假借为旅。旅:众。旅旅而去:谓十二月阳气渐强,阴气纷纷而退。 ㉘加:当。卯:指春分所在月二月。酉:指秋分所在月八月。

道曰规始于一①,一而不生,故分而为阴阳,阴阳合和而万物生。故曰"一生二,二生三,三生万物。"②天地三月而为一时,故祭祀三饭以为礼③,丧纪三踊以为节④,兵重三军以为制⑤。以三参物⑥,三三如九⑦,故黄钟之律九寸而宫音调⑧,因而九之⑨,九九八十一,故黄钟之数立焉。黄者,土德之色;钟者,气之所种也⑩。日冬至德气为土,土色黄,故曰黄钟。律之数六,分为雌雄,故曰十二钟,以副十二月。十二各以三成,故置一而十一,三之,为积分十七万七千一百四十七,黄钟大数立焉⑫。凡十二律,黄钟为宫,太蔟为商,姑洗为角,林钟为徵,南吕为羽⑬。物以三成,音以五立,三与五如八⑭,故卵生者八窍⑮。律之初生也,写凤之音⑯,故音以八生⑰。黄钟为宫,宫者,音之君也。故黄钟位子,其数八十一⑱,主十一月,下生林钟。林钟之数五十四,主六月⑲,上生太蔟。太蔟之数七十二,主正月⑳,下生南吕。南吕之数四十八,主八月㉑,上生姑洗。姑洗之数六十四,主三月㉒,下生应钟。应钟之数四十二,主十月㉓,上生蕤宾。蕤宾之数五十七,主五月㉔,上生大吕。大吕之数七十六,主十二月㉕,下生夷则。夷则之数五十一,主七月㉖,上生夹钟。夹钟之数六十八,主二月㉗,下生无射。无射之数四十五,主九月㉘,上生仲吕。仲吕之数六十,主四月㉙,极不生㉚。徵生宫,宫生商,商生羽,羽生角,角生姑洗,姑洗生应钟,比于正音,故为和㉛。应钟生蕤宾,不比正音,故为缪㉜。日冬至,音比林钟㉝,浸以浊㉞。日夏至,音比黄钟,浸以清㉟。以十二律应二十四时之变。甲子,仲吕之徵也㊱;丙子,夹钟之羽也;戊子,黄钟之宫也㊲;庚子,无射之商也;壬子,夷则之角也。

[注释]①曰规:当为衍文。一:指宇宙形成之前混沌未分的状态。道

始于一:即篇首"道始于虚廓"句意。　②语本《老子》第四十二章:"道生一,一生二,二生三,三生万物。"这里的"三",是指阴阳结合而产生的合和状态。
　③上古祭祀祖先时,由一人代死者受祭,象征死者神灵,这人就称为尸。祭祀者请尸受祭,要献饭三次,每次三碗饭,仪式方告结束。　④纪:法,准则。踊:顿足嚎哭,表示极其悲痛的动作。节:礼节。古丧礼,丧主人应稽颡成踊三次,每次三踊。　⑤三军:周制天子六军,诸侯大国三军,每军一万二千五百人。故春秋时常以能否拥有三军作为衡量国力、兵力强弱的标志。
⑥参:参验。以三参物:以"三"这个数来参验各种事物。　⑦如:得,为。
⑧古代以管定律,黄钟就是用一长九寸的管发出的音。黄钟配子,五音中宫亦配子,故以黄钟为宫。　⑨九之:九倍之。九:用作动词,以九乘。　⑩种:聚集。　⑪雌雄:阴阳。句谓十二律分为阴阳各六律,六阴律称为吕。
⑫十二各以四句:十二律都是由三这个数构成的。所以确定了一个基准律,其他十一律都可以分别三倍于前一律之数,最后得出积分十七万七千一百四十七。这就是黄钟大数。以此为分母,求得各律长度。　⑬宫商角徵羽五音中各相邻两音间的音程,角(姑洗)与徵(林钟)、羽(南吕)与宫(黄钟)之间为小三度,余皆为大二度。故有黄钟为宫、太簇为商……的相配。　⑭三与五:三加五。　⑮窍:孔。八窍:耳、目、鼻、口及泄殖孔共八孔。　⑯写:模拟,描绘。此传说律之初生,乃模拟凤凰之鸣音。　⑰凤凰是卵生者,其数八,音律模拟凤凰而生,其数亦八。所谓音以八生,是指音律隔八律相生。以基准律数三分之二作为基准律下数第八律之数。如下文云黄钟生林钟。这实际上与上文三之以成十二律法相同。　⑱古人将十二律与十二辰联系起来,黄钟为十二律之基础,故为首,配子。其他依次相配。九为大数,黄钟管长九寸,再九倍之,得八十一,以之为黄钟之数,其他十一律皆根据八十一这个数变化而得出各自之数。　⑲十二律相生,有上生与下生之分。黄钟是十二律之首,无所谓上生,只能下生。下生即隔八相生,将基数八十一分为三分,减去一分,余三分之二为五十四,即黄钟下数第八律林钟之数。　⑳林钟居十二律第八,其后不足八律,只能上生。上生即五度相生法。以自身之数加上自身数的三分之一(18)得七十二,即林钟上数第五律太簇之数。　㉑以太簇自身数减去三分之一(24)得四十八,即太簇下数第八律南吕之数。

㉒以南吕四十八为基数,加上三分之一(16),得六十四,是为南吕上数第五律姑洗之数。 ㉓以姑洗六十四为基数,减去三分之一(21.33),得四十二点六七,取整为四十二,是为姑洗下数第八律应钟之数。 ㉔以应钟四十二点六七为基数,加三分之一(14.22),得五十六点八九,取整为五十七,是为应钟上数第五律蕤宾之数。 ㉕以蕤宾五十七为基数,加上三分之一(19),得七十六,是为蕤宾上数第五律大吕之数。 ㉖以大吕七十六为基数,减三分之一(25.33),得五十点六七,取整为五十一,是为大吕下数第八律夷则之数。 ㉗以夷则五十一为基数,加三分之一(17),得六十八,是为夷则上数第五律夹钟之数。 ㉘以夹钟六十八为基数,减三分之一(21.66)得四十五点三四,取整为四十五,是为夹钟下数第八律无射之数。 ㉙以无射四十五为基数,加三分之一(15),得六十,是为无射上数第五律仲吕之数。 ㉚极:终。到此为止,十二律数全部产生。 ㉛比:近。正音:指宫音黄钟。和:即变宫,比宫音低半音的音阶。五音加上变宫和变徵,构成古代七声音阶中的七个音级。 ㉜缪:变徵,比徵低半音的音阶。缪字义是违,与和相对。变宫近于宫故为和,变徵远于宫故为缪。 ㉝上文云:"壬午冬至,甲子受制七十二日",按十二律应二十四时之法,二月节惊蛰为林钟,正与冬至甲子受制日相连,故云音比林钟。 ㉞浸:逐渐。浊:古人论音律,有清浊之分。律管长则其声为浊,律管短则其声为清。黄钟管最长,音最浊。应钟管最短,音最清。十二律应二十四气法,冬至到夏至是从应钟到黄钟倒排的,所以从春到夏音律是逐渐变浊。 ㉟十二律应二十四气之法,夏至到冬至是从黄钟到应钟顺排的,所以从夏到冬音律逐渐变清。 ㊱五音可以与十二律相配生成六十调式,所以五音与十二律的搭配不是固定不变的。甲子是黄钟宫,但仲吕为宫时,甲子则是徵。以下几句义同此。 ㊲句谓戊子属土,居中央,其为黄钟不变。

古之为度量轻重①,生乎天道②。黄钟之律修九寸,物以三生,三九二十七,故幅广二尺七寸③。音以八相生,故人修八尺④,寻自倍⑤,故八尺而为寻。有形则有声,音之数五,以五乘八,五八四十,故四丈而为匹⑥。匹者,中人之度也。一匹而为制⑦。秋分蔈定⑧,蔈定而禾熟。律之数十二,故十二蔈而当一粟⑨,十二粟而当一寸⑩。律以当辰,音以当日⑪,日之数十,故十寸而为尺,十尺而为丈。其以为量⑫,十二粟而当一分,十二分而当一铢⑬,十二铢而当半两。衡有左右⑭,因倍之,故二十四铢为一两,天有四时,以成一岁,因而四之,四四十六,故十六两而为一觔⑮。三月而为一时,三十日为一月,故三十觔为一钧。四时而为一岁,故四钧为一石⑯。其以为音也,一律而生五音,十二律而为六十音,因而六之,六六三十六,故三百六十音以当一岁之日。故律历之数,天地之道也。下生者倍,以三除之;上生者四,以三除之⑰。

[注释]①度:计算长短的标准,如尺。量:计算容量的标准,如斗。轻重:名词,指衡,计算重量的标准,如秤。 ②天道:自然之道。古代度量衡的标准多采用自然之物。 ③幅广:布帛的宽度。 ④古尺较今为短,秦汉间一尺约合23厘米左右。 ⑤寻自倍:三字颇难晓,或寻下脱臂字,谓寻乃手臂长的倍数。人身长等于两臂长之和,故寻即一人之身长。 ⑥匹:计算布帛的单位,织布至四丈长便从机上裁下卷为一匹。 ⑦句谓一匹是一个中等身材的人裁衣的用布,所以一匹就称为制。 ⑧蔈:禾穗的芒尖。这里是以芒尖为最小的长度单位。 ⑨粟:古代统称黍、稷、粱、秫为粟。句谓十二个芒尖排列起来等于一粒粟的长度。 ⑩句谓十二粒粟排列起来等于一寸的长度。 ⑪十日(干)分为五组:甲乙、丙丁、戊己、庚辛、壬癸,故与宫商角徵羽五音相应。 ⑫量:重量。 ⑬铢:重量单位,二十四分之一两。然而粟与铢的比例关系说法不一。此处以一百四十四粟为一铢。 ⑭衡:秤杆。古代秤杆在中间处置一钩,分开左右两边,一边置权(秤锤),一边置需测重之物,以两边平衡为准。 ⑮觔:斤。 ⑯石:重量单位名,一百二十斤为一石。石也是容量单位名,十斗为一石。 ⑰下生者倍四句:此即上文音律相生法,详见上文注。

太阴元始建于甲寅,一终而建甲戌①,二终而建甲午,三终而复得甲寅之元②。岁徙一辰,立春之后,得其辰而迁其所顺③。前三后五,百事可举④。太阴所建,蛰虫首定而处,鹊巢乡而为户⑤。太阴在寅,朱鸟在卯⑥,句陈在子⑦,玄武在戌,白虎在酉,苍龙在辰。寅为建⑧,卯为除,辰为满,巳为平,主生⑨。午为定,未为执,主陷⑩。申为破,主衡⑪。酉为危,主杓⑫。戌为成,主少德⑬。亥为收,主大德⑭。子为开,主太岁⑮。丑为闭,主太阴⑯。

[注释]①一终而建甲戌:一千五百二十年为一终。用六十甲子纪年,元始为甲寅,一终之最末一年是癸酉,第二终开始之年为甲戌。 ②三终:共四千五百六十年,为六十甲子的倍数,故曰回复元始之年。 ③太阴纪年以正月建寅为一年之始,立春是正月节,故立春便是太阴当年所处辰次的开始。得其辰:得到当年应处之辰次。迁其所顺:运行到顺应规律应处之地。 ④句谓太岁移到新的一辰即新一年开始的前三天、后五天都是吉日。 ⑤定、乡:都是向定、认准的意思。 ⑥朱鸟本属南方,此谓诸神位置并非固定不变,而是随太阴位置的变化而变化,太阴在寅时,朱鸟在卯。 ⑦句陈:星座名,属紫微垣。 ⑧古人用建、除、满、平、定、执、破、危、成、收、开、闭十二字依次与十二地支相配,用以附会日子的吉凶。这十二字就叫建除十二神。 ⑨建除家认为平日主生长,万事皆吉。 ⑩建除家谓执日主破陷缺损,不宜移居、出行。 ⑪衡:指南宫中的衡星座(即太微垣)。星占家谓衡是执法之官。而破日由衡主事,故万事不利。 ⑫星占家谓斗柄三星主凶。 ⑬德:同得。建除家谓成日宜开业婚娶。 ⑭收:意味着收获,故谓之大德。 ⑮太岁:即大岁,咸池星。 ⑯太阴:即大阴。建除家谓闭日是阴气闭藏,万事皆凶。

太阴在寅,岁名曰摄提格①,其雄为岁星②,舍斗、牵牛③，以十一月与之晨出东方④，东井、舆鬼为对⑤。太阴在卯，岁名曰单阏⑥，岁星舍须女、虚、危，以十二月与之晨东方，柳、七星、张为对。太阴在辰，岁名曰执除⑦。岁星舍营室、东壁，以正月与之晨出东方，翼、轸为对。太阴在巳，岁名曰大荒落⑧，岁星舍奎、娄，以二月与之晨出东方，角、亢为对。太阴在午，岁名曰敦牂⑨，岁星舍胃、昴、毕，以三月与之晨出东方，氐、房、心为对。太阴在未，岁名曰协洽⑩，岁星舍觜嶲、参，以四月与之晨出东方，尾、箕为对。太阴在申，岁名曰涒滩⑪，岁星舍东井、舆鬼，以五月与之晨出东方，斗、牵牛为对。太阴在酉，岁名曰作鄂⑫，岁星舍柳、七星、张，以六月与之晨出东方，须女、虚、危为对。太阴在戌，岁名曰阉茂⑬，岁星舍翼、轸，以七月与之晨出东方，营室、东壁为对。太阴在亥，岁名曰大渊献⑭，岁星舍角、亢，以八月与之晨出东方，奎、娄为对。太阴在子，岁名曰困敦⑮，岁星舍氐、房、心，以九月与之晨出东方，胃、昴、毕为对。太阴在丑，岁名曰赤奋若⑯，岁星舍尾、箕，以十月与之晨出东方，觜嶲、参为对。

[**注释**]①摄提格：太岁年名，也叫岁阴。因用太岁在某辰纪年不便，于是用摄提格、单阏等十二个年名作为太岁在十二辰的年名，也就成了纪年用十二支的异名。　②太岁是根据岁星所在位置假设出来的，岁星是本，故为雄。相对则太岁为雌。　③舍：止宿，居处。　④句谓在十一月凌晨与斗、牛宿一起出现在东方。下文岁星舍某宿，某月与之晨出东方句式皆与此同。⑤井宿、鬼宿属申，与斗、牛正好相反方向，故曰为对。下文某宿为对云云皆指相反方向之星宿。　⑥单阏：音 chán yān，单，尽。阏，止也。阳气推万物而起，阴气尽止也。　⑦执除：下文作执徐。执：蛰。徐：舒也。伏蛰之物，皆散舒而出也。　⑧大荒落：荒，大也。方万物炽盛而大出，霍然落落大布散。

⑨敦牂:敦:盛。牂:壮也。言万物皆盛壮也。 ⑩协洽:协:和。洽:合也。言防欲化,万物和合。 ⑪涒滩:涒:大。滩:修也。言万物皆修其精气。 ⑫作鄂:零落。 ⑬阉茂:下文作掩茂。掩:蔽。茂:冒也。言万物皆蔽冒也。 ⑭大渊献:渊:藏。献:迎也。言万物终于亥,大小深藏,窟伏以迎阳。 ⑮困敦:困:混。敦:沌也。言阳气皆混沌,万物牙蘖也。 ⑯赤奋若:言阳奋物而起之,无不顺其性也。赤:阳色。

太阴在甲子,刑德合东方宫①,常徙所不胜,合四岁而离,离十六岁而复合②。所以离者,刑不得入中宫,而徙于木。太阴所居,日德,辰为刑。德,纲日自倍因③,柔日徙所不胜④。刑,水辰之木,木辰之水,金、火立其处⑤。凡徙诸神⑥,朱鸟在太阴前一⑦,钩陈在后三,玄武在前五,白虎在后六,虚星乘钩陈,而天地袭矣⑧。

[注释]①刑德:指一种将刑德五行说与天干地支相糅合的纪年法。干为德,支为刑。十德奇数为阳,阳数之德自处,如甲德在甲。十德偶数为阴,阴数之德通过阳数表现,如乙德在庚,丁德在壬,己德在甲,辛德在丙,癸德在戊。十德中,甲为东,丙为南,戊为中,庚为西,壬为北。德以东西南北中为序,刑以东西南北为序。刑德配合,二十年为一周期。太岁在甲子,德在甲,刑在卯。甲为东,卯亦居东,故云刑德合东方宫。 ②常徙三句:不胜:指五阴德。本身不能表现其德,故云不胜。乙为阴德,甲子移向乙丑即徙所不胜。合四岁而离:刑德相配,第一年甲子,刑德俱合东方。第二年乙丑,乙德在庚,庚为西,刑丑在戌,戌亦为西,故乙丑刑德俱合西方。第三年丙寅,丙为南,刑寅在巳,巳亦为南,故丙寅刑德俱合南方。第四年丁卯,丁德在壬,壬为北,刑卯在子,子亦为北,故丁卯刑德俱合北方。这四年刑德都是合的。但第五年是戊辰,戊为中,甲刑辰却在东,刑德分离了。故云合四岁而离。离十六岁而复合:从第五年戊辰刑德相离后第十六年,即从第一年甲子起的第二十一年甲申,刑德又可以相合于东。 ③纲:通刚,阳。因:因袭。阳德自处,阴德通

过阳德体现,这样阳德等于乘一倍,故云自倍因。　④柔日:阴日。　⑤属水之辰向木转化,属木之辰向水转化,而属金及属火之辰则各守其位不变。　⑥上文云"太阴在寅,朱鸟在卯,句陈在子,……"即此文所言诸神所处位置,说明诸神配合十二辰运行之规律。　⑦句谓朱鸟在太阴所居前一辰,如太阴在寅,朱鸟则在卯,下几句仿此。　⑧虚星:虚宿。在十二次中叫玄枵,配子。乘钩陈:与钩陈配合。太岁在寅,钩陈在子,虚星亦配子,这就叫虚星乘钩陈。太岁与钩陈皆岁迁一辰,故十二年出现一次虚星乘钩陈现象。袭:和顺。

　　凡日,甲刚乙柔,丙刚丁柔,以至于癸。木生于亥,壮于卯,死于未,三辰皆木也①。火生于寅,壮于午,死于戌,三辰皆火也②。土生于午,壮于戌,死于寅,三辰皆土也③。金生于巳,壮于酉,死于丑,三辰皆金也。水生于申,壮于子,死于辰,三辰皆水也。故五胜生一,壮五,终九④。五九四十五,故神四十五日而一徙⑤,以三应五,故八徙而岁终⑥。

　　[**注释**]①木属阳,亥十月阳气始动,故木生于亥。卯仲春二月木气最盛,故木壮于卯,未六月夏末阳衰阴主事,草木始枯,故木死于未。亥、卯、未三辰皆属于木。　②几句亦说明一年中火消长盛衰过程,下文言土金水盛衰义同此。　③土不属四季,为了让五行与四季相配,只得让土插在四季中间,以像中央土之意。　④五胜:五行相胜。指水胜火、火胜金、金胜木、木胜土、土胜水。生一:生于十二辰中的一辰。壮五:壮于所生辰次前数第五辰。如木生于亥,壮于卯,卯为亥前数第五辰。终九:终于所生辰次前数第九辰,如木生于亥,死于未,未为亥前数第九辰。　⑤神:天神,指太阴。古以立春、春分、立夏、夏至、立秋、秋分、立冬、冬至为八节,每四十五日为一节。神四十五日而一徙,指太阴每四十五日移动一节。　⑥句谓以三数和五数相配应得八,所以太阴移动八次就为一年。

凡用太阴①,左前刑,右背德,击钩陈之冲辰②,以战必胜,以攻必克。欲知天道,以日为主,六月当心③,左周而行,分而为十二月,与日相当,天地重袭,后必无殃。

[注释]①用太阴:用太阴刑德术。古有兵阴阳家,将阴阳刑德术运用于军事。自此句至"后必无殃"一节,皆兵阴阳家言。 ②冲:当,向。钩陈之冲辰:钩陈星所向方位。 ③以日为主:指以十干为主要观照对象。心:中。

星:正月建营室①,二月建奎、娄,三月建胃,四月建毕,五月建东井,六月建张,七月建翼,八月建亢,九月建房,十月建尾,十一月建牵牛,十二月建虚。

[注释]①此段所言太阳一年中运行所经位置。故"正月"下疑脱"日"字。建营室:即日在营室,下文二月建奎、娄等,义皆仿此。

星分度①:角十二②,亢九,氐十五,房五,心五,尾十八,箕十一四分一,斗二十六,牵牛八,须女十二,虚十,危十七,营室十六,东壁九,奎十六,娄十二,胃十四,昴十一,毕十六,觜巂二,参九,东井三十三,舆鬼四,柳十五,星七,张、翼各十八,轸十七,凡二十八宿也。

[注释]①星分度:也叫星度,是指二十八宿之间的相距度,即各宿标准星间的距离。用赤道上的度数表示,叫赤道广度或赤道距度。由于观测精度及岁差等因素影响,史籍关于星分度的记载稍有出入。 ②角十二:角宿星度是十二度。下文"亢九……"等仿此。

星部地名①。角、亢郑②,氐、房、心宋③,尾、箕燕④,斗、牵牛越⑤,须女吴⑥,虚、危齐⑦,营室、东壁卫⑧,奎、娄鲁⑨，胃、昴毕魏⑩，觜巂、参赵⑪，东井、舆鬼秦⑫，柳、七星、张周⑬，翼、轸楚⑭。岁星之所居，五谷丰昌，其对为冲，岁乃有殃⑮。当居而不居，越而之他处，主死国亡⑯。

[注释]①此文介绍二十八宿的分野。古代分野混乱，记载多有出入，此文是将二十八宿分配给春秋战国时期十三个诸侯国。 ②郑：春秋诸侯国名。 ③宋：春秋战国时诸侯国名。 ④燕：春秋战国诸侯国名。 ⑤越：春秋战国诸侯国名。 ⑥吴：诸侯国名。 ⑦齐：诸侯国名。 ⑧卫：诸侯国名。 ⑨鲁：诸侯国名。 ⑩魏：诸侯国名。 ⑪赵：诸侯国名。 ⑫秦：古国名。 ⑬周：东周王室。 ⑭楚：诸侯国名。 ⑮其对：指与岁星所居相对的位置，上文"岁星舍斗、牵牛……东井、舆鬼为对"是也。 ⑯当居而不居三句：古人认为岁星十二年一周天，从而制定岁星（太岁）纪年法。但岁星绕天一周的准确值不是十二年，而是十一点八六年，故岁星（太岁）纪年就会出现按规律该运行到某一辰而实际却在另一辰的现象，这就是所谓当居而不居。当时人认为岁星当居而不居，相应分野国就有国君死、国家灭的灾难。

太阴治春，则欲行柔惠温凉；太阴治夏，则欲布施宣明①；太阴治秋，则欲修备缮兵②；太阴治冬，则欲猛毅刚强③。三岁而改节④，六岁而易常⑤，故三岁而一饥⑥，六岁而一衰，十二岁一康⑦。

[注释]①布施：施物于人。宣明：实施开明政治，以示圣明。 ②备：防御工事，如城墙、沟堑等。 ③猛毅：严酷。刚强：强硬。冬季摧杀万物为猛毅，封闭冰冻为刚强。故施政应顺时，用严酷强硬的手段。 ④改节：指节气的变化，实际节令与名义节令不符。其原因是古历岁差等因素的影响。 ⑤易常：指按常规不变的东西实际上有了变易。 ⑥饥：荒年。 ⑦康：同荒，荒年。大饥为荒。

甲齐①,乙东夷②,丙楚,丁南夷,戊魏,己韩③,庚秦,辛西夷,壬卫,癸越。子周,丑翟④,寅楚,卯郑,辰晋⑤,巳卫,午秦,未宋,申齐,酉鲁,戌赵,亥燕。

[注释]①甲齐至亥燕一段:是天干地支与地域结合的分野说,其与星宿的对应关系不详。 ②夷:古代对中原以外异族的称呼。 ③韩:战国诸侯国名。 ④翟:通狄,古代对北方地区少数民族的泛称。 ⑤晋:古国名。

甲乙寅卯,木也①;丙丁巳午,火也②;戊己四季,土也③;庚辛申酉,金也④;壬癸亥子,水也⑤。水生木,木生火,火生土,土生金,金生水。子生母曰义⑥,母生子曰保⑦,子母相得曰专⑧,母胜子曰制⑨,子胜母曰困⑩。以胜击杀⑪,胜而无报⑫,以专从事,而有功⑬。以义行理,名立而不堕⑭。以保畜养,万物蕃昌⑮,以困举事,破灭死亡⑯。

[注释]①甲乙属木,寅为初春,卯为仲春,春属木,故甲乙寅卯为木。 ②丙丁属火,巳初夏,午仲夏,夏属火,故丙丁巳午为火。 ③戊己属土。四季:指四季月:季春辰,季夏未,季秋戌,季冬丑。五行说将一年平分五份,分配于五行,各得 73.05 天,其中春夏秋冬分属木火金水,各季除去 73.05 天以后的余数 18.26 天统属土。这样,辰未戌丑四月末 18.26 天均属土,故戊己四季为土。 ④庚辛属金,申初秋,酉仲秋,秋属金,故庚辛申酉为金。 ⑤壬癸属水,亥初冬,子仲冬,冬属水,故壬癸亥子为水。 ⑥子:指地支。母:指天干。子生母:指干支五行相生说下生上的日子。如壬申,壬属水,申属金,而金生水,即在下位的申生上位的壬,这就叫义日。 ⑦母生子:与子生母相反,是指干支上生下之日,如甲午、乙己都是母生子,这就叫保日。保也写作宝。 ⑧子母相得:指干支上下性质相同的日子,如甲寅、乙卯,干支都属木,就是子母相得,叫做专日。 ⑨母胜子:指干支按五行相克说上克下

的日子。如戊子、己亥。戊属土,子属水,己属土,亥属水。而土克水,故戊子、己亥都是上克下,就是母胜子,叫做制日。　⑩子胜母:与母胜子相反,是下克上的日子。如甲申、乙酉都是下克上,这就叫困日。　⑪胜:指制日。⑫胜:取胜。报:报答,好报。二句谓在制日与人击杀,即使胜利了也没有好报。迷信者认为,在各种日子中,专日大吉,保日及义日尚佳,而制日、困日为凶。　⑬句谓在专日从事各种事情都可以成功。　⑭行理:施行自己的主张。堕:同隳,毁。　⑮蕃昌:繁息昌盛。句谓在保日从事养畜种植,则万物繁荣昌盛。　⑯以困举事:在困日做大事。

北斗之神有雌雄①,十一月始建于子,月从一辰,雄左行,雌右行②,五月合午谋刑,十一月合子谋德③。太阴所居辰为厌日④,厌日不可以举百事⑤,堪舆徐行⑥,雄以音知雌,故为奇辰⑦。

[注释]①北斗之神:天神。日月星辰的运行皆由北斗控制,故称北斗之神。　②从:当作徙。雄:指岁星。雌:指厌日。星占家假设有厌日跟随在太岁后一辰,岁星叫阳建,厌就叫阴建。　③十一月岁星从子、太岁从丑开始一左一右运行,至五月岁星居午,太阴居未,厌亦居午,故曰合于午。午为刑,故曰合午谋刑。十一月雄雌再次会合于子,子为德,故曰合子谋德。　④厌日是以太阴所处位置而定的,所以说太阴所处即为厌。　⑤迷信以厌日为凶。　⑥堪舆:天地之道。实际上星占家所言堪舆是将天干地支八卦乃至二十四气相结合的纪时、定吉凶的系统。　⑦雄以音知雌:指根据岁星的运行就知道厌的位置。奇辰:谓厌所在辰为奇特之辰。

数从甲子始,子母相求①,所合之处为合②,十日十二辰,周六十日,凡八合③。合于岁前则死亡,合于岁后则无殃④。甲戌,燕也⑤;乙酉,齐也;丙午,越也;丁巳,楚也;庚申,秦也;辛卯,戎也⑥;壬子,代也⑦;癸亥,胡也;戊戌、己亥,韩也⑧;己酉、己卯,魏也;戊午、戊子,八合天下也⑨。太阴、小岁、星、日、辰五神皆合⑩,其日有云气风雨⑪,国君当之。天神之贵者,莫贵于青龙,或曰天一,或曰太阴。太阴所居,不可背而可乡。北斗所击,不可与敌⑫。天地以设,分而为阴阳,阳生于阴,阴生于阳。阴阳相错,四维乃通。或死或生,万物乃成。蚑行喙息⑬,莫贵于人,孔窍肢体,皆通于天。天有九重,人亦有九窍⑭;天有四时以制十二月,人亦有四肢以使十二节⑮;天有十二月以制三百六十日,人亦有十二肢以使三百六十节⑯。故举事而不顺天者,逆其生者也⑰。

[**注释**]①子母相求:干为母,支为子,干支之数即由此二者配合而得。　②合:会,指厌所对之日合于岁星所对之辰。　③八合:也叫八会。一年二十四气,有八天干、十二地支及四维与之相配。八合就是八天干与相应八地支的会合,即二月乙酉合,三月甲戌合,四月癸亥合,五月壬子合,六月辛卯合,九月庚辰合,十月丁巳合,十一月丙午合。这八合也叫大会。此乃所谓堪舆天老说。　④合于岁前:指八合在太阴未历之辰。合于岁后:指八合在太阴已历之辰。过半周则互换,即前半年属岁前,后半年属岁后,反之亦然。⑤这几句是将八合分配于八个区域。　⑥戎:古代泛指西部的少数民族。⑦代:古国名,在今河北蔚县东北。　⑧戊戌、己亥等,是按另一组合方法产生的八合。其组合方法是:土居中宫分王四时,戊己为土。戊为阳日,己为阴日,戊与上述八大会中奇数月相配,己与偶数月相配,则,二月己卯合,三月戊辰合,四月己巳合,五月戊午合,八月己酉合,九月戊戌合,十月己亥合,十一月戊子合。这八合也叫小会。　⑨八合各有分野,戊午、戊子、下脱所分野。按律尚有戊辰,己巳二合及其分野,此处当有脱文。　⑩小岁:即斗杓。⑪云气:云瑞,祥兆。风雨:喻凶兆。　⑫太阴所居四句:此兵阴阳家言。意谓应朝向而不能背向太阴所处方位,而北斗所指方位则不能与之为敌。乡:向。　⑬蚑行喙息:泛指各种动物。　⑭九窍:耳、目、鼻、口及前后阴。

⑮十二节:古人认为人有十二条经脉。 ⑯古人认为人有三百六十关节。
⑰生:指养生之道。

　　以日冬至数来岁正月朔日①,五十日者,民食足;不满五十日,日减一斗②;有余日③,日益一升。有其岁司也④。摄提格之岁,岁早水晚旱⑤,稻疾⑥,蚕不登⑦,菽麦昌⑧,民食四升。寅。在甲曰阏蓬⑨。单阏之岁,岁和,稻、菽、麦、蚕昌,民食五升。卯。在乙曰旃蒙⑩。执徐之岁,岁早旱晚水,小饥,蚕闭⑪,麦熟,民食三升。辰。在丙曰柔兆⑫。大荒落之岁,岁有小兵,蚕小登,麦昌,菽疾,民食二升。巳。在丁曰强圉⑬。敦牂之岁,岁大旱,蚕登,稻疾,菽、麦昌,禾不为,民食二升。午。在戊曰著雍⑭。协洽之岁,岁有小兵,蚕登,稻昌,菽、麦不为,民食三升。未。在己曰屠维⑮。涒滩之岁,岁和,小雨行,蚕登,菽、麦昌,民食三升。申。在庚曰上章⑯。作鄂之岁,岁有大兵,民疾,蚕不登,菽、麦不为,禾虫,民食五升。酉。在辛曰重光⑰。掩茂之岁,岁小饥,有兵,蚕不登,麦不为,菽昌,民食七升。戌。在壬曰玄黓⑱。大渊献之岁,岁有大兵,大饥,蚕开,菽、麦不为,禾虫,民食三升。困敦之岁,岁大雾起,大水出,蚕、稻、麦昌,民食三斗。子。在癸曰昭阳⑲。赤奋若之岁,岁有小兵,早水,蚕不出,稻疾,菽不为,麦昌,民食一升。

　　[注释]①数:音 shǔ。句谓数一数从冬至日到来年正月朔日的天数。由于各种因素的影响,冬至到来年正月朔日的天数并不是每年都相同的。②句谓如不满五十天,人民粮食则不足,每差一天,人民的粮食就减少一斗。

③句谓如超过五十天,人民的粮食就会有富余,每多一天,粮食就增加一升。 ④司:通伺。岁司:探候年成之神。 ⑤早水晚旱:指当年前半年涝,后半年旱。 ⑥稻疾:稻谷有病害。 ⑦登:收成。 ⑧菽:豆类的总称。 ⑨阏蓬:岁阳名称。古人用阏蓬等十个岁阳名与十干相应,岁阳也就成为十干的别称。阏蓬与甲相应。 ⑩旃蒙:岁阳名,与乙相应。 ⑪蚕闭:蚕幽闭不出。 ⑫柔兆:岁阳名,与丙相应。 ⑬强圉:岁阳名,与丁相应。 ⑭著雍:岁阳名,与戊相应。 ⑮屠维:岁阳名,与己相应。 ⑯上章:岁阳名,与庚相应。 ⑰重光:岁阳名,与辛相应。 ⑱玄黓:岁阳名,与壬相应。 ⑲昭阳,岁阳名,与癸相应。

正朝夕①,先树一表东方②,操一表却去前表十步,以参望③,日始出北廉。日直入④,又树一表于东方,因西方之表以参望日,方入北廉则定东方⑤。两表之中,与西方之表,则东西之正也⑥。日冬至,日出东南维,入西南维⑦。至春、秋分,日出东中,入西中⑧。夏至,出东北维,入西北维,至则正南⑨。

[注释]①正朝夕:确定太阳早晚方位,以测定东西方向。从"正朝夕"至"则东西之正也"数句,描述这种测向方法。 ②表:古代用来测量日影的工具,是一根有固定长度的标杆。句谓先在东方固定一个标杆,作为观测基点。 ③参望:参验瞭望。 ④廉:角。日直入:指日面与两表成一直线。这几句所述,当是夏至的观测日影的情形。 ⑤此言日落时的测量情形。 ⑥意谓测出正东西方向的方法。用此法还可测出正南北方向。 ⑦按现代测算,在洛阳附近纬度为34°45′左右的地区,冬至日出时太阳方位是东偏南二十八度多,日入时太阳方位为西偏南二十八度多。 ⑧句谓春分、秋分二天太阳从正东方升起,从正西方落下。 ⑨按现代测算,在洛阳附近纬度为34°45′左右的地区,夏至日出时太阳方位为东偏北约三十度,日入时太阳方位为西偏北约三十度。

欲知东西南北广袤之数者,立四表以为方一里距①,先春分若秋分十余日②,从距北表参望日始出及旦③,以候相应,相应则此与日直也④。辄以南表参望之,以入前表数为法⑤,除举广⑥,除立表袤⑦,以知从此东西之数也⑧。假使视日出,入前表中一寸,是寸得一里也⑨,一里积万八千寸⑩,得从此东南八千里⑪。视日方入⑫,入前表半寸,则半寸得一里⑬,半寸而除一里积寸,得三万六千里⑭,除则从此西里数也⑮。并之东西里数也⑯,则极径也。未春分而直,已秋分而不直,此处南也。未秋分而直,已春分而不直,此处北也。分、至而直,此处南北中也⑰。从中处欲知中南也⑱,未秋分而不直,此处南北中也。从中处欲知南北极远近,从西南表参望日,日夏至始出与北表参,则是东与东北表等也。正东万八千里,则从中北亦万八千里也。倍之,南北之里数也⑲。其不从中之数也,以出入前表之数益损之⑳,表入一寸,寸减日近一里,表出一寸,寸益远一里㉑。

[注释]①广袤:宽广。东西为广,南北为袤。古人认为日从地尽头升起,故大地宽度可以通过测算太阳至观测点的距离来近似地获得。距:同矩,方形。　②若:或。　③距北表:四表为一方形,靠北面二表即距北表。④候:古以五天为一候。以候相应:日出方位随季节变化。句谓先参验观测两北表与太阳的角度是否符合节候,如符合,则确定了两北表成一正东西向直线。　⑤法:古代数学名词。被乘数或被除数为实,则乘数或除数为法。
⑥举广:指东西向两表间的距离。　⑦立表袤:指南北向两表间的距离。
⑧句谓通过参验观测日面中心到观测点距离,求得东西之数。　⑨这是比率,表线中一寸,等于日中至观测点距离一里。　⑩古以六十寸为一步,三百步为一里,故一里合一万八千寸。　⑪按比率计,日中至观测点距离为一万

八千里。　⑫用测东方大地宽度的方法,相反方向,测量太阳刚下山时的位置,即可得西方大地宽度。　⑬半寸得一里:与寸得一里理同。即表线中半寸,等于日中至观测点一里的距离。　⑭句谓一寸当一里得一万八千里,半寸当一里则得三万六千里。此处数字皆举例性质,非实指。　⑮句谓按上述半寸除一里的比率去除,就得到从观测点到西边日中距离即西边大地距离。

⑯句谓将东西方宽度相加则大地东西二极之直径。　⑰未春分八句:意谓如前后二表未到春分之日而与日面成正东西直线,或者已到秋分日而不能成直线,则说明观测点地处南方,反之则处北方。如刚好在春分、秋分日成直线,则观测点在正中央。　⑱中处:南北正中处。中南:正中以南。　⑲以上几句介绍推测地南北宽度的方法。这种方法的测量结果与测量大地东西宽度时得到的结果没有什么区别,说明太阳虽向北移动,但日中至观测点距离不变,则可推测大地南北极与东西极距离相等。　⑳其不从二句:意谓测量点如不在南北之中,其距地中的数值的测量方法。　㉑表入一寸四句:意谓表入度每减少一寸,则测量点距地中距离缩小一里。表出度每增加一寸,测量点距地中距离增加一里。这也是由寸得一里的比率推算而得。

　　欲知天之高,树表高一丈,正南北相去千里,同日度其阴,北表一尺,南表尺九寸,是南千里阴短寸①,南二万里则无景,是直日下也②。阴二尺而得高一丈者,南一而高五也③,则置从此南至日下里数,因而五之,为十万里,则天高也④。若使景与表等,则高与远等也⑤。

　　[**注释**]①表一尺:当作表二尺。此段介绍测量天高(日正天时距地面距离)的方法。在正南北相距千里的两个地方各竖高一丈的标杆,在同一天正午测量日光照射两表投下的日影,可以测出北表日影为二尺,南表日影一尺九寸。证明向南一千里而日影短一寸。这是著名的一寸千里说。现代科学证明这种理论是完全错误的。　②二句谓按每一千里日影短一寸说,则自北表南二万里,日影应该不存在了,那个地方就是太阳的正底下。　③二句谓竖表一丈而得日影二尺,则地远与天高的比例为一比五。　④几句谓日影

二尺而得南至日下二万里，而表高一丈，是日影的五倍，则将二万里乘五，得十万里，这就是天的高度。　⑤二句意谓如果使日影长度与表高相等，则说明测量点到日直下距离与天高度相等。据一寸千里说，在距日直下十万里处，可以出现影与表等的情况。

卷四　地形训

地形之所载,六合之间,四极之内①,照之以日月,经之以星辰,纪之以四时,要之以太岁②,天地之间,九州八极③。土有九山,山有九塞④,泽有九薮⑤,风有八等,水有六品⑥。

[注释]①形:当为衍文。六合:天地四方。六合之间、四极之内:都是天地之间的意思。　②经、纪:都是条理、秩序的意思,这里当动词用。要:约束,制约。太岁:古代天文学家假设的与岁星作相反方向运动的星宿。③八极:八方之极远处。　④塞:要塞,地形险要处。　⑤薮:大泽。　⑥等、品:都是种类的意思。

何谓九州?东南神州曰农土①,正南次州曰沃土②,西南戎州曰滔土③,正西弇州曰并土④,正中冀州曰中土⑤,西北台州曰肥土⑥,正北泲州曰成土⑦,东北薄州曰隐土⑧,正东阳州曰申土⑨。

[注释]①神州:此文将整个中国范围按不同方位分成九部分,叫九州。各州境界的划分主要以地理方位为依据。此文神州即天下之东南区域的名称,下文次州即天下正南方区域名称,余类推。农土:古以东南方辰位为农神

管辖区域,故称农土。 ②沃:盛。沃土:正南方位为午,时为盛夏五月,正是庄稼盛长之时,故称沃土。 ③滔:大水弥漫的样子,引申为盛大貌。西南方位为申,时为初秋七月,正是庄稼生长鼎盛之时,故称西南方为滔土。 ④弇:音yǎn。并土:并犹成。八月建酉,百谷成熟,故曰并土。 ⑤中土:处大地之中,故曰中土。 ⑥肥:厚、饶。肥土:西北为秋冬之交,五谷收获,故曰肥土。 ⑦泲:音jǐ。成土:正北为仲冬十一月,大地敛藏已定,故曰成土。 ⑧隐土:气所隐藏,故曰隐土。 ⑨申土:申,复也。阴气尽于北,阳气复起东北,故曰申土。

何谓九山?会稽①、泰山②、王屋③、首山④、太华⑤、岐山⑥、太行⑦、羊肠⑧、孟门⑨。

[**注释**]①会稽:山名,在今浙江省绍兴县东南,原称防山、茅山。 ②泰山:山名,在今山东省。为古代五岳之一,称东岳。 ③王屋:山名,在今山西垣曲与河南济源县之间。 ④首山:山名,在今山西永济县南,也叫雷首山。 ⑤太华:山名,即华山,古五岳之一,为西岳,在今陕西华阴县南。 ⑥岐山:山名,在今陕西省岐山县东北,山形状如柱,故又称天柱山。 ⑦太行:山名,位于山西、河南、河北交界处,又名五行山、王母山等。 ⑧羊肠:阪名,其地说法不一,高诱注谓当在太原晋阳西北。 ⑨孟门:山名,在今山西吉县西,绵亘黄河两岸。

何谓九塞?曰太汾①、渑阨②、荆阮③、方城④、殽阪⑤、井陉⑥、令疵⑦、句注⑧、居庸⑨。

[**注释**]①太汾:古要塞名,在山西境。 ②渑阨:古要塞名,其地一说在今河南渑池县附近,一说即今河南信阳县西南平靖关。 ③荆阮:古要塞名,在楚国。 ④方城:春秋时楚国所筑长城,其地在今河南邓州市北至泌阳县一带。 ⑤阪:山坡。殽阪:即殽山,地在今陕西潼关至河南新安一带,地势险要,是古代著名要塞,常与函谷关并称殽函。 ⑥井陉:古要塞名,在今

河北井陉县西北井陉山上。　⑦令疵:古要塞名,地在今河北迁安县西南。　⑧句注:古要塞名,也叫句望,地在今山西代县西北。　⑨居庸:古要塞名,亦称居庸关。地在今北京昌平县西北。

何谓九薮?曰:越之具区①,楚之云梦②,秦之阳纡③,晋之大陆④,郑之圃田⑤,宋之孟诸⑥,齐之海隅⑦,赵之巨鹿⑧,燕之昭余⑨。

[注释]①具区:古泽薮名,又名震泽,即今江苏太湖。　②云梦:古代楚地著名大泽,其地大致在今湖北江陵至武汉一带。　③阳纡:古代泽薮名,也叫杨纡。地在今陕西境内。　④大陆:古代泽薮名,也叫巨鹿泽、广阿泽,地在今河北隆尧、巨鹿和任县之间,今已淤没。　⑤圃田:古泽薮名,春秋时名原圃,战国时名圃中,地在今河南中牟县西,今已淤没。　⑥孟诸:古泽薮名,又叫孟猪、望诸,地在今河南商丘东北,今已湮废。　⑦海隅:古泽薮名,在古齐地,具体地点说法不一。　⑧巨鹿:古泽薮名,即上文之大陆泽,盖晋时以大陆名,赵时以巨鹿名。　⑨昭余:古泽薮名,也叫昭余祁,地在今山西祁县西南,今已湮塞。

何谓八风①?东北曰炎风,东方曰条风,东南曰景风,南方曰巨风,西南曰凉风,西方曰飂风②,西北曰丽风,北方曰寒风。

[注释]①八风:已见于《天文训》,但名称不同。　②飂:音 liú。

何谓六水?曰河水①、赤水②、辽水③、黑水④、江水、淮水⑤。

[注释]①河水:即黄河。　②赤水:古水名。下文云:"赤水出其(昆仑)东南陬。"其地众说纷纭,难以确指。　③辽水:古分大辽水、小辽水。大

辽水即今辽河,小辽水即今浑河,在今辽阳市西南大小辽水汇合流入辽东湾。　　④黑水:古水名,其地众说纷纭,唐以前多以昆仑山东北地区河流为黑水,唐以后则多以西南地区河流为黑水。　　⑤淮水:即淮河,源出河南省桐柏山,主流经江苏江都县入长江。

阖四海之内,东西二万八千里,南北二万六千里①,水道八千里,通谷其②,名川六百,陆径三千里③。禹乃使太章④,步自东极,至于西极,二亿三万三千五百里七十五步⑤。使竖亥步自北极,至于南极,二亿三万三千五百里七十五步。

[**注释**]①阖:总,全,总括之词。东西二万八千里:指大地东西直径。南北二万六千里:指大地南北直径。我国自古已有大地略呈椭圆形的概念。　　②水道:河流。谷:两山之间的流水道。通谷:从两山之间穿流而过的水道,即高山峡谷。其:当为"六"字。　　③名川:大川。陆径:陆路。一说指内陆河。　　④太章:与下句之竖亥,都是传说中禹之臣,以善行走著称。⑤亿:古代亿的概念有大小之分,大则以万万为亿,与现代用法同。小则以十万为亿。此当为小亿,十万。步:长度单位,三百步为一里。

凡鸿水渊薮①,自三百仞以上,二亿三万三千五百五十里,有九渊。禹乃以息土填洪水以为名山②,掘昆仑虚以下地③,中有增城九重④,其高万一千里百一十四步二尺六寸。上有木禾,其修五寻⑤,珠树、玉树、璇树、不死树在其西⑥,沙棠、琅玕在其东⑦,绛树在其南⑧,碧树、瑶树在其北⑨。旁有四百四十门,门间四里⑩,里间九纯,纯丈五尺⑪。旁有九井玉横,维其西北之隅⑫,北门开以内不周之风⑬,倾宫、旋室⑭、县圃、凉风、樊桐⑮,在昆仑阊阖之中,是其疏圃⑰。疏圃之池,浸之黄水⑱,黄水三周复其原,是谓丹水⑲,饮之不死。

[注释]①鸿:通洪。 ②息土:即息壤。神话传说中一种可生长不息的土壤。名山:大山。 ③昆仑虚: 昆仑山。 ④增:通层。增城:神话传说中昆仑山上地名,其地九层,故曰增城。 ⑤木禾:传说中一种谷类植物。寻:八尺为寻。 ⑥璇:美玉。珠树、玉树、璇树等皆传说中昆仑山上的植物。 ⑦沙棠:植物名,果实味美。琅玕:质次于玉的美石。 ⑧绛:深红色。绛树:传说中植物名。 ⑨碧:青绿色的玉石。瑶:美玉。 ⑩间:间隔。里:宅院。 ⑪纯:长度单位,丝绵布帛一段为一纯。此文以一丈五尺为纯。 ⑫玉横:神话中承接不死药的器皿。维:系。 ⑬内:纳。不周之风:指西北风。 ⑭倾宫:高耸欲倾的宫殿。旋室:设有机关,可以旋转的宫室。一说,倾同顷,倾宫是指占地逾一顷的宫殿。旋同璇,旋室指用璇玉装饰的殿堂。 ⑮县:同悬。凉风:即阆风。县圃、凉风、樊桐:皆昆仑山上的山名。 ⑯阊阖:皇宫正门。传说昆仑山是天帝在地上的宫殿。在昆仑阊阖之中:即属于昆仑范围之内。 ⑰疏圃:昆仑山上池名。 ⑱黄水:黄泉之水,即泉水。 ⑲原:本源。黄水出于地,其原乃地气之精,句谓地下涌出之泉水在疏圃之池流动三周便可回复其地气之精,这种水就叫丹水。

河水出昆仑东北陬①,贯渤海,入禹所导积石山②,赤水出其东南陬,西南注南海丹泽之东③。赤水之东,弱水出自穷石,至于合黎④,余波入于流沙⑤,绝流沙南至南海⑥。洋水出其西北陬,入于南海羽民之南⑦。凡四水者,帝之神泉,以和百药,以润万物。

[注释]①陬:山脚。 ②贯:穿过。渤海:大海。古以大片水域为海。积石山:山名,即今阿尼马卿山,又称玛积雪山,在今青海省东南部,延伸至甘肃省南部边境,为昆仑山脉东支。黄河绕流其东南侧。传说禹疏导河水便是从这里开始的。 ③南海:赤水所注入之海洋。或以为赤水即今之金沙江。

古时金沙江与红河相通,南流经越南入北部湾,故此南海当指北部湾。丹泽:盖近丹水,因其名故曰丹泽。 ④弱水:传说中水名,位于今甘肃北部,其上流即今山丹河,下游即山丹河与甘州河合流后的黑河。穷石:山名,高诱注谓在张掖北塞水也。合黎:山名,在今甘肃张掖、高台、酒泉诸县北。 ⑤余波:指河的下游,末流。流沙:指沙漠。沙漠之沙常因风流动,故称流沙。一说流沙指含沙量很大的河流。 ⑥绝:穿过。南海:较大之水域即可称海,南海即南面之湖泊,不是专称。本文多处提到南海,并不是指同一地方。 ⑦洋水:即漾水,是汉水上源。羽民:传说中地名,下文云海外三十六国有羽民。

昆仑之丘,或上倍之①,是谓凉风之山,登之而不死。或上倍之,是谓悬圃,登之乃灵,能使风雨②。或上倍之,乃维上天,登之乃神,是谓太帝之居③。

[**注释**]①或:假设之词。上倍之:指登上昆仑山后再上登相当于昆仑山一倍的高度。 ②灵:本指女巫,泛指上通于神界,下通于人世的人,故能"使风雨"。 ③维:句中语助词。神:天神。太帝:天帝。

扶木在阳州,日之所曊①。建木在都广,众帝所自上下②,日中无景,呼而无响,盖天地之中也③。若木在建木西,末有十日,其华照下地④。

[**注释**]①扶木:即扶桑木,神话传说中木名,在东方日出处。阳州:东方太阳升起之地。曊:音 fèi,照耀。 ②建木:神话传说中木名。神话中以建木为登天之梯,故此云众帝所自上下。都广:传说中地名,在南方。 ③景:同影。几句描述都广之景象。古人据"一寸千里"说计算,南二万里为日之中,彼地日中无影。而回响之于声音犹影之于形,日中影不从形,则回响亦必不从声矣。 ④若木:神话传说中木名,在西方。末:树梢。十日:神话中上古有十太阳,遂有后羿射日。华:光芒。

九州之大,纯方千里①,九州之外,乃有八殥,亦方千里②。自东北方曰大泽,曰无通③;东方曰大渚,曰少海④;东南方曰具区,曰元泽⑤;南方曰大梦,曰浩泽;西南方曰渚资,曰丹泽;西方曰九区,曰泉泽;西北方曰大夏,曰海泽⑥;北方曰大冥,曰寒泽⑦。凡八殥。八泽之云,是雨九州⑧。

　　[注释]①纯:缘,边。纯方千里:方圆千里。　②殥:边远之地。③大泽、无通:及下文之大渚、少海等,皆八殥之名及其别称,不可与现实地名相比附。　④渚:水中小块陆地。　⑤具区:这里是用具区泽之名为八殥之名,与上文越之具区不同。　⑥大夏:裴松之《三国志·魏志注》引《魏略》云:"西王母西有修流沙,修流沙西有大夏国。"　⑦冥:溟,海。　⑧八泽:即八殥。句谓此八殥上空之云凝结为雨可降落到九州,可见八殥环绕九州,去之不远。

　　八殥之外,而有八纮,亦方千里①,自东北方曰和丘,曰荒土②;东方曰棘林,曰桑野③;东南方曰大穷,曰众女④;南方曰都广,曰反户⑤;西南方曰焦侥⑥,曰炎土⑦;西方曰金丘,曰沃野⑧;西北方曰一目,曰沙所⑨;北方曰积冰,曰委羽⑩。凡八纮之气,是出寒暑⑪,以合八正,必以风雨。

　　[注释]⑥纮:大绳。八纮:传说大地由八根大绳维系,故以八纮指大地边缘。　②和丘:传说中地名。传说其地有凤凰相和歌舞,故名。　③东方属木,属春。　④大穷:东南边荒地名。众女:谓民少男多女。　⑤都广:神话传说中地名。反户:传说中南方之国名,也作北户。大概其国处南方,近太阳之中,天气炎热,房屋窗户皆北向,与中国窗户多南向相反,以避暑热,以取北风,故曰反户或北户。　⑥焦侥:神话传说中西南方之矮人国。　⑦炎

土:矮人国处的炎火山。 ⑧金丘:西方属金,故其地为金丘。沃野:下文云海外三十六国自西北至西南方有沃民。沃野即沃民所居之地。 ⑨一目:神话传说中国名。其民皆只长一只眼睛,长在额中。下文云,海外三十六国自东北至西北方有一目民。沙所:盖流沙所出。 ⑩积冰:北方冰雪盖地,故曰积冰。委羽:传说中山名,在北极。 ⑪出:产生。 ⑫八正:八风之正,八方和谐之风。

八纮之外,乃有八极①,自东北方曰方土之山,曰苍门②;东方曰东极之山,曰开明之门③;东南方曰波母之山,曰阳门④;南方曰南极之山,曰暑门⑤;西南方曰编驹之山,曰白门⑥;西方曰西极之山,曰阊阖之门⑦;西北方曰不周之山,曰幽都之门⑧;北方曰北极之山,曰寒门⑨。凡八极之云,是雨天下;八门之风,是节寒暑。八纮、八殥、八泽之云,以雨九州而和中土⑩。

[注释]①八极:八方最边远处。 ②方土之山:南极之山名。苍门:东北方五行属木,五色属青,故曰苍门。 ③开明之门:高诱注云:"明者,阳也。日之所出也,故曰开明之门。" ④波母之山:东南极之山名。阳门:五行说以东南为纯阳用事,故称阳门。 ⑤暑门:南方暑热,故曰暑门。 ⑥编驹之山:西南极之山名。白门:高诱注云:"西南月建在申,金气之始也。金气白,故曰白门。" ⑦阊阖之门:西方之风为阊阖风,故西方极之门为阊阖之门。 ⑧不周之山:传说中山名,在西北方。幽都之门:高诱注云:"幽,阍也。都,聚也。玄冥将始用事,顺阴而聚,故曰幽都之门。"玄冥指阴气。 ⑨寒门:北方曰寒风,故北方极之门为寒门。 ⑩和:和顺,使动用法。中土:九州之中,即上文之冀州。

东方之美者,有医毋间之珣玗琪焉①;东南方之美者,有会稽之竹箭焉②;南方之美者,有梁山之犀象焉③;西南方之美者,有华山之金石焉④。西方之美者,有霍山之珠玉焉④;西北方之美者,有昆仑之球琳琅玕焉⑥。北方之美者,有幽都之筋角焉⑦;东北方之美者,有斥山之文皮焉⑧;中央之美者,有岱岳以生五谷桑麻,鱼盐出焉⑨。

[注释]①医毋闾:山名,也叫医无虑,在今辽宁省西部。珣玕琪:玉石名。医毋闾山以产锦州石著名,此之珣玕琪或即锦州石一类。 ②竹箭:即箭竹,竹的一种。 ③梁山:山名。其地不止一处。陕西、山东、安徽、四川等地皆有梁山。此言南方之美者,则以位于安徽和县、当涂之间之梁山为近是。犀象:指犀牛和大象。犀牛皮、大象牙等都是珍贵之物。 ④金石:黄金、玉石一类。 ⑤霍山:山名,也叫霍太山、太岳山。在今山西霍县东南。 ⑥球琳:美玉。 ⑦幽都:指北方匈奴活动区域。筋角:牛马等牲畜的筋角,可以制弓弩。 ⑧斥山:山名,所在地不详。文皮:有文采的兽皮。 ⑨岱岳:即泰山。五谷:五种谷物,或以麦菽稷麻黍为五谷。或以黍稷菽麦稻为五谷,此文当采后一说。出:出产。

凡地形,东西为纬,南北为经①。山为积德,川为积刑②,高者为生,下者为死③,丘陵为牡,溪谷为牝④。水圆折者有珠,方折者有玉⑤。清水有黄金,龙渊有玉英⑥。土地各以其类生⑦。

[注释]①经、纬:皆织物上的线,纵为经,横为纬。 ②山为阳,川为阴,阳为德,阴为刑。 ③高为阳,下为阴,阳主生,阴肃杀,故高生下死。 ④牡:雄,阳。牝:雌,阴。 ⑤圆折、方折:皆指水波浪的形状。圆折指波峰呈圆状之浪,方折指波峰呈锐状之浪。圆者主阳,而珠是阴中之阳,故圆折浪水下有珠。方者主阴,玉是阳中之阴,故方折之浪水下有玉。 ⑥龙渊:潜龙所居深渊。玉英:玉之精华。 ⑦句谓土地按照不同的种类而有不同的出产,下文则用这种联系来解释人的生理和心理的各种现象。

是故山气多男,泽气多女①,障气多喑,风气多聋②,林气多癃,木气多伛③,岸下气多肿④,石气多力,险阻气多瘿⑤,暑气多夭,寒气多寿,谷气多痹,丘气多狂⑥,衍气多仁,陵气多贪⑦。轻土多利,重土多迟⑧,清水音小,浊水音大,湍水人轻,迟水人重⑨,中土多圣人⑩。皆象其气⑪,皆应其类。

[注释]①句谓山气重的地方人多生男儿,泽气重的地方人多生女儿。②障:通瘴。指南方山林内湿热蒸发致人生病之气。喑:哑。 ③癃:衰弱疲病。伛:驼背。 ④岸下气:指低洼潮湿之气。肿:一种脚浮肿的疾病。⑤险阻气:指阻隔不通之气。瘿:咽喉疾病。咽喉疾病多致梗塞难咽,与险阻之地气相应。 ⑥谷气:山谷之气。痹:指风湿麻痹。丘气:山丘之气。狂:指一种骨骼弯曲症。 ⑦衍:低平之地。低平之地宽广不狭窄,故与仁同类。陵:土山。陵有欺凌义,故与贪同类。 ⑧轻土:土质轻松的地方。重土:土质板滞凝结的地方。利:敏捷。迟:迟钝。 ⑨湍水:流势很急的水。迟水:流动缓慢的水。 ⑩中有中正平和,不偏不倚之义,故出圣人。 ⑪象:相似,取法。象其气:指各种出产都与地气相呼应。

故南方有不死之草①,北方有不释之冰②,东方有君子之国③,西方有形残之尸。寝居直梦⑤,人死为鬼,磁石上飞,云母来水⑥,土龙致雨⑦,燕雁代飞⑧。蛤蟹珠龟,与月盛衰⑨,是故坚土人刚,弱土人肥⑩,垆土人大,沙土人细⑪,息土人美,耗土人丑⑫。食水者善游能寒⑬,食土者无心而慧⑭,食木者多力而𢺵⑮,食草者善走而愚⑯,食叶者有丝而蛾⑰,食肉者勇敢而悍⑱,食气者神明而寿⑲,食谷者知慧而夭。不食者不死而神⑳。

[注释]①南方为阳之极,生之盛,故有不死之草。下文云海外三十六

国南方有不死民。　②释:融解。　③东方为春,施德惠于万物,故生君子之国。下文云海外三十六国东方有君子国。　④形残之尸:指刑天,神话传说中人物,在西方。　⑤寝居:睡觉。直:当。　⑥磁石:即磁铁。上飞:指磁石在上,铁屑等上飞而附之。云母:矿石名,古人用云母薄片镶于容器内壁,以聚敛露水,故云云母来水。　⑦土龙:土制的龙。古人以为雨从龙,故天旱求雨时常用土龙助祭。　⑧代:更替。燕子春天南来,秋天北去,大雁则相反,春天北飞,秋天南来。二者犹更替而居。　⑨蛤、蟹、珠、龟四物皆属阴,月是太阴之精,故二者相应,古人认为月相圆整如十五月望前后则蛤蟹等肉丰满,月晦之时蛤蟹等肉瘪缩。　⑩弱土:虚松之土。　⑪垆土:黑刚土。大:指形体高大。细:指身材矮小。　⑫息土:肥沃之土。耗土:瘦瘠之土。　⑬能:同耐。　⑭食土者:以土壤为食的动物,如蚯蚓。蚯蚓是环节动物,没有心、肝等内脏器官,却能依自己意志行事,故曰无心而慧。　⑮食木者:以木质植物为食的动物,如象。羴:音 bèi,壮大。　⑯食草者:以草为食的动物,如羊。　⑰食叶者:以植物叶子为食的动物,如蚕。　⑱食肉者:以肉类为食的动物,如虎。　⑲食气者:道家谓得道之人不食五谷,饮气而已,便可长寿。　⑳句谓食气者虽可长寿,寿命犹有限期,什么也不食的人可长生不死,成为神人。

　　凡人民禽兽,万物贞虫,各有以生①,或奇或偶,或飞或走,莫知其情,唯知通道者,能原本之②。天一,地二,人三③,三三而九,九九八十一④。一主日,日主十,日主人,人故十月而生⑤。八九七十二,二主偶,偶以承奇⑥,奇主辰,辰主月⑦,月主马,马故十二月而生⑧。七九六十三,三主斗,斗主犬,犬故三月而生⑨。六九五十四,四主时,时主彘,彘故四月而生⑩。五九四十五,五主音,音主猿,猿故五月而生⑪。四九三十六,六主律,律主麋鹿,麋鹿故六月而生⑫。三九二十七,七主星,星主虎,虎故七月而生⑬。二九十八,八主风,风主虫,虫故八月而化⑭。鸟鱼皆生于阴,阴属于阳⑮,故鸟鱼皆卵生。鱼游于水,鸟飞于云,故立冬燕雀入海,化为蛤⑯。

[注释]①贞虫:泛指小昆虫。各有以生:各有其产生的原因。 ②阴阳五行说以为万物各有其数,以定其阴阳之性。奇数为阳,偶数为阴。情:真相。知通道者:能够与道相通的人。原本:推溯本源。 ③天为阳,地为阴,天尊地卑,故天之数为一,地之数为二。人得天地之精而生,故为三。天、地、人称为三才。 ④《天文训》云:"物以三成。"故以三之数自乘得九,九为极阳数,再以九自乘为八十一,以此为数之板,而下次第以九减之。 ⑤一主日:一为阳数,而太阳为阳之精,最尊,故一主日。日主十:指甲乙丙丁戊己辛壬癸十干。日主人:古人认为天上日月星辰等分别对应地下各种动物。地下万物人最尊,故日对应人。主:主管。人十月而生:指人怀胎十月而出生。下文马十二月而生等等,皆指该动物怀胎期。 ⑥偶为阴数,奇为阳数,阴数不能自主,须承阳数为主,故曰偶以承奇。 ⑦奇主辰:奇为阳,辰指子丑寅卯等十二辰,为阴数,故奇为辰之主宰。辰主月:古以十二辰为月建纪月,故曰辰主月。 ⑧月为阴之精,为阴数之首。八卦中坤为阴卦之首,故月与坤相应。而古以马属坤,故马与月相应。此文将各种动物与自然现象相对应的说法,皆阴阳家言,没有什么必然的依据,不仅说法各有不同,且往往牵强附会,不能自圆其说。 ⑨斗:北斗七星。北斗七星用以指挥天象的运行,次于日、月,故为三。 ⑩古人认为猪性知四时变化,故以应四时,怀胎四月而生。 ⑪音之数五,猿与五音相应,故猿怀胎五月而生。 ⑫六主律:音律十二,分成阴阳各六律,故律之数六。 ⑬七主星:二十八宿分配于四方,每方七宿成一象,故星之数七。 ⑭八主风:风有八方之风,故风之数八。而虫与风对应,故虫经八月而变化,如变成蛹、蛾等。实际上各种虫变化时间不一。 ⑮古以卵生动物为阴,胎生动物为阳。而鸟鱼是卵生动物,故云鸟鱼生于阴,但鸟性上飞,鱼性畅游,又具有阳的特征,故属于阴中之阳。 ⑯蛤:一种有甲壳的软体动物,蚌类。古人认为蛤是燕雀所化。

万物之生而各异类,蚕食而不饮,蝉饮而不食,蜉蝣不饮不食①,介鳞者夏食而冬蛰②,龁吞者八窍而卵生③,嚼咽者九窍而胎生④,四足者无羽翼,戴角者无上齿⑤,无角者膏而无前,有角者指而无后⑥,昼生者类父,夜生者似母⑦,至阴生牝,至阳生牡。夫熊罴蛰藏,飞鸟时移。是故白水宜玉,黑水宜砥⑧,青水宜碧,赤水宜丹⑨,黄水宜金,清水宜龟,汾水濛浊而宜麻⑩,沸水通和而宜麦⑪,河水中浊而宜菽⑫,雒水轻利而宜禾⑬,渭水多力而宜黍⑭,汉水重安而宜竹⑮,江水肥仁而宜稻。平土之人慧而宜五谷⑯。

[注释]①蜉蝣:昆虫名,幼虫生活在水中,成虫有翅可飞,寿命极短,古人以为其一生不饮不食。 ②介鳞:有甲壳、鳞片的动物,如龟鱼等。蛰:冬眠伏藏。 ③龁:音 hé,咬。龁吞:不经咀嚼而吞咽的进食方式,指鸟蛇等卵生动物。八窍:耳、目、鼻、口及泄殖孔。 ④嚼咽者:指进食方式为经咀嚼才下咽的哺乳动物,如人类、兽类,即所谓"胎生"。 ⑤戴角者:头上长角的动物,如牛。 ⑥无角者:指猪、熊等动物。膏:油脂,凝结者为脂,呈液态者为膏。无前:指身体前半部分较小,油脂及多肉部分集中在身体后部。指:当作脂。无后:与无前相对,指油脂、多肉部分集中在身体前部。 ⑦白昼为阳,黑夜为阴,故古人认为出生在白天的婴儿长相似父,出生在黑夜的婴儿长相似母。 ⑧砥:砥石,磨刀石。 ⑨丹:朱砂。 ⑩汾水:黄河第二大支流,源出山西宁武县。濛浊:水流迷濛而混浊。 ⑪沸水:即济水,古有多处济水,或为四渎之一,源出河南济源县。通和:通达柔和。 ⑫中浊:水流混浊。 ⑬雒水:古水名,即今洛河,源出陕西华山南麓。禾:泛指则凡谷类皆谓禾,专指则以粟为禾,汉以后亦以稻为禾。 ⑭渭水:水名,即今渭河,为黄河最大支流,源出甘肃渭源县鸟鼠山,在潼关县入黄河。 ⑮汉水:水名,为长江最大支流,源出陕西宁强县北之蟠冢山,流经陕西、湖北,在武汉市汉阳入长江。 ⑯平土:中原。

东方:川谷之所注①,日月之所出,其人兑形小头②,隆鼻大口③,鸢肩企行④,窍通于目⑤,筋气属焉⑥,苍色主肝⑦,长大早知而不寿⑧;其地宜麦,多虎豹。

[**注释**]①我国江河川流多东流注海,故以东方为川谷之所注。②兑:通锐,尖。 ③隆:高。 ④鸢:音 yuān,猛禽名,俗称鹞鹰。鸢肩:双肩上耸如鸢。企:踮起脚跟。企行:谓其人踮脚而行。下文云海外三十六国自东北至西北方有跂踵民,即此类。 ⑤此以人的九窍分配于五行,以目属木,属东方。 ⑥五行说以人的五体:筋、脉、肉、皮毛、骨分属五行,筋属木,属东方。 ⑦五行说以五脏分配于五行,肝属木,东方色苍,故云苍色主肝。⑧长大:身材高大。神话传说常描述东方之人身材高大。下文云海外三十六国自东南至西北有大人国。知:同智。

南方:阳气之所积,暑湿居之,其人修形兑上①,大口决眦②,窍通于耳③,血脉属焉④,赤色主心⑤,早壮而夭;其地宜稻,多兕象⑥。

[**注释**]①修形:身材修长。神话传说常描述南方之人身材修长。下文云海外三十六国自西南至东南方有修臂民。兑上:头尖。 ②决:断裂。眦:眼眶。 ③九窍分属五行,耳属火,属南方。 ④五体分属五行,血脉属火,属南方。 ⑤五脏心属火,火赤色,故曰赤色主心。 ⑥兕:音 sì,兽名,雌性犀牛。

西方:高土川谷出焉,日月入焉,其人面末偻①,修颈卬行②,窍通于鼻③,皮革属焉④,白色主肺⑤,勇敢不仁;其地宜黍,多旄犀⑥。

[**注释**]①末:背脊。偻:弯曲。末偻:驼背。 ②卬:通仰。卬行:走路

时仰头向上。　③九窍配于五行,鼻属金,属西方。　④皮革:指人的皮肤。五体配于五行,皮肤属金,属西方。　⑤五脏肺属金,西方金,白色,故白色主肺。　⑥旄:旄牛,也写作牦牛,牛的一种,身有长毛,腿短。

北方:幽晦不明,天之所闭也,寒冰之所积也,蛰虫之所伏也,其人翕形短颈①,大肩下尻②,窍通于阴③,骨干属焉④,黑色主肾⑤,其人蠢愚,禽兽而寿⑥;其地宜菽,多犬马。

[注释]①翕:音 xī,收缩。翕形:形体矮小。　②尻:音 kāo,臀部。下尻:臀部较常人为下。　③九窍配于五行,二阴属水,属北方。　④骨干:骨骼。五体配于五行,骨属水,属北方。　⑤五脏肾属水。北方黑色,故曰黑色主肾。　⑥禽兽而寿:蠢笨如禽兽却长寿。

中央:四达,风气之所通,雨露之所会也,其人大面短颐①,美须恶肥②,窍通于口③,肤肉属焉④,黄色主胃⑤,慧圣而好治⑥;其地宜禾,多牛羊及六畜⑦。

[注释]①颐:腮,下颔。　②恶:多,甚。恶肥:体胖。　③九窍配于五行,口属土,属中央。　④五体配于五行,肤肉属土,属中央。　⑤五脏胃属土,中央土黄色,故曰黄色主胃。　⑥慧:聪明有才智。治:指政治清平安定。　⑦六畜:牛马羊豕鸡犬。

木胜土,土胜水,水胜火,火胜金,金胜木①,故禾春生秋死,菽夏生冬死,麦秋生夏死,荠冬生中夏死②。木壮,水老,火生,金囚,土死;火壮,木老,土生,水囚,金死;土壮,火老,金生,木囚,水死;金壮,土老,水生,火囚,木死;水壮,金老,木生,土囚,火死③。

[**注释**]①几句乃五行相克说。五行既相生又相克。 ②分属五行的每一物质都有其产生、发展、兴盛到衰亡的过程,禾春天产生,夏天兴盛,秋天死亡(收割)。余类推。荠:荠菜,一种植物名。 ③木壮几句:作者将事物发展分为生、壮、老、囚、死五个阶段,使万物有生有死,有盛有衰,链状发展,生生不息。

音有五声,宫其主也①;色有五章,黄其主也②;味有五变,甘其主也③;位有五材,土其主也④。是故炼土生木⑤,炼木生火⑥,炼火生云⑦,炼云生水⑧,炼水反土⑨。炼甘生酸⑩,炼酸生辛⑪,炼辛生苦⑫,炼苦生咸⑬,炼咸反甘⑭。变宫生徵,变徵生商,变商生羽,变羽生角,变角生宫⑮。是故以水和土,以土和火⑯,以火化金,以金治木,木得反土⑰。五行相治,所以成器用⑱。

[**注释**]①五声:即宫商角徵羽五音。古人认为五音以宫为主宰。 ②五章:青红黄白黑五色。古人认为五色以黄为主宰。 ③味有五变:指味有酸苦甘辛咸五种变化。古人认为五味以甘为主宰。 ④位:指东西南北中五个方位。五材:指金木水火土。五材配于五位,故云位有五材。而五材之中土为主,为君。 ⑤以下几句描述利用五行相生相克原理,通过人工方式提炼所需物质的方法。炼:冶炼加工。古人通过耕作土地,可以长出植物,故云炼土生木。 ⑥加工树木可以获得火,如钻木取火。 ⑦大火燃烧产生大量烟雾直冲上天,古人凭直觉以为天上的云就是由烟雾生成的,所以说炼火生云。 ⑧句谓云的积累就生成水。 ⑨古人注意到河水带来大量的泥沙,一场洪水过后总是留下大量淤泥,故凭直觉以为提炼水可生成土。 ⑩以下几句描述五种味道——金木水火土的另一种存在形式,即五种不同物质在一定条件下的互相转化。炼甘生酸:古人注意到甜在一定条件下可变为酸,如甜酒放久了会变酸,糖膏放久了会变酸等。 ⑪浓酸对人舌头刺激会产生辣的感觉,故以为炼酸生辛。 ⑫而强辣对人舌头的刺激会产生苦的感觉,故

以为炼辛生苦。 ⑬苦与咸也可以互相转化,如盐放多了变苦。 ⑭咸和甜也可以转化,如汤中加适量的盐会变得鲜甜。 ⑮变宫几句:变:变化,此乃五音相生说,参见《天文训》。 ⑯水与土、土与火彼此可以互相调和,互相制约,以成器用。如以水灌田则可以种植,以水和泥则可盖房屋,可制陶器胚胎,以土加火则可烧制陶器等。 ⑰以火化金三句:谓利用五行相胜原理可以成器用,用火可以熔化金属,用金属可以制成刀斧等器具以砍伐树木,而树木腐朽了,则又回到土中。 ⑱治:制约。

凡海外三十六国①,自西北至西南方,有修股民②、天民③、肃慎民④、白民⑤、沃民⑥、女子民⑦、丈夫民⑧、奇股民⑨、一臂民⑩、三身民⑪。

[注释]①这一节叙述海外三十六国,是指中国九州之外传闻中的国家,按方位排列。国名大都由其人形体的特征命名。所载诸国大都见于《山海经》。 ②修股民:传说中西方国名,其民皆长腿。 ③天民:传说中西方国名。一作先民。 ④肃慎:古部族名,在北方。 ⑤白民:传说中西方国名。 ⑥沃民:传说中西方国名。 ⑦女子民:传说中西方国名,其国皆女无男。 ⑧丈夫民:传说中西方国名,其国皆男无女。 ⑨奇:单。奇股民:传说中西方国名,其国人皆单脚。 ⑩一臂民:传说中西方国名,其国人皆单臂。 ⑪三身民:传说中西方国名,其民皆一头而三身。

自西南至东南方,结胸民①、羽民②、谨头国民③、裸国民④、三苗民⑤、交股民⑥、不死民⑦、穿胸民⑧、反舌民⑨、豕喙民⑩、凿齿民⑪、三头民⑫、修臂民⑬。

[注释]①结胸:传说中南方国名,其民皆鸡胸。 ②羽民:古代传说中国名,其民皆生毛羽。 ③谨头国:传说中南方国名,其为人人面有翼,鸟喙,方捕鱼。 ④裸国:传说中国名,其人皆裸体。 ⑤三苗:古代部族名,地在今长江中游以南一带。 ⑥交股:传说中南方国名,其国民皆两脚相交。

⑦不死:传说中南方国名,其国民皆长生不死。 ⑧穿胸:传说中南方国名。其为人胸前穿孔达背。 ⑨反舌:传说中南方国名,其国民舌根在外,舌尖在喉,与常人相反,故曰反舌。 ⑩豕喙:传说中南方国名,其国民嘴似猪嘴。 ⑪凿齿:传说中南方国名,其国民形状历来解说多异。近年有研究者认为凿齿是南方部族打掉门牙的习俗,证以考古材料,早在新石器时代的大汶口文化早期居民中就发现有人工拔去上门牙、犬齿的习俗,而且这习俗首先广泛流行于黄河下游地区,然后向各地流传,并非南方部族之专门习俗。 ⑫三头:传说中南方国名,其国民皆一身而三头。 ⑬修臂:传说中南方国名。国民皆长臂,臂长于身。

自东南至东北方,有大人国①、君子国、黑齿民②、玄股民③、毛民④、劳民⑤。

[注释]①大人国:传说中东方国名,其国民皆长大。 ②黑齿:传说中东方国名,为人黑齿,食稻,啖蛇。今人多以为黑齿乃东方部族将齿染黑的习俗。 ③玄股:传说中东方国名。高诱注云:"其股黑,两鸟夹之。" ④毛民:传说中东方国名。高诱注云"其人体半生毛,若矢镞也"。 ⑤劳民:传说中东方国名。其为人黑,或曰教民。

自东北至西北方,有跂踵民①、句婴民②、深目民③、无肠民④、柔利民⑤、一目民、无继民⑥。

[注释]①跂:音qǐ,通企。跂踵:跂起脚跟。跂踵民:传说中北方国名,其国民走路脚跟不着地,以脚趾行走。 ②句:音jiǔ,纡曲。婴:通瘿,颈部长的瘤子。句婴:传说中北方国名,其国民颈部弯曲长瘤。 ③深目:传说中北方国名,其国民皆眼窝深陷,异于常人。 ④无肠:传说中北方国名,其国民腹内无肠,食物直通过。 ⑤柔利:传说中北方国名,其国民身体柔软无骨。 ⑥无继民:传说中北方国名,其国民皆不能生育。

雒棠、武人在西北陬①，磎鱼在其南②，有神二人连臂为帝候夜，在其西南方③，三珠树在其东北方④，有玉树在赤水之上。昆仑、华丘在其东南方⑤，爰有遗玉、青马、视肉、杨桃、甘樝、甘华，百果所生⑥。和丘在其东北陬，三桑无枝在其西⑦，夸父、耽耳在其北方⑧。夸父弃其策，是为邓林。昆吾丘在南方，轩辕丘在西方⑨，巫咸在其北方，立登保之山⑩，旸谷、榑桑在东方⑪，有娀在不周之北，长女简翟，少女建疵⑫。西王母在流沙之濒⑬，乐民、拏间，在昆仑弱水之洲⑭。三危在乐民西⑮，宵明、烛光在河洲，所照方千里⑯。龙门在河渊⑰，湍池在昆仑⑱，玄耀⑲、不周、申池在海隅⑳。孟诸在沛㉑。少室、太室在冀州㉒。烛龙在雁门北㉓，蔽于委羽之山，不见日，其神人面龙身而无足。后稷垅在建木西㉔，其人死复苏，其半鱼㉕，在其间。流黄、沃民在其北方三百里㉖，狗国在其东㉗。雷泽有神，龙身人头，鼓其腹而熙㉘。

[注释]①雒棠、武人：皆传说中山名，在西方日落处。雒也作落。②磎：音bàng，同蚌。磎鱼：传说中鱼名，似鲤鱼，圣人乘之行九野。　③连臂：手挽手。候夜：守夜。　④三珠树：神话中树名。为树如柏，叶皆为珠。　⑤华：光彩，光辉。华丘是对昆仑山的形容。　⑥遗玉：琥珀一类的化石。青马：一种神马。视肉：神话传说中兽名，其肉可生生不息。杨桃：果树名。甘樝：果名。也叫甘祖。甘华：神话传说中木名。　⑦三桑无枝：神话传说中木名，其树高而无枝。　⑧夸父：神话传说中人物。耽耳：传说中国名，在北方，也叫聂耳国。　⑨昆吾丘：传说中山名。轩辕丘：神话传说中山名。传黄帝居此丘，娶西陵氏女，因号轩辕丘。　⑩巫咸：上古神巫名，此指巫咸所立之国。登保之山：传说中山名，由此山可上通于天。　⑪旸谷：传说中日出处。榑桑：即扶桑，传说中神木名，在日出处。　⑫有娀：古国名。故地在今

山西永济县。简翟、建疵：有娀氏的两位女儿。长女简翟即殷契之母。不周：传说中山名。 ⑬西王母：神话传说中女神，今人多以为上古部落首领。濒：通滨。 ⑭乐民、拏闾：皆传说中地名，其地不详。 ⑮三危：传说中山名，在西方。 ⑯宵明、烛光：传说是舜的两位女儿，可放光芒，照耀方圆千里。 ⑰龙门：山名，有多种说法，此当指禹门口，在今山西河津县西北。传说禹治水时凿此山，导河水穿山而过。 ⑱湍池：传说中地名。 ⑲玄耀：水名，一说山名。 ⑳申池：地名，春秋齐国都城西门外左右有池叫申池，故地在今山东益都县。海隅：海边。 ㉑沛：汉郡名，汉高帝改泗川郡为沛郡。 ㉒少室、太室：皆山名，在河南登封县北，分别位于嵩山左右。 ㉓烛龙：神名，居北方。雁门：山名，在今山西代县西北。 ㉔后稷：传说是周民族的先祖。垅：坟墓。 ㉕句谓建木以西人死可以复生，变成半人半鱼。 ㉖流黄：传说中部族名。 ㉗狗国：传说中国名。 ㉘雷泽：古泽名，地在今山东菏泽东北，今已淤没。熙：通嬉，嬉戏。

江出岷山，东流绝汉入海①，左还北流，至于开母之北，右还东流，至于东极②。河出积石。雎出荆山③。淮出桐柏山④。雎出羽山⑤。清漳出榻戾，浊漳出发包⑥。济出王屋⑦。时、泗、沂出臺、台、朮⑧。洛出猎山⑨，汶出弗其⑩，西流合于济。汉出嶓冢。泾出薄落之山⑪。渭出鸟鼠同穴⑫。伊出上魏⑬。雒出熊耳。浚出华窍⑭。维出覆舟⑮。汾出燕京⑯。衽出溃熊⑰。淄出目饴⑱。丹水出高褚⑲。股出嶕山⑳。镐出鲜于㉑。凉出茅庐、石梁㉒，汝出猛山㉓。淇出大号㉔。晋出龙山结绌㉕。合出封羊㉖。辽出砥石㉗，釜出景㉘，岐出石桥㉙，呼沱出鲁平㉚，泥涂渊出楠山㉛，维湿北流出于燕㉜。

[注释]①岷山：山名，在四川北部，是岷江、嘉陵江的发源地。古人以为岷山是长江源头。绝：穿过。 ②左还四句：开母：传说中山名，在东海中。

几句谓长江入海后继续流动,先是左拐向北流,到达东海中的开母山,然后右拐东流至东方之极。 ③雎:水名,也作沮水,在今湖北西部。荆山:山名,在今湖北保康县南。 ④桐柏山:在河南、湖北两省边境,是淮河的发源地。 ⑤睢:水名,古睢水上游今已淤废,下游渐变为今灉河河道。羽山:山名。相传是舜杀鲧处,具体地点则传闻各异。 ⑥清漳:河名,在今山西省东南,源出今昔阳县东部,东南流至今河北涉县与浊漳汇合为漳河。浊漳:河名,一称潞水,南源出今山西长子县发鸠山,北源出今榆社县,与清漳汇合为漳河后,再东南流入卫河。褐戾:山名,在今山西昔阳西南。发包:山名,即发鸠山。 ⑦王屋:山名,在今山西垣曲与河南济源等县之间,是济水的发源地。 ⑧时:时水,古水名,因其水浅易涸,时断时续,故名。源出今山东临淄县西南。上游称乌河,下游分二支,一支西流入济水,一支北流合淄水入海。泗:泗水,水名。发源于今山东泗水县蒙山南麓,因其有四源合为一水,故名。沂:水名。即今沂河,源出山东沂源县鲁山,南流经临沂县,折向西南在江苏邳县西南合于泗水。臺、台、术:皆山名,处则未闻。大概分别是时水、泗水、沂水发源地之山名。 ⑨洛:水名,也叫北洛河,渭河支流,上源石涝河,源出定边县南梁山。东南流至大荔县南入渭河。猎山:山名,洛水发源于此。 ⑩汶:水名。山东境内古有三条汶水,此当指大汶水,也叫大汶河,源出山东莱芜县东北,西南流经古嬴县南,汇合诸水至梁山东南入济水。弗其:当是大汶水发源地之山名。 ⑪泾:水名,源出今宁夏回族自治区南部之幷头山麓(今称六盘山),东南流经甘肃,至陕西高陵县境入渭河。薄落之山:即幷头山。 ⑫渭:水名,即渭河。鸟鼠同穴:山名,也叫鸟鼠山,在今陕西渭源县。幷见上文注。 ⑬伊:水名,即今伊河。古伊水源出河南卢氏县东之熊耳山,东北流经嵩县,在偃师市入洛河。上魏:山名,即熊耳山。 ⑭浚:水名,在河南开封北。华窍:地名,浚水发源地。 ⑮维:水名,即今潍河,源出山东五莲县西南,北流至昌邑县入莱州湾。覆舟:山名,维水发源地。 ⑯燕京:高诱注云:“山名也,在太原汾阳,汾水所出。” ⑰衽:水名。渍熊:山名,衽水发源地。 ⑱淄:水名,即今淄河,源出山东莱芜原山,东北流经临淄东,北上合小清河入海。目饴:山名,淄水发源地。 ⑲丹水:水名,即今丹江。发源于今陕西商县冢领山,东入河南,在淅川南纳均水(今淅水),南流至湖北均县注入沔水(今汉水)。高褚:山名,即冢领山。 ⑳股:水名。蟭山:山名,股水发源地。 ㉑镐:水名。鲜于:山名,镐水发源地。 ㉒凉:水名。茅庐、石梁:皆山名,在凉水发源处。 ㉓汝:水名,源出河南鲁山县大盂山,东北流经汝阳,折向东南入淮河。猛山:即大盂山。 ㉔淇:水名,源出今河南林州西大号山,东南流经汲县东北入黄河。曹魏后淇水成为卫河支流。大号:山名。 ㉕晋:水名,源出今山西太原西南之龙山,东流入汾水。结绌:山名,即龙山。 ㉖合:水名。封羊:地名,合水发源地。 ㉗砥石:山名,辽水发源地。 ㉘釜:水名,即滏水,源出今河北邯郸西之钦口山,东南流至磁县折向东北,在肥乡东北入漳。景:山名,在河北邯郸西南。 ㉙岐:水名。石桥:山名,岐水的发源地。 ㉚呼沱:水名,今名滹沱河。源出山西繁峙县东泰戏山,东流入河北平原,在献县与滏阳河汇合为子牙河,在天津入海。鲁平:山名,即泰戏山。 ㉛泥涂渊:水名。樠:音 mán,山名,泥涂渊之发源地。 ㉜维:词头,无义。湿:通漯,水名,即漯水,古代黄河主要支津之一,宋代黄河决口改道,漯水堙废,今人对漯水故道所在众说纷纭。燕:燕国。

诸稽、摄提,条风之所生也①;**通视,明庶风之所生也;赤奋若,清明风之所生也;共工,景风之所生也;诸比,凉风之所生也;皋稽,阊阖风之所生也;隅强,不周风之所生也;穷奇,广莫风之所生也。**

[**注释**]①诸稽、摄提:传说中天神名。下文通视、赤奋若、共工、诸比、皋稽、隅强、穷奇等,皆传说中神名。条风:东北之风。此文所云八风与《天文训》同,参见彼文注。

容生海人①,**海人生若菌,若菌生圣人,圣人生庶人。凡容者生于庶人**②。

[**注释**]①容:有形貌之义,指人之成形而为人。这里指人类的最初形态,最早的人类。海人:及下文若菌皆作者设想中的早期人类。此段乃论述

人类及各种生物产生、发展的过程。　②容者:指所有具体的、具有人种素质的人,包括土人、野人之类。

羽嘉生飞龙①,飞龙生凤皇,凤皇生鸾鸟,鸾鸟生庶鸟,凡羽者生于庶鸟②。

[注释]①羽嘉:指有羽毛的鸟类的最初形态,最早的鸟类。龙:这里是神异生物的泛称。飞龙:飞鸟类中的神异者。　②羽者:鸟类的总称。

毛犊生应龙①,应龙生建马,建马生麒麟,麒麟生庶兽,凡毛者,生于庶兽②。

[注释]①毛犊:指有毛兽类的最初形态。应龙:龙之有翼者。毛犊、应龙及下文的建马、麒麟,都是作者设想中的一般兽类以前的早期兽类。②毛者:兽类的总称。

介鳞生蛟龙,蛟龙生鲲鲠①,鲲鲠生建邪,建邪生庶鱼,凡鳞者生于庶鱼②。

[注释]①介鳞:有鳞类动物的最初形态。鲲:大鱼名。介鳞、鲲鲠及下文的建邪,都是作者想象中一般鱼类以前的早期鱼类。　②鳞者:有鳞鱼类的总称。

介潭生先龙①,先龙生玄鼋,玄鼋生灵龟,灵龟生庶龟②,凡介者生于庶龟③。

[注释]①介潭:有甲类动物的最初形态。　②鼋:音 yuán,大鳖。灵龟:有灵性的龟。介潭、先龙、玄鼋、灵龟,都是作者设想的一般龟类以前的早期龟类。　③介者:有甲龟类的总称。

暖湿生容①,暖湿生于毛风②,毛风生于湿玄③,湿玄生于羽风④,羽风生暖介,暖介生鳞薄⑤,鳞薄生暖介。五类杂种兴乎外,肖形而蕃⑥。

[**注释**]①暖湿:指宇宙中一种可以孕育人类生命的温暖潮湿之气。容:最初的人类。 ②毛风:指一种孕育着毛类动物生命素质之气。 ③湿玄:在有形生物产生以前宇宙中的潮湿之气。这是无形向有形过渡的阶段,它具备了产生有形生物的必要条件——湿润的水汽。 ④羽风:指一种孕育着羽类动物生命素质之气。 ⑤暖介:指一种孕育着介类动物生命的素质。鳞薄:指一种孕育着有鳞类动物生命的素质。"暖湿生容"至此一节,论述世界上各种生物产生之源、产生的次序及其相互关系。 ⑥杂种:纷繁复杂的物种。外:与上文暖湿、容、毛风等内含的生命之质相对而言,指各种具体的生物形态。肖:像。肖形:指生物代代相传,后代与前代形态相像。蕃:繁衍。

日冯生阳阏①,阳阏生乔如,乔如生干木,干木生庶木,凡根拔木者生于庶木②。

[**注释**]①日冯:指树木的最初状态。阳阏及下文的乔如、干木,皆作者设想中在一般树木以前的早期木类。 ②根拔木者:有根树木的总称。

根拔生程若①,程若生玄玉,玄玉生醴泉,醴泉生皇辜,皇辜生庶草,凡根茇草者生于庶草②。

[**注释**]①根拔:草类的最初状态。程若及下文玄玉、醴泉、皇辜皆作者设想中一般草以前的早期草类。 ②根茇草者:有根草类的总称。

海闾生屈龙①,屈龙生容华,容华生蔈,蔈生萍藻,萍藻生浮草,凡浮生不根茇者生于萍藻②。

[**注释**]①海间:指水浮植物的最初状态。屈龙及下文容华、薁、萍藻、浮草,皆指不同发展时期的水浮植物。　②浮生不根茇者:在水面浮生,根不扎地的植物的总称。

　　正土之气也,御乎埃天①,埃天五百岁生缺②,缺五百岁生黄埃,黄埃五百岁生黄澒③,黄澒五百岁生黄金④,黄金千岁生黄龙,黄龙入藏生黄泉⑤,黄泉之埃上为黄云⑥,阴阳相薄为雷,激扬为电⑦,上者就下,流水就通,而合于黄海⑧。

[**注释**]①正土:大地中央之土。御:治,管。埃天:指地形成后,中央之土气产生的最初物质。天地初剖,阴阳二气区别尚不鲜明,而后天之气渐成日月星辰,地之气渐成金玉黄泉,二气区分遂日趋严格。埃天及下文清天、赤天等皆指大地初形之时各方之气产生的最初物质,至于埃清赤白玄之分,则以五行配伍相适应。　②缺:石名。中央之数五,故正土之气的变化皆以五百年为单位。　③黄埃:指开始具备中央土特色的物质形态,此时尚在纤微阶段,故以埃名之。澒:音 gǒng,通汞,水银。黄澒:中央之土气发育成的水银。下文之青澒、赤澒、白澒、玄澒,皆同一物,以色为方位标志而已。古人认为,汞是由丹砂(红色硫化汞)变成的。黄埃就是丹砂一类的物质,因为是中土之气所生,故称黄埃。　④古代炼丹家相信,黄金是由汞积累变化而成的。提炼水银便可得到黄金。　⑤句谓土中黄金积蓄增多,便聚而成龙,在地底活动,其所潜藏的地方便出现黄泉。　⑥黄泉之埃:黄泉的精微部分。⑦《天文训》云:"阴阳相薄,感而为雷,激而为霆。"与此同义。　⑧上者就下:指天上云凝结为雨降落地下的趋势。流水就通:地上水流的自然之势是要求流通畅达。黄海:指中央之海。下文青海、赤海、白海、玄海,皆指各方之海。

偏土之气,御乎清天①,清天八百岁生青曾②,青曾八百岁生青澒,青澒八百岁生青金,青金八百岁生青龙,青龙入藏生青泉,青泉之埃上为青云,阴阳相薄为雷,激扬为电,上者就下,流水就通,而合于青海。

[**注释**]①偏土:东方之土。 ②青曾:依文例,青曾当与上文之黄埃,下文之赤丹等同类,指朱砂一类物质,颜色之分,仅作方位标志而已。东方木之数八,故东方土之气变化皆以八百年为单位。

壮土之气,御于赤天①,赤天七百岁生赤丹②,赤丹七百岁生赤澒,赤澒七百岁生赤金,赤金千岁生赤龙,赤龙入藏生赤泉,赤泉之埃上为赤云,阴阳相薄为雷,激扬为电,上者就下,流水就通,而合于赤海。

[**注释**]①壮土:南方之土。 ②南方火之数七,故南方土气变化皆以七百年为单位。赤丹:朱砂。

弱土之气,御于白天①,白天九百岁生白礜②,白礜九百岁生白澒,白澒九百岁生白金,白金千岁生白龙,白龙入藏生白泉,白泉之埃上为白云,阴阳相薄为雷,激扬为电,上者就下,流水就通,而合于白海。

[**注释**]①弱土:西方之土。 ②西方金之数九,故西方土气变化皆以九百年为单位。礜:音 yù。白礜:矿物名,与黄埃、青曾、赤丹及下文玄砥同类。

牝土之气,御于玄天①,玄天六百岁生玄砥②,玄砥六百岁生玄澒,玄澒六百岁生玄金,玄金千岁生玄龙,玄龙入藏生玄泉,玄泉之埃上为玄云,阴阳相薄为雷,激扬为电,上者就下,流水就通,而合于玄海。

[注释]①牝土:北方之土。 ②北方水之数六,故北方土气变化皆以六百年为单位。

卷五　时则训

　　孟春之月，招摇指寅①，昏参中②，旦尾中。其位东方，其日甲乙③，盛德在木，其虫鳞④，其音角⑤，律中太蔟⑥，其数八⑦，其味酸⑧，其臭膻⑨，其祀户⑩，祭先脾⑪。东风解冻，蛰虫始振苏⑫，鱼上负冰⑬，獭祭鱼⑭，候雁北⑮。

　　[注释]①招摇：星名，在连接北斗柄开阳、摇光二星的延长线上约二倍距离处，即牧夫座γ星。　②中：古代天文学术语，指星宿出现在观测者子午圈的位置。　③其日甲乙：五行说将十天干分为甲乙、丙丁、戊己、庚辛、壬癸五组，与五行相配。　④虫：动物的泛称。古有所谓五虫说，并与五行相配。鱼龙类为鳞虫，属木、春，禽鸟类为羽虫，属火、夏，人类为裸虫，属土、季夏，兽类为毛虫，属金、秋，龟甲类为介虫，属水、冬。鳞虫类的代表是龙。　⑤五行说将五音分配于五行：角属木，属春，徵属火，属夏，宫属土，属季夏，商属金，属秋，羽属水，属冬。　⑥十二律与十二辰相配，黄钟配子，十一月，大吕配丑，十二月，太蔟配寅，正月，余类推。　⑦五行说以五、六、七、八、九这五个数字称为五数，分配于五行。五属土，季夏，六属水，冬，七属火，夏，八属木，春，九属金，秋。至于以八为木的原因，五行家谓五行中木排行第三，而五行之数五，三加五得八，故以之为木之数。　⑧五行说以酸苦甘辛咸为五味，分配于五行：酸属木，苦属火，甘属土，辛属金，咸属水。　⑨臭：气味的总称。

五行说以膻焦香腥朽五种气味为五臭,分配于五行:膻属木,焦属火,香属土,腥属金,朽属水。 ⑩户:堂室之门,这里指户神。古有五祀说,春祀户,夏祀灶,季夏祀中霤,秋祀门,冬祀井。 ⑪古人将动物的脾肺心肝肾五脏与五行、四时相配,以脾属木属春,故春季祭祀时第一道祭品就是脾脏。 ⑫苏:苏生。句谓冬眠昆虫开始震动复苏。 ⑬初春水解冻,鱼开始从深水层上升到浅水层的浮冰中游动,故云鱼上负冰。 ⑭獭:水獭,一种生活在水中,捕鱼为食的小兽。獭有将捕到的鱼陈列在岸边的习性,古人以为这是水獭的一种祭祀活动,称之为獭祭鱼。春季冰解鱼动,水獭又活跃捕鱼,古人常以獭祭鱼作为开始春季捕鱼的信号。 ⑮大雁是一种随季节变更而迁徙的候鸟,秋天从北方飞到南方过冬,春天又飞回北方繁殖后代,故此时候雁北。

　　天子衣青衣,乘苍龙①,服苍玉②,建青旗,食麦与羊③,服八风水④,爨萁燧火⑤。东宫御女青色衣⑥,青采,鼓琴瑟⑦,其兵矛,其畜羊。朝于青阳左个⑧,以出春令。布德施惠,行庆赏⑨,省徭赋。立春之日,天子亲率三公、九卿、大夫以迎岁于东郊⑩,修除祠位⑪,币祷鬼神⑫,牺牲用牡⑬,禁伐木,毋覆巢,杀胎夭⑭,毋麛毋卵⑮,毋聚众、置城郭⑯,掩骼埋骴⑰。

[注释]①苍龙:骏马名。古时马长八尺以上称为龙,马色青,故名苍龙。春季色青,故天子凡所服用一应青色,以顺时宜。 ②服:佩。 ③五行说以五谷(麦菽稷麻黍)、五畜(犬羊牛鸡猪)分配于五行:麦羊属木,菽鸡属火,稷牛属土,麻犬属金,黍猪属水,故春季食麦与羊。 ④服:食。八风水:用方诸承接的露水。古人认为露水自天而降,受八风所吹,故谓之八风水。 ⑤爨:炊。萁:木名。爨萁:以萁木为燃料做饭。燧火:用阳燧取火。 ⑥御女:宫中侍女。 ⑦鼓:弹奏乐器。 ⑧青阳:古皇宫东宫之名。个:正堂两旁的侧室。此云天子不同季节在不同宫殿视事,这是五行家理想的制度,不能视为史实。 ⑨庆:奖赏。 ⑩三公:古代辅佐天子的三个高级官

职。周代以太师、太傅、太保为三公,汉以丞相、太尉、御史大夫为三公。九卿:古代中央政府九个高级官职,名称代有变更。岁:时。迎岁:迎接时令、节气。古在立春、立夏、立秋、立冬之日分别到东南西北郊举行迎气仪式。 ⑪修:治。除:祭坛。祠:春祭为祠,后泛指祭祀。位:指祭鬼神之灵位。 ⑫币:祭祀时献给鬼神的玉帛等物。鬼神:人死精灵为鬼,天地之灵为神。 ⑬牺牲:供祭祀用的纯色牲畜。牡:雄性牲畜。 ⑭覆巢:捣毁禽兽的巢穴。夭:初生幼弱之动物。 ⑮麛:音mí,幼鹿,泛指幼兽。毋麛毋卵:不猎取幼兽及禽卵。 ⑯置:建。句谓春天农忙季节,不得在此时聚集民众从事建筑工程。 ⑰骼:枯骨。胔:肉未烂尽的残骨。

孟春行夏令,则风雨不时①,草木旱落②,国乃有恐。行秋令,则其民大疫,飘风暴雨总至③,黎莠蓬蒿并兴④。行冬令,则水潦为败,雨霜大雹,首稼不入⑤。

[注释]①不时:不合时宜。 ②旱落:因干旱而干枯落叶。 ③总:一并。 ④黎:众多。莠:草名,俗称狗尾草。亦泛指杂草。蓬、蒿:皆杂草名。 ⑤首稼:一年中最早收获的庄稼,或指麦,或指稷。入:收成。

正月,官司空①。其树杨②。

[注释]①司空:古代官名。此文每月有不同的当值官,大体反映各月主要的政务。 ②此文规定各月不同的当令树,大体与这些树木生长繁殖的时令有关,然亦有不少牵强附会之处。

仲春之月,招摇指卯,昏弧中①,旦建星中②。其位东方,其日甲乙,其虫鳞,其音角,律中夹钟,其数八,其味酸,其臭膻,其祀户,祭先脾。始雨水,桃李始华③,苍庚鸣④,鹰化为鸠。

[注释]①弧:星宿名,也叫弧矢,属井宿。形状像搭箭欲发的弯弓,故名。 ②建:星宿名,属斗宿。 ③华:开花。 ④苍庚:鸟名,即黄莺。 ⑤鸠:鸟名,古代指布谷鸟。古人认为鹰与鸠同类,春天鹰感时令变得喙爪柔和,不攫幼弱,如同鸠鸟。

天子衣青衣,乘苍龙,服苍玉,建青旗,食麦与羊,服八风水,爨其燧火,东宫御女青色衣,青采,鼓琴瑟,其兵矛,其畜羊,朝于青阳太庙①。命有司,省囹圄②,去桎梏③,毋笞掠④,止狱讼⑤。养幼小,存孤独⑥,以通句萌⑦。择元日⑧,令民社⑨。

[注释]①太庙:正堂,中厅。 ②囹圄:监狱。 ③桎梏:刑具名,足铐为桎,手铐为梏。 ④笞:用鞭、杖或竹板抽打。掠:拷问。笞掠:指拷打的刑罚。 ⑤狱讼:讼事,有关财物的争执叫讼,如以罪名相告叫狱。 ⑥孤独:少而无父者谓之孤,老而无子者谓之独。 ⑦句萌:草木初生。弯曲者为句,直者为萌。句谓春季主生长发育,故天子亦采取柔和仁慈政策,使万物能通达无阻地生长发育。 ⑧元日:吉日。 ⑨社:土地之神。这里当动词,指祭祀土地之神。

是月也,日夜分①,雷始发声,蛰虫咸动苏。先雷三日②,振铎以令于兆民曰③:"雷且发声④,有不戒其容止者,生子不备,必有凶灾⑤。"令官市,同度量⑥,钧衡石⑦,角斗称⑧,端权概⑨。毋竭川泽,毋漉陂池⑩,毋焚山林,毋作大事,以妨农功⑪。祭不用牺牲,用圭璧⑫,更皮币⑬。

[注释]①二月中值春分,是日昼夜平分。 ②先雷三日:在初雷前三日。 ③铎:古乐器名,形如大铃,对民众有所公布时,常摇动铎以引起注意,类似后世鸣锣通告。兆民:百姓。 ④且:将。 ⑤戒:检点。容止:容貌举

止,这里指男女交合之事。不备:指残废,不具备正常人的体貌、智力。迷信以为初雷时行房事,所生子女有聋哑等残疾,且有凶险之灾。 ⑥官市:由官府管理的市场。同:统一。度量:度量标准。 ⑦钧:同均,这里用作动词。衡石:代指重量标准。 ⑧角:校正,动词。斗称:指计量标准。 ⑨端:正,动词。概:量谷物时刮平斗斛的器具。 ⑩漉:使干涸。陂:蓄水的池塘。⑪大事:指征战等需要征调大量人力物力的事情。功:同工,事。农功:农事。⑫圭:古代举行重要仪式、祭祀时用作符信的玉器。 ⑬更:交替使用。

仲春行秋令,则其国大水,寒气总至,寇戎来征①。行冬令,则阳气不胜,麦乃不熟,民多相残②。行夏令,则其国大旱,暖气早来,虫螟为害。

[注释]①征:讨伐,征伐。 ②残:杀害,劫掠。

二月,官仓①,其树杏。

[注释]①仓:古代官名,掌管粮食。

季春之月,招摇指辰,昏七星中,旦牵牛中,其位东方,其日甲乙,其虫鳞,其音角,律中姑洗,其数八,其味酸,其臭膻,其祀户,祭先脾。桐始华①,田鼠化为鴽②,虹始见,萍始生③。

[注释]①桐:梧桐树。华:开花。 ②鴽:音 rú,鸟名,即鹌鹑,季春是鹌鹑活跃时期。古人认为此时田鼠化为鹌鹑。 ③萍:浮萍,一年生草本植物,常长在池塘中。

天子衣青衣,乘苍龙,服苍玉,建青旗,食麦与羊,服八风水,爨萁燧火,东宫御女青色衣,青采,鼓琴瑟。其兵矛,其畜羊。朝于青阳右个①。舟牧覆舟②,五覆五反,乃言具于天子③。天子焉始乘舟④,荐鲔于寝庙⑤,乃为麦祈实⑥。

[注释]①右个:正堂的右侧室。 ②舟牧:古代为天子管理船只的官员。覆舟:把船倒过来检查是否完好无漏。 ③具:备,准备就绪。 ④焉:通焉,兼词。 ⑤荐:荐享,进献祭品。鲔:鱼名,即鲟鱼。寝庙:宗庙。古代帝宗庙分前后两部分,前部分叫庙,是祭祀祖先的地方,后部分叫寝,是放置祖先衣冠的地方。 ⑥为麦祈实:祈求祖先保佑麦子丰收。

是月也,生气方盛,阳气发泄①,句者毕出,萌者尽达②,不可以内③。天子命有司发囷仓④,助贫穷⑤,振乏绝⑥,开府库⑦,出币帛,使诸侯,聘名士⑧,礼贤者。命司空,时雨将降,下水上腾⑨,循行国邑⑩,周视原野,修利堤防⑪,导通沟渎⑫,达路除道⑬,从国始,至境止。田猎毕弋,罝罘罗网⑭,喂毒之药⑮,毋出九门⑯。乃禁野虞⑰,毋伐桑柘⑱。鸣鸠奋其羽⑲,戴胜降于桑⑳,具扑曲筥筐㉑。后妃斋戒㉒,东乡亲桑㉓,省妇使,劝蚕事㉔。命五库㉕,令百工审金、铁、皮、革、筋、角、箭、干、脂、胶、丹、漆㉖,无有不良。择下旬吉日,大合乐,致欢欣。乃合累牛腾马,游牝于牧㉗。令国傩㉘,九门磔攘㉙,以毕春气㉚。

[注释]①生气:万物生长之气。发泄:散布。 ②达:指幼苗出土。二句谓无论句者萌者,凡当生之物均已出生。 ③内:音nà,同纳,收敛,纳藏。句谓季春时令是向外发泄,所以此时不能做收敛纳藏之事,以免违逆时令。下文即天子顺应时令而采取的施政措施。 ④发:打开。囷(音qūn)仓:粮

仓。古制粮仓圆形的叫囷,方形的叫仓。　⑤贫穷:没有钱财,无依无靠的人。　⑥振:通赈,救济。乏绝:指生活上陷入临时性穷困境地,接济不上。⑦府库:官府贮存财物的仓库。　⑧聘:探访。　⑨下水:地下水。与天上降雨相对,指江河湖泊及泉水等等。上腾:指雨季江河水位上升,泉水涌出。⑩循:巡视。国邑:都城。　⑪修利:修整妥善。堤防:挡水的土坝。⑫渎:沟渠。　⑬达:通畅,这里是使动用法。除:整治,清扫。　⑭毕:用以捕捉禽兽的长柄网。弋:音yì,用丝绳系箭射飞鸟,这里作名词,指弋射用具。罝:音jū,猎捕野兔用的网。罦:音fú,也是一种捕兔用的网。毕弋罝罦罗网:泛指各种田猎用具。　⑮喂毒之药:诱捕动物的毒饵。　⑯九门:古代都城有九门出入,故以九门代指都城。　⑰野虞:官名,主管田野及山林。⑱柘:落叶灌木或乔木,叶子可以喂蚕。　⑲鸣鸠:即斑鸠鸟。奋:拍打。⑳戴鵀(音rén):鸟名,也叫戴胜,状似雀,头有五色冠,故名。　㉑扑曲:蚕箔,养蚕的器具,也叫曲簿,用芦苇或细竹织成方形的廉箔,用以育蚕。筥筐:装桑叶用的竹筐,圆底的为筥,方底为筐。　㉒斋戒:在祭祀等庄重活动前沐浴更衣,戒酒荤、独居以整洁身心,以示虔诚的活动。　㉓乡:向。亲桑:亲自到桑田劳动。　㉔省:视察。使:事。妇使:指妇女各项职事。劝:勉励。㉕五库:贮藏财物的五类仓库,一曰车库,二曰兵库,三曰祭器库,四曰乐器库,五曰宴器库。这里指掌管五库的官员。　㉖百工:各种工匠的总称。审:弄清楚,查核。革:去毛并经过加工的兽皮,可制甲胄等。筋:动物肌腱,或骨头上的韧带,可作弓弩弦,故亦为古代必储之物。干:做器物的材料。脂:油膏,用动物脂肪等煎熬而成。胶:以动物角或皮制成的用以粘合器物的物质。丹:朱砂。漆:用树脂制造的涂料。　㉗㹩:交配期的公牛。腾马:交配期的公马。㹩、腾分别形容公牛公马的情态。游牝:母畜,尤指发情期的母畜。母畜发情时喜游走觅偶,故称游牝。　㉘傩:古时驱除疫鬼的仪式。　㉙磔:分裂牲牺以祭神叫磔。攘:通禳,去邪除恶的祭祀活动。　㉚几句谓令国都内举行驱除疫鬼的仪式,在九个城门分裂牺牲祭神,祈求神灵保佑,去邪除恶,以结束春季时令。

行是月令,甘雨至三旬①。季春行冬令,则寒气时发,草木皆肃②,国有大怨。行夏令,则民多疾疫,时雨不降,山陵不登③。行秋令,则天多沉阴④,淫雨早降,兵革并起⑤。

[注释]①甘雨:及时雨。 ②肃:萎缩。 ③登:成熟。山陵不登:指山上所有出产,如木材、禽兽等皆不能长成。 ④沉阴:浓云密布的天气。⑤兵革:代指战争。

三月,官乡①,其树李。

[注释]①乡:古代行政区域。这里是指管理乡间事务的官职,如乡官、乡大夫之类。

孟夏之月,招摇指巳,昏翼中,旦婺女中,其位南方,其日丙丁,盛德在火,其虫羽①,其音徵,律中仲吕,其数七②,其味苦,其臭焦③,其祀灶④,祭先肺。蝼蝈鸣⑤,丘蚓出,王瓜生⑥,苦菜秀⑦。

[注释]①羽:羽虫,指鸟类,其代表是凤凰。 ②五行家谓火在五行中排行第二,以二加五行之数五,故七为火之数。 ③焦:指火烧物体发出的气味。 ④灶:灶神。汉以前于夏季祭祀灶神,汉以后逐渐改为腊月二十三或二十四日祭灶。 ⑤蝼蝈:昆虫名,也叫蝼蛄。 ⑥王瓜:多年生草本植物,也叫栝楼。 ⑦苦菜:野菜名,也叫荼,苦苣等。嫩茎叶可食。秀:指草木开花。

天子衣赤衣,乘赤骝①,服赤玉,建赤旗,食菽与鸡,服八风水,爨柘燧火。南宫御女赤色衣,赤采,吹竽笙②。其兵戟③,其畜鸡,朝于明堂左个④,以出夏令。立夏之日,天子亲率三公、九卿、大夫以迎岁于南郊。还，乃赏赐，封诸侯，修礼乐⑤，飨左右⑥。命太尉⑦，赞杰俊⑧，选贤良，举孝悌⑨，行爵出禄⑩，佐天长养⑪，继修增高，无有隳坏⑫。毋兴土功，毋伐大树，令野虞，行田原，劝农事，驱兽畜，勿令害谷，天子以彘尝麦，先荐寝庙⑬。聚畜百药⑭，靡草死，麦秋至⑮，决小罪，断薄刑。

[注释]①赤骝：骏马名，黑鬣，黑尾，全身红色，故名。 ②竽笙：皆古代管乐器，形状相似，而竽较大，管数较多。 ③戟：古兵器名，合戈矛为一体，既可直刺，又可横击。 ④明堂：上古帝宫南宫之名。 ⑤修：学习，练习。 ⑥飨：犒赏。左右：指天子身边近臣。 ⑦太尉：官名，主管军事。 ⑧赞：选拔，推举。杰、俊：都是指才智超群。 ⑨孝悌：孝顺父母为孝，敬爱兄长为悌。 ⑩禄：官职。 ⑪佐天长养：春生夏长，故夏天天子施政当顺应天时，帮助上天长养之功。 ⑫修：长。隳：毁坏。 ⑬尝：祭祀。是月麦新熟，天子将新麦与猪一起作为祭品先祭祀于宗庙，表示先请祖宗尝新。 ⑭畜：同蓄。百药：指各种药草。 ⑮麦秋：麦子成熟。谷熟为秋。

孟夏行秋令，则苦雨数来①，五谷不滋，四邻入保②。行冬令，则草木早枯，后乃大水，败坏城郭。行春令，则螽蝗为败③，暴风来格④，秀草不实。

[注释]①苦雨：指不合时令的雨水。 ②四邻：泛指四方人民。入保：指人民饥荒，涌入都城求生。 ③螽：音 zhōng，昆虫名，属蝗虫一类。败：为害农作物。 ④格：来，至。

四月，官田①，其树桃。

[注释]①田：田官，即农官，古代官名，主管农业、税收。

仲夏之月,招摇指午,昏亢中,旦危中,其位南方,其日丙丁,其虫羽,其音徵,律中蕤宾,其数七,其味苦,其臭焦,其祀灶,祭先肺。小暑至,螳螂生①,䴗始鸣②,反舌无声③。

[注释]①螳螂:昆虫名。前脚呈镰刀状,捕食害虫。初夏螳螂大量繁殖,故云四月螳螂生。 ②䴗:音jú,鸟名,即伯劳鸟,也叫杜鹃。 ③反舌:鸟名,也叫百舌鸟,鸣声婉转。似模仿百鸟之音,夏至后不再鸣叫,故云反舌无声。

天子衣赤衣,乘赤骝,服赤玉,载赤旗①,食菽与鸡,服八风水,爨柘燧火。南宫御女赤色衣,赤采,吹竽笙。其兵戟,其畜鸡,朝于明堂太庙。命乐师②,修鼗鞞琴瑟管箫③,调竽篪④,饰钟磬⑤,执干戚戈羽⑥,命有司,为民祈祀山川百源,大雩帝⑦,用盛乐。天子以雏尝黍⑧,羞以含桃⑨,先荐寝庙。禁民无刈蓝以染⑩,毋烧灰⑪,毋暴布⑫,门间无闭,关市无索⑬。挺重囚⑭,益其食,存鳏寡,振死事⑮,游牝别其群⑯,执腾驹⑰,班马政⑱。日长至,阴阳争⑲,死生分⑳,君子斋戒,慎身无躁,节声色,薄滋味㉑,百官静,事无径㉒,以定晏阴之所成㉓。鹿角解,蝉始鸣,半夏生,木堇荣㉔,禁民无发火㉕。可以居高明㉖,远眺望,登丘陵,处台榭㉗。

[注释]①载:设置。 ②乐师:古代掌管音乐政教的官。 ③鼗:音táo,古乐器名,也叫鼓,是一种带柄的两旁有环的小鼓。持柄摇动,两环撞击鼓面而发声,犹今之拨浪鼓。鞞:音pí,古代的一种军鼓。管:簧管乐器名。箫:管乐器名,以若干长短不同的竹管编排而成者叫排箫,单管直吹者叫洞

箫。　④篪:音chí,古管乐器名,用竹制成,单管横吹,常用于雅乐。　⑤钟,古击乐器,用青铜制造,悬于架上,以槌击发音。磬:古击乐器,用石或玉制成,悬于架上演奏。　⑥干:盾牌。戚:古代兵器,形似大斧。戈:古兵器名,可用以横击及钩杀。羽:指舞羽,古代乐舞用的舞具,用野鸡尾羽束于竿上,执而舞之。　⑦雩:音yú,祈求上天降雨的祭祀仪式。因旱求雨,故雩也称为旱祭。帝:天帝。　⑧雉:鸟名,俗称野鸡。　⑨羞:进献。含桃:樱桃。　⑩蓝:蓝草,一种草本植物。古人用其叶子制成蓝色染料。春天蓝草长出嫩枝新叶,五月从苗圃刈下嫩枝,移于田中种植,故此时禁止刈蓝草制染料,以保护蓝草资源。　⑪灰:指石灰。烧石灰须用树木为燃料,而此时树木尚在生长结实,不是砍伐的最好时机,故禁止于此时伐木烧石灰,以保护树木生长。　⑫暴:同曝,晒。布:麻、苎、葛等织物的通称。古时织成的布匹经过染色后要晒干。但此月酷暑,阳光太猛,布匹暴晒容易损坏,故告诫此月勿暴布。　⑬索:索取,指征税。　⑭挺:放宽,减轻。　⑮振:通赈。死事:效忠国家而死,多指为国战死。　⑯季春之月母畜与公畜在一起放牧,以使它们适时交配。至仲夏母畜已怀胎,为了保护受孕母畜不受骚扰,此时将受孕母畜与其他畜群分开放牧。　⑰执:拘系,管束。腾驹:指到了调教年龄的公马。古代重视牧马业,执腾驹标志马匹成年,故往往举行郑重其事的仪式。　⑱班:通颁。马政:有关养马的政令。　⑲夏至乃阳之极阴之始,故云阴阳争。　⑳春夏阳主生,秋冬阴主杀,夏至正是两者的分界线。　㉑薄:轻,这里是意动用法。滋味:指饮食美味。　㉒䣛:偏激。指处事任从一己之意。句谓百官宜心意恬静,处事不应偏激任性。　㉓晏:安逸。阴性静,故云晏阴。　㉔木堇:即木槿,一种落叶灌木。　㉕发火:生火。仲夏阳极盛而衰,故此时不要在野外生火,以免使阳气太盛。　㉖高明:高而明敞处。　㉗台榭:用土堆成高而平的建筑叫台,在台上盖的高屋叫榭。此以台榭泛指高耸的建筑物。

仲夏行冬令,则雹霰伤谷①,道路不通,暴兵来至。行春令,则五谷不孰,百螣时起②,其国乃饥。行秋令,则草木零落,果实蚤成,民殃于疫。

[注释]①霰:下雪前降的小雪珠。 ②螣:音 té,昆虫名,一种食禾苗的害虫。百螣:泛指各种为害庄稼的害虫。

五月,官相①,其树榆。

[注释]①相:音 xiàng,官名,辅佐人主统理各种事务。此月万物生长,需佐其成,故官相。

季夏之月,招摇指未,昏心中,旦奎中,其位中央,其日戊己,盛德在土①,其虫臝②,其音宫,律中百钟③,其数五④,其味甘,其臭香,其祀中霤⑤,祭先心。凉风始至,蟋蟀居奥⑥,鹰乃学习⑦,腐草化为蚈。⑧

[注释]①盛德:旺气。古代将五行配于方位及四季,中央土所属季节说法不一。 ②臝:通倮,裸。此指身无羽毛鳞甲的动物,其代表是人。③百钟:即林钟。 ④其数五:五行家谓土在五行中排行第五,而五行之数亦五,故五为土之数。 ⑤霤:音 liù,屋檐水。中霤:上古圆形土屋,正中置炉灶,屋顶有天窗,用以排烟、通风、采光,雨时水自此流下,故谓之中霤。后亦指室之中央。作为五祀之一,中霤代表宅神。 ⑥奥:指房屋的西南角。⑦春季柔和,彼时鹰化为鸠,仁而不鸷,季夏之月秋气将至,鹰开始学习搏杀。
⑧蚈:昆虫名。古书中常指萤火虫,有时也指马陆,即百足虫。萤火虫与马陆皆生活于草丛中,有昼伏夜出的习性。马陆还以腐草为食。古人不明昆虫繁殖之理,误以为皆腐草所化。而腐草所化虫为蚈,此地以为萤火虫为腐草所化,则以萤为蚈;彼地以为马陆为腐草所化,则以马陆为蚈,遂有两称。

天子衣黄衣,乘黄骝①,服黄玉,建黄旗。食稷与牛,服八风水,爨柘燧火,中宫御女黄色衣,黄采,其兵剑,其畜牛,朝于中宫。乃命渔人,伐蛟取鼍②,登龟取鼋③。令滂人,入材苇④。命四监大夫⑤,令百县之秩刍⑥,以养牺牲,以供皇天上帝、名山大川、四方之神、宗庙社稷⑦,为民祈福行惠,令吊死问疾,存视长老⑧,行粥鬻⑨,厚席蓐⑩,以送万物归也⑪。命妇官染采⑫,黼黻文章⑬,青黄白黑,莫不质良,以给宗庙之服⑭,必宣以明⑮。

[注释]①黄骝:骏马名,全身黄色,故名。 ②渔人:官名,掌管渔业,也叫渔师。鼍:音tuó,爬行动物名,也叫扬子鳄,体长可达丈余,穴居江河岸边。 ③登:取。鼋,音yuán,爬行动物名,也叫甲鱼,似龟而背甲有软皮。 ④澤人:官名,掌管池泽。入:纳。材苇:可作材用的芦苇茎条。 ⑤四监大夫:官名,主管山林川泽。 ⑥令:聚。秩:例规。刍:喂牲口的草料。秩刍:指各地每年例行向朝廷缴交的草料。 ⑦社:土地之神。稷:五谷之神。土地粮食乃一国之本,故以社稷为国家政权的标志。 ⑧存:抚养。视:问候。 ⑨行粥鬻:用麸皮、米粥救赈饥荒。 ⑩蓐:草席,草垫。 ⑪季夏近秋,趋于肃杀死亡,故季夏之政令亦重处理老人事务,以使老人度好晚年。上文"行惠"以下皆使老人顺时而归的措施。 ⑫妇官:古代女官,掌管妇女纺织等事宜。采:同彩,彩色布帛。 ⑬黼:音fǔ,黑白相间如斧形的条纹。黻:音fú,青黑相间如亚形的花纹。文:青与赤相配的色彩或花纹。章:赤与白相配的色彩或花纹。 ⑭给:供应。服:使用。 ⑮宣:周遍,指数量充足。明:鲜明,指质地优良。

是月也,树木方盛,勿敢斩伐,不可以合诸侯,起土功,动众兴兵,必有天殃。土润溽暑①,大雨时行,利以杀草粪田畴,以肥土疆②。

[注释]①润:潮湿。溽:音rù,闷热。溽暑:指盛夏湿热的气候。 ②粪:施肥。田畴、土疆:皆指农田。

季夏行春令,则谷实解落,多风欬①,民乃迁徙。行秋令,则丘隰水潦②,稼穑不孰,乃多女灾④。行冬令,则风寒不时,鹰隼蚤挚⑤,四鄙入保。

[注释]①欬:音 kài,咳嗽。风欬:因受暑热而引起的咳嗽。 ②隰:音 xí,低湿之地。潦,通涝。 ③稼:种植谷物。穑:音 sè,收获谷物。稼穑:泛指各种农作物。 ④女灾:指女人不能受孕或孕而不育的灾害。 ⑤隼:音 sǔn,鸟名,凶猛善飞,常袭击其他鸟类。挚:攫取。按正常时令,此时鹰开始学习搏击,如行冬令,阴气过盛,鹰隼遂提早攫取。

六月,官少内①,其树梓。②

[注释]①少内:官名,主管宫中府藏。此月主收纳,故官少内。 ②梓:落叶乔木名。

孟秋之月,招摇指申,昏斗中,旦毕中,其位西方,其日庚辛,盛德在金,其虫毛①,其音商,律中夷则,其数九②,其味辛,其臭腥,其祀门③,祭先肝。凉风至,白露降,寒蝉鸣④,鹰乃祭鸟⑤,用始行戮。⑥

[注释]①毛:毛虫,指兽类,古以麒麟为毛虫的代表。 ②五行家谓金在五行中排行第四,而五行之数五,两数相加为九。是为金之数。 ③门:指宅门之神。 ④寒蝉:蝉的一种,秋初开始鸣叫,比夏蝉体小,翅膀透明。 ⑤鹰在捕到猎物进食时常有左顾右盼的动作,以防其他动物来抢,古人以为这是鹰秋天开始捕杀禽鸟时的祭祀仪式,如同獭祭鱼一样。 ⑥戮:杀。

天子衣白衣,乘白骆①,服白玉,建白旗,食麻与犬②,服八风水,爨柘燧火,西宫御女白色衣,白采,撞白钟③,其兵弋,其畜狗。朝于总章左个④,以出秋令。求不孝不悌,戮暴傲悍而罚之⑤,以助损气⑥。立秋之日,天子亲率三公、九卿、大夫以迎秋于西郊⑦。还,乃赏军率武人于朝⑧,命将率,选卒厉兵⑨,简练桀俊⑩,专任有功⑪,以征不义,诘诛暴慢⑫,顺彼四方⑬。命有司,修法制,缮囹圄,禁奸塞邪,审决狱,平词讼⑭。天地始肃,不可以赢⑮。是月农始升谷⑯,天子尝新,先荐寝庙。命百官,始收敛⑰,完堤防⑱,谨障塞,以备水潦⑲,修城郭,缮宫室。毋以封侯,立大官,行重币⑳,出大使㉑。

[注释]①骆:白身黑鬣的马。 ②麻:大麻,上古属谷类植物,用作食用,后渐以榨油。 ③白钟:白色的乐钟。 ④总章:皇宫西宫之名。⑤悌:敬重兄长。戮暴:残暴嗜杀。 ⑥损气:阴气。阴气主杀伤,故称损气。句谓秋天时令肃杀,天子施政应严厉肃杀,以顺应阴气用事的时令。 ⑦迎秋:与上文迎岁同义,迎接秋天节气。 ⑧率:通帅。军率:军队将领。武人:勇武之人。 ⑨选卒:挑选精悍士卒。厉:磨刀石,这里作动词用。厉兵:磨利武器。 ⑩简练:精选训练。 ⑪专任:充分信任。 ⑫诘:讯问,追究。诛:惩罚。暴慢:凶恶傲慢的人。 ⑬顺:归顺。这里是使动用法。四方:代指天下。 ⑭平:理。词讼:诉讼。 ⑮肃:通缩。赢相对,指衰减、收缩、肃杀、严酷的性质,配于时令,则属秋冬。赢与缩相对,指生长、兴盛、宽松的性质,配于时令,则属春夏。句谓秋天时令转向肃杀,施政亦如是,不可再用宽缓,以免违背天时。 ⑯升:成熟。升谷:庄稼收获。 ⑰敛:赋税。 ⑱完:加固,修缮。 ⑲谨:通墐,用泥土堵塞。障、塞:这里指堤防一类的水利设施。此月农事已接近尾声,始宜土功。 ⑳币:金钱玉帛。行重币:指重赏于人。 ㉑大使:指帝王特派的代表帝王的使节。

行是月令,凉风至三旬。孟秋行冬令,则阴气大盛,介虫败谷①,戎兵乃来。行春令,则其国乃旱,阳气复还,五谷无实。行夏令,则冬多火灾,寒暑不节②,民多虐疾③。

[注释]①介:甲壳。介虫:这里指各种有甲壳的危害庄稼的昆虫。五行家以为介虫属冬,秋行冬令则甲虫兴盛,损害庄稼。 ②节:时。寒暑不节:指当寒不寒,不当暑而暑。 ③疟疾:一种由疟原虫引起的急性传染病,症状多发冷发热,与寒暑不节相应,故古人认为寒暑不节可致疟疾。

七月,官库①,其树楝②。

[注释]①库:官名,掌管军械仓库。 ②楝:一种落叶乔木。

仲秋之月,招摇指酉,昏牵牛中,旦觜觿中。其位西方,其日庚辛,其虫毛,其音商,律中南吕,其数九,其味辛,其臭腥,其祀门,祭先肝。凉风至,候雁来①,玄鸟归②,群鸟翔③。

[注释]①此时大雁从北方飞到南方过冬。 ②玄鸟:燕子。因身黑色,故称玄鸟。燕子也是候鸟,春天飞到北方,秋天飞到南方。 ③翔:鸟翅膀不动,借助风力、气流盘旋地飞行。

天子衣白衣,乘白骆,服白玉,建白旗,食麻与犬,服八风水,爨柘燧火,西宫御女白色衣,白采,撞白钟,其兵戈,其畜犬。朝于总章太庙。命有司,申严百刑①,斩杀必当,无或枉挠②。决狱不当,反受其殃。

[注释]①申严:严明。百刑:指各种刑罚规则。 ②挠:音náo,弯曲。枉挠:指违法曲断使人受冤屈。

是月也,养长老,授几杖①,行糜鬻饮食。乃命宰祝②,行牺牲③,案刍豢④,视肥臞全粹⑤,察物色⑥,课比类⑦,量小大,视少长,莫不中度。天子乃傩,以御秋气,以犬尝麻,先荐寝庙。是月可以筑城郭,建都邑⑧,穿窦窖⑨,修囷仓。乃命有司,趣民收敛畜采⑩,多积聚,劝种宿麦⑪。若或失时,行罪无疑。

[注释]①几:音 jī,矮小的桌子,放在坐位之侧可供凭靠休息。几杖:几案与手杖,供老人平时休息和走路时扶持之用。古以赐几杖为敬老之礼。②宰:官吏的通称,这里是指主管祭祀事宜的官员。祝:太祝,官名,掌管祭祀祈祷之事。 ③行:巡视,检查。 ④案:检查。刍豢:以草料喂养的牲畜如牛、羊等称刍,以谷物喂养的牲畜如狗、猪等称豢,这里是指各种用作祭祀的牲畜,用来祭祀宗庙的叫刍豢,用来祭祀山川的叫牺牲,通言之曰牺牲。 ⑤臞:音 qú,清瘦。全:指躯体完好无损。粹:指毛色精纯无杂。句谓察看牺牲的肥瘦程度、躯体是否完好,毛色是否纯正。 ⑥物色:形状。 ⑦课:考查,审核。比:考核,比较。类:法式,定例。句谓审核牺牲的各项指标是否符合标准。 ⑧都邑:有国君祖先宗庙的大城为都,没有国君祖先宗庙的城市为邑。 ⑨窦:下水道。窖:藏物之地穴。 ⑩趣:催促。畜:通蓄。 ⑪宿麦:秋天种植次年夏天收获的麦子。

是月也,雷乃始收,蛰虫培户①,杀气浸盛②。阳气日衰,水始涸。日夜分③。一度量,平权衡,正钧石④,角斗称,理关市⑤,来商旅,入货财,以便民事⑥。四方来集,远方皆至,财物不匮⑦,上无乏用,百事乃遂。

[注释]①培户:修整洞穴。户:洞穴。 ②浸:逐渐。 ③日夜分:八月秋分,是日日夜平分。 ④正:校正。 ⑤关市:物资集散交易处,犹今市场。 ⑥民事:指人民日常生活。 ⑦匮:缺乏。

仲秋行春令,则秋雨不降,草木生荣①,国有大恐。行夏令,则其国乃旱,蛰虫不藏,五谷皆复生。行冬令,则风灾数起,收雷先行②,草木蚤死。

[注释]①荣:花。句谓秋行春令,阳气复生,故草木再次开花。②行:走,离去。收雷先行:意谓仲秋之时雷开始停止发声,尚未完全伏藏。如行冬令,阴气盛,致使秋雷提前伏藏。

八月,官尉①,其树柘。

[注释]①尉:古代武官之通称。

季秋之月,招摇指戌,昏虚中,旦柳中,其位西方,其日庚辛,其虫毛,其音商,律中无射,其数九,其味辛,其臭腥,其祀门,祭先肝。候雁来,宾雀入大水为蛤①,菊有黄华,豺乃祭兽戮禽②。

[注释]①宾雀:麻雀。常居人家屋檐下,故称宾雀。蛤:一种有甲壳的软体动物,产于江河湖海。古人以为雀跃进海中就变成蛤。②豺:野兽名,形似犬,性凶猛。古人常以豺为凶残的同义词。祭兽:豺有时得到猎物较多或因贮存食物需要,将猎物陈列于洞穴周围,古人以为这是豺秋天开始捕杀禽兽时的一种祭祀活动。

天子衣白衣,乘白骆,服白玉,建白旗,食麻与犬,服八风水,爨柘燧火,西宫御女白色衣,白采,撞白钟,其兵戈,其畜犬,朝于总章右个。命有司,申严号令①,百官贵贱,无不务入,以会天地之藏②,无有宣出③。乃命冢宰④,农事备收,举五谷之要⑤,藏帝籍之收于神仓⑥。

[注释]①申严:严明,清楚地说明,严格地执行。 ②务:致力,从事。入:纳藏。会:合。 ③宣:散。 ④冢宰:周代官名,辅佐天子总理百政。后世以冢宰为宰相的代称。 ⑤举:提出,上报。要:会计的账簿。举五谷之要:统计、报送五谷收成及赋税缴纳情况的账簿。 ⑥帝籍:指皇帝的籍田,古代帝王名义上亲自耕种的农田。这些田实际上仍征用民力耕作,其收获用以祭祀宗庙。每逢春耕时节,帝王要亲自到籍田象征性地劳动一下,以寓劝农之意。神仓:专门贮藏祭祀用粮食的仓库。

是月也,霜始降,百工休①,乃命有司曰:寒气总至,民力不堪,其皆入室②,上丁入学习吹③,大飨帝,尝牺牲④,合诸侯,制百县⑤。为来岁受朔日⑥,与诸侯所税于民轻重之法⑦,贡岁之数,以远近土地所宜为度⑧。乃教于田猎,以习五戎⑨,命太仆及七驺⑩,咸驾戴荏⑪,授车以级⑫,皆正设于屏外⑬,司徒搢朴⑭,北向以赞之⑮。天子乃厉服广饰⑯,执弓操矢以猎。命主祠祭禽四方⑰。

[注释]①百工:各种工匠的总称。休:休止。 ②其:副词,表示一种希望语气,犹"应当"。入室:从野外进入室内。 ③上丁:每月上旬的丁日。学:学校。习吹:学习吹奏乐器。古时举行各种祭祀活动均需举乐,故学习吹奏成为普遍需要,此时天寒农闲,正是习乐时机。 ④飨:祭奉。尝:祭祀名,秋祭曰尝。尝牺牲:杀牺牲祭祀。 ⑤制:统治,指挥。百县:泛指全国地方行政区域。周代以县监郡,县是中央以下最大的行政区域。 ⑥受:通授。朔日:农历每月初一日。是日月亮位于太阳与地球之间,地面看不到月亮,所以确定哪一天为朔日便是历书的重要内容,故此以朔日作为历书的代称。 ⑦诸侯在受封土地范围内征收赋税以为己用,这种赋税的轻重程度由中央政府确定。故此言确定诸侯来年赋税轻重的规则。 ⑧句谓诸侯每年向天子进贡纳赋的数量,则根据距离京都的远近以及土地的不同情况来确定。距京

都近者赋税量重,远者赋税量轻,土地肥沃者赋税量重,瘦瘠者量轻。 ⑨五戎:指刀、剑、矛、戟、矢五种兵器,但说法不一。 ⑩太仆:官名,掌管皇帝车马。驺:主管驾车马的侍从官员。周制天子驾用六马,每匹马都有一名驺官主管,另有一人总管六马,故以七驺统称掌管天子车马的官吏。 ⑪戴:通载。茬:乃旌字之误。指用牦牛尾和彩色鸟羽作旗杆装饰的旗。 ⑫句谓对侍从田猎的官员依照不同官阶级别赐予车马。 ⑬正:整。设:陈列。屏:对着门的小墙,起挡风和遮蔽作用。古代天子的屏墙设在门外。 ⑭司徒:官名,在周代是主管教化之官。搢:插。朴:通扑,打人的器械,如藤条、鞭子之类。 ⑮赞:在祭祀、典礼时作司仪,唱读仪式,指挥人行礼。 ⑯厉服:严肃威严的服装,如戎服。广饰:在平常佩饰外增加田猎所需的佩饰。 ⑰主祠:主管祭祠的官。祭禽四方:将禽兽作为祭品祭祀四方之神,以报答神灵保佑天子田猎满载而归。

是月草木黄落,乃伐薪为炭,蛰虫咸俯①。乃趋狱刑②,毋留有罪,收录秩之不当,供养之不宜者③。通路除道,从境始,至国而后已④。是月,天子乃以犬尝麻,先荐寝庙。

[注释]①咸:悉,全部。 ②趋:音 cù,通趣,催促。 ③收:收回,撤销。禄秩:俸禄。 ④国:国都。季春万物皆出不可以内,故通路除道自国都始至边境止。季秋蓄藏不可以外,故通路除道从国境始至都城止。

季秋行夏令,则其国大水,冬藏殃败①,民多鼽窒②。行冬令,则国多盗贼,边竟不宁③,土地分裂。行春令,则暖风来至,民气解堕④,师旅并兴⑤。

[注释]①冬藏宜干燥,行夏令则多雨潮湿,冬藏之物变质毁坏。 ②鼽:音 qiú,鼻塞不通。窒:也是堵塞不通的意思。 ③竟:同境。 ④解:通懈。堕:通惰。秋天当严肃,而春天宽松,秋行春令则宽松之气袭人,人民

乃懈怠懒惰。　⑤师、旅:皆古代军队建制单位。二千五百人为一师。旅的人数则说法不一。此以师旅为军队的代称。并:普遍,到处。

九月,官候①,其树槐。

[注释]①候:古代官职,凡迎送宾客之官、负责侦探之官都可称为候官。

孟冬之月,招摇指亥,昏危中,旦七星中,其位北方,其日壬癸,盛德在水,其虫介①,其音羽,律中应钟,其数六②。其味咸,其臭腐③,其祀井④,祭先肾。水始冰,地始冻,雉入大水为蜃⑤,虹藏不见⑥。

[注释]①介:介虫,有甲壳的动物,古以龟为介虫的代表。　②五行家谓水在五行中排行第一,而五行之数为五,两数相加为六,故为水之数。③腐:腐败的气味。　④井:指水井之神。　⑤蜃:音 shèn,大蛤为蜃。古人认为雉飞入大江河中就变成蜃。　⑥见:音 xiàn,同现。古人认为虹是阴阳二气相持的产物,冬阴盛阳衰,故虹不出现。

天子衣黑衣,乘玄骊①,服玄玉,建玄旗,食黍与彘,服八风水,爨松燧火。北宫御女黑色衣,黑采,击磬石②,其兵铩③,其畜彘,朝于玄堂左个④,以出冬令。命有司,修群禁⑤,禁外徙,闭门闾,大搜客,断罚刑,杀当罪,阿上乱法者诛⑥。立冬之日,天子亲率三公、九卿、大夫以迎岁于北郊。还,乃赏死事,存孤寡⑦。

[注释]①骊:音 lí,黑色的马。　②磬石:指磬一类石制乐器。　③铩:音 shā,兵器名,即长矛。　④玄堂:皇宫北宫之名。　⑤修:修订,审定。

⑥阿:音ē,迎合。　⑦赏死事:褒奖为国捐躯的烈士。存:抚养。

是月,命太祝,祷祀神位,占龟策①,审卦兆②,以察吉凶。于是天子始裘③,命百官,谨盖藏,命司徒,行积聚,修城郭,警门闾④,修楗闭⑤,慎管籥⑥,固封玺⑦,修边境,完要塞⑧,绝蹊径⑨,饬丧纪⑩,审棺椁衣衾之薄厚⑪,营丘垄之小大高痺⑫,使贵贱卑尊各有等级。

[注释]①占:视,察看。龟策:古人预测未来吉凶采用的占龟和占筮的方法。占龟也叫卜,用火烧灼龟甲,根据裂纹来预测吉凶。占筮用蓍草推演卦象以定吉凶,所用蓍草叫策。　②卦:占筮时用蓍草推演排列的一种符号。一卦由三爻组成,爻分阴阳,阳爻符号是"——",阴爻符号是"— —"。根据《周易》,有八个基本卦,八卦自选互选可成六十四卦,占筮则根据这些卦象变化来定吉凶。兆:占卜时龟甲灼后形成的裂纹。　③裘:皮衣。古代尊卑等级森严,冬天尊者先穿上皮衣,卑者才能穿。天子最尊,故最先穿皮衣。④警:戒备。闾:乡里之门。门闾:泛指城门。　⑤楗:音jiàn,关门的木闩。闭:门闩上的插孔。　⑥管籥(音yuè):锁匙,古时以竹为之。　⑦玺:印章。先秦凡印皆可称玺,秦汉后成为皇帝用印的专称。封玺:重要物资、书函在运输、传递时在包装结合处加封,然后在封口加盖印章。加封之印章为封玺。⑧完:修筑,完成。要塞:形势险要设防处。　⑨蹊径:小路。句谓堵塞大道之外的小路,以使关卡要塞确实能起到封闭作用。　⑩饬:整顿。丧纪:治丧的礼节、规矩。　⑪审:确定。椁:套在棺材外面的外棺。衾:覆盖尸体的单被。　⑫营:度,规定标准。丘垄:坟墓,小曰丘,大曰垄。痺:通庳,低下。

是月也,工师效功①,陈祭器,案度程②,坚致为上③。工事苦慢④,作为淫巧⑤,必行其罪。

[注释]①工师:主管百工的官。效:呈献。效功:令百工呈献所制产品,以考核功效。　②案:通按,检查。度、程:都是法度、规章的意思。句谓

检查祭器款式、规格、质量是否符合标准。　③坚:牢固。致:细密精致。　④工事:制作。苦:音gǔ,通盬,粗劣。慢:轻率。　⑤作为:制作。淫巧:过度奇巧,虚浮不实。

是月也,大饮蒸①,天子祈来年于天宗②,大祷祭于公社,毕,飨先祖③。劳农夫,以休息之④。命将率讲武,肄射御⑤,角力劲⑥。乃命水虞渔师⑦,收水泉池泽之赋,毋或侵牟⑧。

[注释]①蒸:通烝,祭名。古礼:天子于冬季召诸侯、文武百官盛宴,同时举行隆重的祭祀仪式,答谢神灵赐给今年收成,祈求来年福祥,这就叫大饮蒸。　②天宗:天神。或以日月星辰为天宗,或以天地及春夏秋冬四时为天宗。　③公社:天子祭祀天地鬼神处。句谓先祭祀天地鬼神,再祭祀祖先宗庙。依古礼,祭祀天地鬼神为公祭,祈求庇佑一国之民,祭祀先祖乃国君为私祭,祈求庇佑国君一族。先公祭后私祭,取先公后私之意。　④劳:音lào,慰劳。休息之:使农夫得到休息。　⑤讲:训练。肄:音yì,练习。射御:指射箭和驾驭车马。　⑥角:较量。劲:强。　⑦水虞:官名,掌管水泽。渔师:官名,掌管渔业。　⑧牟:贪取,侵夺。

孟冬行春令,则冻闭不密,地气发泄,民多流亡。行夏令,则多暴风,方冬不寒①,蛰虫复出。行秋令,则雪霜不时,小兵时起,土地侵削。

[注释]①方:正当。

十月官司马①,其树檀②。

[注释]①司马:官名,掌管军事。　②檀:一种落叶乔木。

仲冬之月,招摇指子,昏壁中,旦轸中,其位北方,其日壬癸,其虫介,其音羽,律中黄钟,其数六,其味咸,其臭腐,其祀井,祭先肾。冰益壮①,地始坼②,鹖鴠不鸣,虎始交④。

[注释]①壮:强盛。古人将事物从产生、发展到消失的过程分为生、壮、死三个阶段。孟冬始冰为生,仲冬冰更坚硬则为壮。 ②坼:音 chè,裂开,指冻裂。 ③鹖鴠:音 gān bàn,一种山鸟,惯于晚上鸣叫,也叫求旦之鸟。 ④交:交配。

天子衣黑衣,乘铁骊①,服玄玉,建玄旗,食黍与彘,服八风水,爨松燧火。北宫御女黑色衣,黑采,击磬石。其兵铩,其畜彘,朝于玄堂太庙。命有司曰:土事无作,无发室居,及起大众②。是谓发天地之藏,诸蛰则死,民必疾疫,有随以丧③。急捕盗贼,诛淫泆诈伪之人④,命曰畅月⑤。命奄尹,申宫令⑥,审门闾,谨房室,必重闭⑦,省妇事⑧。乃命大酋⑨,秫稻必齐⑩,曲蘖必时⑪,湛熺必洁⑫,水泉必香,陶器必良⑬,火齐必得⑭,无有差忒⑮。天子乃命有司,祀四海大川名泽。

[注释]①铁骊:铁黑色骏马。 ②发:征发。室居:家居的百姓。起:征发。 ③有:又。随以丧:有丧事伴随而来。 ④泆:放荡。 ⑤畅:音 chàng,谷物不生貌。此月敛藏而不生长,故谓之畅月,犹言不生之月。 ⑥奄:通阉。尹:主管官员的通称。奄尹:主管宫室事务的宦官头目。宫令:有关宫中事务的命令。 ⑦重闭:加上二道门闩,以加强防范。 ⑧妇事:纺织、缝纫诸女工。 ⑨大酋:酒官。 ⑩秫:高粱一类谷物,常用以酿酒。 ⑪曲蘖:酿酒用的发酵物,俗称酒母。酿酒时酒母投放的数量及时间直接影响酒质和产量。故此云曲蘖投放一定要适时。 ⑫湛:浸泡。熺:烹煮。句

谓酿酒过程从原料浸泡到烹煮都必须保证洁净无污。　⑬陶器:指酿酒时使用的陶制器具。　⑭火齐:即火候。　⑮忒:音 tè,差错。

是月也,农有不收藏积聚、牛马畜兽有放失者,取之不诘①。山林薮泽,有能取疏食、田猎禽兽者②,野虞教导之。其有相侵夺,罪之不赦。

[注释]①诘:追究。　②薮泽:水浅少者为薮,水深多者为泽,并称则泛指沼泽。疏:通蔬,凡草菜可食者通称蔬。

是月也,日短至,阴阳争①,君子斋戒,处必掩②,身欲静,去声色,禁嗜欲,宁身体,安形性。

[注释]①是月冬至,为阴之极而阳之始,故云阴阳争。　②掩:隐蔽。

是月也,荔挺出①,芸始生②,丘蚓结③,麋角解,水泉动则伐树木,取竹箭④,罢官之无事、器之无用者,涂阙庭门闾⑤,筑囹圄,所以助天地之闭。

[注释]①荔:草名,说法不一,或谓即马蔺,也叫荔实。挺出:破土而出。　②芸:一种多年生草本植物,花叶有强烈气味,可供药用。　③丘蚓:蚯蚓。结:屈,指蚯蚓在洞中感应阳气而蠕动身体。　④古人认为仲冬竹木质地最为坚韧,故于此时伐木为材,取竹为箭。　⑤涂:粉饰。阙:城楼。庭:厅堂。涂饰城楼、厅堂、宫门,既是一种美化措施,又可起加固作用,以泥土为材料的建筑犹然。

仲冬行夏令,则其国乃旱,氛雾冥冥①,雷乃发声。行秋令,则其时雨水,瓜瓠不成②,国有大兵。行春令,则虫螟为败,水泉咸竭,民多疾疠③。

[注释]①氛:云气。冥冥:迷茫无边的样子。 ②瓠:音hù,一种草本植物,茎蔓生,果实圆筒形,可作蔬菜。 ③疠:音lì,疫病。

十一月,官都尉①,其树枣。

[注释]①都尉:秦汉时官名,掌管地方军事,维持治安。

季冬之月,招摇指丑,昏娄中,旦氐中,其位北方,其日壬癸,其虫介,其音羽,律中大吕,其数六,其味咸,其臭腐,其祀井,祭先肾。雁北乡①,鹊加巢②,雉雊③,鸡呼卵④。

[注释]①乡:向。季冬之月阳气已动,大雁感气而北向欲飞。 ②加:通架,筑。 ③雊:音gòu,雄雉鸣叫声,雄雉在交配季节鸣叫求偶。 ④呼卵:母鸡常发出咯咯叫声,好像呼唤卵出生。

天子衣黑衣,乘铁骊,服玄玉,建玄旗,食麦与彘,服八风水,爨松燧火。北宫御女黑色衣,黑采,击磬石。其兵铩,其畜彘。朝于玄堂右个。命有司,大傩旁磔①,出土牛②。命渔师始渔,天子亲往射渔③,先荐寝庙。令民出五种④,令农计耦耕事⑤,修耒耜⑥,具田器⑦。命乐师大合吹而罢⑧。乃命四监,收秩薪,以供寝庙及百祀之薪燎⑨。

[注释]①旁磔:向各个方向分裂牺牲祭神禳鬼。 ④土牛:土塑的牛。古代风俗,农历十二月,将土牛置于东城门外,以驱除寒气,并表示春耕即将开始,劝农耕作之意。 ③射渔:古时捕鱼常用弓箭弋射。此月天子亲自参

加捕鱼,如同春天耕于籍田一样,都是象征性地表示先天下而作,以劝渔人。　④五种:指五谷的种子。五谷指黍稷菽麦稻(或麻),后来成为谷物的泛称。　⑤计:筹谋。耦:二人同耕。　⑥耒耜:古代一种翻土农具,形似犁,耜是犁头部分,用以掘土。耒是木柄。　⑦田器:指农田耕作的各种器具。　⑧罢:停止。　⑨秩薪:与上文秩刍相类,指各地每年例行向朝廷缴纳的柴薪。百祀:泛指各种祭祀。燎:祭名,堆积柴薪,然后将祭品如牺牲、玉器等放置其上,点燃柴薪,谓鬼神可享其烟气。

是月也,日穷于次①,月穷于纪②,星周于天③,岁将更始,令静农民,无有所使,天子乃与公、卿、大夫饰国典④,论时令⑤,以待嗣岁之宜⑥。乃命太史,次诸侯之列,赋之牺牲⑦,以供皇天上帝社稷之飨⑧。乃命同姓之国⑨,供寝庙之刍豢;卿士、大夫至于庶民⑩,供山林名川之祀。

　　[注释]①次:处所。太阳每天运行一次,至此月运行各次终。　②纪:规律,指月球绕地运行,至此月亦一周终结。　③星:斗柄。　④国典:国家典章制度。　⑤时令:按季节施行的政令。　⑥待:准备。嗣岁:来年。句谓准备好明年所适宜的典章制度及政令。　⑦太史:官名,职司代有所更,周时掌起草文书、策命及记载史书等。次:排列。赋:征收。句谓命令太史排列诸侯等级,按等级次序征收祭祀所用牺牲。　⑧刍:牺牲。享:供献。　⑨同姓之国:与天子同宗的诸侯国。　⑩卿士、大夫:皆春秋时职官等级名,卿士为执政者,大夫次之。

季冬行秋令,则白露早降,介虫为妖①,四鄙入保。行春令,则胎夭伤,国多痼疾②,命之曰逆③。行夏令,则水潦败国,时雪不降,冰冻消释。

[注释]①妖:怪异、邪恶之物。 ②痼:音gù,久病。 ③与时令相违,故曰逆。

十二月,官狱①,其树栎②。

[注释]①狱:官名,主管刑狱。 ②栎:音lì,落叶乔木,通称柞树,叶可养柞蚕。

五位①,东方之极②,自碣石山过朝鲜③,贯大人之国④,东至日出之次,榑木之地,青土树木之野⑤,太皞、句芒之所司者⑥,万二千里。其令曰:挺群禁⑦,开闭阖,通穷室,达障塞⑧,行优游⑨,弃怨恶⑩,解役罪⑪,免忧患,休罚刑,开关梁,宣出财⑫,和外怨,抚四方,行柔惠,止刚强⑬。

[注释]①五位:指东南中西北五个方位。 ②极:远。东方之极:指东方的范围。 ③碣石山:山名,在今河北省昌黎县西北。朝鲜:今朝鲜半岛,西汉在朝鲜半岛北部设有乐浪郡。 ④贯:通过。大人之国:传说中东方国名,其人皆长大。 ⑤日出之次:太阳升起的地方。榑木:即扶桑,传说中东方神木名。青土:东方边远之地名,王引之云土字当作丘。树木之野:指东方树木繁茂之地。 ⑥太皞:即伏羲氏,传说中古帝名,后人以之为东方之帝。句(gōu)芒:相传为上古主管树木之官,死后为木神。司:掌管。 ⑦挺:解除,放宽。 ⑧穷室:堵塞不通。障塞:指各种阻隔之物。 ⑨优游:悠然自得的样子,此指悠闲无争的处世态度。 ⑩怨恶:指人与人之间怨恨厌恶的感情。 ⑪役:劳役。 ⑫宣:广泛,普遍。 ⑬刚强:指凶猛强悍、仗力欺人的行为。

南方之极,自北户孙之外①,贯颛顼之国②,南至委火炎风之野③,赤帝、祝融之所司者,万二千里④。其令曰:爵有德,赏有功,惠贤良,救饥渴,举力农⑤,振贫穷⑥,惠孤寡,忧罢疾⑦,出大禄,行大赏,起毁宗⑧,立无后⑨,封建侯⑩,立贤辅⑪。

[**注释**]①北户孙:传说中南方边远处国名。 ②颛顼之国:传说中南方国名。 ③委:积聚。委火炎风之野:指火气聚集,炎热之风吹袭之地。 ④赤帝:即炎帝,传说中古帝名,后人以之为南方之帝。祝融:传说是上古掌管火之官,死后成为火神。 ⑤举:荐举,表彰。力农:致力农业卓有功效的农夫。 ⑥振:通赈,救济。 ⑦忧:通优,优待,照顾。罢:音 pí,通疲,疲困,羸弱。 ⑧起:振兴。宗:宗庙。毁宗:已被毁掉宗庙的诸侯。宗庙是立国象征,毁宗即灭国。 ⑨后:后嗣。 ⑩封建侯:分封诸侯。 ⑪辅:辅佐,指辅佐帝王处理政务的高级官员。

中央之极,自昆仑东绝两恒山①,日月之所道②,江汉之所出③,众民之野④,五谷之所宜,龙门、河、济相贯⑤,以息壤堙洪水之州⑥,东至于碣石,黄帝、后土之所司者,万二千里⑦。其令曰:平而不阿,明而不苛,包裹覆露,无不囊怀⑧,溥泛无私⑨,正静以和⑩,行秬鬯,养老衰,吊死问疾,以送万物之归。

[**注释**]①昆仑:山名。绝:通过。恒山:山名,在今河北曲阳西北,非今山西浑源之恒山。两恒山:庄逵吉云:《御览》无两字。 ②古人观测日月星辰等天体运行,确定黄、赤道位置皆以中原大地为观测点,故以中原为中心的"中央之极"便是日月所经行的必由之道。 ③江:长江。汉:汉水。 ④中央之极是华夏发祥地,人口众多,故谓众民之野。 ⑤龙门:山名,也叫禹门口,在今山西河津县西北。河:黄河。济:济水,源出河南济源县。 ⑥息壤:神话传说中一种能生生不息的土壤。堙:堵塞。 ⑦黄帝:传说中古帝名,后

人以之为中央之帝。后土：相传为上古掌管土地之官，死后为土神。　⑧包裹：包容保护。覆露：荫蔽，沾润。囊：包罗。囊怀：形容考虑周到，关怀备至。⑨溥泛：广泛无偏，普遍。　⑩正：通政。

西方之极，自昆仑绝流沙、沉羽①，西至三危之国②，石城金室③，饮气之民，不死之野④，少皞、蓐收之所司者，万二千里⑤。其令曰：审用法，诛必辜⑥，备盗贼，禁奸邪，饰群牧⑦，谨著聚⑧，修城郭，补决窦⑨，塞蹊径，遏沟渎⑩，止流水，雍溪谷⑪，守门闾，陈兵甲，选百官，诛不法。

[注释]①流沙：即沙漠。沙漠之沙常因风移动，故谓之流沙。先秦时中原以西有千里沙漠。沉羽：传说中不能浮起羽毛的河流，大概是水流湍急或地偏僻不能通舟楫的水流。　②三危：山名，在今甘肃敦煌东南，属祁连山脉，山有三峰耸峙，其势欲坠，故名。三危之国：当是因三危山得名之国。③大概因西方属金，故附会为以金为屋。　④句谓其民以气为食，长生不死。⑤少皞：传说中部落首领名，后人以之为西方之帝。蓐收：西方神名。⑥辜：罪。　⑦饰：通饬，整治。牧：官名，山官为牧。群牧：泛指各级官吏。⑧著：通贮，积蓄。　⑨决窦：崩溃、决口的堤防。　⑩遏：阻隔，断绝。沟渎：沟渠。　⑪雍：通壅，堵塞。

北方之极，自九泽穷夏晦之极①，北至令正之谷②，有冻寒积冰，雪雹霜霰，漂润群水之野③，颛顼、玄冥之所司者，万二千里④。其令曰：申群禁，固闭藏，修障塞，缮关梁，禁外徙，断罚刑，杀当罪，闭关闾，大搜客，止交游，禁夜乐⑤，蚤闭晏开，以塞奸人⑥。已德，执之必固⑦。天节已几，刑杀无赦⑧，虽有盛尊之亲⑨，断以法度。毋行水⑩，毋发藏，毋释罪。

[注释]①九泽:泽薮众多之地。九泛指其多。古以北为水,故北方之极多泽。穷,通过。夏:大。晦:暝暗。夏晦:指北方之海,北色黑,故其水茫茫如冥。　②令正:传说中北方地名。　③漂:通飘。漂润:急雨。群水:多水。　④颛顼:传说中古帝名,后人以之为北方之帝。玄冥:神话中水神名,配于北方,为北方之神。　⑤禁夜乐:禁止在夜间演奏音乐。　⑥晏:迟。塞:当作索字,搜寻。　⑦德:通得,指搜获奸人。执:拘囚。　⑧节:时令。几:终,灭。　⑨盛:最。　⑩行:放行。

六合①,孟春与孟秋为合,仲春与仲秋为合,季春与季秋为合,孟夏与孟冬为合,仲夏与仲冬为合,季夏与季冬为合。

[注释]①六合:将一年十二月分成相互呼应配合的六组,与《天文训》所云"六府"文异而义同,参见彼文注。

孟春始嬴,孟秋始缩①;仲春始出,仲秋始内②;季春大出,季秋大内;孟夏始缓,孟冬始急;仲夏至修,仲冬至短③;季夏德毕,季冬刑毕④。

[注释]①嬴和缩是一组相对的概念,嬴是生长、发泄、宽缓等属阳性质,缩是衰减、收敛、肃杀等属阴的性质。春夏嬴,秋冬缩,互相转化,周而复始。　②内:音nà,同纳。出与纳也是一组相对的概念,出指发泄,纳指收敛。二月播种,故为付出之月,八月收获,故为入纳之月。　③仲春五月夏至是一年中白昼最长的日子,仲冬十一月冬至是一年中白昼最短的日子。　④阳为德,阴为刑,参见《天文训》注。

故正月失政,七月凉风不至①;二月失政,八月雷不藏②;三月失政,九月不下霜③;四月失政,十月不冻;五月失政,十一月蛰虫冬出其乡;六月失政,十二月草木不脱④;七月失政,正月大寒不解⑤;八月失政,二月雷不发;九月失政,三月春风不济⑥;十月失政,四月草木不实⑦;十一月失政,五月下雹霜;十二月失政,六月五谷疾狂⑧。

[注释]①失政:政治混乱,与上文规定的各月当行政令相违。凉风:八风之一,详见《天文训》注。上文云孟秋之月"行是月令,凉风至三旬",则凉风是七月适时之风。 ②雷藏:雷消失收藏。上文云仲秋"雷乃始收",如二月施政违反时令,天的惩罚应在八月雷不收藏。 ③上文云季秋之月"霜始降",如五月施政违反时令,则九月当寒不寒,秋霜不降。 ④脱:落叶。 ⑤解:解散,消失。 ⑥济:止。句谓九月失政,天的惩罚应在三月春风不会适时停止。 ⑦实:结实。 ⑧疾狂:指五谷生长失去常态,或不开花,或不结实等。

春行夏令,泄①;行秋令,水;行冬令,肃。夏行春令,风;行秋令,芜②;行冬令,格③。秋行夏令,华;行春令,荣;行冬令,耗④。冬行春令,泄⑤;行夏令,旱;行秋令,雾。

[注释]①泄:指阳气太盛,泄而不可止。 ②芜:指五谷不成,杂草丛生。 ③格:音 luò,通落,草木凋落。 ④耗:尽。 ⑤泄:指地气外泄,冬藏不闭。

制度①。阴阳大制有六度②:天为绳③,地为准④,春为规,夏为衡,秋为矩,冬为权。绳者,所以绳万物也⑤;准者,所以准万物也⑥;规者,所以员万物也⑦;衡者,所以平万物也⑧;矩者,所以方万物也⑨;权者,所以权万物也⑩。

[**注释**]①制度：规定、准则的总称。　②句谓阴阳二气制约万物的主要规则有六种。　③绳：与规、衡、矩、权并称五器，参见《天文训》注。④准：量物体是否水平的量器，如今水准仪等。　⑤绳万物：以量事物是否正直的方式衡量万物。　⑥准万物：以量物体是否水平的方式衡量万物。⑦员万物：以量物体是否合乎圆规的方式衡量万物。员：同圆。　⑧平万物：以量物体是否平衡的方式衡量万物。衡与准的区别是，衡是看左右边是否对称，准是看物体放置是否处在水平状态。　⑨方万物：用量物体是否符合方度的方式衡量万物。　⑩权万物：以量物体是否符合重量的方式衡量万物。

绳之为度也，直而不争①，修而不穷，久而不弊②，远而不忘③，与天合德④，与神合明，所欲则得，所恶则亡⑤，自古及今，不可移匡⑥，厥德孔密⑦，广大以容⑧，是故上帝以为物宗⑨。

[**注释**]①争：屈曲。　②弊：疲困。句谓绳之为度作用永久而不会弊困失效。　③忘：遗漏。　④合：比拟。　⑤欲：期望。所欲：指符合绳的准则，得到绳的赞许者。得：成。所恶：为绳的准则所厌恶，即违背绳之准则者。亡：败。　⑥移：改变。匡：弯曲。　⑦厥：其。德：功用，作用。孔：程度副词，甚，很。密：严谨缜密。　⑧容：宽容，兼容。　⑨宗：根本。

准之为度也，平而不险，均而不阿①，广大以容，宽裕以和，柔而不刚，锐而不挫②，流而不滞，易而不秽③，发通而有纪④，周密而不泄，准平而不失，万物皆平，民无险谋⑤，怨恶不生，是故上帝以为物平。

[**注释**]①险：险要。阿：音ē，偏袒。　②刚：硬。锐：锋利。挫：折断。　③易：简易。秽：芜杂。　④发：开。纪：法则。　⑤险谋：危险不轨的图谋。

规之为度也,转而不复,员而不垸①,优而不纵②,广大以宽,感动有理,发通有纪,优优简简③,百怨不起。规度不失,生气乃理④。

[注释]①复:回复原貌,引申有静止、遏止义。员:同圆。垸:音 huán,转动,形容易变。员而不垸:周圆而不易变,犹今既有灵活性,又有原则性之谓。　②句谓优待而不放纵。　③优优简简:和适宽裕的样子。　④生气:万物生长之气。理:达。

衡之为度也,缓而不后,平而不怨,施而不德①,吊而不责②,当平民禄,以继不足③,勃勃阳阳④,唯德是行,养长化育,万物蕃昌⑤,以成五谷,以实封疆⑥,其政不失,天地乃明。

[注释]①施:给予。德:恩惠,这里是意动用法。不德,不认为施恩于人,不希望报答。　②吊:善。责:索取。句谓行善而不求索取。　③禄:福分,指人生活上的享受。继:接济,救济。　④勃勃:旺盛的样子。阳阳:光明的样子。　⑤养长:生长繁殖。化:生。蕃昌:茂盛。　⑥封疆:疆界,犹言全国范围。句谓使全国五谷丰登,财货充足。

矩之为度也,肃而不悖,刚而不愦①,取而无怨,内而无害②,威厉而不慑③,令行而不废,杀伐既得,仇敌乃克④,矩正不失,百诛乃服⑤。

[注释]①悖:音 bèi,谬误。愦:音 kuì,乱。　②内:纳。　③慑:恐惧。　④克:战胜,这里是被动用法。句谓杀当所杀,伐当所伐,则仇敌会被打败。　⑤百诛:泛指各种惩罚。

权之为度也,急而不赢,杀而不割①,充满以实②,周密而不泄,败物而弗取③,罪杀而不赦,诚信以必④,坚悫以固⑤,粪除苛慝⑥,不可以曲,故冬正将行,必弱以强,必柔以刚⑦,权正而不失,万物乃藏。

[注释]①赢:宽缓。割:灾害。 ②实:诚实。充满以实:意谓诚实不欺、实事求是。 ③句谓在执行刑罚时摧毁了一些该摧毁的东西,但不从中掠取什么。 ④必:一定做到。 ⑤悫:音qué,朴实,谨慎。 ⑥粪:扫除。慝:音tè,邪恶。苛慝:暴虐邪恶。 ⑦句谓冬天政令实行,万物一定从文弱趋向坚硬,从柔和趋向刚强。

明堂之制①,静而法准,动而法绳②,春治以规,秋治以矩,冬治以权,夏治以衡,是故燥湿寒暑以节至,甘雨膏露以时降③。

[注释]①明堂之制:古代学者理想中的政治体制。各家说法有所不同。《淮南子》明堂之制的内容已见上文阐述。主要内容包括:天子在不同季节在不同方位的宫殿上朝,服饰用不同颜色,施行相应的政令,治理手段也因季节不同分别使用规矩权衡等。 ②地为准,天为绳,而天静地动,故静则以准为法则,动则以绳为法则。 ③膏露:甘露,适时雨露。

卷六 览冥训

昔者,师旷奏《白雪》之音①,而神物为之下降,风雨暴至。平公癃病,晋国赤地②。庶女叫天③,雷电下击,景公台陨④,支体伤折,海水大出。夫瞽师、庶女,位贱尚枲,权轻飞羽⑤,然而专精厉意,委务积神⑥,上通九天,激厉至精⑦。由此观之,上天之诛也⑧,虽在圹虚幽闲⑨,辽远隐匿,重袭石室⑩,界障险阻,其无所逃之亦明矣。

[注释]①师旷:春秋时晋国著名的盲人乐师。《白雪》:古曲名。②癃:音 lóng,衰弱,疲病。赤地:指大旱。 ③庶女:平民妇女。叫:呼。④景公:当指齐景公,名杵臼,前547—前490年在位。 ⑤尚:主,掌管。枲:音 xǐ,麻的一种。尚枲:古代负责管理麻草的小官。飞羽:飞扬的羽毛,极言其轻。 ⑥厉:专。委:积。务:致力,这里作名词用,精力。 ⑦至精:指神物。 ⑧诛:惩戒。 ⑨圹:音 kuàng,通旷。圹虚:旷野。 ⑩袭:重。

武王伐纣,渡于孟津①,阳侯之波②,逆流而击,疾风晦冥,人马不相见。于是武王左操黄钺,右秉白旄③,瞋目而扬之曰④:"余任天下⑤,谁敢害吾意者!"于是,风济而波罢。鲁阳公与韩构难⑥,战酣日暮,援戈而㧑之,日为之反三舍⑦。夫全性保真,不亏其身,遭急迫难,精通于天。若乃未始出其宗者⑧,何为而不成!夫死生同域,不可胁陵⑨,勇武一人⑩,为三军雄。彼直求名耳,而能自要者尚犹若此⑪,又况夫宫天地,怀万物⑫,而友造化,含至和⑬,直偶于人形⑭,观九钻一⑮,知之所不知⑯,而心未尝死者乎!

[注释]①孟津:地名,也叫盟津,在今河南孟县西南。传说周武王伐纣时曾在此观兵,与八百诸侯会盟。　②阳侯:传说中的波涛之神,原是陵阳国侯,溺水而死,遂为神。　③钺:古兵器名,状如大斧。黄钺:黄金装饰的钺。旄:旄牛尾。黄钺、白旄乃古帝王所用仪仗,代指军权。　④瞋(音 chēn)目:瞪大眼睛。扔:同挥。　⑤任:担负。任天下:以治理天下为任。　⑥鲁阳公:战国楚惠王封楚平王之孙为鲁阳县公。构难:交战。　⑦反:返,倒退。舍:指天体在天空停留的位置。　⑧若乃:至于。出:离。宗:本,指人受之于天的本性。　⑨死生同域:谓从顺随造化来说,死与生是相同的。胁陵:强迫,指违反自然求生恶死。　⑩勇武:勇士。　⑪自要:自我约束,自我要求。　⑫宫:围绕,容纳。宫天地:即包裹天地之意。怀:怀抱,包容。　⑬至和:最和顺的状态,指没有死生、穷达等骚扰的和顺境界。　⑭偶:同。　⑮九:泛指其多,指世间纷繁的事物。钻:推究。一:指纯粹之道。　⑯知之:知读为智,之,动词。

昔雍门子以哭见于孟尝君①,已而陈辞通意,抚心发声。孟尝君为之增欷鸣唈,流涕狼戾不可止②。精神形于内,而外谕哀于人心③,此不传之道。使俗人不得其君形者而效其容④,必为人笑。故蒲且子之连鸟于百仞之上⑤,而詹何之鹜鱼于大渊之中⑥,此皆得清净之道,太浩之和也⑦。

[注释]①雍门子:战国时齐人,名周,住在雍门,故名。 ②欷:音 xī,抽泣。呜唈:抽泣失声。狼戾:纵横。 ③形:存在,体现。谕:表明,表露,这里是使动用法。 ④君形者:主宰形体的东西,指人的精神。 ⑤蒲且(音 jū)子:楚人,传说中的善射者。连:引,取。 ⑥詹何:传说中的善钓者。骛:求,取。 ⑦太浩之和:最和顺的境界。

夫物类之相应,玄妙深微,知不能论①,辩不能解,故东风至而酒湛溢②,蚕咡丝而商弦绝③,或感之也。画随灰而月运阙④,鲸鱼死而彗星出,或动之也。故圣人在位,怀道而不言,泽及万民。君臣乖心,则背谲见于天⑤,神气相应,征矣。

[注释]①知:同智。 ②东风:春风。湛:漫。五行说认为阴阳之气互相感应,酒性属阳,春日阳气动,故酒感阳气而溢。 ③咡:音 èr,嘴唇两旁,引申为吐。商弦:演奏商音的琴弦。古以商音属秋,蚕在秋天吐丝,与商弦在秋易断相应。 ④随:通堕。运:通晕。月运:月亮周围的圆环,是月光通过冰晶形成的云层经折射产生的光现象。古人将月晕与军事上的围守联系起来,"画随灰"是一种方术,在月晕时于月光下用芦灰围成有缺口的圆,则天上月晕亦可出现缺口,从而可破军事上被围困的态势。 ⑤背谲:日晕。

故山云草莽,水云鱼鳞,旱云烟火,涔云波水①,各象其形类,所以感之。夫阳燧取火于日,方诸取露于月②,天地之间,巧历不能举其数③,手征忽怳,不能览其光④,然以掌握之中,引类于太极之上⑤,而水火可立致者,阴阳同气相动也。此傅说之所以骑辰尾也⑥。故至阴飂飂,至阳赫赫⑦,两者交接成和,而万物生焉。众雄而无雌,又何化之所能造乎⑧?所谓不言之辩,不道之道也⑨。

[**注释**]①涔:音 cén,雨水太多。古人相信天上云彩是由地下产生的,而不同形状的云彩是地下不同环境形成的,故山峰所产生的云便像草莽的形状,水所产生的云像鱼鳞的形状。…… ②方诸:用蚌壳或金属制成的在月光下承露取水的器具。 ③历:数。巧历:善于计算的人。 ④征:征验。忽怳:模糊不清的样子。览:同揽。光:指天地之间不可具体把握的事物,正如日月之光一样。 ⑤引类:招引同类的事物。太极:天。 ⑥傅说(音 yuè):殷时人,传说曾操筑于傅台,为武丁访得,任为相。死后升天为星宿,今尾宿中有一颗傅说星。古称房、心、尾三宿为大辰,傅说星位于大辰之尾,故曰骑辰尾。 ⑦飋飋:寒气凛冽的样子。赫赫:炎气逼人的样子。 ⑧化:指天地生成万物。造:成。 ⑨不道之道:不用言说的道理。

故召远者使无为焉,亲近者使无事焉①,惟夜行者为能有之②。故却走马以粪③,而车轨不接于远方之外④,是谓坐驰陆沉,昼冥宵明,以冬铄胶,以夏造冰⑤。

[**注释**]①使:作为。无为:无用。无事:与无为同义。 ②夜行:阴行。与"使"、"言"相反,指得道者无需有意为之而自得其效。有:获得。 ③却:退,去。走马:骏马。粪:施肥耕种,代指耕田。却走马以粪:意谓天下太平,战事平息。 ④车轨:指兵车。接:相连。句谓有道者阴行之,故不需走马战车而可召致远方。 ⑤铄:音 shuò,熔解。

夫道者,无私就也,无私去也。能者有余,拙者不足,顺之者利,逆之者凶。譬如隋侯之珠,和氏之璧①,得之者富,失之者贫,得失之度,深微窈冥②,难以知论,不可以辩说也。何以知其然?今夫地黄主属骨③,而甘草主生肉之药也④,以其属骨,责其生肉,以其生肉,论其属骨⑤,是犹王孙绰之欲倍偏枯之药,而欲以生殊死之人⑥,亦可谓失论矣⑦!若夫以火能焦木也⑧,因使销金,则道行矣。若以慈石之能连铁也⑨,而求其引瓦,则难矣。物固不可以轻重论也。夫燧之取火于日⑩,慈石之引铁,蟹之败漆⑪,葵之乡日,虽有明智,弗能然也⑫。故耳目之察,不足以分物理;心意之论,不足以定是非。故以智为治者,难以持国,唯通于太和,而持自然之应者,为能有之。故崤山崩而薄落之水涸⑬,区冶生而淳钩之剑成⑭。纣为无道,左强在侧⑮;太公并世,故武王之功立⑯。由是观之,利害之路,祸福之门,不可求而得也。

[注释]①隋侯之珠:传说中宝珠名。和氏之璧:传说中著名玉璧名,为春秋时楚人卞和发现,故名。事载《韩非子·和氏》。 ②窈冥:深远奥妙。 ③地黄:中药名,多年生草本植物。主:管,指药用所在。属:接。 ④甘草:中药名,一种多年生草本植物。 ⑤论:与上句"责"同义,要求。 ⑥王孙绰:一作公孙绰。《吕氏春秋·别类篇》:"鲁人有公孙绰者,告人曰,'我能起死人。'人问其故,对曰:'我固能治偏枯,今吾倍所以为偏枯之药,则可以起死人矣。'"偏枯:偏瘫,即半身不遂。殊死:必死。 ⑦论:伦,理。 ⑧焦:使动用法,烧焦。 ⑨连:引。 ⑩燧:阳燧。 ⑪蟹之败漆:高诱注云:"以蟹置漆中则败坏,不燥,不任用也。"盖古之传说。 ⑫乡:同向。然:明了。 ⑬崤山:山名,在今陕西蓝田县东南。薄落:水名。在今陕西大荔、永济一带。 ⑭区(音ōu)冶:春秋时越人,善铸剑。淳钩:古宝剑名。 ⑮左强:人名,传说是商纣王身边的谀臣。 ⑯太公:即太公望姜尚,周初人。

夫道之与德,若韦之与革①,远之则迩,近之则远。不得其道,若观鲦鱼②。故圣若镜,不将不迎,应而不藏③,故万化而无伤。其得之,乃失之;其失之,非乃得之也④。今失弦者,叩宫宫应,弹角角动⑤,此同声相和者也。夫有改调一弦,其于五音无所比⑥,鼓之而二十五弦皆应,此未始异于声,而音之君已形也⑦。故通于太和者⑧,惛若纯醉而甘卧以游其中⑨,而不知其所由至也。纯温以沦⑩,钝闷以终⑪,若未始出其宗,是谓大通。

[注释]①韦、革:都是经去毛加工的兽皮。区别是:革是未经熟化的"生皮",质地坚硬,韦是在革的基础上熟化的"熟皮",质地柔软,故用途也不同。 ②鯈(chóu)鱼:一种小白鱼,体小,常浮游于浅水层。 ③将:送。应:应对。 ④也:同耶。 ⑤句谓调弦者弹拨一瑟某一弦,则另一瑟之同音弦会产生共鸣。叩此瑟宫音弦,则另一瑟宫音弦亦振动,叩角音亦然。⑥五音:宫商角徵羽。比:合。 ⑦君:主宰。形:显现。 ⑧太和:至和,指道。 ⑨惛:音hūn,神志不清。纯醉:大醉。 ⑩纯温:非常温和。沦:灭,终。 ⑪钝闷:昏蒙纯朴的样子。

今夫赤螭、青虬之游冀州也①,天清地定,毒兽不作,飞鸟不骇,入榛薄②,食荐梅③,嚼味含甘④,步不出顷亩之区⑤,而蛇鳝轻之⑥,以为不能与之争于江海之中。若乃至于玄云之素朝⑦,阴阳交争,降扶风⑧,杂冻雨⑨,扶摇而登之⑩,威动天地,声震海内,蛇鳝著泥百仞之中⑪,熊罴匍匐丘山礚岩⑫,虎豹袭穴而不敢咆⑬,猿狖颠蹶而失木枝⑭,又况直蛇鳝之类乎!

[注释]①螭(音chī)、虬(音qiú):都是传说中无角的龙,形状则异。冀州:古代九州之一,这里作为中原的泛称。 ②榛薄:丛杂的草木。 ③荐:美草。梅:梅子,可食。 ④嚼:音zǎn,含。 ⑤顷亩之区:百亩左右的土地,形容地方窄小。 ⑥轻:轻视,蔑视。 ⑦玄云:乌云。素朝:清晨,指白昼开始处。 ⑧降:刮起。扶风:大风。 ⑨冻雨:暴雨。 ⑩扶摇:盘旋而升的样子。 ⑪著泥:陷身泥中。百仞:此指百仞深潭。 ⑫罴:音pí,熊的一种,

即棕熊。碊:音 zhǎn,山岩。 ⑬袭:藏蔽。 ⑭狖:音 yòu,长尾猿。颠蹶:从高处跌落。

凤凰之翔至德也①,雷霆不作,风雨不兴,川谷不澹②,草木不摇,而燕雀佼之③,以为不能与之争于宇宙之间④。还至其曾逝万仞之上⑤,翱翔四海之外,过昆仑之疏圃⑥,饮砥柱之湍濑⑦,邅回蒙汜之渚⑧,尚佯冀州之际,径蹑都广⑨,入日抑节⑩,濯羽翼弱水⑪,暮宿风穴⑫,当此之时,鸿鹄鸧鹤莫不惮惊伏窜⑬,注喙江裔⑭,又况直燕雀之类乎!此明于小动之迹,而不知大节之所由者也⑮。

[注释]①至德:最高的道德,这里指至德之世。 ②川:河流。谷:两山之间的水道。川谷:泛指河流。澹:音 dàn,水波起伏晃动。 ③佼:音 jiāo,轻侮,看不起。 ④宇:屋檐。宙:栋梁。 ⑤还至:及至。曾:音 zēng,高举貌。 ⑥昆仑:古代传说中的神山名,在西方。疏圃:昆仑山上池名。 ⑦砥柱:山名,也叫三门山,地在今河南陕县东北黄河中山现水中若柱,故名。黄河流经此山,水势湍急。湍濑:水浅流急处。 ⑧邅回:徘徊,周旋。蒙汜:神话中太阳升起之地。 ⑨尚佯:同徜徉,逍遥。径:过。蹑:音 niè,至。都广:传说中地名,在南方日中之地。 ⑩抑:止。节:鞭策一类的乘驾工具。抑节:指停滞不前。 ⑪濯:音 zhuó,洗。弱水:传说中水名。 ⑫风穴:传说中洞穴名,据说风就是从风穴中产生的。 ⑬鸧:音 cāng,鸟名。 ⑭注喙:鸟把喙贴在地上不敢动,形容鸟惧怕样子。裔:边。 ⑮小动:琐小的作为,指蛇鳝、燕雀之类。大节:伟大的操守,指赤螭、青虬、凤凰等。

昔者王良、造父之御也①,上车摄辔②,马为整齐而敛谐③,投足调均,劳逸若一,心怡气和,体便轻毕④,安劳乐进,驰骛若灭⑤,左右若鞭,周旋若环⑥,世皆以为巧,然未见其贵者也。若夫钳且、大丙之御也⑦,除辔衔⑧,去鞭弃策,车莫动而自举⑨,马莫使而自走也,日行月动,星耀而玄运⑩,电奔而鬼腾,进退屈伸,不见朕垠⑪,故不招指,不咄叱,过归雁于碣石⑫,轶鹍鸡于姑余⑬,骋若飞,骛若绝⑭,纵矢蹑风⑮,追猋归忽⑯,朝发榑桑,日入落棠⑰,此假弗用而能以成其用者也⑱。非虑思之察,手爪之巧也,嗜欲形于胸中,而精神逾于六马⑲,此以弗御御之者也。

[注释]①王良:人名,春秋时晋国善御者。造父:人名,周穆王时善御者。 ②摄:提,执。辔:缰绳。 ③敛谐:指马动作整肃协调。 ④便:音pián,安适。毕:敏捷。 ⑤灭:没。喻快得无影无踪。 ⑥左右、周旋:指马的各种动作。若鞭:像被鞭子指挥那样。 ⑦钳且、大丙:都是神话传说中得道能御阴阳的天神。 ⑧衔:马嚼子,在马口中,以制御马的行止。 ⑨举:飞升。 ⑩玄:天。 ⑪朕垠:形迹。 ⑫过:超过。碣石:山名,在今中亚撒马尔罕以南沙赫里夏勃兹,古人以为大雁北飞,以碣石为乡。 ⑬轶:超越。鹍(音kūn)鸡:鸟名,似鹤,善飞。姑余:山名,也叫姑苏山,在江苏苏州市西南。 ⑭骋、骛:都是纵马奔驰的意思。绝:极点。 ⑮纵:逐。纵矢:追赶上射出的箭。蹑:蹈。 ⑯猋:音biān,通飙。猋忽:暴风。这里猋、忽分用,都是暴风的意思。归:往,追。 ⑰榑桑:即扶桑,神话传说中木名,在东方日出处。落棠:又作雒棠,传说中山名,在西方日落处。 ⑱假:借助。用:作为。弗用:无为。 ⑲逾:通谕,晓。六马:驾车的六匹马。古代天子车驾用六马。

昔者黄帝治天下,而力牧、太山稽辅之①,以治日月之行律②,治阴阳之气,节四时之度,正律历之数,别男女,异雌雄,明上下,等贵贱,使强不掩弱③,众不寡,人民保命而不夭,岁时孰而不凶④,百官正而无私,上下调而无尤⑤,

法令明而不暗⑥,辅佐公而不阿,田者不侵畔,渔者不争隈⑦。道不拾遗,市不豫贾⑧,城郭不关,邑无盗贼,鄙旅之人相让以财⑨,狗彘吐菽粟于路⑩,而无忿争之心。于是日月精明⑪,星辰不失其行,风雨时节,五谷登孰⑫,虎狼不妄噬,鸷鸟不妄搏,凤皇翔于庭,麒麟游于郊,青龙进驾⑬,飞黄伏皂⑭,诸北、儋耳之国,莫不献其贡职⑮。

[注释]①力牧:传说中人名,黄帝臣。太山稽:相传也是黄帝臣,黄帝尊之为师。 ②治:理。行律:运行的法则、规律。 ③掩:袭击,攻取。 ④岁:一年的收成。孰:同熟。时孰:按季节成熟。凶:饥荒。 ⑤尤:过失。 ⑥暗:昏暗不明。 ⑦畔:田界。隈:音 wēi,水流拐弯多鱼处。 ⑧豫:变动。贾:同价。豫贾:指货不定价,见机抬价。 ⑨鄙:边邑。旅:众。鄙旅:边远地区的百姓。 ⑩句谓家畜都能饱食菽粟,形容人民衣食充裕。 ⑪精明:光明。 ⑫时节:依时令节制,风调雨顺。登:庄稼成熟。 ⑬青龙:传说中的祥瑞物。当属神马一类。进:荐奉。驾:帝王的车乘。 ⑭飞黄:传说中的神马。皂:马槽。 ⑮诸北:中原以北各夷国。儋耳:古代北方国名,即《地形训》所言耽耳国。贡职:方国贡奉给天子的物品。

然犹未及虙戏氏之道也①。往古之时,四极废②,九州裂,天不兼覆,地不周载,火爁炎而不灭,水浩洋而不息③,猛兽食颛民,鸷鸟攫老弱④,于是女娲炼五色石以补苍天⑤,断鳌足以立四极⑥。杀黑龙以济冀州⑦,积芦灰以止淫水⑧。苍天补,四极正,淫水涸,冀州平,狡虫死,颛民生。背方州⑨,抱圆天,和春阳夏,杀秋约冬⑩,枕方寝绳⑪,阴阳之所壅沉不通者,窍理之⑫;逆气戾物⑬,伤民厚积者,绝止之。当此之时,卧倨倨,兴眄眄⑭,一自以为马,一自以为牛⑮,其行蹎蹎,其视瞑瞑⑯,侗然皆得其和⑰,莫知所由生,浮游不知所求,魍魉不知所往⑱。当此之时,禽兽蝮蛇,无不匿其爪牙,藏其螫毒,无有攫噬之心。考其功烈⑲,上际九天,下契黄垆⑳,名声被后世,光晖重万物㉑。乘雷车,服驾应龙,骖青虬㉒,援绝瑞㉓,席萝图㉔,黄云络㉕,前白螭,后奔蛇㉖,浮游消摇,道鬼神㉗,登九天,朝帝于灵门㉘,宓穆休于太祖之下㉙。然而不彰其功,不扬其声,隐真人之道,以从天地之固然㉚。何则?道德上通,而智故消灭也㉛。

[注释]①虙戏氏:即伏羲氏,传说中上古帝王名。 ②四极:大地的四方绝远处。古人认为大地边缘四方各有天柱支撑着天。四极废即四方天柱折断之意。 ③滥:音 làn,火延烧貌。炎:焚烧。浩洋:浩瀚,广阔貌。息:熄,灭。 ④颛:善良。鸷:凶猛。攫:用爪抓取。 ⑤女娲:传说中人头蛇身的神。其事迹除此所载炼石补天外,尚有抟土造人的传说。 ⑥鳌:传说中海里的大龟。 ⑦黑龙:神话传说中的水精。济:干。 ⑧淫水:泛滥的洪水。 ⑨背:负。方州:大地。 ⑩阳:通炀,炙热。杀:肃杀。约:收敛。 ⑪方:指小方块。如木块、石块等,作枕头用。寝绳:以绳为床而寝之。 ⑫壅沉:堵塞。窍:贯通。 ⑬逆气:违逆阴阳之气。戾:音 lì,违背。戾物:违反事物的本性。 ⑭㑀倨:无思无虑的样子。眄:木然斜视的样子,形容不用智巧的情态。 ⑮一:或者。 ⑯蹎蹎(音 diān diān):走路徐缓不稳,漫无目的的样子。瞑瞑:视物不清,昏花迷乱。 ⑰侗然:幼稚无知的样子。 ⑱魍魉(音 wǎng liǎng):飘浮不定。 ⑲功烈:业绩。 ⑳契:合。黄垆:黄泉,指地下。 ㉑被:及。重:叠加,覆盖。 ㉒服、骖(音 cān):驾车之马,居中驾辕者为服,位于两旁者为骖。应龙:传说中一种有翼的龙。 ㉓援:引,致。绝瑞:最吉祥的征兆。 ㉔萝:松萝,一种地衣类植物。席萝图:将松萝编织成图案为席。 ㉕络:套在车帷上的网状物。 ㉖奔蛇:即腾蛇,传说中能腾云驾雾的蛇。 ㉗道:同导,引导,这里是使动用法。 ㉘灵门:天帝所居处之门。 ㉙宓:安宁。穆:温和。 太祖:指天帝。 ㉚真人:指得道之

人。　㉛智故:巧饰,巧诈。

　　逮至夏桀之时,主暗晦而不明,道澜漫而不修①,弃捐五帝之恩刑,推蹶三王之法籍②。是以至德灭而不扬,帝道掩而不兴③,举事戾苍天,发号逆四时,春秋缩其和④,天地除其德,仁君处位而不安,大夫隐道而不言,群臣准上意而怀当⑤,疏骨肉而自容,邪人参耦比周而阴谋⑥,居君臣父子之间而竞载⑦。骄主而像其意,乱人以成其事⑧。是故君臣乖而不亲,骨肉疏而不附,植社槁而垎裂⑨,容台振而掩覆⑩,犬群嗥而入渊,豕衔蓐而席澳⑪,美人挐首墨面而不容⑫,曼声吞炭内闭而不歌⑬,丧不尽其哀,猎不听其乐⑭,西老折胜,黄神啸吟⑮,飞鸟铩翼,走兽废脚,山无峻干,泽无洼水⑯,狐狸首穴,马牛放失⑰,田无立禾,路无莎薠⑱,金积折廉,璧袭无理⑲,磬龟无腹⑳,蓍策日施㉑。

　　[注释]①澜漫:杂乱无章的样子。　②五帝:传说中上古五位帝王,或指黄帝、颛顼、喾、尧、舜。恩刑:施恩和惩罚,泛指施政措施。三王:指夏、商、周三代开国君主。法籍:法典、法则。　③掩:遮蔽。　④春秋:指四时节气。缩:藏。　⑤准:揣测。怀:企求。当:合。　⑥耦:同偶。参耦比周:结伙营私。　⑦竞:争斗。载:生。　⑧骄主:对君主傲慢。像:合。乱人:侵害人民。　⑨社:祭祀土地神的场所。植社:古分封诸侯自立社,诸侯另立之社叫植社。槁:枯朽。垎:音 hū,坼,裂。　⑩容台:古代用以讲习礼仪的高台。振:动摇。掩覆:倾覆。　⑪蓐:草垫。澳:通奥,居室之西南角。古时尊长居室及祭神之方位都在住宅的西南角。二句列举动物的反常现象。　⑫挐:音 rú,凌乱。挐首:蓬首,头发散乱。墨:将脸弄黑。容:动词,修饰仪容。　⑬曼:悠长。曼声:舒展悠长的歌声,此作名词,指善歌者。吞炭:吞木炭使人变哑。　⑭听:任,放纵。　⑮西老:西王母,神话传说中的神人,在西方。

胜:妇女头饰。黄神:黄帝之神。啸吟:喟叹,长叹。 ⑯峻干:高大的树木。洼:深池。洼水:丰富的储水,深水。 ⑰首穴:死的代称。传说狐狸死时头必朝着洞穴的方阿。放失:走失,逸散。 ⑱莎:莎草。多年生草本植物,其块根叫香附子。薠:音 fán,草名,似莎而大。莎薠:泛指路旁的草丛。 ⑲积:积久,时间长的意思。廉:棱角。璧:平圆形中间有孔的玉器。袭:积,指时间长。理:纹理。 ⑳磬:空。古人用灼龟甲方法占卜。句谓频频灼甲占卜,致使龟甲为之穿空。 ㉑著策:占筮用的草。

晚世之时,七国异族①,诸侯制法,各殊习俗,纵横间之,举兵而相角②,攻城滥杀,覆高危安,掘坟墓,扬人骸,大冲车,高重京③,除战道,便死路④,犯严敌,残不义⑤,百往一反,名声苟盛也⑥。是故质壮轻足者为甲卒,千里之外,家老羸弱⑦,凄怆于内,厮徒马圉,轼车奉馕⑧,道路辽远,霜雪亟集,短褐不完,人羸车弊⑨,泥途至膝,相携于道,奋首于路⑩,身枕格而死⑪,所谓兼国有地者,伏尸数十万,破车以千百数,伤弓弩矛戟矢石之创者,扶举于路⑫,故世至于枕人头,食人肉,菹人肝⑬,饮人血,甘之于刍豢⑭。

[注释]①晚世:指春秋战国时代。七国:战国末七个诸侯国:齐、楚、燕、韩、赵、魏、秦,所谓战国七雄。异族:不同氏族。这里指七国君主各不同姓氏。 ②纵横:合纵连横,战国时纵横家两种对立的政治主张。合纵派以苏秦为代表,主张联合六国抗秦,连横派以张仪为代表,主张尊秦为帝。间:音 jiàn,离间。角:斗。 ③大、高:皆形容词使动用法。冲车:古代用来冲撞城墙的战车。京:京观。古代战争胜方收集敌军尸首,封土成冢,叫京观。重:音 chóng,形容京观高耸。 ④除:修整。便:便利,使动用法。 ⑤严敌:劲敌。义:宜。残不义:残害不应被害的人。 ⑥苟盛:用不正当手段谋取虚假的盛名。 ⑦羸:音 léi,瘦弱。 ⑧厮徒:服劳役的人。马圉:养马的

人。軵:音rǒng,推。饟:音xiāng,粮饷。 ⑨弊:通毙。指马死车坏。
⑩奋首:尽力挣扎的样子。 ⑪格:通辂,安装在车辕上用以拉车的横木。
⑫举:抬。 ⑬菹:音zū,古代一种把人剁成肉酱的酷刑。 ⑭刍豢:指牛羊狗豕等牲畜。

故自三代以后者①,天下未尝得安其情性,而乐其习俗,保其修命,夭而不夭于人虐也②。所以然者何也? 诸侯力征,天下合而为一家。

[注释]①三代:指夏、商、周。 ②修:美好。夭:尽其天赐之年而不受损害。夭:夭折。人虐:人为的伤害,虐待。

逮至当今之时,天子在上位,持以道德,辅以仁义,近者献其智,远者怀其德,拱揖指麾①,而四海宾服,春秋冬夏皆献其贡职,天下混而为一,子孙相代②,此五帝之所以迎天德也③。夫圣人者,不能生时,时至而弗失也。辅佐有能④,黜谗佞之端⑤,息巧辩之说,除刻削之法,去烦苛之事,屏流言之迹,塞朋党之门,消知能,修太常⑥,隳肢体,绌聪明⑦,大通混冥⑧,解意释神⑨,漠然若无魂魄,使万物各复归其根,则是所修伏牺氏之迹,而反五常之道也⑩。

[注释]①拱:抱拳。揖:拱手礼。麾:同挥。拱揖指麾:形容悠闲安适,不费心思而指挥若定。 ②代:传袭。 ③天德:天的本质、规律。 ④有能:有才能的人。 ⑤黜:音chù,贬斥,废免。端:开头。 ⑥知:同智。修:干枯,消。太常:古代天子、诸侯的一种仪仗用旗的名称,代指礼仪制度。
⑦隳:音huī,毁坏。隳肢体:意谓放弃肢体机能,有手不乱动,有脚不乱跑。绌:通黜,废。 ⑧混冥:指"纯温以沦,钝闷以终"的境界。 ⑨解、释:都是

消除、抛弃的意思。意、神：意识，精神。　⑩修：恢复。伏牺：即伏羲，也作伏戏，上古部落首领。

夫钳且、大丙不施辔衔，而以善御闻于天下。伏戏、女娲不设法度，而以至德遗于后世。何则？至虚无纯一，而不喋喋苛事也①。《周书》曰："掩雉不得，更顺其风。"②今若夫申、韩、商鞅之为治也③，挬拔其根，芜弃其本④，而不穷究其所由生，何以至此也。凿五刑，为刻削⑤，乃背道德之本，而争于锥刀之末⑥，斩艾百姓，殚尽太半⑦，而忻忻然常自以为治⑧，是犹抱薪而救火，凿窦而出水⑨。夫井植生梓而不容瓮⑩，沟植生条而不容舟⑪，不过三月必死。所以然者何也？皆狂生而无其本者也。河九折注于海，而流不绝者，昆仑之输也，潦水不泄，瀇瀁极望⑫，旬月不雨则涸而枯泽，受瀛而无源者⑬。譬若羿请不死之药于西王母，姮娥窃以奔月⑭，怅然有丧，无以续之⑮。何则？不知不死之药所由生也。是故乞火不若取燧，寄汲不若凿井⑯。

[注释]①喋喋：音 zá dié，水鸟或鱼成群抢食的样子，形容热衷、醉心于某事的形态。苛事：琐细的政事。　②掩：猎捕。今本《周书》无此二句。　③申：申不害，？～前337年，战国时郑国人。韩：韩非，约前280～前233年，战国末韩国人。商鞅：约前390～前338年，战国时卫国人。这三个人是战国法家学派的代表人物。　④挬：音 bó，拔。根、本：指治国的根本。芜：杂草。芜弃：像对待杂草那样抛弃它。　⑤凿：造。五刑：古代的五种刑罚，说法各异。或以墨、劓、剕、宫、大辟为五刑，或以甲兵、斧钺、刀锯、钻笮、鞭扑为五刑。刻削：刻薄，苛刻。　⑥锥刀之末：形容申、韩、商鞅等人追求的目的与道德之本比较，只是小利。　⑦艾：通刈，割。斩艾百姓：草菅百姓。殚：通瘅，

病,劳苦。殚尽:因劳苦而死。 ⑧忻忻:欣喜得意的样子。 ⑨窦:孔洞。 ⑩植:直立的木桩;树木皆可谓植。井植:井边的树木。梓:当作蘖字。树木砍断后重生的枝条。 ⑪沟:沟渠。沟植:沟边生长的树木。条:枝条。 ⑫潦:积水。汸洋(音 wǎng yàng):汪洋。极望:极目远望,形容水之广阔无涯。 ⑬瀷:音 yì,积聚之水。 ⑭羿:神话传说中的善射者。西王母:神话传说的神人,在西方。姮娥:即嫦娥。神话中的女神,传说是羿妻,偷食了羿从西王母处得来的不死药而升月。汉以后因避汉文帝讳改称嫦娥。 ⑮续:接,跟随。谓羿无法跟随嫦娥而去。 ⑯寄汲:借他人的井取水。

卷七　精神训

古未有天地之时,惟像无形①,窈窈冥冥,芒芠漠闵,澒濛鸿洞,莫知其门②。有二神混生,经天营地③,孔乎莫知其所终极,滔乎莫知其所止息④,于是乃别为阴阳,离为八极,刚柔相成⑤,万物乃形,烦气为虫⑥,精气为人。是故精神,天之有也;而骨骸者,地之有也⑦。精神入其门,而骨骸反其根,我尚何存⑧?是故圣人法天顺情,不拘于俗,不诱于人⑨,以天为父,以地为母,阴阳为纲,四时为纪⑩。天静以清,地定以宁⑪,万物失之者死,法之者生。夫静漠者,神明之定也;虚无者,道之所居也。是故或求之于外者,失之于内⑫;有守之于内者,失之于外⑬。譬犹本与末也,从本引之,千枝万叶,莫不随也。

[注释]①惟像无形:只有朦胧影像而没有具体的形体。　②窈窈、冥冥:都是晦暗的样子。芒芠、漠闵、澒濛、鸿洞:都是形容天地形成以前那种迷茫混沌的状态。　③二神:开天造地的二位神,指阴阳之神。混:同。经、营:都是营造、开辟之意。　④孔:深。滔:广阔无边的样子。　⑤刚柔:指阴阳,阳为刚,阴为柔。　⑥烦气:芜杂之气。　⑦是故二句:精神无形,为气升而上天,故云天之有也。骨骸有形,重浊下地,人死骨骸归于地,故云地之有也。

⑧门:归宿,指天。根:本,指地。 ⑨情:指人的本性。诱:惑。 ⑩纲、纪:皆法度、准则之意。 ⑪以:而。 ⑫外:指身外,本性之外,如功名利禄等。内:本性,人的精神。 ⑬有守之于内:指在内心有所欲求。

夫精神者,所受于天也;而形体者,所禀于地也。故曰:"一生二,二生三,三生万物。万物背阴而抱阳,冲气以为和。"①故曰:一月而膏,二月而胅②,三月而胎,四月而肌,五月而筋,六月而骨,七月而成,八月而动,九月而躁③,十月而生。形体以成④,五脏乃形。是故肺主目,肾主鼻,胆主口,肝主耳⑤,外为表而内为里,开闭张歙,各有经纪⑥。故头之圆也象天,足之方也象地。天有四时、五行、九解⑦、三百六十六日⑧,人亦有四支、五藏、九窍、三百六十六节⑨。天有风雨寒暑,人亦有取与喜怒。故胆为云,肺为气,肝为风,肾为雨,脾为雷,以与天地相参也⑩,而心为之主。

[注释]①语出《老子》第四十二章。一指道,二指由道所产生的阴、阳二气,三指由阴阳二气融合而成的合气。抱:怀抱。冲:合。 ②胅:音dié,隆肿。这几句的一月、二月等皆指怀胎月份。 ③躁:躁动,指胎儿快出生时频繁的胎动。 ④以:同已。 ⑤五行说中五脏与五官相配,但具体配伍则有各种不同说法。依文意,这里似脱"脾主舌"三字。 ⑥歙:音xī,收缩。经纪:纲纪、主宰。 ⑦九解:将天分为八方之天和中央之天共九个区域。 ⑧古时曾有以三百六十六日为一年的历法。 ⑨支:同肢。九窍:眼耳口鼻及前后阴。节:关节、骨节。 ⑩参:参验。道家认为人禀天地之气而生,故人体亦一小天地,五脏六腑皆可与天地相呼应。

是故耳目者,日月也;血气者,风雨也。日中有踆乌,而月中有蟾蜍①。日月失其行,薄蚀无光②;风雨非其时,毁折生灾;五星失其行③,州国受殃。夫天地之道,至纮以大④,尚犹节其章光,爱其神明⑤,人之耳目曷能久熏劳而不息乎⑥? 精神何能久驰骋而不既乎⑦?

[注释]①踆:音 cūn,蹲,脚趾。踆乌:传说是太阳中一只三足乌鸦。蟾蜍:神话传说月亮中有一只蟾蜍。后人常以蟾蜍为月亮代称。 ②薄:日月暗淡无光。薄蚀:日食或月食。 ③五星:金木水火土五大行星。详见《天文训》。 ④纮:音 hóng,通宏,大。 ⑤章光、神明:皆指灿烂神奇的光辉。章、神,都是对天地光明的形容。爱:爱惜。 ⑥曷:何。熏:火灼为熏,引申有酷、甚之意。熏劳:辛劳。 ⑦既:止。

是故血气者,人之华也①,而五藏者,人之精也。夫血气能专于五藏而不外越,则胸腹充而嗜欲省矣②;胸腹充而嗜欲省,则耳目清、听视达矣。耳目清,听视达,谓之明。五藏能属于心而无乖,则勃志胜而行不僻矣③;勃志胜而行之不僻,则精神盛而气不散矣。精神盛而气不散则理④,理则均⑤,均则通,通则神,神则以视无不见,以听无不闻也,以为无不成也⑥。是故忧患不能入也,而邪气不能袭⑦。故事有求之于四海之外而不能遇,或守之于形骸之内而不见也⑧。故所求多者所得少,所见大者所知小⑨。

[注释]①华:与精相对,指表现在外的、外表的东西。 ②夫血气二句:专:专一,作动词用,有凝聚义。省:减少。 ③五藏二句:属于心:从属于心,由心主宰。勃:音 bèi,通悖,惑乱。勃志:惑乱之心。胜:克,去除。僻:邪。 ④理:顺畅。 ⑤均:调和。 ⑥为:做。 ⑦袭:侵。 ⑧守之于形

骸之内:存在于身体之中。二句乃就上文之"神"而言,谓神存在于身而不易发现。 ⑨所求多者:指于四海之外寻求的举动。所见大者:指只知身外,不知持守内心的行为。它们都不能得到"神",故言所得少,所知小。

夫孔窍者,精神之户牖也,而气志者,五藏之使候也①。耳目淫于声色之乐,则五藏摇动而不定矣;五藏摇动而不定,则血气滔荡而不休矣②;血气滔荡而不休,则精神驰骋于外而不守矣;精神驰骋于外而不守,则祸福之至,虽如丘山,无由识之矣。使耳目精明玄达而无诱慕③,气志虚静恬愉而省嗜欲,五藏定宁充盈而不泄,精神内守形骸而不外越,则望于往世之前,而视于来事之后④,犹未足为也,岂直祸福之间哉?故曰:其出弥远者⑤,其知弥少。以言乎精神之不可使外淫也。

[注释]①使候:使者。 ②滔荡:摇荡,激荡。 ③玄达:通达。诱慕:受外物引诱而生羡慕之心。 ④二句意谓能了解过去,预知未来。 ⑤出:指精神离开所持守而外越。

是故五色乱目①,使目不明;五声哗耳②,使耳不聪;五味乱口,使口爽伤③;趣舍滑心,使行飞扬④。此四者⑤,天下之所养性也,然皆人累也⑥。故曰:嗜欲者,使人之气越⑦;而好憎者,使人之心劳;弗疾去,则志气日耗⑧。夫人之所以不能终其寿命,而中道夭于刑戮者,何也?以其生生之厚⑨。夫惟能无以生为者,则所以修得生也⑩。

[注释]①五色:指青、黄、赤、白、黑五种颜色。 ②五声:即五音,宫商

角徵羽。哗:吵闹。　③五味:指酸、苦、甜、辣、咸五种滋味。爽:败,伤。几句语出《老子》第十二章。　④趣舍:趋舍,追求与舍弃。滑:音 gǔ,乱。飞扬:放荡,偏离正常轨道。　⑤四者:指五色、五声、五味、趣舍。　⑥养性:保养性命。累:忧患。　⑦越:散失。　⑧耗:消耗。　⑨生生:维持生活。前一生是动词,后一生是名词。生生之厚:过分追求生活的舒适,放纵嗜欲。　⑩无以生为:不以生活享受作为追求目标。修得生:长命。修:长。

　　夫天地运而相通,万物总而为一①。能知一,则无一之不知也②;不能知一,则无一之能知也。譬吾处于天下也,亦为一物矣,不识天下之以我备其物与?且惟无我而物无不备者乎③?然则我亦物也,物亦物也,物之与物也,又何以相物也④?虽然,其生我也,将以何益⑤?其杀我也,将以何损⑥?夫造化者既以我为坯矣,将无所违之矣⑦。吾安知夫刺灸而欲生者之非惑也⑧?又安知夫绞经而求死者之非福也⑨?或者生乃徭役也?而死乃休息也?天下茫茫,孰知之哉?其生我也不强求已⑩,其杀我也不强求止。欲生而不事⑪,憎死而不辞,贱之而弗憎,贵之而弗喜⑫,随其天资而安之不极⑬。吾生也有七尺之形,吾死也有一棺之土。吾生之比于有形之类,犹吾死之沦于无形之中也⑭。然则吾生也物不以益众⑮,吾死也土不以加厚,吾又安知所喜憎利害其间者乎?

　　[注释]①运:转。总:合。一:指万物的本源,道。　②知一:掌握了道。一指道。无一:一指具体事物。　③不识二句:物:指天下万物的总和。惟:同唯,读为虽,即使。　④相物:互相以物视之。　⑤益:增加。　⑥损:减少。　⑦坯:用原料制成砖、瓦、陶器等形状,尚未烧制的叫坯。这里指自然造化成人。违之:违背人的本性。　⑧刺灸:针刺和灸灼,皆中医常用的治

疗方法。惑:迷乱。 ⑨绞经:用绳索勒颈上吊。 ⑩已:止。 ⑪事:从事,谋求。 ⑫贱之:看轻、不重视生命。贵之:崇尚生命。 ⑬天资:天赋。极:同亟,急。不极:悠然自得,不急于追求。 ⑭有形之类:指世上有形体的事物。沦于无形之中:人死形体消灭,故言沦于无形之中。 ⑮益众:加多。

夫造化者之攫援物也,譬犹陶人之埏埴也①,其取之地而已为盆盎也②,与其未离于地也无以异,其已成器而破碎漫澜③,而复归其故也④,与其为盆盎亦无以异矣。夫临江之乡,居人汲水以浸其园⑤,江水弗憎也;苦洿之家⑥,决洿而注之江,洿水弗乐也。是故其在江也,无以异其浸园也;其在洿也,亦无以异其在江也。是故圣人因时以安其位⑦,当世而乐其业⑧。

[注释]①攫(音 jué)援:抓取。这里是制造、产生之意。陶人:制作陶器的工匠。埏:音 shān,以水和土。埴:音 zhí,黏土,可用来制作陶器。埏埴:和泥制作陶器。 ②盎:音 àng,一种腹大口小的盆。 ③漫澜:破碎的样子。 ④复归其故:指陶器破碎后回复为土。 ⑤居人:居民。浸:灌溉。 ⑥洿:音 wū,污水,积水。 ⑦因时:顺应时势。 ⑧当世:用世,出仕。

夫悲乐者,德之邪也;而喜怒者,道之过也;好憎者,心之暴也①。故曰:其生也,天行;其死也物化②。静则与阴俱闭,动则与阳俱开③。精神澹然无极④,不与物散,而天下自服⑤。故心者,形之主也;而神者,心之宝也。形劳而不休则蹶⑥,精用而不已则竭。是故圣人贵而尊之,不敢越也。

[注释]①《原道训》云:"夫喜怒者,道之邪也……"与此几句义同而文

有小异,参见彼文注。　②天行:天的运行,指自然变化。物化:事物的必然变化。　③阴属闭藏因素,阳属开放因素,与阴俱闭,与阳俱开即与阴阳调和之意。　④极:界限,这里是羁绊的意思。　⑤服:归服,指归服于道。⑥蹶:颠仆,损伤。

夫有夏后氏之璜者①,匮匮而藏之,宝之至也。夫精神之可宝也,非直夏后氏之璜也。是故圣人以无应有,必究其理;以虚受实,必穷其节②;恬愉虚静,以终其命③。是故无所甚疏,而无所甚亲。抱德炀和④,以顺于天。与道为际,与德为邻⑤,不为福始,不为祸先⑥,魂魄处其宅,而精神守其根,死生无变于己⑦,故曰至神。

[注释]①夏后氏:古部落名,相传禹即其首领,后建立夏朝。璜:一种玉器,形似半边玉璧。　②理、节:皆道理、法则之意。　③命:天命,天年。④炀:温暖。炀和:指温暖和谐的境界。　⑤际:会合。邻:亲近。　⑥二句谓不论是祸是福,都不为风气之先。　⑦变:动。无变于己:无动于心。

所谓真人者也,性合于道也。故有而若无,实而若虚;处其一不知其二①,治其内不识其外②。明白太素③,无为复朴,体本抱神④,以游于天地之樊⑤。芒然仿佯于尘垢之外,而消摇于无事之业⑥。浩浩荡荡乎,机械知巧⑦,弗载于心。是故死生亦大矣,而不为变⑧。虽天地覆育,亦不与之抮抱矣⑨。审乎无瑕⑩,而不与物糅;见事之乱,而能守其宗。若然者,正肝胆⑪,遗耳目,心志专于内,通达耦于一⑫,居不知所为,行不知所之,浑然而往,逯然而来⑬,形若槁木,心若死灰。忘其五藏,损其形骸⑭。不学而知,不视而见,不为而成,不治而辩⑮,感而应,迫而动,不得已而往,如光之耀,如景之放⑯,以道为纣,有待而然⑰。抱其太清之本,而无所容与⑱,而物无能营⑲。廓惝而虚,清靖而无思虑⑳。大泽焚而不能热,河、汉涸而不能寒也㉑。大雷毁山而不能惊也,大风晦日而不能伤也㉒。是故视珍宝珠玉,犹石砾也㉓;视至尊穷宠,犹行客也㉔;视毛嫱、西施,犹颊丑也㉕。以死生为一化,以万物为一方㉖,同精于太清之本㉗,而游于忽区之旁㉘。有精而不使,有神而不行㉙,契大浑之朴㉚,而立至清之中㉛。是故其寝不梦,其智不萌㉜,其魄不抑,其魂不腾㉝。反覆终始,不知其端绪,甘暝太宵之宅㉞,而觉视于昭昭之宇㉟,休息于无委曲之隅,而游敖于无形埒之野㊱。居而无容㊲,处而无所,其动无形,其静无体,存而若亡,生而若死,出入无间㊳,役使鬼神。沦于不测㊴,入于无间,以不同形相嬗也㊵,终始若环,莫得其伦㊶。此精神之所以能登假于道也㊷。是故真人之所游㊸。

[注释]①一:专一,指本性。二:指本性以外的事物。 ②内:指人内心持守的精神。外:指身外的嗜欲。 ③太素:朴素。 ④体:包容。本:本性。抱神:持守精神。 ⑤樊:篱笆。引申为范围。 ⑥仿佯(音 páng yáng):徘徊。尘垢:尘世,现实世界。业:事务,这里有范围的意思。 ⑦机械:机巧,伪诈。 ⑧不为变:意谓不因为死生的诱惑而改变体本抱神之志。 ⑨捵(音 zhěn)抱:转移,变化。 ⑩审:安。瑕:玉石上的斑痕。无瑕:指纯粹的本性。 ⑪肝胆:指人内心的感情世界。正肝胆:使内心纯正。 ⑫耦:合。一:指道。 ⑬逯:音 lù,任意。 ⑭损:丧失。这里是遗忘的意思。 ⑮治:管理,疏理。辩:同办,治理。 ⑯景:日光。放:同耀。 ⑰纣:音 xún,法则。有待:指万物有待于道。 ⑱太清:至清,指道。容与:放纵。 ⑲无:不。营:惑乱。 ⑳廓惝:广阔。靖:安定。 ㉑涸:通沍,水凝固为

冰。　㉒晦：昏暗，这里用作动词。　㉓砾：小石。　㉔穷：至，极。宠：尊。穷宠：犹至尊，指帝王一类。行客：指过路人，过客。　㉕毛嫱：古代美女，据说是春秋时越王的美姬。西施：春秋时越国女子名，以美色著称。后世以毛嫱、西施为绝色美女的代称。颇：音 qī，面目狰狞丑陋。颇丑：极丑陋的人。　㉖方：类。　㉗同：聚。　㉘忽区：虚空而没有形体的区域。　㉙使、行：都是指使精神劳竭的行为。　㉚契：合。大浑：指天地未分时浑沌不分的形态。　㉛至清：即太清。　㉜萌：生。　㉝魄、魂：都是指人的精灵。魂为阳神，指人能离开身体而存在的精神，魂气禀之于天。魄为阴神，指人依附于形体，又能存在的精神，形魄受之于地。二句谓魄、魂各安其位。　㉞宵：夜。太宵：长夜。　㉟昭昭：明亮的样子。　㊱委曲：由折。无委曲之隅、无形埒之野：都是指没有形体、没有界限、浑然无边的区域。　㊲容：形貌。　㊳无间：没有间隙。指最微细之处。　㊴沦：没，入。不测：不可测度，无法捉摸之地。　㊵嬗：音 shàn，演化。　㊶伦：道理。　㊷登：上。假：至。登假：上通。　㊸故：通固，本来。

　　若吹呴呼吸，吐故内新①，熊经鸟伸，凫浴猿躩，鸱视虎顾②，是养形之人也，不以滑心③。使神滔荡而不失其充④，日夜无伤而与物为春⑤，则是合而生时于心也⑥。且人有戒形而无损于心⑦，有缀宅而无耗精⑧。夫癞者趋不变⑨，狂者形不亏，神将有所远徙，孰暇知其所为！故形有摩而神未尝化者⑩，以不化应化，千变万化抮⑪，而未始有极。化者，复归于无形也；不化者，与天地俱生也。夫木之死也，青青去之也⑫。夫使木生者岂木也？犹充形者之非形也⑬。故生生者未尝死也，其所生则死矣；化物者未尝化也，其所化则化矣。

　　[注释]①呴：音 xǔ，吐气。吐故：呼出体内陈旧之气。内：同纳。内新：吸入新鲜之气。　②熊经三句：经：吊。凫：音 fú，野鸭。躩：音 jué，猿猴的

跳跃。鸱:音 chī,鸢,鹞鹰。熊经、鸟伸、凫浴、猿躩等皆古代导引养生之法,模仿熊爬树自悬、鸟飞翔时舒展、野鸭戏水时活动四肢及猿猴跳跃的样子,以达到健身目的。 ③养形:保养身体。滑:音 gǔ,乱。 ④充:充实。 ⑤日夜:指光阴。 ⑥生时于心:在内心感应四时的变化。 ⑦戒:革的假借字,改。戒形:改变正常形体,如残废、畸形等。 ⑧缀:废,罢。宅:身体。缀宅:指人死亡。 ⑨癞者:麻风病人。趋:同趣,志趣。 ⑩摩:灭。 ⑪抌:转变。 ⑫青青:指树木茂盛的生机。 ⑬充形者:使人具备形体的东西,指蕴含着道而生成万物之气。

轻天下,则神无累矣;细万物①,则心不惑矣;齐死生,则志不慑矣②;同变化,则明不眩矣③。众人以为虚言,吾将举类而实之④。

[注释] ①细:小,意动用法。 ②齐:相同,作动词用。慑:恐惧。 ③明:眼睛。 ④实:证明。

人之所以乐为人主者,以其穷耳目之欲,而适躬体之便也①。今高台层榭,人之所丽也②;而尧朴桷不斫,素题不枅③。珍怪奇异,人之所美也;而尧粝粢之饭,藜藿之羹④。文绣狐白⑤,人之所好也;而尧布衣掩形,鹿裘御寒。养性之具不加厚,而增之以任重之忧⑥。故举天下而传之于舜,若解重负然。非直辞让,诚无以为也。此轻天下之具也⑦。

[注释] ①适:满足。躬体:身体。 ②榭:在台上盖的高屋。丽:追求。 ③桷:音 Jué,方形的椽子。题:房屋木柱的顶。枅:音 jī,在房屋柱顶安装的方木。 ④粝:音 lì,粗米。粢:音 zī,稷。藜:音 lí,野草名,嫩叶可食。藿:音 huò,豆叶。粝粢、藜藿:皆指粗劣的食物。 ⑤文绣:绣有文采的衣服。

狐白:狐狸腋下的白毛,这里指用狐白制成的精美皮衣。　⑥养性之具:保养生命的东西,指上文所谓住房、食品、衣物等。性:生命。　⑦具:辩。

禹南省方①,济于江,黄龙负舟,舟中之人五色无主②,禹乃熙笑而称曰③:"我受命于天,竭力而劳万民,生寄也,死归也,何足以滑和?"视龙犹蝘蜓④,颜色不变,龙乃弭耳掉尾而逃。禹之视物亦细矣。

[注释]①省:视察。方:指四境之内,四方。省方:视察四方。　②五色:指人的神色。五:五官。五色无主:因惊恐面神色大变。　③熙笑:怡然而笑。称:说。　④蝘蜓:蜥蜴的一种。

郑之神巫相壶子林①,见其征②,告列子③。列子行泣报壶子。壶子持以天壤④,名实不入⑤,机发于踵⑥。壶子之视死生亦齐矣。

[注释]①相:音 xiàng:看相,观察人的形貌以占测其命运。壶子林:人名,相传是春秋时郑国人,也称壶丘子林,是列子的老师。　②征:征兆。这里指凶兆。　③列子:人名,春秋时郑国人,名御寇。行泣:边走边哭。　④天壤:天地,指天地自然之道。　⑤名实:名利。名指名誉地位,实指物质利益,物质享受。不入:不在意,不放在心里。　⑥机:弩机。踵:脚后跟。机发于踵:形容面对危险而不畏惧。

子求行年五十有四①,而病伛偻②,脊管高于顶③,腸下迫颐④,两脾在上⑤,烛营指天⑥。匍匐自窥于井,曰:"伟哉!造化者其以我为此拘拘邪?"⑦此其视变化亦同矣。

[注释]①子求:人名。高诱注云:楚人也。 ②伛偻(音 yǔ lǚ):驼背。③脊管:脊梁。 ④臆:音 yì,胸前骨。颐:下颌。 ⑤脾:通髀,大腿。⑥烛营:指男性生殖器。 ⑦拘拘:屈曲的样子。

故睹尧之道,乃知天下之轻也;观禹之志,乃知天下之细也①;原壶子之论②,乃知死生之齐也;见子求之行,乃知变化之同也。

[注释]①天下之细:王念孙谓天下当作万物,涉上文致误。王说可参。这里照应上文夏禹细万物的事。 ②原:探寻。

夫至人倚不拔之柱,行不关之途①,禀不竭之府,学不死之师②。无往而不遂,无至而不通。生不足以挂志③,死不足以幽神④,屈伸俯仰,抱命而婉转⑤。祸福利害,千变万纷⑥,孰足以患心!若此人者,抱素守精,蝉蜕蛇解,游于太清,轻举独往⑦,忽然入冥⑧。凤凰不能与之俪,而况斥鷃乎⑨!势位爵禄,何足以概志也⑩!

[注释]①关:关闭,堵塞。 ②不竭之府、不死之师:皆指自然、道。③挂:阻碍。 ④幽:遮蔽,拘困。 ⑤抱命:持守天命。 ⑥纷:音 zhěn,变化。 ⑦住:停留。 ⑧冥:指幽深高远的境界。 ⑨俪:偕。斥鷃(音 yàn):一种小鸟,或谓即鹌鹑。 ⑩概:限制。

晏子与崔杼盟,临死地而不易其义①。殖、华将战而死,莒君厚赂而止之,不改其行②。故晏子可迫以仁,而不可劫以兵;殖、华可止以义,而不可县以利。君子义死,而不可以富贵留也;义为,而不可以死亡恐也。彼则直为义耳,而尚犹不拘于物,又况无为者矣。尧不以有天下为贵,故授舜。公子札不以有国为尊,故让位③。子罕不以玉为富,故不受宝④。务光不以生害义,故自投于渊⑤。由此观之,至贵不待爵⑥,至富不待财。天下至大矣,而以与佗人⑦;身至亲矣,而弃之渊;外此,其余无足利矣⑧。此之谓无累之人,无累之人,不以天下为贵矣！上观至人之论,深原道德之意,以下考世俗之行,乃足羞也。故通许由之意,《金縢》、《豹韬》废矣⑨;延陵季子不受吴国,而讼闲田者惭矣⑩;子罕不利宝玉,而争券契者愧矣;务光不污于世,而贪利偷生者闷矣⑪。故不观大义者,不知生之不足贪也;不闻大言者,不知天下之不足利也。

[**注释**]①晏子:春秋时齐国大夫,字平仲。一说谥平字仲。崔杼:春秋时齐国大夫。二句指前548年,崔杼弑齐庄公,胁迫诸将军大夫盟誓忠于崔氏,有不从者立死。所杀七人。次及晏子。晏子对天发誓忠于社稷,不忠于权臣。崔氏用兵器威胁晏子,晏子终不服。参见《左传·襄公二十五年》、《晏子春秋·内篇上第五》。　②殖:杞殖。华:华还,亦作华周。二人皆齐大夫。莒:西周诸侯国名。《左传·襄公二十三年》载:齐侯伐莒,杞殖、华还率甲兵夜入于莒郊,遇莒君所率大军。莒君厚赂之,希望不交战,放杞殖、华还一条生路,二人拒绝,遂战而死。　③公子札:即吴季札。春秋时吴王寿梦之子,封于延陵,故又称延陵季子。吴人欲立季札为君,季札坚决辞让,甚至"弃其室而耕"。事见《左传·襄公十四年》、《史记·吴太伯世家》。　④子罕:春秋时宋国臣。《左传·襄公十六年》载:"宋人或得玉,献诸子罕。子罕弗受。献玉者曰:'以示玉人,玉人以为宝也,故敢献之。'子罕曰:'我以不贪为宝,尔以玉为宝,若以与我,皆丧宝也。不若人有其宝。'"　⑤务光:商汤时隐士。传说汤想把天下让给务光,他认为汤取天下不义,不受,自沉于渊。见《战国策·秦五》。　⑥待:须。　⑦佗:通他。　⑧利:贪图。　⑨《金縢》:《尚书》篇名。《豹韬》:古兵书名。《六韬》中有《豹韬》八篇。此以《金縢》、

《豹韬》泛指谋求帝王之位的典籍。　⑩闲田:无人耕种的田。　⑪闷:内心不安。

今夫穷鄙之社也①,叩盆拊瓴②,相和而歌,自以为乐矣。尝试为之击建鼓③,撞巨钟,乃性仍仍然④,知其盆瓴之足羞也。藏《诗》、《书》,修文学,而不知至论之旨,则拊盆叩瓴之徒也。夫以天下为者,学之建鼓矣。尊势厚利,人之所贪也;使之左据天下图⑤,而右手刎其喉,愚夫不为。由此观之,生尊于天下也。圣人食足以接气⑥,衣足以盖形,适情不求余,无天下不亏其性,有天下不羡其和⑦。有天下,无天下,一实也。

[注释]①社:祭祀土地神的活动,在春分前后举行的为春社,秋分前后举行的为秋社,是民间的一个节日。　②拊:拍击。瓴:音 líng,一种盛水瓶。　③建鼓:一种大鼓,用柱子树立于阶侧,也叫应鼓。　④仍仍然:惘然若有所失的样子。　⑤图:地图。据天下图:表示有了控制天下的权力。　⑥接气:呼吸得以继续,代指生活的基本需要。　⑦羡:乱。

今赣人敖仓①,予人河水,饥而餐之,渴而饮之,其入腹者不过箪食瓢浆②,则身饱而敖仓不为之减也。腹满而河水不为之竭也。有之不加饱,无之不为之饥,与守其篅笪③,有其井,一实也。

[注释]①赣:音 gòng,通贡,赐。敖仓:秦代所建粮仓名,地在今河南荥阳东北。　②箪:音 dān,盛饭用的竹器。浆:米汤。箪食瓢浆:指少量的饮食。　③篅笪:音 chuán dùn,储藏粮食的圆囤,用竹草编织围成圈,逐层加高,外面可涂泥加固。

人大怒破阴,大喜坠阳①,大忧内崩②,大怖生狂。除秽去累,莫若未始出其宗,乃为大通。清目而不以视,静耳而不以听,钳口而不以言③,委心而不以虑④。弃聪明而反太素,休精神而弃知故⑤,觉而若昧,以生而若死,终则反本未生之时,而与化为一体。死之与生,一体也。

[**注释**]①古人认为怒的感情属阴气,高兴则属阳气,大怒使体内阴气增加,破坏了阴气在体内的平衡,大喜使体内阳气上升,亦破坏阳气在体内的平衡。 ②内:内脏。古人认为过分忧伤使人内脏破裂。 ③钳口:闭口。 ④委心:听任内心的自然。 ⑤知:同智。知故:智巧,诈伪。

今夫繇者揭钁臿①,负笼土②,盐汗交流,喘息薄喉③。当此之时,得茠越下④,则脱然而喜矣。岩穴之间,非直越下之休也。病疵瘕者⑤,奉心抑腹,膝上叩头,踡局而谛⑥,通夕不寐。当此之时,哙然得卧⑦,则亲戚兄弟欢然而喜,夫修夜之宁,非直一哙之乐也⑧。故知宇宙之大,则不可劫以死生;知养生之和⑨,则不可县以天下⑩;知未生之乐,则不可畏以死;知许由之贵于舜,则不贪物。墙之立,不若其偃也⑪,又况不为墙乎!冰之凝,不若其释也,又况不为冰乎⑫!自无蹠有,自有蹠无,终始无端,莫知其所萌,非通于外内⑬,孰能无好憎?无外之外,至大也;无内之内,至贵也;能知大贵⑭,何往而不遂!

[**注释**]①繇者:服徭役的人。揭:举。钁:音 jué,锄。臿:音 chā,铁锹。 ②笼:盛土用的竹编器具。 ③薄:迫。 ④茠:音 xiū,通庥,在树荫下休息。越:同樾,树荫。 ⑤疵瘕:一种腹部长出结块的疾病。 ⑥踡局:屈曲身体。谛:通啼,号哭。 ⑦哙(音 kuài)然:欣喜畅快的样子。 ⑧一哙之

乐:犹言一时的快乐。以上用龋者、病疵瘕者为例,说明有天下、得宝物之乐对于修养本性来说,犹如休于一树之荫,获得一哙之卧,而轻天下、细万物,得养生之和则犹如休于岩穴之间,获得修夜之宁。 ⑨养生之和:修养心性的正道。 ⑩县:通悬,悬挂,这里是诱惑的意思。 ⑪偃:倒,伏。 ⑫墙之立几句:意谓事物愈是被具体形貌、功用所束缚,就愈偏离它的本性,偏离自然之道。所以,从接近自然造化来说,砌起来的墙就不如倒伏的墙,而未为墙则更好。凝结的冰就不如融化的冰,而未成冰则更好。 ⑬外:指事物的外表、界限。内:事物的内在、实质。 ⑭能知大贵:能知无外之外,无内之内,即掌握了道。

衰世凑学①,不知原心反本,直雕琢其性,矫拂其情②,以与世交。故目虽欲之,禁之以度;心虽乐之,节之以礼。趋翔周旋③,诎节卑拜④,肉凝而不食,酒澄而不饮⑤,外束其形,内总其德⑥,钳阴阳之和,而迫性命之情,故终身为悲人。

[注释]①凑:趋附。凑学:指舍本逐末的学说。 ②矫:掩饰。拂:违逆。 ③翔:游走。 ④诎节:屈曲气节。卑拜:形容卑躬屈膝的样子。 ⑤澄:清淡。 ⑥总:束缚。

达至道者则不然,理情性,治心术,养以和,持以适,乐道而忘贱,安德而忘贫。性有不欲,无欲而不得;心有不乐,无乐而不为。无益情者不以累德,而便性者不以滑和①。故纵体肆意,而度制可以为天下仪②。

[注释]①滑:音 gǔ,乱。 ②仪:法度、标准。

今夫儒者不本其所以欲,而禁其所欲;不原其所以乐,而闭其所乐。是犹决江河之源，而障之以手也。夫牧民者①，犹畜禽兽也，不塞其圂垣，使有野心，系绊其足，以禁其动，而欲修生寿终②，岂可得乎！夫颜回、季路、子夏、冉伯牛，孔子之通学也③，然颜渊夭死④，季路菹于卫⑤，子夏失明⑥，冉伯牛为厉⑦。此皆迫性拂情，而不得其和也。故子夏见曾子，一臞一肥⑧。曾子问其故，曰："出见富贵之乐而欲之，入见先王之道又说之⑨。两者心战⑩，故臞；先王之道胜，故肥。"推其志，非能贪富贵之位，不便侈靡之乐⑪，直宜迫性闭欲，以义自防也。虽情心郁殪⑫，形性屈竭，犹不得已自强也⑬。故莫能终其天年。若夫至人，量腹而食，度形而衣，容身而游⑮，适情而行，余天下而不贪⑯，委万物而不利，处大廓之宇⑰，游无极之野，登太皇⑱，冯太一⑲，玩天地于掌握之中⑳。夫岂为贫富肥臞哉！故儒者非能使人弗欲，而能止之；非能使人勿乐，而能禁之。夫使天下畏刑而不敢盗，岂若能使无有盗心哉！

[注释]①牧民：治民。 ②修生：长寿。 ③通学：精通学问的学生，犹今言高材生。 ④颜渊：春秋末鲁国人，名回字子渊，孔子学生，长于德行。 ⑤季路：春秋末卞人，姓仲名由，一字子路，孔子学生，长于政事。后为卫大夫孔悝邑宰，因不从孔悝迎立蒉聩为卫公，被杀。菹：音zū，醢，古代一种把人剁成肉酱的酷刑。 ⑥子夏：春秋末晋人，一说卫人，姓卜名商，孔子学生，长于文学。后因爱子死，痛哭失明。 ⑦冉伯牛：鲁人，孔子学生，长于德行。后得恶疾。厉：通疠，恶疾。 ⑧曾子：春秋末鲁国人，名参，字子舆，孔子学生。臞：音qú，瘦。 ⑨说：同悦。 ⑩心战：指两种不同思想在内心的交锋，思想斗争。 ⑪便：安适。 ⑫郁殪：忧闷压抑。 ⑬自强：自勉。 ⑭天年：自然的寿数。 ⑮容：安适。 ⑯余：遗弃。 ⑰廓：宽阔。宇：空间。 ⑱太皇：指上天。 ⑲冯：音píng，依靠。太一：在天地万物形成之前，

存在于混沌之中的产生天地万物的元气,是道的一种存在方式。 ⑳玩:玩弄,控制。掌握:在手掌中,指在绝对控制下。

　　越人得髯蛇①,以为上肴,中国得而弃之无用。故知其无所用,贪者能辞之;不知其无所用,廉者不能让也。夫人主之所以残亡其国家,损弃其社稷,身死于人手,为天下笑,未尝非为非欲也②。夫仇由贪大钟之赂而亡其国③,虞君利垂棘之璧而禽其身④,献公艳骊姬之美而乱四世⑤,桓公甘易牙之和⑥,而不以时葬⑦,胡王淫女乐之娱而亡上地⑧。使此五君者适情辞余,以己为度⑨,不随物而动,岂有此大患哉!故射者非矢不中也,学射者不治矢也⑩;御者非辔不行,学御者不为辔也⑪。知冬日之箑⑫、夏日之裘无用于己,则万物之变为尘埃矣。故以汤止沸,沸乃不止,诚知其本,则去火而已矣。

　　[注释]①髯(音 rán)蛇:大蛇。　②非欲:非分之欲望。　③仇由:春秋时国名,狄族,位于今山西省盂县,与晋国相邻。《韩非子·说林下》载,晋国卿智伯瑶将伐仇由,苦于道难不通,乃铸大钟遗仇由之君,仇由修筑大道以运钟。晋遂利用这条大道伐灭其国。　④虞:春秋时国名,地在今山西省平陆县东北。利:贪利。垂棘:晋国地名,其地产美玉。禽:捕捉。《左传·僖公二年》载,晋以屈地所产良马、垂棘所产玉璧为礼物向虞国借道伐虢。虞君贪利而许之。后三年,晋灭虢后顺路灭虞,俘获虞君。　⑤献公:晋献公,名诡诸。前 677～前 651 年在位。艳:爱慕。骊姬:春秋时骊戎国君之女。晋献公伐骊戎,得骊姬及其娣,纳为夫人。骊姬生奚齐,其娣生卓子。骊姬潜杀太子申生,逼公子重耳、夷吾出奔。献公死,奚齐、卓子相继为君,皆为里克所杀。夷吾返国为晋惠公。死,子圉立,是为怀公,翌年被杀。至文公重耳立,才结束晋国动乱。四世:指奚齐、卓子、惠公、怀公。　⑥桓公:齐桓公,春秋五霸之一,名小白。易牙:人名,齐桓公宠臣。据《管子·小称》载,易牙听说齐桓

公未尝过蒸婴儿,便将自己的儿子蒸了献给桓公。和:和味,醇和美味。　⑦不以时葬:桓公晚年政事专任易牙等人,死后,诸公子争立,遂引起内乱,桓公尸体停床上六十七日,尸虫出于户。事见《史记·齐太公世家》。　⑧胡王:指春秋时西戎国君,胡是古代对西北部民族的统称。上地:上好的土地。《史记·秦本纪》载,秦穆公用女乐赠西戎国君,离间其君臣,而后一举伐之,"益国十二,开地千里,遂霸西戎"。　⑨以己为度:以适情为度。　⑩治矢:制箭。　⑪四句喻说凡事应抓住根本。箭对于射,缰绳对于驾驭固然重要,但学射者的根本不在制箭,学御者的根本不在制绳。　⑫箑:音shà,扇。

卷八　本经训

　　太清之始也①，和顺以寂漠，质真而素朴，闲静而不躁，推移而无故②，在内而合乎道，出外而调于义③，发动而成于文，行快而便于物④。其言略而循理，其行悦而顺情⑤，其心愉而不伪，其事素而不饰，是以不择时日，不占卦兆，不谋所始，不议所终，安则止，激则行，通体于天地，同精于阴阳⑥，一和于四时⑦，明照于日月，与造化者相雌雄。是以天覆以德，地载以乐⑧，四时不失其叙，风雨不降其虐，日月淑清而扬光，五星循轨而不失其行⑨。当此之时，玄元至砀而运照⑩，凤麟至，蓍龟兆，甘露下，竹实满⑪，流黄出，而朱草生⑫，机械诈伪莫藏于心。

　　[注释]①太清：最能体现天道之本的形态，这里指理想的上古社会。始：一作治。　②推移：变化。故：常，指人为的规则。　③内：指心志、思想。外：指行为、表现。　④发动：奋起行动。行快：动作迅速敏捷。　⑤悦：音 tuō，简易。　⑥体：形体。精：精神。　⑦一和：和谐，同一。　⑧句谓天遵循道德而覆盖大地，大地和适而承载万物。　⑨五星：金木水火土五大行星。　⑩玄元：天。俞樾校云当作玄光。砀：广大。运照：遍照。　⑪竹实：竹子所结的果实。满：成熟。　⑫流黄：传说是土之精。朱草：一种红色的草。几

句皆写各种祥瑞。

逮至衰世,镌山石①,锲金玉②,擿蚌蜃③,消铜铁,而万物不滋,刳胎杀夭④,麒麟不游,覆巢毁卵,凤凰不翔,钻燧取火,构木为台,焚林而田⑤,竭泽而渔。人械不足⑥,畜藏有余,而万物不繁兆,萌牙卵胎而不成者,处之太半矣。积壤而丘处,粪田而种谷,掘地而井饮,疏川而为利,筑城而为固,拘兽以为畜,则阴阳缪戾⑦,四时失叙,雷霆毁折,雹霰降虐⑧,氛雾霜雪不霁⑨,而万物燋夭⑩。菑榛秽⑪,聚埒亩⑫,芟野菼⑬,长苗秀⑭,草木之句萌、衔华、戴实而死者⑮,不可胜数。乃至夏屋宫驾⑯,县联房植⑰,橑檐榱题⑱,雕琢刻镂,乔枝菱阿⑲,夫容芰荷⑳,五采争胜,流漫陆离㉑,修挟曲挍夭矫㉒,曾桡芒㉓,繁纷挐㉔,以相交持,公输、王尔㉕,无所错其剞劂削锯㉖,然犹未能澹人主之欲也㉗。是以松柏箘露夏槁㉘,江、河、三川㉙,绝而不流,夷羊在牧㉚,飞蛩满野㉛,天旱地坼,凤皇不下,句爪、居牙、戴角、出距之兽,于是鸷矣㉜。民之专室蓬庐㉝,无所归宿,冻饿饥寒死者,相枕席也㉞。及至分山川溪谷,使有壤界,计人多少众寡,使有分数,筑城掘池,设机械险阻以为备,饰职事㉟,制服等㊱,异贵贱,差贤不肖,经诽誉㊲,行赏罚,则兵革兴而分争生㊳,民之灭抑夭隐㊴,虐杀不辜而刑诛无罪,于是生矣。

[**注释**]①镌:音juān,凿。镌山石:指开采矿产。 ②锲:音qiè,雕刻。 ③擿:音tī,挑开。蜃:音shèn,蛤蜊。 ④刳:音kū,剖。夭:幼小的生命。 ⑤田:田猎。 ⑥械:器物,用具。 ⑦缪戾:错乱。 ⑧霰:雪珠子。

⑨氛:雾气。雾:云雾雨雪等消散。 ⑩爁:通焱。爁天:枯焦而夭折。⑪菑:音 zī,砍杀草木。榛秽:芜杂的草木丛。 ⑫埒(音 liè)亩:平整有疆界的田亩。 ⑬芟:音 shān,除草。菼:音 tǎn,一种草名。野菼:泛指野草。⑭苗秀:泛指庄稼。谷类未抽穗扬花为苗,抽穗扬花为秀。 ⑮句(音 gōu)萌:草木出土弯者为句,直者为萌。这里泛指初生草木。 ⑯夏屋:高大的房屋。驾:通架。宫驾:宫殿高耸重叠。 ⑰县联:连绵。植:户门外竖立的锁门用的直木。 ⑱橑:屋檐。榱题:屋檐的椽头。 ⑲乔:高。菱:通陵。阿:通柯。乔枝、菱阿:都是指在建筑物橑檐榱题处镂刻的高耸奇异的图案。⑳夫容:芙蓉,荷花。芰:音 jì,菱角。两角者为菱,四角者为芰。 ㉑流漫:弥漫。陆离:色彩斑斓绚丽的样子。 ㉒掞:音 shàn,舒展。挍:同校。掞曲、夭矫:皆指建筑物钩心斗角,高低曲直,参差错落的样子。 ㉓曾:增加。桡:音 náo,弯曲。芒:尖端。 ㉔纷挐(音 rú):纷杂纠错。 ㉕公输:公输班,古代著名工匠,春秋时鲁国人,故又称鲁班。王尔:古代著名工匠名。 ㉖错:通措,置。剞:音 jī,雕刻用的刀。劂:雕刻用的曲凿。削:雕刻用的刀具。㉗澹:音 shàn,通赡,满足。 ㉘箘:一种竹名。露:通簬。也是一种竹名。松柏箘露:都是指生命力强盛的植物。 ㉙三川:三条河流的合称。西周以泾、渭、汭(一说洴)为三川,皆在今陕西境内。 ㉚夷羊:一种神兽。传说以夷羊出现为亡国之兆。牧:郊野。 ㉛蚊:音 qiáng,蝗虫。 ㉜居:通锯。居牙:牙齿锋利如锯的猛兽。距:鸡类足后突出的尖骨。鸷:凶猛搏杀。 ㉝专室:狭小的住屋。蓬庐:蓬草搭成的房屋。 ㉞枕席:犹枕藉。 ㉟饰:整治。这里是设立之意。职事:指文武官吏制度。 ㊱服等:服饰等级制度。不同身份地位穿着不同服饰。 ㊲经:划分界限。 ㊳分:同纷。 ㊴抑:冤屈。隐:痛。

天地之合和,阴阳之陶化万物①,皆乘人气者也②。是故上下离心,气乃上蒸,君臣不和,五谷不为③。距日冬至四十六日④,天含和而未降,地怀气而未扬,阴阳储与⑤,呼吸浸潭⑥,包裹风俗,斟酌万殊⑦,旁薄众宜⑧,以相呕咐酝酿⑨,而成育群生。是故春肃秋荣,冬雷夏霜,皆贼气之所生。由此观之,天地宇宙,一人之身也;六合之内,一人之制也⑩。是故明于性者,天地不能胁也;审于符者⑪,怪物不能惑也。故圣人者,由近知远而万殊为一。

[**注释**]①陶化:陶冶化育。 ②人气:人类之元气。 ③为:成。 ④距日冬至四十六日:指从立冬到冬至这四十六天。 ⑤储与:弥漫聚合的样子。 ⑥浸潭:滋润旁延。 ⑦万殊:各种各样不同的事物。 ⑧旁薄:贴近,适合。 ⑨呕(音 xū)咐:抚养。酝酿:孕育。 ⑩六合:天地四方。制:控制。句谓天地之间如一人所能控制的范围。 ⑪审:明。符:征兆。

古之人同气于天地,与一世而优游①。当此之时,无庆贺之利②,刑罚之威,礼义廉耻不设,毁誉仁鄙不立,而万民莫相侵欺暴虐,犹在于混冥之中③。逮至衰世,人众财寡,事力劳而养不足,于是忿争生,是以贵仁。仁鄙不齐,比周朋党,设诈谞④,怀机械巧故之心,而信失矣,是以贵义。阴阳之情,莫不有血气之感⑤,男女群居杂处而无别,是以贵礼。性命之情,淫而相胁,以不得已⑥,则不和,是以贵乐。是故仁义礼乐者,可以救败,而非通治之至也⑦。夫仁者,所以救争也;义者,所以救失也;礼者,所以救淫也;乐者,所以救忧也。神明定于天下⑧,而心反其初⑨;心反其初,而民性善;民性善而天地阴阳从而包之⑩,则财足而人澹矣;贪鄙忿争不得生焉。由此观之,则仁义不用矣。道德定于天下而民纯朴,则目不营于色⑪,耳不淫于声,坐俳而歌谣,被发而浮游⑫,虽有毛嫱、西施之色,不知说也⑬。《掉羽》、《武象》⑭,不知乐也,淫洪无别,不得生焉。由此观之,礼乐不用也。是故德衰然后仁生,行沮然后义立⑮,和失然后声调⑯,礼淫然后容饰⑰。是故知神明然后知道德之不足为也,知道德然后知仁义之不足行也。知仁义然后知礼乐之不足修也。今背其本而求其末,释其要而索之于详,未可与言至也⑱。

[**注释**]①一世:整个世界。优游:悠然自得的样子。 ②庆贺:奖赏。刘文典引陈观楼云:贺当为赏,字之误也。 ③混冥:万物形成之前混沌未分的状态。 ④谞:音 xǔ,计谋。 ⑤感:感应。血气之感:指男女两性的接触。 ⑥淫:过度的纵情。胁:胁迫。 ⑦至:极,最好的办法。 ⑧神明:指与天道协和的人之本性。 ⑨初:指人性初萌,尚未有情欲之时。 ⑩从:跟随。指天地阴阳根据民性善而作出的反应。包:宽容,爱惜。 ⑪营:惑乱。 ⑫俳:谐戏,取乐。浮游:漫游。 ⑬毛嫱、西施:皆古代美女名,后以之为绝色女子代称。说:同悦。 ⑭《掉羽》、《武象》:皆周王朝用于祭祀、朝贺场合的雅舞名,《掉羽》属文舞,《武象》属武舞。 ⑮沮:音 jǔ,败坏。 ⑯和:乐。 ⑰容:法度。饰:整治。 ⑱至:至理,最高的道理。

天地之大,可以矩表识也①;星月之行,可以历推得也;雷震之声,可以鼓钟写也②。风雨之变,可以音律知也③。是故大可睹者,可得而量也;明可见者,可得而蔽也④;声可闻者,可得而调也;色可察者,可得而别也。夫至大,天地弗能含也;至微,神明弗能领也。及至建律历⑤,别五色⑥,异清浊⑦,味甘苦,则朴散而为器矣⑧。立仁义,修礼乐,则德迁而为伪矣。及伪之生也,饰智以惊愚,设诈以巧上⑨,天下有能持之者,有能治之者也⑩。昔者苍颉作书⑪,而天雨粟,鬼夜哭;伯益作井⑫,而龙登玄云,神栖昆仑;能愈多而德愈薄矣。故周鼎著倕,使衔其指,以明大巧之不可为也⑬。

[注释]①表:测量标杆。矩:方形。矩表:用来测量天地广袤的四根排列成正方形的标杆。　②写:模仿。古人认为鼓、钟是模仿雷声而制成的。雷震:王念孙云当作雷霆,字之误也。　③古人认为音律是模仿风声产生的。　④薉:判,决。　⑤律:古代用来候气的仪器,用竹管或金属管制成。律历:历法。　⑥五色:黄白黑赤青。　⑦清浊:指音色清浊。五音中商为清音,宫为浊音。　⑧朴:指形而上,纯朴无形的道。器:形而下,有形的具体事物。　⑨惊愚:震醒愚昧。巧:欺。　⑩持之:指以强力拥有。治之:指以道德文化治理。也:同邪,反问语气词。　⑪苍颉:传说是黄帝史官,始创汉字者。　⑫伯益:传说是舜时部落首领,发明掘井取水。　⑬倕:音 chuí,传说是黄帝时的巧匠,始造多种器具,此言周时将咬着手指的倕的图像铸于鼎上,以告诫后人大巧之不可为。事亦见《吕氏春秋·杂谓》。

故至人之治也,心与神处①,形与性调,静而体德②,动而理通。随自然之性而缘不得已之化③,洞然无为而天下自和④,憺然无欲而民自朴,无祆祥而民不夭⑤,不忿争而养足,兼包海内,泽及后世,不知为之者谁何⑥。是故生无号,死无谥,实不聚而名不立⑦,施者不德⑧,受者不让,德交归焉。而莫之充忍也⑨。故德之所总⑩,道弗能害也;智之所不知,辩弗能解也。不言之辩,不道之道,若或通焉,谓之天府⑪。取焉而不损,酌焉而不竭⑫,莫知其所由出,是谓瑶光⑬。瑶光者,资粮万物者也⑭,振困穷,补不足,则名生;兴利除害,伐乱禁暴,则功成。世无灾害,虽神无所施其德,上下和辑,虽贤无所立其功。昔容成氏之时⑮,道路雁行列处⑯,托婴儿于巢上⑰,置余粮于亩首⑱,虎豹可尾,虺蛇可蹍⑲,而不知其所由然。

[注释]①心:指人的主观意志。神:指人的本性。处:安,和适。②德:通得,安适。 ③缘:顺随。不得已之化:指自然变化。 ④洞然:虚空的样子。 ⑤礼:(音jǐ)祥:向鬼神求福却灾的活动。 ⑥谁何:谁人。⑦实:财物。名:名誉。 ⑧德:意动用法。不德:不认为自己的施予是对受者的恩德。 ⑨交:俱。归:依附。忍:通牣(音rèn),盈满。 ⑩总:聚合。句谓顺乎自然之德并不违反道的原则。 ⑪天府:天道之府藏,道的精髓。⑫酌:挹取,给予。 ⑬瑶光:星名,为北斗第七颗星。 ⑭资粮:扶持振助。 ⑮容成氏:传说中的古帝王名。 ⑯雁行:俗谓大雁飞行长幼有序。这里指人们无须仁义礼节教化,在道路上自然而然地按长幼次序而行,彬彬有礼。 ⑰巢:原始人构居于树,故称住处为巢。 ⑱亩首:田头。 ⑲虺:音huǐ,毒蛇。蹠:踩,踏。

逮至尧之时,十日并出,焦禾稼,杀草木,而民无所食。猰貐、凿齿、九婴、大风、封豨、修蛇①,皆为民害。尧乃使羿诛凿齿于畴华之野②,杀九婴于凶水之上③,缴大风于青丘之泽④,上射十日而下杀猰貐,断修蛇于洞庭⑤,禽封豨于桑林⑥,万民皆喜,置尧以为天子。于是天下广狭险、易远近⑦,始有道里⑧。舜之时,共工振滔洪水⑨,以薄空桑⑩,龙门未开⑪,吕梁未发⑫,江、淮通流,四海溟涬⑬,民皆上丘陵,赴树木。舜乃使禹疏三江五湖⑭,辟伊阙⑮,导廛涧⑯,平通沟陆,流注东海,鸿水漏⑰,九州干⑱,万民皆宁其性,是以称尧舜以为圣。

[注释]①猰貐(音yà yǔ):怪兽名。高诱注云:"状若龙首,或曰似狸,善走而食人,在西方也。"凿齿:怪兽名。高诱注曰:"齿长三尺,其状如凿,下彻颔下而持戈盾。"九婴:传说中一种九头怪物,能喷水火。大风:传说中一种大鸟名。其飞行时有大风伴随,能毁坏屋舍。封:大。封豨(音xī):大野猪。修蛇:长大的蛇。 ②羿:古代传说中的善射者。畴华:南方水泽名。 ③凶

水:北方水名。 ④缴:音zhuó,用系有丝线的箭射鸟。青丘:东方泽名。 ⑤洞庭:南方泽名,即今洞庭湖。 ⑥禽:同擒。桑林:地名,《主术训》谓商汤曾在此祷雨。 ⑦广、易:皆使动用法。狭险:道路狭窄险要的关隘。远近:偏义复词,偏用远义。 ⑧里:民居处,宅院。 ⑨共工:神话传说中的人物,或谓乃水神。 ⑩薄:迫近。空桑:地名。或谓在今山东,或谓在河南。 ⑪龙门:山名,也叫禹门口,在今山西河津县西北。传说禹治水时凿此山,导河水穿山而过。 ⑫吕梁:山名,即梁山,地在今陕西韩城。黄河流经此地,水流湍急。 ⑬溟涬(音 xìng):茫茫无边的样子。 ⑭三江五湖:泛指众多的江河湖泽。 ⑮伊阙:地名,在今河南洛阳市南。 ⑯廛:同瀍(音 chán),水名,在今河南境内。涧:水名,也在今河南境内。瀍、涧二水皆东流入洛水。 ⑰鸿:通洪。漏:排泄。 ⑱九州:中国古时分为九州,详见《地形训》。这里泛指中原大地。

晚世之时,帝有桀、纣,为璇室、瑶台、象廊、玉床①,纣为肉圃、酒池②,燎焚天下之财③,罢苦万民之力④,刳谏者⑤,剔孕妇⑥,攘天下,虐百姓,于是汤乃以革车三百乘⑦,伐桀于南巢⑧,放之夏台⑨,武王甲卒三千,破纣牧野⑩,杀之于宣室⑪,天下宁定,百姓和集。是以称汤、武之贤。

[**注释**]①璇(音 xuán)、瑶:都是美玉名。句谓用各种美玉、象牙装饰建筑物和器具。王念孙校云为字上脱桀字。 ②肉圃、酒池:堆积肉为园圃,以酒为池。参见《史记·殷本纪》。 ③燎:火烧。 ④罢:音 pí,通疲。 ⑤事见《史记·殷本纪》载:比干谏纣,"纣怒曰:'吾闻圣人心有七窍',剖比干,观其心"。 ⑥剔:分解骨肉。传说纣王曾活活解剖临产孕妇,以观其胞胎。 ⑦革车:兵车。 ⑧南巢:地名,今安徽巢县。 ⑨夏台:地名,在今河南禹州市南。夏桀曾囚汤于此。 ⑩牧野:地名:在今河南汲县与淇县之间。 ⑪宣室:宫殿名。

由此观之,有贤圣之名者,必遭乱世之患也。今至人生乱世之中①,含德怀道,拘无穷之智②,钳口寝说③,遂不言而死者众矣。然天下莫知贵其不言也。故"道可道,非常道;名可名,非常名。"④著于竹帛,镂于金石,可传于人者,其粗也。五帝三王⑤,殊事而同指⑥,异路而同归。晚世学者,不知道之所一体,德之所总要,取成之迹,相与危坐而说之,鼓歌而舞之,故博学多闻,而不免于惑。诗云:"不敢暴虎,不敢冯河。人知其一,莫知其他。"⑦此之谓也。

　　[注释]①至人:有最高道德的人。　②拘:约束。这里是藏匿、隐蔽的意思。　③钳口:指闭口不言。寝:止息。　④语出《老子》第一章。　⑤五帝:传说中上古五位帝王,说法不一。三王:夏商周三代开国君主。　⑥指:通旨,意向。　⑦引诗见《诗经·小雅·小旻》。暴虎:空手打虎。冯河:徒步渡河。

　　帝者,体太一①;王者,法阴阳;霸者,则四时;君者,用六律②。秉太一者,牢笼天地③,弹压山川④,含吐阴阳,伸曳四时⑤,纪纲八极⑥,经纬六合⑦,覆露照导⑧,普氾无私;蠉飞蠕动⑨,莫不仰德而生。阴阳者,承天地之和,形万殊之体,含气化物,以成垺类⑩,赢缩卷舒⑪,沦于不测⑫,终始虚满,转于无原⑬。四时者,春生夏长,秋收冬藏,取予有节,出入有时,开阖张歙⑭,不失其叙,喜怒刚柔,不离其理。六律者,生之与杀也,赏之与罚也,予之与夺也,非此无道也;故谨于权衡准绳⑮,审乎轻重,足以治其境内矣。

[**注释**]①体:法。太一:指万物形成之前存在于混沌之中,产生万物的元气。 ②六律:将十二乐律分为阴阳各六,阳为律,此以六律泛指乐律。 ③牢笼:包容。 ④弹压:控制。 ⑤伸曳:调和。 ⑥纪纲:治理。八极:八方之极远处。 ⑦经纬:规划、治理。六合:上下四方为六合。 ⑧覆露:滋润、庇佑。照导:照亮、导引。这里是扶助、养育的意思。 ⑨蠉(音 huān)飞蠕动:昆虫的飞行和爬动,这里指低微生物。 ⑩埒:音 liè,界限。埒类:指各种各类的事物。 ⑪赢:长。缩:短。 ⑫沦:没。不测:不可测度,指极微细精深的境界。 ⑬无原:没有终始的境界。 ⑭歙:音 xī,收缩。 ⑮权衡:称量物体重量的器具。权为秤锤,衡为秤杆。准:测定平面的水准器。绳:量直线的墨线。这里以权衡准绳代指施政的法则制度。

是故体太一者,明于天地之情,通于道德之伦①,聪明耀于日月,精神通于万物,动静调于阴阳,喜怒和于四时,德泽施于方外②,名声传于后世。法阴阳者,德与天地参③,明与日月并,精与鬼神总④,戴圆履方⑤,抱表怀绳⑥,内能治身,外能得人⑦,发号施令,天下莫不从风⑧。则四时者,柔而不脆,刚而不鞼⑨,宽而不肆,肃而不悖,优柔委从,以养群类,其德含愚而容不肖⑩,无所私爱。用六律者,伐乱禁暴,进贤而退不肖,扶拨以为正⑪,坏险以为平⑫,矫枉以为直,明于禁舍开闭之道⑬,乘时因势,以服役人心也。帝者体阴阳则侵⑭,王者法四时则削,霸者节六律则辱,君者失准绳则废。故小而行大,则滔窕而不亲⑮;大而行小,则狭隘而不容⑯。贵贱不失其体,而天下治矣。

[**注释**]①伦:理。 ②方外:指边远而教化不及的地区。 ③参:音 cān,同。 ④总:合。 ⑤圆,指天。方:指地。戴圆履方:犹言立身于天地

之间。⑥表、绳:都是准则、法度的意思。　⑦得人:得人心,受拥戴。⑧从风:比喻紧紧跟随。　⑨鞼:音 guì,折断。　⑩不肖:不才之人。⑪扶:矫治。拨:曲,不正。　⑫壤:通攘,排除。　⑬舍:通赦。　⑭侵:欺凌。　⑮故小二句:以帝为大,则王为小,以王为大,则霸为小,余类推。滔窕:傲慢,放肆。亲:亲附。被动用法。　⑯容:包容。

天爱其精,地爱其平①,人爱其情。天之精,日月星辰雷电风雨也;地之平,水火金木土也;人之情,思虑聪明喜怒也。故闭四关②,止五遁③,则与道沦。是故神明藏于无形,精神反于至真④,则目明而不以视,耳聪而不以听,心条达而不以思虑⑤,委而弗为,和而弗矜⑥,冥性命之情,而智故不得杂焉⑦。精泄于目,则其视明⑧;在于耳,则其听聪;留于口,则其言当;集于心,则其虑通。故闭四关则身无患,百节莫苑⑨,莫死莫生,莫虚莫盈,是谓真人。

[注释]①平:正。　②四关:指人体与外界联系的四种器官:耳、目、心、口,详见下文解释。　③遁:逸散。五遁:指人体秉受于地的金木水火土五种元素的流遁,亦即过分沉溺于物质享受而使本性逸散,详见下文。④至真:最纯真的东西,指人的本性。　⑤条达:通达。　⑥矜:自负。⑦冥:静。杂:杂糅。　⑧泄:通。　⑨闭四关:封闭四种器官与外界的接触。百节:指人的关节。苑:音 yǔn,病。

凡乱之所由生者,皆在流遁。流遁之所生者五:大构驾①,兴宫室,延楼栈道②,鸡栖井干③,标枅樽栌④,以相支持,木巧之饰,盘纡刻俨⑤,羸镂雕琢⑥,诡文回波⑦,淌游瀷淢⑧,菱杼纱抱⑨,芒繁乱泽⑩,巧伪纷挐⑪,以相摧错,此遁于木也。凿污池之深⑫,肆畛崖之远⑬,来溪谷之流,饰曲岸之际,积楪旋石⑭,以纯修碕⑮,抑减怒濑⑯,以扬激波,曲拂邅回,以像涡洿⑰,益树莲菱,以食鳖鱼⑱,鸿鹄鹔鹅⑲,稻粱饶余⑳,龙舟鹢首㉑,浮吹以娱㉒,此遁于水也。高筑城郭,设树险阻,崇台榭之隆㉓,侈苑囿之大㉔,以穷要妙之望㉕,魏阙之高㉖,上际青云,大厦曾加㉗,拟于昆仑,修为墙垣,甬道相连㉘,残高增下,积土为山,接径历远㉙,直道夷险,终日驰骛而无迹蹟蹈之患㉚,此遁于土也。大钟鼎,美重器,华虫疏镂㉛,以相缪纱㉜,寝兕伏虎㉝,蟠龙连组㉞,焜昱错眩㉟,照耀辉煌,偃蹇寥纠㊱,曲成文章,雕琢之饰,锻锡文铙㊲,乍晦乍明㊳,抑微灭瑕㊴,霜文沉居㊵,若箪篷篨㊶,缠锦经冗㊷,似数而疏㊸,此遁于金也。煎熬焚炙,调齐和之适,以穷荆、吴甘酸之变㊹,焚林而猎,烧燎大木,鼓橐吹埵㊺,以销铜铁,靡流坚锻㊻,无厌足目㊼,山无峻干㊽,林无柘梓㊾,燎木以为炭,燔草而为灰,野莽白素㊿,不得其时,上掩天光,下殄地财,此遁于火也。此五者,一足以亡天下矣。

[注释]①驾:通架,兴建宫室用的竹木搭架。 ②延楼:高楼。栈道:连接楼阁的天桥。 ③井干:高楼上类似井边围栏的栏杆。句谓楼上栏杆刻有鸡栖集的图案。 ④标栵(音mò):建筑物上的木柱。欂栌(音bó lú):柱上承受大梁的方形短木,即斗拱。 ⑤盘纡:盘绕纡曲。刻俨:昂首的样子。指建筑物梁柱上雕刻的蛟龙、虎兽等图案的形状。 ⑥嬴镂:精巧的雕饰。 ⑦诡:奇异。回波:回旋的波纹。 ⑧㴌游:水流的样子。瀷淢(音yì yù):水流湍急而形成的旋转的波纹。 ⑨杼:音zhù,假借为芧,一种水草名。纱(音zhěn)抱:同抮抱,扭曲纠缠的样子。这些都是指建筑物上雕刻的图案的形状。 ⑩芒:通茫。芒繁:迷茫纷杂,令人眼花缭乱。 ⑪伪:人为。挐:音rú,纷乱、纠缠。 ⑫污池:蓄水池。 ⑬畛:音zhěn,边际、界限。 ⑭楪:通

叠。积牒:堆积。 旋:通璇,美玉名。 ⑮纯:音zhǔn,边缘。碕:音qí,曲岸。以纯修碕:指用玉石来修饰迂曲漫长的池岸。 ⑯减、濑:都是指湍急的水流。 ⑰遭回:徘徊。㴲:音yú,水名,在今河北省境内。浯:音wú,水名,在今山东省境内。这里用㴲浯泛指河流。 ⑱食:音sì,饲养。 ⑲鸿鹄(音hū):天鹅。鹔鹴(音sù shuāng):一种水鸟名,雁的一种。 ⑳饶余:丰富、茂盛。 ㉑龙舟:造成龙的形状或雕刻有龙的图案的船。鹢:音yì,一种水鸟名。鹢首:一种船的名称,因船头绘有鹢鸟头图案而得名。 ㉒浮吹:在行船时鼓吹作乐。 ㉓崇:高,作动词用。榭:音xiè,在台上盖的高屋。隆:高。 ㉔侈:广,当动词用。苑囿:畜养禽兽的园林。有围墙的叫苑,没有围墙的叫囿。 ㉕要妙:神奇美妙。望:观赏。 ㉖阙:宫门的台观。魏阙:高耸的阙门。 ㉗曾:通层,重叠。 ㉘甬道:在楼阁之间架设的通道。 ㉙接:通捷,迅速。接径:可以快速奔驰的道路。 ㉚蹟蹈:王念孙认为蹟蹈应作蹟陷,跌入陷阱。 ㉛华虫:古代冕服上绘的花草、雉鸟图案叫华虫,这里泛指花鸟图案。疏:刻,雕饰。 ㉜缪绐:交相缠绕。 ㉝兕:音sì,兽名,或谓即雌犀牛。 ㉞组:结。以上几句都是描写在金属器具上雕刻的图形。 ㉟焜昱(hùn yù):光彩明亮。 ㊱偃蹇:高耸。寥纠:缭绕纠结。 ㊲锻锡:用锻造方式将图纹铸入锡类金属器具表面。铙:一种形状似铃而大的打击乐器。文铙:在铙表面刻上花纹。 ㊳句谓金属器具上的雕饰阴阳交错、明暗相间。 ㊴抑:消除。微:金属器具上细微的裂痕。瑕:斑点、裂痕。 ㊵霜文:指器具上铸纹如霜的颜色。沉居:指各种图纹渗入器物表面,浑然一体。 ㊶簟:音diàn,竹席。籧篨(音qú chú):比簟粗的竹席。这里是形容雕饰图纹如同竹席编织,纵横交错。 ㊷句谓雕饰如同丝锦,花纹缠绕繁复。冗:繁杂。 ㊸数:细密。 ㊹古人认为荆吴之人善烹调甜酸美味。 ㊺橐:音tuó,冶炼时用来鼓风吹火的装置,犹今之风箱。埵:音duǒ,冶炼炉中吹风的铁管。 ㊻靡流:融解,流释。坚锻:坚硬的锻造物。 ㊼厌:满足。 ㊽峻干:高大的树木。 ㊾柘、梓:皆木名,其材用途很广,这里代指各种可用之材。 ㊿莽:草。白素:形容野草白茫茫一片的样子。

是故古者明堂之制①,下之润湿弗能及,上之雾露弗能入,四方之风弗能袭;土事不文②,木工不斫③,金器不镂;衣无隅差之削④,冠无觚蠃之理⑤;堂大足以周旋理文⑥,静洁足以享上帝、礼鬼神,以示民知俭节。

[注释]①明堂之制:古代学者理想中的政治体制,参见《时则训》。②土事:指建筑宫殿房屋之类土木工程。文:文饰。　③斫:雕饰。　④隅差:衣领、衣襟等处的斜角。句谓衣服都是全幅布缝制,没有剪成斜角的花俏。　⑤觚:音 gū,古代一种酒器。长身宽口,口部与底部呈喇叭状。蠃:音 liǒ,蜗牛。理:纹理。觚蠃之理:形容曲折的线条和奇特造型。　⑥周旋:指礼节应酬。理文:指处理政务。

夫声色五味,远国珍怪,瑰异奇物①,足以变心易志,摇荡精神,感动血气者,不可胜计也。夫天地之生财也,本不过五②。圣人节五行,则治不荒③。凡人之性,心和欲得则乐,乐斯动,动斯蹈,蹈斯荡,荡斯歌,歌斯舞,歌舞节则禽兽跳矣④。人之性,心有忧丧则悲,悲则哀,哀斯愤,愤斯怒,怒斯动,动则手足不静⑤。人之性有侵犯则怒,怒则血充⑥,血充则气激,气激则发怒,发怒则有所释憾矣⑦。故钟鼓管箫,干戚羽旄⑧,所以饰喜也;衰绖菅杖⑨,哭踊有节⑩,所以饰哀也;兵革羽旄⑪,金鼓斧钺⑫,所以饰怒也。必有其质,乃为之文。

[注释]①瑰异:奇异。　②五:指金木水火土五行。　③荒:乱。④禽兽跳:像禽兽那样没有理智地跳跃。　⑤手足不静:手足不能自制,如顿足搥胸一类。　⑥血充:指愤怒时血液上冲,满脸通红的情状。　⑦憾:怨恨。　⑧干:盾。戚:大斧。羽:雉鸟尾部的羽毛。旄:旄牛尾。古时乐舞分文舞和武舞,武舞手持干戚,文舞手持羽旄。　⑨衰:音 cuī,古代的丧服。绖:音 dié,古代居丧期间系在头上或腰间的麻带。菅杖:古代居父母丧时所

用的竹杖。　⑩哭踊：顿足哭，表示极其悲痛的动作。　⑪羽旄：此处指旌旗车饰。　⑫金鼓：指军中所用的金钲和大鼓。鸣金钲表示停止，击鼓则是进攻号令。钺：古兵器名，形状如大斧。

　　古者圣人在上，政教平①，仁爱洽②，上下同心，君臣辑睦，衣食有余，家给人足，父慈子孝，兄良弟顺，生者不怨，死者不恨，天下和洽，人得其愿。夫人相乐，无所发贶③，故圣人为之作乐以和节之。末世之政，田渔重税，关市急征④，泽梁毕禁⑤，网罟无所布⑥，耒耜无所设⑦，民力竭于徭役，财用殚于会赋⑧，居者无食，行者无粮，老者不养，死者不葬，赘妻鬻子⑨，以给上求，犹弗能澹，愚夫蠢妇⑩，皆有流连之心⑪，凄怆之志，乃使始为之撞大钟，击鸣鼓，吹竽笙，弹琴瑟，失乐之本矣。

　　[注释]①政教：政治教化。　②洽：周遍。　③贶：音 kuàng，赐予。发贶：抒发，表达。　④关市：商业集市。　⑤梁：筑以捕鱼的坝堰。　⑥罟：音 gǔ，网。　⑦耒耜：古时一种翻土农具，类似后世的犁。木柄部分叫耒，犁头部分叫耜。　⑧会(音 kuài)赋：统计人口，交纳赋税。　⑨赘：抵押。鬻：卖。　⑩愚夫蠢妇：指没有文化的老百姓。　⑪流连：离散，指与君主离心。

　　古者上求薄而民用给，君施其德，臣尽其忠，父行其慈，子竭其孝，各致其爱而无憾恨其间。夫三年之丧①，非强而致之，听乐不乐，食旨不甘②，思慕之心，未能绝也。晚世风流俗败，嗜欲多，礼义废，君臣相欺，父子相疑，怨尤充胸，思心尽亡，被衰戴绖，戏笑其中，虽致之三年，失丧之本也。

[注释]①三年之丧:礼法规定,子孙为父母、祖父母服丧三年。②旨:美味。

古者天子一畿,诸侯一同①,各守其分,不得相侵,有不行王道者,暴虐万民,争地侵壤,乱政犯禁,召之不至,令之不行,禁之不止,诲之不变,乃举兵而伐之,戮其君,易其党②,封其墓③,类其社④,卜其子孙以代之⑤。晚世务广地侵壤,并兼无已,举不义之兵,伐无罪之国,杀不辜之民,绝先圣之后,大国出攻,小国城守,驱人之牛马,係人之子女⑥,毁人之宗庙,迁人之重宝,血流千里,暴骸满野,以澹贪主之欲,非兵之所为生也。故兵者,所以讨暴,非所以为暴也;乐者,所以致和,非所以为淫也;丧者,所以尽哀,非所以为伪也。故事亲有道矣,而爱为务;朝廷有容矣⑦,而敬为上;处丧有礼矣,而哀为主;用兵有术矣,而义为本。本立而道行,本伤而道废。

[注释]①畿:古称天子所领属之地为畿。方围一千里为一畿。同:方围一百里为一同。 ②党:古代地方行政组织,五百家为党。 ③封:给坟墓增土修饰,这是对死者的一种礼遇。这里指修整被暴君杀害的贤人之墓。④类:通禷,祭祀。社:土地神,这里代指社稷神,是一国的象征。 ⑤卜:占卜。句谓以占卜形式选择、确定所灭国一位子孙延续其宗祀。古礼,天子不灭国,诸侯不灭姓。故灭国后仍划出一块地方安置所灭国社稷,使其宗庙得以延续。 ⑥係:音 xī,拘系。 ⑦容:法。

卷九　主术训

人主之术，处无为之事，而行不言之教。清静而不动，一度而不摇①。因循而任下，责成而不劳。是故心知规而师傅谕导②，口能言而行人称辞③，足能行而相者先导④，耳能听而执正进谏⑤。是故虑无失策，谋无过事⑥，言为文章⑦，行为仪表于天下。进退应时，动静循理，不为丑美好憎，不为赏罚喜怒，名各自名，类各自类，事犹自然，莫出于己。

[注释]①"处无"二句：见《老子》第二章。一度：统一法度。　②师傅：指辅导、佐弼国君或太子的官，如太师、太傅等。　③行人：官名，掌管礼仪外交。称辞：传达旨意。　④相者：官名，负有引导、司仪之责。　⑤正：同政。执正：执政官。　⑥过：过失，错误。　⑦文章：指礼乐法度。

故古之王者，冕而前旒，所以蔽明也①，黈纩塞耳所以掩聪②，天子外屏所以自障③。故所理者远，则所在者迩④；所治者大，则所守者小。夫目妄视则淫，耳妄听则惑，口妄言则乱。夫三关者，不可不慎守也⑤。若欲规之，乃是离之；若欲饰之，乃是贼之⑥。

[注释]①冕:古代帝王、诸侯、卿大夫所戴的礼帽,其尊贵者,冕的顶部有一长方形的延版,延端垂有挂着玉珠的组缨,叫做旒。旒的数目随身份等级而异,天子十二旒,诸侯九旒。戴冕时,旒垂眼前,故谓之蔽明。　②黈纩:音 tǒu kuàng,黄绵。古代冕制,用黄绵制成小丸,悬于冕两旁。戴冕时绵球正当耳际,表示不听流言,所以说用以掩聪。　③屏:对着门的小墙,用以遮蔽。外屏:屏墙设在门外。　④在:审察。　⑤三关:指目、耳、口。　⑥贼:伤害。

　　天气为魂,地气为魄①,反之玄房,各处其宅②,守而勿失,上通太一③。太一之精,通于天道,天道玄默,无容无则④,大不可极,深不可测,尚与人化,知不能得⑤。昔者神农之治天下也⑥,神不驰于胸中,智不出于四域⑦,怀其仁诚之心。甘雨时降,五谷蕃植⑧,春生夏长,秋收冬藏。月省时考,岁终献功⑨。以时尝谷,祀于明堂⑩。明堂之制,有盖而无四方⑪,风雨不能袭,寒暑不能伤,迁延而入之,养民以公⑫。其民朴重端悫⑬,不忿争而财足,不劳形而功成。因天地之资而与之和同,是故威厉而不杀,刑错而不用,法省而不烦。故其化如神。其地南至交阯⑭,北至幽都⑮,东至旸谷⑯,西至三危⑰,莫不听从。当此之时,法宽刑缓,囹圄空虚,而天下一俗,莫怀奸心。

[注释]①天气:指人秉受于天的元气。地气:人秉受于地的元气。古人将能够离开形体而存在的精神叫做魂,将依附于形体而存在的精神叫做魄。　②玄房:指心。　③太一:在天地万物形成之前,存在于混冥之中能够产生万物的元气。　④玄默:幽深静寂。容:形态。则:规则。　⑤尚:通常,恒。知:同智。得:把握。　⑥神农:传说中上古帝王名,又称炎帝。⑦四域:指身体。　⑧蕃:草木茂盛。植:通殖,生长。　⑨省:音 xǐng,检查,察看。时:季。考:考核。献功:向宗庙或君主奉献一年的劳绩。　⑩尝谷:

将新收获的谷物祭献于宗庙祖先。不同季节有不同收成,故各季节尝祀谷物亦不同,参见《时则训》。明堂:古代学者理想中的政治体制,各家说法不同,参见《时则训》。　⑪四方:四面的墙壁。　⑫迁延:延缓。入:纳,缴纳赋税。公:指公共收入。　⑬悫:音què,朴实,谨慎。　⑭交阯:古地名,指五岭以南一带。阯亦作趾。　⑮幽都:即幽州,在今河北省北部及辽宁省一带。⑯旸谷:神话中日出处。　⑰三危:传说中地名,在西方。

末世之政则不然。上好取而无量,下贪狼而无让①,民贫苦而忿争,事力劳而无功,智诈萌兴,盗贼滋彰,上下相怨,号令不行。执政有司,不务反道矫拂其本,而事修其末②,削薄其德,曾累其刑③,而欲以为治,无以异于执弹而来鸟④,捭梲而狎犬也⑤。乱乃逾甚。

[注释]①狼:凶狠。　②拂:违逆。矫拂:指违背事物本性的强制性行动。　③曾:通增。　④弹:射鸟用的弹丸。来鸟:招来鸟类。来:使动用法。⑤捭:音bǎi,通摆,挥动。梲:音tuō,木棒。狎犬:跟狗玩耍。

夫水浊则鱼险①,政苛则民乱。故夫养虎豹犀象者,为之圈槛,供其嗜欲,适其饥饱,违其怒恚②。然而不能终其天年者,形有所劫也③。是以上多故则下多诈,上多事则下多态④,上烦扰则下不定,上多求则下交争。不直之于本,而事之于末,譬犹扬堁而弭尘⑤,抱薪以救火也。

[注释]①险:音yǎn,鱼因缺氧而上浮水面呼吸的样子。　②恚:音huì,发怒。　③劫:胁迫,威胁。　④态:指奸诈作态。　⑤堁:音kè,尘土。弭:止。

故圣人事省而易治,求寡而易澹①,不施而仁,不言而信,不求而得,不为而成。块然保真②,抱德推诚,天下从之,如响之应声,景之像形,其所修者本也。刑罚不足以移风,杀戮不足以禁奸,唯神化为贵,至精为神③。夫疾呼不过闻百步,志之所在,逾于千里。冬日之阳,夏日之阴,万物归之,而莫使之然。故至精之像,弗招而自来,不麾而自往④,窈窈冥冥⑤,不知为之者谁,而功自成。智者弗能诵,辩者弗能形。

[注释]①澹:音 shàn,通赡,满足。 ②块然:安然自得的样子。③至精:人的本性中最纯粹的部分。 ④麾:通挥、指挥。 ⑤窈窈冥冥:深远幽闭,奥秘莫测。

昔孙叔敖恬卧,而郢人无所害其锋①;市南宜辽弄丸,而两家之难无所关其辞②。鞅鞈铁铠③,瞋目扼腕④,其于以御兵刃,县矣⑤;券契束帛⑥,刑罚斧钺,其于以解难,薄矣;待目而照见⑦,待言而使令,其于为治,难矣。蘧伯玉为相⑧,子贡往观之⑨,曰:"何以治国?"曰:"以弗治治之。"简子欲伐卫,使史黯往觇焉⑩,还报曰:"蘧伯玉为相,未可以加兵。"固塞险阻,何足以致之! 故皋陶喑而为大理⑪,天下无虐刑,有贵于言者也;师旷瞽而为太宰⑫,晋无乱政,有贵于见者也。故不言之令,不视之见,此伏羲、神农之所以为师也。故民之化也,不从其所言而从所行。

[注释]①孙叔敖:人名,春秋楚国令尹。郢:音 yǐng,地名,楚国都城。害:损坏。锋:锋刃,代指兵器。 ②市南宜辽:人名,熊姓。春秋楚国勇士,居住在市南,故称。 弄丸:一种杂耍游戏,将多个圆球抛出,以手相接。关:

牵连。　③鞅:套在马颈上用以负轭的皮带。鞈:音 gé,护胸的皮甲。
④瞋(音 chēn)目:怒目。　⑤县:远。　⑥券契:指各种凭证。束帛:古代聘
问的礼物,帛五匹为束。　⑦照:察看。　⑧蘧伯玉:人名,名瑗,字伯玉,春
秋时卫人,传说是位贤大夫。　⑨子贡:春秋时卫人,姓端木,名赐,孔子弟
子。　⑩简子:人名,即赵鞅,晋国卿大夫。史黯:人名。覰:音 dí,察看。
⑪皋陶:传说是舜臣,掌管刑狱。喑:音 yīn,哑。大理:官名,掌管刑法。
⑫师旷:春秋晋平公的乐师,字予野。瞽:音 gǔ,盲。太宰:官名,负有辅佐君
主治理国家之责。

　　故齐庄公好勇,不使斗争①,而国家多难,其渐至于崔杼之乱②。顷襄好色,不使风议③,而民多昏乱,其积至昭奇之难④。故至精之所动,若春气之生,秋气之杀也,虽驰传骛置,不若此其亟⑤。故君人者,其犹射者乎!于此豪末,于彼寻常矣⑥。故慎所以感之也。

　　[注释]①齐庄公:春秋齐国诸侯,名光,前 553～前 548 年在位。斗争:谏诤。　②崔杼:人名,春秋齐国卿大夫。齐庄公与崔杼妻私通,崔杼杀齐庄公。　③顷襄:指战国楚国君顷襄王,名横,前 299～前 263 年在位。风:通讽。风议:讽谏议论。　④昭奇:楚国大夫。关于昭奇之难,史无明载。⑤传(音 zhuàn)、置:都是指驿站的车马。亟:疾速。　⑥豪:通毫,长而尖的细毛。寻常:古代长度单位,八尺为寻,十六尺为常。

　　夫荣启期一弹,而孔子三日乐,感于和①;邹忌一徽,而威王终夕悲,感于忧②。动诸琴瑟,形诸音声而能使人为之哀乐,县法设赏而不能移风易俗者③,其诚心弗施也。宁戚商歌车下,桓公喟然而寤④。至精入人深矣。故曰:乐听其音,则知其俗;见其俗,则知其化。孔子学鼓琴于师

襄⑤,而谕文王之志,见微以知明矣⑥。延陵季子听鲁乐,而知殷、夏之风⑦,论近以识远也。作之上古,施及千岁,而文不灭⑧;况于并世化民乎⑨!

[注释]①荣启期:春秋时隐士。 ②邹忌:人名,战国时齐国大夫。徽:通挥,弹奏。威王:战国齐国君,前357～前320年在位。 ③县:同悬。县法:古代制定法令,常悬于宫门外,令众周知,故颁布法令为悬法。 ④宁戚:春秋时卫人,因贫穷,替商人赶车至齐,晚上在车下喂牛,适逢齐桓公送客出城,宁戚便击牛角而歌,桓公以为非常人,遂召拜为上卿。商歌:悲凉的歌。古人认为商调是悲伤的曲调。桓公:指齐桓公,春秋五霸之一,名小白,前685～前643年在位。寤:通悟,醒悟。 ⑤师襄:春秋鲁国乐师。 ⑥据《史记·孔子世家》载,孔子学鼓琴于师襄子。师襄子曰:"可以益矣。"孔子曰:"丘已习其曲矣,未得其数也。"有间,曰:"已习其数,可以益矣。"孔子曰:"丘未得其志也。"有间,曰:"已习其志,可以益矣。"孔子曰:"丘未得其为人也。"有间,有所穆然深思焉,有所怡然高望而远志焉。曰:"丘得其为人,黯然而黑,几然而长,眼如望羊,如王四国,非文王其谁能为此也!"师襄子辟席再拜,曰:"师盖云《文王操》也。" ⑦延陵季子:春秋吴国公子季札,封于延陵,故称。季札曾访鲁观赏夏商周音乐歌舞,并一一作了评论。事详见《左传·襄公二十九年》 ⑧文:礼乐制度,思想文化。 ⑨并世:同时。

汤之时,七年旱,以身祷于桑林之际①,而四海之云凑,千里之雨至。抱质效诚,感动天地,神谕方外②。令行禁止,岂足为哉!古圣王至精形于内,而好憎忘于外,出言以副情,发号以明旨,陈之以礼乐,风之以歌谣,业贯万世而不壅,横扃四方而不穷③,禽兽昆虫,与之陶化,又况于执法施令乎!

[注释]①桑林:地名,传说商汤尝于此祈祷天神。 ②方外:世外。

③业:业绩。贯:通。壅:堵塞,中止。扃:音jiōng,自外关闭门户用的门闩。横扃:横贯。

故太上神化,其次使不得为非,其次赏贤而罚暴。衡之于左右①,无私轻重,故可以为平;绳之于内外②,无私曲直,故可以为正。人主之于用法,无私好憎,故可以为命。夫权轻重不差蚊首,扶拨枉桡不失针锋③,直施矫邪不私辟险④。奸不能枉,谗不能乱,德无所立,怨无所藏,是任术而释人心者也⑤。故为治者不与焉⑥。

[注释]①衡:衡量,考核。左右:指君主身边的官员。 ②内外:指朝廷内外各等官员。 ③扶拨:矫治。枉桡:枉屈,冤屈。针锋:针尖,喻极细小。 ④施:假借为弛,邪行,弯曲。辟:通僻。辟险:邪恶。 ⑤任术:运用治国之术。释:音yì,通怿,喜悦。 ⑥与:音yù,参与。

夫舟浮于水,车转于陆,此势之自然也。木击折轊,水戾破舟①,不怨木石而罪巧拙者,知故不载焉②。是故道有智则惑,德有心则险,心有目则眩③。兵莫憯于志,而莫邪为下④;寇莫大于阴阳,而枹鼓为小⑤。今夫权衡规矩,一定而不易,不为秦、楚变节,不为胡、越改容⑥,常一而不邪,方行而不流⑦,一日刑之,万世传之⑧,而以无为为之,故国有亡主,而世无废道;人有困穷,而理无不通。由此观之,无为者,道之宗。故得道之宗,应物无穷。

[注释]①击:碰撞。轊:音wèi,车轴头。戾:猛烈。 ②知:通智。知故:智巧。载:承受。 ③目:指与外界接触的孔眼。眩:惑乱。 ④憯:音cǎn,通惨,惨痛。莫邪:古宝剑名。后又以莫邪为宝剑通称。 ⑤寇:敌军。

寇莫大于阴阳:阴阳主宰天地,人有违逆必受其害,故云。枹:音fú,鼓槌。古时作战离不开鼓,击鼓警众,击鼓进军,故以袍鼓代指军旅。 ⑥秦、楚:战国最强大的两个诸侯国,此代指强权。节:法度。胡:古代泛指北方边地及西域民族。胡、越,一北一南,是相隔遥远的部族,此以喻地理上的疏阔。 ⑦方行:直行。流:放荡。 ⑧刑:通型,典范,这里作动词用。

任人之才,难以至治。汤、武,圣主也,而不能与越人乘干舟而浮于江湖①;伊尹,贤相也,而不能与胡人骑骤马而服䮷骎②;孔、墨博通,而不能与山居者入榛薄险阻也③。由此观之,则人知之于物也浅矣,而欲以遍照海内,存万方,不因道之数,而专己之能,则其穷不达矣。故智不足以治天下也。桀之力,制觡伸钩,索铁歙金④,椎移、大牺水杀鼋鼍,陆捕熊罴⑤;然汤革车三百乘,困之鸣条,擒之焦门⑥。由此观之,勇力不足以持天下矣。智不足以为治,勇不足以为强,则人材不足任,明也。

[注释]①干舟:小船。 ②伊尹:人名,商汤之臣,名挚。骤:音yuán,赤毛白腹的骏马。䮷骎(音táo tú):野马。 ③榛薄:丛杂的草木。 ④制:读为折,制与折古字通。觡:音gé,骨角。索:搓绳。歙:音xī,糅合。 ⑤椎移、大牺:夏桀王的两位大臣名,以骁勇有力著称。鼋:音yuán,大鳖。鼍:音tuó,即扬子鳄,一种爬行动物。罴:猛兽名,也叫人熊。 ⑥鸣条:地名,传说商汤败夏桀处,其地已难确指。或谓在今河南封丘县东,或谓在今山西运城县东北。焦:通巢。焦门:即南巢,地在今安徽巢县,相传汤放夏桀于此。

而君人者,不下庙堂之上,而知四海之外者,因物以识物,因人以知人也。故积力之所举,则无不胜也;众智之所为,则无不成也。坎井之无鼋鼍,隘也①;园中之无修木,小也。夫举重鼎者,力少而不能胜也,及至其移徙之,不待其多力者②。故千人之群无绝梁,万人之聚无废功。夫华骝、绿耳③,一日而至千里,然其使之搏兔,不如豺狼,伎能殊也。鸱夜撮蚤蚊,察分秋豪④,昼日颠越,不能见丘山⑤,形性诡也⑥。夫螣蛇游雾而动,应龙乘云而举⑦,猿得木而捷,鱼得水而骛。故古之为车也,漆者不画,凿者不斫⑧,工无二伎,士不兼官,各守其职,不得相奸⑨,人得其宜,物得其安。是以器械不苦,而职事不嫚⑩。夫责少者易偿⑪,职寡者易守,任轻者易权。上操约省之分,下效易为之功,是以君臣弥久而不相厌⑫。

[注释]①埳(音 kǎn)井:坏井。 ②句谓移动重鼎可以众人协力,不要求每人都是大力士。 ③华:通骅。华骝(音 liú):一种赤色的骏马。绿耳:骏马名。 ④鸱:音 chī,鸟名,即猫头鹰。撮:抓取。 ⑤颠越:坠落。 ⑥诡:异。 ⑦螣(音 téng)蛇:传说中的一种神蛇。应龙:神话传说中一种有翼的龙。 ⑧漆者:油漆工匠。斫:雕饰。 ⑨奸:干扰。 ⑩器械:各种人造用具的总称。苦:指被过分使用。职事:负有职责的官员。嫚:音 màn,懈怠。 ⑪责:音 zài,通债。 ⑫厌:欺骗。

君人之道,其犹零星之尸也①,俨然玄默,而吉祥受福②。是故得道者不为丑饰,不为伪善,一人被之而不褒,万人蒙之而不褊③。是故重为惠,若重为暴④,则治道通矣。为惠者,尚布施也。无功而厚赏,无劳而高爵,则守职者懈于官,而游居者亟于进矣⑤。为暴者,妄诛也。无罪者而死亡,行直而被刑,则修身者不劝善,而为邪者轻犯上矣。故为惠者生奸,而为暴者生乱。奸乱之俗,亡国之风。

是故明主之治，国有诛者而主无怒焉，朝有赏者而君无与焉⑥。诛者不怨君，罪之所当也；赏者不德上，功之所致也。民知诛赏之来，皆在于身也。故务功修业，不受赣于君⑦。是故朝廷芜而无迹⑧，田野辟而无草。故"太上，下知有之"⑨。

[注释]①䰠：通灵。䰠星：星名，又称天田星，在室女座。古人以为此星主稼穑，于辰日祀于东南，取祈年报功之义。尸：祭祀时作为神灵化身受祭的人。　②俨然：庄重的样子。　③褒：宽大。蒙：覆盖。褊：音 biǎn，衣窄小。　④重：难，不轻易。若：及。　⑤游居者：没有固定居所，周游求进的人。　⑥与：音 yù，称誉。　⑦赣：音 gòng，赐予。　⑧芜：芜秽。迹：足迹。句谓臣下不亟于上进，故显得朝廷冷落少人迹。　⑨语出《老子》第十七章。

桥直植立而不动①，俯仰取制焉②；人主静漠而不躁，百官得修焉③。譬而军之持麾者，妄指则乱矣④。慧不足以大宁，智不足以安危，与其誉尧而毁桀也，不如掩聪明而反修其道也。清静无为，则天与之时⑤；廉俭守节，则地生之财；处愚称德，则圣人为之谋⑥。是故下者万物归之，虚者天下遗之⑦。

[注释]①桥：桔槔，古代一种利用杠杆原理制成的在井上汲水的工具，上面有一横杆叫桥，一边连接汲水桶，一边系压石。植：指桔槔横杆中间起支撑作用的木柱。　②俯仰：指利用桔槔汲水时的形体动作。　③修：治理。百官得修：指百官各守其职，有条不紊。　④麾：音 huī，军中指挥用的令旗。　⑤时：时运。　⑥称：荐举。　⑦遗：音 wèi，给予、赠送。

夫人主之听治也，清明而不暗，虚心而弱志①。是故群臣辐凑并进②，无愚智贤不肖，莫不尽其能。于是乃始陈其礼,建以为基。是乘众势以为车,御众智以为马。虽幽野险途,则无由惑矣。人主深居隐处以避燥湿,闺门重袭③,以避奸贼,内不知闾里之情④,外不知山泽之形,帷幕之外,目不能见十里之前,耳不能闻百步之外;天下之物,无不通者,其灌输之者大,而斟酌之者众也⑤。是故不出户而知天下,不窥牖而知天道,乘众人之智,则天下之不足有也⑥。专用其心,则独身不能保也。是故人主覆之以德,不行其智,而因万人之所利。夫举踵天下而得所利⑦,故百姓载之上,弗重也,错之前,弗害也⑧,举之而弗高也,推之而弗厌。

[注释]①听:治理。暗:昏昧。 ②辐:车轮中连接轴头和轮圈的木条。辐凑:车辐聚集于轴心,比喻人或物聚集一处。进:入朝。 ③袭:掩蔽。 ④闾里:乡里,民间。 ⑤句谓依靠众人智慧,则可广泛接受众人输送的知识,也会有很多人与之斟酌商讨。 ⑥意谓乘众人之智,得道之精髓多则远胜于拥有天下。 ⑦举踵:踮起脚跟。比喻毫不费力的举动。 ⑧载:通戴,顶在头上。错:通措,放置。

主道员者,运转而无端①,化育如神,虚无因循,常后而不先也;臣道员者②,运转而无方,论是而处当,为事先倡,守职分明,以立成功也。是故君臣异道则治,同道则乱。各得其宜,处其当,则上下有以相使也③。夫人主之听治也,虚心而弱志,清明而不暗。是故群臣辐凑并进,无愚智贤不肖,莫不尽其能者④,则君得所以制臣,臣得所以事君,治国之道明矣。

[注释]①员:通圆,指运转无穷,无始无终。 ②员:当作"方"字,正

直。　③使：用。句谓上有使用臣之道，下有奉君之道，故谓有以相使。
④夫人主之听治者至此六句，已见于上文，仅个别句序不同，疑是涉上文而衍。

　　文王智而好问，故圣；武王勇而好问，故胜。夫乘众人之智，则无不任也；用众人之力，则无不胜也。千钧之重，乌获不能举也①；众人相一，则百人有余力矣。是故任一人之力者，则乌获不足恃；乘众人之制者，则天下不足有也。禹决江疏河②，以为天下兴利，而不能使水西流；稷辟土垦草③，以为百姓力农，然不能使禾冬生。岂其人事不至哉？其势不可也。夫推而不可为之势④，而不修道理之数，虽神圣人不能以成其功，而况当世之主乎！夫载重而马羸，虽造父不能以致远⑤；车轻马良，虽中工可使追速⑥。是故圣人举事也，岂能拂道理之数，诡自然之性⑦，以曲为直，以屈为伸哉！未尝不因其资而用之也。是以积力之所举，无不胜也，而众智之所为，无不成也。

　　[注释]①钧：古代重量单位，三十斤为一钧。乌获：秦武王时的大力士。　②决：引导水流。　③稷：名弃，传说是周民族的先祖，为舜农官，教民种五谷。垦草：开垦荒地。　④而：那。王念孙谓而字衍文。　⑤羸：音léi，瘦弱，疲病。造父：传说是周穆王的御者，以善御闻名。　⑥中工：中等的御驭。　⑦诡：违反。

　　聋者可令嚾筋，而不可使有闻也①；暗者可使守圉，而不可使言也②。形有所不周，而能有所不容也。是故有一形者处一位，有一能者服一事③。力胜其任，则举之者不重也；能称其事，则为之者不难也。毋小大修短，各得其宜,则天下一齐④,无以相过也。圣人兼而用之,故无弃才。

[注释]①嚱:读作榷。筋:动物肌腱或骨头上的韧带。榷筋:古用筋制弓弩,生筋需加工使柔熟方可用。榷筋就是对生筋的加工。一说嚱当作嚼。 ②圉:音 yǔ,养马。 ③服:从事,做。 ④一齐:齐一,统一。

人主贵正而尚忠,忠正在上位,执正营事①,则谗佞奸邪无由进矣。譬犹方员之不相盖②,而曲直之不相入。夫鸟兽之不可同群者,其类异也;虎鹿之不同游者,力不敌也。是故圣人得志而在上位,谗佞奸邪而欲犯主者,譬犹雀之见鹯,而鼠之遇狸也③,亦必无余命也。是故人主之一举也,不可不慎也。所任者得其人,则国家治,上下和,群臣亲,百姓附。所任非其人,则国家危,上下乖,群臣怨,百姓乱。故一举而不当,终身伤。得失之道,权要在主。是绳正于上,木直于下,非有事焉,所缘以修者然也。故人主诚正,则直士任事,而奸人伏匿矣;人主不正,则邪人得志,忠者隐蔽矣。夫人主之所以莫抓玉石而抓瓜瓠者④,何也? 无得于玉石,弗犯也。使人主执正持平,如从绳准高下⑤,则群臣以邪来者,犹以卵投石,以火投水。

[注释]①正:通政。营:谋划。 ②盖:合。 ③鹯:音 zhān,一种捕食小鸟的猛禽。狸:兽名,即貉,似狐而小,以鼠、兔等小动物为食。 ④抓:音 guā,以手拍击。瓠:音 hù,葫芦,嫩时可食,老可作盛器。 ⑤从绳:照绳墨取直,按准则来衡量。

故灵王好细要,而民有杀食自饥也①;越王好勇,而民皆处危争死②。由此观之,权势之柄,其以移风易俗矣。尧为匹夫,不能仁化一里,桀在上位,令行禁止。由此观之,贤不足以为治,而势可以易俗明矣。《书》曰:"一人有庆,万民赖之。"③此之谓也。

[注释]①灵王:楚灵王,名围,前541~前529年在位。杀:音shài,减少,省。楚灵王好细要(腰)事,先秦古籍多载之。 ②越王:指越王勾践,前497~前465年在位。越王勾践好勇事,先秦古籍亦多载之。 ③二句见于《尚书·吕刑》。庆:善。指好的德行。赖:依靠。

天下多眩于名声,而寡察其实。是故处人以誉尊,而游者以之辩显,察其所尊显①,无他故焉,人主不明分数利害之地,而贤众口之辩也。治国则不然,言事者必究于法,而为行者必治于官②。上操其名以责其实,臣守其业以效其功,言不得过其实,行不得逾其法。群臣辐凑,莫敢专君③。事不在法律中,而可以便国佐治,必参五行之阴,考以观其归④。并用周听,以察其化⑤。不偏一曲,不党一事⑥。是以中立而遍,运照海内,群臣公正,莫敢为邪,百官述职,务致其公迹也⑦。主精明于上,官劝力于下,奸邪灭迹,庶功日进⑧,是以勇者尽于军。

[注释]①处:音chǔ,隐退。处人:隐者。游者:游说以求名利的人,说客。 ②为行者:为政治目的而奔波的人。 ③专:独断独行。专君:指挟制君主。 ④五行:指金木水火土,古人认为世上各种物类都由这五种元素构成。阴:奥秘。归:结局,归宿。 ⑤并:普遍。听:听取、接受意见。 ⑥党:偏私。 ⑦迹:通绩。公迹:政绩。 ⑧庶功:各种事功。进:特指呈献于君主。

乱国则不然。有众咸誉者无功而赏,守职者无罪而诛。主上暗而不明,群臣党而不忠,说谈者游于辩,修行者竞于往①。主上出令,则非之以与②;法令所禁,则犯之以邪。为智者务于巧诈,为勇者务于斗争。大臣专权,下吏持势,朋党周比,以弄其上。国虽若存,古之人曰亡矣。且夫不治官职而被甲兵③,不随南亩而有贤圣之声者④,非所以都于国也⑤。骐骥䮷䮫⑥,天下之疾马也,驱之不前,引之不止,虽愚者不加体焉⑦。今治乱之机,辙迹可见也⑧,而世主莫之能察,此治道之所以塞。

[注释]①说(音 shuì)谈者:游说之士。游:留心,热衷。修行者:与上文"为行者"同义,指从事政治活动的人。往:指入朝为官。 ②与:类,同党。 ③被:覆盖,引申有统帅义。甲兵:军队。此句文意晦涩,疑当作不被甲兵而治官职,意为没扛过枪而任指挥官。 ④随:随同,参加。 ⑤都:总,全。这里是统治之意。 ⑥骐骥(音 qí jì)、䮫䮷:皆骏马名。 ⑦引:拉,指勒住马缰绳。加体:施于己身,用身体接触。 ⑧治乱:偏义复词,偏用乱义。机:事物变化的征兆、迹象。

权势者,人主之车舆①;爵禄者,人臣之辔衔也②。是故人主处权势之要,而持爵禄之柄,审缓急之度,而适取予之节③。是以天下尽力而不倦。夫臣主之相与也,非有父子之厚,骨肉之亲也,而竭力殊死,不辞其躯者,何也?势有使之然也。

[注释]①车舆:比喻国君治国的工具和手段。 ②辔:驾驭牲口用的缰绳。衔:马嚼子,安在马口中,用来控制马行止的器具,这里比喻人臣立身处世的凭借。 ③适:适宜,作动词用。节:法度。

昔者豫让,中行文子之臣①。智伯伐中行氏,并吞其地②。豫让背其主而臣智伯。智伯与赵襄子战于晋阳之下③,身死为戮,国分为三④。豫让欲报赵襄子,漆身为厉⑤,吞炭变音,擿齿易貌⑥。夫以一人之心而事两主,或背而去,或欲身徇之⑦,岂其趋舍厚薄之势异哉⑧!人之恩泽使之然也。纣兼天下,朝诸侯,人迹所及,舟楫所通,莫不宾服⑨。然而武王甲卒三千人,禽之于牧野。岂周民死节,而殷民背叛哉?其主之义德厚而号令行也。

[注释]①豫让:春秋末晋国人。中行文子:晋国大夫,本姓荀,后以官名中行为氏,名寅。　②智伯:春秋末晋国大夫荀瑶。　③赵襄子:战国初赵国诸侯,名毋恤,前475~前425年在位。晋阳:地名,在今山西太原西南,战国初赵曾都于此。　④国:封邑。赵、韩、魏三家分智伯地,事见《史记·赵世家》。　⑤厉:音 lài,通癞,恶疮。　⑥擿:音 zhé,通摘,取下。豫让报赵襄子事,见于《战国策·赵策》及《史记·刺客列传》。　⑦徇:通殉。　⑧趋:进取,追求。舍:舍弃、退却。　⑨楫:船桨。

夫疾风而波兴,木茂而鸟集,相生之气也①。是故臣不得其所欲于君者,君亦不能得其所求于臣也。君臣之施者,相报之势也。是故臣尽力死节以与君,君计功垂爵以与臣②。是故君不能赏无功之臣,臣亦不能死无德之君。君德不下流于民,而欲用之,如鞭蹄马矣③。是犹不待雨而求熟稼,必不可之数也。

[注释]①气:气势,趋势。　②垂:施,赐予。　③蹄马:喜欢踢人的烈马。

君人之道,处静以修身,俭约以率下。静则下不扰矣,俭则民不怨矣;下扰则政乱,民怨则德薄;政乱则贤者不为谋,德薄则勇者不为死。是故人主好鸷鸟猛兽,珍怪奇物,狡躁康荒①,不爱民力,驰骋田猎,出入不时;如此,则百官务乱②,事勤财匮,万民愁苦,生业不修矣③。人主好高台深池,雕琢刻镂,黼黻文章④,绨纷绮绣⑤,宝玩珠玉;则赋敛无度,而万民力竭矣。

[注释]①狡躁:残暴浮躁。康:空。荒:《周书·谥法篇》:"好乐怠政曰荒。" ②务:职责,本职。 ③生业:维持生活的职业。 ④黼:音 fǔ,古代礼服上绣的黑白相间的斧形花纹。黻 fú,古代礼服上绣的黑青相间的亚形花纹。文章:青与赤相配合为文,赤与白相配合为章。此以黼黻文章泛指各种艳丽色彩。 ⑤绨:音 chī,细葛布。纷:音 xì,粗葛布。绮:音 qǐ,有素色花纹的丝织品。绣:具有五色皆备的图案的织物,此以绨纷绮绣泛指各种华美织物。

尧之有天下也,非贪万民之富而安人主之位也,以为百姓力征,强凌弱,众暴寡,于是尧乃身服节俭之行①,而明相爱之仁,以和辑之。是故茅茨不剪,采椽不斫②,大路不画,越席不缘③,大羹不和,粢食不毇④。巡狩行教⑤,勤劳天下,周流五岳⑥。岂其奉养不足乐哉!举天下而以为社稷,非有利焉⑦。年衰志悯⑧,举天下而传之舜,犹却行而脱屣也⑨。

[注释]①服:从事。 ②茅茨:茅草盖的屋顶。剪:通剪。采:通棵(音 cǎi),即柞木。椽:音 chuán,檩子上承架屋瓦的木条。 ③大路:天子坐的大车。路通辂。画:文饰。越:音 huó,结。越席:编织蒲草为席。缘:边饰,这

里作动词用。 ④大(音 tài)羹：祭祀时所用的肉汁。和：味道醇和。粢：音 zī，稷的别名。毇：音 huǐ，舂米。 ⑤巡狩：古代帝王巡行境内的活动。 ⑥五岳：古代五大名山，嵩山（中岳）、泰山（东岳）、华山（西岳）、衡山（南岳）和恒山（北岳）。 ⑦社稷：土、谷之神，后以代指国家。 ⑧悯：忧愁。 ⑨却：退。却行：倒退而行。屦：草鞋。

衰世则不然。一日而有天下之富，处人主之势，则竭百姓之力，以奉耳目之欲，志专在于宫室台榭，陂池苑囿①，猛兽熊罴，玩好珍怪。是故贫民糟糠不接于口，而虎狼熊罴厌刍豢②；百姓短褐不完，而宫室衣锦绣③。人主急兹无用之功，百姓黎民，憔悴于天下④。是故使天下不安其性。

[注释]①陂：音 bēi，池塘。苑囿：畜养禽兽树木供观赏田猎的园林。 ②糟：酒滓。接：续。刍豢：食草的牲口为刍，食谷的牲口为豢。 ③短褐：用粗毛或粗麻织成的短衣，指贫寒者的衣服。 ④憔悴：形容人枯槁瘦弱。

人主之居也①，如日月之明也。天下之所同侧目而视，侧耳而听，延颈举踵而望也。是故非澹薄无以明德②，非宁静无以致远，非宽大无以兼覆，非慈厚无以怀众③，非平正无以制断。是故贤主之用人也，犹巧工之制木也，大者以为舟航柱梁，小者以为楫楔④，修者以为櫩榱⑤，短者以为朱儒枅栌⑥。无小大修短，各得其所宜；规矩方圆，各有所施。

[注释]①居：所处的地位。 ②澹薄：恬淡寡欲。 ③怀：安抚。 ④航：两条船并排连接成的并体船叫航。舟航：泛指各种大船。楫：船桨。

楔:音 xiē,插入木榫缝或空隙中起固定作用的木块。　⑤梠:音 yán,通檐,屋檐。榱:音 cuī,椽子。　⑥朱儒:梁上的短柱,也作棳儒。枅:音 jī,柱上的方木。栌:音 lú,大柱子柱头上承托栋梁的方木,也叫斗拱。

　　天下之物,莫凶于鸡毒①,然而良医橐而藏之②,有所用也。是故林莽之材,犹无可弃者,而况人乎？今夫朝廷之所不举,乡曲之所不誉③,非其人不肖也,其所以官之者非其职也。鹿之上山,獐不能跂也④,及其下,牧竖能追之⑤;才有所修短也。是故有大略者,不可责以捷巧;有小智者,不可任以大功。人有其才,物有其形,有任一而太重,或任百而尚轻。是故审豪厘之计者⑥,必遗天下之大数;不失小物之选者,惑于大数之举。譬犹狸之不可使搏牛,虎之不可使捕鼠也。

　　[注释]①鸡毒:中药名,也叫乌头,其茎叶根都有毒。　②橐:音 tuó,装东西的袋子。　③乡曲:乡下,乡里。　④獐:兽名,似鹿而小。跂:音 qí,踮起脚跟眺望。　⑤牧竖:牧童。　⑥豪:同毫。豪厘:度量单位名。此以豪厘喻极微小。

　　今人之才,或欲平九州,并方外①,存危国,继绝世②,志在直道正邪,决烦理挐③,而乃责之以闺阁之礼,奥窔之间④;或佞巧小具⑤,谄进愉说,随乡曲之俗,卑下众人之耳目⑥,而乃任之以天下之权,治乱之机⑦。是犹以斧剸毛,以刀抵木也⑧,皆失其宜矣。

　　[注释]①方外:域外。　②绝世:断绝禄位的世家。　③烦:烦扰。挐:音 rú,纷乱。　④闺阁:内室。奥窔(音 yào):室内西南角叫奥,东南角叫

窔。此以奥窔指家居琐事。　⑤具:才能。　⑥卑下:使动用法,使低下,污秽。　⑦机:枢要,关键。　⑧劗:音zuān,剪。抵:击。抵木:砍木。

人主者,以天下之目视,以天下之耳听,以天下之智虑,以天下之力争。是故号令能下究,而臣情得上闻。百官修同,群君辐凑①,喜不以赏赐,怒不以罪诛。是故威立而不废,聪明光而不弊②,法令察而不苛,耳目达而不暗,善否之情,日陈于前而无所逆③。是故贤者尽其智,而不肖者竭其力。德泽兼覆而不偏,群臣劝务而不怠,近者安其性④,远者怀其德。所以然者,何也?得用人之道,而不任己之才者也。故假舆马者,足不劳而致千里;乘舟楫者,不能游而绝江海。

[注释]①修同、辐凑:皆指百官修养身心,一同归附于君主。　②弊:通蔽,蒙蔽。　③否:音pǐ,丑恶。情:真实情形。　④性:生。

夫人主之情,莫不欲总海内之智,尽众人之力,然而群臣志达效忠者,希不困其身①。使言之而是,虽在褐夫刍荛,犹不可弃也②;使言之而非也,虽在卿相人君,揄策于庙堂之上③,未必可用。是非之所在,不可以贵贱尊卑论也。是明主之听于群臣,其计乃可用,不羞其位;其言可行,而不责其辩。暗主则不然。所爱习亲近者④,虽邪枉不正,不能见也;疏远卑贱者,竭力尽忠,不能知也。有言者穷之以辞,有谏者诛之以罪。如此而欲照海内,存万方⑤,是犹塞耳而听清浊,掩目而视青黄也,其离聪明则亦远矣!

[注释]①困:处于危险境地。 ②褐夫:穿粗布衣的人。刍荛(音 ráo):割草叫刍,打柴叫荛。此以褐夫刍荛喻草野之人。 ③揄:音 yú,手挥。策:即笏,古代官吏上朝时所执的手板,备记事用。庙堂:指朝廷。 ④习:亲幸的人。 ⑤存:安抚。万方:四方,指天下。

法者,天下之度量,而人主之准绳也。县法者,法不法也①;设赏者,赏当赏也。法定之后,中程者赏,缺绳者诛②。尊贵者不轻其罚,而卑贱者不重其刑,犯法者虽贤必诛,中度者虽不肖必无罪,是故公道通而私道塞矣。古之置有司也③,所以禁民,使不得自恣也;其立君也,所以剬有司④,使无专行也;法籍礼仪者⑤,所以禁君,使无擅断也。人莫得自恣,则道胜;道胜而理达矣,故反于无为。无为者,非谓其凝滞而不动也,以其言莫从己出也。

[注释]①县:同悬。县法:颁行法令。法不法:惩办不法之徒。前一法作动词用。 ②中:音 zhòng,符合。程:法则。缺:败坏。 ③有司:官吏。官吏职各有专司,故称有司。 ④剬:音 zhì,通制,制约。 ⑤法籍:法典,记载法令的典籍。

夫寸生于標,標生于日,日生于形①,形生于景,此度之本也。乐生于音,音生于律,律生于风②,此声之宗也。法生于义③,义生于众适,众适合于人心,此治之要也。故通于本者不乱于末,睹于要者不惑于详。法者非天堕,非地生,发于人间,而反以自正。是故有诸己不非诸人,无诸己不求诸人。所立于下者,不废于上;所禁于民者,不行于身。所谓亡国,非无君也,无法也。变法者,非无法也,有法者而不用,与无法等。是故人主之立法,先自为检式仪表④,故令行于天下。孔子曰:"其身正,不令而行;其身不正,虽令不从。"⑤故禁胜于身⑥,则令行于民矣。

[注释]①秒:音 biāo,禾芒。字亦作䅺。《天文训》云:"秋分䅺定,䅺定而禾熟。律之数十二,故十二䅺而当一粟,十二粟而当一寸。"故此言寸生于秒。　②律:古代用竹或金属管制成的定音器。用律管定出的音也叫律,有十二律。　③义:宜。合理、适宜之事为义。　④检式:法式,法度。仪表:标准,榜样。　⑤语见《论语·子路》。　⑥胜:制约。

圣主之治也,其犹造父之御。齐辑之于辔衔之际①,而急缓之于唇吻之和②;正度于胸臆之中,而执节于掌握之间③;内得于心中,外合于马志。是故能进退履绳,而旋曲中规;取道致远,而气力有余。诚得其术也。是故权势者,人主之车舆也;大臣者,人主之驷马也。体离车舆之安,而手失驷马之心,而能不危者,古今未有也。是故舆马不调,王良不足以取道④;君臣不和,唐、虞不能以为治⑤。执术而御之,则管、晏之智尽也矣⑥;明分以示之,则蹠、蹻之奸止矣⑦。夫据除而窥井底,虽达视犹不能见其睛⑧,借明于鉴以照之,则寸分可得而察也。是故明主之耳目不劳,精神不竭,物至而观其象,事来而应其化,近者不乱,远者治也。是故不用适然之数⑨,而行必然之道,故万举而无遗策矣⑩。

[注释]①辑:车厢,代指车子。齐辑:指驾车有条不紊。　②唇吻:嘴唇。这里指驾车时发出的口令、言辞。　③节:策,马鞭。　④王良:人名,春秋时晋国善御马者。　⑤唐、虞:尧舜。尧为陶唐氏,舜为有虞氏。　⑥管:

管仲(？～前645)，春秋齐桓公相，佐齐桓公成为春秋霸主。晏：晏婴(？～前500)，春秋齐景公相，以节俭力行，名显诸侯。尽：止。　⑦蹠、蹻：盗蹠和庄蹻。盗蹠是春秋末期的大盗，蹠通作跖。庄蹻是战国时楚国大盗，具体活动年代则史书说法不一。　⑧除：或作"干"，井边的栏杆。达：决。达视：决眦而视，尽量睁大眼睛看。睛：眼珠子。　⑨适然：偶然。　⑩遗策：失策，失算。

　　今夫御者，马体调于车，御心和于马，则历险致远，进退周游，莫不如志。虽有骐骥騄駬之良，臧获御之①，则马反自恣，而人弗能制矣。故治者不贵其自是，而贵其不得为非也。故曰：勿使可欲，毋曰弗求，勿使可夺，毋曰不争。如此，则人材释而公道行矣②。美者正于度，而不足者建于用③，故海内可一也。

　　[注释]①臧获：高诱注云"古之不能御者，鲁人也"。拟指蠢人。②释：音yì，通怿，愉悦。　③美者：才德美好的人。正：整饬。建：指建立才德。

　　夫释职事而听非誉，弃公劳而用朋党①，则奇材佻长而干次，守官者雍遏而不进②。如此，则民俗乱于国，而功臣争于朝。故法律度量者，人主之所以执下，释之而不用，是犹无辔衔而驰也，群君百姓反弄其上。是故有术则制人③，无术则制于人。吞舟之鱼，荡而失水，则制于蝼蚁，离其居也；猿狖失木④，而擒于狐狸，非其处也。君人者释所守而与臣下争，则有司以无为持位，守职者以从君取容。是以人臣藏智而弗用，反以事转任其上矣。

[注释]①释:抛弃,舍弃。公劳:对国家有功的人。 ②佻:音tiāo,轻视。干:求。守官者:负有职责的官员。雍:通壅,堵塞。遏:止。 ③术:特指君主控制臣下的手段。 ④狖:音yòu,长尾猿。

夫富贵者之于劳也,达事者之于察也,骄恣者之于恭也,势不及君①;君人者不任能而好自为之②,则智日困而自负其责也。数穷于下,则不能伸理③;行堕于国,则不能专制。智不足以为治,威不足以行诛,则无以与天下交也。

[注释]①势:情势。指上几句描述的情形。 ②好:音hào,喜欢。③数:术,驾驭臣下的方法。

喜怒形于心者欲见于外①,则守职者离正而阿上,有司枉法而从风②,赏不当功,诛不应罪,上下离心,而君臣相怨也。是以执政阿主,而有过则无以责之。有罪而不诛,则百官烦乱,智弗能解也;毁誉萌生,而明不能照也。不正本而反自然,则人主逾劳,人臣逾逸,是犹代庖宰剥牲③,而为大匠斫也。与马竞走,筋绝而弗能及,上车执辔,则马死于衡下④。故伯乐相之⑤,王良御之,明主乘之,无御相之劳而致千里者,乘于人资以为羽翼也⑥。

[注释]①见:同现,表现。 ②从风:见风使舵,顺风俯仰。 ③庖:厨师。宰:掌管膳食之官。剥牲:宰杀牲口。 ④衡:车辕上的横木。 ⑤伯乐:春秋秦穆公时人,以善相马著称。 ⑥人资:指他人的才智。

是故君人者无为而有守也,有为而无好也①。有为则谗生,有好则谀起。昔者齐桓公好味,而易牙烹其首子而饵之②；虞君好宝，而晋献以璧马钓之③；胡王好音，而秦穆公以女乐诱之④。是皆以利见制于人也。故"善建者不拔"⑤。夫火热而水灭之，金刚而火销之，木强而斧伐之，水流而土遏之；唯造化者，物莫能胜也。故中欲不出谓之扃⑥，外邪不入谓之塞。中扃外闭，何事之不节；外闭中扃，何事之不成。

[注释]①有为：当作有守。好：偏爱。 ②齐桓公：春秋齐国君，名小白。易牙：齐桓公近臣。首子：长子。易牙烹子给桓公食，以取得信任，事见《管子·小称》。 ③虞：春秋诸侯国名。《左传·僖公二年》载，晋以良马、玉璧为礼物向虞国借道伐虢，虞君贪而许之。晋灭虢后顺道灭虞。 ④胡王：春秋时西戎国君。《史记·秦本纪》载，秦穆公赠女乐给西戎国君，离间其君臣，而后一举灭之。 ⑤语见《老子》第五十四章。 ⑥扃：音 jiōng，上门闩，关门。

弗用而后能用之，弗为而后能为之。精神劳则越①，耳目淫则竭。故有道之主，灭想去意，清虚以待，不伐之言②，不夺之事，循名责实，使有司，任而弗诏，责而弗教，以"不知"为道，以"奈何"为宝③。如此，则百官之事，各有所守矣。

[注释]①越：离、散。 ②伐：夸耀。 ③"不知"，"奈何"：皆指君主常对臣下说的话。奈何：如何。

摄权势之柄①，其于化民易矣。卫君役子路，权重也②；景、桓公臣管晏，位尊也。怯服勇而愚制智，其所托势者胜也。故枝不得大于干，末不得强于本，则轻重大小，有以相制也。若五指之属于臂,搏援攫捷③,莫不如志。言以小属于大也。是故得势之利者,所持甚小,其存甚大④;所守甚约,所制甚广。是故十围之木⑤,持千钧之屋;五寸之键⑥,制开阖之门。岂其材之巨小足哉？所居要也。

[**注释**]①摄:执、持。 ②卫君:指春秋卫国君出公,名辄。子路:孔子弟子。卫出公时,子路为卫大夫孔悝邑宰,故此云卫君役子路。 ③援:攀缘。攫:音jué,抓取。 ④存:抚恤。 ⑤围:人两手合抱为围,或谓径一尺为围。 ⑥键:锁匙。

孔丘、墨翟,修先圣之术,通六艺之论①,口道其言,身行其志,慕义从风,而为之服役者不过数十人。使居天子之位,则天下遍为儒、墨矣。楚庄王伤文无畏之死于宋也②,奋袂而起,衣冠相连于道,遂成军宋城之下,权柄重也。楚文王好服獬冠,楚国效之③,赵武灵王贝带鵔鸃而朝,赵国化之④。使在匹夫布衣,虽冠獬冠,带贝带、鵔鸃而朝,则不免为人笑也。

[**注释**]①六艺:指礼乐射御书数六种技艺。 ②楚庄王:春秋楚国君,名侣,前614~前591年在位。文无畏:楚大夫。《左传·宣公十四年》载,楚庄王使文无畏聘于齐,无假道于宋,宋人杀文无畏,"楚子闻之,投袂而起,屦及于窒皇,剑及于寝门之外,车及于蒲胥之市。秋九月,楚子围宋。" ③楚文王:春秋楚国君,名赀,前690~前677年在位。獬(音xiè)冠:以獬豸(音zhì)皮为冠。獬豸是传说中一种独角神兽。《后汉书·舆服志下》:"獬豸,神羊,能别曲直,楚王尝获之,故以为冠。" ④赵武灵王:战国赵国君,名雍,前326~前299年在位。贝带:用贝壳装饰的佩带。鵔鸃(音xùn chóu):一种雉鸟,这里指用鵔鸃羽毛装饰的帽子。

夫民之好善乐正，不待禁诛而自中法度者，万无一也。下必行之令，从之者利，逆之者凶，日阴未移①，而海内莫不被绳矣②。故握剑锋以离③，北宫子、司马蒯蒉不使应敌④；操其觚，招其末⑤，则庸人能以制胜。今使乌获、藉蕃从后牵牛尾⑥，尾绝而不从者，逆也；若指之桑条以贯其鼻，则五尺童子，牵而周四海者，顺也。夫七尺之桡⑦，而制船之左右者，以水为资；天子发号，令行禁止，以众为势也。夫防民之所害，开民之所利，威行也，若发城决唐⑧。故循流而下易以至，背风而驰易以远⑨。

[注释]①古代用日影移动推定时间，日阴未移，形容时间极短。②被绳：接受法令准则的约束。　③离：相遇。　④北宫子：春秋时勇士，也叫北宫黝，《孟子·公孙丑上》载，北宫子"视刺万乘之君，若刺褐夫。"司马蒯蒉（音 kuǎi kuì）：赵国勇士名，善击剑。　⑤觚：音 gū，剑柄。招：举。　⑥乌获、藉蕃：皆古代力士名。　⑦桡：音 ráo，船桨。　⑧城：音 kǎn，堤岸。唐：同塘。　⑨背风：背向着风，顺风。

桓公立政①，去食肉之兽，食粟之鸟，系罝之网②，三举而百姓说。纣杀王子比干而骨肉怨③，斩朝涉者之胫而万民叛④，再举而天下失矣。故义者，非能遍利天下之民也，利一人而天下从风；暴者，非尽害海内之众也，害一人而天下离叛。故桓公三举而九合诸侯⑤，纣再举而不得为匹夫。故举错不可不审。

[注释]①桓公：即齐桓公。立政：执政。　②罝：音 jū，捕捉鸟兽的网。③比干：纣王臣，为纣王叔父，故称王子比干。《史记·殷本纪》载，纣荒淫

无道,比干强谏之,"纣怒曰:'吾闻圣人心有九窍。'剖比干,观其心"。 ④斲:音 zhuó,斩。纣尝斩断冬天朝涉者的胫骨,看看他们的骨髓与正常人有什么不同。 ⑤史载齐桓公尝十一次以霸主身份会合诸侯。此"九"为虚数,以言其多。

人主租敛于民也①。必先计岁收,量民积聚,知饥馑有余不足之数,然后取车舆衣食供养其欲。高台层榭,接屋连阁,非不丽也,然民有掘穴狭庐所以托身者,明主弗乐也。肥酞甘脆②,非不美也,然民有糟糠菽粟不接于口者,则明主弗甘也。匡床蒻席③,非不宁也,然民有处边城,犯危难,泽死暴骸者④,明主弗安也。故古之君人者,其惨怛于民也⑤。国有饥者,食不重味;民有寒者,而冬不被裘。岁登民丰,乃始县钟鼓,陈干戚⑥,君臣上下,同心而乐之,国无哀人。故古之为金石管弦者,所以宣乐也⑦;兵革斧钺者,所以饰怒也⑧;觞酌俎豆,酬酢之礼,所以效善也⑨;衰绖菅屦,辟踊哭泣,所以谕哀也⑩。此皆有充于内而成像于外。

[注释]①租敛:赋税。 ②酞:音 nóng,浓醇的美酒。 ③匡:方正。匡床:安适的床。蒻:音 ruò,蒲草。蒻席:细致的蒲席。 ④泽死:死于野外。 ⑤惨怛(音 dá):忧伤。 ⑥干戚:盾头和大斧,用作乐舞道具。 ⑦金石:指金属和石制的乐器。管弦:管乐器和弦乐器。宣:发,泄。 ⑧钺:古兵器名。 ⑨觞酌:饮酒。俎豆:古礼器名,俎用以盛牛羊等祭品,豆用以盛干肉一类食物。酬酢(音 zuò):古代朝聘应享礼,主人先向客人敬酒叫献,客人向主人祝酒还答叫酢,主人再次敬酒叫酬。 ⑩衰:音 cuī,古代的丧服。绖:音 dié,居丧期间系在头上或腰间的麻带。菅:音 jiān,草名,其茎可用来编织草鞋。菅屦:用菅草织成的草鞋。古礼,居丧着菅屦。辟:通擗,捶胸。辟踊:捶

胸顿足,极其悲痛之情状。

及至乱主,取民则不裁其力①,求于下则不量其积,男女不得事耕织之业,以供上之求,力勤财匮,君臣相疾也。故民至于焦唇沸肝②,有今无储,而乃始撞大钟,击鸣鼓,吹竽笙,弹琴瑟,是犹贯甲胄而入宗庙,被罗纨而从军旅③,失乐之所由生矣。

[注释]①裁:度量。 ②焦唇沸肝:形容极痛苦难熬。 ③罗纨(音wán):质地轻软的丝织品。

夫民之为生也,一人蹠耒而耕,不过十亩①,中田之获,卒岁之收,不过亩四石,妻子老弱,仰而食之,时有涔旱灾害之患②,无以给上之征赋车马兵革之费。由此观之,则人之生,悯矣!夫天地之大计,三年耕而余一年之食,率九年而有三年之畜③,十八年而有六年之积,二十七年而有九年之储,虽涔旱灾害之殃,民莫困穷流亡也。故国无九年之畜,谓之不足;无六年之积,谓之悯急;无三年之畜,谓之穷乏。故有仁君明王,其取下有节,自养有度,则得承受于天地,而不离饥寒之患矣④。若贪主暴君,挠于其下⑤,侵渔其民,以适无穷之欲,则百姓无以被天和而履地德矣⑥。

[注释]①蹠:音zhí,踩。耒:音lěi,一种挖土农具。 ②涔:音cén,涝。 ③率:大致,一般。 ④离:通罹,遭受。 ⑤挠:骚扰。 ⑥被天和而履地德:即处于天地之间、活在世上之意。

食者，民之本也；民者，国之本也；国者，君之本也。是故人君者，上因天时，下尽地财，中用人力，是以群生遂长，五谷蕃殖，教民养育六畜①，以时种树，务修田畴②，滋植桑麻，肥墝高下③，各因其宜，丘陵阪险不生五谷者，以树竹木。春伐枯槁，夏取果蓏④，秋畜疏食，冬伐薪蒸⑤，以为民资。是故生无乏用，死无转尸⑥。

[注释]①六畜：指牛马羊猪狗鸡六种牲畜。　②田畴：耕熟的土地，谷地为田，麻地为畴。　③墝：音 qiāo，瘦瘠的土地。　④果蓏（音 luǒ）：果实，一说木本植物果实叫果，草本植物果实叫蓏，一说有核的叫果，无核的叫蓏。　⑤薪蒸：粗柴为薪，细柴为蒸。　⑥转尸：尸体被弃置，形容死无葬身之地。

故先王之法，畋不掩群①，不取麛夭②。不涸泽而渔，不焚林而猎。豺未祭兽，罝罦不得布于野③；獭未祭鱼，网罟不得入于水④；鹰隼未挚，罗网不得张于溪谷⑤；草木未落，斤斧不得入山林；昆虫未蛰，不得以火烧田⑥。孕育不得杀，鷇卵不得探⑦，鱼不长尺不得取，彘不期年不得食。是故草木之发若蒸气，禽兽之归若流泉，飞鸟之归若烟云，有所以致之也。

[注释]①畋：音 tián，打猎。掩：尽。　②麛：音 mí，幼鹿。夭：幼兽。　③豺未句：豺有时得到食物较多或贮存食物需要，将猎物陈列于洞穴周围，古人认为是秋天开始捕兽时的祭祀活动。罝罦（音 jū fú）：捕鸟兽的网。　④獭：音 tǎ，一种捕鱼为食的小兽。獭有将食物弃于岸边的习性，古人以为是獭春天开始捕鱼时的祭祀活动。网罟（音 gǔ）：网的通称。　⑤挚：攫取。古人认为鹰隼等猛禽秋天才开始捕食鸟类。　⑥蛰：昆虫伏藏过冬。　⑦鷇：音 kòu 刚出壳的小鸟。

故先王之政,四海之云至,而修封疆①;虾蟆鸣燕降,而达路除道②;阴降百泉③,则修桥梁;昏张中,则务种谷④;大火中则种黍菽⑤;虚中,则种宿麦⑥;昴中则收敛畜积⑦,伐薪木。上告于天,下布之民。先王之所以应时修备,富国利民,实旷来远者,其道备矣。非能目见而足行之也,欲利之也。欲利之也,不忘于心,则官自备矣。心之于九窍四支也⑧,不能一事焉。然而动静听视皆以为主者,不忘于欲利之也。故尧为善而众善至矣,桀为非而众非来矣。善积则功成,非积则祸极⑨。

[注释]①四海之云至:古人认为立春四海开始产生云。 ②除:修治。 ③百泉:地下的泉水。阴降百泉:阴气下降,到达地下的泉水,指深秋季节。 ④张:星宿名,二十八宿之一,由六颗星组成。中:星宿出现于天空正南中天为中。 ⑤大火:星名,即二十八宿之一的心宿的第二星。上古以观测此星位置而定季节。 ⑥虚:星宿名,二十八宿之一,由两颗星组成。宿麦:秋冬种植,次年收获的麦子。 ⑦昴:音 mǎo,星宿名,二十八宿之一,由七颗星组成,秋冬季节出现于正南方。 ⑧九窍:指眼、耳、鼻、口和前后阴。支:同肢。 ⑨极:至。

凡人之论,心欲小而志欲大,智欲员而行欲方①,能欲多而事欲鲜。所以心欲小者,虑患未生,备祸未发,戒过慎微,不敢纵其欲也;志欲大者,兼包万国,一齐殊俗②,并覆百姓,若合一族,是非辐凑而为之毂③;智欲员者,环复转运,终始无端,旁流四达④,渊泉而不竭,万物并兴,莫不响应也;行欲方者,直立而不挠⑤,素白而不污,穷不易操,通不肆志;能欲多者,文武备具,动静中仪,举动废置,曲得其宜,无所击戾⑥,无不毕宜也;事欲鲜者,执柄持术,得要以应众,执约以治广,处静持中,运于璇枢⑦,以一合万,若合符者也⑧。故心小者,禁于微也;志大者,无不怀也;智员者,无不知也;行方者,有不为也;能多者,无不治也⑨;事鲜者,约所持也。

[注释]①心:人本能的欲求。志:志向。员:通圆,丰满。方:方正。 ②殊俗:指远方异域。 ③是非:指各种纠纷、问题。辐:车轮的辐条。毂:车轮中间车轴插入处的圆木,周围连接车辐。 ④旁:遍、广。 ⑤挠:通桡,屈服。 ⑥击戾:违忤,抵触。 ⑦璇枢:指心。 ⑧符:古代用以传令的凭证,以竹木或金属制成,上书文字,分为两半,用时以两半相合为凭。 ⑨治:从事。

古者天子听朝①,公卿正谏,博士诵诗②,瞽箴师诵③,庶人传语,史书其过,宰彻其膳④。犹以为未足也,故尧置敢谏之鼓⑤,舜立诽谤之木⑥,汤有司直之人⑦,武王立戒慎之鞀⑧。过若豪厘,而既已备之也。夫圣人之于善也,无小而不举;其于过也,无微而不改。尧、舜、禹、汤、文、武皆坦然天下而南面焉⑨。当此之时,馨鼓而食⑩,奏《雍》而彻⑪,已饭而祭⑫。灶行不用巫祝⑬,鬼神弗敢祟,山川弗敢祸,可谓至贵矣。然而战战慄慄⑭,日慎一日。由此观之,则圣人之心小矣。《诗》云:"惟此文王,小心翼翼,昭事上帝,聿怀多福。"⑮其斯之谓欤!

[注释]①听朝:天子主持朝会听政。 ②博士:古代官职,由博学之士担任,掌古今史事侍问。诗:指讽谏之诗。 ③瞽:盲人乐师。箴:音zhēn,一种有劝诫意义的文辞。师:乐官。诵:一种规谏的言辞,与箴相类。 ④宰:掌管膳食的官。彻:通撤。彻膳:减少饮食,以示思过。 ⑤敢谏之鼓:

在宫门设置的鼓,臣下可击鼓进谏。 ⑥诽谤:指责过失。诽谤之木:在宫门树立的木柱,对朝政有所指摘者可书其于上。 ⑦直:匡正。司直之人:专门负责监察的官员。 ⑧戒慎:告诫而使之谨慎。鞀:音 táo,一种有柄的摇鼓。 ⑨南面:古以坐北朝南为尊位,天子上朝皆南面坐,故以南面代指执政。 ⑩鼖:gāo,一种大鼓。鼖鼓而食:指君主进食时奏钟鼓音乐。 ⑪雍:古代贵族在撤膳时演奏的音乐。 ⑫句谓饭后祭祀五谷之神等,以谢赐食之恩。 ⑬灶:灶神。行:道路之神。这里指祭祀灶神、道路之神的活动。巫祝:以装神弄鬼、替人祈祷为职业的人。 ⑭战战栗栗:恐惧的样子。 ⑮引诗见《诗经·大雅·大明》。聿:语助词,无义。

武王伐纣,发钜桥之粟①,散鹿台之钱②,封比干之墓,表商容之闾③,朝成汤之庙④,解箕子之囚⑤。使各处其宅,田其田,无故无新,惟贤是亲,用非其有,使非其人,晏然若故有之。由此观之,则圣人之志大也。

[注释]①钜桥:殷代大粮仓所在地,在今河北曲周县东北。 ②鹿台:纣王所筑大台,地在今河南汤阴朝歌南。纣王尝在此贮藏财物。 ③表:刻有褒扬铭识的木柱,用途与现代之纪念铭牌相似。商容:据说是商代贤人,曾被纣王贬退。闾:里巷的大门。 ④成汤:商汤王,商代开国之君。 ⑤箕子:商纣王的诸父,封于箕,故称箕子。纣暴虐,箕子屡谏无效,乃佯狂为奴,为纣所囚。武王灭商后释放了箕子。

文王周观得失,遍览是非,尧、舜所以昌,桀、纣所以亡者,皆著于明堂,于是略智博问,以应无方①。由此观之,则圣人之智员矣。成、康继文、武之业②,守明堂之制,观存亡之迹,见成败之变,非道不言,非义不行,言不苟出,行不苟为,择善而后从事焉。由此观之,则圣人之行方矣。

[注释]①略：取。无方：没有极限。　②成：指周成王，名诵，武王子。康：周康王，名钊，成王子。

孔子之通，智过于苌弘①，勇服于孟贲②，足蹑效菟③，力招城关④，能亦多矣。然而勇力不闻，伎巧不知，专行教道，以成素王⑤，事亦鲜矣。《春秋》二百四十二年，亡国五十二，弑君三十六⑥，采善鉏丑⑦，以成王道⑧，论亦博矣。然而围于匡⑨，颜色不变，弦歌不辍⑩，临死亡之地，犯患难之危，据义行理而志不慑⑪，分亦明矣。然为鲁司寇，听狱必为断⑫，作为《春秋》，不道鬼神，不敢专已。夫圣人之智，固已多矣。其所守者约，故举而必荣⑬。愚人之智，固已少矣，其所事者多，故动而必穷矣。

[注释]①苌（音 cháng）弘：春秋周敬王大夫，孔子尝就问乐，后苌弘卷入晋国内讧，为周所杀。　②孟贲：古勇士名。　③蹑：追上。菟：通兔。郊菟：野兔。　④招：举。城关：城门。　⑤素王：有帝王之德而未居帝王位的人。　⑥《春秋》纪事起于前 722 年，终于前 481 年，共二百四十二年。汉代著作多谓《春秋》中亡国五十二，弑君三十六，然今本《春秋》不足此数，或谓今本有散佚。　⑦鉏：音 chú，通锄，铲除。　⑧王道：儒家宣扬的以仁义治天下的理论。　⑨匡：地名，在今河南省长垣县境。孔子自鲁定公十三年（前 497 年）起离开鲁周游列国，路过匡，被匡人包围拘禁了五天，事见《史记·孔子世家》。　⑩弦歌：歌咏诵读。此指孔子向弟子传道授业。　⑪犯：遭。慑：恐惧。　⑫听：审理。狱：讼案。　⑬荣：盛，引申为成功。

吴起、张仪，智不若孔、墨①，而争万乘之君，此其所以车裂支解也②。夫以正教化者，易而必成；以邪巧世者，难而必败。凡将设行立趣于天下，舍其易成者，而从事难而必败者,愚惑之所致也。凡此六反者,不可不察也③。

[注释]①吴起:? ~前378年,战国时卫人,曾仕魏为名将,后为权臣所忌,奔楚任为令尹,实行变法,后为贵戚大臣所杀。张仪:? ~前309年,战国魏人,著名纵横家,后卒于魏。 ②史书不载张仪被车裂、肢解事,或谓张仪当作苏秦,或谓当作商鞅。 ③六反:六种相反的事情,指上文所云心欲小而志欲大,智欲员而行欲方,能欲多而事欲少。

遍知万物而不知人道,不可谓智;遍爱群生而不爱人类,不可谓仁。仁者爱其类也,智者不可惑也。仁者虽在断割之中,其所不忍之色可见也。智者虽烦难之事,其不暗之效可见也。内恕反情①,心之所欲,其不加诸人,由近知远,由己知人,此仁智之所合而行也。小有教而大有存也,小有诛而大有宁也,唯恻隐推而行之,此智者之所独断也。故仁智错,有时合②,合者为正,错者为权③,其义一也。府吏守法④,君子制义,法而无义,亦府吏也,不足以为政。

[注释]①内恕:心地宽厚。 ②错:分开。 ③正:常态。权:权变。 ④府吏:指下层官吏。

耕之为事也劳,织之为事也扰,扰劳之事而民不舍者,知其可以衣食也。人之情不能无衣食,衣食之道,必始于耕织,万民之所公见也。物之若耕织者,始初甚劳,终必利也。众愚人之所见者寡,事可权者多,愚之所权者少,此愚者之所多患也①。物之可备者,智者尽备之;可权者,尽权之;此智者所以寡患也。故智者先忤而后合②,愚者始于乐而终于哀。

[**注释**]①之所:应作"之所以",解释因由。下文"此智者所以寡患也"可证。　②忤:逆,不顺。指处逆境。

今日何为而荣乎?旦日何为而义乎①?此易言也。今日何为而义,旦日何为而荣,此难知也。问瞽师曰:"白素何如?"曰:"缟然。"②曰:"黑何若?"曰:"黮然。"③授白黑而示之,则不处焉④。人之视白黑以目,言白黑以口,瞽师有以言白黑,无以知白黑,故言白黑与人同,其别白黑与人异。入孝于亲,出忠于君,无愚智贤不肖,皆知其为义也,使陈忠孝行而知所出者,鲜矣!凡人思虑,莫不先以为可而后行之,其是或非,此愚智之所以异。

[**注释**]①旦日:明日。　②缟:音gǎo,细白的生绢。　③黮:音dǎn,黑色。　④处:处理,区别。

凡人之性,莫贵于仁,莫急于智。仁以为质,智以行之,两者为本,而加之以勇力、辩慧、捷疾、劬录①、巧敏、迟利、聪明、审察,尽众益也。身材未修,伎艺曲备,而无仁智以为表干②,而加之以众美③,则益其损。故不仁而有勇力果敢,则狂而操利剑④;不智而辩慧怀给,则弃骥而不式⑤。虽有材能,其施之不当,其处之不宜,适足以辅伪饰非,伎艺之众,不如其寡也。故有野心者,不可借便势;有愚质者,不可与利器⑥。

[**注释**]①劬(音qú)录:勤劳。　②表干:外表和躯干。　③众美:指

上文所云勇力、辩慧、捷疾、劬录等。 ④狂而操利剑:喻极危险。 ⑤怀:极其。给:口才便捷。怀给:口才很好。式:车前用以扶手的横木。弃骥而不式:驾车不用良马而且不扶横木,形容危险的行为。 ⑥利器:权力。

鱼得水而游焉则乐,唐决水涸,则为蝼蚁所食。有掌修其堤防①,补其缺漏,则鱼得而利之,国有以存,人有以生。国之所以存者,仁义是也;人之所以生者,行善是也。国无义,虽大必亡;人无善志,虽勇必伤。

[注释]①掌:负责。

治国上使①,不得与焉。孝于父母,弟于兄嫂②,信于朋友,不得上令而可得为也。释己之所得为,而责于其所不得制,悖矣③。士处卑隐,欲上达,必先反诸己。上达有道,名誉不起,而不能上达矣;取誉有道,不信于友,不能得誉;信于友有道,事亲不说,不信于友④;说亲有道,修身不诚,不能事亲矣;诚身有道,心不专一,不能专诚。道在易而求之难,验在近而求之远⑤,故弗得也。

[注释]①使:事。 ②弟:通悌,指为弟顺从于兄嫂。 ③责:求。悖:音 bèi,谬误。 ④说:通悦。 ⑤"道在"二句:易、近都指自身。难、远指和"自身"相对说的"说亲"、"信友"、"上达"。这里是强调修身是根本。

卷十　缪称训

　　道，至高无上，至深无下，平乎准，直乎绳，圆乎规，方乎矩，包裹宇宙而无表里，洞同覆载而无所碍①。是故体道者②，不哀不乐，不喜不怒，其坐无虑，其寝无梦，物来而名，事来而应。主者，国之心，心治则百节皆安③，心扰则百节皆乱。故其心治者，支体相遗也④；其国治者，君臣相忘也⑤。黄帝曰："芒芒昧昧，从天之道，与元同气。"⑥故至德者，言同略，事同指⑦，上下一心，无岐道旁见者，遏障之于邪，开道之于善，而民乡方矣⑧。故《易》曰："同人于野，利涉大川。"⑨

[注释]①洞同：混沌不分的境界。　②体：领悟。　③百节：指身体各关节，喻社会各阶层、各方面。　④支：同肢。支体相遗：四肢和躯干作为全身统一体的一部分而存在，各得其所，没有各自的独立意识。　⑤君臣相忘：指君臣各得其所，达到忘我的境界。　⑥黄帝：古帝王号。古史载其居轩辕之丘，国于有熊，故又称轩辕氏、有熊氏。先后击败炎帝、蚩尤，诸侯尊为天子。芒：通茫。芒芒昧昧：纯厚广大的样子。元：指产生万物的元气。　⑦略：观点，谋略。指：通恉，意旨。　⑧乡：通向，趋向。方：方正，正道。　⑨语见《周易·同人》卦辞。同：聚合。同人于野：在郊野聚集百姓。

道者，物之所导也；德者，性之所扶也；仁者，积恩之见证也；义者，比于人心而合于众适者也①。故道灭而德用，德衰而仁义生。故上世体道而不德，中世守德而弗坏也，末世绳绳乎唯恐失仁义②。君子非仁义无以生，失仁义，则失其所以生；小人非嗜欲无以活，失嗜欲，则失其所以活。故君子惧失仁义，小人惧失利。观其所惧，知各殊矣。《易》曰："即鹿无虞，惟入于林中，君子几不如舍，往吝。"③其施厚者其报美，其怨大者其祸深。薄施而厚望，畜怨而无患者，古今未之有也。

[注释]①比：和。众适：众人的心愿。 ②绳绳：小心翼翼的样子。③语见《周易·屯·六三》。即：近。虞：掌管山林的官员。几：借为机，警惕。吝：危险。

是故圣人察其所以往，则知其所以来者。圣人之道，犹中衢而致尊邪①：过者斟酌，多少不同，各得其所宜。是故得一人，所以得百人也。人以其所愿于上，以交其下，谁弗戴？以其所欲于下，以事其上，谁弗喜？《诗》云："媚兹一人，应侯慎德。"②慎德大矣，一人小矣。能善小，斯能善大矣。君子见过忘罚，故能谏；见贤忘贱，故能让；见不足忘贫，故能施。情系于中，行形于外。凡行戴情，虽过无怨③；不戴其情，虽忠来恶。后稷广利天下，犹不自矜④。禹无废功，无废财，自视犹觖如也⑤。满如陷⑥，实如虚，尽之者也。

[注释]①衢：四通八达的道路。致：同置。尊：装酒的器具，也写作樽。 ②语见《诗·大雅·下武》。媚：爱。应：顺应。侯：维，语助词。慎德：美

德。今本《诗经》慎德作顺德。　③戴：当，符合。　④后稷：周民族之先祖，名弃，传说为舜农官，教民播种五谷。　⑤觖：音 jué，不满。　⑥陷：欠缺。

凡人各贤其所说，而说其所快①。世莫不举贤，或以治，或以乱，非自遁②，求同乎己者也。己未必得贤③，而求与己同者，而欲得贤，亦不几矣④！使尧度舜则可，使桀度尧，是犹以升量石也⑤。今谓狐狸，则必不知狐，又不知狸。非未尝见狐者，必未尝见狸也。狐、狸非异，同类也⑥。而谓狐狸，则不知狐、狸。是故谓不肖者贤，则必不知贤；谓贤者不肖，则必不知不肖者矣。

[注释]①说：同悦，喜欢。　②遁：欺。　③得：能，可。　④几：近。不几：差得远。　⑤升、石：皆为容量单位。十升为一斗，十斗为一石。以升量石：以小量大，比喻不可胜任。　⑥狐、狸：两种动物名，狐即后世所说的狐狸，狸则似狐而小，身肥而短。

圣人在上，则民乐其治；在下，则民慕其意①。小人在上位，如寝关曝纩，不得须臾宁②。故《易》曰："乘马班如，泣血涟如。"③言小人处非其位，不可长也。

[注释]①意：指思想品德。　②关：门闩。古时常用一长木条作大门闩。寝关：睡在用来当门闩的木条上。曝：晒。纩：音 kuàng，丝绵絮。古人将绵絮塞入衣服里层以御寒。曝纩：穿着棉袄在烈日下暴晒。　③语见《周易·屯·上六》。班：通旋，徘徊。涟如：水泛起波纹的样子，形容血泪不断。《象传》："泣血涟如，何可长也。"

物莫无所不用，天雄、乌喙，药之凶毒也①，良医以活人；侏儒瞽师，人之困慰者也②，人主以备乐。是故圣人制其剫③,材无所不用矣。勇士一呼,三军皆辟,其出之也诚④。故倡而不和,意而不戴,中心必有不合者也。故舜不降席而王天下者,求诸己也⑤。故上多故,则民多诈矣,身曲而景直者,未之闻也。

[注释]①天雄、乌喙:皆中药名,有毒。 ②侏儒:身体畸形,特别矮小的人。古时侏儒常以杂耍逗笑为业。瞽:盲人。古常以盲人为乐师。慰:愁郁。 ③剫:音duó,删削。这里指根据木材长短形状加以砍削的标准。 ④三军:周制天子设六军,诸侯大国设三军。辟:通避,躲避。 ⑤降:下。降席:自离开座位。

说之所不至者,容貌至焉;容貌之所不至者,感忽至焉①。感乎心,明乎智,发而成形,精之至也。可以形势接,而不可以照誋②。戎翟之马,皆可以驰驱③,或近或远,唯造父能尽其力④;三苗之民,皆可使忠信⑤,或贤或不肖,唯唐虞能齐其美⑥。必有不传者。中行缪伯手搏虎,而不能生也⑦,盖力优而克不能及也⑧。用百人之所能,则得百人之力;举千人之所爱,则得千人之心。辟若伐树而引其本,千枝万叶则莫得弗从也。慈父之爱子,非为报也,不可内解于心;圣人之养民,非求用也,性不能已。若火之自热,冰之自寒。夫有何修焉!及恃其力,赖其功者,若失火舟中⑨。

[注释]①感忽:不可捉摸的形状,指精神。 ②照誋:照耀,这里是公开展露的意思。 ③戎翟:古代对西部和北部民族的称呼,其地为游牧民族地区,盛产良马。 ④造父:传说是周穆王的御者,以善御名。 ⑤三苗:古代南方部族名。 ⑥唐虞:尧舜。尧为陶唐氏,舜为有虞氏。齐:整治。

⑦中行缪伯：人名，晋国大力士，能徒手杀虎。缪亦作穆。生：活，指以德驯服。 ⑧优：胜。克：能力，才能。 ⑨失火舟中：意谓在船上失火，乘客同心协力救火，皆为自身生存，并不是为了施恩于人。

故君子见始，斯知终矣。媒妁誉人，而莫之德也①；取庸而强饭之，莫之爱也②。虽亲父慈母，不加于此，有以为，则恩不接矣。故送往者，非所以迎来也；施死者，非专为生也。诚出于己，则所动者远矣。锦绣登庙，贵文也；圭璋在前，尚质也③。文不胜质，之谓君子。故终年为车，无三寸之锩，不可以驱驰④；匠人斫户，无一尺之楗，不可以闭藏⑤。故君子行思乎其所结。

[注释]①媒妁(音 shuò)：媒人。男为媒，女为妁，后泛称婚姻介绍人。句谓媒人称赞他人，是为了婚事成功，从而得到报酬，并非真心称赞，故云莫之德也。 ②取庸：雇佣工。强饭：勉力多吃饭。句谓主人要雇工多吃饭，是为了让他们更有力气干活，并非真心爱护他们，故云莫之爱也。爱：这里是感戴的意思。 ③圭、璋：都是古代帝王、诸侯举行朝典时用作瑞信的玉器。 ④锩：同辖，插入车轴端孔穴的销钉，用以固定车轮和车轴的位置。 ⑤楗：关门的木闩。

心之精者，可以神化，而不可以导人；目之精者，可以消泽，而不可以昭谡①。在混冥之中，不可谕于人②。故舜不降席而天下治，桀不下陛而天下乱③，盖情甚乎叫呼也。无诸己，求诸人，古今未之闻也。同言而民信，信在言前也；同令而民化，诚在令外也。圣人在上，民迁而化，情以先之也。动于上不应于下者，情与令殊也。故《易》曰："亢龙有悔。"④

[注释]①目之精者:指人视觉的精妙处。消泽:消融。指在无形中会意。　②混冥之中:指心中。　③陛:殿坛的台阶。　④语见《周易·乾·上九》。亢:极高。

三月婴儿,未知利害也,而慈母之爱谕焉者,情也。故言之用者,昭昭乎小哉①;不言之用者,旷旷乎大哉②。身君子之言,信也;中君子之意,忠也。忠信形于内,感动应于外,故禹执干戚舞于两阶之间,而三苗服③。鹰翔川,鱼鳖沉,飞鸟扬,必远害也。子之死父也,臣之死君也,世有行之者矣,非出死以要名也,恩心之藏于中,而不能违其难也。故人之甘甘,非正为蹠也,而蹠焉往④;君子之惨怛⑤,非正为伪形也,谕乎人心。非从外入,自中出者也。义正乎君,仁亲乎父。故君之于臣也,能死生之,不能使为苟简易⑥;父之于子也,能发起之,不能使无忧寻⑦。故义胜君,仁胜父,则君尊而臣忠,父慈而子孝。圣人在上,化育如神。太上曰⑧:"我其性与!"其次曰:"微彼,其如此乎!"⑨故《诗》曰:"执辔如组。"⑩《易》曰:"含章可贞。"⑪

[注释]①昭昭:犹耿耿,形容小的样子。　②旷旷:广大的样子。③干:盾牌。戚:大斧。执干戚舞:古代武舞手持盾、大斧为道具,这里代指礼乐。传说禹时三苗叛,禹修礼乐使之归顺。　④甘甘:甘其所甘。认为他所喜欢的东西是美好的。正:仅,只是。蹠:音zhí,愿。往:至。　⑤惨怛(音dá):忧伤,悲痛。　⑥简易:轻率,随便。　⑦发起:生长。忧寻:指对父母的忧虑挂念之心。　⑧太上:最上乘的社会,最能使人们保持素朴本性的社会。⑨微:无。彼:指统治者。如此:指上句所谓保持本性的社会。　⑩语见《诗经·邶风·简兮》和《郑风·大叔于田》。辔:缰绳。组:丝带。　⑪语见《周易·坤·六三》。章:文采。贞:吉利。

动于近,成文于远①。夫察所夜行,周公惭乎景②,故君子慎其独也。释近斯远,塞矣。闻善易,以正身难。夫子见禾之三变也③,滔滔然曰④:"狐乡丘而死,我其首禾乎!"⑤故君子见善则痛其身焉。身苟正,怀远易矣。故《诗》曰:"弗躬弗亲,庶民弗信。"⑥

[注释]①文:美,善。 ②周公:即姬旦,周文王子。辅助武王灭纣,成王继位后,曾由周公摄政。景:同影。 ③禾之三变:指从谷粒长成苗,苗又长成穗,穗又成谷粒的过程。 ④滔滔然:感慨的样子。 ⑤高诱注曰:"禾穗垂而向根,君子不忘本也。"意即从禾之三变领悟到不忘本性的道理。乡:同向。 ⑥语见《诗经·小雅·节南山》。躬、亲:皆指亲历亲为。

小人之从事也,曰苟得,君子曰苟义①。所求者同,所期者异乎!击舟水中,鱼沉而鸟扬,同闻而殊事,其情一也。僖负羁以壶餐表其闾②。赵宣孟以束脯免其躯③,礼不隆,而德有余,仁心之感恩接而憯怛生④。故其入人深。俱之叫呼也⑤,在家老则为恩厚,其在责人则生争斗。故曰:兵莫憯于意志,莫邪为下;寇莫大于阴阳,枹鼓为小⑥。

[注释]①苟得:苟且求得。苟义:追求正义。 ②僖负羁:春秋时曹国大夫。据《左传》,晋公子重耳出奔时,曹国君尝欺辱之。僖负羁暗中馈赠食物、璧玉给重耳。重耳返国为晋文公,攻曹,下令不准攻打僖负羁家,以此作为报答。表:树立标志,以为褒扬。闾:里巷大门。 ③赵宣孟:即赵盾,春秋晋国卿。尝赐肉饭给饿倒路旁的灵辄,后来赵盾为晋灵公追杀,已担任晋灵公卫士的灵辄倒戈相助,使赵盾免于难。脯:干肉。 ④憯:通惨。憯怛:忧虑,指报恩的心理压力。 ⑤俱:甚。 ⑥两句已见《主术训》。莫邪:古宝剑名。枹:鼓槌。枹鼓:代指军旅。

圣人为善,非以求名,而名从之。名不与利期,而利归之。故人之忧喜,非为蹠,蹠焉往生也①。故至人不容②。故若眯而抚,若跌而据③。圣人之为治,漠然不见贤焉④,终而后知其可大也。若日之行,骐骥不能与之争远。今夫夜有求,与瞽师并⑤,东方开,斯照矣。动而有益,则损随之。故《易》曰:"剥之不可遂尽也。故受之以复。"⑥积薄为厚,积卑为高,故君子日孳孳以成辉,小人日怏怏以至辱⑦。其消息也,离朱弗能见也⑧。文王闻善如不及,宿不善如不祥⑨。非为日不足也,其忧寻推之也⑩。故《诗》曰:"周虽旧邦,其命维新。"⑪

[注释]①蹠:当作蹠。冀幸,希望。 ②至人:有最高道德的人。容:修饰仪表。 ③眯:异物入眼。 ④漠然:寂静的样子。 ⑤求:指寻找物品。并:同。 ⑥引《易》见《序卦》。今本作"物不可以终尽,剥穷上反下,故受之以复",或谓此乃汉《易》之异文。 ⑦孳孳(音 zī zī):勤勉的样子。怏怏:郁郁不乐的样子。 ⑧消息:更替变化。离朱:传说中眼睛特别明亮的人,能视于百步之外,见秋毫之末。 ⑨文王:周文王。如不及:指怕赶不上似地追寻。宿:停留一晚。 ⑩忧寻:忧思深。 ⑪引《诗》见《大雅·文王》。以文王建国证"君子日孳孳以成辉"。

怀情抱质,天弗能杀,地弗能埋也①。声扬天地之间,配日月之光,甘乐之者也。苟乡善,虽过无怨;苟不乡善,虽忠来患。故怨人不如自怨,求诸人不如求诸己得也。声自召也,貌自示也,名自命也,文自官也②,无非己者。操锐以刺,操刃以击③,何怨乎人!故管子文锦也,虽丑登庙④;子产练染也,美而不尊⑤。虚而能满,淡而有味,被褐怀玉者。故两心不可以得一人,一心可以得百人。男子树兰,美而不芳⑥,继子得食,肥而不泽⑦,情不相与往来也。生所假也,死所归也。故弘演直仁而立死⑧,王子闾张掖而受刃⑨,不以所托害所归也。故世治则以义卫身,世乱则以身卫义。死之日,行之终也,故君子慎一用之⑩。

[注释]①埋:掩藏。 ②文:文采。官:取法,确定。 ③锐:长矛。刃:刀。 ④管子:管仲,春秋齐桓公相。丑:劣,制作不精。锦缎为朝典服饰,故虽制作不精,仍可参加朝祭。 ⑤子产:人名,春秋郑国卿。练染:在白色的熟绢上染色。练染衣饰不用于朝祭,故云虽美而不尊。 ⑥兰草是女子所佩饰之芳草,故谓男子去种则美而不芳。 ⑦继子:继妻带嫁的儿子。泽:恩泽。 ⑧弘演:春秋时卫国大夫。《吕氏春秋·忠廉》载:翟人攻卫,杀卫懿公,尽食其肉,独舍其肝。弘演出使归,"报使于肝,毕,呼天而啼,尽哀而止,曰:'臣请为㡒。'因自杀,先出其腹实,内懿公之肝。" ⑨王子闾:春秋楚平王之子,名启。《左传·哀十六年》:"白公欲以子闾为王,子闾不可。遂劫以兵。子闾曰:'王孙若安靖楚国,匡正王室,而后庇焉,启之愿也,敢不听从?若将专利以倾王室,不顾楚国,有死不能。'遂杀之。"张掖:伸张、扶助正义。 ⑩一:指本性。

无勇者非先慑也①,难至而失其守也;贪婪者非先欲也,见利而忘其害也。虞公见垂棘之璧,而不知虢祸之及己也②。故至道之人,不可遏夺也。人之欲荣也,以为己也,于彼何益?圣人之行义也,其忧寻出乎中也,于己何以利?故帝王者多矣,而三王独称③;贫贱者多矣,而伯夷独举④。以贵为圣乎?则圣者众矣;以贱为仁乎?则贱者多矣。何圣仁之寡也。独专之意乐哉!忽乎⑤,日滔滔以自新,忘老之及己也⑥。始乎叔季,归乎伯孟,必此积也⑦。

不身遁,斯亦不遁人⑧。故若行独梁⑨,不为无人不兢其容⑩。故使人信已者易,而蒙衣自信者难。

[注释]①慑:恐惧。 ②《左传·僖二年》载,虞国君贪图晋国所送璧及骏马,借道让晋灭虢。晋灭虢后顺道灭虞。垂棘:晋国地名,盛产美玉。 ③三王:夏商周三代开国之君。 ④伯夷:商代孤竹国君之子,与弟叔齐不受王位逃周,周武王伐纣,伯夷叔齐耻食周粟,饿死于首阳山。 ⑤忽乎:得意忘形的样子。 ⑥滔滔:悠悠然。 ⑦古代排行以叔季为少,伯孟为长,句即由少及长之意。 ⑧遁:欺。 ⑨独梁:独木桥。 ⑩兢:戒慎。

情先动,动无不得;无不得,则无君①,发君而后快。故唐、虞之举错也,非以偕情也,快已而天下治;桀、纣非正贼之也②,快已而百事废。喜憎议而治乱分矣③。圣人之行,无所合,无所离,譬若鼓,无所与调,无所不比。丝管金石,小大修短有叙,异声而和;君臣上下,官职有差,殊事而调。夫织者日以进,耕者日以却④,事相反,成功一也。申喜闻乞人之歌而悲,出而视之,其母也⑤。艾陵之战也⑥,夫差曰:"夷声阳,句吴其庶乎!"⑦同是声而取信焉异⑧。有诸情也。故心哀而歌不乐,心乐而哭不哀。夫子曰:"弦则是也,其声非也。"

[注释]①君:音 jūn,郁结,堵塞。 ②正:只是。贼:伤害。 ③高诱注云:"下有喜议而国治,有憎议而国乱也。" ④却:倒退而行。农夫插秧、除草等皆倒退而行。 ⑤《吕氏春秋·精通》:"周有申喜者,亡其母。闻乞人歌于门下而悲之,动于颜色。谓门内乞人之歌者,自觉而问焉,曰:'何故而乞?'与之语,盖其母也。" ⑥艾陵:地名,在今山东莱芜东北。前484年,吴军败齐于此。 ⑦夫差:春秋吴国君,前496~前473年在位。夷声:边远部族的乐歌,此指兵士唱的吴国歌曲。阳:盛。庶:差不多。 ⑧信:信息。

文者,所以接物也,情系于中而欲发外者也。以文灭情,则失情;以情灭文,则失文。文情理通,则凤麟极矣①。言至德之怀远也。输子阳谓其子曰②:"良工渐乎矩凿之中。"③矩凿之中,固无物而不周。圣王以治民,造父以治马,医骆以治病④。同材而各自取焉。上意而民载,诚中者也。未言而信,弗召而至,或先之也,伋于不己知者⑤,不自知也。

[注释]①极:至。 ②输子阳:人名,其事不详。 ③渐:熟习。矩凿:规矩凿桦,喻法度。 ④医骆:人名,古越国医师。 ⑤伋:音 jí,通急,恼怒。

矜怛生于不足,华诬生于矜①。诚中之人,乐而不伋,如鸮好声、熊之好经②。夫有谁为矜。春女思,秋士悲,而知物化矣。号而哭,叽而哀③,而知声动矣;容貌颜色,诎伸倨句④,知情伪矣。故圣人栗栗乎其内,而至乎至极矣⑤。

[注释]①矜:骄傲自负。怛:音 dá,恐惧。华:浮夸。诬:欺骗。 ②鸮:音 xiāo,鸟名,即猫头鹰。好声:喜欢自己的鸣叫声。经:悬吊。 ③叽:悲叹。 ④诎伸:屈伸。倨句(音 jù gōu):直曲。这里指体态表情的扭曲作态。 ⑤栗栗:恐惧发抖的样子。内:指内心道德修养。至极:道德的最高境界。

功名遂成,天也;循理受顺,人也①。太公望、周公旦,天非为武王造之也②;崇侯、恶来,天非为纣生之也;有其世,有其人也③。教本乎君子,小人被其泽;利本乎小人,君子享其功。昔东户季子之世④,道路不拾遗,耒耜余粮宿诸亩首⑤,使君子小人各得其宜也。故"一人有庆,兆民赖之"⑥。凡高者贵其左,故下之于上曰左之,臣辞也;下者贵其右,故上之于下曰右之,君让也。故上左迁,则失其所尊也⑦;臣右还,则失其所贵矣。小快害道,斯须害仪。子产腾辞,狱繁而无邪⑧,失诸情者,则塞于辞矣。

[注释]①受:和,应。顺:秩序,规律。 ②太公望:即姜太公,姜姓吕氏名尚,周文王尊以为师。周公旦:姬旦,文王子。太公望、周公旦是周武王灭商、建立周王朝的主要助手。 ③崇侯:商纣王的诸侯。恶来:商纣王的大臣。此二人皆善毁谗,助纣为虐。 ④东户季子:传说中的古代君主。 ⑤耒耜:古时翻土农具。宿:过夜。 ⑥语见《尚书·吕刑》。庆:善。赖:托赖。 ⑦迁:当作还,左本是臣下对君主之辞,君主反过来称左,则所谓左还。 ⑧腾:传。腾辞:传递的书信。《左传·昭六年》载,郑国铸刑书,叔向使人送信给子产,横加责难。此句即指此事。

成国之道,工无伪事,农无遗力,士无隐行,官无失法。譬若设网者,引其纲而万目开矣①。舜、禹不再受命②,尧、舜传大焉,先形乎小也③。刑于寡妻,至于兄弟,禅于家国,而天下从风④。故戎兵以大知小⑤,人以小知大。君子之道,近而不可以至,卑而不可以登,无载焉而不胜,大而章,远而隆,知此之道,不可求于人,斯得诸己也。释己而求诸人,去之远矣。

[注释]①纲:提网的绳。目:网眼。 ②句谓舜受命于尧,禹受命于舜,不再受命于天,故曰不再受命。 ③传:传位,禅让。 ④刑:礼法。寡妻:正妻。禅:传。《诗经·大雅·思齐》:"刑于寡妻,至于兄弟,以御于家邦。"几句本此。 ⑤兵器有不同规格。句谓以大号为准,则可推知小号

规格。

君子者,乐有余而名不足,小人乐不足而名有余。观于有余不足之相去,昭然远矣。含而弗吐,在情而不萌者,未之闻也。君子思义而不虑利,小人贪利而不顾义。子曰①:"钧之哭也②,曰:'子予奈何兮乘我何'③其哀则同,其所以哀则异。"故哀乐之袭人情也深矣④。凿地漂池⑤,非止以劳苦民也。各从其蹠⑥,而乱生焉。其载情一也,施人则异矣。故唐、虞日孳孳以致于王,桀、纣日怏怏以致于死,不知后世之讥己也。

[注释]①子:指孔子。 ②钧:等,相同。 ③予:通与,语气词。乘:欺压,欺诈。 ④袭:侵入,触及。 ⑤漂:当作"湮",堵塞。 ⑥从:通纵,放纵。蹠:愿望。

凡人情,说其所苦即乐①,失其所乐则哀。故知生之乐,必知死之哀。有义者不可欺以利,有勇者不可劫以惧,如饥渴者不可欺以虚器也。人多欲亏义,多忧害智,多惧害勇。嫚生乎小人,蛮夷皆能之②;善生乎君子,诱然与日月争光③,天下弗能遏夺。故治国乐其所以存,亡国亦乐其所以亡也。金锡不消释则不流刑④,上忧寻不诚则不法民⑤。忧寻不在民,则是绝民之系也。君反本,而民系固也。

[注释]①说:音tuō,通脱,解除。 ②嫚:音màn,傲慢。蛮夷:古代中原对边远部族的蔑称。 ③诱:赞美之辞。 ④刑:通型,浇铸的模具。 ⑤法:榜样。

至德小节备,大节举。齐桓举而不密,晋文密而不举①。晋文得之乎闺内②,失之乎境外;齐桓失之乎闺内,而得之乎本朝。水下流而广大,君下臣而聪明。君不与臣争功,而治道通矣。管夷吾、百里奚经而成之③,齐桓、秦穆受而听之。照惑者,以东为西④,惑也;见日而寤矣⑤。卫武侯谓其臣曰⑥:"小子无谓我老而羸我⑦,有过必谒之。"是武侯如弗羸之必得羸⑧。故老而弗舍,通乎存亡之论者也。

[注释]①句谓齐桓公有大节而小节疏,晋文公则有小节而大节废。②闺内:宫中。 ③管夷吾:即管仲,夷吾是他的名。百里奚:春秋时秦穆公相,佐穆公成就霸业。 ④照:晓。照惑:早上醒来迷迷糊糊。 ⑤寤:通悟,醒悟。 ⑥卫武侯:春秋卫国君,名和,前812—前758年在位。 ⑦羸:音léi,疲弱,这里是意动用法。 ⑧羸之:自认为衰老了。得羸:指客观上真的衰老了。

人无能作也,有能为也①;有能为也,而无能成也。人之为,天成之。终身为善,非天不行;终身为不善,非天不亡。故善否,我也;祸福,非我也②。故君子顺其在己者而已矣。性者,所受于天也;命者,所遭于时也。有其材,不遇其世,天也。太公何力,比干何罪,循性而行指③,或害或利。求之有道,得之在命。故君子能为善,而不能必其得福;不忍为非,而未能必免其祸。

[注释]①作:创造,指从无创造有。为:指在有的基础上改造。②否:音pī,恶。 ③指:通恉,意旨。

君,根本也;臣,枝叶也。根本不美,枝叶茂者,未之闻也。有道之世,以人与国①;无道之世,以国与人②。尧王天下而忧不解,授舜而忧释。忧而守之,而乐与贤终,不私其利矣。凡万物有所施之,无小不可为,无所用之,碧瑜粪土也③。人之情,于害之中取小焉,于利之中争取大焉。故同味而嗜厚脯者④,必其甘之者也;同师而超群者,必其乐之者也。弗甘弗乐,而能为表者,未之闻也。君子时则进,得之以义,何幸之有!不时则退,让之以义,何不幸之有!故伯夷饿死首阳之下,犹不自悔,弃其所贱,得其所贵也。福之萌也绵绵,祸之生也分分⑤。祸福之始萌微,故民嫚之。唯圣人见其始而知其终。故传曰:"鲁酒薄而邯郸围,羊羹不斟而宋国危。"⑥明主之赏罚,非以为己也,以为国也。适于己而无功于国者,不施赏焉;逆于己便于国者,不加罚焉。故楚庄谓共雍曰⑦:"有德者受吾爵禄,有功者受吾田宅。是二者,女无一焉,吾无以与女。"可谓不逾于理乎!其谢之也,犹未之莫与⑧。

[**注释**]①以人与国:指为国家荐举人才。 ②以国与人:将整个国家给了他人,即国家灭亡,他人当了国君。 ③碧瑜:青绿色的美玉。 ④脯:切成块的肉。厚脯:大块的肉。 ⑤绵绵:微弱、细小的样子。分分:细小的样子。 ⑥语见《庄子·胠箧》。邯郸:地名,在今河北省,战国时为赵国都。鲁酒薄句:据高诱注,楚国会合诸侯,鲁、赵二国皆献酒楚王,鲁酒味淡而赵酒浓醇。楚王之管酒官便向赵国讨酒喝,赵不肯。楚管酒官将鲁、赵二国献的酒调换了。楚王于是嫌赵国送的酒淡而出兵围攻邯郸。薄:指酒味淡。厚:指酒味醇浓。羊羹句:据《左传·宣二年》载,宋国执政大夫华元率师与郑作战,战前杀羊犒军,偏偏漏了他的御者羊斟。次日战,羊斟驾车进入郑军,致

使华元被俘,兵败。斟:酌。　⑦楚庄:春秋楚国君,名侣,前614～前591年在位。共雍:人名,春秋时楚国大夫。　⑧莫:勉励。

周政至①,殷政善,夏政行。行政善,善未必至也。至至之人②,不慕乎行,不惭乎善。含德履道,而上下相乐也,不知其所由然。有国者多矣,而齐桓、晋文独名;泰山之上有七十坛焉③,而三王独道。君不求诸臣,臣不假之君,修近弥远,而后世称其大。不越邻而成章,而莫能至焉。故孝己之礼可为也④,而莫能夺之名也。必不得其所怀也。

[注释]①至:至于道,遵循治国之道。　②行政二句:应作"行政未必善,善政未必至也"。至至:达到最高的道德。　③坛:用以祭天或祭祖的高台。七十祭坛:古代帝王多到泰山设坛祭天,七十祭坛泛指前代帝王众多。　④孝己:殷高宗之子。《文选》马融《长笛赋》注引《帝王世纪》曰:"高宗有贤子孝己,其母早死,高宗惑后妻之言,放之而死。"又引《尸子》曰:"孝己事亲,一夜而五起,视衣厚薄,枕之高下。"

义载乎宜之谓君子①,宜遗乎义之谓小人。通智得而不劳,其次劳而不病,其下病而不劳。古人味而弗贪也,今人贪而弗味。歌之修其音也,音之不足于其美者也。金石丝竹,助而奏之,犹未足以至于极也。人能尊道行义,喜怒取予,欲如草之从风。召公以桑蚕耕种之时,驰狱出拘②,使百姓皆得反业修职。文王辞千里之地,而请去炮烙之刑③。故圣人之举事也,进退不失时,若夏就绤纻,上车授绥之谓也④。

[注释]①宜:事。 ②召公:周武王臣,姬姓,名奭,封于召,故称。驰:同弛,松,减缓。狱:讼案。出:释放。拘:囚犯。 ③炮烙:殷纣王时的一种酷刑,用炭烧红铜柱,令受刑者爬行柱上,堕炭火中而死。周文王请去炮烙事见《史记·周本纪》。 ④绨:音chī,细葛布。绤:音xì,粗葛布。绥:音suī,上车扶手的绳索。

老子学商容,见舌而知守柔矣①。列子学壶子,观景柱而知持后矣②。故圣人不为物先,而常制之,其类若积薪樵③,后者在上。人以义爱,以党群,以群强。是故德之所施者博,则威之所行者远;义之所加者浅,则武之制者小。

[注释]①商容:商纣时人,为纣王所贬,后神仙家神其事,渲染为神人。见舌而知守柔:舌柔软,齿刚硬,然齿有破损脱落而舌无恙,故悟出人生以持守柔弱为上。 ②列子:列御寇,战国郑人。壶子:壶丘子林,郑国人,传说是列子之师。景:同影。句谓有柱而后有影,故影为后。柱可损伤而影无恙,故悟出持守为后的原则。 ③樵:柴薪。

矢铎以声自毁①,膏烛以明自铄②,虎豹之文来射,猿狖之捷来措③。故子路以勇死,苌弘以智困④。能以智知,而未能以智不知也。故行险者不得履绳,出林者不得直道,夜行瞑目而前其手,事有所至,而明有所害。人能贯冥冥入于昭昭,可与言至矣。鹊巢知风之所起⑤,獭穴知水之高下⑥,晖目知晏,阴谐知雨⑦,为是谓人智不如鸟兽,则不然。故通于一伎,察于一辞,可与曲说,未可与广应也。

[注释]①矣:当作"吴"字。铎:大铃,古时用来传令或在有战事时使用。 ②铄:音shuò,销毁。 ③狖:音yòu,长尾猿。措:刺。 ④子路:孔子弟子,以勇力名。后因反对孔悝迎立蒉聩而被杀。苌弘:周敬王大夫,因卷入晋公族纷争而被周人所杀。 ⑤喜鹊筑巢时可预知当年风灾大小,如有大风,则在较低而坚实的树枝筑巢。 ⑥水獭在水边做窝可预知当年水涨高度,有洪水则做窝较高。 ⑦晖(音huí)目:鸩鸟。晏:晴朗无云。据说天将放晴则鸩鸟先鸣。阴谐:雌性鸩鸟。据说天将雨则阴谐先鸣。

　　宁戚击牛角而歌,桓公举以大政①;雍门子以哭见孟尝君,涕流沾缨②。歌哭,众人之所能为也,一发声,人人耳,感人心,情之至者也。故唐、虞之法可效也。其谕人心,不可及也。简公以懦杀,子阳以猛劫③,皆不得其道者也。故歌而不比于律者,其清浊一也;绳之外与绳之内,皆失直者也。纣为象箸而箕子叽④,鲁以偶人葬而孔子叹⑤,见所始则知所终。故水出于山,入于海;稼生乎野,而藏乎仓。圣人见其所生,则知其所归矣。水浊者鱼噞,令苛者民乱⑥。城峭者必崩,岸崝者必陀⑦。故商鞅立法而支解⑧,吴起刻削而车裂⑨。治国譬若张瑟,大弦绝,则小弦绝矣⑩。故急辔数策者,非千里之御也。有声之声,不过百里;无声之声,施于四海。

[注释]①宁戚:春秋时卫人。桓公:齐桓公。大政:国政。 ②雍门子:齐人,名周,以善哭闻名。缨:结冠的带子。 ③简公:春秋齐国君,齐大夫御鞅尝劝简公除掉田氏,简公不忍,卒被田氏所杀。子阳:人名,郑国相。《泛论训》云:"郑子阳刚毅而好罚,其于罚也,执而无赦。舍人有折弓者,畏罪而恐诛,则因猘狗之惊,以杀子阳。" ④箸:筷子。象箸:象牙筷子。叽:悲叹。"纣为象箸而箕子叽"事见《韩非子·喻老》。 ⑤偶人:用木、土制成的

人像,用以殉葬。《孟子·梁惠王上》:"仲尼曰:'始作俑者,其无后乎!'"
⑥唅:鱼因缺氧而上浮水面呼吸。 ⑦峥:音 zhēng,同峥,峻峭。陀:音 duò,崩塌。 ⑧商鞅:战国卫人,入秦助秦孝公变法,孝公死后被保守势力车裂。
⑨吴起:战国卫人,后奔楚任为令尹,助悼公变法图强,推行法治,悼公死后,被大臣所杀。 ⑩绠:音 gěng,紧,急。

是故禄过其功者损,名过其实者蔽。情行合而名副之,祸福不虚至矣。身有丑梦,不胜正行;国有妖祥,不胜善政。是故前有轩冕之赏①,不可以无功取也;后有斧钺之禁,不可以无罪蒙也。素修正者,弗离道也②。

[**注释**]①轩:卿大夫所乘的车子。轩冕:指高官厚禄。 ②素:一向。修正:修身端正。

君子不谓小善不足为也而舍之,小善积而为大善;不谓小不善为无伤也而为之,小不善积而为大不善。是故积羽沉舟,群轻折轴。故君子禁于微。壹快不足以成善①,积快而为德;壹恨不足以成非,积恨而成怨。故三代之善②,千岁之积誉也;桀、纣之谤,千岁之积毁也。

[**注释**]①快:指使身心愉快的好事。壹快:一时的快意。 ②三代:指夏商周三代开国之君。

天有四时,人有四用。何谓四用?视而形之,莫明于目;听而精之,莫聪于耳;重而闭之,莫固于口;含而藏之,莫深于心。目见其形,耳听其声,口言其诚,而心致之精,则万物之化咸有极矣①。地以德广,君以德尊,上也;地以义广,君以义尊,次也;地以强广,君以强尊,下也。故粹者王,驳者霸②,无一焉者亡。

[注释]①极:准则。 ②粹:指道德纯粹。驳:驳杂,指道德不太纯粹。

昔二皇凤皇至于庭①,三代至乎门,周室至乎泽。德弥粗,所至弥远;德弥精,所至弥近。君子诚仁,施亦仁,不施亦仁;小人诚不仁,施亦不仁,不施亦不仁。善之由我,与其由人若,仁德之盛者也②,故情胜欲者昌,欲胜情者亡。欲知天道,察其数③;欲知地道,物其树④;欲知人道,从其欲。勿惊勿骇,万物将自理;勿挠勿撄⑤,万物将自清。

[注释]①二皇:指伏羲氏、神农氏。 ②若:顺从。 ③数:指天道运行的规律。 ④物:观察。 ⑤撄:音 yīng,触犯,扰乱。

察一曲者,不可与言化;审一时者,不可与言大。日不知夜,月不知昼,日月为明而弗能兼也,唯天地能函之。能包天地,曰唯无形者也。骄溢之君无忠臣,口慧之人无必信①。交拱之木,无把之枝;寻常之沟,无吞舟之鱼②。根浅则末短,本伤则枝枯。福生于无为,患生于多欲,害生于弗备,秽生于弗耨③。圣人为善若恐不及,备祸若恐不免。蒙尘而欲毋眯,涉水而欲无濡,不可得也。

[注释]①口慧:同口惠。指空口许诺予人好处而不能兑现。 ②拱:两手合抱。把:握。寻常:八尺为寻,二寻为常。此比喻狭小。 ③耨:音 nòu,除草。

是故知己者不怨人,知命者不怨天。福由己发,祸由己生。圣人不求誉,不辟诽①,正身直行,众邪自息。今释正而追曲,倍是而从众,是与俗俪走,而内行无绳②,故圣人反己而弗由也③。道之有篇章形埒者,非至者也④。尝之而无味,视之而无形,不可传于人。大戟去水,亭历愈张⑤,用之不节,乃反为病。物多类之而非,唯圣人知其微。善御者不忘其马,善射者不忘其弩,善为人上者不忘其下。诚能爱而利之,天下可从也。弗爱弗利,亲子叛父。

[**注释**]①辟:通避。诽:诽谤。 ②俪:偕,并。俪走:犹言随波逐流。 ③由:用。 ④篇章:指用文字著作描述。形埒(音 liè):形迹。 ⑤大戟、亭历:皆中药名。水:水肿,一种病名。张:通胀,一种病名。

天下有至贵而非势位也,有至富而非金玉也,有至寿而非千岁也。原心反性,则贵矣①;适情知足,则富矣;明死生之分,则寿矣。言无常是,行无常宜者,小人也;察于一事,通于一伎者,中人也;兼覆盖而并有之,度伎能而裁使之者,圣人也②。

[**注释**]①原:本源。 ②伎:通技。伎能:技能,才能。

卷十一 齐俗训

率性而行谓之道,得其天性谓之德。性失然后贵仁,道失然后贵义。是故仁义立而道德迁矣,礼乐饰则纯朴散矣,是非形则百姓眩矣①,珠玉尊则天下争矣。凡此四者,衰世之造也,末世之用也。夫礼者,所以别尊卑,异贵贱;义者,所以合君臣、父子、兄弟、夫妻、朋友之际也。今世之为礼者,恭敬而忮②;为义者,布施而德③。君臣以相非,骨肉以生怨,则失礼义之本也。故构而多责④。

[注释]①眩:迷惑。 ②忮:音 zhì,嫉恨。 ③布施:施舍。德:感戴,报答。 ④构:交合,纠缠。责:责难。

夫水积则生相食之鱼,土积则生自肉之兽①,礼义饰则生伪匿之本②。夫吹灰而欲无眯,涉水而欲无濡,不可得也。古者,民童蒙不知东西③,貌不羡乎情④,而言不溢乎行。其衣致暖而无文,其兵戈铢而无刃⑤,其歌乐而无转,其哭哀而无声。凿井而饮,耕田而食。无所施其美,亦不求得。亲戚不相毁誉,朋友不相怨德。及至礼义之生,货财之贵,而诈伪萌兴,非誉相纷,怨德并行。于是乃有曾参、孝己之美⑥,而生盗跖、庄蹻之邪⑦。故有大路龙旂,羽盖、垂緌,结驷、连骑⑧,则必有穿窬拊楗,抽箕逾备之奸⑨;有诡文繁绣,弱纻罗纨⑩,必有菅屩跐跂,短褐不完者⑪。故"高下之相倾也,短修之相形也"⑫,亦明矣。

[注释]①自肉之兽:自相残食的猛兽。 ②慝:通匿,奸恶。 ③童蒙:浑沌纯朴,如同幼童,这里指没有知识的状态。 ④羡:超过。 ⑤铢:钝。 ⑥曾参:孔子弟子,有孝名。孝己:殷高宗之子,古代著名的孝子。 ⑦盗跖:春秋末期的大盗。庄蹻:战国楚国大盗。 ⑧路:同辂,大车。龙旂:画有交错龙纹的旗子。羽盖:用翠羽为装饰的车盖。垂緌(音 ruí):下垂的缨章,饰于旗杆,以标明身份。 ⑨窬:音 yú,门边小洞。穿窬:指入屋行窃。拊:音 fǔ,击。楗:门闩。拊楗:摇动、撞击门闩,亦指行窃。抽箕:抽箕当为扣墓。扣:音 hú,掘。扣墓:盗墓。备:墙垣。逾备:爬墙偷盗。 ⑩诡文:奇异的纹饰。弱纻(音 xì):细葛布。罗:一种质地柔软的丝织品。纨:白色细绢。 ⑪菅:音 jiān,茅草。屩:音 jué,用麻、草做的鞋。跐跂(音 cǐ qí):参差不齐的样子。短褐:贫贱者所穿的粗布衣。短,是裋(音 shù)的假借字。裋:粗布衣。 ⑫语见《老子》第二章。

夫虾蟆为鹑①,水虿为蟌蟌②,皆生非其类,唯圣人知其化。夫胡人见麋,不知其可以为布也;越人见毳,不知其可以为旃也④。故不通于物者,难与言化。昔太公望、周公旦受封而相见⑤。太公问周公曰:"何以治鲁?"周公曰:"尊尊亲亲。"太公曰:"鲁从此弱矣。"周公问太公曰:"何以治齐?"太公曰:"举贤而上功。"周公曰:"后世必有劫杀之君。"其后,齐日以大,至于霸,二十四世而田氏代之;鲁日以削,至三十二世而亡⑥。故《易》曰:"履霜坚冰至。"⑦圣人之见终始微言。故糟丘生乎象楮⑧,炮烙生乎热斗⑨。子路撜溺而受牛谢⑩。孔子曰:"鲁国必好救人于患。"子赣赎人,而不受金于府⑪,孔子曰:"鲁国不复赎人矣。"子路受而劝德,子赣让而止善。孔子之明,以小知大,以近知远,通于论者也。

[注释]①虾蟆:古代对青蛙、蟾蜍的统称。鹑:一种鸟名。古人迷信以为老虾蟆会变成鹑。 ②水蛋(音 hài):蜻蜓等昆虫的幼虫,生活在水中。䗻䗐:王念孙认为是䗻。䗻:音 cōng,蜻蜓。 ③豮:音 fén,粗麻。 ④毳:音 cuì,鸟兽的细毛。毹:通毡,用兽毛碾合而成的毯状物。 ⑤太公望:即姜太公。建周后被封于齐,为齐国始祖。周公旦:姬旦,建周后被封于鲁。 ⑥三十二世:二疑为四之误。鲁自伯禽至顷公是三十四代。 ⑦语见《周易·坤·初六》。 ⑧糟:酒滓。糟丘:纣为长夜饮,酿酒所余酒滓堆积成山,故称糟丘。楮:同箸,筷子。 ⑨热斗:熨斗。据说纣见熨斗可以烂人手,故作炮烙之刑。 ⑩子路:孔子弟子。撜:音 zhěng,同拯,救援。 ⑪子赣:即子贡,孔子弟子。《道应训》云:"鲁国之法:鲁人为人妾于诸侯,有能赎之者,取金于府。"

由此观之,廉有所在,而不可公行也①。故行齐于俗,可随也;事周于能,易为也。矜伪以惑世,伉行以违众,圣人不以为民俗。广厦阔屋,连闼通房②,人之所安也;鸟入之而忧。高山险阻,深林丛薄③,虎豹之所乐也;人入之而畏。川谷通原,积水重泉④,鼋鼍之所便也⑤;人入之而死。《咸池》、《承云》、《九韶》、《六英》,人之所乐也⑥;鸟兽闻之而惊。深溪峭岸,峻木寻枝,猿狖之所乐也⑦;人上之而慄。形殊性诡⑧,所以为乐者,乃所以为哀;所以为安者,乃所以为危也。乃至天地之所覆载,日月之所照诐⑨,使各便其性,安其居,处其宜,为其能。

[注释]①公行:按章机械执行。 ②闼:夹室,寝室左右的小屋。③薄:草木丛生处。 ④通原:广阔平坦的水面,指湖泊一类。 ⑤鼋:音 yuán,大鳖。鼍:音 tuó,即扬子鳄。 ⑥《咸池》《承云》:传说是黄帝所用的乐曲。《九韶》:传说是舜所用的乐曲。《六英》:传说是颛顼所用的乐曲。⑦狖:音 yòu,长尾猿。 ⑧诡:异。 ⑨照诡:照耀。

故愚者有所修,智者有所不足。柱不可以摘齿①,筐不可以持屋②,马不可以服重,牛不可以追速,铅不可以为刀,铜不可以为弩,铁不可以为舟,木不可以为釜③。各用之于其所适,施之于其所宜,即万物一齐,而无由相过。夫明镜便于照形,其于以函食,不如箪④;牺牛粹毛,宜于庙牲⑤,其于以致雨,不若黑蜧⑥。由此观之,物无贵贱。因其所贵而贵之,物无不贵也;因其所贱而贱之,物无不贱也。夫玉璞不厌厚⑦,角镞不厌薄⑧,漆不厌黑⑨,粉不厌白。此四者相反也,所急则均,其用一也。今之裘与蓑孰急⑩?见雨则裘不用,升堂则蓑不御,此代为常者也。譬若舟、车、楯、肆、穹庐⑪,故有所宜也。故《老子》曰"不上贤"者⑫,言不致鱼于水,沉鸟于渊。

[注释]①摘:tì,剔。 ②筐:小簪。 ③釜:锅。 ④函:容,装。箪:音 dān,盛饭用的竹器。 ⑤牺牛:祭祀用的纯色牛。粹毛:指毛色纯正不驳杂。庙牲:庙堂祭祀用的牲畜。 ⑥黑蜧(音 lì):传说中一种能兴风雨的神蛇。 ⑦璞:尚未雕琢的玉。玉璞厚则有加工的余地,故云玉璞不厌厚。⑧角镞(音 jiǎo):刀剑鞘上的角饰。角饰薄则精致,故云不厌薄。 ⑨漆:黑色涂料。 ⑩蓑:音 suō,一种草编的雨具。 ⑪楯:通辎,音 chūn,字亦作橁,泥泞路上的行走工具。肆:当作軶,同鸠,一种在沙地行走的小车。穹:通穷。穹庐:游牧民族居住的毡帐。 ⑫语见《老子》第三章。上:尚。

故尧之治天下也,舜为司徒①,契为司马②,禹为司空③,后稷为大田师④,奚仲为工⑤。其导万民也,水处者渔,山处者木,谷处者牧,陆处者农。地宜其事,事宜其械,械宜其用,用宜其人,泽皋织网⑥,陵阪耕田,得以所有易所无,以所工易所拙。是故离叛者寡,而听从者众。譬若播棋丸于地⑦,员者走泽,方者处高,各从其所安,夫有何上下焉?若风之遇箫,忽然感之,各以清浊应矣。夫猿狖得茂木,不舍而穴,狟狢得埵防,弗去而缘⑧。物莫避其所利,而就其所害。是故邻国相望,鸡狗之音相闻,而足迹不接诸侯之境,车轨不结千里之外者,皆各得其所安。

[注释]①司徒:官名,掌管国家土地,教化人民。 ②契:音 xiè,人名,传说是帝喾之子,商民族始祖,尝助禹治水。司马:官名,掌管军事。 ③司空:官名,掌管工程建筑。 ④后稷:传说是周民族始祖,名弃。大田师:官名,田官之长。 ⑤奚仲:人名,相传是车的发明者。工:官名,即工师,百工之长。 ⑥皋:湖沼。 ⑦播:散。棋丸:棋子和弹丸。 ⑧狟:音 huán,豪猪。狢:音 hé,兽名,形似狸。埵(音 duǒ)防:堤防。缘:指做窝。

故乱国若盛,治国若虚,亡国若不足,存国若有余。虚者,非无人也,皆守其职也;盛者,非多人也,皆徼于末也①;有余者,非多财也,欲节事寡也;不足者,非无货也,民躁而费多也。故先王之法籍,非所作也,其所因也。其禁诛,非所为也,其所守也。凡以物治物者,不以物,以睦②;治睦者不以睦,以人;治人者不以人,以君;治君者不以君,以欲;治欲者不以欲,以性;治性者不于性③,以德;治德者不以德,以道。原人之性，芜秽而不得清明者④，物或埂之也⑤。

[注释]①徼：音yāo，追求 ②凡以物治物者：王念孙认为："以物"二字因下文而衍。睦：通陆，土地。 ③治性者不于性："于"当作"以"，是。 ④秽：音huì，秽，污浊。芜秽：杂乱不清。 ⑤埂：音kè，尘土。

羌、氐、僰、翟，婴儿生皆同声①，及其长也，虽重象狄鞮②，不能通其言，教俗殊也。今三月婴儿，生而徙国，则不能知其故俗。由此观之，衣服礼俗者，非人之性也，所受于外也。夫竹之性浮，残以为牒③，束而投之水则沉，失其体也；金之性沉，托之于舟上则浮，势有所支也。夫素之质白，染之以涅则黑④；缣之性黄，染之以丹则赤⑤。人之性无邪，久湛于俗则易⑥，易而忘本，合于若性。故日月欲明，浮云盖之，河水欲清，沙石秽之。人性欲平，嗜欲害之，惟圣人能遗物而反己。

[注释]①羌：古代西部民族名。氐：古代西部民族名。僰：音bó，古代西南地区部族名。翟：古代北方部族名。 ②象、狄鞮（音dī）：皆古代通译之官名。鞮通鞮。 ③残：砍削。牒：竹片。 ④素：白色的生绢。涅：一种黑色染料。 ⑤缣：双丝织的黄色细绢。丹：朱砂。 ⑥湛：通耽，沉溺。

夫乘舟而惑者，不知东西，见斗极则寤矣①。夫性，亦人之斗极也。有以自见也，则不失物之情；无以自见，则动而惑营②。譬若陇西之游③，愈躁愈沉。孔子谓颜回曰④："吾服汝也忘，而汝服于我也亦忘。虽然，汝虽忘乎吾，犹有不忘者存。"⑤孔子知其本也。夫纵欲而失性，动未尝正也，以治身则危，以治国则乱，以入军则破⑥。是故不闻道者,无以反性。故古之圣王,能得诸己,故令行禁止,名传后世,德施四海。

[注释]①斗极:北斗星和北极星。寤:通悟。 ②营:惑乱。 ③陇西:郡名,在今甘肃东南部一带。 ④颜回:孔子弟子,字子渊。 ⑤服:从事,行。 ⑥入军:指统帅军队。

是故凡将举事,必先平意清神;神清意平,物乃可正。若玺之抑埴①,正与之正,倾与之倾。故尧之举舜也,决之于目;桓公之取宁戚也,断之于耳而已矣②。为是释术数而任耳目,其乱必甚矣③。夫耳目之可以断也,反情性也;听失于诽誉,而目淫于采色,而欲得事正,则难矣。

[注释]①玺:印。抑:按,压。埴:音zhí,封泥。古时信函加封,盖印章于封泥之上。 ②齐桓公乃闻宁戚歌而用之,故云取决于耳。 ③术数:指治国的策略、方法。

夫载哀者闻歌声而泣,载乐者见哭者而笑。哀可乐者,笑可哀者,载使然也。是故贵虚。故水激则波兴,气乱则智昏;智昏不可以为政,波水不可以为平。故圣王执一而勿失①,万物之情既矣②,四夷九州服矣③。夫一者至贵,无适于天下④,圣人托于无适⑤,故民命系矣。为仁者必以哀乐论之,为义者必以取予明之。目所见不过十里,而欲遍照海内之民,哀乐弗能给也。无天下之委财⑥,而欲遍澹万民⑦,利不能足也。且喜怒哀乐,有感而自然者也。故哭之发于口,涕之出于目⑧,此皆愤于中而形于外者也。譬若水之下流,烟之上寻也⑨。夫有孰推之者!故强哭者虽病不哀⑩。强亲者虽笑不和。情发于中而声应于外,故厘负羁之壶餐,愈于晋献公之垂棘⑪;赵宣孟之束脯,贤于智伯之大钟⑫。故礼丰不足以效爱,而诚心可以怀远。

[注释]①一:指纯粹之道。 ②既:尽。 ③四夷:华夏以外四方少数民族:东夷、西戎、南蛮、北狄的总称。九州:泛指中国。 ④适:音 dí,通敌。 ⑤无适:无敌,指"一",即纯粹之道。 ⑥委财:积蓄财物。 ⑦澹:音 shàn,通赡,供养,满足。 ⑧涕:眼泪。 ⑨寻:通烊(音 xún),火势上腾的样子。 ⑩病:指哭得很厉害,到了筋疲力尽的地步。 ⑪厘负羁:即僖负羁,春秋时曹国大夫。曾送壶饭慰问出奔时遭曹君欺辱的晋公子重耳,后来得到重耳的保护。垂棘:指春秋晋国垂棘所产的美玉。晋献公曾献美璧给虞国君,换取越虞境灭虢的权利,后来晋顺道灭虞。 ⑫赵宣孟:春秋晋国卿,尝赐肉饭给饿倒路旁的灵辄,后来赵宣孟遇难,得灵辄相救。智伯:春秋末晋国卿。

故公西华之养亲也①,若与朋友处;曾参之养亲也②,若事严主烈君;其于养,一也。故胡人弹骨③,越人契臂④,中国歃血也⑤。所由各异,其于信,一也。三苗髽首⑥,羌人括领⑦,中国冠笄⑧,越人劗鬋⑨,其于服,一也。帝颛顼之法⑩,妇人不辟男子于路者,拂于四达之衢⑪。今之国都,男女切踦⑫,肩摩于道,其于俗,一也。故四夷之礼不同,皆尊其主而爱其亲,敬其兄;猃狁之俗相反⑬,皆慈其子而严其上。夫鸟飞成行,兽处成群,有孰教之!

[注释]①公西华:孔子弟子,名赤,据说他与朋友处睦而少敬。 ②曾参:孔子弟子,以孝名。 ③弹骨:古匈奴民族盟誓时用骨制的酒器盛酒,饮而盟誓。 ④契:音 qiè,用刀割。契臂:古越国人盟誓时以刀割臂出血,滴入

酒中,相饮盟誓。　⑤歃:音 shà,饮。歃血:古代中原地区会盟时,双方口含牲畜的血,或以血涂以口边,以表示信誓的一种仪式。　⑥三苗:古代南方部族名。髽(音 zhuā)首:以麻束发。　⑦括:束。括领:领口系结。　⑧笄:音 jī,发簪。　⑨劗鬋(音 zuān jiān):都是剪的意思,指剪除头发。　⑩颛顼:古帝名,相传为黄帝之孙。　⑪辟:通避,回避。拂:驱赶。衢:四通八达的道路。　⑫切踦(音 qī):互相依偎。踦:通倚。　⑬猃狁:古代北方少数民族名,即匈奴。

　　故鲁国服儒者之礼,行孔子之术。地削名卑,不能亲近来远。越王勾践劗发文身①,无皮弁搢笏之服②,拘罢拒折之容③,然而胜夫差于五湖④,南面而霸天下,泗上十二诸侯皆率九夷以朝⑤。胡、貉、匈奴之国⑥,纵体拖发,箕倨反言⑦,而国不亡者,未必无礼也。楚庄王裾衣博袍⑧,令行乎天下,遂霸诸侯。晋文君大布之衣⑨,牂羊之裘⑩,韦以带剑⑪,威立于海内。岂必邹、鲁之礼之谓礼乎⑫!是故入其国者从其俗,入其家者避其讳,不犯禁而入,不忤逆而进,虽之夷狄徒倮之国⑬,结轨乎远方之外⑭,而无所困矣。

　　[注释]①勾践:春秋末越国君。文身:古代在身体上刺画图案或花纹的风俗。　②弁:音 biàn,用皮革做的帽子。搢:音 jìn,插。笏:音 hù,古时朝会时所执的手板,有事则书其上,以备遗忘。　③拘:同钩。罢:环。拘罢:指圆规一类做圆的工具。拒:同矩。折:方。拒折:做方形的工具。古有佩规矩以示禀天地之道的习尚。容:装饰。　④夫差:春秋末吴国君。公元前 473 年,越王勾践率军灭吴,夫差自杀。五湖:即今江苏太湖。　⑤泗:音 sì,水名。泗上十二诸侯:泛指泗水之滨各诸侯国,如鲁、宋等。九夷:泛指受各诸侯国控制的边远部族。　⑥貉:音 mò,通貊,指北方部族。　⑦纵体:衣不束体,如袒臂之俗。拖发:披发。箕倨:伸开两足而坐。依中原礼节,此为傲慢

不敬之容。反言:违弃诺言。　⑧裾:音 jū,衣服的大襟。裾衣博袍:大衣长袍。楚俗尚短衣。而此言楚庄王衣大袍亦足称霸。　⑨晋文君:春秋晋国君,名重耳。大布:粗布。　⑩牂:音 zāng,母羊。牂羊之裘:指粗劣的皮衣。　⑪韦:经过熟加工的皮革。　⑫邹:古国名。邹是孟子的故乡,鲁是孔子的故乡,故此以邹鲁代指儒家学说。　⑬倮:音 luǒ,同裸。徒倮:赤足裸身。　⑭结轨:车轮轨迹所及,指结交,交往。

　　礼者,实之文也;仁者,恩之效也。故礼因人情而为之节文,而仁发怦以见容①。礼不过实,仁不溢恩也,治世之道也。夫三年之丧②,是强人所不及也,而以伪辅情也。三月之服③,是绝哀而迫切之性也。夫儒、墨不原人情之终始,而务以行相反之制,五缞之服④,悲哀抱于情,葬埋称于养⑤,不强人之所不能为,不绝人之所能已⑥,度量不失于适,诽誉无所由生。

　　[注释]①怦:音 pēng,内心的激情。见:现。　②三年之丧:儒家极力主张的一种丧制,要求臣为君、子为父、妻为夫服丧三年。　③三月之服:据说是夏禹时推行的一种丧制,要求为尊亲服丧三月。　④五缞(音 cuī):古代的丧服制度,以亲疏为差等,有斩衰、齐衰、大功、小功、缌麻五等。　⑤句谓安葬与奉养相称。　⑥不绝人之所能已:能已上亦当有不字:不绝人之所不能已。

　　古者非不知繁升降槃还之礼也①,蹀《采齐》、《肆夏》之容也②,以为旷日烦民而无所用,故制礼足以佐实喻意而已矣。古者非不能陈钟鼓,盛管箫,扬干戚,奋羽旄③,以为费财乱政,制乐足以合欢宣意而已,喜不羡于音④。非不能竭国縻民⑤,虚府殚财,含珠鳞施,纶组节束,追送死也⑥,以为穷民绝业而无益于槁骨腐肉也,故葬埋足以收敛盖藏而已。昔舜葬苍梧,市不变其肆⑦;禹葬会稽之山,农不易其亩⑧。明乎生死之分,通乎俭侈之适者也。乱国则不然,言与行相悖,情与貌相反,礼饰以烦,乐优以淫,崇死以害生,久丧以招行⑨,是以风俗浊于世,而诽誉萌于朝。是故圣人废而不用也。

[注释]①槃还:盘旋、周旋。 ②蹀:音dié,蹈。《采齐》、《肆夏》:皆乐舞名。 ③管箫:泛指各种乐器。干戚:武舞所用道具。羽旄:文舞所用道具。 ④羡:滥、淫。 ⑤糜:同糜,损害。 ⑥含珠:将珠玉置于死者口中。鳞施:用玉片编织成玉衣,着于死者身上。纶:丝绵。组:丝带。节束:捆束。 ⑦苍梧:山名,也叫九疑。地在今湖南宁远县境。相传舜葬于此山。肆:店铺。 ⑧会(音kuài)稽:山名,在今浙江绍兴东南,相传禹葬于此。亩:指农田耕作。 ⑨招:张扬,标榜。

义者,循理而行宜也;礼者,体情制文者也。义者宜也,礼者体也①。昔有扈氏为义而亡②,知义而不知宜也;鲁治礼而削,知礼而不知体也③。有虞氏之祀④,其社用土⑤,祀中霤⑥,葬成亩⑦,其乐《咸池》、《承云》、《九韶》⑧,其服尚黄;夏后氏⑨:其社用松,祀户,葬墙置翣⑩,其乐《夏籥》、《九成》、《六佾》、《六列》、《六英》⑪,其服尚青;殷人之礼,其社用石,祀门,葬树松,其乐《大濩》、《晨露》⑫,其服尚白;周人之礼,其社用栗,祀灶,葬树柏,其乐《大武》、《三象》、《棘下》⑬,其服尚赤。礼乐相诡⑭,服制相反,然而皆不失亲疏之恩,上下之伦。今握一君之法籍,以非传代之俗,譬由胶柱而调瑟也⑮。

[注释]①体:表现。 ②有扈氏:高诱注曰:"有扈,夏启之庶兄也,以

尧舜举贤,禹独与子,故伐启,启亡之。" ③不知体:不知道礼所体现的真义。 ④有虞氏:上古部落名。有虞氏之祀:祀当为礼。 ⑤社:祭祀土地神的活动。 ⑥中霤(音 tiù):上古圆形土屋正中的天窗,代指宅神。 ⑦成亩:田亩。 ⑧《咸池》、《承云》、《九韶》:皆古乐名,或谓黄帝所作,或谓舜所作。 ⑨夏后氏:即夏朝。 ⑩墙:装饰灵柩的布帐。翣:音 shà,棺木的装饰物,形似扇。 ⑪《夏籥》、《九成》、《六佾》、《六列》、《六英》:皆古乐名。 ⑫《大濩》、《晨露》:皆古乐名,相传为汤所作。 ⑬《大武》、《三象》、《棘下》:相传皆周代乐曲名。 ⑭诡:违背。 ⑮胶柱而调瑟:调瑟要转动弦柱才能调节音的高下,胶住弦柱则无从调瑟,比喻拘泥而不知变通。

故明主制礼义而为衣,分节行而为带①。衣足以覆形,从《典》、《坟》,虚循挠②,便身体,适行步,不务于奇丽之容,隅眥之削③;带足以结纽收衽,束牢连固④,不亟于为文句疏短之鞾⑤。故制礼义,行至德,而不拘于儒、墨。

[注释]①而:若。 ②《典》:指《五典》。《坟》:指《三坟》。皆传说中的上古典籍。循挠:遵照而执行。 ③眥:音 zì,衣领交接处。隅眥:也作隅差,指衣领、衣襟等处的斜角。 ④衽:音 rèn,衣襟。 ⑤文句:文采卷曲。疏短:形容花纹的形状稀疏简短。鞾:"鞋"之古字。

所谓明者,非谓其见彼也,自见而已;所谓聪者,非谓闻彼也,自闻而已;所谓达者,非谓知彼也,自知而已。是故身者道之所托,身得则道得矣。道之得也,以视则明,以听则聪,以言则公,以行则从。故圣人财制物也,犹工匠之斫削凿枘也①,宰庖之切割分别也②。曲得其宜而不折伤。拙工则不然,大则塞而不入,小则窕而不周③。动于心,枝于手,而愈丑④。夫圣人之斫削物也,剖之判之,离之散之;已淫已失,复揆以一⑤;既出其根,复归其门;已雕已琢,还反于朴。合而为道德,离而为仪表。其转入玄冥,其散应无形。礼仪节行,又何以穷至治之本哉?

[注释]①凿:榫眼。枘:音 ruì,榫头。 ②宰庖:宰指屠夫,庖指厨师,并称则泛指厨师。 ③窕:细小。 ④枝:散。 ⑤揆:理。

世之明事者,多离道德之本,曰:"礼义足以治天下。"此未可与言术也。所谓礼义者,五帝三王之法籍风俗,一世之迹也。譬若刍狗土龙之始成①,文以青黄,绢以绮绣②,缠以朱丝③,尸祝袀袨,大夫端冕④,以送迎之。及其已用之后,则壤土草剗而已⑤。夫有孰贵之!故当舜之时,有苗不服,于是舜修政偃兵,执干戚而舞之。禹之时,天下大雨,禹令民聚土积薪,择丘陵而处之。武王伐纣,载尸而行⑥,海内未定,故不为三年之丧始。禹遭洪水之患,陂塘之事⑦,故朝死而暮葬。此皆圣人之所以应时耦变⑧,见形而施宜者也。今之修干戚而笑钁插⑨,知三年非一日⑩,是从牛非马,以徵笑羽也⑪。以此应化,无以异于弹一弦而会《棘下》⑫。夫以一世之变,欲以耦化应时,譬犹冬被葛而夏被裘。夫一仪不可以百发⑬,一衣不可以出岁⑭。仪必应乎高下,衣必适乎寒暑。是故世异则事变,时移则俗易。故圣人论世而立法,随时而举事。

[注释]①刍狗:草扎的狗。土龙:泥塑的龙。皆用于求雨仪式。 ②绢:缠绕,镶边。 ③朱丝:红色的丝线。 ④尸祝:祭祀时代表鬼神受祭的人叫尸,传达鬼神言辞的人叫祝。袀袨(音 jūn xuàn):纯黑色的祭服。端冕:古代的朝祭礼服,为黑衣大帽。 ⑤剗:查字书无此字,庄逵吉认为是芥

之奇字,王念孙认为是蓟之坏字。草蓟:草芥。　⑥载尸而行:谓亲人死而无暇葬,故载灵柩而从伐纣。　⑦陂塘:指水利设施。　⑧耦:合。耦变:适应外界变化。　⑨钁:大锄,一种农具。插:即锹。　⑩三年:指三年之丧。一日:指朝死而暮葬。　⑪徵、羽:是两个不同的音阶名。　⑫会:演奏。《棘下》:古乐曲名。　⑬仪:弓弩上安装用以瞄准的标尺。　⑭出岁:指从今年到明年,跨年。

尚古之王,封于泰山①,禅于梁父②。七十余圣,法度不同,非务相反也,时世异也。是故不法其已成之法,而法其所以为法。所以为法者,与化推移者也。夫能与化推移为人者,至贵在焉耳。故狐梁之歌可随也③,其所以歌者,不可为也;圣人之法可观也,其所以作法,不可原也;辩士言可听也,其所以言,不可形也;淳均之剑不可爱也④,而欧冶之巧可贵也⑤。今夫王乔、赤诵子,吹呕呼吸,吐故内新⑥,遗形去智,抱素反真,以游玄眇⑦,上通云天。今欲学其道,不得其养气处神,而放其一吐一吸,时诎时伸⑧,其不能乘云升假⑨,亦明矣。五帝三王,轻天下,细万物,齐死生,同变化,抱大圣之心,以镜万物之情⑩,上与神明为友,下与造化为人⑪。今欲学其道,不得其清明玄圣,而守其法籍宪令,不能为治,亦明矣。

[注释]①尚:通上。封:指古帝王在泰山上筑坛祭天。　②禅:指古帝王在泰山下梁父山上辟场祭地。相传上古封泰山、禅梁父之帝王七十二家。　③狐梁之歌:疑指《诗经·国风·有狐》,诗首二句云:"有狐绥绥,在彼淇梁。"　④淳均:古宝剑名。　⑤欧冶:春秋时著名冶匠,传说淳均宝剑就是他铸造的。　⑥王乔:也叫王子乔,传说中的仙人。赤诵子:也叫赤松子,传说中的仙人。吹呕:吹嘘。内:同纳。　⑦玄眇:通玄妙,指太空。　⑧诎:通

屈。　⑨假:通遐,远。升假:飞升上天。　⑩镜:观照,当动词用。　⑪人:同偶。为人:为偶,相俱。

故曰:"得十利剑,不若得欧冶之巧;得百走马,不若得伯乐之数。"①朴至大者无形状②,道至眇者无度量。故天之圆也不得规,地之方也不得矩,往古来今谓之宙,四方上下谓之宇,道在其间,而莫知其所。故其见不远者,不可与语大;其智不闳者③,不可与论至。

[注释]①伯乐:春秋秦穆公时人,以善相马著称。数:术,技艺。②朴:具体事物成形之前,蕴含事物本真的状态。　③闳:音hóng,宏大。

昔者冯夷得道,以潜大川①;钳且得道,以处昆仑②。扁鹊以治病③,造父以御马④;羿以之射⑤,倕以之斫⑥。所为者各异,而所道者一也。夫禀道以通物者,无以相非也。譬若同陂而溉田,其受水均也。今屠牛而烹其肉,或以为酸,或以为甘,煎熬燎炙,齐味万方⑦,其本一牛之体。伐楩楠豫樟而剖梨之⑧,或为棺椁⑨,或为柱梁,披断拨㯞⑩,所用万方,然一木之朴也。故百家之言,指奏相反⑪,其合道一体也。譬若丝、竹、金、石之会乐同也,其曲家异而不失于体;伯乐、韩风、秦牙、管青,所相各异,其知马一也⑫。故三皇五帝,法籍殊方,其得民心均也。故汤入夏而用其法,武王入殷而行其礼,桀、纣之所以亡,而汤、武之所以为治。

[注释]①冯夷:传说中人物,因服食得道成仙,成为河神。　②钳且:神名。　③扁鹊:战国时名医,后为秦太医令所杀。　④造父:传说是周穆王

时的善御者。　⑤羿：古代传说中的善射者，尝上射十日。　⑥倕：传说是黄帝时的巧匠，始造规矩准绳等。　⑦煎熬燎炙：皆烹调方法，加热使干熟为煎，文火慢煮为熬，烘烤为燎，烧烤为炙。齐味：和味，味道醇美。　⑧楩（音pián)、楠、豫樟：皆木名。梨：裂，剖开。　⑨棺椁：古代棺木分两重，内为棺，外为椁。　⑩披：剖。拨：理。檖：音suì，通遂，顺。　⑪指奏：旨趣。　⑫伯乐、韩风、秦牙、管青：皆古代著名的相马者。

故剞劂销锯陈，非良工不能以制木①；炉橐埵坊设，非巧冶不能以治金②。屠牛吐一朝解九牛，而刀可以剃毛③；庖丁用刀十九年，而刀如新剖硎④。何则？游乎众虚之间。若夫规矩钩绳者⑤，此巧之具也，而非所以巧也。故瑟无弦，虽师文不能以成曲⑥；徒弦，则不能悲。故弦，悲之具也；而非所以为悲也。若夫工匠之为连钤⑦、运开，阴闭、眩错⑧，入于冥冥之眇，神调之极⑨，游乎心手众虚之间，而莫与物为际者⑩，父不能以教子。瞽师之放意相物⑪，写神愈舞，而形乎弦者⑫，兄不能以喻弟。今夫为平者准也，为直者绳也。若夫不在于绳准之中，可以平直者，此不共之术也。故叩宫而宫应，弹角而角动，此同音之相应也。其于五音无所比，而二十五弦皆应，此不传之道也。

[注释]①剞劂（音 jī jué）：木工用的钩刀和曲凿。销：木工削木的工具。　②橐：音 tuó，冶炼用的风箱。埵：音 duǒ，冶炼炉的送风管。坊：铸造器物的土模。　③屠牛吐：齐国著名的屠夫，名吐。　④庖丁：一位名丁的厨师。剖：开，新制。硎：音 xíng，磨刀石。庖丁解牛事见《庄子·养生主》。　⑤钩：量度曲线的工具。　⑥师文：乐师名。　⑦钤：同机。连钤：可以连发的机弩。　⑧运开：连续发射。阴闭：隐蔽、自如地关闭。　⑨冥冥：指高远深邃的境界。眇：通妙。　⑩际：交接。　⑪放意：纵意，想象。相：观察。

⑫写:摹画。愈:通喻。

故萧条者,形之君①;而寂寞者,音之主也。天下是非无所定,世各是其所是,而非其所非。所谓是与非各异,皆自是而非人。由此观之,事有合于己者,而未始有是也;有忤于心者,而未始有非也。故求是者,非求道理也,求合于己者也;去非者,非批邪施也②,去忤于心者也。忤于我,未必不合于人也;合于我,未必不非于俗也。至是之是无非,至非之非无是,此真是非也。若夫是于此而非于彼,非于此而是于彼者,此之谓一是一非也。此一是非,隅曲也;夫一是非,宇宙也③。

[注释]①萧条:寂静。 ②批:排除。邪施:邪僻。 ③夫:彼。夫一是非:指上文的至是至非。

今吾欲择是而居之,择非而去之,不知世之所谓是非者,不知孰是孰非。老子曰:"治大国若烹小鲜。"①为宽裕者曰:勿数挠②,为刻削者曰致其咸酸而已矣。晋平公出言而不当③,师旷举琴而撞之,跌衽宫壁④,左右欲涂之⑤,平公曰:"舍之,以此为寡人失。"孔子闻之曰:"平公非不痛其体也,欲来谏者也。"韩子闻之⑥,曰:"群臣失礼而弗诛,是纵过也。有以也,夫平公之不霸也。"故宾有见人于宓子者⑦,宾出,宓子曰:"子之宾独有三过。望我而笑,是擅也⑧;谈语而不称师,是返也⑨;交浅而言深,是乱也。"宾曰:"望君而笑,是公也⑩;谈语而不称师,是通也;交浅而言深,是忠也。"故宾之容,一体也,或以为君子,或以为小人,所自视之异也。故趣舍合,即言忠而益亲⑪;身疏,即谋当而见疑。亲母为其子治疙秃⑫,而血流至耳,见者以为其爱之至也;使在于继母,则过者以为嫉也。事之情一也,所从观者异也。从城上视牛如羊,视羊如豕,所居高也⑬。窥面于盘水则员,于杯则隋,面形不变其故,有所员、有所隋者,所自窥之异也。今吾虽欲正身而待物,庸遽知世之所自窥我者乎⑭? 若转化而与世竞走,譬犹逃雨也,无之而不濡。常欲在于虚,则有不能为虚矣。若夫不为虚而自虚者,此所慕而不能致也。

[注释]①语见《老子》第六十章。小鲜:小鱼。 ②挠:搅和。 ③晋平公:春秋晋国君,前558~前532年在位。 ④师旷:春秋晋国盲乐师,善辨音乐。事见《韩非子·难一》。跌:误中。衽:衣襟。 ⑤涂:借为除。涂之:即杀掉师旷。 ⑥韩子:韩非,战国法家代表人物。 ⑦宾:指门客。见:同现,荐举。宓子:人名。宾见人于宓子事,见《战国策·赵四》。 ⑧攓:音qiān,傲慢。 ⑨返:同反,叛。 ⑩公:平。 ⑪趣舍:趋向、追求与舍弃的标准。 ⑫疙:音gē,通疙。疙秃:即头疮,一种皮肤病。 ⑬豕:小猪。 ⑭庸遽:何以,怎么。

故通于道者如车轴,不运于己,而与毂致千里,转无穷之原也。不通于道者若迷惑,告以东西南北,所居聆聆①,一曲而辟②,然忽不得,复迷惑也。故终身隶于人,辟若倪之见风也③,无须臾之间定矣。故圣人体道反性,不化以待化,则几于免矣④。

[注释]①聆聆:明了。 ②曲:拐弯。辟:邪僻。 ③倪:音qiàn,古时用来测风的仪器,根据风吹动羽毛的方向、形状来推定风向及风力。 ④几:

大概,差不多。免:指免除世俗祸患。

治世之体易守也,其事易为也,其礼易行也,其责易偿也。是以人不兼官,官不兼事,士农工商,乡别州异,是故农与农言力,士与士言行,工与工言巧,商与商言数。是以士无遗行①,农无废功,工无苦事②,商无折货③,各安其性,不得相干④。故伊尹之兴土功也⑤,修胫者使之跖钁⑥,强脊者使之负土⑦,眇者使之准⑧,伛者使之涂⑨,各有所宜,而人性齐矣。胡人便于马⑩,越人便于舟,异形殊类,易事而悖,失处而贱,得势而贵。圣人总而用之,其数一也。

[注释]①遗行:失检的行为。　②苦:音 gǔ,通盬,粗劣。　③折货:亏损的买卖。　④干:冒犯。　⑤伊尹:人名,商汤时的国相。　⑥修胫者:脚长的人。跖:踩,踏。钁:这里指锸一类的农具,用脚踩以挖土。脚长者踩入土深,故使之踩钁。　⑦强脊者:脊梁有力的人。　⑧眇:音 miǎo,瞎了一只眼的人。　⑨伛:音 yǔ,驼背。涂:指铺抹地面。　⑩便:熟习。

夫先知远见,达视千里,人才之隆也,而治世不以责于民;博闻强志,口辩辞给①,人智之美也,而明主不以求于下;敖世轻物②,不污于俗,士之伉行也③,而治世不以为民化;神机阴闭,剖劂无迹,人巧之妙也,而治世不以为民业。故苌弘、师旷,先知祸福,言无遗策,而不可与众同职也④;公孙龙折辩抗辞⑤,别同异,离坚白⑥,不可与众同道也。北人无择非舜而自投清泠之渊⑦,不可以为世仪。鲁般、墨子以木为鸢而飞之⑧,三日不集⑨,而不可使为工也。故高不可及者,不可以为人量;行不可逮者,不可以为国俗。夫挈轻重不失铢两⑩,圣人弗用,而县之乎铨衡⑪;视高下不差尺寸,明主弗任,而求之乎浣准⑫。何则？人才不可专用,而度量可世传也。故国治可与愚守也,而军制可与权用也⑬。夫待骙衰、飞兔而驾之⑭,则世莫乘车;待西施、毛嫱而为配⑮,则终身不家矣。然非待古之英俊,而人自足者,因所有而并用之。夫骐骥千里⑯,一日而通;驽马十舍,旬亦至之⑰。由是观之,人材不足专恃,而道术可公行也。

[注释]①志:记。给:言语便捷。　②敖:通傲。　③伉:高。　④苌弘:春秋周敬王时大夫。　⑤公孙龙:战国名家著名人物,以善辩闻名。折辩抗辞:指挫败辩者。　⑥离坚白:这是公孙龙的著名理论。《公孙龙子·坚白论》认为,对于坚硬的白色石头,"视不得其所坚而得其所白者,无坚也,拊不得其所白而得其所坚者,无白也"。所以,"坚白石二"。　⑦北人无择:人名,传说是舜时隐士。舜欲传天下给他,他投清泠渊而死。事见《庄子·让王》。清泠(音 líng):水名。　⑧鲁般:即鲁班,春秋时鲁国著名木匠。墨子:即墨翟,墨家学派创始人。鸢:音 yuān,鹰。　⑨集:鸟停息于树。　⑩挈:音 qiè,提。铢:音 zhū,古代重量单位,为一两的二十四分之一。铢两:形容极轻微。　⑪县:通悬。铨衡:衡量轻重的器具。　⑫浣(音 huàn)准:古代量度水平的器具,类似今之水准仪。　⑬权用:代行指挥。　⑭骙衰(音 yǎo niǎo)、飞兔:都是古代骏马名。　⑮西施、毛嫱:都是古代著名美女。西施是春秋越国人,毛嫱则是越王美姬。　⑯骐骥:千里马名。　⑰旬:十天。

乱世之法,高为量而罪不及,重为任而罚不胜,危为禁而诛不敢①。民困于三责,则饰智而诈上,犯邪而干免②。故虽峭法严刑,不能禁其奸。何者？力不足也。故谚曰:

"鸟穷则噣,兽穷则触,人穷则诈。"③此之谓也。

[注释]①危:高。危为难:极力提高标准的难度。 ②犯邪:指作奸犯科。干:求。 ③噣:音 zhuó,通啄。触:用角冲撞。

道德之论①,譬犹日月也。江南河北,不能易其指;驰骛千里,不能易其处。趋舍礼俗,犹室宅之居也,东家谓之西家,西家谓之东家,虽皋陶为之理②,不能定其处。故趋舍同,诽誉在俗;意行钧,穷达在时③。汤、武之累行积善,可及也;其遭桀、纣之世,天授也。今有汤、武之意,而无桀、纣之时,而欲成霸王之业,亦不几矣④。

[注释]①论:通伦,次序,伦理。 ②皋陶:传说是舜之臣,掌刑狱之事。理:法官。 ③意行:思想和行为。钧:同均。 ④几:庶几,有希望。

昔武王执戈秉钺①,以伐纣胜殷,搢笏杖殳以临朝②。武王既没,殷民叛之。周公践东宫,履乘石③,摄天子之位,负扆而朝诸侯④,放蔡叔,诛管叔⑤,克殷残商⑥,祀文王于明堂,七年而致政成王⑦。夫武王先武而后文,非意变也,以应时也;周公放兄诛弟⑧,非不仁也,以匡乱也⑨。故事周于世则功成⑩,务合于时则名立。昔齐桓公合诸侯以乘车,退诛于国以斧钺⑪;晋文公合诸侯以革车,退行于国以礼义。桓公前柔而后刚,文公前刚而后柔。然而令行乎天下,权制诸侯钧者,审于势之变也。颜阖,鲁君欲相之而不肯⑫,使人以币先焉⑬,凿培而遁之⑭,为天下显武⑮。使遇商鞅、申不害,刑及三族,又况身乎⑯!

[注释]①钺:音yuè,兵器名。 ②搢:音jìn,插。杖:通仗,持。殳:音shū,即杖,常用于朝会仪仗。 ③践:登。东宫:太子所居之宫。乘石:君王上车用的垫石。 ④摄:代理。扆:音yǐ,窗户之间的屏风。 ⑤蔡叔、管叔:皆周武王弟,分封于蔡、管,故称。武王死,周公摄政,蔡叔、管叔挟纣子武庚作乱,周公东征,放逐蔡叔,诛管叔。 ⑥残:灭。 ⑦致政:归还政权。成王即位年幼,由周公摄政,七年后将政权归还成王。 ⑧据《史记·管蔡世家》,管叔是周公兄,蔡叔是周公弟,与此不同。 ⑨匡:纠正,救助。 ⑩周:合。 ⑪乘车:文车。句谓和平会盟诸侯。诛:执行刑罚。 ⑫颜阖:人名,鲁国隐士。 ⑬币:馈赠的礼物,通常是束帛、车马皮革或禽鸷。 ⑭培:屋后墙。 ⑮武:迹,行。显武:高尚的行为。 ⑯商鞅、申不害:皆战国时著名法家。商鞅在秦实行变法,申不害居韩为相,推行法治,二人皆主刑名法术之学。三族:指父、子、孙三代。

世多称古之人而高其行,并世有与同者,而弗知贵也。非才下也,时弗宜也。故六骐骥、四駃騠,以济江河,不若窾木便者①,处世然也②。是故立功之人,简于行而谨于时。今世俗之人,以功成为贤,以胜患为智,以遭难为愚,以死节为戆③。吾以为各致其所极而已。王子比干,非不知箕子被发佯狂以免其身也④,然而乐直行尽忠以死节,故不为也。伯夷、叔齐,非不能受禄任官以致其功也,然而乐离世伉行以绝众,故不务也。许由、善卷,非不能抚天下、宁海内以德民也⑤,然而羞以物滑和,故弗受也⑥。豫让、要离,非不知乐家室、安妻子以偷生也⑦,然而乐推诚行必以死主,故不留也⑧。今从箕子视比干,则愚矣;从比干视箕子,则卑矣;从管、晏视伯夷,则戆矣;从伯夷视管、晏,则贪矣⑨。趋舍相非,嗜欲相反,而各乐其务,将谁使正子？曾子曰⑩："击舟水中,鸟闻之而高翔,鱼闻之而渊藏。"故所趋各异,而皆得所便。

[注释]①骐骥:骏马名。欸:音 kuǎn,空。欸木:凿木为舟。　②世:应作势。处势:指所处的地位环境。　③戆:音 zhuàng,耿直而愚笨。　④王子比干、箕子:皆商纣王诸父。王子比干因谏止纣淫乱,被纣王剖心而死。箕子谏纣不听,乃佯狂为奴,被纣王囚禁。周武王灭殷,释放了箕子。　⑤许由、善卷:皆传说中上古隐士。传说尧曾让位于许由,舜曾让位于善卷,皆不受而去。德民:造福人民。　⑥滑:音 gǔ,惑乱。　⑦豫让:春秋战国时人,著名刺客。尝事智伯,赵襄子灭智伯,豫让自毁音容,谋刺襄子以报智伯,后被执自杀。要离:春秋时刺客名,为了替吴公子光刺杀庆忌,使吴先断手杀妻,以取得庆忌信任。事成后亦自杀。　⑧推诚:以诚相待。行必:恪守信用。　⑨管、晏:指管仲、晏婴,皆齐国相。　⑩曾子,春秋鲁人,名参,孔子弟子。

故惠子从车百乘,以过孟诸①,庄子见之,弃其余鱼。鹈胡饮水数斗而不足②,鳝鲔入口若露而死③。智伯有三晋而欲不澹④,林类、荣启期,衣若县衰而意不慊⑤。由此观之,则趣行各异,何以相非也！

[注释]①惠子,即惠施,战国名家代表人物,宋国人,与庄子过从甚密。孟诸:古泽名,地在今河南商丘东北。　②鹈胡:即鹈鹕,一种水鸟名,嘴下有一皮质囊。　③鲔:音 wěi,鱼名,即鲟鱼。古人大概少见鳝、鲟鱼开口,故以为它们不能喝水。若露:像一滴露水那么多,极言其少。　④智伯:春秋末晋国卿,把持国政,并拥有最大的领地。三晋:前453年,晋国卿赵、韩、魏三家灭智伯,晋国一分为三,故称晋为三晋。澹:通赡,满足。　⑤林类、荣启期:皆古之隐士,穷贫而自得其乐者。《列子·天瑞》载,林类"底春被裘,拾遗穗于故畦,并歌并进",荣启期"鹿裘带索,鼓琴而歌"。县:同悬。衰:通蓑,草。县衰:形容衣衫褴褛。慊:遗憾。

夫重生者不以利害己，立节者见难不苟免，贪禄者见利不顾身，而好名者非义不苟得。此相为论，譬犹冰炭钩绳也。何时而合①！若以圣人为之中②，则兼覆而并之，未有可是非者也。夫飞鸟主巢，狐狸主穴③，巢者巢成而得栖焉，穴者穴成而得宿焉。趋舍行义，亦人之所栖宿也。各乐其所安，致其所蹠④，谓之成人。故以道论者，总而齐之。

[注释]①冰炭钩绳：冰冷而炭热，钩曲而绳直，皆喻相左不合。②中：从中调和。 ③主：指最重要的东西。 ④蹠：音 zhí，愿望。

治国之道，上无苛令，官无烦治，士无伪行，工无淫巧，其事经而不扰①，其器完而不饰。乱世则不然，为行者相揭以高②，为礼者相诿以伪，车舆极于雕琢，器用逐于刻镂③。求货者争难得以为宝，诋文者处烦挠以为慧④，争为佹辩，久稽而不诀⑤，无益于治。工为奇器，历岁而后成，不周于用。

[注释]①经：常，正常而不奸巧。 ②为行者：修饰行为，自称立节义的人。揭：举，吹捧。 ③逐：竞逐。 ④难得：难以得到的奇物。诋文者：以文相诋毁的人。 ⑤佹：音 guǐ，同诡。诀：通决，解决。

故神农之法曰："丈夫丁壮而不耕，天下有受其饥者；妇人当年而不织①，天下有受其寒者。"故身自耕，妻亲织，以为天下先。其导民也，不贵难得之货，不器无用之物。是故其耕不强者，无以养生；其织不强者，无以掩形。有余不足，各归其身。衣食饶溢，奸邪不生，安乐无事，而天下均平。故孔丘、曾参无所施其善；孟贲、成荆，无所行其威②。

[注释]①当年：壮年。　②孟贲、成荆：皆古代勇士名。

衰世之俗，以其知巧诈伪，饰众无用，贵远方之货，珍难得之财，不积于养生之具。浇天下之淳①，析天下之朴，牿服马牛以为牢②。滑乱万民，以清为浊，性命飞扬，皆乱以营③。贞信漫澜④，人失其情性。于是乃有翡翠犀象、黼黻文章以乱其目⑤；刍豢黍粱、荆吴芬馨以嘀其口⑥；钟鼓管箫、丝竹金石以淫其耳；趋舍行义、礼节谤议以营其心。于是百姓糜沸豪乱⑦，暮行逐利，烦挐浇浅⑧，法与义相非，行与利相反。虽十管仲，弗能治也。且富人则车舆衣纂锦，马饰傅旄象⑨，帷幕茵席，绮绣绦组⑩，青黄相错，不可为象⑪。贫人则夏被褐带索，含菽饮水以充肠，以支暑热⑫；冬则羊裘解札⑬，短褐不掩形，而炀灶口⑭。故其为编户齐民无以异⑮，然贫富之相去也，犹人君与仆虏，不足以论之⑯。夫乘奇技、伪邪施者，自足乎一世之间；守正修理，不苟得者，不免乎饥寒之患，而欲民之去末反本，是由发其原而壅其流也⑰。夫雕琢刻镂，伤农事者也；锦绣纂组，害女工者也。农事废，女工伤，则饥之本而寒之原也。夫饥寒并至，能不犯法干诛者⑱，古今之未闻也。

[注释]①浇：浅薄，这里是使动用法。　②牿：音 gù，圈养牛马的栅栏。牿服马牛：圈养驯服马牛。　③飞扬：逸散。营：迷惑。　④漫澜：离散。　⑤黼黻（音 fǔ fú）：古代礼服上绘绣的花纹。文章：指交错纷乱的色彩。　⑥刍豢：草食家畜如牛羊等为刍，谷食家畜如犬猪等为豢。荆吴芬馨：古人认

为楚吴二国擅长烹调饮食之道,故以荆吴芬馨代指佳肴美味。嚂:音làn,贪食。 ⑦糜:粥。糜沸:粥在锅中沸腾,喻动乱纷扰。豪乱:狂乱。 ⑧挐:音rú,纠缠纷乱。 ⑨纂:绘。傅:通附,附着。旄:旄牛尾,用作饰物。象:象牙。 ⑩茵席:褥垫。绦、组:皆指丝带。 ⑪象:形状,用作动词,形容,描绘。 ⑫菽:豆。支:支撑。 ⑬解杌:衣服缝线脱裂。 ⑭炀:烘烤。 ⑮编户:编入户籍的平民。齐民:平民。 ⑯论:通伦,比。 ⑰由:同犹。 ⑱诛:惩罚。这里是禁令的意思。

　　故仕鄙在时不在行①,利害在命不在智。夫败军之卒,勇武遁逃,将不能止也;胜军之陈,怯者死行,惧不能走也②。故江河决,沉一乡,父子兄弟相遗而走,争升陵阪③,上高丘,轻足先升,不能相顾也。世乐志平,见邻国之人溺,尚犹哀之,又况亲戚乎!故身安则恩及邻国,志为之灭④;身危则忘其亲戚,而人不能解也。游者不能拯溺,手足有所急也⑤;灼者不能救火,身体有所痛也。夫民有余即让,不足则争,让则礼义生,争则暴乱起。扣门求水⑥,莫弗与者,所饶足也;林中不卖薪,湖上不鬻鱼,所有余也。故物丰则欲省,求澹则争止⑦。秦王之时,或人菹子⑧,利不足也;刘氏持政⑨,独夫收孤⑩,财有余也。故世治则小人守政,而利不能诱也;世乱则君子为奸,而法弗能禁也。

　　[**注释**]①仕鄙:当作"仁鄙"。"仁鄙"与下句"利害"都是反义相对。 ②死行:拼死向前冲。 ③陵阪:山坡。 ④志:指躁动的心志。 ⑤游者:指水性未谙的游泳者。 ⑥扣:通叩,敲。 ⑦澹:淡,少。 ⑧菹:音zū,把人剁成肉酱。 ⑨刘氏:指汉朝。 ⑩独夫:独身男人。

卷十二　道应训

太清问于无穷曰①："子知道乎？"无穷曰："吾弗知也。"又问于无为曰："子知道乎？"无为曰："吾知道。""子之知道，亦有数乎？"②无为曰："吾知道有数。"曰："其数奈何？"无为曰："吾知道之可以弱，可以强；可以柔，可以刚；可以阴，可以阳；可以窈③，可以明；可以包裹天地，可以应待无方④。此吾所以知道之数也。"太清又问于无始曰："乡者，吾问道于无穷，无穷曰：'吾弗知之。'又问于无为，无为曰：'吾知道。'曰：'子之知道，亦有数乎？'无为曰：'吾知道有数。'曰：'其数奈何？'无为曰：'吾知道之可以弱，可以强；可以柔，可以刚；可以阴，可以阳；可以窈，可以明；可以包裹天地，可以应待无方。吾所以知道之数也。'若是，则无为知与无穷之弗知，孰是孰非？"无始曰："弗知之深，而知之浅；弗知内，而知之外；弗知精，而知之粗。"太清仰而叹曰："然则不知乃知邪？知乃不知邪？孰知知之为弗知，弗知之为知邪？"无始曰："道不可闻，闻而非也；道不可见，见而非也；道不可言，言而非也。孰知形之不形者乎?"故《老子》曰:"天下皆知善之为善,斯不善也。"⑤故"知者不言,言者不知"也。

[**注释**]①太清、无穷,以及下文的无为、无始,皆作者虚构的人名。这段文字见于《庄子·知北游》。 ②数:道理,理论。 ③窈:幽。 ④无方:无边,没有极限。 ⑤语见《老子》第二章。下文所引见《老子》第五十六章头二句,"不"或作"弗"。又见《庄子·知北游》。

白公问于孔子曰①:"人可以微言?"②孔子不应。白公曰:"若以石投水中,何如?"曰:"吴、越之善没者能取之矣。"③曰:"若以水投水,何如?"孔子曰:"菑、渑之水合,易牙尝而知之。"④白公曰:"然则人固不可以微言乎?"孔子曰:"何谓不可?谁知言之谓者乎⑤?夫知言之谓者,不以言言也。争鱼者濡,逐兽者趋,非乐之也。故至言去言,至为无为⑥,夫浅知之所争者,末矣。"白公不得也,故死于浴室⑦。故《老子》曰:"言有宗,事有君。夫唯无知,是以不吾知也。"⑧白公之谓也。

[**注释**]①白公:春秋楚平王孙,名胜。其父太子建为费无极所谮,出奔郑,被郑人所杀。白公欲与令尹子西、司马子期伐郑,以报父仇。这时晋人伐郑,子西、子期率师救郑,白公怒,欲杀子西、子期。或谓白公就此事问孔子。此段文字见《吕氏春秋·精喻》。 ②微言:秘密话,密谋。 ③没:指潜水。 ④菑:同淄,水名。渑:水名。相传二水味异,合则难辨。易牙:齐桓公臣,传说他可以辨别淄渑不同水味。 ⑤谁:王念孙认为当为"唯"。 ⑥至言:最好的话。至为,最好的行为。 ⑦浴室:洗澡间。一说乃地名。据《左传·哀十六年》,白公杀令尹子西、司马子期,叶公子高攻白公,"白公奔山而缢"。 ⑧语见《老子》第七十章。

惠子为惠王为国法①,已成而示诸先生②,先生皆善之,奏之惠王。惠王甚说之。以示翟煎③,曰:"善"!惠王曰:"善,可行乎?"翟煎曰:"不可。"惠王曰:"善而不可行,何也?"翟煎对曰:"今夫举大木者,前呼'邪许'④,后亦应之。此举重劝力之歌也⑤,岂无郑、卫激楚之音哉⑥?然而不用者,不若此其宜也。治国有礼,不在文辩。"故《老子》曰:"法令滋彰,盗贼多有。"⑦此之谓也。

[注释]①惠子:即惠施,战国时宋人,名家代表人物。惠王:魏惠王,前370~前318年在位。 ②先生:年老而有学问的人。 ③翟煎:人名,魏国人。 ④邪许(音yé hǔ):众人抬重物时的号子声。 ⑤劝:鼓励。 ⑥郑、卫:指春秋时郑国和卫国的民间音乐,被认为与传统的雅音大相径庭,是所谓"淫声"。激楚:指声音高亢凄清。 ⑦语见《老子》第五十七章。

田骈以道术说齐王①,王应之曰:"寡人所有,齐国也。道术难以除患,愿闻国之政。"田骈对曰:"臣之言无政,而可以为政。譬之若林木无材,而可以为材。愿王察其所谓,而自取齐国之政焉已。虽无除其患害,天地之间,六合之内②,可陶冶而变化也。齐国之政,何足问哉!"此老聃之所谓"无状之状,无物之象"者也③。若王之所问者,齐也;田骈所称者,材也④。材不及林,林不及雨,雨不及阴阳,阴阳不及和,和不及道。

[注释]①田骈:战国时的哲学家,《史记》谓其"学黄老道德之术"。②六合:指天地四方。 ③语见《老子》第十四章。 ④几句谓齐王问的虽只是齐国,田骈却不能只以齐国事对之,否则就像问木材只以木材对之一样,没有抓住根本。

白公胜得荆国,不能以府库分人①。七日,石乙入曰②:"不义得之,又不能布施,患必至矣!不能予人,不若焚之,毋令人害我!"白公弗听也。九日,叶公入③,乃发大府之货以予众④,出高库之兵以赋民⑤,因而攻之。十有九日而禽白公。夫国非其有也,而欲有之,可谓至贪也;不能为人,又无以自为,可谓至愚矣!譬白公之嗇也,何以异于枭之爱其子也⑥?故《老子》曰:"持而盈之,不如其已。揣而锐之,不可长保也。"⑦

[注释]①府库:国家贮藏财物之处为府,贮藏兵器之处为库。 ②石乙:人名,白公胜之党。《左传》、《墨子》、《吕氏春秋》等皆作石乞。 ③叶公:楚国大夫沈诸梁,字子高,食邑于叶,僭称公。 ④大府:太府,国家贮藏财物的仓库。 ⑤高库:楚国的兵器库。赋:予。 ⑥枭:音 xiāo,鸟名,即猫头鹰。传说猫头鹰幼子长大后食其母。句谓白公吝啬财物,反受其害,如同枭爱其子,反为子所食一样。 ⑦语见《老子》第九章。盈:满。揣:音 zhuī,捶。揣而锐之:捶击使之尖锐。

赵简子以襄子为后①,董阏于曰②:"无恤贱,今以为后,何也?"简子曰:"是为人也,能为社稷忍羞。"异日,知伯与襄子饮,而扺襄子之首③。大夫请杀之。襄子曰:"先君之立我也,曰:能为社稷忍羞。岂曰能刺人哉!"处十月,知伯围襄子于晋阳④,襄子疏队而击之⑤,大败知伯,破其首以为饮器⑥。故《老子》曰:"知其雄,守其雌,其为天下溪。"⑦

[注释]①赵简子:春秋末晋国卿,名鞅。襄子:赵简子庶子,名毋恤。后:指爵位继承人。《史记·赵世家》载,简子知毋恤贤,乃废太子伯鲁,以毋恤为太子。 ②董阏于:人名,赵简子之臣。 ③知伯:春秋末晋国卿荀瑶。

知:同智。批:用手打击。 ④晋阳:地名,在今山西太原市西南。前455年,知伯联合韩、魏两家攻赵襄子,赵襄子退守晋阳,知伯围晋阳经年不能下。后来赵襄子暗中联络韩、魏反攻知伯,灭之,杀知伯,三分其地。晋分裂为韩魏赵三家之势成。 ⑤疏:分。队:古代军队编制,二百人为一队。疏队:分成若干小队出击。 ⑥饮器:溺器,尿壶。 ⑦语见《老子》第二十八章。溪:山谷。

啮缺问道于被衣①,被衣曰:"正女形,壹女视,天和将至②。摄女知,正女度,神将来舍③。德将来附若美,而道将为女居④。蠢乎若新生之犊,而无求其故⑤。"言未卒,啮缺继以雎夷⑥。被衣行歌而去,曰:"形若槁骸⑦,心如死灰。直实不知,以故自持⑧。墨墨恢恢,无心可与谋⑨。彼何人哉!"故《老子》曰:"明白四达。能无以无知乎!"⑩

[注释]①啮(音 niè)缺、被衣:皆《庄子》虚构的上古得道之贤人。此段文字见《庄子·知北游》。 ②女:同汝。壹:专一。天和:天之和顺之气。 ③摄:收敛。知:同智。度:思虑。舍:居。 ④若:你。附若美:依附于你,成就你之完美。 ⑤蠢:纯朴无知貌。犊:小牛。 ⑥雎夷:目光呆滞,没有表情的神态。 ⑦槁骸:枯槁的树木,残朽的骨骸。 ⑧直实:实在。故:智巧。 ⑨墨墨恢恢:浑沌无知的样子。心:指机巧之心。 ⑩引文见《老子》第十章,今本作"明白四达,能无以为乎?"

赵襄子攻翟而胜之①,取尤人、终人②。使者来谒之③,襄子方将食,而有忧色。左右曰:"一朝而两城下,此人之所喜也。今君有忧色,何也?"襄子曰:"江、河之大也,不过三日④,飘风暴雨,日中不须臾⑤。今赵氏之德行无所积,今一朝两城下,亡其及我乎!"孔子闻之,曰:"赵氏其昌乎!"夫忧,所以为昌也;而喜,所以为亡也。胜非其难也,持之者其难也⑥。贤主以此持胜,故其福及后世。齐、楚、吴、越,皆尝胜矣,然而卒取亡焉,不通乎持胜也。唯有道之主能持胜。孔子劲扚国门之关⑦,而不肯以力闻。墨子为守攻,公输般服⑧,而不肯以兵知。善持胜者,以强为弱。故《老子》曰:"道冲,而用之又弗盈也。"⑨

[注释]①翟:通狄,古代北方地区民族名。 ②尤人、终人:狄国二都邑名。尤人一作左人。 ③谒:音 yè,报告。 ④大:指涨水、洪水。 ⑤飘风:旋风。日中:太阳当顶,正中午。不须臾:不超过短暂时刻。 ⑥持之:保持胜利。 ⑦劲:力气。扚:拉开。关:门闩。 ⑧公输般:鲁国著名工匠,也称鲁班。《墨子·公输》载:墨子听说公输般为楚制云梯准备攻打宋国,便赶到楚都劝阻他。墨子与公输般用模型进行攻守城演习,公输般九次攻城,被墨子九次挡住。公输般攻城器械已尽,而墨子守御方法有余。 ⑨引文见《老子》第四章。冲:虚空。盈:满。

惠孟见宋康王①,蹀足謦欬②,疾言曰:"寡人所说者,勇有功也,不说为仁义者也③,客将何以教寡人?"惠孟对曰:"臣有道于此,人虽勇,刺之不入。虽巧有力,击之不中。大王独无意邪④?"宋王曰:"善。此寡人之所欲闻也。"惠孟云:"夫刺之而不入,击之而不中,此犹辱也⑤。臣有道于此,使人虽有勇弗敢刺,虽有力不敢击,夫不敢刺不敢击,非无其意也⑥。臣有道于此,使人本无其意也。夫无其意,未有爱利之也⑦。臣有道于此,使天下丈夫、女子,莫不欢然皆欲爱利之心。此其贤于勇有力也,四累之上也⑧。大王独无意邪!"宋王曰:"此寡人所欲得也。"惠孟对曰:"孔、墨是已。孔丘、墨翟,无地而为君,无官而为长⑨。天下丈夫、女子,莫不延颈举踵,而愿安利之者⑩。

今大王,万乘之主也。诚有其志,则四境之内皆得其利矣。此贤于孔、墨也远矣。"宋王无以应。惠孟出。宋王谓左右曰:"辩矣!客之以说胜寡人也⑪。"故《老子》曰:"勇于不敢则活。"⑫由此观之,大勇反为不勇耳。

[注释]①惠孟:战国时宋人,是战国名家惠施的族人。宋康王:战国宋国君,名偃,前329—前286年在位。 ②蹀:蹈。蹀足:顿足。磬欬(音qīng kài):咳嗽。轻咳叫磬,重咳为欬。 ③说:同悦。 ④独:难道。无意:不放在心上。 ⑤辱:指蒙受被攻击的耻辱。 ⑥非无其意:意谓内心不是没有攻击他人的用意,只是不敢攻击罢了。 ⑦爱利之心:热爱他人,使他人得利的心愿。 ⑧累:过失。四累:指上文提到的刺击、不敢刺击、无声刺击及欲爱利之心。这四种行为皆有害,故谓之四累。 ⑨无地而为君:没有领土,却有君主之尊,犹言素王。无官而为长:没有官职而有官长之贵。 ⑩延颈:伸长脖子。举踵:踮起脚跟。皆形容企盼之情状。安利:使动用法,使安宁,使顺利。 ⑪以说胜:用言论取胜。 ⑫引文见《老子》第七十三章。

　　昔尧之佐九人①,舜之佐七人②,武王之佐五人③;尧、舜、武王于九、七、五者,不能一事焉。然而垂拱受成功者,善乘人之资也④。故人与骥逐走,则不胜骥;托于车上,则骥不能胜人⑤。北方有兽,其名曰蹶⑥,鼠前而兔后,趋则顿,走则颠⑦,常为蛩蛩驱驉取甘草以与之⑧。蹶有患害,蛩蛩驱驉必负而走。此以其能,托其所不能⑨。故《老子》曰:"夫代大匠斫者,希不伤其手。"

[注释]①九人:尧的九位大臣。高诱注谓指禹、皋陶、稷、契、伯夷、倕、益、夔、龙。 ②七人:相传舜在尧之九位大臣中任用其中七人。 ③五人:周武王的五位辅佐,指周公、召公、太公、毕公、毛公。 ④垂拱:垂衣拱手,无所事事,不费力气的样子。乘:利用。资:指天赋才干。 ⑤骥:千里马。托:

依附。　⑥蹶：兽名。　⑦趋：跑。顿：以头或脚叩地。颠：跌倒。　⑧蛩蛩驱骓（音 qióng qióng jù xū）：兽名，前脚似兔，后脚似鼠，难以觅食，故常与蹶合作，相依为命。驱骓也作距虚。　⑨托：容纳。　⑩引文见《老子》第七十四章。大匠：手艺高超的工匠。斫：砍削。

薄疑说卫嗣君以王术①。嗣君应之曰："予所有者，千乘也。愿以受教。"②薄疑对曰："乌获举千钧，又况一斤乎？"③杜赫以安天下说周昭文君④，文君谓杜赫曰："愿学所以安周。"赫对曰："臣之所言不可，则不能安周；臣之所言可，则周自安矣。"此所谓弗安而安者也。故《老子》曰："大制无割。""故致数舆无舆也。"⑤

[注释]①薄疑：战国时人名。卫嗣君：战国卫国君，前325—前283年在位。　②千乘：拥有千辆兵车之国。战国以万乘为大国，千乘为小国。③乌获：人名，战国秦人，以勇猛大力著称。钧：古重量单位名，三十斤为一钧。　④杜赫：人名，战国时游说于各国间的谋士。周昭文君：战国周室分为东西周，昭文君是东周国君。　⑤引文分别见《老子》第二十八章和第三十九章。制：裁制。大制：高明的制衣匠。割：用刀截断。致：追求。数：音 shuò，繁，多。舆：通誉，名誉。

鲁国之法，鲁人为人妾于诸侯①，有能赎之者，取金于府②。子赣赎鲁人于诸侯③。来而辞不受金。孔子曰："赐失之矣。夫圣人之举事也，可以移风易俗，而受教顺可施后世④，非独以适身之行也。今国之富者寡而贫者众，赎而受金，则为不廉；不受金，则不复赎人。自今以来，鲁人不复赎人于诸侯矣。"孔子亦可谓知礼矣。故《老子》曰："见小曰明。"⑤

[注释]①妾:女奴隶。 ②府:国库。 ③子赣:姓端木,名赐,字子赣,一作子贡,春秋卫人,孔子弟子,以经商致富。 ④受:王念孙认为,"受"字因上文不受金而误衍:而教顺可施后世。教顺:教训。 ⑤引文见《老子》第五十二章。

魏武侯问于李克曰①:"吴之所以亡者,何也?"李克对曰:"数战而数胜。"武侯曰:"数战数胜,国之福。其独以亡,何故也?"对曰:"数战则民罢,数胜则主骄②,以骄主使疲民,而国不亡者,天下鲜矣!骄则恣,恣则极物③;疲则怨,怨则极虑;上下俱极,吴之亡犹晚矣!夫差之所以自刎于干遂也④。"故《老子》曰:"功成名遂,身退,天之道也。"⑤

[注释]①魏武侯:战国时魏国君,名击,前396～前376年在位。李克:魏武侯大臣。 ②罢:音 pí,通疲。骄:音 jiāo,骄傲。 ③极:疲困。极物:使事物达到所能承受的极限。 ④夫差:战国吴国君。前473年被越国打败自杀。干遂:战国吴地名,在今江苏吴县西北。遂亦作隧。 ⑤引文见《老子》第九章。遂:成。

宁越欲干齐桓公①,困穷无以自达,于是为商旅,将任车②,以商于齐,暮宿于郭门之外③。桓公郊迎客,夜开门,辟任车④,爝火甚盛⑤,从者甚众,宁越饭牛车下⑥,望见桓公而悲。击牛角而疾商歌⑦。桓公闻之,抚其仆之手曰:"异哉!歌者非常人也。"命后车载之⑧。桓公及至⑨,从者以请。桓公赣之衣冠而见⑩,说以为天下。桓公大说,将任之。群臣争之曰⑪:"客,卫人也。卫之去齐不远,君不若使人问之。问之而故贤者也,用之未晚。"桓公曰:"不然。问之,患其有小恶也。以人之小恶而忘人之大美,此人主之所以失天下之士也。"凡听必有验⑫,一听而弗复问,合其所以也。且人固难合也,权而用其长者而已矣。当是举也,桓公得之矣。故《老子》曰:"天大、地大、道大、王亦大,域中有四大,而王处其一焉。"⑬以言其能包裹之也。

[注释]①宁越:通作宁戚,春秋时卫人,齐桓公任为上卿。干:求,指谋求官职。 ②将:持,这里是驾驭的意思。任车:装载着货物的车子。 ③郭门:外城门。 ④辟:通避,使动用法。 ⑤爟:音 jué,用芦苇等物束捆起来点燃的火把。 ⑥饭牛:喂牛。 ⑦疾:急。这里是大声歌唱的意思。商:五音之一,其音凄清。商歌:悲凉的歌。 ⑧后车:侍从之车。 ⑨及:王念孙认为,及当为反。 ⑩赣:赐给。 ⑪争:音 zhēng,通净,规谏。 ⑫验:凭据。 ⑬引文见《老子》第二十五章,今本"道大"在"天大"上。

大王亶父居邠①,翟人攻之。事之以皮帛、珠玉而弗受②。曰"翟人之所求者地。无以财物为也。"大王亶父曰:"与人之兄居而杀其弟,与人之父处而杀其子,吾弗为③。皆勉处矣!为吾臣,与翟人奚以异④?且吾闻之也,不以其所养害其养⑤。"杖策而去⑥。民相连而从之,遂成国于岐山之下⑦。大王亶父可谓能保生矣。虽富贵,不以养伤身⑧;虽贫贱,不以利累形。今受其先人之爵禄,则必重失之⑨。所自来者久矣,而轻失之⑩,岂不惑哉!故《老子》曰:"贵以身为天下,焉可以托天下;爱以身为天下,焉可以寄天下矣!"⑪

[注释]①大(音 tài)王亶父:又称古公亶父,周文王祖父,率周民族自邠迁居岐山下。邠:音 bīn,通豳,地名,在今陕西省旬邑县西。 ②事:事奉,

奉送。　③与人三句：意谓如抵抗翟人则人民难免有死伤，故不忍为。④翟人：这里是"为翟人臣"的省文。　⑤所养：依赖它来养活的东西，指土地。其养：养活的对象，指人民。　⑥杖：拄。策：手杖。　⑦岐山：山名，在今陕西岐山县东北。　⑧养：指用来奉养的东西，如财物。　⑨重：意动用法，把……看得重要。　⑩所自来者久矣：由来长久的东西，指人的生命，本性。轻失之：不在乎丢失它。　⑪引文见《老子》第十三章。焉：乃，则。

中山公子牟谓詹子曰①："身处江海之上，心在魏阙之下②，为之奈何？"詹子曰："重生。重生则轻利。"中山公子牟曰："虽知之，犹不能自胜③。"詹子曰："不能自胜，则从之④；从之，神无怨乎⑤！不能自胜而强弗从者，此之谓重伤。重伤之人，无寿类矣⑥。"故《老子》曰："知和曰常，知常曰明，益生曰祥，心使气曰强。"⑦是故"用其光，复归其明也。"⑧

　　[注释]①中山公子牟：战国时魏国公子，名牟，封于中山，故称。詹子：战国魏人。　②江海之上：比喻隐居江湖。魏阙：古代宫门外的阙门，是悬布政令的地方，后作为朝廷的代称。　③自胜：能够克制自己。　④从之：指顺随自己的欲望，不强行压抑。　⑤神：精神。怨：伤害。　⑥无寿类：不能居于长寿之列。　⑦引文见《老子》第五十五章。益生：人为地增益生活享受。祥：妖祥，指灾祸。心使气：心支配气。　⑧二句见《老子》第五十二章。

楚庄王问詹何曰①："治国奈何？"对曰："何明于治身，而不明于治国？"楚王曰："寡人得立宗庙社稷，愿学所以守之。"②詹何对曰："臣未尝闻身治而国乱者也，未尝闻身乱而国治者也。故本任于身③，不敢对以末。"楚王曰："善。"故《老子》曰："修之身，其德乃真也。"④

[注释]①詹何：人名，或谓乃传说中古之得道者，或谓即上文之詹子。②立：莅，临。立宗庙社稷：即执政的意思。③任：在。④引文见《老子》第五十四章。

桓公读书于堂，轮人斫轮于堂下①。释其椎凿，而问桓公曰："君之所读者，何书也？"桓公曰："圣人之书。"轮扁曰②："其人焉在？"桓公曰："已死矣。"轮扁曰："是直圣人之糟粕耳。"桓公悖然作色而怒曰③："寡人读书，工人焉得而讥之哉！有说则可④，无说则死！"轮扁曰："然。有说。臣试以臣之斫轮语之。大疾则苦而不入，大徐则甘而不固⑤，不甘不苦，应于手，厌于心⑥，而可以至妙者，臣不能以教臣之子，而臣之子亦不能得之于臣。是以行年七十，老而为轮。今圣人之所言者，亦以怀其实，穷而死⑦，独其糟粕在耳。"故《老子》曰："道可道，非常道；名可名，非常名。"⑧

[注释]①桓公：齐桓公。轮人：做车轮的工匠。斫：砍削。②轮扁：即上文之轮人，扁是他的名。③悖：通勃。悖然：发怒的样子。作色：指气愤而脸色大变。④有说：可以解释清楚。⑤大：太。疾：紧。苦：涩滞。徐：宽松。甘：滑。⑥厌：满足。⑦实：精华。穷：尽，指生命的尽头。⑧引文见《老子》第一章。常：恒。

昔者，司城子罕相宋①，谓宋君曰②："夫国家之安危，百姓之治乱，在君行赏罚。夫爵赏赐予，民之所好也，君自行之；杀戮刑罚，民之所怨也，臣请当之③。"宋君曰："善。寡人当其美，子受其怨。寡人自知不为诸侯笑矣。"国人皆知杀戮之专,制在子罕也,大臣亲之,百姓畏之,居不至期年④,子罕遂却宋君而专其政⑤。故《老子》曰:"鱼不可脱于渊,国之利器,不可以示人。"⑥

[注释]①司城:官名,掌管土木建筑。子罕:一说春秋时人,名乐喜。一说乃战国时人,姓戴名皇喜。子罕任宋司城,专国政,后杀君夺权。 ②宋君:一说乃宋平公,前575～前532年在位,一说指宋桓侯,前373～前370年在位。 ③当:担当责任。 ④期(音jī)年:一周年。 ⑤却:除,杀。 ⑥引文见《老子》第三十六章。

王寿负书而行,见徐冯于周①,徐冯曰:"事者,应变而动,变生于时,故知时者无常行。书者,言之所出也。言出于知者②,知者藏书。"于是王寿乃焚书而舞之。故《老子》曰:"多言数穷,不如守中。"③

[注释]①王寿:人名,是周代之好书者。徐冯:周朝的隐者。周:周途,四通八达的大路。 ②知:通智。 ③引文见《老子》第五章。数:速。中:内心。

令尹子佩请饮庄王①。庄王许诺。子佩疏揖②,北面立于殿下。曰:"昔者君王许之,今不果往。意者臣有罪乎③?"庄王曰:"吾闻子具于强台。强台者④,南望料山,以临方皇⑤,左江而右淮,其乐忘死,若吾薄德之人,不可以当此乐也。恐留而不能反。"故《老子》曰:"不见可欲,使心不乱。"⑥

[注释]①令尹:春秋战国楚国官名,相当于宰相。子佩:人名,楚庄王时任令尹。 ②疏:通足,光着脚。古礼,面见君主要脱去袜子以示恭敬。

③意者：抑或，料想。　④具：指准备酒席。强台：楚国高台名。　⑤料山：山名。方皇，水名。　⑥引文见《老子》第三章。

晋公子重耳出亡①，过曹，无礼焉②。厘负羁之妻谓厘负羁曰③："君无礼于晋公子，吾观其从者，皆贤人也。若以相夫子反晋国④，必伐曹，子何不先加德焉？"厘负羁遗之壶飧⑤，而加璧焉。重耳受其飧而反其璧。及其反国，起师伐曹，克之⑥。令三军无入厘负羁之里⑦。故《老子》曰："曲则全，枉则直。"⑧

[注释]①重耳：春秋晋献公子，尝流亡各国十九年，后返国为君，即晋文公。　②《左传·僖二十三年》载，重耳出亡过曹，"曹共公闻其骈胁，欲观其裸。浴，薄而观之"。　③厘负羁：曹国大夫。　④相：辅助。夫子：指重耳。　⑤遗：音 wèi，赠送。飧：音 jùn，熟食。璧：一种平圆形、中心有孔的玉器。　⑥克：取胜。　⑦里：宅院。　⑧引文见《老子》第二十二章。

越王勾践与吴战而不胜①，国破身亡，困于会稽②。忿心张胆③，气如涌泉，选练甲卒，赴火若灭。然而请身为臣，妻为妾，亲执戈，为吴兵先马走④，果禽之于干遂。故《老子》曰："柔之胜刚也，弱之胜强也，天下莫不知，而莫之能行。"⑤越王亲之，故霸中国。

[注释]①勾践：春秋越国君，前494年，吴王夫差为报勾践杀父之仇，攻入越国，勾践以残军五千人退守会稽山。　②会稽：山名，在今浙江绍兴县东南。　③张胆：放胆，鼓足勇气。　④吴兵：指吴王卫队。先马走：在车马前开路的人。　⑤引文见《老子》第七十八章。

赵简子死，未葬，中牟人齐①。已葬五日，襄子起兵攻围之②。未合而城自坏者十丈。襄子击金而退③。军吏谏曰:"君诛中牟之罪,而城自坏,是天助我,何故去之?"襄子曰:"吾闻之叔向曰④:'君子不乘人于利,不迫人于险。'使之治城,城治而后攻之。"中牟闻其义,乃请降。故《老子》曰:"夫唯不争,故天下莫能与之争。"⑤

[注释]①赵简子:赵鞅,春秋晋国卿。中牟:地名,在今河南鹤壁市西。赵简子死后,中牟叛赵而臣服于齐,故称入齐。 ②襄子:赵简子的儿子,名无恤。 ③合:指完成包围。金:指钲,一种似钟而狭长的乐器,古时用敲钲击鼓来指挥军队进退,击钲为停止进攻的命令。 ④叔向:晋国大夫,羊舌氏,名肸(音 xī)。 ⑤引文见《老子》第二十二章。

秦穆公谓伯乐曰①:"子之年长矣。子姓有可使求马者乎②?"对曰:"良马者,可以形容筋骨相也。相天下之马者,若灭若失,若亡其一③。若此马者,绝尘弭辙④。臣之子皆下材也,可告以良马,而不可告以天下之马。臣有所与供儋缠采薪者九方堙⑤,此其于马,非臣之下也。请见之。"穆公见之,使之求马。三月而反报曰:"已得马矣。在于沙丘。"⑥穆公曰:"何马也?"对曰:"牡而黄。"⑦使人往取之,牝而骊⑧。穆公不说。召伯乐而问之曰:"败矣。子之所使求者。毛物、牝牡弗能知⑨,又何马之能知!"伯乐喟然大息曰:"一至此乎!是乃其所以千万臣而无数者也。若堙之所观者,天机也⑩。得其精而忘其粗,在内而忘其外,见其所见而不见其所不见,视其所视而遗其所不视。若彼之所相者,乃有贵乎马者!"马至,而果千里之马。故《老子》曰:"大直若屈,大巧若拙。"⑪

[**注释**]①秦穆公:春秋秦国君,名任好,春秋五霸之一。伯乐:秦穆公时善相马者。 ②子姓:子孙。 ③若灭若失:意为真正的千里马看起来像幻灭,像迷失,不能以形容筋骨相。若亡其一:好像丧失了自己。一:指自身。 ④绝尘:奔跑起来脚不沾尘,形容马奔跑之速。弭:音 mī,消除。辙:车轮碾过的痕迹。弭辙:形容拉车的马奔跑极快,使车轮不见痕迹。 ⑤儋:通担,负担。缠:行李。九方堙:人名,复姓九方,古善相马者。堙亦作皋。 ⑥沙丘:地名,在所已不可考。 ⑦牡:雄性禽兽。 ⑧牝:音 pìn,雌性禽兽。骊:黑色的马。 ⑨毛:指毛色纯粹。物:毛色驳杂。 ⑩天机:造化的奥秘,指千里马的内质。 ⑪引文见《老子》第四十五章。

　　吴起为楚令尹①,适魏。问屈宜若曰②:"王不知起之不肖,而以为令尹。先生试观起之为人也。"屈子曰:"将奈何?"吴起曰:"将衰楚国之爵,而平其制禄③;损其有余,而绥其不足④;砥砺甲兵,时争利于天下⑤。"屈子曰:"宜若闻之,昔善治国家者,不变其故,不易其常。今子将衰楚国之爵,而平其制禄;损其有余,而绥其不足;是变其故,易其常也。行之者不利。宜若闻之曰:'怒者,逆德也⑥,兵者凶器也。争者人之所本也⑦。'今子阴谋逆德,好用凶器,始人之所本,逆之至也。且子用鲁,兵不宜得志于齐,而得志焉;子用魏,兵不宜得志于秦,而得志焉⑧。宜若闻之,非祸人不能成祸。吾固惑吾王之数逆天道,戾人理⑨,至今无祸。差须夫子也⑩。"吴起惕然曰⑪:"尚可更乎?"屈子曰:"成形之徒⑫,不可更也。子不若敦爱而笃行之⑬。"《老子》曰:"挫其锐,解其纷,和其光,同其尘。"⑭

　　[**注释**]①吴起:战国著名军事家、政治家。曾仕魏为将,为魏相公叔所

忌,奔楚,楚悼王用为令尹。　②屈宜若:人名,原是楚国大夫,后奔魏。王念孙云宜若当作宜咎。　③衰:音 cuī,减。平:整顿。制禄:俸禄制度。　④绥:安抚。　⑤时:伺机。　⑥逆德:违反本性的行为。　⑦本:原始。人之所本:指人类原始时代的生活。　⑧且子几句:《史记·吴起传》载,吴起早年学于曾子,事鲁君,鲁以吴起为将,率军攻入齐国多大破之。而后有人在鲁君面前诋毁吴起;起奔魏,魏文侯用为将,击秦,攻克秦五座城池。　⑨戾:违反。　⑩须:等待。　⑪惕然:忧惧的样子。　⑫徒:众。有形之徒:意谓祸患已成形于众端。　⑬敦爱:淳厚慈爱。笃行:专心施行。　⑭引文见《老子》第四章。

晋伐楚,三舍不止①。大夫请击之。庄王曰:"先君之时,晋不伐楚②。及孤之身,而晋伐楚,是孤之过也。若何其辱群大夫?"曰:"先臣之时,晋不伐楚。今臣之身,而晋伐楚,此臣之罪也。请三击之。"王俯而泣,涕沾襟,起而拜群大夫。晋人闻之,曰:"君臣争以过为在己,且轻下其臣③,不可伐也。"夜还师而归。《老子》曰:"能受国之垢,是谓社稷主。"④

[注释]①三舍:古以三十里为一舍,三舍即九十里。句谓楚军退让九十里,而晋军仍未停止进攻。　②先君:指楚庄王的祖父楚成王。当时晋公子重耳流亡至楚,成王盛情款待他。重耳曾表示如能返国为君,万一在战场上与楚相遇,晋将避让三舍以报答楚王之恩。　③轻下:谦恭卑下。轻下其臣:在臣下面前表现得谦恭卑下。　④引文见《老子》第七十八章。

宋景公之时,荧惑在心①。公惧,召子韦而问焉②。曰:"荧惑在心,何也?"子韦曰:"荧惑,天罚也;心,宋分野③,祸且当君。虽然,可移于宰相。"公曰:"宰相,所使治国家也。而移死焉。不祥。"子韦曰:"可移于民。"公曰:"民死,寡人谁为君乎④?宁独死耳!"子韦曰:"可移于岁⑤。"公曰"岁,民之命;岁饥,民必死矣。为人君而欲杀其民以自活也,其谁以我为君者乎?是寡人之命,固已尽矣!子韦无复言矣。"子韦还走⑥,北面再拜曰:"敢贺君。天之处高而听卑。君有君人之言三⑦,天必有三赏君。今夕星必徙三舍⑧,君延年二十一岁。"公曰:"子奚以知之?"对曰:"君有君人之言三,故有三赏,星必三徙舍。舍行七里,三七二十一,故君移年二十一岁。臣请伏于陛下以伺之⑨。星不徙,臣请死之。"公曰:"可"。是夕也,星果三徙舍。故《老子》曰:"能受国之不祥,是谓天下王。"⑩

[**注释**]①宋景公:春秋宋国君,名栾,前516~前469年在位。荧惑:即火星,五大行星之一。心:星宿名,二十八宿之一。 ②子韦:宋国太史,掌星相。 ③天罚:执掌上天的刑罚。分野:古星相家将天上星宿与地下州国位置相对应,就天上说则叫分星,就地下说则叫分野。分星天象的吉凶,指示对应分野的吉凶。此言心宿是宋国的分野。 ④谁为君:为谁做君。 ⑤岁:年成,年景。 ⑥还(音xuán)走:离开原来站立的地方,逡巡避让,是表示尊敬的礼节。 ⑦君人之言:符合为君德的话。 ⑧舍:行星运行停留处。古将二十八宿分为四舍,一舍包含七个星宿。 ⑨陛:殿坛的台阶。 ⑩引文见《老子》第七十八章。

昔者,公孙龙在赵之时①,谓弟子曰:"人而无能者,龙不能与游。"有客衣褐带索而见曰②:"臣能呼。"公孙龙顾谓弟子曰:"门下故有能呼者乎?"对曰:"无有。"公孙龙曰:"与之弟子之籍。"后数日,往说燕王。至于河上,而航在一汜③,使善呼者呼之。一呼而航来。故曰:圣人之处世,不逆有伎能之士④。故《老子》曰:"人无弃人,物无弃物,是谓袭明。"⑤

[注释]①公孙龙:约前320～前250年,战国末赵国人,名家的代表人物。 ②褐:粗布衣。 ③航:船。汜,水边。在一汜:在河的对岸。 ④逆:拒绝。 ⑤引文见《老子》第二十七章,今本无"人无弃人,物无弃物"二句。袭:因顺。明:顺应常道叫明。

子发攻蔡,逾之①。宣王郊迎,列田百顷,而封之执圭②。子发辞不受。曰:"治国立政,诸侯入宾③,此君之德也;发号施令,师未合而敌遁,此将军之威也;兵陈战而胜敌者,此庶民之力也。夫乘民之功劳,而取其爵禄者,非仁义之道也。"故辞而弗受。故《老子》曰:"功成而不居,夫惟不居,是以不去。"④

[注释]①子发:战国人,楚宣王的将领。逾:这里是战胜的意思。子发攻蔡事见《荀子·强国篇》。 ②列:分割。列田:分封田地。圭:一种上尖下方的玉器,诸侯祭祀朝会时手执圭。 ③入宾:朝见归服。 ④引文见《老子》第二章。

晋文公伐原①,与大夫期三日。三日而原不降。文公令去之。军吏曰:"原不过一二日将降矣。"君曰:"吾不知原三日而不可得下也。以与大夫期,尽而不罢,失信得原,吾弗为也。"原人闻之,曰:"有君若此,可弗降也?"遂降。温人闻②,亦请降。故《老子》曰:"窈兮冥兮,其中有精,其精甚真,其中有信。"③故"美言可以市尊,美行可以加人"。④

[注释]①原:古国名,地在今河南省济源县西北。晋文公回国即位,原不服,故晋文公伐之。 ②温:古邑名,地在今河南济源县西南。 ③引文见《老子》第二十一章。窈、冥:皆深远昏暗的样子。 ④引文见《老子》第六十二章。市:获取。加:超越,胜过。

公仪休相鲁,而嗜鱼①。一国献鱼,公仪子弗受。其弟子谏曰:"夫子嗜鱼。弗受,何也?"答曰:"夫唯嗜鱼,故弗受。夫受鱼而免于相,虽嗜鱼,不能自给鱼②;毋受鱼而不免于相,则能长自给鱼。"此明于为人为己者也。故《老子》曰:"后其身而身先,外其身而身存。非以其无私邪?故能成其私。"③一曰:"知足不辱。"④

[注释]①公仪休:战国时人名,曾任鲁穆公相。嗜鱼:喜欢吃鱼。②给:音jǐ,供应。 ③语见《老子》第七章。 ④语见《老子》第四十四章。

狐丘丈人谓孙叔敖曰①:"人有三怨,子知之乎?"孙叔敖曰:"何谓也?"对曰:"爵高者,士妒之;官大者,主恶之;禄厚者,怨处之。"孙叔敖曰:"吾爵益高,吾志益下;吾官益大,吾心益小;吾禄益厚,吾施益博。是以免三怨,可乎?"故《老子》曰:"贵必以贱为本,高必以下为基。"②

[注释]①狐丘:地名。丈人:老人。孙叔敖:人名,春秋时楚国令尹。②语见《老子》第三十九章。

大司马捶钩者①,年八十矣,而不失钩芒②。大司马曰:"子巧邪?有道邪?"曰:"臣有守也。臣年二十好捶钩,于物无视也。非钩无察也。"是以用之者,必假于弗用也③,而以长得其用。而况持而无不用者乎？物孰不济焉④！故《老子》曰:"从事于道者,同于道。"⑤

[注释]①大司马:官名,掌管邦政。捶钩:锻打衣带钩。 ②钩芒:指带钩的精细部分。 ③用之者:指捶钩。弗用:指不用心于其他事物。 ④无不用者:指道。济:利用。 ⑤语见《老子》第二十三章。

　　文王砥德修政,三年而天下二垂归之①。纣闻而患之,曰:"余夙兴夜寐,与之竞行,则苦心劳形,纵而置之,恐伐余一人②。"崇侯虎曰③:"周伯昌行仁义而善谋,太子发勇敢而不疑,中子旦恭俭而知时④。若与之从,则不堪其殃;纵而赦之,身必危亡。冠虽弊,必加于头。及未成,请图之⑤。"屈商乃拘文王于羑里⑥。于是散宜生乃以千金求天下之珍怪⑦,得骐虞、鸡斯之乘⑧,玄玉百工,大贝百朋⑨,玄豹、黄罴、青犴、白虎、文皮千合⑩,以献于纣。因费仲而通⑪。纣见而说之,乃免其身,杀牛而赐之。文王归,乃为玉门,筑灵台⑫,相女童⑬,击钟鼓,以待纣之失也。纣闻之,曰:"周伯昌改道易行,吾无忧矣。"乃为炮烙⑭,剖比干,剔孕妇⑮,杀谏者。文王乃遂其谋。故《老子》曰:"知其荣,守其辱,为天下谷。"⑯

[注释]①文王:周文王。砥:磨石。砥德:砥砺、修养德行。垂:边。二垂:指将天下分成三份而占有其中二份。 ②余一人:古帝王之自称。 ③崇侯虎:纣王时诸侯名,封于崇,名虎。 ④太子发:即周武王姬发。中子旦:即周公姬旦。 ⑤图:想办法对付。 ⑥屈商:商纣王臣。羑(音yǒu)里:古地名,地在今河南汤阴县北。 ⑦散宜生:周初人,与太公望等一同辅

佐周文王,文王被囚,他曾广求珍宝美女献纣,使纣释放文王。 ⑧驺(音zōu)虞:传说中的仁兽,能日行千里。鸡斯:神马名。 ⑨玄玉:黑色的玉。工:通珏,两玉相连为一工。大贝:一种贝类,古代以之为宝器。朋:古代一种计算单位,或谓五贝为一朋,或谓五贝为一系,二系为一朋。或谓二贝为一朋。 ⑩玄豹:黑色的豹子。罴:音pí,兽名,即人熊。犴:音án,古代指北方的野狗。文皮:色彩鲜艳的兽皮。合:配,对。 ⑪费仲:人名,商纣王的佞臣。 ⑫玉门:以玉装饰大门。灵台:高台名。 ⑬相女童:物色美女童子,谓文王故作贪色状,以迷惑纣。 ⑭炮烙:纣王使用的一种酷刑,以炭火烧热铜柱,令人爬行柱上,坠入炭火中而死。 ⑮比干:即王子比干,被纣剖心。剔:音tī,解剖。 ⑯引文见《老子》第二十八章。

成王问政于尹佚曰①:"吾何德之行,而民亲其上?"对曰:"使之时而敬顺之②。"王曰:"其度安在?"曰:"如临深渊,如履薄冰。"王曰:"惧哉!王人乎③。"尹佚曰:"天地之间,四海之内,善之则吾畜也,不善则吾雠也④。昔夏、商之臣反雠桀、纣,而臣汤、武,宿沙之民皆自攻其君,而归神农⑤,此世之所明知也。如何其无惧也?"故《老子》曰:"人之所畏,不可不畏也。"⑥

[注释]①成王:周成王姬诵,武王子。尹佚:即史佚,周成王时的史官。 ②使之时:使之以时。顺:慎。 ③王:音wàng,统治。 ④畜:通慉,喜爱。吾畜:爱我。雠:仇敌。 ⑤宿沙:上古部落名。 ⑥语见《老子》第二十章。

跖之徒问跖曰①:"盗亦有道乎?"跖曰:"奚适其无道也②!夫意而中藏者,圣也③;入先者,勇也;出后者,义也;分均者,仁也;知可否者,智也。五者不备,而能成大盗者,天下无之。"由此观之,盗贼之心,必托圣人之道而后可行。故《老子》曰:"绝圣弃智,民利百倍。"④

[注释]①跖:春秋末期著名的强盗。　②奚适:到哪里。适:往。　③意:猜测。中:音 zhòng,符合。藏:指事主所藏之财物。　④语见《老子》第十九章。

楚将子发好求技道之士①。楚有善为偷者,往见曰:"闻君求技道之士。臣,偷也,愿以技赍一卒②。"子发闻之,衣不给带,冠不暇正,出见而礼之。左右谏曰:"偷者,天下之盗也。何为之礼?"君曰:"此非左右之所得与。"后无几何,齐兴兵伐楚,子发将师以当之,兵三却③。楚贤良大夫皆尽其计而悉其诚,齐师愈强。于是市偷进请曰④:"臣有薄技,愿为君行之。"子发曰:"诺"。不问其辞而遣之。偷则夜解齐将军之帱帐而献之⑤。子发因使人归之。曰:"卒有出薪者,得将军之帷,使归之于执事⑥。"明又复往,取其枕。子发又使人归之。明日又复往,取其簪。子发又使归之。齐师闻之,大骇。将军与军吏谋曰:"今日不去,楚君恐取吾头。"乃还师而去。故曰:无细而能薄⑦,在人君用之耳。故《老子》曰:"不善人,善人之资也。"⑧

[注释]①子发:人名,楚国将领。技道:技艺。　②赍:音 jī,资助。卒:仆役。　③却:撤退。　④市偷:街市上的盗贼,即上文之善为偷者。　⑤帱(音 chóu)帐:帷帐。　⑥执事:供役事的人,此乃对对方的敬称,表示不敢直指其人。　⑦细:指社会地位低贱。　⑧语见《老子》第二十七章。

颜回谓仲尼曰:"回益矣。"①仲尼曰:"何谓也?"曰:

"回忘礼乐矣。"仲尼曰:"可矣。犹未也。"异日复见,曰:"回益矣。"仲尼曰:"何谓也?"曰:"回忘仁义也。"仲尼曰:"可矣。犹未也。"异日复见。曰:"回坐忘矣。"②仲尼蘧然曰③:"何谓坐忘?"颜回曰:"隳支体,黜聪明④,离形去知,洞于化通⑤。是谓坐忘。"仲尼曰:"洞则无善也,化则无常矣⑥。而夫子荐贤。丘请从之后⑦。"故《老子》曰:"载营魄抱一,能无离乎!专气至柔,能如婴儿乎!"⑧

[注释]①益:长进。 ②坐忘:端坐入静,达到物我两忘的境界。③蘧:音 jù,突然。蘧然:神色突变的样子。 ④隳:音 huī,废。黜:音 chù,除。 ⑤知:同智。洞:明澈。化通:变化通达。 ⑥善:好。这里是偏爱的意思。常:指执着而不变通。 ⑦夫子:对人的尊称,此指颜回。荐:先。⑧语见《老子》第十章。营魄:灵魂。一:指道。专:音 tuán,通抟,结聚。至:同致。

秦穆公兴师,将以袭郑①。蹇叔曰②:"不可。臣闻袭国者,以车不过百里,以人不过三十里,为其谋未及发泄也,甲兵未及锐弊也,粮食未及乏绝也,人民未及罢病也。皆以其气之高与其力之盛至,是以犯敌能威③。今行数千里,又数绝诸侯之地;以袭国④,臣不知其可也。君重图之。"穆公不听。蹇叔送师,衰绖而哭之⑤。师遂行,过周而东⑥。郑贾人弦高矫郑伯之命,以十二牛劳秦师而宾之⑦。三帅乃惧而谋曰⑧:"吾行数千里以袭人,未至而人已知之。其备必先成,不可袭也。"还师而去。当此之时,晋文公适薨⑨,未葬。先轸言于襄公曰⑩:"昔吾先君与穆公交,天下莫不闻,诸侯莫不知,今吾君薨未葬,而不吊吾丧,而不假道⑪,是死吾君而弱吾孤也⑫。请击之。"襄公许诺。先轸举兵而与秦师遇于崤⑬。大破之,禽其三帅以归。穆公闻之,素服庙临,以说于众⑭。故《老子》曰:"知而不知,尚矣;不知而知,病也!"⑮

[注释]①秦穆公:春秋秦国君,名任好。前659—前621年在位。秦穆公兴兵伐郑事,见《左传》僖公三十二、三十三年。 ②蹇(音jiǎn)叔:人名,秦穆公之臣。 ③威:震慑,使之畏惧。 ④绝:穿过。 ⑤衰绖(音cuī dié):古代丧服。 ⑥周:指周东都王城,在今河南洛阳王城公园一带。⑦贾:音gǔ,做买卖。弦高:人名,郑国商人。矫:假托,伪称。郑伯:当时的郑国君郑穆公。劳:慰劳。宾:以客礼相待。 ⑧三帅:指秦军的三位将领:孟明视、西乞术、白乙丙。 ⑨薨:音hōng,特指诸侯死亡。 ⑩先轸(音zhěn):晋国大臣。襄公:晋国君,晋文公子,名欢,前627～前621年在位。⑪假:借。秦军袭郑路经晋国领土,依礼应向晋国借道。 ⑫死:绝。死吾君:意为忘掉我们死去的君主,断绝与文公的交情。 弱:形容词意动用法,有瞧不起、欺侮之意。 ⑬崤:音xiá,山名,在今河南省洛宁县西北。⑭素:白色。素服:白色丧服。临:音lìn,哭吊。庙临:到祖庙中哭告祖先,表示自责和谢罪。说:同悦,这里是取得谅解的意思。 ⑮引文见《老子》第七十一章。尚:上。

齐王后死①,王欲置后而未定。使群臣议。薛公欲中王之意②,因献十珥而美其一③。旦日,因问美珥之所在。因劝立以为王后。齐王大说,遂尊重薛公。故人主之意欲见于外,则为人臣之所制。故《老子》曰:"塞其兑,闭其门,终身不勤。"④

[注释]①齐王:指齐威王,战国齐国君,名因齐,前356～前320年在位。 ②薛公:指战国齐相田婴,封于薛,号靖郭君。 ③珥:音ěr,一种女子

用的珠玉耳饰。　④引文见《老子》第五十二章。兑:音 duì,孔穴,指耳目鼻口等感官。门:欲门。勤:劳。

卢敖游乎北海①,经乎太阴,入乎玄阙,至于蒙谷之上②。见一士焉,深目而玄鬓,泪注而鸢肩③,丰上而杀下,轩轩然方迎风而舞④。顾见卢敖,慢然下其臂,遁逃乎碑⑤。卢敖就而视之,方倦龟壳而食蛤梨⑥。卢敖与之语曰:"唯敖为背群离党,穷观于六合之外者⑦,非敖而已乎⑧?敖幼而好游,至长不渝。周行四极,唯北阴之未窥⑨。今卒睹夫子于是,子殆可与敖为友乎⑩?"若士者卷然而笑曰⑪:"嘻!子中州之民⑫,宁肯而远至此,此犹光乎日月而载列星⑬,阴阳之所行,四时之所生,其比夫不名之地,犹宊奥也⑭。若我南游乎冈㝗之野⑮,北息乎沉墨之乡⑯,西穷窅冥之党,东关鸿濛之光⑰,此其下无地而上无天,听焉无闻,视焉无瞬⑱。此其外犹有汰沃之汜⑲。其余一举而千万里⑳,吾犹未能之在㉑。今子游始于此,乃语穷观,岂不亦远哉!然子处矣㉒!吾与汗漫期于九垓之外㉓,吾不可以久驻。"若士举臂而竦身㉔,遂入云中。卢敖仰而视之,弗见,乃止驾,柸治,悖若有丧也㉕。曰:"吾比夫子,犹黄鹄与壤虫也㉖。终日行,不离咫尺㉗,而自以为远。岂不悲哉!"故《庄子》曰:"小年不及大年,小知不及大知,朝菌不知晦朔,蟪蛄不知春秋。"㉘此言明之有所不见也。

[注释]①卢敖:人名,秦始皇时博士,奉命去求仙,逃去无踪。北海:指北方边远处。　②太阴:极盛的阴气。北方为阴,故以太阴指极北处。玄阙、

蒙谷：皆传说中北方山名。　③泪注：王念孙认为作"渠颈"。渠：大。渠颈：脖子粗短。鸢：音 yuān，老鹰。鸢肩：肩膀耸起如鹰。　④丰：丰满，肥胖。杀：瘦削。轩轩然：飘然起舞的样子。方：正。　⑤慢然：舒缓的样子。下：放下。遁逃：逃避。乎：于。砰：山石。　⑥倦：蹲踞。龟壳：龟背。形容人蹲着像龟那样弓背。蛤梨：蛤蜊。　⑦穷：尽，遍。六合：天地四方。　⑧非：非难，指责。句谓卢敖以为那人是指责他背群离党，穷观于六合之外，所以才不跟他说话。　⑨北阴：同太阴，指北方之极远处。　⑩殆：大概。　⑪若士者：那个人。卷：音 quán，笑而露齿貌。　⑫中州：中原。　⑬光：照耀。载：布满。　⑭不名之地：叫不出名的地方。窔（音 yào）奥：室之东南隅曰窔，西南隅曰奥。　⑮冈㢣（音 láng）：空虚无边的样子。　⑯沉墨：无声无息，沉寂幽暗。　⑰窅（音 yǎo）冥：深远幽深貌。党：地方。冈㢣、沉墨、窅冥：皆虚拟地名。鸿濛：东方日出处。鸿濛之光：日光。　⑱瞬：音 shùn，指目有所见而转动。　⑲汏（音 dài）沃：指四海与天相连接处水流动的声音。汜：音 sì，水涯，水边。　⑳其余：其外，在汏沃之汜之外。举：腾飞。　㉑在：处所，指汏沃之汜以外的地方。　㉒处：停留。　㉓汗漫：虚无缥缈之意，这里是虚拟的人名。九垓（音 gāi）：九天。垓：极远处。　㉔竦：伸长脖子，踮起脚跟。竦身：准备飞升的动作。　㉕柸（音 pēi）治：楚国方言，形容怅恨的样子。悖若：迷惑的样子。　㉖黄鹄：鸟名，　即天鹅。壤虫：在泥中生活的小虫。㉗咫：音 zhǐ，八寸为咫。咫尺：形容距离极短。　㉘引文见《庄子·逍遥游》。年：寿命。知：同智。朝菌：一种朝生暮死的菌类植物。晦朔：农历每月初一日为朔，每月最末一天为晦。蟪蛄：蝉的一种，也叫寒蝉。古人认为它春生夏死，夏生秋死，故不懂得春天和秋天的区别。

季子治亶父三年①，而巫马期绕衣短褐，易容貌，往观化焉②。见得鱼释之。巫马期问焉，曰："凡子所为鱼者，欲得也。今得而释之，何也？"渔者对曰："季子不欲人取小鱼也。所得者小鱼，是以释之。"巫马期归，以报孔子曰："季子之德至矣。使人暗行，若有严刑在其侧者③。季子何以至于此?"孔子曰:"丘尝问之以治,言曰:'诚于此者刑于彼。'季子必行此术也。"故《老子》曰:"去彼取此。"④

[注释]①季子:即宓子,名不齐,春秋末鲁国人,孔子弟子。亶父:地名,也作单父,地在今山东省单县。 ②巫马期:人名,孔子弟子。绖:音wèn,麻布做的丧服,这里泛指粗劣衣服。褐:粗布衣。化:教化。 ③暗:黑夜。 ④引文见《老子》第七十二章。

罔两问于景曰①:"昭昭者,神明也?"景曰:"非也。"罔两曰:"子何以知之?"景曰:"扶桑受谢②,日照宇宙,昭昭之光,辉烛四海③,阖户塞牖,则无由入矣④。若神明,四通并流,无所不极,上际于天,下蟠于地⑤。化育万物而不可为象,俯仰之间⑥,而抚四海之外。昭昭何足以明之!"故《老子》曰:"天下之至柔,驰骋天下之至坚。"⑦

[注释]①罔两:指影子外层淡淡的阴影。景:同影。 ②扶桑:神话中东方日出处的神木。受:承受,替代。谢:衰落。受谢:指黑夜过去,白昼到来的自然替代。 ③烛:照。 ④阖:关闭。牖:音yǒu,窗。 ⑤蟠:音pán,充满。 ⑥俯仰:低头和抬头,比喻时间极短。 ⑦引文见《老子》第四十三章。

光耀问于无有曰①:"子果有乎?其果无有乎?"无有弗应也。光耀不得问②,而就视其状貌,冥然忽然③,视之不见其形,听之不闻其声,搏之不可得④,望之不可极也。光耀曰:"贵矣哉!孰能至于此乎!予能有无矣⑤,未能无无也⑥;及其为无无,又何从至于此哉!"故《老子》曰:"无有入于无间,吾是以知无为之有益也。"⑦

[注释]①光耀、无有:皆虚拟的人名。 ②不得问:得不到对他问话的回答。 ③冥然:幽暗不明的样子。忽然:迷茫不定的样子。 ④搏:触摸。 ⑤有无:指将可见到的、实有的东西变成没有形体、不可把握的东西,如光。 ⑥无无:不仅没有形体不可把握,而且听不到、看不见。 ⑦语见《老子》第四十三章。无间:没有间隙的地方。

白公胜虑乱①。罢朝而立,倒杖策,锐上贯颐②,血流至地而弗知也。郑人闻之,曰:"颐之忘,将何不忘哉!"此言精神之越于外,智虑之荡于内,则不能漏理其形也③。是故神之所用者远,则所遗者近也。故《老子》曰:"不出户以知天下,不窥牖以见天道。其出弥远,其知弥少。"④此之谓也。

[注释]①白公胜:楚平王孙,杀令尹子西、司马子期,叶公子高率众攻之,引起一场内乱。 ②策:马鞭。倒杖策:倒执马鞭。锐:音 zhuì,马鞭端的尖刺。颐:腮,面颊。 ③漏:疏。漏理:勉强治理。 ④引文见《老子》第四十七章。

秦皇帝得天下,恐不能守,发边戍,筑长城,修关梁①,设障塞,具传车②,置边吏。然刘氏夺之,若转闭锤③。昔武王伐纣,破之牧野④,乃封比干之墓⑤,表商容之闾⑥,柴箕子之门⑦,朝成汤之庙,发巨桥之粟,散鹿台之钱⑧,破鼓折枹,弛弓绝弦⑨,去舍露宿以示平易,解剑带笏,以示无仇⑩。于此天下歌谣而乐之,诸侯执币相朝⑪,三十四世不夺⑫。故《老子》曰:"善闭者,无关键而不可开也;善结者,无绳约而不可解也。"⑬

[注释]①关梁:关口津梁,皆水陆险要之处。 ②传车:驿站的车马。 ③闭锤:编织席子用的织锤,使用时翻转方便。 ④牧野:地名,在今河南汲县与淇县之间。 ⑤封:堆土修筑坟墓。 ⑥表:刻有褒扬铭识的木柱。商容:传说是商代贤人,曾遭商纣贬退。闾:里巷的大门。 ⑦柴:用木栏围护四周。史载纣王死后箕子亡走,故居空置。武王以木栏围护之。 ⑧巨桥:殷代大粮仓所在地,在今河北曲周县东北。鹿台:纣王所筑大台,地在今河南汤阴朝歌南,纣王尝在此贮藏财物。 ⑨鼓:战鼓。折:劈开。枹:音fú,鼓槌。弛:放松弓弦。 ⑩笏:音hù,古代朝会时所执用以记事的手板。⑪币:缯帛。古时以束帛为祭祀或赠送宾客的礼物,称为币,后泛指聘享礼物。 ⑫三十四世:指周传国世代。周自武王至东周君共历三十八君。⑬引文见《老子》第二十七章。关键:门闩,横为关,竖为键。约:绳。

尹需学御①,三年而无得焉。私自苦痛,常寝想之。中夜,梦受秋驾于师②。明日往朝,师望之,谓之曰:"吾非爱道于子也③,恐子不可予也。今日教子以秋驾。"尹需反走④,北面再拜曰:"臣有天幸,今夕固梦受之。"⑤故《老子》曰:"致虚极,守静笃,万物并作,吾以观其复也。"⑥

[注释]①尹需:人名,古之善御者。 ②秋:飞腾的样子。秋驾:一种高超的驾驭车马的技术。 ③爱:吝啬。道:指驾驭之术。 ④反走:后退,以示恭敬。 ⑤今夕:昨夜。 ⑥引文见《老子》第十六章。虚极:虚无的极点。笃:真诚纯一。

昔孙叔敖三得令尹,无喜志①;三去令尹,无忧色。延陵季子,吴人愿一以为王而不肯②;许由,让天下而弗受③;晏子与崔杼盟,临死地不变其仪④;此皆有所远通也。精神通于死生,则物孰能惑之!荆有佽非,得宝剑于干队⑤,还反度江,至于中流,阳侯之波,两蛟挟绕其船⑥,佽非谓枻船者曰⑦:"尝有如此而得活者乎?"对曰:"未尝见也。"于是佽非瞋目,勃然攘臂拔剑曰⑧:"武士可以仁义之礼说也,不可劫而夺也。此江中之腐肉朽骨,弃剑而已。余有奚爱焉⑨!"赴江刺蛟,遂断其头,船中人尽活。风波毕除,荆爵为执圭⑩。孔子闻之,曰:"夫善载!腐肉朽骨弃剑者⑪,佽非之谓乎!"故《老子》曰:"夫唯无以生为者,是贤于贵生焉。"⑫

[注释]①孙叔敖,春秋时楚国人。令尹:楚官名,相当于宰相。 ②延陵季子:春秋吴国国君寿梦少子,名札,封于延陵,故称延陵季子。其父欲立之,季札不肯。父死,国人欲强立之,季札逃去。一:坚持,固。 ③许由:上古隐士,相传尧欲让天下给他,不受,遁耕于箕山之下。 ④晏子:春秋齐国大夫,名婴。崔杼:春秋齐国大夫。《左传·襄二十五年》载,崔杼与庆封弑齐庄公,劫持齐将军大夫结盟,胁迫群臣就范。晏子不畏胁迫,歃血盟誓忠君利国。仪:法度、标准。 ⑤佽(音cì)非:人名,楚国人。干队:或作干遂、干隧,吴邑名,地在今苏州市西北,相传吴王夫差自刎于此。 ⑥阳侯:传说中的波浪之神,本是陵阳国君,溺水而死,因为波神。蛟:传说中江海中的龙。 ⑦枻:音yì,船桨。枻船者:船夫。 ⑧瞋:王念孙认为瞋应为瞋。瞋(音zhēn)目:怒目。勃然:盛怒的样子。攘:捋。攘臂:捋衣出臂,表示振奋。 ⑨腐肉朽骨:佽非自度必死,故谓大不了成为江中腐肉朽骨。爱:吝啬。句谓如只是丢弃剑而已,我还有什么吝啬的呢,而现在是即使丢弃剑也不能保全自己,故不如一拼。 ⑩执圭:楚国的一种封爵,赐圭给有功之臣,使之可以持圭朝见。 ⑪载:通哉。或谓哉下脱"不以"二字。 ⑫引文见《老子》第七十五章。

齐人淳于髡以从说魏王,魏王辩之①。约车十乘,将使荆②,辞而行。人以为从未足也,复以衡说,其辞若然③。魏王乃止其行而疏其身。失从心志,而又不能成衡之事。是其所以固也④。夫言有宗，事有本，失其宗本，技能虽多，不若其寡也。故周鼎著倕，而使齕其指，先王以见大巧之不可也⑤。故《慎子》曰⑥："匠人知为门，能以门，所以不知门也。"⑦故必杜，然后能门。

[**注释**]①淳于髡：人名，战国齐人，以博学善辩著称，齐威王曾任为大夫。从：通纵，合纵，联合六国抗秦的策略。魏王：指魏惠王，前369～前318年在位。辩之：认为他说得雄辩有理。　②约：束。约车：套车。荆：楚。　③衡：连衡，使各诸侯国事奉秦国的策略。若然：也像当初以从说那样雄辩有力。　④固：见识鄙陋。　⑤著：铸刻。倕：音 chuí，传说是尧时的巧匠。齕：音 hé，咬。以：同已。　⑥《慎子》：战国法家慎到的著作，原有四十二篇，今仅存五篇。这里所引的两句已不见于今本《慎子》。　⑦知为门：懂得制造门。门作名词。能以门：能够用来防守大门。门作动词，防守。句谓工匠只知道造了门就可以防守，不知道门之所以能防守，关键不在门户本身，而在门闩、门楗、锁具等门户之外的东西。

　　墨者有田鸠者，欲见秦惠王①。约车申辕②，留于秦，周年不得见③。客有言之楚王者④，往见楚王，楚王甚悦之。予以节⑤，使于秦。至，因见。予之将军之节⑥。惠王见而说之。出舍，喟然而叹，告从者曰："吾留秦三年不得见，不识道之可以从楚也。"物故有近之而远，远之而近者。故大人之行，不掩以绳，至所极而已矣⑦。此所谓《管子》"枭飞而维绳"者⑧。

[**注释**]①田鸠：战国齐国人，学墨家学说。秦惠王：战国秦国君，前337～前311年在位。　②申辕：套装车辆。　③周年：应作"三年"。　④之楚王：到楚国游说楚王。　⑤节：符节，古代使臣所持之凭证。　⑥予之将军之节：此六字是上文错置于此。当删去。　⑦大人：君子。掩：覆按，衡量。绳：

准绳。极:目标。 ⑧所谓《管子》:当作"《管子》所谓"。《管子》:古籍名,托名战国齐管仲所著,刘向整理有八十六篇,现存七十六篇。枭:即猫头鹰。本句见《管子·宙合篇》,今本作"鸟飞准绳",意谓鸟飞虽有曲折,但总体看仍是直的。

沣水之深千仞①,而不受尘垢,投金铁针焉,则形见于外。非不深且清也,鱼鳖龙蛇莫之肯归也②。是故石上不生五谷,秃山不游麋鹿③,无所阴蔽隐也。昔赵文子问于叔向曰④:"晋六将军⑤,其孰先亡乎?"对曰:"中行、知氏⑥。"文子曰:"何乎?"对曰:"其为政也,以苛以察,以切为明,以刻下为忠⑦,以计多为功,譬之犹廓革者也。廓之,大则大矣,裂之道也⑧。"故《老子》曰:"其政闷闷,其民纯纯,其政察察,其民缺缺。"⑨

[注释]①沣水:水名,源出陕西秦岭,流入渭水。 ②归:归宿。莫之肯归:没有愿在沣水生长的。 ③麋鹿:兽名,俗称四不像。 ④赵文子:春秋晋国卿赵武,谥文子。叔向:晋国大夫羊舌肸。 ⑤六将军:指当时晋国六位世卿:韩、赵、魏、范、中行、智伯。 ⑥中行:晋国世卿。本姓荀,荀偃任中军将军,中军改称中行,故以中行为氏。传至中行文子荀寅,与范氏作乱,赵简子围范、中行于朝歌,范、中行出亡,其地被知伯、赵、魏、韩等瓜分。知氏:晋国世卿,姓荀,与中行同祖,传至知伯荀瑶,专晋国政,率韩、魏攻赵。后赵联合韩、魏反攻知伯,灭知氏,尽分其地。知同智。 ⑦切:严厉。刻下:对下属苛刻。 ⑧廓:扩展。廓革:将皮革扩展撑开,以使皮革更大更薄。 ⑨引文见《老子》第五十八章。闷闷:昏昧不明的样子。纯纯:混沌淳厚。察察:明察。缺缺:狡黠,伪诈。

景公谓太卜曰:"子之道何能?"①对曰:"能动地。"②晏子往见公③,公曰:"寡人问太卜曰:'子之道何能?'对曰：'能动地。'地可动乎？"晏子默然不对。出，见太卜，曰："昔吾见句星在房、心之间④，地其动乎？"太卜曰："然"。晏子出。太卜走往见公曰："臣非能动地，地固将动也。"田子阳闻之，曰⑤："晏子默然不对者，不欲太卜之死；往见太卜者，恐公之欺也⑥。晏子可谓忠于上而惠于下矣。"故《老子》曰："方而不割，廉而不刿。"⑦

[注释]①景公：齐景公，名杵臼，前547~前490年在位。太卜：掌管占卜的官。道：技术、才能。　②动：震。　③晏子：晏婴，春秋齐国人，曾任齐景公相。　④句星：时隐时现、非正常出现的星。房：星宿名，二十八宿之一。心：星宿名，二十八宿之一。古人以为客星出现在房、心之间，将有地震。⑤田子阳：人名，齐国臣。　⑥两句谓晏子不回答景公，是怕说出天象已兆地震，揭穿太卜能动地谎言，使景公怒杀太卜，而向太卜揭穿这一点，是让太卜知道把戏已被揭穿，使他自动去更正，以使景公不受欺骗。　⑦引文见《老子》第五十八章。方：方正。廉：通棱，棱角。刿：音 guì，割伤。

魏文侯觞诸大夫于曲阳①，饮酒酣，文侯喟然叹曰："吾独无豫让以为臣乎？"②蹇重举白而进之③，曰："请浮君。"④君曰："何也？"对曰："臣闻之，有命之父母，不知孝子；有道之君，不知忠臣⑤。夫豫让之君，亦何如哉？"文侯受觞而饮醑不献⑥。曰："无管仲、鲍叔以为臣⑦，故有豫让之功。"故《老子》曰："国家昏乱有忠臣。"⑧

[注释]①魏文侯：战国魏国君，前445~前396年在位。觞：请人饮酒。曲阳：地名，在今河南济源县西。　②豫让：人名，春秋末晋国人，事知伯，知伯被杀，豫让变容貌声音为知伯报仇，事败自杀。　③蹇重：人名，魏文侯臣。白：饮酒时用以罚酒的酒杯。　④浮：罚人饮酒。蹇重认为文侯之言有过，故罚饮一杯。　⑤有命二句：命：道。意谓为人父母者有道，则家庭和顺，人人

孝慈,也就没有特别的孝子表现出来。只有家庭不和顺,才有父慈子孝的问题,才有孝子产生。国家也如此,国家清平,没有不忠的行为,也就无所谓忠臣表现出来。　⑥釂:音 jué,一饮而尽。献:劝酒。不献:指文侯饮完罚酒不回劝对方,表示认罚。　⑦管仲、鲍叔:皆春秋齐桓公臣,是公认的贤臣。⑧引文见《老子》第十八章。

孔子观桓公之庙①,有器焉,谓之宥卮②。孔子曰:"善哉!予得见此器。"顾曰:"弟子取水。"水至,灌之。其中则正,其盈则覆。孔子造然革容曰③:"善哉,持盈者乎!"子贡在侧曰④:"请问持盈。"曰:"益而损之。"曰:"何谓益而损之?"曰:"夫物盛而衰,乐极则悲,日中而移,月盈而亏。是故聪明睿智,守之以愚;多闻博辩,守之以陋;武力毅勇,守之以畏;富贵广大,守之以俭;德施天下,守之以让。此五者,先王所以守天下而弗失也;反此五者,未尝不危也。"故《老子》曰:"服此道者不欲盈。夫唯不盈,故能弊而不新成。"⑤

[注释]①桓公:春秋鲁国君,名允,前711～前694年在位。　②宥卮(音 yòu zhī):容器名,也叫欹器,注满则倾覆,空则侧,不多不少则放得平正,古人常以置座右,以警戒勿太过,勿不及。　③造然:急遽貌。革:改。革容:面容变得严肃起来。　④子贡:孔子弟子,姓端木,名赐,字子贡。　⑤引文见《老子》第十五章。服:遵循。弊:陈旧。成:更新。

武王问太公曰①:"寡人伐纣,天下是臣杀其主而下伐其上也②。吾恐后世之用兵不休,斗争不已,为之奈何?"太公曰:"甚善,王之问也!夫未得兽者,唯恐其创之小也;已得之,唯恐伤肉之多也。王若欲久持之,则塞民于兑③,道全为无用之事,烦扰之教④,彼皆乐其业,供其情⑤,昭昭而道冥冥⑥,于是乃去其瞀而载之木⑦,解其剑而带之笏。为三年之丧,令类不蕃⑧,高辞卑让,使民不争⑨。酒肉以通之,竽瑟以娱之,鬼神以畏之,繁文滋礼以弇其质⑩,厚葬久丧以亶其家⑪,含珠鳞、施纶组以贫其财⑫,深凿高垄以尽其力⑬,家贫族少,虑患者贫,以此移风,可以持天下弗失。"故《老子》曰:"化而欲作,吾将镇之以无名之朴也。"⑭

[注释]①武王:周武王。太公:即太公望。　②是:认为……是对的。　③兑:孔穴,指人与外界接触的感官,如眼、耳、口、鼻等。　④道:通导,引导。无用之事:没有切实功效的事情。烦扰之教:烦琐纷杂的教育,指仁义礼乐等。　⑤供:满足。　⑥昭昭:明白,指施教者。冥冥:糊涂,指人民。　⑦瞀:通鍪,音 móu,一种类似头盔的简易帽。载:通戴。木:当作"术"。术:假借为鹬(音 yù),两字古音同,故得相通。鹬指鹬冠,用鹬鸟羽毛制成的帽子。古人认为鹬鸟可以预知风雨,天将雨则鹬鸟鸣,故以鹬冠为掌天文者之冠。　⑧蕃:生息繁茂。句谓服丧三年,而居丧期间不得婚娶生育,故谓种类不繁盛。　⑨高:意动用法,以……为高。卑让:谦恭地辞让。　⑩滋:多。弇:音 yǎn,掩盖,遮蔽。质:实质。　⑪亶:音 dàn,通瘅,疲惫。　⑫含珠:一种丧仪,将珠玉放置在死者口中。鳞施:用鳞状玉片编织成玉衣,穿在死者身上。纶:丝棉。组:丝带。纶组:指死者入殓穿戴华丽的衣服。　⑬深凿高垄:深挖墓穴,高筑坟茔。　⑭引文见《老子》第三十七章。

卷十三　泛论训

古者有鍪而绻领①,以王天下者矣。其德生而不辱②,予而不夺,天下不非其服,同怀其德。当此之时,阴阳和平,风雨时节,万物蕃息。乌鹊之巢可俯而探也,禽兽可羁而从也③。岂必褒衣博带,句襟委章甫哉④!

[注释]①鍪:音 móu,一种形似头盔的简易帽。绻(音 quǎn)领:翻领,指上古简易服饰。　②辱:刑杀。　③探:摸取。从:跟随。　④褒:衣襟宽大。博:大。褒衣博带:宽衣大带,指古代儒者的服饰。句(音 gōu)襟:曲领衣。委:委貌冠,周代一种礼帽,以黑色织物制成。章甫:殷代一种冠名,即缁布冠。此以褒衣博带、句襟委章甫代指儒家礼节教化。

古者民泽处复穴①,冬日则不胜霜雪雾露,夏日则不胜暑蛰蚊虻②。圣人乃作,为之筑土构木,以为宫室,上栋下宇,以蔽风雨③,以避寒暑,而百姓安之。伯余之初作衣也④,緂麻索缕,手经指挂,其成犹网罗⑤。后世为之机杼胜复⑥,以便其用,而民得以掩形御寒。古者剡耜而耕,摩蜃而耨⑦,木钩而樵,抱甀而汲⑧,民劳而利薄。后世为之耒耜耰锄⑨,斧柯而樵,桔槔而汲⑩,民逸而利多焉。古者大川名谷,冲绝道路⑪,不通往来也;乃为窬木方版,以为舟航⑫。故地势有无,得相委输⑬。乃为靻蹻而超千里,肩荷负儋之勤也⑭,而作为之楺轮建舆⑮,驾马服牛,民以致远而不劳。为鸷禽猛兽之害伤人,而无以禁御也;而作为之铸金锻铁以为兵刃,猛兽不能为害。故民迫其难,则求其便;困其患,则造其备⑯。人各以其所知,去其所害,就其所利。常故不可循,器械不可因也⑰,则先王之法度,有移易者矣。

[注释]①复穴:上古一种掘地而成的双层居室。 ②虻:一种昆虫,雌虫吸人及动物血液。 ③筑:捣土使坚实。构木:用木建房。栋:房屋的正梁。宇:屋檐。 ④伯余:传说是黄帝臣,始做衣裳者。 ⑤缘:音tián,以手搓麻。索:搓。缕:麻线。手经指挂:形容亲手操作。网罗:形容织物粗糙。 ⑥机杼(音zhù):织布机的两个关键部件。机是转动滚轴的机关,杼是织布梭,这里泛指纺织。胜复:繁复。 ⑦剡:音yǎn,锐利。耜:音sì,上古的一种农具,类似犁的头部。摩:通磨。蜃:音shèn,大蛤蜊。耨:nòu,除草。 ⑧木钩:用木做的弯形砍具,类似镰刀。樵:砍柴。甄:音chuí,一种小口的瓦器。 ⑨耒(音lěi)耜:上古用以翻土的农具。耒是其柄,耜用来翻土。櫌鉏(音yōu chú):古代用以平田松土的农具。鉏:通锄。 ⑩柯:斧柄。斧柯:斧子。桔槔:利用杠杆原理制成的井上汲水工具。 ⑪冲:纵横交错的样子。 ⑫窬:音yú,空。窬木:将木中间挖空,制成独木舟。方:并。版:通板。航:用两条船并成的船。 ⑬委输:运送。把货物搬到车船上叫委,转运交卸叫输。 ⑭靻:当作靼(音dá),靻:柔软的皮革。蹻:音jué通屩,鞋。儋:通担,肩挑。勤:辛劳。 ⑮楺:通揉,用火烤、重压等手段使木变形。楺轮:把木弯曲制成车轮。建:立,制。舆:车子。 ⑯迫其难:受到危难的逼迫。造其备:制造抵御的工具。 ⑰常故:习惯的做法。器械:各种具体用具的总称。

古之制,婚礼不称主人①,舜不告而娶,非礼也②。立子以长,文王舍伯邑考而用武王,非制也③。礼三十而娶,文王十五而生武王,非法也。夏后氏殡于阼阶之上,殷人殡于两楹之间,周人殡于西阶之上,此礼之不同者也④。有虞氏用瓦棺⑤,夏后氏塈周⑥,殷人用椁⑦,周人墙置翣⑧,此葬之不同者也。夏后氏祭于暗,殷人祭于阳,周人祭于日出以朝⑨,此祭之不同者也。尧《大章》,舜《九韶》,禹《大夏》,汤《大濩》,周《武象》⑩,此乐之不同者也。故五帝异道,而德覆天下;三王殊事,而名施后世。此皆因时变而制礼乐者。譬犹师旷之施瑟柱也⑪,所推移上下者,无寸尺之度,而靡不中音,故通于礼乐之情者能作音,有本主于中,而以知矩蒦之所周者也⑫。鲁昭公有慈母而爱之,死,为之练冠,故有慈母之服⑬。阳侯杀蓼侯而窃其夫人,故大飨废夫人之礼⑭。先王之制,不宜则废之。末世之事,善则著之⑮,是故礼乐未始有常也。故圣人制礼乐,而不制于礼乐。

[注释]①婚礼不称主人:谓操持婚礼时新郎不直接出面,而由叔伯兄长辈出面。　②高诱注曰:"尧知舜贤,以二女妻舜。不告父:父顽常欲杀舜,舜知告则不得娶也。"这不符合后来的礼法。　③伯邑考:周武王之兄。④夏后氏:夏朝。殡:停柩。阼(音 zuò)阶:古厅堂前有两排台阶,东面的叫阼阶,西面的叫西阶。阼阶为主人之位,西阶为宾客之位。楹:音 yíng,厅堂前的柱子,有一左一右两根。两楹之间:厅堂正中央,正在东西两阶中间。几句谓夏人停柩于主位,殷人停柩于主宾之间,周人停柩于宾位。　⑤有虞氏:传说中部落名,以舜为首领。瓦棺:用土烧制的棺。　⑥塈:音 jí,烧土为砖。塈周:用烧成的土砖砌成的棺。　⑦椁:音 guǒ,套在棺外的大棺。　⑧墙:装饰灵柩的布帐。翣:音 shà,一种形似扇的棺饰,在路以障车,入椁以障柩。⑨暗:黄昏。阳:这里指白天。以:在。朝:日出时分。　⑩《大章》、《九

韶》、《大夏》、《大濩》、《武象》:皆传说中古乐曲名。　⑪师旷:春秋时晋国乐师,善辨音乐。施:设置,调整。瑟:古代一种拨弦乐器,形似琴,通常有二十五根弦,每根弦有一柱支撑。　⑫中:心。矩矱(音 jǔ yuē):规矩,法度。⑬慈母:奶妈。练冠:古代一种丧服。服:指丧礼规定的丧服。　⑭阳侯:古陵阳国侯。蓼侯:古诸侯国君,偃姓。大飨(音 xiǎng):古代一种祭名。据说古礼大飨之时,饮酒,国君执爵,夫人执豆。阳侯见蓼侯夫人美艳,便杀蓼侯而娶其夫人。从此大飨礼废除夫人执豆的仪式。　⑮著:显扬,施行。

治国有常,而利民为本;政教有经,而令行为上①。苟利于民,不必法古;苟周于事,不必循旧。夫夏、商之衰也,不变法而亡;三代之起也,不相袭而王。故圣人法与时变,礼与俗化。衣服器械,各便其用;法度制令,各因其宜。故变古未可非,而循俗未足多也。百川异源,而皆归于海;百家殊业,而皆务于治。王道缺而《诗》作②,周室废,礼义坏,而《春秋》作③。《诗》、《春秋》,学之美者也,皆衰世之造也,儒者循之,以教导于世,岂若三代之盛哉④! 以《诗》、《春秋》为古之道而贵之,又有未作《诗》、《春秋》之时。夫道其缺也,不若道其全也。诵先王之《诗》、《书》,不若闻得其言,闻得其言,不若得其所以言,得其所以言者,言弗能言也。故"道可道者,非常道也"。⑤

　　[注释]①经:常。　②《诗》:即《诗经》,我国最早的一部诗歌总集。　③《春秋》:先秦编年体史书名,相传为孔子所撰。　④三代:夏、商、周。　⑤语见《老子》第一章。

周公事文王也,行无专制,事无由己,身若不胜衣,言若不出口①,有奉持于文王,洞洞属属,而将不能,恐失之②,可谓能子矣。武王崩③,成王幼少。周公继文王之业,履天子之籍④,听天下之政,平夷狄之乱,诛管、蔡之罪⑤,负扆而朝诸侯⑥,诛赏制断,无所顾问⑦,威动天地,声慑四海,可谓能武矣。成王既壮,周公属籍致政,北面委质而臣事之⑧,请而后为,复而后行,无擅恣之志,无伐矜之色,可谓能臣矣⑨。故一人之身而三变者,所以应时矣。何况乎君数易世⑩,国数易君,人以其位达其好憎,以其威势供嗜欲,而欲以一行之礼⑪,一定之法,应时偶变,其不能中权亦明矣⑫。故圣人所由曰道,所为曰事。道犹金石,一调不更⑬;事犹琴瑟,每弦改调。故法制礼义者,治人之具也,而非所以为治也。故仁以为经,义以为纪⑭,此万世不更者也。若乃人考其才,而时省其用⑮,虽日变可也。天下岂有常法哉!当于世事,得于人理,顺于天地,祥于鬼神⑯,则可以正治矣。⑰

[注释]①身若不胜衣:弓腰俯身,好像承受不了衣服的重量,形容恭谨的样子。言若不出口:形容言语谨慎,好像说不出话。 ②奉持:手持物进奉。洞洞属属:温柔婉顺的样子。能:胜。 ③崩:特指帝王死亡。 ④籍:位。履天子之籍:登上天子之位。 ⑤管、蔡:指管叔、蔡叔,皆周武王弟,分封管、蔡,故称。武王死,周公摄政,管、蔡挟纣子武庚作乱,周公东征,放逐蔡叔,诛管叔。 ⑥扆:音 yǐ,窗户之间的屏风。负扆:面向南面,背靠屏风,比喻执政。 ⑦顾问:就某事相商于人。 ⑧属:音 zhǔ,委托,交付。属籍:交还帝位、权力。致:归还。致政:归还政事。质:通贽,古人相见时所携的礼物。委质:执贽相见,指人臣拜见君主之礼。 ⑨伐矜:高傲自夸。 ⑩世:三十年。数易世:指执政年限很长。 ⑪一行之礼:一成不变的礼法。 ⑫偶:合。中:音 zhòng,符合。权:根据实际情况采取适宜的措施。 ⑬金石:指用金属、石头制造的乐器,如编钟、编磬等。 ⑭经:常规,法则。纪:丝线的头绪,

引申指纲常法则。 ⑮省:检查,考察。 ⑯祥:和顺。 ⑰正治:整治。

古者人醇、工庞、商朴、女重①,是以政教易化,风俗易移也。今世德益衰,民俗益薄,欲以朴重之法,治既弊之民,是犹无镝衔橛策䤪而御馯马也②。昔者,神农无制令而民从,唐、虞有制令而无刑罚③,夏后氏不负言④,殷人誓,周人盟。逮至当今之世,忍诟而轻辱⑤,贪得而寡羞,欲以神农之道治之,则其乱必矣。伯成子高辞为诸侯而耕,天下高之⑥。今之时人,辞官而隐处,为乡邑之下⑦,岂可同哉!古之兵,弓剑而已矣,槽矛无击,修戟无刺⑧;晚世之兵,隆冲以攻,渠幨以守⑨,连弩以射,销车以斗⑩。古之伐国,不杀黄口,不获二毛⑪。于古为义,于今为笑。古之所以为荣者,今之所以为辱也;古之所以为治者,今之所以为乱也。夫神农、伏羲不施赏罚而民不为非,然而立政者不能废法而治民;舜执干戚而服有苗⑫,然而征伐者不能释甲兵而制强暴。由此观之,法度者,所以论民俗而节缓急也⑬;器械者,因时变而制宜适也。

[注释]①醇:淳朴厚重。庞:器物坚固耐用,引申有厚重之意。 ②镝衔橛:马口中所含铁,用来控制马,即马衔。策:马鞭。䤪:音 zhuì,马鞭端部的尖刺。馯:hàn,奔突。馯马:狂奔的烈马。 ③唐、虞:指陶唐氏尧和有虞氏舜。 ④负言:背弃诺言。 ⑤诟:音 gòu,骂。轻辱:受辱而不以为耻。 ⑥伯成子高:人名,见于《庄子·天地篇》,或以为乃庄子杜撰的人物。辞为诸侯:辞去诸侯之位。高:意动用法,称赞。 ⑦为乡邑之下:被乡里所鄙视。之:用如所。下:意动用法。 ⑧槽矛:一种较短的矛。击:矛上端安装的铁枪头。戟:一种既可直刺又可横击的兵器。刺:刀锋。 ⑨隆:高。冲:冲车,一种攻城时用来冲撞城墙的战车。渠:沟堑,一说指甲。幨:音 chān,挡箭

牌。⑩连弩:可以连发的机械弓。销车:一种装有机关,可以发射飞刀的战车。⑪黄口:幼儿。二毛:指头发斑白的老人。头发黑中有白,所以叫二毛。⑫有苗:古代南方部族名。 ⑬论:分辩。

夫圣人作法,而万物制焉①;贤者立礼,而不肖者拘焉。制法之民,不可与远举②;拘礼之人,不可使应变。耳不知清浊之分者,不可令调音;心不知治乱之源者,不可令制法。必有独闻之耳,独见之明,然后能擅道而行矣③。夫殷变夏,周变殷,春秋变周,三代之礼不同,何古之从!大人作而弟子循。知法治所由生,则应时而变;不知法治之源,虽循古,终乱。今世之法籍与时变,礼义与俗易,为学者循先袭业,据籍守旧教,以为非此不治,是犹持方枘而周员凿也④。欲得宜适致固焉,则难矣⑤!今儒、墨者称三代、文武而弗行⑥,是言其所不行也;非今时之世而弗改,是行其所非也。称其所是,行其所非,是以尽日极虑而无益于治,劳形竭智而无补于主也⑦。今夫图工好画鬼魅,而憎图狗马者,何也⑧?鬼魅不世出,而狗马可日见也。夫存危治乱,非智不能;道而先称古⑨,虽愚有余。故不用之法,圣王弗行;不验之言,圣王弗听。

[注释]①物:当作"民"。制:被动用法,被控制。 ②远举:远大的行为。 ③独闻:独见,能听到、看到一般人所不能听到、看到的东西。擅:拥有。 ④枘:音 ruì,榫头。周:合。员:通圆。凿:卯眼。 ⑤宜适:适宜,合适。 ⑥三代:夏、商、周。文武:指周文王、周武王。 ⑦主:君主。 ⑧图工:画匠。 ⑨道而先称古:道字当在而字之下。道与称同义。

天地之气莫大于和,和者,阴阳调,日夜分,而生物①。

春分而生，秋分而成，生之与成，必得和之精。故圣人之道，宽而栗②，严而温，柔而直，猛而仁。太刚则折，太柔则卷，圣人正在刚柔之间，乃得道之本。积阴则沉，积阳则飞③，阴阳相接，乃能成和。夫绳之为度也，可卷而伸也④，引而伸之，可直而睎⑤，故圣人以身体之。夫修而不横，短而不穷，直而不刚，久而不忘者，其唯绳乎！

[**注释**]①日夜分：日夜平分，指春分、秋分。 ②栗：严密、严肃。 ③积阴二句：阴气重浊凝滞，故积阴则沉；阳气薄靡上升，故积阳则飞。 ④伸：当作"怀"。 ⑤睎：音 xī，望。

故恩推则懦①，懦则不威；严推则猛，猛则不和；爱推则纵，纵则不令；刑推则虐，虐则无亲。昔者，齐简公释其国家之柄，而专任大臣②，将相摄威擅势，私门成党，而公道不行，故使陈成田常、鸱夷子皮得成其难③。使吕氏绝祀而陈氏有国者④，此柔懦所生也。郑子阳刚毅而好罚⑤，其于罚也，执而无赦。舍人有折弓者，畏罪而恐诛，则因猘狗之惊，以杀子阳⑥，此刚猛之所致也。今不知道者，见柔懦者侵，则矜为刚毅⑦；见刚毅者亡，则矜为柔懦。此本无主于中，而见闻舛驰于外者也⑧，故终身而无所定趋⑨。

[**注释**]①推：推广，过量。 ②齐简公：春秋齐国君，名壬，前484～前481年在位。 ③陈成田常：齐简公大夫。其祖先原姓陈，在陈国为大夫，后奔齐，以田为氏。陈成田常，名常，谥成子，故或称田常、陈成子。他用大斗出、小斗进的方法收买人心，专执国政，后弑齐简公，立齐平公。鸱夷子皮：人名，未详。春秋越国大夫范蠡曾自号鸱夷子皮。然而此文之鸱夷子皮当是另

一人。 ④吕氏：春秋齐开国君主为太公望，姜姓吕氏。陈氏：即田氏。战国初悼子取齐国政权，自立为君。 ⑤郑子阳：人名，郑国相。 ⑥舍人：门客。狾：音 zhì，狗发疯。因狾狗之惊：趁着捕杀疯狗的机会。 ⑦侵：被动用法，被欺侮。矜：崇尚。 ⑧舛：音 zhuǎn，相违背。舛驰：指见闻与本性背道而驰。 ⑨定：安。趋：归宿。

譬犹不知音者之歌也，浊之则郁而无转，清之则燋而不讴①，及至韩娥、秦青、薛谈之讴②，侯同、曼声之歌③，愤于志，积于内，盈而发音，则莫不比于律而和于人心。何则？中有本主④，以定清浊，不受于外，而自为仪表也⑤。今夫盲者行于道，人谓之左则左，谓之右则右，遇君子则易道，遇小人则陷沟壑⑥。何则？目无以接物也。故魏两用楼翟、吴起，而亡西河⑦，湣王专用淖齿，而死于东庙⑧，无术以御之也；文王两用吕望、召公奭而王⑨，楚庄王专任孙叔敖而霸⑩，有术以御之也。

[注释]①浊：指声音沉厚。郁：阻滞，指声音不纯多杂质。转：婉转。清：指声音清亮。燋：音 qiáo，衰弱，指声音细而无力。讴：歌。 ②韩娥、秦青、薛谈：皆古代善歌者。韩娥是韩国人。秦青、薛谈是齐国人。 ③侯同、曼声：皆古代善歌者。 ④中：内心。本：本性。主：主宰。 ⑤仪表：准则、法度。 ⑥遇君子二句：意谓碰到君子有善心，则指引他走平坦易走之路，遇到坏心肠的人则指引他跌入沟壑。 ⑦楼：指楼廪（音 bì）。翟：指翟强，两人皆战国魏襄王时大夫。两人政见不一，楼廪主张联合秦楚以抗齐，翟强主张联合齐秦以抗楚。吴起：此二字疑衍。西河：魏国在黄河以西地区，后被秦占领。 ⑧湣王：战国齐国君，前 300～前 284 年在位。淖齿：楚国将军。齐湣王时燕、秦、楚等国攻齐，湣王逃亡，楚派淖齿率军救齐。齐湣王任淖齿为相，反为淖齿所杀，齐之宝器被掠走。 ⑨召公奭：周王室支族，封于召。 ⑩楚庄王：春秋楚国君，前 613～前 591 年在位。孙叔敖：楚庄王时令尹。

夫弦歌鼓舞以为乐,盘旋揖让以修礼①,厚葬久丧以送死,孔子之所立也,而墨子非之。兼爱尚贤,右鬼非命②,墨子之所立也,而杨子非之③。全性保真,不以物累形,杨子之所立也,而孟子非之。趋舍人异,各有晓心④。故是非有处,得其处则无非;失其处则无是。丹穴、太蒙、反踵、空同、大夏、北户、奇肱、修股之民⑤,是非各异,习俗相反,君臣上下,夫妇父子,有以相使也。此之是,非彼之是也;此之非,非彼之非也。譬若斤斧椎凿之各有所施也。

[**注释**]①盘旋:回旋周转,形容礼节繁复的样子。 ②右:崇尚。③杨子:即杨朱,战国时魏人,字子居,哲学家。其学说重在爱己,拔一毛以利天下而不为,与墨子之兼爱说正相反。 ④趋舍:追求和舍弃。 ⑤丹穴句:所列皆传说中极边远之部族。据高诱注,丹穴是南方太阳直晒下的地方,太蒙是西方太阳落下的地方。反踵:国名,传说其民脚板反转向后,脚跟向前,故走路时脚迹与所走方向相反。空同、大夏:皆在西方。北户:传说中南方国名,其地炎热,民居窗户皆北向以取清凉。奇(音jī)肱:传说中国名。《山海经·海外西经》:"奇肱之国在其北,其人一臂三目。"修股:神话中国名,其民皆脚长。

禹之时以五音听治①,悬钟鼓磬铎,置鞉,以待四方之士②,为号曰③:"教寡人以道者击鼓,谕寡人以义者击钟,告寡人以事者振铎,语寡人以忧者击磬,有狱讼者摇鞉。"当此之时,一馈而十起,一沐而三捉发,以劳天下之民④。此而不能达善效忠者,则才不足也。秦之时,高为台榭⑤,大为苑囿⑥,远为驰道⑦,铸金人,发适戍⑧,入刍稿⑨,头会箕赋,输于少府⑩。丁壮丈夫,西至临洮、狄道⑪,东至会稽、浮石⑫;南至豫章、桂林,北至飞狐、阳原⑬,道路死人以沟量⑭。当此之时,忠谏者谓之不祥,而道仁义者谓之狂。逮至高皇帝⑮,存亡继绝,举天下之大义,身自奋袂执锐⑯,以为百姓请命于皇天。当此之时,天下雄俊豪英,暴露于野泽⑰,前蒙矢石,而后堕溪壑⑱,出百死而给一生⑲,以争天下之权,奋武厉诚,以决一旦之命⑳。当此之时,丰衣博带而道儒、墨者,以为不肖㉑。逮至暴乱已胜,海内大定,继文之业,立武之功,履天子之图籍,造刘氏之貌冠㉒,总邹、鲁之儒、墨,通先圣之遗教㉓,戴天子之旗,乘大路,建九斿㉔,撞大钟,击鸣鼓,奏《咸池》,扬干戚㉕。当此之时,有立武者见疑,一世之间,而文武代为雌雄㉖,有时而用也。今世之为武者,则非文也;为文者,则非武也。文武更相非,而不知时世之用也。此见隅曲之一指,而不知八极之广大也㉗。故东面而望,不见西墙;南面而视,不睹北方;唯无所向者,则无所不通。

[注释]①五音:宫商角徵羽。听治:听政,处理政务。 ②磬:音 qìng,一种用玉、石或金属为材料制成的乐器,敲击发声。铎:古代一种似大铃的乐器,宣教政令时常摇铎以警众。鼗:音 táo,一种有柄的小鼓,似今之拨浪鼓。 ③号:命令。 ④馈:音 kuì,进食。捉发:指中断洗头,用手搓干头发。二句形容政务繁忙,常中断吃饭、沐浴处理政务。劳:忧虑。 ⑤台榭:筑土高起者为台,台上所盖之屋为榭。 ⑥苑囿:古代养禽兽的园林,大曰苑,小曰囿。 ⑦驰道:可以供马疾驰的大道。 ⑧金人:用铜浇铸的铜像。史载秦始皇曾收缴天下兵器,熔铸成十二个大金人像。适(音 zhé)戍:以罪被罚守边。 ⑨刍稿:喂牲口的干草。古时要求民户交纳干草,以供军用。 ⑩头会:人头税。箕赋:泛指各种苛杂的赋税。少府:官府名,掌管全国税收,供皇帝享用,属皇家私府。 ⑪临洮:秦县名,治所即今甘肃岷县。狄道:秦

县名,治所即今甘肃临洮县。　⑫会稽:山名,在今浙江绍兴。浮石:传说中山名,在东海。　⑬豫章:古地名,大致在今淮河以南、长江以北一带。桂林:秦郡名,治所在今广西桂平县西南古城。飞狐:山名,在今河北蔚县东南。阳原:县名,治所在今河北阳原县西南。　⑭以沟量:谓死人多得以装满山沟来计量,极言其多。　⑮高皇帝:指汉高祖刘邦。　⑯袂:音 mèi,衣袖。奋袂:振臂。锐:音 duì,长矛。　⑰雄俊豪英:英雄豪杰。才能超过千人为俊,超过百人为豪,超过万人为英。暴露于野泽:指在野外风餐露宿。　⑱溪壑:山涧沟壑。　⑲给:音 dài,至,求得。　⑳厉:振奋。决一旦之命:决一死战之意。㉑丰衣博带:宽大的衣服,指儒者之服。道:称说。　㉒图籍:天下版图,代指天子之位。貌冠:冠名。汉高祖刘邦微时为亭长,以竹皮为冠,为帝后亦时戴之,称为貌冠,也叫委貌冠、刘氏冠。　㉓邹:春秋国名,孟子故乡。鲁:鲁国,孔子故乡。此以邹鲁喻文化昌盛之地。先圣:指孔孟等古代圣人。　㉔戴:高竖。大路:同大辂,帝王所乘车名。九斿(音 liú):通九旒,一种天子所用的旗。　㉕《咸池》:传说是黄帝所用乐曲名。干:盾牌。戚:大斧。干戚:指古代武舞所持道具。　㉖代为雌雄:交替着成为主宰。　㉗隅曲:居室阴暗角落,形容窄小。指:通旨,意向,见解。

　　国之所以存者,道德也①;家之所以亡者,理塞也。尧无百户之郭,舜无置锥之地,以有天下②;禹无十人之众,汤无七里之分,以王诸侯③。文王处岐周之间也④,地方不过百里,而立为天子者,有王道也。夏桀、殷纣之盛也,人迹所至,舟车所通,莫不为郡县,然而身死人手,而为天下笑者,有亡形也⑤。故圣人见化以观其征,德有盛衰,风先萌焉⑥。故得王道者,虽小必大;有亡形者,虽成必败。夫夏之将亡,太史令终古先奔于商,三年而桀乃亡⑦。殷之将败也,太史令向艺先归文王,期年而纣乃亡⑧。故圣人之见存亡之迹,成败之际也,非待鸣条之野,甲子之日也⑨。今谓强者胜,则度地计众;富者利,则量粟称金。若此,则千乘之君无不霸王者,而万乘之国无不破亡者矣⑩。存亡之迹,若此其易知也,愚夫蠢妇,皆能论之⑪。赵襄子以晋阳之城霸,智伯以三晋之地擒⑫,湣王以大齐亡,田单以即墨有功⑬。故国之亡也,虽大不足恃;道之行也,虽小不可轻。由此观之,存在得道,而不在于大也;亡在失道,而不在于小也。《诗》云:"乃眷西顾,此惟与宅。"⑭言去殷而迁于周也。

[注释]①德:得。 ②郭:城。以:而。 ③分:分封。这里指分封的土地。 ④岐:山名,在今陕西省岐山县东北。周:地名,即周原,在今陕西岐山下,周族祖先古公亶父迁于此,开始了周兴盛的历史。 ⑤亡形:形体消灭,灭亡。 ⑥风:社会风气。 ⑦太史令:官名,上古为史官及历官之长。终古:人名,据说是夏桀时的太史令。 ⑧向艺:人名,商纣王时的太史令。期(音jī)年:一周年。 ⑨鸣条:地名,或谓地在今河南封丘县东。相传商汤伐夏,在鸣条击败夏桀的军队。甲子之日:传说武王伐纣,在甲子日战胜商纣王。 ⑩千乘:战国时以拥有万辆兵车的国家为大国,拥有千辆兵车的国家为中等国家。无不破亡者矣:"不"字当为衍文。 ⑪论:分辨。 ⑫赵襄子:春秋末晋国卿。智伯:春秋末晋国卿,是诸卿大夫中最有势力者,拥有晋国最大的领地。智伯向赵襄子索地未成,率韩、魏围攻赵,赵襄子退守晋阳。后来赵襄子联合韩、魏反攻智伯,杀智伯,尽分其地。晋阳:古邑名,地在今山西太原西南。三晋:即晋国,因晋分裂为赵韩魏三国,故称。 ⑬田单:战国时齐人。燕军大举入侵齐,齐湣王出亡,燕破齐七十余城,唯莒、即墨未下,淖齿在莒杀了湣王,与燕军共分侵齐之地。燕军包围即墨,即墨守将战死,田单被推举为将军。田单用反间计、火牛阵大破齐军,收复失地七十余城,以功封安平君。 ⑭引《诗》见《大雅·皇矣》。诗叙述周之祖先到西边周原开辟国家的历史。眷:回头看。西顾:指看到西方的周国。此:指周。宅:居。二句主语是上帝,言上帝憎恶殷,回头看到周国,便与周同在,保佑周王。

故乱国之君,务广其地而不务仁义,务高其位而不务道德。是释其所以存,而造其所以亡也。故桀囚于焦门,而不能自非其所行,而悔不杀汤于夏台①;纣居于宣室,而不反其过,而悔不诛文王于羑里②。二君处强大势位③,修仁义之道,汤、武救罪之不给,何谋之敢当④!若上乱三光之明⑤,下失万民之心,虽微汤、武,孰弗能夺也⑥!今不审其在己者,而反备之于人⑦,天下非一汤、武也,杀一人,则必有继之者也。且汤、武之所以处小弱而能以王者,以其有道也;桀、纣之所以处强大而见夺者,以其无道也。今不行人之所以王者,而反益己之所以夺,是趋亡之道也。武王克殷,欲筑宫于五行之山⑧,周公曰:"不可。夫五行之山,固塞险阻之地也。使我德能覆之,则天下纳其贡职者回也⑨;使我有暴乱之行,则天下之伐我难矣。"此所以三十六世而不夺也。周公可谓能持满矣。

[**注释**]①焦门:地名,即焦湖,也叫巢湖,地在今安徽巢县,相传成汤放逐夏桀于此。夏台:夏代监狱名,地在今河南禹县南。夏桀尝囚成汤于此。 ②宣室:商纣王宫殿名,周武王伐纣时,商纣王死于此。羑里:地名,地在今河南汤阴县北,商纣尝囚周文王于此。 ③二君:指夏桀、商纣。处强大势位:应作"处强大之势"。 ④救罪:指弥补自己的罪过。给:及。当:持,为。 ⑤三光:日、月、星。 ⑥微:无。 ⑦审:明察。在己者:指自身的德行。备:防范,戒备。 ⑧五行之山:即太行山,在今山西、河北、河南交界处。 ⑨覆:盖。德能覆之:即能够统治天下之意。贡职:赋税。民众进献为贡,朝廷所取叫赋,也叫职。回:迂远。

昔者,《周书》有言曰①:"上言者,下用也;下言者,上用也。上言者,常也;下言者,权也②。"此存亡之术也,唯圣人为能知权。言而必信,期而必当③,天下之高行也。直躬其父攘羊而子证之④,尾生与妇人期而死之⑤。直而证父,信而溺死,虽有直信,孰能贵之?夫三军矫命,过之大者也⑥。秦穆公兴兵袭郑,过周而东⑦,郑贾人弦高将西贩牛⑧,道遇秦师于周、郑之间,乃矫郑伯之命⑨,犒以十二牛,宾秦师而却之⑩,以存郑国。故事有所至,信反为过,诞反为功。

[注释]①《周书》:指周代的史书。 ②常:法典,伦常。权:变通,权变。 ③期:约会。当:担当责任,指应约。 ④直躬:人名,春秋楚国叶县人。攘:偷盗。证:检举揭发。 ⑤尾生:人名,战国鲁国人。传说尾生与女子约会于桥下,女子不来,而河水上涨,尾生为了践约不肯离去,遂抱桥柱而死。 ⑥三军:古代大国军队分上中下三军,故以三军泛指军队。矫命:伪造、假托命令。 ⑦秦穆公兴兵伐郑事,发生在前 628 至前 627 年,见《左传·僖公三十二、三十三年》记载。周:指周东都王城,在今河南洛阳王城公园一带。 ⑧贾(音 gǔ)人:商人。弦高:人名,郑国商人。 ⑨郑伯:当时的郑国君郑穆公。 ⑩犒:音 kào,以酒食慰劳。宾:以客礼相待。却:退,使动用法。

何谓失礼而有大功?昔楚恭王战于阴陵①,潘尫、养由基、黄衰微、公孙丙相与篡之②。恭王惧而失体③,黄衰微举足蹴其体④,恭王乃觉。怒其失礼,奋体而起,四大夫载而行⑤。昔苍吾绕娶妻而美,以让兄⑥,此所谓忠爱而不可行者也。是故圣人论事之局曲直,与之屈伸偃仰,无常仪表⑦,时屈时伸。卑弱柔如蒲苇,非摄夺也⑧;刚强猛毅,志厉青云,非本矜也⑨,以乘时应变也。夫君臣之接,屈膝卑拜，以相尊礼也；至其迫于患也，则举足蹴其体，天下莫能非也。是故忠之所在，礼不足以难之也。孝子之事亲，和颜卑体，奉带运履⑩，至其溺也，则捽其发而拯⑪；非敢骄侮，以救其死也。故溺则捽父，祝则名君⑫，势不得不然也。此权之所设也。故孔子曰："可以共学矣，而未可以适道也⑬；可与适道，未可以立也⑭；可以立，未可与权。"⑮权者，圣人之所独见也。故忤而后合者，谓之知权；合而后舛者，谓之不知权⑯；不知权者，善反丑矣。故礼者，实之华而伪之文也⑰，方于卒迫穷遽之中也，则无所用矣⑱。是故圣人以文交于世，而以实从事于宜，不结于一迹之途，凝滞而不化⑲。是故败事少而成事多，号令行于天下，而莫之能非矣。

[注释]①楚恭王：春秋楚国君，恭亦作共，前590～前560年在位。阴陵：地名，即鄢陵，在今河南鄢陵县西北。　②潘尫（音 wāng）、养由基、黄衰微、公孙丙：皆楚恭王大夫。篡：夺。前575年，楚恭王率军与晋在鄢陵交战，恭王被射中眼睛，大夫拼死相救得脱。此言篡之，意指恭王为晋军擒获，大夫从晋军手中夺回恭王。　③失体：失态，行为举止有失礼节。　④蹴：音 cù，踢。　⑤四大夫：指上文潘尫等四人。　⑥苍吾绕：人名，传说是孔子时人。　⑦局：形势。曲直：是非，此指圣人对事物的态度。偃：伏，俯。与之屈伸偃仰：与事物发展一同变化。之：指事物的形势。　⑧苇：同苇，芦苇。摄：音 shè，通慑，畏惧。摄夺：因恐惧而失去自己的人格。　⑨厉：激扬。本矜：本性骄傲夸耀。　⑩带：束衣腰带。运：拿。　⑪捽：音 zuó，揪住。　⑫祝：用言语向神灵祈祷。名君：直呼君主姓名。周礼，祭祀时对神灵提到活着的人一直概称名讳，以表示对神灵的崇敬。　⑬适：向往，达到。　⑭立：指树立坚定自觉依道而行的信念。　⑮引文见《论语·子罕篇》。　⑯忤：音 wǔ，不顺，违逆。舛：音 chuǎn，相违背。　⑰华：光彩。　⑱卒：音 cù，通猝，促，紧急。遽：窘迫。　⑲结：聚集。一迹之涂：指偏僻难行的道路。

猩猩知往而不知来①,干鹄知来而不知往②,此修短之分也。昔者苌弘,周室之执数者也③。天地之气,日月之行,风雨之变,律历之数,无所不通。然而不能自知,车裂而死。苏秦,匹夫徒步之人也④,鞮蹻赢盖⑤,经营万乘之主,服诺诸侯⑥,然不自免于车裂之患。徐偃王被服慈惠,身行仁义,陆地之朝者三十二国⑦,然而身死国亡,子孙无类⑧。大夫种辅翼越王勾践⑨,而为之报怨雪耻,擒夫差之身,开地数千里,然而身伏属镂而死⑩。此皆达于治乱之机,而未知全性之具者。故苌弘知天道而不知人事,苏秦知权谋而不知祸福,徐偃王知仁义而不知时,大夫种知忠而不知谋。圣人则不然,论世而为之事,权事而为之谋,是以舒之天下而不窕,内之寻常而不塞。⑪

[注释]①往:过去。来:未来。传说猩猩能说人话,并能知人名字是谓知往。而猩猩又嗜酒,人们利用这一点来诱捕它。猩猩不知饮酒当醉而被捕,是谓不知来。　②干鹄:鸟名,即喜鹊。传说喜鹊能预报吉凶,是谓知来。而喜鹊每年筑巢位置不同,有时巢的位置很低,被人俯而探取卵,似乎它忘记了往年筑巢处,是谓不知往。　③苌弘:人名,春秋周敬王大夫,因卷入晋国公族内讧而被周室所杀。执数:执掌律历之术。　④苏秦:战国时洛阳人,合纵家,游说六国合纵抗秦,受六国相印,后合纵失败,死于齐。　⑤鞮:假借为靸(音dā),柔革。鞮蹻:皮鞋。赢:担负。盖:睡觉用的草垫。指简陋的行李。　⑥经营:规划,创业。服诺:臣服,听命。这里是使动用法。　⑦徐偃王:相传是周穆王时徐国国君,修仁义而不设武备,诸侯尊为偃王,周穆王令楚出兵灭徐国。被服:亲身推行。　⑧无类:绝种。　⑨大夫种:即文种,越国大夫。辅翼:辅佐。勾践:春秋末越国国君,前496~前465年在位。前494年,吴王夫差攻越,勾践大败,以残军五千退守会稽。文种出使吴国求和,助

勾践十年生息,十年积聚,终于打败吴国,逼夫差自杀。然而文种功成不退,被勾践赐剑自杀。　⑩属镂:宝剑名。吴王夫差曾赐属镂剑令伍子胥自杀。此以属镂泛指宝剑。　⑪窕:音 tiǎo,空旷不实。内:通纳。寻常:古以八尺为寻,二寻为常,这里比喻窄小之地。

使天下荒乱,礼义绝,纲纪废,强弱相乘,力征相攘①,臣主无差,贵贱无序,甲胄生虮虱,燕雀处帷幄②,而兵不休息,而乃始服属臾之貌,恭俭之礼③,则必灭抑而不能兴矣。天下安宁,政教和平,百姓肃睦④,上下相亲,而乃始立气矜,奋勇力,则必不免于有司之法矣⑤。是故圣人者,能阴能阳,能弱能强,随时而动静,因资而立功,物动而知其反,事萌而察其变,化则为之象,运则为之应⑥,是以终身行而无所困。

[注释]①乘:战胜,压服。力征:以武力征伐。攘:排斥、侵夺。　②甲胄(音 zhòu):铠甲和头盔。胄:头盔。虮:音 jǐ,虱子卵。帷幄:军中的帐幕。二句见于《韩非子·喻老》,形容战乱旷日持久。　③服:施行,使用。属臾:恭谨的样子。　④肃睦:庄重和睦。　⑤气矜:骄狂的意气。有司:官吏。官职各有所司,故称有司。　⑥象:形象。为之象:观察、了解它的形象。应:回应,呼应。

故事有可行而不可言者,有可言而不可行者,有易为而难成者,以难成而易败者。所谓可行而不可言者,趋舍也①;可言而不可行者,伪诈也;易为而难成者,事也;难成而易败者,名也。此四策者,圣人之所独见而留意也。屈寸而伸尺,圣人为之;小枉而大直,君子行之。周公有杀弟之累,齐桓有争国之名②;然而周公以义补缺,桓公以功灭丑,而皆为贤。今以人之小过,掩其大美,则天下无圣王贤相矣。故目中有疵,不害于视,不可灼也③;喉中有病,无害于息,不可凿也。河上之丘冢,不可胜数,犹之为易也④;水激兴波,高下相临,差以寻常,犹之为平。昔者,曹子为鲁将兵,三战不胜,亡地千里⑤。使曹子计不顾后,足不旋踵⑥,刎颈于陈中,则终身为破军擒将矣。然而曹子不羞其败,耻死而无功。柯之盟,揄三尺之刃,造桓公之胸⑦,三战所亡,一朝而反之⑧,勇闻于天下,功立于鲁国。管仲辅公子纠而不能遂,不可谓智;遁逃奔走,不死其难,不可谓勇;束缚桎梏,不讳其耻,不可谓贞⑨。当此三行者,布衣弗友,人君弗臣⑩。然而管仲免于累绁之中,立齐国之政,九合诸侯,一匡天下⑪。使管仲出死捐躯⑫,不顾后图,岂有此霸功哉!今人君论其臣也,不计其大功,总其略行,而求其小善,则失贤之数也⑬。故人有厚德,无问其小节;而有大誉,无疵其小故。

[注释]①趋舍:追求和舍弃。 ②周公句:周成王幼时,周公慑政,其弟管叔、蔡叔叛,周公东征,杀管叔,放蔡叔,故云有杀弟之累。齐桓:名小白,为公子时,与兄公子纠出奔,齐襄公死,公子纠在管仲帮助下自鲁返国,小白在鲍叔牙帮助下抢先返国登上君位,逼鲁杀公子纠,囚管仲。 ③灼:灸烧。 ④河:读为阿(音ē),山坡。丘冢:土丘。易:平。句谓山坡上土丘不可胜数,但仍可看做是夷平的。 ⑤曹子:曹沫,或称曹刿,春秋时鲁人,鲁庄公臣。 ⑥踵:音zhǒng,脚后跟。 ⑦柯:地名,在今山东阳谷县东北。揄:音yú,执,持。造:及于,达到。 ⑧事见《史记·齐太公世家》载:齐桓公五年"伐鲁,鲁将师败,鲁庄公请献遂邑以平,桓公许,与鲁会柯而盟。鲁将盟,曹沫以匕首劫桓公于坛上,曰:'反鲁之侵地!'桓公许之,……遂与曹沫三败所亡地于鲁"。 ⑨桎梏:脚镣手铐。 ⑩布衣:指普通百姓。 ⑪累绁(音

xiè):指牢狱。九合诸侯:传说齐桓公为霸主,尝多次会合诸侯。匡:正。⑫出死:入死,寻死。 ⑬总:聚。略行:指一生中经历的重大行为。数:术。

夫牛蹄之涔,不能生鱣鲔①,而蜂房不容鹄卵②;小形不足以包大体也。夫人之情,莫不有所短。诚其大略是也③,虽有小过,不足以为累;若其大略非也,虽有闾里之行,未足大举④。夫颜喙聚,梁父之大盗也;而为齐忠臣⑤。段干木,晋国之大驵也;而为文侯师⑥。孟卯妻其嫂,有五子焉;然而相魏,宁其危,解其患⑦。景阳淫酒,被发而御于妇人;威服诸侯⑧。此四人者,皆有所短,然而功名不灭者,其略得也。季襄、陈仲子,立节抗行,不入污君之朝,不食乱世之食,遂饿而死⑨。不能存亡接绝者何?小节伸而大略屈。故小谨者无成功,訾行者不容于众⑩,体大者节疏,跖距者举远⑪。自古及今,五帝三王,未有能全其行者也。故《易》曰:"小过亨,利贞。"⑫言人莫不有过,而不欲其大也。

[注释]①涔:音cén,路上的积水。鱣:音zhān,鲤鱼。鲔:音wěi,鲟鱼。 ②蜂房:蜂巢。鹄:音hú,天鹅。 ③大略:主体,主流。 ④闾里之行:得到乡里赞誉的行为。举:用。大举:重用。 ⑤颜喙聚:人名,春秋齐景公大夫。梁父:山名,也叫梁甫山,在泰山脚下。 ⑥段干木:人名,战国魏人,隐居不仕,魏文侯以礼待之,过其门,必伏轼致敬,故此云为文侯师。驵:音zǎng,市场经纪人,在集市贸易中撮合买卖双方成交,从中收取佣金。 ⑦孟卯:战国时齐人,为魏将。宁其危:使危亡局面转变为安宁。 ⑧景阳:人名,战国时楚将。淫酒:嗜酒过度。被发:散开头发而不加梳理。御:控制。御于妇人:被妇人所控制,即俗称惧内。 ⑨季襄:人名,春秋鲁人,孔子弟子。王念孙云季襄当作季哀,即公皙哀。陈仲子:齐国人,孟子弟子。其兄为

大官,陈仲子以为不义,适楚,居于陵,号于陵仲子。楚王欲以为相,不就。抗行:高尚的行为。　⑩訾:通恣,放纵。訾行:行为放纵,自视清高。　⑪节:骨节。跖:脚掌。距:通巨,大。举远:能走远路。　⑫引文见《周易·小过》卦辞。亨、利贞:皆《周易》贞兆辞,表示是两个吉占。

　　夫尧、舜、汤、武,世主之隆也;齐桓、晋文,五霸之豪英也①。然尧有不慈之名②,舜有卑父之谤③,汤武有放弑之事④,五伯有暴乱之谋⑤。是故君子不责备于一人⑥,方正而不以割,廉直而不以切⑦,博通而不以訾,文武而不以责⑧。求于一人则任以人力,自修则以道德⑨。责人以人力,易偿也⑩;自修以道德,难为也。难为则行高矣,易偿则求澹矣。夫夏后氏之璜不能无考⑪,明月之珠不能无颣⑫。然而天下宝之者,何也?其小恶不足妨大美也。今志人之所短,而忘人之所修⑬,而求得其贤乎天下,则难矣⑭。

　　[注释]①五霸:春秋诸侯国的五位霸主,说法不一,或以秦穆、齐桓、晋文、宋襄、楚庄为五霸。　②传说尧不将天下传给儿子丹朱,而禅让给舜,作为父亲,他便是不慈爱。　③传说舜母死后,舜父瞽叟更娶妻,瞽叟爱后妻,常欲杀舜。舜为天子后,放逐瞽叟,视同庶人,故云卑父。　④放弑之事:商汤放逐夏桀于南巢,周武王杀商纣于宣室。　⑤伯:同霸。暴乱之谋:指春秋诸侯间的争夺混战。　⑥责备:苛求人做到尽善尽美。　⑦方正:端平正直。廉:通棱。廉直:棱角突出。　⑧文武:指文武兼备。　⑨任以人力:任用他人所能担负的东西。　⑩偿:实现,满足。　⑪夏后氏:夏朝。璜:一种玉器,形似半边玉璧,古贵族朝聘、祭祀时常用。考:瑕疵,斑点。　⑫明月之珠:宝珠名,夜晚发光,光色似月,故名。颣:音lèi,丝上的结头,引申指缺点、毛病。　⑬志:记。修:长处。　⑭乎:于。

夫百里奚之饭牛①,伊尹之负鼎②,太公之鼓刀③,宁戚之商歌④,其美有存焉者矣。众人见其位之卑贱,事之污辱,而不知其大略,以为不肖。及其为天子三公,而立为诸侯贤相,乃始信于异众也⑤。夫发于鼎俎之间⑥,出于屠酤之肆⑦,解于累绁之中⑧,兴于牛颔之下⑨,洗之以汤沐,祓之以爟火⑩,立之于本朝之上,倚之于三公之位⑪,内不惭于国家,外不愧于诸侯,符势有以内合⑫。故未有功而知其贤者,尧之知舜;功成事立而知其贤者,市人之知舜也。为是释度数而求之于朝肆草莽之中,其失人也必多矣⑬。何则?能效其求,而不知其所以取人也⑭。

[注释]①百里奚:春秋时人,原为虞国大夫,秦灭虞,虏奚,以为秦穆公夫人陪嫁之臣,百里奚逃跑,被楚人捉获。秦穆公闻其贤,用五张公羊皮赎回,终助穆公成霸业。饭牛:喂牛,指百里奚尝为低贱的俘虏。 ②伊尹:商汤之臣,名挚。鼎:古代烹调用的锅。传说伊尹欲向汤陈说政事而没有门路,便充当厨师以接近商汤。 ③太公:太公望。鼓刀:操刀。史载太公望尝屠牛于朝歌。 ④宁戚:春秋时卫国人,家贫而为商人赶车至齐,遇见齐桓公,便击牛角而歌,桓公以为非常人,召拜为上卿。商歌:悲凉的歌曲。 ⑤三公:辅助天子治理国家的三个高级官职,周以太师、太傅、太保为三公。而:连词,以及。信:知。于:其。 ⑥俎:音zǔ,切肉用的砧板。鼎俎之间:指从事厨师工作,此句指伊尹而言。 ⑦酤:音gū,买卖。肆:市场。这句指太公望而言。 ⑧累绁:牢狱。此句指百里奚而言。 ⑨颔:音hàn,下巴。此句指宁戚而言。 ⑩汤沐:用热水沐浴。祓:音fú,一种消灾祈福的仪式。爟:(音guàn)火:祭祀时点燃的火炬,用以祓除不祥。 ⑪倚:靠,坐。此作动词,任命之意。 ⑫符:古代朝廷用来传达命令的凭证,用竹木或金属材料制成。符势:指发布命令,处理国事的做法。内合:暗合。暗合于天子或国君之心。 ⑬释:弃。度数:准则,方法。肆:列。朝肆:朝廷百官。草莽:山野,指民间。 ⑭效其求:模仿圣王求贤的做法。

夫物之相类者,世主之所乱惑也;嫌疑肖象者,众人之所眩耀①。故狠者类知而非知②,愚者类仁而非仁,戆者类勇而非勇③。使人之相去也,若玉之与石,美之与恶,则论人易矣④。夫乱人者,芎䓖之与藁本也,蛇床之与麋芜也⑤,此皆相似者。故剑工惑剑之似莫邪者,唯欧冶能名其种⑥;玉工眩玉之似碧卢者,唯猗顿不失其情⑦;暗主乱于奸臣、小人之疑君子者,唯圣人能见微以知明⑧。故蛇举首尺,而修短可知也⑨;象见其牙,而大小可论也。薛烛庸子,见若狐甲于剑,而利纯识矣⑩;臾儿、易牙,淄、渑之水合者,尝一哈水而甘苦知矣⑪。故圣人之论贤也,见其一行而贤不肖分矣。孔子辞廪丘,终不盗刀钩⑫;许由让天子,终不利封侯⑬。故未尝灼而不敢握火者,见其有所烧也;未尝伤而不敢握刃者,见其有所害也。由此观之,见者可以论未发也,而观小节可以知大体矣。

[注释]①嫌疑:疑惑难明。肖象:相似,类似。眩耀:迷惑。 ②狠者:专横、刚愎自用的人。知:同智。 ③戆(音 zhuàng)者:耿直而愚昧的人。 ④相去:差别。此句言外谓人与人之间的差别不似玉之与石,美之与恶那样泾渭分明,而有许多似是而非的地方。 ⑤芎䓖(音 xiōng qióng):香草名,根茎可入药。蛇床:植物名,可入药,也叫蛇粟。麋芜:同蘼芜,香草名,即芎䓖之嫩苗。 ⑥莫邪:古宝剑名,传说春秋吴国冶匠干将之妻莫邪以身投炉中,铸成此剑,遂以莫邪名之。欧冶:古代著名冶匠。 ⑦碧卢:美玉名。猗顿:春秋时鲁人,经营畜牧及盐业致富,相传他善识别玉器。 ⑧乱:惑。疑:拟,似。 ⑨尺:尺度。首尺:头的长度。 ⑩薛:古地名,战国齐邑,在今山东滕县南。烛庸子:薛人,传说他善识宝剑。狐甲:狐的爪甲,形容其小。 ⑪臾儿:传说中人名,或谓黄帝时人,或谓春秋时人,善尝滋味。易牙:春秋

齐桓公宠臣,以善辨滋味著名。淄、渑(音 zī shéng):齐地二水名,相传二水味道各异,混合起来则难分辨。哈:音 shà,通歃,用嘴汲一小口尝饮。⑫廪丘:地名,春秋齐邑,故地在今山东郓城县西北。孔子辞廪丘事见《吕氏春秋·高义》、《史记·孔子世家》。　⑬许由:人名,传说中上古高士,尧想把天下让给他,不受,遁耕于箕山之下。

　　故论人之道:贵则观其所举,富则观其所施,穷则观其所不受,贱则观其所不为,贫则观其所不取。视其更难,以知其勇;动以喜乐,以观其守;委以财货,以论其仁;振以恐惧,以知其节①;则人情备矣。古之善赏者,费少而劝众②;善罚者,刑省而奸禁;善予者,用约而为德;善取者,入多而无怨。赵襄子围于晋阳,罢围而赏有功者五人,高赫为赏首③,左右曰:"晋阳之难,赫无大功,今为赏首,何也?"襄子曰:"晋阳之围,寡人社稷危,国家殆,群臣无不有骄侮之心,唯赫不失君臣之礼。"故赏一人,而天下为忠之臣者莫不愿忠于其君④。此赏少而劝善者众也。齐威王设大鼎于庭中,而数无盐令曰⑤:"子之誉日闻吾耳,察子之事,田野芜,仓廪虚,囹圄实⑥。子以奸事我者也。"乃烹之。齐以此三十二岁道路不拾遗。此刑省奸禁者也。秦穆公出游而车败,右服失马,野人得之⑦。穆公追而及之岐山之阳⑧,野人方屠而食之。穆公曰:"夫食骏马之肉,而不还饮酒者伤人⑨。吾恐其伤汝等。"遍饮而去之⑩。处一年,与晋惠公为韩之战⑪,晋师围穆公之车,梁由靡扣穆公之骖,获之⑫。食马肉者三百余人,皆出死为穆公战于车下,遂克晋,虏惠公以归。此用约而为德者也。齐桓公将欲征伐,甲兵不足,令有重罪者出犀甲一戟⑬,有轻罪者赎以金分⑭,讼而不胜者出一束箭⑮。百姓皆说,乃矫箭为矢,铸金而为刃⑯,以伐不义而征无道,遂霸天下。此入多而无怨者也。故圣人因民之所喜而劝善,因民之所恶而禁奸。故赏一人而天下誉之,罚一人而天下畏之。故至赏不费,至刑不滥。孔子诛少正卯而鲁国之邪塞⑰;子产诛邓析,而郑国之奸禁⑱。以近喻远,以小知大也。故圣人守约而治广者,此之谓也。

[注释]①振:通震,震慑。 ②劝:勉励。 ③赵襄子:春秋末晋国卿。晋阳:古邑名。赵襄子围于晋阳事,已见前注。高赫:人名,赵襄子臣。赏首:最高的奖赏。 ④为忠之臣:报效忠心的臣子。 ⑤齐威王:战国齐国君,名因齐,前356—前320年在位。数:音 shǔ,数说,责备。无盐:地名,战国齐邑,地在今山东东平县东。无盐令:无盐邑的长官。 ⑥仓廪:储藏粮食的仓库,藏豆曰仓,藏米曰廪。囹圄:牢狱。 ⑦车败:车子坏了。右服:四匹马拉二辆车,中间的两匹叫服,旁边的叫骖。右服就是中间两匹中靠右的那匹马。失:指挣脱缰绳跑掉。野人:乡野之人。 ⑧岐山:山名,在今陕西岐山县东北。阳:山的南面。 ⑨还:音 xuán,即,迅速。 ⑩饮:音 yìn,给……喝。去:离开。 ⑪晋惠公:春秋晋国君,名夷吾,前650—前637年在位。韩:地名,也叫韩原,在今山西省芮城县。秦穆公与晋惠公在韩原交战,事见《左传·僖公十五年》。 ⑫梁由靡:人名,晋国大夫,韩之战梁由靡为晋惠公驾车。⑬犀甲:用犀牛皮制成的铠甲。戟:兵器名,合戈矛一体,既可直刺又可横击。 ⑭分:等差。金分:指按罪轻重不同,而定出不同的赎金。 ⑮一束箭:古以十二支箭为一束。 ⑯矫:纠正。矢:用木做的箭。刃:刀,指刀剑等兵器。 ⑰少正卯:春秋鲁国大夫,相传被孔子以乱政罪诛杀。 ⑱子产:春秋郑国大夫,在郑简公、定公、献公数朝皆执国政。邓析:春秋郑国人,善诡辩,相传为子产所杀。

天下莫易于为善,而莫难于为不善也。所谓为善者,静而无为也;所谓为不善者,躁而多欲也。适情辞余①,无所诱惑,循性保真,无变于己,故曰为善易。越城郭,逾险塞,奸符节,盗管金,篡弑矫诬②,非人之性也,故曰为不善难。今人所以犯囹圄之罪,而陷于刑戮之患者,由嗜欲无厌,不循度量之故也③。何以知其然? 天下县官法曰④:"发墓者诛,窃盗者刑。"⑤此执政之所司也。夫法令者,网其奸邪,勒率随其踪迹⑥。无愚夫蠢妇,皆知为奸之无脱也,犯禁之不得免也。然而不材子不胜其欲,蒙死亡之罪,而被刑戮之羞⑦。然而立秋之后,司寇之徒继踵于门,而死市之人血流于路⑧。何则? 惑于财利之得,而蔽于死亡之患也。夫今陈卒设兵,两军相当,将施令曰:"斩首拜爵,而屈挠者要斩。"⑨然而队阶之卒皆不能前遂斩首之功⑩,而后被要斩之罪,是去恐死而就必死也⑪。故利害之反,祸福之接,不可不审也。

[注释]①辞余:抛弃本性需要之外的东西。 ②奸:盗。符节:古代朝廷用作凭证的信物。管:锁匙。金:指官印。篡弑:杀君夺位。矫诬:假托名义进行诬陷。假托君命曰矫,加诛无罪曰诬。 ③厌:满足。度量:法度。 ④县:同悬,颁布。官法:官府法令。 ⑤发墓:盗掘坟墓。 ⑥网:通网,捕捉。勒率:拘捕,惩处。 ⑦蒙:冒。被:蒙受。 ⑧司寇:官名,主管刑狱。司寇之徒:司寇衙门的官吏。继踵于门:上门缉拿罪犯的官吏接连不断。死市之人:被处死刑的人。 ⑨拜爵:授予爵位。屈挠:屈服投降。要:同腰。要斩:将犯人拦腰斩成两截的酷刑。 ⑩队阶:队列。遂:成就。 ⑪恐死:可能发生的死亡,指前进杀敌可能的伤亡。必死:指后退被腰斩。

事或欲之,适足以失之;或避之,适足以就之。楚人有乘船而遇大风者,波至而自投于水。非不贪生而畏死也,惑于恐死而反忘生也。故人之嗜欲,亦犹此也。齐人有盗金者,当市繁之时,至掇而走①。勒问其故,曰:"而盗金于市中,何也?"②对曰:"吾不见人,徒见金耳。"志所欲,则忘其为矣。

[注释]①掇:音duó,拾取。 ②勒:强制,这里是拘押的意思。而:尔,你。

是故圣人审动静之变,而适受与之度,理好憎之情,和喜怒之节。夫动静得,则患弗过也①;受与适,则罪弗累也;好憎理,则忧弗近也;喜怒节,则怨弗犯也。故达道之人,不苟得,不让福,其有弗弃,非其有弗索,常满而不溢,恒虚而易足。今夫霤水足以溢壶榼,而江河不能实漏卮②。故人心犹是也。自当以道术度量,食充虚,衣御寒,则足以养七尺之形矣。若无道术度量而以自俭约,则万乘之势不足以为尊,天下之富不足以为乐矣。

[注释]①过:经过,相遇。 ②霤:音liù,屋檐水。壶榼(音kē):古代盛酒或贮水的器具。卮:音zhī,酒器。

孙叔敖三去令尹而无忧色①,爵禄不能累也;荆佽非两蛟夹绕其船而志不动,怪物不能惊也②。圣人心平志易,精神内守,物莫足以惑之。夫醉者俯入城门,以为七尺之闺也③;超江、淮,以为寻常之沟也;酒浊其神也④。怯者夜见立表,以为鬼也⑤;见寝石,以为虎也;惧掩其气也⑥。又况无天地之怪物乎?夫雌雄相接,阴阳相薄,羽者为雏鷇,毛者为驹犊⑦,柔者为皮肉,坚者为齿角,人弗怪也。水生蚨蜃⑧,山生金玉,人弗怪也。老槐生火,久血为磷,人弗怪也⑨。山出枭阳,水生罔象⑩,木生毕方,井生坟羊⑪,人怪之,闻见鲜而识物浅也。天下之怪物,圣人之所独见;利害之反覆,知者之所独明达也;同异嫌疑者,世俗之所眩惑也。

[注释]①孙叔敖:人名,春秋楚庄王臣。令尹:楚国官名,相当于宰相。②伙(音 cì)非:楚国人。其事见《道应训》。　③俯:低头。闺:小门。④浊:混乱。　⑤立表:用以测量日影记时的标杆。　⑥掩:夺。　⑦雏:小鸡。鷇:音 kòu,待母哺食的幼鸟。驹:小马。犊:小牛。　⑧蚨:音 lóng,传说中的海龙。蜃:音 shèn,蚌蛤。　⑨磷:磷火,俗称鬼火,由尸体腐烂时分解的磷化氢自燃形成。　⑩枭(音 xiāo)阳:兽名,即狒狒,古人以为山精。罔象:传说中的水怪。　⑪毕方:传说中的怪鸟,古人以为木精。坟羊:传说中的土怪。

夫见不可布于海内,闻不可明于百姓,是故因鬼神礼祥,而为之立禁;总形推类,而为之变象①。何以知其然也？世俗言曰:"飨大高者,而彘为上牲②;葬死人者,裘不可以藏③;相戏以刃者,太祖䩍其肘④;枕户橉而卧者,鬼神跖其首⑤。"此皆不著于法令,而圣人之所不口传也。夫飨大高而彘为上牲者,非彘能贤于野兽麋鹿也⑥,而神明独飨之,何也⑦？以为彘者,家人所常畜,而易得之物也。故因其便以尊之。裘不可以藏者,非能具绨绵曼帛,温暖于身也⑧。世以为裘者,难得贵贾之物也⑨,而不可传于后世⑩,无益于死者,而足以养生,故因其资以奢之⑪。相戏以刃,太祖䩍其肘者,夫以刃相戏,必为过失,过失相伤,其患必大,无涉血之仇争忿斗,而以小事自内于刑戮⑫,愚者所不知忌也,故因太祖以累其心⑬。枕户橉而卧,鬼神履其首者,使鬼神能玄化,则不待户牖之行,若循虚而出入,则亦无能履也。夫户牖者,风气之所从往来,而风气者,阴阳相捔者也⑭。离者必病,故托鬼神以伸诫之也⑮。凡此之属,皆不可胜著于书策竹帛,而藏于官府者也。故以礼祥明之。为愚者之不知其害,乃借鬼神之威以声其教,所由来者远矣。而愚者以为礼祥,而狠者以为非⑯,唯有道者能通其志。

[注释]①礽(音jī)祥:吉凶。总形:总括各种情形。变象:变化的征兆。 ②飨:音xiǎng,祭名,即祫(音xiá)祭,集合远近祖先神主于太庙合祭。大高:祖宗。牲:祭祀用的家畜。 ③藏:指陪葬。 ④太祖:祖先。衻:音rǒng,推开。 ⑤橉:音lìn,门槛。跖:音zhí,踩。 ⑥麋鹿:兽名,即四不像。 ⑦飨:通享,接受祭祀,享用祭品。 ⑧绨:音tí,质地粗厚、平滑而有光泽的丝织品。绵:丝绵。曼帛:柔软精细的丝帛。 ⑨贾:音jià,同价,价钱。 ⑩不:王念孙认为是衍文。 ⑪慹:音zhé,恐惧,忌讳。 ⑫涉血之仇:血仇,指怨恨深。内:通纳,陷入。 ⑬累:恐吓。 ⑭捔:音jué,冲突。 ⑮离:遭受。伸诫:告诫。 ⑯狠:过分。狠者:指完全不信鬼神的人。

今世之祭井灶、门户、箕帚、臼杵者①,非以其神为能飨之也,恃赖其德,烦苦之无已也②。是故以时见其德,所以不忘其功也。触石而出,肤寸而合,不崇朝而雨天下者,唯太山③。赤地三年而不绝流,泽及百里而润草木者,唯江、河也④。是以天子秩而祭之⑤。故马免人于难者,其死也,葬之。牛,其死也,葬以大车为荐⑥。牛马有功,犹不可忘,又况人乎!此圣人所以重仁袭恩。故炎帝于火⑦,而死为灶;禹劳天下,而死为社⑧;后稷作稼穑,而死为稷⑨;羿除天下之害,死而为宗布⑩。此鬼神之所以立。

[**注释**]①箕:簸箕。臼:舂米器,用木石制成。杵:音chǔ,舂米用的棒槌。 ②德:恩德。指上述物品给人们带来的便利。 ③肤寸:古长度单位,一指宽为寸,四指宽为肤。肤寸,比喻极微小。崇:终。崇朝:从天亮到早饭的一段时间。太山:即泰山。 ④赤地:指旱灾严重,造成遍地五谷不生。 ⑤秩:次序。指纳入天子祭祀之列,以礼祭之。 ⑥荐:席,草垫。 ⑦炎帝于火:王念孙云,本作炎帝作火。炎帝:上古帝王名,即神农氏,以火德王天下,故死后成为灶神。 ⑧社:土地之神。 ⑨后稷:周的先祖,相传为舜农官,教民耕种五谷。稷:谷神。 ⑩羿:上古部落首领,传说当时十日并出,民苦不堪言,羿射九日而民安。宗布:禳除水旱之灾的祭祀活动,这里指水旱之神。

北楚有任侠者①,其子孙数谏而止之,不听也。县有贼,大搜其庐②,事果发觉。夜惊而走,追,道及之。其所施德者皆为之战,得免而遂反。语其子曰:"汝数止吾为侠。今有难,果赖而免身,而谏我,不可用也。"知所以免于难,而不知所以无难。论事如此,岂不惑哉!宋人有嫁子者③,告其子曰:"嫁未必成也。有如出,不可不私藏④。私藏而富,其于以复嫁易。"其子听父之计,窃而藏之。若公知其盗也,逐而去之⑤。其父不自非也,而反得其计。知为出藏财,而不知藏财所以出也。为论如此,岂不勃哉⑥!今夫僦载者,救一车之任,极一牛之力⑦,为轴之折也,有如辕轴其上以为造,不知轴辕之趣轴折也⑧。楚王之佩玦而逐菟⑨,为走而破其玦也,因珮两玦以为之豫⑩。两玦相触,破乃逾疾。乱国之治,有似于此。

[注释]①任侠:仗义行侠,见义勇为。 ②搜:搜掠。庐:房屋。③子:指女儿。 ④成:指婚姻成功,白头到老。出:休妻,被赶回娘家。⑤若公:那女子丈夫的父亲。 ⑥勃:通悖,谬误。 ⑦僦:音 jiù,租赁。敛:通敛,聚敛。极:尽。 ⑧辕:车前驾驭牲口的直木。辕轴其上:在车上加放一套辕轴。造:通簉(音 chòu),副,备用物。趣:音 cù,催促。 ⑨玦:音 jué,一种有缺口的玉器。菟:音 tù,通兔,野兔。 ⑩豫:豫备,备用。

夫鸱目大而眂不若鼠①,蚈足众而走不若蛇②。物固有大不若小,众不若少者,及至夫强之弱,弱之强,危之安,存之亡也,非圣人,孰能观之!大小尊卑,未足以论也,唯道之在者为贵。何以明之?天子处于郊亭③,则九卿趋,大夫走,坐者伏,倚者齐④。当此之时,明堂太庙,悬冠解剑,缓带而寝⑤。非郊亭大而庙堂狭小也,至尊居之也。天道之贵也,非特天子之为尊矣,所在而众仰之。夫蛰虫鹊巢,皆向天一者,至和在焉尔⑥。帝者诚能包禀道⑦,合至和,则禽兽草木莫不被其泽矣,而况兆民乎⑧!

[注释]①鸱:音 chī,鸟名,即猫头鹰。眂:同视。 ②蚈:音 qiān,昆虫名,也叫百足虫。 ③郊:古以距京城百里为郊。郊亭:天子在郊外祭天地时的行宫。 ④九卿:古代中央政府九位高级官职,具体名称代有不同。趋:疾走。古礼,在尊者面前经过必须快步行走,以示尊敬。伏:低头,身体前倾,是表示恭敬的动作。倚:靠。齐:整,肃穆。 ⑤明堂:古代帝王举行朝会、祭祀、宣明政教的地方。太庙:天子的祖庙。这里指管理、看守明堂、太庙的人员。句谓天子在郊外,正式朝会、祭祀场所则轻松无事。 ⑥蛰虫:伏藏土里过冬的昆虫。天一:与天合而为一。至和:最协调伟大的和气,指天地阴阳交融之气。 ⑦包禀:包容、禀受。 ⑧兆民:人民百姓。

卷十四　诠言训

洞同天地①,浑沌为朴,未造而成物,谓之太一。同出于一,所为各异,有鸟、有鱼、有兽,谓之分物。方以类别,物以群分②,性命不同,皆形于有③。隔而不通,分而为万物,莫能及宗④,故动而谓之生,死而谓之穷⑤。皆为物矣,非不物而物物者也⑥,物物者亡乎万物之中。

[注释]①洞同:浑然一片的样子。　②方:大地。这里泛指天下之物。　③形于有:表现为具体的形状。　④隔而不通:指道分化为各种具体事物后,物种分隔,不能互相融通。宗:本,指道。　⑤穷:终,尽。　⑥不物:指尚未形成具体事物时的状态,即非物。物物:前一物是动词,后一物名词,创造生物。物物者:犹言造物者,指道。

稽古太初①,人生于无,形于有,有形而制于物。能反其所生,若未有形,谓之真人。真人者,未始分于太一者也。圣人不为名尸,不为谋府②,不为事任,不为智主。藏无形,行无迹,游无朕③,不为福先,不为祸始,保于虚无,动于不得已。欲福者或为祸,欲利者或离害④。故无为而宁者,失其所以宁则危;无事而治者,失其所以治则乱。星列于天而明,故人指之;义列于德而见,故人视之⑤。人之所指,动则有章⑥;人之所视,行则有迹。动有章则词,行有迹则议⑦。故圣人掩明于不形,藏迹于无为。

[注释]①稽:考核。太初:宇宙之初,天地未分之时。 ②尸:主。名尸:声名的承受者。府:聚集处。谋府:谋略的府库。 ③朕:行迹,预兆。 ④离:遭受。 ⑤义列于德:义理通过行为表现出来。德:品行。 ⑥章:章法,规章。 ⑦词:名词动用,用言词评论,指责。议:评论,非议。

王子庆忌死于剑①,羿死于桃棒②,子路菹于卫③,苏秦死于口④。人莫不贵其所有,而贱其所短,然而皆溺其所贵,而极其所贱⑤。所贵者有形,所贱者无朕也⑥。故虎豹之强来射,猿狖之捷来措⑦。人能贵其所贱,贱其所贵,可与言至论矣。

[注释]①王子庆忌:春秋吴王僚之子,武勇过人。吴公子光(阖闾)使专诸刺杀僚,而夺取了王位。当时庆忌在卫,阖闾为除后患,派要离刺杀庆忌。 ②羿:神话传说中人物,传说是尧之臣,其事迹见《本经训》。桃棒:桃木棍。 ③子路:春秋时人,孔子弟子,名仲由,曾任卫大夫孔悝邑宰,因不愿跟从孔悝迎立蒉聩为君而被杀。菹:音zū,古代一种酷刑,把人剁成肉酱。 ④苏秦:战国时人,合纵家,游说各国联合抗秦,曾佩六国相印,后在齐国被杀。 ⑤溺:沉迷,指自我欣赏炫耀而不能自持。极:尽,推到极点。 ⑥朕:征兆。 ⑦狖:音yòu,长尾猿。措:处置,指捕捉。

自信者,不可以诽誉迁也;知足者,不可以势利诱也。故通性之情者,不务性之所无以为;通命之情者,不忧命之所无奈何;通于道者,物莫不足滑其调①。詹何曰②:"未尝闻身治而国乱者也,未尝闻身乱而国治者也。"矩不正,不可以为方;规不正,不可以为员;身者,事之规矩也。未闻枉己而能正人者也。原天命,治心术③,理好憎,适情性,则治道通矣。原天命,则不惑祸福;治心术,则不妄喜怒;理好憎,则不贪无用;适情性,则欲不过节。不惑祸福,则动静循理;不妄喜怒,则赏罚不阿④;不贪无用,则不以欲用害性⑤;欲不过节,则养性知足。凡此四者,弗求于外,弗假于人,反己而得矣。天下不可以智为也,不可以慧识也,不可以事治也,不可以仁附也,不可以强胜也。五者皆人才也⑥,德不盛,不能成一焉。德立则五无殆,五见则德无位矣。⑦

[注释]①物莫不足滑其调:王念孙认为,莫下衍不字。滑:音 gǔ,乱。②詹何:传说是上古有道术的人,以善钓闻名。 ③天命:天性,人禀受于道的本性。心术:思想,思维活动。 ④阿:音 ē,徇私,偏袒。 ⑤不以欲用害性:王念孙、俞樾皆云"用"字衍文。 ⑥五者:指以智为、以慧识、以事治、以仁附、以强盛。 ⑦五见:这五种才能都表现出来。位:位置,居处。

故得道则愚者有余,失道则智者不足。渡水而无游数,虽强必沉①;有游数,虽羸必遂②。又况托于舟航之上乎③!为治之本,务在于安民;安民之本,在于足用;足用之本,在于勿夺时;勿夺时之本,在于省事;省事之本,在于节欲;节欲之本,在于反性;反性之本,在于去载④。去载则虚,虚则平。平者,道之素也;虚者,道之舍也⑤。能有天下者,必不失其国;能有其国者,必不丧其家;能治其家者,必不遗其身;能修其身者,必不忘其心;能原其心者,必不亏其性;能全其性者,必不惑于道。故广成子曰⑥:"慎守而内,周闭而外⑦,多知为败。毋视毋听,抱神以静,形将自正。不得之己而能知彼者,未之有也。"故《易》曰:"括囊,无咎无誉。"⑧

[注释]①数:技术,技艺。 ②羸:音 léi,瘦弱。 ③航:由两艘船连接起来的大船。 ④载:指外物给人本性带来的负担。 ⑤素:根本,始初。舍:居所。 ⑥广成子:传说中人物,或谓乃黄帝时人。 ⑦而:汝,你。⑧引文见《周易·坤·六四》。括:收束。囊:口袋。咎:害。

能成霸王者,必得胜者也;能胜敌者,必强者也;能强者,必用人力者也;能用人力者,必得人心者也;能得人心者,必自得者也;能自得者,必柔弱也。强胜不若己者,至于与同则格①,柔胜出于己者,其力不可度。故能以众不胜成大胜者,唯圣人能之②。善游者,不学剌舟而便用之③,劲筋者,不学骑马而便居之④。轻天下者,身不累于物,故能处之。泰王亶父处邠,狄人攻之⑤,事之以皮币珠玉而不听,乃谢耆老而徙岐周⑥。百姓携幼扶老而从之,遂成国焉。推此意,四世而有天下,不亦宜乎!⑦

[注释]①与同:与之同等,一样强大。格:相当,相抗拒。 ②众不胜:指众人都不能取胜的条件。 ③剌:撑。剌舟:撑船。 ④筋:肌腱。劲筋者:善于奔跑的人。 ⑤泰王亶父:即古公亶父,周文王祖父,原居豳,因狄戎族侵逼,率周民族迁于周原岐山,开始周兴盛的历史,后被追尊为太公王。太同泰。邠:通豳,古地名,在今陕西彬县。 ⑥谢:辞谢。耆(音 qí)老:老人。岐周:即岐山,周族定居岐山下,故称其地为岐周。 ⑦四世:指从古公亶父以下四代:古公亶父、王季、文王、武王。

无以天下为者,必能活天下者。霜雪雨露,生杀万物,天无为焉,犹之贵天也。厌文搔法,治官理民者,有司也①,君无事焉,犹尊君也。辟地垦草者,后稷也②;决河浚江者,禹也③;听狱制中者,皋陶也④;有圣名者,尧也。故得道以御者,身虽无能,必使能者为己用。不得其道,伎艺虽多,未有益也。方船济乎江⑤,有虚船从一方来⑥,触而覆之,虽有忮心,必无怨色⑦。有一人在其中,一谓张之,一谓歙之⑧,再三呼而不应,必以丑声随其后⑨。向不怒而今怒,向虚而今实也。人能虚己以游于世,孰能訾之⑩!释道而任智者必危,弃数而用才者必困。有以欲多而亡者,未有以无欲而危者也;有以欲治而乱者,未有以守常而失者也。故智不足免患,愚不足以至于失宁。守其分,循其理,失之不忧,得之不喜,故成者非所为也,得者非所求也。入者有受而无取,出者有授而无予,因春而生,因秋而杀,所生者弗得,所杀者非怨,则几于道也。⑪

[注释]①厌:疲倦,劳累。文:文书。搔:扰,折腾。有司:官吏。②垦草:开垦荒地。后稷:周之先祖,传说曾任舜的农官,教民开荒种植五谷。 ③浚:疏通河道。 ④听:裁决,审理。制中:适中,处理恰当。皋陶:人名,也称咎繇,传说是舜之臣,掌管刑狱。 ⑤方船:由两艘以上的船拼接成的大船。济:渡过。 ⑥虚船:空船。 ⑦忮(音zhì)心:猜忌之心。 ⑧在其中:指在迎面驶来的船上。张:撑开。歙:音xī,收敛,靠近。句谓方船上的人呼喊来船撑开或靠拢,以避免相撞。 ⑨丑声:辱骂之声。 ⑩訾:音zǐ,诋毁、责难。 ⑪几:接近。

圣人不为可非之行,不憎人之非己也;修足誉之德,不求人之誉己也;不能使祸不至,信己之不迎也;不能使福必来,信己之不攘也。祸之至也,非其求所生,故穷而不忧;

福之至也,非其求所成,故通而弗矜①。知祸福之制不在于己也②,故闲居而乐,无为而治。圣人守其所以有,不求其所未得。求其所无,则所有者亡矣;修其所有,则所欲者至。故用兵者,先为不可胜,以待敌之可胜也;治国者,先为不可夺,以待敌之可夺也。舜修之历山,而海内从化③;文王修之岐周,而天下移风。使舜趋天下之利,而忘修己之道,身犹弗能保,何尺地之有!故治未固于不乱,而事为治者,必危④;行未固于无非,而急求名者,必剉也⑤。福莫大无祸,利莫美不丧。

[注释]①通:显达。矜:音jīn,自负贤能,自傲。 ②制:节制。 ③历山:地名,传说舜曾在此耕种,其地已不可确考。从化:顺从归化。 ④固:稳固。未固:莫固,没有什么比……更牢固的了。 ⑤剉:音cuò,折伤。

动之为物,不损则益①,不成则毁,不利则病,皆险也,道之者危②。故秦胜乎戎,而败乎崤③;楚胜乎诸夏,而败乎柏莒④。故道不可以劝而就利者,而可以宁避害者⑤。故常无祸,不常有福;常无罪,不常有功⑥。圣人无思虑,无设储⑦,来者弗迎,去者弗将⑧。人虽东西南北,独立中央,故处众枉之中,不失其直⑨,天下皆流,独不离其坛域⑩。故不为善,不避丑,遵天之道;不为始,不专己,循天之理⑪;不豫谋,不弃时,与天为期⑫;不求得,不辞福,从天之则。不求所无,不失所得,内无旁祸,外无旁福⑬。祸福不生,安有人贼!⑭

[注释]①动:为,人为,指有意做某事。不损则益:据上文当作"不益则损"。则:转折连词,而。 ②道:通蹈,施行。 ③戎:西戎,春秋时西北地区

游牧民族。崤:山名,在今河南洛宁县西北。秦穆公时战胜西戎,开拓大片西域疆土。后来孤军长途偷袭郑国,不果,在返回途中经过崤山,遭晋军伏击,大败。 ④诸夏:指中原各诸侯国。柏莒:古地名,也叫柏举。地在今湖北麻城市境。《左传·定公四年》载,楚国包围蔡,吴国救援,在柏举大败楚军。⑤劝:勉励,鼓励。宁:安宁。 ⑥常:尚,崇尚。 ⑦设储:积聚,储蓄。⑧将:送。 ⑨枉:曲。 ⑩流:泛滥,放荡。坛域:界限,范围。 ⑪专己:专擅一己之才,独断专行。 ⑫期:会合。 ⑬旁:偏邪不正。旁祸:与行为不符的灾祸。 ⑭贼:伤害。

为善则观,为不善则议①;观则生贵,议则生患。故道术不可以进而求名,而可以退而修身;不可以得利,而可以离害。故圣人不以行求名,不以智见誉。法修自然,己无所与②。虑不胜数③,行不胜德,事不胜道。为者有不成,求者有不得。人有穷而道无不通,与道争则凶。故《诗》曰:"弗识弗知,顺帝之则。"④有智而无为,与无智者同道;有能而无事,与无能者同德。其智也,告之者至,然后觉其动也⑤;使之者至,然后觉其为也。有智若无智,有能若无能,道理为正也⑥。故功盖天下,不施其美⑦;泽及后世,不有其名。道理通而人伪灭也。名与道不两明,人受名则道不用,道胜人则名息矣。⑧

[注释]①观:观赏。议:非议。 ②修:遵循。与:参与,干预。③数:道理。 ④引《诗》见《大雅·皇矣》,今本弗作不。弗识弗知:犹言不知不觉。则:法则。 ⑤告之者:来告知他的人。 ⑥正:主宰。 ⑦施:散布。 ⑧人:人欲。

道与人竞长。章人者,息道者也①;人章道息,则危不远矣。故世有盛名,则衰之日至矣。欲尸名者必为善②,欲为善者必生事,事生则释公而就私,货数而任己③。欲见誉于为善,而立名于为质④,则治不修故,而事不须时⑤。治不修故,则多责;事不须时,则无功⑥。责多功鲜,无以塞之,则妄发而邀当,妄为而要中⑦。功之成也,不足以更责⑧;事之败也,不足以弊身⑨。故重为善若重为非,而几于道矣。

[注释]①章:通彰,明。息:止。 ②尸名:享有声名。 ③货数而任己:"货"作"背"。数:道理。任己:放任一己之私。 ④立名为质:王念孙云:质当为贤。 ⑤修:循。故:常规,成例。须:等待。 ⑥责:责难。 ⑦邀:求。当:合适。要:音yāo,求。中:符合。 ⑧更:音gēng,抵偿。 ⑨弊:通蔽,遮蔽,保护。

天下非无信士也①,临货分财,必探筹而定分②,以为有心者之于平,不若无心者也③。天下非无廉士也,然而守重宝者必关户而全封④,以为有欲者之于廉,不若无欲者也。人举其疵则怨人,鉴见其丑则善鉴⑤,人能接物而不与己焉,则免于累矣⑥。公孙龙粲于辞而贸名⑦,邓析巧辩而乱法⑧,苏秦善说而亡国⑨。由其道,则善无章;修其理,则巧无名⑩。故以巧斗力者,始于阳,常卒于阴⑪;以慧治国者,始于治,常卒于乱。使水流下,孰弗能治;激而上之,非巧不能。故文胜则质掩,邪巧则正塞之也⑫。

[注释]①信士:诚实的人。 ②探筹:抽签。筹:抽签用的筹码。 ③为:做。有心者:有心术的人,指探筹以定分的人。 ④全封:密封。 ⑤举:指出,说出。疵:缺点,毛病。鉴:通镜。 ⑥与:参与。不与己焉:不把

自己卷入外物纠纷中。　⑦公孙龙：战国名家代表人物，赵国人。著名论点有白马非马、冰不寒、炭不热等。粲：鲜明华丽。贸：变乱。贸名：扰乱名实。⑧邓析：春秋时郑国人，能言善辩，或谓被子产所杀。　⑨苏秦：战国时洛阳人，合纵家，尝说六国联合抗秦。亡国：指灭亡六国。　⑩由：遵循。其道：指大道，天道。章：通彰。修：通由，遵循。理：道理。　⑪阳：光明，指善的一面。阴：黑暗，指丑的一面。　⑫掩：遮蔽。

德可以自修，而不可以使人暴；道可以自治，而不可以使人乱；虽有圣贤之宝①，不遇暴乱之世，可以全身，而未可以霸王也。汤、武之王也，遇桀、纣之暴也；桀、纣非以汤、武之贤暴也，汤、武遭桀、纣之暴而王也。故虽贤王，必待遇②。遇者，能遭于时而得之也，非智能所求而成也。君子修行而使善无名，布施而使仁无章，故士行善而不知善之所由来，民澹利而不知利之所由出③。故无为而自治。善有章则士争名，利有本则民争功，二争者生④，虽有贤者，弗能治。故圣人掩迹于为善，而息名于为仁也。

[注释]①宝：道。　②遇：机遇。　③澹：通赡，满足。　④二争者：指士争名和民争功这两种情况。

外交而为援，事大而为安，不若内治而待时①。凡事人者，非以宝币，必以卑辞②。事以玉帛，则货殚而欲不餍③；卑礼婉辞，则谕说而交不结④；约束誓盟，则约定而反无日⑤。虽割国之锱锤以事人⑥，而无自恃之道，不足以为全。若诚外释交之策，而慎修其境内之事。尽其地力，以多其积；厉其民死⑦，以牢其城；上下一心，君臣同志；与之守社稷，效死而民弗离⑧，则为名者不伐无罪，而为利者不攻难胜,此必全之道也。民有道所同道,有法所同守⑨,为义之不能相固,威之不能相必也⑩,故立君以一民。⑪

[注释]①援:救助。事大:事奉大国。 ②币:缯帛,古时用作馈赠宾客的礼物。 ③殚:音dān,尽。餍:音yàn,满足。 ④谕说(音shuì):表白,游说。 ⑤约束:订立规约。誓盟:在神灵面前立誓结盟。反:违反,背约。无日:不久,形容时间很短。 ⑥锱(音zī)锤:皆古代重量单位,说法不一,或谓六两为锱,二锱为锤。这里比喻极微小。 ⑦厉:勉励,鼓励。死:指为国献身。 ⑧社稷:土谷之神,这里代指国家。效:献。 ⑨有道所同道:指人民一同走君主所要求走的道路。 ⑩相固:使人民紧密地聚集在一起。必:坚固。相必:与相固同义。 ⑪一:统一,统括。

君执一则治,无常则乱①。君道者,非所以为也,所以无为也。何谓无为?智者不以位为事,勇者不以位为暴,仁者不以位为患②,可谓无为矣。夫无为,则得于一也。一也者,万物之本也,无敌之道也。凡人之性,少则猖狂,壮则暴强,老则好利③,一人之身,既数变矣,又况君数易法,国数易君! 人以其位通其好憎,下之径衢,不可胜理④,故君失一则乱,甚于无君之时。故《诗》曰:"不愆不忘,率由旧章。"⑤此之谓也。

[注释]①执一:掌握治国的根本和原则。 ②仁者不以位为患:王念孙云患当作惠。 ③少:年幼。猖狂:肆意妄行。 ④径:小路。衢:音qú,四通八达的道路,径衢:指世上错综复杂的纠纷。 ⑤引《诗》见《大雅·假乐》。愆:qiān,过失。率:循。由:从。旧章:常规,旧法。

君好智则倍时而任己,弃数而用虑①,天下之物博而智浅,以浅澹博,未有能者也②。独任其智,失必多矣。故好智,穷术也;好勇,则轻敌而简备,自负而辞助③。一人之力以御强敌,不杖众多而专用身才④,必不堪也。故好勇,危术也。好与,则无定分⑤。上之分不定,则下之望无止⑥。若多赋敛,实府库,则与民为雠。少取多与,数未之有也。故好与,来怨之道也。仁智勇力,人之美才也,而莫足以治天下。由此观之,贤能之不足任也,而道术之可修明矣⑦。

[**注释**]①倍:通背,违反。数:道理。 ②澹:通担,承受,负担。③简:疏略。简备:疏于防备。自负:自恃其才。辞:让,拒绝。 ④杖:凭倚。身:己。身才:一己之才能。 ⑤好(音hào)与:喜欢施舍。定分:按一定规则均匀分配。 ⑥望:怨恨。 ⑦修:遵循。

圣人胜心,众人胜欲①。君子行正气,小人行邪气。内便于性,外合于义,循理而动,不系于物者,正气也②。重于滋味,淫于声色,发于喜怒,不顾后患者,邪气也③。邪与正相伤,欲与性相害,不可两立。一置一废。故圣人损欲而从事于性④。目好色,耳好声,口好味,接而说之,不知利害,嗜欲也。食之不宁于体,听之不合于道,视之不便于性。三官交争,以义为制者,心也⑤。割痤疽,非不痛也;饮毒药,非不苦也;然而为之者,便于身也⑥。渴而饮水,非不快也;饥而大飧,非不澹也⑦;然而弗为者,害于性也。此四者⑧,耳目鼻口不知所取去,必为之制,各得其所。由是观之,欲之不可胜,明矣。凡治身养性,节寝处,适饮食,和喜怒,便动静,使在己者得⑨,而邪气因而不生,岂若忧瘕疵之与痤疽之发,而豫备之哉⑩!

[注释]①胜:任用。心:本性。 ②便:音 pián,安适。系:束缚。③重:丰厚。淫:放纵。发:表现。 ④从事于性:顺随本性从事。 ⑤三官:目、耳、口三种器官。 ⑥痤疽(音 cuó jū):毒疮。毒药:味苦有毒然而可治病的药。 ⑦饮水:指喝生水。飧:音 sūn,泛指熟食。大飧:大吃一顿。澹:通赡,满足。 ⑧四者:指上文所云心、欲、正气、邪气。 ⑨在己者:指本性。⑩瘕:音 jiǎ,腹中肿瘤。瘕疵:泛指疾病。

夫函牛之鼎沸,而蝇蚋弗敢入①;昆山之玉瑱,而尘垢弗能污也②。圣人无去之心,而心无丑③;无取之美,而美不失。故祭祀思亲不求福,飧宾修敬不思德④,唯弗求者能有之。处尊位者,以有公道而无私说⑤,故称尊焉,不称贤也;有大地者,以有常术而无钤谋⑥,故称平焉,不称智也。内无暴事以离怨于百姓,外无贤行以见忌于诸侯⑦,上下之礼,袭而不离,而为论者莫然不见所观焉⑧,此所谓藏无形者。非藏无形,孰能形!

[注释]①函:容纳。鼎:古代一种烹饪器具。蚋:音 ruì,蚊子。 ②昆山:即昆仑山。瑱:音 zhěn,通缜,指玉石纹理细密。 ③无去之心:谓心圣洁正直,没有需要抛弃的污秽物。 ④飧(xiān)宾:大宴宾客。修敬:表达敬意。德:感戴。 ⑤私说:偏私的主张。 ⑥钤(音 qián)谋:计谋。 ⑦离:遭逢。离怨:构怨。见忌:被忌恨。 ⑧莫:通漠。莫然:漠然,茫然。见:看见。观:看,看的动作。不见所观:视而不见。

三代之所道者,因也①。故禹决江河,因水也;后稷播种树谷,因地也;汤、武平暴乱,因时也。故天下可得而不可取也,霸王可受而不可求也。在智则人与之讼,在力则人与之争②。未有使人无智者,有使人不能用其智于己者也;未有使人无力者,有使人不能施其力于己者也。此两者,常在久见。故君贤不见,诸侯不备③;不肖不见,则百姓不怨④;百姓不怨,则民用可得;诸侯弗备,则天下之时可承⑤。事所与众同也,功所与时成也,圣人无焉⑥。故《老子》曰:"虎无所措其爪,兕无所措其角。"⑦盖谓此也。

[注释]①三代:指夏、商、周。道:遵循,依据。因:顺随。 ②在智:任用、依靠智慧。讼:争辩是非。在力:任用、依靠力气。 ③君贤:君主的贤能。见:音xiàn,同现,表现。备:防范。 ④不肖:指君主的愚昧不才。 ⑤民用:人民的力量。承:接受,利用。 ⑥焉:兼词,于此。无焉:指没有私意参与其中。 ⑦引文见《老子》第五十章。今本《老子》作"兕无所投其角,虎无所措其爪"。兕:音sì,兽名,或谓即雌犀牛。措:置。

鼓不灭于声,故能有声;镜不没于形,故能有形①;金石有声,弗叩弗鸣;管箫有音,弗吹无声。圣人内藏,不为物先倡,事来而制,物至而应②。饰其外者伤其内,扶其情者害其神,见其文者蔽其质③,无须臾忘为质者,必困于性④。百步之中,不忘其容者,必累其形。故羽翼美者伤骨骸,枝叶美者害根茎,能两美者,天下无之也。天有明,不忧民之晦也,百姓穿户凿牖,自取照焉⑤;地有财,不忧民之贫也,百姓伐木芟草,自取富焉⑥。至德道者若丘山,嵬然不动,行者以为期也⑦。直己而足物,不为人赣⑧,用之者亦不受其德,故宁而能久。

[注释]①灭:藏。灭于声:藏身于声。没:藏。鼓本身没有声音表现出来,人击之始发声,是其不以声自见,故谓不藏身于声。镜本身不存在形象,

有物接近始有像成形,是其不以形自存,故谓不藏身于形。 ②制:裁断。 ③扶:扶持,助长。情:感情。见:现。 ④为质:表现本性。 ⑤明:指日光、月光。晦:黑夜。牖:音 yǒu,窗。 ⑥芟:音 shān,除草。 ⑦德:得。至德道:得到至道、大道。嵬(音 wéi)然:高大的样子。行者:到山中伐木打猎等的赶路人。期:目标,目的地。 ⑧直己:指丘山正直无私。足物:指满足百姓的需要。贛:音 gòng,赐给。人贛:赏赐他人,施恩于人。

天地无予也,故无夺也;日月无德也,故无怨也。喜德者必多怨,喜予者必善夺①。唯灭迹于无为,而随天地自然者,唯能胜理②,而为受名。名兴则道行,道行则人无位矣③。故誉生则毁随之,善见则怨从之。利则为害始,福则为祸先。唯不求利者为无害,唯不求福者为无祸。侯而求霸者,必失其侯④;霸而求王者,必丧其霸⑤。故国以全为常,霸王其寄也⑥;身以生为常,富贵其寄也。能不以天下伤其国,而不以国害其身者,焉可以托天下也⑦。

[注释]①善:容易。善夺:容易被剥夺。 ②理:道理,法则,指上句所谓无予、无德之论。胜理:胜任、理解这一道理。 ③受名:接受名誉。行:离开。人:人性。位:位置,地位。 ④侯:诸侯。霸:诸侯之长,霸主。 ⑤王:指天子。 ⑥常:纲常。寄:寄托。 ⑦焉:连词,乃,则。

不知道者,释其所已有,而求其所未得也。苦心愁虑以行曲故①。福至则喜,祸至则怖,神劳于谋,智遽于事②,祸福萌生,终身不悔,己之所生,乃反愁人③。不喜则忧,中未尝平。持无所监,谓之狂生④。

[注释]①曲故:曲巧,邪曲巧故。 ②遽:剧,辛劳,辛苦。 ③愁人:埋怨别人。 ④监:音 jiàn,通鉴,照视,借鉴。狂生:狂夫。

人主好仁,则无功者赏,有罪者释;好刑,则有功者废,无罪者诛。及无好者①,诛而无怨,施而不德,放准循绳,身无与事②,若天若地,何不覆载! 故合而舍之者,君也;制而诛之者,法也③。民已受诛,怨无所灭,谓之道④。道胜,则人无事矣。圣人无屈奇之服,无瑰异之行⑤,服不视,行不观,言不议⑥,通而不华,穷而不慑⑦,荣而不显,隐而不穷,异而不见怪,容而与众同⑧;无以名之,此之谓大通。升降揖让,趋翔周游,不得已而为也⑨。非性所有于身,情无符检⑩,行所不得已之事,而不解构耳,岂加故为哉⑪! 故不得已而歌者,不事为悲;不得已而舞者,不矜为丽⑫。歌舞而不事为悲丽者,皆无有根心者⑬。善博者不欲牟⑭,不恐不胜,平心定意,捉得其齐,行由其理⑮,虽不必胜,得筹必多⑯。何则? 胜在于数,不在于欲。驰者不贪最先⑰,不恐独后,缓急调乎手,御心调乎马⑱,虽不能必先载,马力必尽矣⑲。何则? 先在于数,而不在于欲也。是故灭欲则数胜,弃智则道立矣。贾多端则贫,工多技则穷,心不一也⑳。故木之大者害其条,水之大者害其深㉑。有智而无术,虽钻之不通㉒;有百技而无一道,虽得之弗能守。故《诗》曰:"淑人君子,其仪一也。其仪一也,心如结也。"㉓君子其结于一乎!

[**注释**]①无好:没有偏好,既不好仁,也不好刑。 ②放:音fǎng,通仿,依据。准、绳:皆指法度。与:音yù,参与,干预。 ③舍:居住,引申有容纳共处之意。 ④怨无所灭:没有什么需要消除的怨恨,即无所怨恨之意。
⑤屈奇:怪异。瑰异:奇伟,奇异。 ⑥视、观、议:皆被动用法。衣着不怪

异,故不至于引起众人注意,行为不怪异,故不至于引起众人围观,言论不怪异,故不至于被众人议论。 ⑦华:浮华不实。慑:恐惧,丧气。 ⑧见:被。容:宽容。 ⑨升降:上升下降,指人的举止。揖让:宾主相见的礼仪,指人的礼节。趋:跑,疾走。翔:游,舒缓而行。周游:指在世俗间的周旋交游。⑩符检:符合应验。 ⑪解构:附会造作。故为:有意为之,故意去做。⑫矜:音jīn,崇尚,追求。丽:华美。 ⑬无有根心:内心没有根据,不是出自内心。 ⑭博:一种用下棋方式赌博的游戏。牟:双倍的胜利或得益。⑮捉:持,行,指走棋。齐:合适,适当。理:指下棋的规则。 ⑯筹:数码,游戏时表示输赢的标签。 ⑰驰:音zhòu,赛马。 ⑱御心:御者的心思,想法。 ⑲载马:坐骑。 ⑳贾:音gǔ,商人。端:头绪。多端:指商人多头经营,多方投资。一:专一。 ㉑条:假借为修,长。 ㉒钻:钻营。 ㉓引《诗》见《国风·曹风·鸤鸠》。淑人:贤人。仪:态度。心如结:比喻内心专一不渝。

舜弹五弦之琴,而歌《南风》之诗,以治天下①。周公淆臑不收于前,钟鼓不解于县②,以辅成王而海内平。匹夫百亩一守③,不遑启处,无所移之也④。以一人兼听天下,日有余而治不足⑤,使人为之也。处尊位者如尸,守官者如祝宰⑥。尸虽能剥狗烧彘,弗为也,弗能无亏⑦;俎豆之列次,黍稷之先后⑧,虽知弗教也,弗能害也⑨。不能祝者,不可以为祝,无害于为尸;不能御者,不可以为仆,无害于为佐⑩。故位愈尊而身愈佚;身愈大而事愈少。譬如张琴,小弦虽急,大弦必缓。

[注释]①《南风》:相传是舜所作的诗歌。 ②周公:周文王子姬旦,成王幼时周公摄政。淆:通肴,菜肴。臑:音nào,动物的前肢。县:通悬,钟鼓架。 ③百亩一守:上古井田制,有一农夫耕种百亩田之说。 ④遑:空暇。启处:起居,安处。 ⑤兼:同时。听:治理。日有余:指时间花得多。

⑥尸:古代祭祀时代表死者受祭、象征死者神灵的人。守官:分管具体事务的官吏。祝:祭祀时主持向鬼神祷告的人。宰:祭祀时负责屠杀牲口的人。 ⑦弗能:指不会剥狗烧羲。 ⑧俎(音 zǔ)豆:皆古代祭祀、宴客时用的礼器,俎似案几,盛放较大的肉,豆似高脚盘,盛放较小的食物。列次:排放的次序、位置。 黍稷:两种粮食作物名,可用以祭祀。黍碾成的米叫黄米,稷或谓即粟(谷子)。黍稷之先后:按祭礼黍稷等祭品呈奉的先后次序。 ⑨弗能害:当作弗能无害。 ⑩仆:驾车的人。佐:借为左,指君位,即一车之主。古时驾车,中央为驭手,右边为勇士,左边为君位,故以左称君。

无为者,道之体也;执后者,道之容也①。无为制有为,术也;执后之制先,数也。放于术则强,审于数则宁②。今与人卞氏之璧③,未受者,先也;求而致之,虽怨不逆者,后也④。三人同舍,二人相争,争者各自以为直,不能相听,一人虽愚,必从旁而决之⑤,非以智,不争也。两人相斗,一羸在侧⑥,助一人则胜,救一人则免⑦,斗者虽强,必制一羸,非以勇也,以不斗也。由此观之,后之制先,静之胜躁,数也。倍道弃数,以求苟遇⑧,变常易故,以知要遮⑨,过则自非,中则以为候⑩,暗行缪改,终身不寤⑪,此之谓狂。有祸则诎,有福则嬴⑫,有过则悔,有功则矜,遂不知反,此谓狂人。

[注释]①体:本体,主体。容:通庸,用。 ②放:音 fǎng,依据。审:明察。 ③卞氏之璧:春秋楚国人卞和发现了一块玉璞,他先后把它献给楚厉王、楚武王,两位国君不识宝,反诬卞和欺诈,把他的双脚砍了。楚文王即位,卞和抱玉璞哭于荆山之下,文王命人加工玉璞,果然得到稀世宝玉,遂名之和氏璧。 ④未受者:指楚厉王、楚武王。求而致之,虽怨不逆者:指楚文王、卞和。逆:拒,放弃。 ⑤决:裁断。这句主语是未参与相争之第三者。 ⑥羸:音 léi,瘦弱疲病的人。 ⑦免:指救助败者,使之免遭失败。 ⑧倍:违

背。苟遇:侥幸得到。 ⑨知:同智。要遮:阻留。 ⑩过:过失,错误。中:音zhòng,符合。候:时令,引申为时机。 ⑪暗:昏昧。缪:音miù,通谬,乖错。 ⑫诎:音qú,屈服。赢:满足。

员之中规,方之中矩①,行成兽,止成文②,可以将少,而不可以将众③。蓼菜成行,瓶瓯有堤④,量粟而舂,数米而炊,可以治家,而不可以治国。涤杯而食,洗爵而饮,浣而后馈⑤,可以养家老,而不可以飨三军⑥。非易不可以治大,非简不可以合众。大乐必易,大礼必简。易故能天,简故能地。大乐无怨,大礼不责,四海之内,莫不系统,故能帝也⑦。心有忧者,筐床衽席,弗能安也⑧;菰饭刍牛,弗能甘也⑨;琴瑟鸣竽,弗能乐也⑩。患解忧除,然后食甘寝宁,居安游乐。由是观之,生有以乐也,死有以哀也。今务益性之所不能乐,而以害性之所以乐,故虽富有天下,贵为天子,而不免为哀之人。

[注释]①员:同圆。规:圆规,画圆形的工具。矩:方尺,画方形的工具。 ②行成兽:古代行军布阵各有阵式。《礼记·曲礼上》:"行,前朱鸟而后玄武,左青龙而后白虎。"朱鸟、玄武等皆以兽作军阵名,行成兽即指挥而成阵式之意。文:文采。 ③将:jiàng,率领、带兵。 ④蓼(音liǎo)菜:植物名,味辛香,古人用作调味品。瓯:音ōu,盆盂一类的瓦器。堤:瓶瓯的底座。 ⑤爵:古代的一种饮酒器。浣:音huàn,洗涤。馈:进献。 ⑥飨:音xiǎng,犒赏,赏赐。 ⑦系统:依附帝统。 ⑧筐:方正。筐床:方正安适的床。衽(音rèn)席:柔软的卧席。 ⑨菰:音gū,植物名,也叫茭白,可当蔬菜。刍:音chú,牛羊犬猪一类家畜。 ⑩琴、瑟、竽:皆乐器名。

凡人之性,乐恬而憎悯,乐佚而憎劳①。心常无欲,可谓恬矣；形常无事，可谓佚矣。游心于恬，舍形于佚，以俟天命②。自乐于内，无急于外，虽天下之大，不足以易其一概③。日月廀而无溉于志④，故虽贱如贵，虽贫如富。大道无形，大仁无亲，大辩无声，大廉不嗛⑤，大勇不矜。五者无弃，而几乡方矣⑥。军多令则乱，酒多约则辩⑦；乱则降北，辩则相贼⑧。故始于都者，常大于鄙⑨；始于乐者，常大于悲；其作始简者，其终本必调⑩。今有美酒嘉肴以相飨，卑体婉辞以接之，欲以合欢；争盈爵之间反生斗⑪，斗而相伤，三族结怨⑫，反其所憎，此酒之败也。

[注释]①佚：通逸，安闲。　②舍：休息。　③概：量粮食时刮平斗斛的器具。一概：用概括一下，形容极少的一部分。　④廀：音 sōu，隐藏。日月廀：指日食、月食。溉：灌注，引申有侵扰之意。　⑤嗛：音 qiàn，通歉，不足。　⑥几：庶几，差不多。乡：通向，趋向。方：道。　⑦约：这里指喝酒猜拳行令的规矩。　⑧贼：伤害。　⑨都：优美。大：发展，演变。鄙：鄙恶，丑恶。　⑩其终本必调：本当作卒。调：众音合和曰调。　⑪爵：酒杯。争盈爵之间：席间劝酒者要求饮者满杯，饮者推辞，于是发生争执。　⑫三族：指父、母、妻或父、子、孙三族。

《诗》之失僻①，《乐》之失刺②，《礼》之失责③。徵音非无羽声也，羽音非无徵声也，五音莫不有声，而以徵羽定名者，以胜者也④。故仁义智勇，圣人之所备有也，然而皆立一名者，言其大者也⑤。阳气起于东北，尽于西南，；阴气起于西南，尽于东北。阴阳之始，皆调适相似⑥，日长其类，以侵相远⑦，或热焦沙，或寒凝水，故圣人谨慎其所积。水出于山，而入于海；稼生于野，而藏于廪⑧。见所始则知终矣。

[注释]①僻：偏邪不正。　②刺：讽刺指责。　③责：苛责。　④徵音非无几句：徵音、羽音：古代五声音阶中两个音阶名。几句谓定为徵音的音级并非纯正的徵音，也有羽声存在，甚至五音之声都存在于徵音或羽音中，之所以定名为徵音或羽音，是根据最强的声来确定的。　⑤皆立一名：指对圣人的行为都有一个称名，或称为仁，或称为义等等。　⑥句谓阴气或阳气开始产生的时候，阴阳二气是相调和的，双方力量相等，难分彼此，故曰相似。⑦日长其类：一天天增加同类的力量，阳气开始便一天天增加阳气，阴气开始便一天天增加阴气。侵：逐渐。　⑧廪：米仓。

席之先蘿蕈，樽之上玄酒①，俎之先生鱼，豆之先泰羹②，此皆不快于耳目，不适于口腹，而先王贵之，先本而后末。圣人之接物，千变万轸③，必有不化而应化者。夫寒之与暖相反，大寒地坼水凝，火弗为衰其暑④；大热烁石流金，火弗为益其烈⑤。寒暑之变，无损益于己，质有之也⑥。圣人常后而不先，常应而不唱；不进而求，不退而让；随时三年，时去我先；去时三年，时在我后；无去无就，中立其所。天道无亲，唯德是与⑦。有道者，不失时与人；无道者，失于时而取人。直己而待命，时之至不可迎而反也⑧；要遮而求合，时之去不可追而援也⑨。故不曰：我无以为而天下远，不曰：我不欲而天下不至。古之存己者，乐德而忘贱，故名不动志；乐道而忘贫。故利不动心。名利充天下，不足以概志⑩，故廉而能乐，静而能澹。故其身治者，可与言道矣。

[注释]①席：筵席，酒席。先：尚，推重。蘿：音guàn，蘿菌，一种菌类。蕈：音xùn，也是一种菌类植物。上：尚。玄酒：水。古时祭祀用水。　②俎：音zǔ，祭祀时盛放祭品的器具。生鱼：活鱼。豆：祭祀时盛食物的器皿。泰

羹:祭祀时用的不加咸或酸味的肉汁。 ③轸:音 zhěn,转。 ④坼:音 chè,裂开。暑:炎热。 ⑤大热:最热的时节。烈:烈焰。 ⑥质:本质。 ⑦与:交往。 ⑧反:指违反时机正常规律,而希望加快它到来的速度。 ⑨援:攀缘,拉曳。 ⑩概:通溉,感动,震撼。

自身以上,至于荒芒尔远矣①,自死而天下无穷尔滔矣②,以数杂之寿③,忧天下之乱,犹忧河水之少,泣而益之也。龟三千岁,浮游不过三日,以浮游而为龟忧养生之具,人必笑之矣④。故不忧天下之乱,而乐其身之治者,可与言道矣。君子为善,不能使福必来;不为非,而不能使祸无至。福之至也,非其所求,故不伐其功⑤;祸之来也,非其所生,故不悔其行。内修极而横祸至者,皆天也,非人也⑥。故中心常恬漠,累积其德,狗吠而不惊,自信其情。故知道者不惑,知命者不忧。万乘之主卒,葬其骸于广野之中,祀其鬼神于明堂之上,神贵于形也⑦。故神制则形从,形胜则神穷⑧。聪明虽用,必反诸神,谓之太冲⑨。

[注释]①荒芒:远古洪荒之时。 ②自:身。滔:遥,远。 ③以数杂之寿:数:急促。杂当作卒。卒:猝。数卒:仓猝。 ④浮游:同蜉蝣,一种小昆虫,寿命短者出生数小时便死,长者亦不过三几天。具:才华,才能。 ⑤伐:夸耀功劳。 ⑥极:中,中正。 ⑦明堂:祭祀的殿堂。神贵于形:形体葬于广野,精神祭于庙堂,说明精神比形体高贵。 ⑧神制:精神制约形体。形胜:形体制约精神。 ⑨冲:平和安适。

卷十五 兵略训

古之用兵者,非利土壤之广而贪金玉之略①,将以存亡继绝,平天下之乱,而除万民之害也。凡有血气之虫,含牙带角,前爪后距②,有角者触,有齿者噬,有毒者螫,有蹄者趹③。喜而相戏,怒而相害,天之性也。人有衣食之情,而物弗能足也。故群居杂处,分不均,求不澹,则争④;争,则强胁弱,而勇侵怯。人无筋骨之强,爪牙之利,故割革而为甲,铄铁而为刃。贪昧饕餮之人,残贼天下⑤,万人搔动,莫宁其所。有圣人勃然而起⑥,乃讨强暴,平乱世,夷险除秽,以浊为清,以危为宁,故不得不中绝⑦。兵之所由来者远矣!黄帝尝与炎帝战矣⑧,颛顼尝与共工争矣⑨。故黄帝战于涿鹿之野⑩,尧战于丹水之浦⑪,舜伐有苗⑫,启攻有扈⑬。自五帝而弗能偃也,又况衰世乎⑭!

[注释]①略:通掠,掠夺,夺取。 ②有血气之虫:有生命的动物。虫,泛指动物。带:通戴,头顶。距:鸡足后突出如趾的尖骨。 ③触:用角撞物。噬:音 shì,咬。螫:音 shì,毒虫以刺扎人。趹:音 guì,骡马等用后蹄踢人。 ④澹:音 shàn,通赡,满足,充足。 ⑤贪昧:贪财昧利。饕餮(音 tāo tiè):贪残。残贼:伤害,为害。 ⑥勃然:因激怒而兴起的样子。 ⑦中绝:中途断

绝,指镇压残贼,结束残贼之人的生命。 ⑧黄帝、炎帝:皆传说中上古帝王。传说黄帝与炎帝曾战于涿鹿之野,在这场战争中,黄帝取得胜利。 ⑨颛顼:传说中上古帝王名。共工:传说是炎帝后裔。《天文训》云:"昔者共工与颛顼争为帝,怒而触不周之山。" ⑩涿鹿:古地名,在今河北涿鹿县东南。 ⑪丹水:水名,即今湖北、河南、陕西境内之丹江。浦:水滨。《吕氏春秋·召类》云:"尧战于丹水之浦以服南蛮。" ⑫有苗:也叫三苗,上古南方部族,在长江中游以南一带。 ⑬有扈:古国名,夏禹之子启在甘地与有扈交战,灭有扈。 ⑭自:虽,即使。偃:停息。

夫兵者,所以禁暴讨乱也。炎帝为火灾,故黄帝禽之①;共工为水害,故颛顼诛之②。教之以道,导之以德而不听,则临之以威武③;临之威武而不从,则制之以兵革。故圣人之用兵也,若栉发耨苗④,所去者少,而所利者多。杀无罪之民,而养无义之君,害莫大焉;殚天下之财,而澹一人之欲⑤,祸莫深焉。使夏桀、殷纣有害于民而立被其患,不至于为炮烙⑥;晋厉、宋康行一不义而身死国亡,不至于侵夺为暴⑦。此四君者,皆有小过而莫之讨也,故至于攘天下,害百姓⑧,肆一人之邪,而长海内之祸,此大伦之所不取也⑨。所为立君者,以禁暴讨乱也。今乘万民之力,而反为残贼,是为虎傅翼⑩,曷为弗除!

[注释]①传说炎帝与黄帝交战,炎帝放起大火,黄帝以水灭之。②《本经训》云:"舜之时,共工振滔洪水,以薄空桑。" ③临:显示。 ④栉:音zhì,梳理头发。耨:音nòu,除草。 ⑤殚:尽。澹:音shàn,通赡,满足。 ⑥被:遭遇。炮烙:殷纣王所用的酷刑,用炭烧热铜柱,令人爬行柱上,坠入炭火中烧死。 ⑦晋厉:春秋晋国君,前581~前573年在位,用小人,诛忠臣,被大夫栾书等所杀。宋康:战国宋国君,前329~前286年在位。所为暴虐,淫于酒色,群臣谏者辄射之。后齐、魏、楚伐宋,杀康王,瓜分其地。

⑧攘:祸乱。 ⑨伦:道理。 ⑩傅:附着,增加。

夫畜池鱼者必去猵獭①,养禽兽者必去豺狼,又况治人乎!故霸王之兵,以论虑之,以策图之,以义扶之②,非以亡存也,将以存亡也。故闻敌国之君,有加虐于民者,则举兵而临其境,责之以不义,刺之以过行③。兵至其郊,乃令军师曰④:"毋伐树木,毋抉坟墓⑤,毋燕五谷⑥,毋焚积聚,毋捕民虏⑦,毋收六畜。"乃发号施令曰:"其国之君,傲天侮鬼,决狱不辜⑧,杀戮无罪,此天之所以诛也,民之所以仇也。兵之来也,以废不义而复有德也。有逆天之道,帅民之贼者⑨,身死族灭!以家听者,禄以家;以里听者,赏以里;以乡听者,封以乡;以县听者,侯以县。"克国不及其民⑩,废其君而易其政。尊其秀士而显其贤良⑪,振其孤寡,恤其贫穷⑫,出其囹圄,赏其有功,百姓开门而待之,淅米而储之⑬,唯恐其不来也。此汤、武之所以致王,而齐桓之所以成霸也。故君为无道,民之思兵也,若旱而望雨,渴而求饮。夫有谁与交兵接刃乎!故义兵之至也,至于不战而止。

[注释]①猵獭(音 biān tǎ):一种水獭,在水中捕食鱼类为生。②论:理论。策:谋略。 ③刺:指责。 ④军师:军队。 ⑤抉:音 jué,撬开,挖掘。 ⑥燕:音 ruò,烧。 ⑦民虏:俘获的敌国人民。 ⑧决狱:判决,论定罪名。不辜:无辜。辜:罪。 ⑨帅:率。 ⑩克:取胜。克国:战胜敌国。 ⑪政:执政者,指公卿。秀士:才德优秀之士。显:褒扬。 ⑫振:通赈,救济。 ⑬淅:淘,渍。

晚世之兵,君虽无道,莫不设渠堑,傅堞而守①,攻者非以禁暴除害也,欲以侵地广壤也。是故至于伏尸流血,相支以日②,而霸王之功不世出者,自为之故也。夫为地战者,不能成其王;为身战者,不能立其功。举事以为人者,众助之;举事以自为者,众去之。众之所助,虽弱必强;众之所去,虽大必亡。兵失道而弱,得道而强;将失道而拙,得道而工;国得道而存,失道而亡。

[注释]①堑:音 qiàn,护城河。傅:靠,挨着。堞:音 dié,城墙上加筑的齿状矮墙,也称女墙。 ②支:持。相支以日:即旷日持久之意。

所谓道者,体圆而法方①,背阴而抱阳,左柔而右刚,履幽而戴明。变化无常,得一之原②,以应无方③,是谓神明。夫圆者,天也;方者,地也。天圆而无端,故不可得而观④;地方而无垠,故莫能窥其门⑤。天化育而无形象,地生长而无计量,浑浑沉沉,孰知其藏。凡物有朕,唯道无朕⑥。所以无朕者,以其无常形势也。轮转而无穷,象日月之运行,若春秋有代谢,若日月有昼夜,终而复始,明而复晦,莫能得其纪⑦。制刑而无刑,故功可成⑧;物物而不物,故胜而不屈⑨。刑,兵之极也,至于无刑,可谓极之矣。是故大兵无创,与鬼神通,五兵不厉,天下莫之敢当⑩。建鼓不出库,诸侯莫不慴悢沮胆其处⑪。故庙战者帝,神化者王⑫。所谓庙战者,法天道也;神化者,法四时也。修政于境内,而远方慕其德;制胜于未战⑬,而诸侯服其威。内政治也。

[注释]①体:体察,实践。法:取法。 ②一:指道。 ③无方:没有极限。 ④端:开头。 ⑤垠:边际,界限。门:门径,出入口。 ⑥朕:形迹。 ⑦纪:规律、法度。 ⑧刑:同形,形体,形迹。无刑:指没有具体形象。

⑨物物:创造万物。不物:不属于具体事物,指没有形迹。 ⑩五兵:矛、戟、弓、剑、戈五种兵器的合称,但说法不一。此泛指兵器。厉:同砺,磨砺。 ⑪建鼓:古代召集或发号令用的鼓。慴:恐惧。棱:音 líng,惊怖。沮:丧。 ⑫庙:朝廷。庙战:指在战争开始之前在朝廷内部的决策、计谋。神化:用精神感化。 ⑬制胜:制服敌方而取胜。

古得道者,静而法天地,动而顺日月,喜怒而合四时,叫呼而比雷霆①,音气不戾八风②,诎伸不获五度③。下至介鳞,上及毛羽,条修叶贯④,万物百族,由本至末,莫不有序。是故入小而不逼,处大而不窕⑤,浸乎金石,润乎草木,宇中六合,振豪之末,莫不顺比⑥。道之浸洽,滒淖纤微⑦,无所不在,是以胜权多也。夫射,仪度不得,则格的不中⑧;骥,一节不用,而千里不至⑨。夫战而不胜者,非鼓之日也,素行无刑久矣⑩。故得道之兵,车不发轫⑪,骑不被鞍,鼓不振尘⑫,旗不解卷,甲不离矢⑬,刃不尝血,朝不易位,贾不去肆⑭,农不离野。招义而责之⑮,大国必朝,小城必下。因民之欲,乘民之力,而为之去残除贼也。

[注释]①比:顺随。 ②戾:违反。八风:八方之风,具体名称见《地形训》。 ③诎:通屈。获:猎、得,引申有凌轹、践踏之意。五度:指分、寸、尺、丈、引五级度量单位。这里泛指标准。 ④介鳞:甲壳类和鳞片类动物,如龟鱼等。毛羽:鸟类。修、贯:都是整理有序的意思。 ⑤逼:挤迫。窕:放肆。 ⑥宇中:宇宙之中。六合:天地四方。振:举,开放。豪:鸟兽身上长而尖的细毛。振豪:初生之豪毛。顺比:顺从。 ⑦浸洽:沾润。滒:音 gē,黏稠的样子,这里指调和融洽。淖:音 nào,稀泥。引申有柔和之意。 ⑧仪度:标准。格的:箭靶。 ⑨骥:千里马。节:节制,调度管束。 ⑩鼓之日:击鼓进军作战之日。无刑:无形。 ⑪轫:刹车用的木头。发轫:指车辆启行。 ⑫振尘:抖去尘埃。不振尘:指不准备启用。 ⑬离:通罹,遭遇,蒙受。

⑭肆:商店。　⑮招:昭示。

故同利相死,同情相成,同欲相助。顺道而动,天下为向;因民而虑,天下为斗。猎者逐禽,车驰人趋,各尽其力①,无刑罚之威,而相为斥阐要遮者,同所利也②;同舟而济于江,卒遇风波,百族之子,捷捽招枻船,若左右手③,不以相德,其忧同也。故明王之用兵也,为天下除害,而与万民共享其利。民之为用,犹子之为父,弟之为兄。威之所加,若崩山决塘,敌孰敢当!故善用兵者,用其自为用也④;不能用兵者,用其为己用也⑤。用其自为用,则天下莫不可用也;用其为己用,所得者鲜矣。

[注释]①趋:奔跑。　②斥:侦察。阐:音 yīn,堵塞。斥阐:指侦察猎物所在,堵塞它可能逃跑的道路。要遮:拦截。　③卒:音 cù,猝,突然。百族之子:指船上的来自不同家庭、互不认识的子弟。捷:疾快。捽:音 zuó,揪住。招:船上控制帆升降的绳索。捽招:风大时控制帆的绳索,降下风帆稳定船体。枻:通抒,舒缓。枻船:使船平稳。　④自为用:指使士卒感到是为自己出力,为自己所用。　⑤为己用:要求军队为君主一己出力,为君主所用。

兵有三诋①,治国家,理境内,行仁义,布德惠,立正法,塞邪隧②,群臣亲附,百姓和辑③,上下一心,君臣同力,诸侯服其威,而四方怀其德。修政庙堂之上,而折冲千里之外,拱揖指挥,而天下响应④,此用兵之上也。地广民众,主贤将忠,国富兵强,约束信,号令明,两军相当,鼓錞相望⑤,未至兵交接刃,而敌人奔亡,此用兵之次也。知土地之宜,习险隘之利,明奇正之变⑥,察行陈解续之数⑦,

维枹绾而鼓之⑧,白刃合,流矢接,涉血属肠,舆死扶伤⑨,流血千里,暴骸盈场⑩,乃以决胜,此用兵之下也。今夫天下皆知事治其末,而莫知务修其本,释其根而树其枝也。

[注释]①氐:通柢,基础,基本。 ②正法:公正的法律。隧:路。 ③和辑:协调和睦。 ④冲:古代一种用于攻城的战车。折冲:击退敌人的战车,打败敌军。拱挹:抱拳拱手。扔:通挥。拱挹指扔:形容从容安舒,指挥若定。 ⑤錞:音 chún,古代一种军乐器,也叫錞于,使用时常与鼓角相和。 ⑥奇正:古代用兵时,设法引诱拦截,袭击敌军的战术叫奇。两军正面对阵交锋叫正。引申之,常规作战为正,灵活机变为奇。 ⑦赎:接合,续。解赎:解散和集合。数:术,技艺。 ⑧枹:音 fú,鼓槌。维枹:用丝绳缠绕的鼓槌,以使声音浑厚,且可保护鼓面。绾:贯联,这里指将鼓槌系在手臂上,以防止鼓槌掉落。 ⑨涉:音 dié,通喋。涉血:流血。属:音 zhǔ,附着。属肠:指受伤后肠子流出体外。舆,车子,这里指乘坐战车的将士。扶:指扶翼车轮,在战车两侧拥进的士卒。 ⑩场:战场。

夫兵之所以佐胜者众,而所以必胜者寡。甲坚兵利,车固马良,畜积给足,士卒殷轸①,此军之大资也,而胜亡焉②。明于星辰日月之运,刑德奇赍之数,背乡左右之便③,此战之助也,而全亡焉④。良将之所以必胜者,恒有不原之智,不道之道,难以众同也⑤。夫论除谨⑥,动静时,吏卒辨⑦,兵甲治⑧,正行伍,连什伯⑨,明鼓旗⑩,此尉之官也⑪。前后知险易⑫,见敌知难易,发斥不忘遗⑬,此候之官也⑭。隧路亟,行辎治⑮,赋丈均,处军辑,井灶通⑯,此司空之官也⑰。收藏于后,迁舍不离⑱,无淫舆,无遗辎⑲,此舆之官也⑳。凡此五官之于将也,犹身之有股肱手足也㉑。必择其人,技能其才㉒,使官胜其任,人能其事。告之以政，申之以令㉓，使之若虎豹之有爪牙，飞鸟之有六翮㉔，莫不为用。然皆佐胜之具也，非所以必胜也。兵之胜败，本在于政。政胜其民，下附其上，则兵强矣；民胜其政，下畔其上㉕，则兵弱矣。故德义足以怀天下之民㉖，事业足以当天下之急㉗，选举足以得贤士之心㉘，谋虑足以知强弱之势，此必胜之本也。

[注释]①殷轸：众多。 ②亡：没有，不在。焉：兼词，于此。胜亡焉：胜利并不决定于此。 ③刑德：古人以刑德来说明阴阳二气在一年四季中的消长变化。冬至是阴气之末，阳气之初，故以冬至为德，夏至是阳气之末，阴气之初，故以夏至为刑。每个月刑德所在位置都有相应变化。赍：音gāi，通该，军队中的约定。奇赍：指军中的诡秘之术。 ④全：保全。亡焉：不在于此，不决定于此。 ⑤原：追究、测度。以：通与。 ⑥论：音lún，通抡，选择。除：任命官吏。 ⑦辨：治理。 ⑧兵甲治下当有"此司马之官也"句。司马，官名，掌军政之事。 ⑨行伍、什伯：皆古代军队编制。五人为伍，二十五人为行，十人为什，百人为伯。故以行伍、什伯代指军队。连：联合，组织指挥之意。 ⑩明鼓旗：古代军队进退行止皆用鼓旗指挥，故需明确各种鼓旗号令。 ⑪尉：古代官名。 ⑫前后：指行军作战中的前进、后退。易：平安。 ⑬斥：侦察。发斥：派遣深入敌方的侦察兵。遗：留守。 ⑭候：军候，古代官名。 ⑮亟：快速，引申为畅顺。行輤：军队行动时携带的军用物资。 ⑯赋丈：分派士卒修筑战壕营垒一类的差役。均：平等。辑：和睦。井灶：指军队驻扎时使用的水井和炊灶。 ⑰司空：古代官名，掌管军队后勤运输供应。 ⑱收藏：指行军断后收容。迁：搬徙。合：驻扎。 ⑲淫舆：流失的军车。遗辎：遗失的辎重、物资。 ⑳舆：古代官名。 ㉑股：大腿。肱：音gōng，手臂。 ㉒技能：作动词用，考察、检验人的技艺才能。 ㉓政：政令，法令。申：告诫。 ㉔翮：音hé，鸟类翅膀上粗大羽毛的硬管。六翮：指强壮有力的鸟翼。 ㉕畔：通叛，背叛。 ㉖怀：安抚。 ㉗事业：治国的成就。 ㉘选举：选拔贤才，举用能人。

地广人众,不足以为强;坚甲利兵,不足以为胜;高城深池,不足以为固;严令繁刑,不足以为威。为存政者,虽小必存①;为亡政者,虽大必亡②。昔者楚人地,南卷沅、湘③,北绕颍、泗④,西包巴、蜀⑤,东裹郯、邳⑥,颍、汝以为洫,江、汉以为池⑦,垣之以邓林,绵之以方城⑧,山高寻云,溪肆无景⑨,地利形便,卒民勇敢。蛟革犀兕,以为甲胄⑩,修铩短鈚,齐为前行⑪,积弩陪后,错车卫旁⑫,疾如锥矢⑬,合如雷电,解如风雨。然而兵殆于垂沙,众破于柏举⑭。楚国之强,大地计众,中分天下⑮,然怀王北畏孟尝君,背社稷之守,而委身强秦,兵挫地削,身死不还⑯。二世皇帝⑰,势为天子,富有天下。人迹所至,舟楫所通⑱,莫不为郡县,然纵耳目之欲,穷侈靡之变,不顾百姓之饥寒穷匮也。兴万乘之驾,而作阿房之宫⑲,发闾左之戍⑳,收太半之赋㉑,百姓之随逮肆刑,挽辂首路死者,一旦不知千万之数㉒。天下敖然若焦热,倾然若苦烈㉓,上下不相宁,吏民不相憀㉔。戍卒陈胜,兴于大泽,攘臂袒右,称为"大楚"㉕,而天下响应。当此之时,非有牢甲利兵,劲弩强冲也,伐棘枣而为矜,周锥凿而为刃㉖,剡撕笍,奋儋钁,以当修戟强弩㉗,攻城略地,莫不降下,天下为之麋沸蚁动㉘,云彻席卷,方数千里。势位至贱,而器械甚不利,然一人唱而天下应之者㉙,积怨在于民也。武王伐纣,东面而迎岁㉚,至汜而水㉛,至共头而坠㉜,彗星出而授殷人其柄㉝。当战之时,十日乱于上,风雨击于中,然而前无蹈难之赏,而后无遁北之刑,白刃不毕拔而天下得矣。是故善守者无与御,而善战者无与斗,明于禁舍开塞之道,乘时势,因民欲,而取天下㉞。故善为政者积其德,善用兵者畜其怒;德积而民可用,怒畜而威可立也。

[**注释**]①存政:使国家得以长存的政治措施。 ②亡政:使国家灭亡的政治措施。 ③卷:席卷、包容。沅:水名,源出贵州,流经湖南入洞庭湖。湘:水名,即湘江,为湖南省最大河流。沅湘流域属战国楚境。 ④颍:水名,源出河南登封西南,向南流入淮河。泗:水名,源出山东泗水县,古时流经江苏,至洪泽湖附近入淮河。 ⑤巴、蜀:古巴郡和蜀郡,其地在今重庆、四川全境。 ⑥郯:古国名,其地在今山东郯城县。邳:古地名,在今江苏邳县。 ⑦汝:水名,源出河南鲁山,流入淮河。洫:护城河。汉:汉水。池:城壕,也是护城河。 ⑧垣:城墙。邓林:地名,指今湖北武当山东南部地区。绵:缠绕,环绕。方城:春秋楚国所筑长城,大体在今河南方城县、邓州市一带。 ⑨寻云:探入云端。肆:延伸。景:日光。无景:指因溪谷太深而不能见到阳光。 ⑩蛟:传说中的龙类动物,或谓属鳄鱼一类。兕:音 sì,兽名,或谓雌犀牛。 ⑪铩:古兵器名,属长矛类。鏦:音 cōng,古兵器名,短矛。 ⑫积弩:一种可以连发的机械弓。错车:雕饰文采的车辆。 ⑬锥:当作镞,音 hóu。镞矢:一种箭名。 ⑭垂沙:地名,战国时楚地,在今河南唐河县西南。柏举:春秋楚地名,在今湖北麻城市境。前506年,吴国军队在柏举大败楚师。 ⑮计:计量。中分:对半分。 ⑯怀王:楚怀王,前328~前299年在位。前299年,秦昭王邀怀王入秦,然后将他扣留,怀王至前296年卒于秦。孟尝君:战国齐人,姓田名文,尝为齐相。 ⑰二世:指秦二世胡亥。 ⑱楫:船桨。 ⑲兴:征集。万乘:万辆。驾:车马。阿房宫:秦宫殿名,故址在今陕西西安市西南。 ⑳闾:古代以二十五家为闾,故以闾泛指乡里。闾左:秦制,富贵人家居住在闾里右边,贫寒人家居住闾里左边,闾左则成为乡里贫寒人家的代称。戍:守边,服兵役。 ㉑太半之赋:指强迫人民将收入的大半用来交纳赋税。 ㉒随逮:相继被捕。肆刑:执行死刑。挽:拉,牵引。辂:音 hé,缚在车辕上的横木,供人拉车时使用。首路:上路,出发。 ㉓敖:通熬,煎熬。倾:覆灭。倾然:奄奄待毙的样子。 ㉔憭:音 liáo,依赖,依靠。 ㉕陈胜:字涉,前209年,被征发屯戍渔阳,途中与吴广一起发动同行戍卒九百人反秦起

义。大泽:地名,陈胜、吴广发动起义地,在今安徽宿县东南。攘:捋。攘臂:捋起衣袖,露出胳膊。袒右:解开上衣,露出右肩。大楚:也叫张楚,陈胜、吴广起义后建立政权的国号。 ㉖棘枣:酸枣树。矜:矛柄。周:纳,插入。 ㉗剡:削尖。撕:chàn,去除,这里也是削尖之意。箠:音chú,一种竹名。儋:通担,扁担。钁:大锄。 ㉘糜:烂。糜沸蚁动:形容形势混乱,动荡不安。 ㉙唱:通倡,倡导。 ㉚迎:逆。岁:太岁,古代天文学假设星名,方术以为太岁所在为凶方。东面而迎岁:意谓当时太岁在东,而武王伐纣正迎着太岁进军,被认为是用兵之大忌。 ㉛氾:水名,在河南,久已湮没。水:洪水。 ㉜共头:山名,地在今河南辉县境内。坠:指山崩。 ㉝句谓彗星出现,而彗星柄在东方殷地。星相家认为这种星象意味着东方殷人手持扫帚扫荡西方周人,故对周武王而言是不吉之天象。 ㉞舍:通赦,赦免。

故文之所以加者浅,则势之所胜者小①;德之所施者博,而威之所制者广;威之所制者广,则我强而敌弱矣。故善用兵者,先弱敌而后战者也,故费不半而功自倍也。汤之地方七十里而王者,修德也;智伯有千里之地而亡者,穷武也②。故千乘之国,行文德者王;万乘之国,好用兵者亡。故全兵先胜而后战,败兵先战而后求胜。德均则众者胜寡,力敌则智者胜愚,智侔则有数者禽无数③。

[注释]①文:文治,德治。加:施与。势:权势。 ②智伯:春秋末晋国大夫荀瑶。他拥有晋国最大领地,后被赵襄子联合韩、魏攻灭,三分其地。穷武:穷兵黩武。 ③侔:móu,相等。数:技艺。禽:同擒。

凡用兵者,必先自庙战。主孰贤?将孰能?民孰附?国孰治?蓄积孰多?士卒孰精?甲兵孰利?器备孰便?故运筹于庙堂之上,而决胜乎千里之外矣①。夫有形埒者,天下讼见之②;有篇籍者,世人传学之。此皆以形相胜者也。善形者弗法也③,所贵道者,贵其无形也。无形则不可制迫也,不可度量也,不可巧诈也,不可规虑也。智见者,人为之谋④;形见者,人为之功⑤;众见者,人为之伏⑥;器见者,人为之备。动作周还,倨句诎伸⑦,可巧诈者,皆非善者也。善者之动也,神出而鬼行,星耀而玄逐⑧,进退诎伸,不见朕垠⑨,鸾举麟振,凤飞龙腾。发如秋风,疾如骇龙。当以生击死,以盛乘衰,以疾掩迟,以饱制饥⑩。若以水灭火,若以汤沃雪,何往而不遂!何之而不用达?⑪

[注释]①运筹:谋划。 ②垺:界限。讼:gōng,通公,明白。 ③相胜:比较优劣。形:当为衍文。法:效法。 ④见:同现。人为之谋:他人为对付你的智慧而谋划。 ⑤功:劳。人为之功:他人为对付你的形迹而操劳。 ⑥众:指数量多。伏:藏匿。 ⑦周还:盘旋,指动作灵活。倨:直。句:同勾,曲。 ⑧玄:天。玄逐:天的运转。 ⑨朕垠:征兆,迹象。垠:形迹。 ⑩乘:战胜,压服。掩:奉击。 ⑪用:当为衍文。

在中虚神,在外漠志,运于无形,出于不意。与飘飘往,与忽忽来,莫知其所之①;与条出,与间入,莫知其所集②。卒如雷霆,疾如风雨③,若从地出,若从天下,独出独入,莫能应圉④。疾如镞矢,何可胜偶⑤?一晦一明,孰知其端绪!未见其发,固已至矣。故善用兵者,见敌之虚,乘而勿假也⑥,追而勿舍也,迫而勿去也。击其犹犹,陵其与与⑦,疾雷不及塞耳,疾霆不暇掩目⑧。善用兵,若声之与响,若镗之与鞈⑨,眯不给抚,呼不给吸⑩。当此之时,仰不见天,俯不见地,手不麾戈,兵不尽拔,击之若雷,薄之若风⑪,炎之若火,凌之若波⑫。敌之静不知其所守,动不知其所为。故鼓鸣旗麾,当者莫不废滞崩阤⑬,天下孰敢厉威抗节而当其前者⑭!故凌人者胜,待人者败,为人杓者死⑮。

[**注释**]①飘飘、忽忽:皆形容飘忽不定的虚空状态。 ②条:通达。间:空隙。 ③卒:通猝,突然。 ④应:对付。圉:通御,抵挡。 ⑤镞矢:飞箭。偶:相对。 ⑥假:放纵,宽容。 ⑦犹犹、与与:皆形容犹豫的样子。与:通豫。 ⑧霆:闪电。 ⑨响:回音。镗、鞈:皆象声词,是击鼓时发出的两次响声。 ⑩眯:异物入眼。给:音 jǐ,及。 呼:吐气。 ⑪薄:逼迫。⑫凌:欺压。 ⑬阤:音 zhì,溃塌。 ⑭厉威:振奋声威。抗节:坚持节操。⑮待人:指被动地等待他人进攻。杓:通的,靶子。

兵静则固,专一则威,分决则勇①,心疑则北,力分则弱。故能分人之兵,疑人之心,则铢锱有余②;不能分人之兵,疑人之心,则数倍不足。故纣之卒,百万之心③;武王之卒,三千人皆专而一。故千人同心,则得千人力;万人异心,则无一人之用。将卒吏民,动静如身,乃可以应敌合战。故计定而发,分决而动,将无疑谋,卒无二心,动无堕容,口无虚言④,事无尝试,应敌必敏,发动必亟⑤。故将以民为体,而民以将为心。心诚则支体亲刃,心疑则支体挠北⑥。心不专一,则体不节动;将不诚心,则卒不勇敢。故良将之卒,若虎之牙,若兕之角,若鸟之羽,若蚈之足⑦,可以行,可以举,可以噬,可以触。强而不相败,众而不相害,一心以使之也。故民诚从其令,虽少无畏;民不从令,虽众为寡。故下不亲上,其心不用;卒不畏将,其形不战。守有必固,而攻有必胜,不待交兵接刃,而存亡之机固以形矣⑧。

[**注释**]①分:音 fèn,名分。 ②锱铢:古代重量单位,二十四分之一两为铢,六铢为一锱。 ③百万之心:指纣之士卒人心涣散,各有打算,百万人有百万不同心思。 ④堕:通惰,懈怠。虚言:虚假不能兑现的话。 ⑤亟:急,快。 ⑥刃:刀锋坚硬为刃,引申为坚固。亲刃:亲密坚固。挠北:溃散、败北。 ⑦蚈:音 qiān,昆虫名,即百足虫,体有多足。 ⑧机:征兆、迹象。

兵有三势,有二权。有气势,有地势,有因势。将充勇而轻敌①,卒果敢而乐战,三军之众,百万之师,志厉青云,气如飘风②,声如雷霆,诚积逾而威加敌人③,此谓气势。硖路津关④,大山名塞,龙蛇蟠,却笠居⑤,羊肠道,发笱门⑥,一人守隘,而千人弗敢过也,此谓地势。因其劳倦怠乱,饥渴冻喝⑦,推其摇摇,挤其揭揭⑧,此谓因势。善用间谍,审错规虑,设蔚施伏⑨,隐匿其形,出于不意,敌人之兵无所适备,此谓知权⑩。陈卒正,前行选⑪,进退俱,什伍搏⑫,前后不相捴,左右不相干⑬,受刃者少⑭,伤敌者众,此谓事权。权势必形⑮,吏卒专精,选良用才,官得其人,计定谋决,明于死生,举错得失⑯,莫不振惊,故攻不待冲隆云梯而城拔⑰,战不至交兵接刃而敌破,明于必胜之攻也⑱。

[**注释**]①充勇:精神饱满,斗志高昂。轻敌:藐视敌人。 ②厉:振。飘风:旋风。 ③诚:指充沛专一的精神。积逾:积聚、超越。 ④硖:山峡。津关:设在水路要冲之处的关口。 ⑤蟠:盘伏,屈曲。这里是形容地形险

要、道路蜿蜒弯曲的样子。却:掉。却笠居:形容居所地势险峻高耸,仰头而望,戴着的笠帽都会掉落在地。　⑥笱:捕鱼用的一种竹笼,口上编织有逆插的竹片,鱼入笱中便不能复出。发笱门:形容隘口险要,如同张开口的竹笱,能进而不能出。　⑦喝:音 yē,中暑。　⑧摇摇:摇摇欲坠的样子。挤:排挤。揭揭:摇摆不定,快要脱出的样子。　⑨蔚:草木茂盛的样子。设蔚:指虚张声势、布设疑阵,使敌人误以为己方有强大实力。施伏:实施埋伏。　⑩知:同智。　⑪陈卒:排兵布阵。正:严整。选:音 xiǎn,齐整。　⑫什伍:古代军队编制,泛指军队。抟:当作抟,音 zhuān,同专,集中、专一。　⑬撚:践踏。干:抵触,干扰。　⑭受刃:被刀枪所伤。　⑮权势:指上文所说的三势、二权。　⑯错:通措。举错:举动。失:当作时。　⑰冲隆:古代攻城的一种器械,如冲车一类。云梯:古代攻城用的长梯。　⑱攻:"攻"当为"数"字。

故兵不必胜,不苟接刃;攻不必取,不为苟发。故胜定而后战,铨县而后动①。故众聚而不虚散,兵出而不徒归。唯无一动,动则凌天振地②。抗泰山,荡四海③,鬼神移徙,鸟兽惊骇。如此,则野无校兵,国无守城矣。

　　[注释]①铨:当为"铨",音 qián,通权,称量。县:秤。铨县:权衡,量度。　②凌:升,登。　③抗:举。　④校:军营。校兵:驻扎在营垒的士卒。

静以合躁,治以持乱①,无形而制有形,无为而应变,虽未能得胜于敌,敌不可得胜之道也。敌先我动,则是见其形也;彼躁我静,则是罢其力也②。形见则胜可制也,力罢则威可立也。视其所为,因与之化;观其邪正,以制其命。饵之以所欲,以罢其足。彼若有间,急填其隙③,极其变而束之,尽其节而仆之④。敌若反静,为之出奇,彼不吾应,独尽其调⑤。若动而应,有见所为,彼持后节,与之推移⑥。彼有所积,必有所亏。精若转左,陷其右陂⑦。敌溃而走,后必可移⑧。敌迫而不动,名之曰奄迟⑨,击之如雷霆,斩之若草木,耀之若火电⑩,欲疾以遬⑪,人不及步䢱,车不及转毂⑫,兵如植木,弩如羊角⑬,人虽众多,势莫敢格⑭。诸有象者,莫不可胜也⑮;诸有形者,莫不可应也。是以圣人藏形于无,而游心于虚。风雨可障蔽,而寒暑不可开闭,以其无形故也。夫能滑淖精微⑯,贯金石,穷至远,放乎九天之上,蟠乎黄卢之下⑰,唯无形者也。

[注释]①持:制约,平息。 ②罢:音 pí,通疲。 ③间:空隙。 ④极其变:使事物发展到极点。节:事之一端。尽其节:促使事物发展到极端,如骄者使其极骄,馁者使其极馁。仆:奴役。 ⑤尽:完成。调:调整。 ⑥推移:指与敌调换位置,迫使敌人先于己动。 ⑦精:指敌军的精锐、主力。陷:攻破。陂:音 bēi,边。 ⑧移:摇动,指攻破。 ⑨奄迟:淹留迟滞。 ⑩耀:眩惑。 ⑪遬:音 sǔ,疾,速。 ⑫䢱:音 xuān,读为旋。步䢱:奔走周旋。毂:车轮中心插入车轴的圆木。 ⑬植木:插在地上的木头。羊角:形容弓弩僵硬不可用。 ⑭格:抵抗,抗击。 ⑮有象者:表现出具体形象的人或物。 ⑯淖:柔和。 ⑰黄卢:黄泉,指地下。

善用兵者,当击其乱,不攻其治,是不袭堂堂之寇,不击填填之旗①。容未可见,以数相持②,彼有死形,因而制之。敌人执数,动则就阴③,以虚应实,必为之禽④。虎豹不动,不入陷阱;麋鹿不动,不离置罘⑤;飞鸟不动,不绁网罗⑥;鱼鳖不动,不摱蜃喙⑦。物未有不以动而制者也。是故圣人贵静,静则能应躁,后则能应先,数则能胜疏,博则能禽缺⑧。

[**注释**]①堂堂:形容仪表庄严大方的样子。寇:敌军。填填:音 zhèn zhèn,守固的样子。 ②容:指敌军的衰败之象。数:音 cù,细密。 ③执数:指已有周密准备。阴:隐蔽。 ④禽:同擒。 ⑤离:通罹,遭遇。罝罘:皆捕捉野兽的网。 ⑥绉:音 guà,挂住,绊住。 ⑦擐:音 guān,贯,穿。厴:当作唇。喙:口。 ⑧博:博大丰富。禽:擒。

故良将之用卒也,同其心,一其力,勇者不得独进,怯者不得独退。止如丘山,发如风雨,所凌必破,靡不毁沮①,动如一体,莫之应圉②。是故伤敌者众,而手战者寡矣③。夫五指之更弹,不若卷手之一挃④;万人之更进,不如百人之俱至也。今夫虎豹便捷,熊罴多力,然而人食其肉而席其革者,不能通其知而壹其力也⑤。夫水势胜火,章华之台烧,以升勺沃而救之⑥,虽涸井而竭池,无奈之何也;举壶榼盆盎而以灌之⑦,其灭可立而待也。今人之与人,非有水火之胜也,而欲以少耦众,不能成其功,亦明矣⑧。兵家或言曰:"少可以耦众。"此言所将,非言所战也。或将众而用寡者,势不齐也⑨;将寡而用众者,用力谐也。若乃人尽其才,悉用其力,以少胜众者,自古及今,未尝闻也。

[**注释**]①沮:毁坏,败坏。 ②圉:抵御。 ③手战:徒手交战,即肉搏,指紧急危险的局面。 ④更:交替,相继。卷:音 quán,通拳。卷手:握拳。挃:捣击。 ⑤知:同智。 ⑥章华:春秋楚灵王所造之高台名。升勺:皆古代容量单位,十勺为一合,十合为一升。这里指容量小的容器。 ⑦壶榼(音 kē)盆盎:皆古代盛酒或贮水的器具,容积较大。 ⑧胜:超过。耦:相对。 ⑨用:指服从指挥,能为将领所用的士卒。

神莫贵于天,势莫便于地,动莫急于时,用莫利于人。凡此四者,兵之干植也①。然必待道而后行,可一用也。夫地利胜天时,巧举胜地利,势胜人②。故任天者可迷也,任地者可束也,任时者可迫也,任人者可惑也。夫仁勇信廉,人之美才也,然勇者可诱也,仁者可夺也,信者易欺也,廉者易谋也。将众者有一见焉,则为人禽矣。由此观之,则兵以道理制胜,而不以人才之贤,亦自明矣。

[注释]①干植:躯干,主体。　②势:指以道治军而形成的威势。人:指个人的才能。

是故为麋鹿者,则可以置罘设也①;为鱼鳖者,则可以网罟取也;为鸿鹄者,则可以矰缴加也②;唯无形者,无可奈也。是故圣人藏于无原③,故其情不可得而观;运于无形,故其陈不可得而经④。无法无仪,来而为之宜;无名无状,变而为之象。深哉睭睭,远哉悠悠⑤,且冬且夏,且春且秋,上穷至高之末,下测至深之底,变化消息,无所凝滞,建心乎窈冥之野,而藏志乎九旋之渊,虽有明目,孰能窥其情⑥!

[注释]①设:安排,处置。　②矰缴:系有丝绳用以射鸟的短箭。加:施,对付。　③无原:没有开始,没有起源。　④陈:通阵,设阵。经:度,测度。　⑤睭睭:音 zhǒu zhǒu,深邃的样子。　⑥建心:游心,留意。窈冥:虚静幽深的样子。九旋:九回,形容极深。

兵之所隐议者,天道也①;所图画者,地形也;所明言者,人事也;所以决胜者,铃势也②。故上将之用兵也,上得天道,下得地利,中得人心,乃行之以机,发之以势③,是以无破军败兵。及至中将,上不知天道,下不知地利,专用人与势,虽未必能万全,胜铃必多矣④。下将之用兵也,博闻而自乱,多知而自疑,居则恐惧,发则犹豫,是以动为人禽矣。

[注释]①隐:审度。议:谋虑。 ②铃:通权。 ③机:天机,指天道。势:由地利人和构成的威势。 ④铃:权,谋。

今使两人接刃①,巧诎不异,而勇士必胜者,何也?其行之诚也。夫以巨斧击桐薪,不待利时良日而后破之②。加巨斧于桐薪之上,而无人力之奉,虽顺招摇,挟刑德,而弗能破者③,以其无势也。故水激则悍,矢激则远④。夫栝淇卫箘簬,载以银锡⑤,虽有薄缟之幨,腐荷之翳⑥,然犹不能独射也。假之筋角之力,弓弩之势,则贯兕甲而径于革盾矣⑦。夫风之疾,至于飞屋折木,虚举之下大迟,自上高丘⑧,人之有所推也。是故善用兵者,势如决积水于千仞之堤,若转员石于万丈之溪⑨,天下见吾兵之必用也,则孰敢与我战者!故百人之必死也,贤于万人之必北也。况以三军之众,赴水火而不还踵乎⑩!虽诮合刃于天下,谁敢在于上者⑪!

[注释]①接刃:持刀交手,格斗。 ②桐:小木。薪:木柴。 ③招摇:星名,即北斗七星之第七星,在北斗杓端。顺招摇:顺着招摇星的方向。星相家认为这是一种吉利天象。挟:拥有。刑德,指阴阳的消长变化。刑为阴,德为阳。挟刑德:占有阴阳变化的有利时令及位置。 ④悍:猛烈。 ⑤栝:箭末扣弦的部分。淇:同棋,地名,其地产美箭。卫:箭羽。淇卫:淇地所产的箭

羽。箘簬:音 jùn lù,竹名,质地坚硬,是制作箭杆的良好材料。载,装饰。
⑥缟:细白的生绢。幨:车帷。矰:当作櫓。櫓,大盾。 ⑦径:穿过。
⑧举:当作舆。舆,车。迟:当作逵。逵,四通八达的大路。 ⑨仞:音 rèn,古代长度单位,长七尺或八尺。员:同圆。 ⑩踵:脚后跟。 ⑪诜:引诱,挑逗。合刃:刀枪相见,交战。在于上:站在上路,指面对面交锋。

所谓天数者,左青龙,右白虎,前朱雀,后玄武①。所谓地利者,后生而前死,左牡而右牝②。所谓人事者,庆赏信而刑罚必③。动静时,举错疾。此世传之所以为仪表者④,固也,然而非所以生。仪表者,因时而变化者也。是故处于堂上之阴,而知日月之次序⑤;见瓶中之冰,而知天下之寒暑。夫物之所以相形者微,唯圣人达其至⑥。故鼓不与于五音,而为五音主⑦;水不与于五味,而为五味调⑧;将军不与于五官之事,而为五官督⑨。故能调五音者,不与五音者也;能调五味者,不与五味者也;能治五官之事者,不可揆度者也⑩。是故将军之心,滔滔如春,旷旷如夏,湫漻如秋,典凝如冬⑪,因形而与之化,随时而与之移。

[注释]①左青龙几句:古天文学家将二十八宿分成东西南北四方,每方七宿,分别称为青龙、白虎、朱雀、玄武。兵家采用之于行军布阵,绣有青龙的旗帜表示东方之位,绣有白虎的旗帜表示西方之位等等。 ②牡:雄性。牝:雌性。古兵家将高的地形、丘陵为生为阳,低的地形、溪谷为死为阴。③庆赏:奖赏。 ④错:通措。举错:举动。仪表:标准,榜样。 ⑤处:观察。堂上:指正房台阶之上、房门前一块地方。阴:日影或月影。日月之次序:指日月之位置。指从日影变化推知时间。 ⑥所以相形者:据以观察事物形貌的迹象。至:顶点。 ⑦与:参与。五音:宫商角徵羽。 ⑧五味:指甜酸苦

辣咸五种滋味。　⑨五官:五种官职,即上文所云司马、尉、侯、司空、舆。　⑩揆度:揣度,估量。　⑪滔滔:和暖的样子。旷旷:广大的样子。湫漻:清寂的样子。典凝:坚固的样子。

夫景不为曲物直,响不为清音浊。观彼之所以来,各以其胜应之①。是故扶义而动,推理而行,掩节而断割,因资而成功②。使彼知吾所出,而不知吾所入;知吾所举,而不知吾所集。始如狐狸,彼故轻来③;合如兕虎,敌故奔走④。夫飞鸟之挚也,俯其首⑤;猛兽之攫也,匿其爪⑥;虎豹不外其爪,而噬不见齿。故用兵之道,示之以柔,而迎之以刚;示之以弱,而乘之以强⑦;为之以歙,而应之以张⑧;将欲西,而示之以东;先忤而后合⑨,前冥而后明。若鬼之无迹,若水之无创⑩。故所乡非所之也,所见非所谋也⑪。举措动静,莫能识也。若雷之击,不可为备。所用不复,故胜可百全⑫。与玄明通,莫知其门,是谓至神⑬。

[注释]①胜:超过、制服对方的措施。　②掩:按,依据。节:法度。资:用作凭借和依托的东西。　③轻来:轻敌而来。句谓开始时藏匿锋芒,显得狐狸般弱小,引诱敌人轻敌而来。　④合:面对面交战。　⑤挚:通鸷,指猛禽袭击猎物。　⑥攫:指鸟兽的抓取、搏击。　⑦乘:攻击,欺压。　⑧歙:音xié,收缩。　⑨忤:音wǔ,抵触,不顺。　⑩创:痕迹。　⑪乡:通向。见:同现,表现。　⑫所用不复:指所采用的战术、具体的做法不重复使用,以免被敌人所掌握。百全:指万无一失。　⑬玄明:神奇奥妙的光辉,指道。至神:用兵最神妙的境界。

兵之所以强者,民也;民之所以必死者①,义也;义之所以能行者，威也。是故合之以文，齐之以武，是谓必取②。威仪并行③，是谓至强。夫人之所乐者，生也；而所憎者，死也。然而高城深池，矢石若雨，平原广泽，白刃交接，而卒争先合者④，彼非轻死而乐伤也，为其赏信而罚明也。是故上视下如子，则下视上如父；上视下如弟，则下视上如兄。上视下如子，则必王四海；下视上如父，则必正天下。上亲下如弟⑤，则不难为之死；下视上如兄，则不难为之亡。是故父子兄弟之寇，不可与斗者，积恩先施也。故四马不调，造父不能以致远⑥；弓矢不调，羿不能以必中⑦；君臣乖心，则孙子不能以应敌⑧。是故内修其政，以积其德；外塞其丑，以服其威⑨；察其劳佚，以知其饱饥⑩。故战日有期，视死若归⑪。故将必与卒同甘苦，候饥寒⑫，故其死可得而尽也⑬。故古之善将者，必以其身先之。暑不张盖，寒不被裘，所以程寒暑也⑭；险隘不乘，上陵必下，所以齐劳佚也⑮；军食孰然后敢食⑯，军井通然后敢饮，所以同饥渴也；合战必立矢射之所及，以共安危也。故良将之用兵也，常以积德击积怨，以积爱击积憎，何故而不胜！

[注释]①必死：指不惜献出生命，视死如归。　②合：团结，聚集。文：文治。齐：整肃。武：法治。必取：必胜。　③仪：当为义。　④合：交战。　⑤亲：当为"视"。　⑥造父：传说是周穆王时的善御者。　⑦羿：神话传说中的善射者。　⑧乖：违背。孙子：春秋时齐人，古代著名军事家，名武，今传所著《孙子兵法》。　⑨塞：制止。丑：指劣政，丑恶现象。服：使用，施行。　⑩佚：通逸，舒适。　⑪期：期待。战日有期：期待着战斗时刻到来，形容士卒斗志高昂。　⑫候：候，问候。　⑬死：指士卒效死的心志。　⑭盖：用来遮阳的帷盖。程：体验。　⑮上陵：上山，爬坡。齐：同。　⑯孰：同熟。

主之所求于民者二:求民为之劳也,欲民为之死也。民之所望于主者三:饥者能食之①,劳者能息之,有功者能德之②。民以偿其二积③,而上失其三望,国虽大,人虽众,兵犹且弱也。若苦者必得其乐,劳者必得其利,斩首之功必全④,死事之后必赏⑤,四者既信于民矣,主虽射云中之鸟,而钓深渊之鱼,弹琴瑟,声钟竽⑥,敦六博,投高壶⑦,兵犹且强,令犹且行也。是故上足仰,则下可用也;德足慕,则威可立也。

[注释]①食:音 sì,给……吃。 ②德:奖赏。 ③以:通已。二积:二积当作二责。责,求。指上文主上求民为之劳、欲民为之死。 ④斩首之功:在战斗中斩得敌人首级的功劳。全:如数兑现。 ⑤死事:为国捐躯。后:后嗣。 ⑥声:听,欣赏。竽:一种管乐器名。 ⑦敦:投掷。六博:古代的一种游戏,两人参加,每人六只棋子,故名六博。投高壶:即投壶,亦古时一种游戏,常在宴会时玩耍助兴,设一壶居中,游戏者以次向壶中投掷箭枝,以中多者为胜。

将者必有三隧、四义、五行、十守①。所谓三隧者,上知天道,下习地形,中察人情。所谓四义者,便国不负兵②,为主不顾身,见难不畏死,决疑不辟罪。所谓五行者,柔而不可卷也③,刚而不可折也,仁而不可犯也,信而不可欺也,勇而不可凌也。所谓十守者,神清而不可浊也,谋远而不可慕也④,操固而不可迁也,知明而不可蔽也,不贪于货,不淫于物⑤,不嗑于辩,不推于方⑥,不可喜也,不可怒也。是谓至于,窈窈冥冥,孰知其情⑦!发必中铨,言必合数⑧,动必顺时,解必中揍⑨。通动静之机,明开塞之节⑩，审举措之利害，若合符节⑪。疾如犷弩⑫，势如发矢。一龙一蛇，动无常体，莫见其所中，莫知其所穷。攻则不可守，守则不可攻。

[**注释**]①隧:道路。　②负:仗恃。负兵:专擅兵权。　③卷:弯曲。④慕:这里是仿效的意思。　⑤淫:内心惑乱。　⑥嚂:音làn,贪。方:方形物体,如方木。不推于方:意即不强为不可为之事。　⑦窈窈冥冥:深远奥妙的样子。　⑧铨:权衡,标准。数:道理。　⑨揍:通腠,腠理,皮下肌肉间隙及肌肉纹理,泛指事物的条理。　⑩节:时机。　⑪符节:古代朝廷用作凭证的信物,用竹木或金属制成,上书文字,剖为两半,各执其一,以两半吻合为验。　⑫犷:拉满弓。

盖闻善用兵者，必先修诸己，而后求诸人；先为不可胜，而后求胜；修己于人，求胜于敌①。己未能治也，而攻人之乱，是犹以火救火，以水应水也。何所能制！今使陶人化而为埴，则不能成盆盎②；工女化而为丝，则不能织文锦③。同莫足以相治也，故以异为奇。两爵相与斗，未有死者也④；鹯鹰至，则为之解，以其异类也⑤。故静为躁奇，治为乱奇，饱为饥奇，佚为劳奇。奇正之相应，若水火金木之代为雌雄也⑥。善用兵者持五杀以应，故能全其胜⑦；拙者处五死以贪，故动而为人擒⑧。

[**注释**]①修己于人:在与他人交往中修养自己。　②陶人:烧制陶器的工匠。埴:音zhī,黏土,可用来制陶器。盎:一种腹大口小的陶制盛器。③工女:从事纺织的女工。　④爵:通雀,麻雀。　⑤鹯:音zhān,一种猛禽。⑥雌雄:指胜负、高下。　⑦五杀:指金木水火土五行。五行互为生杀,故曰五杀。全:保全,实现。　⑧五死:五行相生相克,水克火,火克金,金克木,木克土,土克水,在这个系列中,水火金木土为五杀,火金木土水为五死。

兵贵谋之不测也,形之隐匿也。出于不意,不可以设备也。谋见则穷,形见则制。故善用兵者,上隐之天,下隐之地,中隐之人。隐之天者,无不制也。何谓隐之天？大寒甚暑①,疾风暴雨,大雾冥晦②,因此而为变者也。何谓隐之地？山陵丘阜③,林丛险阻,可以伏匿而不见形者也。何谓隐之人？蔽之于前,望之于后,出奇行陈之间,发如雷霆,疾如风雨,搴巨旗,止鸣鼓④,而出入无形,莫知其端绪者也。

[注释]①甚暑:酷暑。　②冥晦:天色昏暗。　③阜:土山。　④搴:拔取。

故前后正齐,四方如绳,出入解续,不相越凌①,翼轻边利②,或前或后,离合散聚,不失行伍③,此善修行陈者也。明于奇正贲、阴阳④、刑德、五行⑤、望气、候星⑥、龟策、礼祥⑦,此善为天道者也。设规虑,施蔚伏⑧,见用水火,出珍怪,鼓噪军⑨,所以营其耳也⑩。曳梢肆柴,扬尘起堨⑪,所以营其目者,此善为诈佯者也。錞钺牢重⑫,固植而难恐⑬,势利不能诱,死亡不能动,此善为充干者也⑭。剽疾轻悍⑮,勇敢轻敌,疾若灭没⑯,此善用轻出奇者也。相地形,处次舍⑰,治壁垒⑱,审烟斥⑲,居高陵,舍出处⑳,此善为地形者也。因其饥渴冻暍㉑,劳倦怠乱,恐惧窘步㉒,乘之以选卒,击之以宵夜㉓,此善因时应变者也。易则用车,险则用骑㉔,涉水多弓,隘则用弩㉕,昼则多旌,夜则多火,晦冥多鼓,此善为设施者也。凡此八者,不可一无也,然而非兵之贵者也。

[注释]①续:合。解续:解散和集合。凌:逾越。 ②翼:指军阵的两侧。翼轻:指两侧行动便利,机动性强。边利:与翼轻词异而义同,边即翼,利同轻。 ③行伍:古代军队编制,五人为伍,二十五人为行,此指军队基本编制。 ④奇正赅:"正"字为后人所加。赅:音gāi。奇赅:军中诡秘之术。 ⑤刑德:指阴阳二气在一年四季中的消长变化,阳为德,阴为刑。 ⑥望气:古代一种占卜术,望云气以附会人事,预言吉凶。候星:古代一种占星术,观察星象,预言吉凶。 ⑦策:占卜用的蓍草。龟策:龟壳和蓍草,卜筮用具,这里指卜筮占卦活动。礼祥:祭祀鬼神以求福消灾的迷信活动。 ⑧规虑:规划谋虑。蔚:指虚张声势以迷惑敌人。伏:埋伏。 ⑨噪:喧闹。鼓噪:击鼓呼叫。 ⑩营:通荧,惑乱。 ⑪曳:拉,拖引。梢:树枝的末端,小树枝。肆:放纵。柴:树枝。肆柴:肆意拖曳、挥动树枝。埸:尘埃。 ⑫镎:古代一种兵器名。钺:古兵器名,状如大斧。 ⑬固植:意志坚定不移。 ⑭充干:充实坚强。 ⑮剽疾:勇猛敏捷。轻悍:敏捷勇敢。 ⑯灭没:形容销声匿迹,无影无踪。 ⑰处:安排,选择。次舍:行军宿营地。 ⑱壁垒:军营的围墙。 ⑲烟:通闸,堵截。斥:侦察,候伺。 ⑳舍:驻扎,止宿。出处:能进能退的地方。 ㉑喝:音yē,中暑。 ㉒窘步:因恐惧困急而不能前行。 ㉓选卒:经过挑选的精兵。 ㉔易:夷,平坦。 ㉕涉水多弓:多弓当作用弓。涉水二句:涉水之时不便使用机弩,故用弓而已。关隘之处不便用力,用弩则可射远。

夫将者,必独见独知。独见者,见人所不见也;独知者,知人所不知也。见人所不见,谓之明;知人所不知,谓之神。神明者,先胜者也。先胜者,守不可攻,战不可胜,攻不可守,虚实是也。上下有隙,将吏不相得①,所持不直,卒心积不服②,所谓虚也。主明将良,上下同心,气意俱起,所谓实也。若以水投火,所当者陷,所薄者移③,牢柔不相通,而胜相奇者,虚实之谓也④。故善战者不在少,善守者不在小,胜在得威,败在失气。夫实则斗,虚则走,盛则强,衰则北。吴王夫差地方二千里⑤,带甲七十万,南与越战,栖之会稽⑥,北与齐战,破之艾陵⑦,西遇晋公,擒之黄池⑧,此用民气之实也。其后骄溢纵欲,拒谏喜谀,饶悍遂过,不可正喻⑨,大臣怨怼,百姓不附⑩,越王选卒三千人,禽之干隧⑪,因制其虚也。夫气之有虚实也,若明之必晦也。故胜兵者非常实也,败兵者非常虚也。善者能实其民气,以待人之虚也;不能者虚其民气,以待人之实也。故虚实之气,兵之贵者也。

[注释]①隙:裂缝,指人感情上的不和。得:和适。 ②卒:卒士。不服:怨恨,不服气。 ③薄:迫近。 ④牢:坚固,指物。柔:软弱,指水。而胜相奇者:"胜"下当有"败"字。奇:差异。 ⑤夫差:春秋吴国君。 ⑥会稽:山名,在今浙江绍兴县东南。 ⑦艾陵:春秋齐国地名,在今山东莱芜东北。前489年,吴王夫差伐齐,在艾陵打败齐军。 ⑧晋公:指春秋晋国君晋定公,前512~前475年在位。擒:这里作压服解。黄池:古地名,在今河南封丘县西南。《国语·吴语》载,前482年,吴王夫差与晋定公在黄池会盟,争先后次序,夫差举兵攻晋定公,最终晋让步居先。 ⑨饶悍:同骁悍,勇猛。遂过:酿成过错。正喻:严正劝喻。 ⑩怼:音duī,怨恨。 ⑪干隧:古地名,亦作干遂。春秋时吴邑,地在今江苏吴县西北,前473年,越王勾践灭亡吴国,在干隧俘获夫差。

凡国有难,君自宫召将,诏之曰:"社稷之命在将军,即今国有难,愿请子将而应之。"将军受命,乃令祝史太卜斋宿三日①,之太庙②,钻灵龟,卜吉日,以受鼓旗③。君入庙门,西面而立④,将入庙门,趋至堂下,北面而立。主亲操钺,持头,授将军其柄,曰:"从此上至天者,将军制之。"复操斧,持头,授将军其柄,曰:"从此下至渊者,将军制之。"将已受斧钺,答曰:"国不可从外治也,军不可从中御也⑤。二心不可以事君,疑志不可以应敌。臣既以受制于前矣,鼓旗斧钺之威,臣无还请⑥。愿君亦以垂一言之命于臣也⑦。君若不许,臣不敢将。君若许之,臣辞而行。"乃爪鬋,设明衣也⑧,凿凶门而出⑨。乘将军车,载旌旗斧钺,累若不胜⑩。其临敌决战,不顾必死,无有二心。是故无天于上,无地于下,无敌于前,无主于后⑪,进不求名,退不避罪,唯民是保,利合于主,国之实也⑫,上将之道也。如此,则智者为之虑,勇者为之斗,气厉青云,疾如驰鹜⑬。是故兵未交接而敌人恐惧,若战胜敌奔,毕受功赏⑭,吏迁官,益爵禄,割地而为调⑮,决于封外,卒论断于军中⑯。顾反于国,放旗以入斧钺⑰,报毕于君,曰:"军无后治。"⑱乃缟素辟舍,请罪于君⑲。君曰:"赦之。"退,斋服⑳。大胜三年反舍,中胜二年,下胜期年㉑。兵之所加者,必无道国也,故能战胜而不报,取地而不反㉒。民不疾疫,将不夭死,五谷丰昌,风雨时节,战胜于外,福生于内,是故名必成而后无余害矣。

[注释]①祝史:古祭官名,主管祭祀时作辞向神祷告。太卜:官名,为卜筮官之长。斋宿:古人在祭祀前应遵守许多戒律,包括沐浴更衣,不饮酒,不食荤,不与妻妾同寝,整洁身心,以示虔诚。 ②太庙:国君的祖庙。③钻灵龟:古人认为龟是灵物,用龟壳可占卜吉凶,方法是先在龟甲钻洞,然后用火烧灼,视龟甲出现的裂纹预测未来吉凶。 ④趋:疾行。堂下:大殿台阶下。 ⑤从外治:指由朝廷之外统治。从中御:指君主在宫廷内指挥。⑥制:帝王的诏命。鼓旗斧钺:军队权威的象征,代指军队的指挥权。还请:

向朝廷请示报告。　⑦愿君亦以垂一言之命于臣也:"以"当作"无"。垂:向下颁布。句谓请求国君在将军率军出征后,不要再对将军遥控指挥,发号施令。　⑧翦:音jiǎn,剪除。爪翦:古丧礼,入殓时为死者剪去手足趾甲。明衣:即冥衣,古丧礼中为死者所穿的衣服。古代将军出征时行丧礼,以示义无反顾,誓以一死酬国。　⑨凶门:向北开的门户。古俗宅门不向北开。将军出征时,凿一扇向北的门,由此出发,以示必死的决心。　⑩累:忧患,危难。　⑪是故几句:形容全身心投入战斗,毫不分心,毫无顾忌。　⑫国之实也:"实"当作"宝"。　⑬骛:马快速奔驰。　⑭毕:皆,全部。　⑮调:音diào,迁转,指提升爵禄。　⑯决:处理,决定,指胜后论功行赏诸事宜。封:疆界。封外:国境之外。　⑰放旗:收放好军旗。以:而。入:纳。　⑱句谓军中事务全部处理完毕,没有遗留需要处理的事务。　⑲缟:细白的生绢。缟素:白色的丧服。辟舍:离开原来居住的正房,寝于别处,以示不敢安居。请罪于君:意谓出征期间未经请示自做决断,故请求君主治其不敬之罪。　⑳斋服:指上文所言之"缟素"。　㉑反舍:结束辟舍,回到原来所居处。期(音jī)年:一周年。　㉒报:指战败国的报复。反:夺回,收复。

卷十六　说山训

魄问于魂曰①："道何以为体？"曰："以无有为体。"魄曰："无有有形乎？"魂曰："无有。""何得而闻也？"魂曰："吾直有所遇之耳②。视之无形，听之无声，谓之幽冥。幽冥者，所以喻道，而非道也。"魄曰："吾闻得之矣。乃内视而自反也③。"魂曰："凡得道者，形不可得而见，名不可得而扬④。今汝已有形名矣，何道之所能乎⑤！"魄曰："言者，独何为者？""吾将反吾宗矣⑥。"魄反顾，魂忽然不见，反而自存，亦以沦于无形矣⑦。

[注释]①魄、魂：皆指人的精神，能离开人的形体而存在的精神就叫魂，古谓之人的阳神。必须依附人的形体存在的精神叫魄，古谓之人的阴神。　②直：仅，只是。遇：遭遇。　③内视：心视，凭想象与感觉去把握。反：返。自反：自然得到。　④扬：称颂，称扬。　⑤何道之所能：即何道之所能得之省文。　⑥宗：根本，这里指无形。　⑦此句主语是魄。反：返，返回原来所处的位置。

人不小学，不大迷①；不小慧，不大愚。人莫鉴于沫雨，而鉴于澄水者②，以其休止不荡也。

[注释]①小学:不能透彻掌握道的学问。　②鉴:照。沫雨:暴雨形成的飘浮着泡沫的洪水。澄水:平静而清澈的水。

詹公之钓,千岁之鲤不能避①;曾子攀柩车,引辁者为之止也②;老母行歌而动申喜,精之至也③;瓠巴鼓瑟,而淫鱼出听④;伯牙鼓琴,驷马仰秣⑤;介子歌《龙蛇》,而文君垂泣⑥。故玉在山而草木润⑦,渊生珠而岸不枯⑧。蚓无筋骨之强,爪牙之利⑨,上食晞堁,下饮黄泉,用心一也⑩。

[注释]①詹公:即詹何,传说中得道善钓者。　②曾子:春秋鲁国人,名参,字子舆,孔子弟子,以孝名。辁:音 chún,装载灵柩的车子。引辁者:牵引柩车的人。　③申喜:战国时楚人。据说他幼年与母亲失散,及长,某日闻一老妇人唱着歌乞讨,心有所感,出来一见,正是他的母亲。　④瓠巴:楚国人名,善鼓瑟。淫鱼:在水中游动的鱼。　⑤伯牙:春秋时人,以弹琴技艺高超闻名。秣:喂养。仰秣:形容为琴声所吸引,进食时嘴含食物仰头倾听。　⑥介子:即介子推,春秋晋国人。文君:即晋文公,名重耳,春秋晋国君。晋文公为太子时被迫逃亡国外,介子推侍从左右,曾遇危难,粮食断绝,介子推割自己肉给重耳吃。后来重耳回国为君,对侍从出亡者论功行赏,唯独漏了介子推,介子推于是作歌唱道:"有龙矫矫,而失其所。有蛇从之,而唉其口。龙既升云,蛇独泥处。"即所谓《龙蛇》之歌,以龙喻晋文公,而以蛇自喻。晋文公闻歌而悟,使人寻求介子推,不得,文公悔而号泣。　⑦古人认为玉乃阳中之阴,所以能润草木。　⑧古人认为珠乃阴中之阳,能放光明,故使岸上草不枯。　⑨蚓:蚯蚓。　⑩晞:干。堁:音 kè,尘土。晞堁:干燥坚硬的土。黄泉:地下的泉水。

清之为明,杯水见眸子①;浊之为暗,河水不见太山②。视日者眩,听雷者聋③;人无为则治,有为则伤。无为而治者,载无也④;为者,不能有也⑤;不能无为者,不能有为也⑥。人无言而神，有言者则伤。无言而神者载无，有言则伤其神之神者⑦。鼻之所以息，耳之所以听，终以其无用者为用矣⑧。物莫不因其所有，而用其所无⑨。以为不信，视籁与竽⑩。

[注释]①眸：眼珠。　②太山：即泰山。　③聋：这里是耳鸣的意思。　④载：装载，引申为施行。　⑤不能有也：王念孙云："不能有也"本作"不能无为也"。　⑥有为：指成就功业。　⑦神之者：人精神的主宰，指道。　⑧无用者：指鼻、耳之中空处。　⑨所有：指事物固有的东西，如精神。用其所无：使用其虚无部分来实现功用。　⑩籁竽：皆管乐器名，演奏时气流通过乐管中间空虚部分发声，即所谓通过虚空来实现奏乐的功用。

念虑者不得卧，止念虑，则有为其所止矣①，两者俱忘，则至德纯矣②。圣人终身言治，所用者非其言也，用所以言也③。歌者有诗，然使人善之者，非其诗也④。鹦鹉能言，而不可使长⑤。是何则？得其所言，而不得其所以言⑥。故循迹者，非能生迹者也。神蛇能断而复续，而不能使人勿断也；神龟能见梦元王，而不能自出渔者之笼⑦。

[注释]①念虑：思虑。不得卧：不能寐，失眠。有：指念虑的内容。为：被。　②两者：指念虑和止念虑两种情况。句谓止念虑是强迫自己不去想，并非达到自觉的无念虑境界，只有做到既不念虑，也无须止念虑，才是达到最高的道德。　③所以言：指通过言论表达的思想。　④句谓人们欣赏歌唱家主要是欣赏他的歌声，并不是他所唱的歌词。　⑤不可使长：不可使它长时间说话。　⑥句谓鹦鹉能说人教它说的话，却不知道人说话的本意。所以言：说话的动机。　⑦元王：春秋宋国君，名佐，前531～前517年在位。神龟能见梦元王事见《庄子·外物》。

四方皆道之门户牖向也,在所从窥之①。故钓可以教骑,骑可以教御,御可以教刺舟②。越人学远射,参天而发,适在五步之内,不易仪也③。世已变矣,而守其故,譬犹越人之射也。

　　[**注释**]①牖向:窗户。　②御:驾驭车马。刺舟:撑船。　③参:望。参天:望高空。仪:法则。句谓越人习舟而不习射。射高当望高空而发,射远则宜平射,而越人射远亦用射高之。

　　月望,日夺其光,阴不可以乘阳也①。日出星不见,不能与之争光也。故末不可以强于本,指不可以大于臂。下轻上重,其覆必易。一渊不两鲛。②

　　[**注释**]①望:农历每月十五。日夺其光:每月十五月望以后,月相一天天亏损,直至晦日,古人认为这是太阳一天天遮掩月亮的结果,故云阴不可压过阳。　②王念孙云:《太平御览》引此"一渊不两蛟"下有"一栖不两雄,一则定,两则争"凡十一字,今脱去,当据补。栖,鸟类等动物栖息处。

　　水定则清正,动则失平。故惟不动,则所以无不动也①。江河所以能长百谷者,能下之也。夫惟能下之,是以能上之②。天下莫相憎于胶漆③,而莫相爱于冰炭④。胶漆相贼,冰炭相息也。

　　[**注释**]①无不动:指水无坚不摧的威力。　②上:大,指生长五谷,养育人类的伟大功用。　③漆:一种涂料。据说胶漆混合会引起变质。　④冰炭:冰与炭火相遇,冰则融解为水,炭火则熄灭,使之得保全,因此冰炭都依靠对方得以返回本性。

墙之坏,愈其立也①;冰之泮,愈其凝也②,以其反宗。泰山之容,巍巍然高,去之千里,不见埵堁③,远之故也。秋豪之末,沦于不测。是故小不可以为内者,大不可以为外矣。

[注释]①句谓墙倒塌成泥土,回复本性,反而能长存。故云愈其立。②泮:溶解。 ③埵堁:土堆。

兰生幽谷,不为莫服而不芳。舟在江海,不为莫乘而不浮。君子行义,不为莫知而止休。夫玉润泽而有光,其声舒扬①,涣乎其有似也②。无内无外,不匿瑕秽③,近之而濡,望之而隧④。夫照镜见眸子,微察秋豪,明照晦冥。故和氏之璧,随侯之珠,出于山渊之精⑤,君子服之,顺祥以安宁⑥,侯王宝之,为天下正。

[注释]①舒扬:舒缓和悦。 ②涣:光明的样子。有似:指玉之性与君子行义之本性相似。 ③无内无外:形容表里如一。瑕秽:缺点、过失。④濡:沾润。隧:钟鼎等经撞击或摩擦发亮处,这里是光明的意思。 ⑤和氏之璧:传说中著名玉璧,为春秋时楚人卞和发现,故名。随侯之珠:传说中宝珠名,随亦作隋。 ⑥服:佩戴。顺祥:和顺吉祥。

陈成子恒之劫子渊捷也①,子罕之辞其所不欲,而得其所欲②,孔子之见黏蝉者③,白公胜之倒杖策也④,卫姬之请罪于桓公⑤,子见子夏曰:"何肥也?"⑥,魏文侯见之反被裘而负刍也⑦,兒说之为宋王解闭结也⑧,此皆微眇可以观论者。

[注释]①陈成子恒:即田常,春秋齐国大夫。劫:胁迫。子渊捷:春秋

齐大夫。时陈成子恒专齐国政,欲弑齐君,胁迫子渊捷从之,遭到拒绝。②子罕:春秋时宋国臣。　③黏蝉者:用树脂一类黏剂粘取蝉的人。古时以蝉为食品。　④白公胜:春秋楚平王孙,据说他曾倒挂手杖,手杖尖端刺穿脸颊而不觉。　⑤卫姬:春秋齐桓公夫人,卫国人,她从桓公神色中察觉他有伐卫意图,便请求惩罚她,以赎卫国之罪。　⑥子:指曾子,姓曾名参,春秋鲁人,孔子弟子。子夏:姓卜名商,春秋卫人,孔子弟子。肥:胖。曾子见子夏事见《精神训》。　⑦魏文侯见之反被裘而负刍也:王念孙云:当作魏文侯之见反被裘而负刍也。魏文侯:战国魏国君,名斯,前445～前396年在位。反被裘:穿皮衣应是皮向里而毛向外,反被裘则反穿皮衣,毛向内而皮向外。刍:喂牲口的干草。　⑧兒说:音 ní yuè,人名,春秋宋国大夫,以善解绳结著名。

人有嫁其子而教之曰①:"尔行矣。慎无为善。"曰:"不为善,将为不善邪?"应之曰:"善且由弗为,况不善乎?"此全其天器者②。

[注释]①子:女儿。　②天器:本性。

拘囹圄者,以日为修①;当死市者,以日为短②。日之修短有度也,有所在而短,有所在而修也,则中不平也③。故以不平为平者,其平不平也。

[注释]①囹圄:监狱。日:光阴。修:长。　②死市:死刑。　③有所在:在某些情况下。中:内心。

嫁女于病消者,夫死则后难复处也①。故沮舍之下,不可以坐②;倚墙之傍,不可以立③。

[注释]①消:病名,即消渴,今称糖尿病。后难复处:世俗以为患消渴病的丈夫是妇人克死的,所以丈夫死后妇人受歧视,难与人相处。　②沮:毁

坏。沮舍:破屋。　③倚:倾斜。

执狱牢者无病①,罪当死者肥泽②,刑者多寿③,心无累也。良医者,常治无病之病,故无病④;圣人者,常治无患之患,故无患也。

[注释]①执:掌管。句谓掌狱牢的人操纵人之生死,连厉鬼都畏惧他,故不会因鬼魂所累而致病。　②肥泽:脸色红润,身体肥胖。句谓死因知不久人世,尽情吃喝,反而肥泽。　③刑者:接受宫刑的人。句谓受宫刑的人没有情欲,故反而长寿。　④无病之病:尚未显现表面症状的疾病,即疾病潜伏或症状初起不明显之时。

夫至巧不用剑①,善闭者不用关楗②,淳于髡之告失火者,此其类③。

[注释]①夫至巧不用剑:王引之云:句本作"至巧不用钩绳"。钩绳,画曲直的工具,引申指标准。　②关楗:锁门的门闩,横者为关,竖者为楗。③淳于髡:战国齐人,以博学善辩著称。他曾见邻居烟囱太直,且近柴火,便建议曲突徙薪,邻居不从,不久果然失火。火灾扑灭后,邻居设宴酬谢救火者,被烧得焦头烂额的奉为上宾,而建议防患于未然的淳于髡却被遗忘了。

以清入浊,必困辱;以浊入清,必覆倾。君子之于善也,犹采薪者见一芥掇之,见青葱则拔之①。

[注释]①芥:小草。掇:音duó,拾取。青葱:泛指青草。

天二气则成虹①,地二气则泄藏,人二气则成病。阴阳不能且冬且夏②,月不知昼,日不知夜。善射者发不失的,善于射矣,而不善所射③;善钓者无所失,善于钓矣,而不善所钓。故有所善,则不善矣④。

[注释]①二气:指阴阳二气相冲突。 ②且:又。阴主冬,阳主夏,故云阴不能既主冬又主夏,阳亦如此。 ③所射:所射的对象。射者欲所射对象死,故曰不善。 ④则不善矣:影宋本"则"下有"有"字。

钟之与磬也,近之则钟音充,远之则磬音章①,物固有近不若远,远不若近者。

[注释]①磬:一种用玉、石等材料制成的乐器。充:大。章:通彰,显扬。

今曰稻生于水,而不能生于湍濑之流①;紫芝生于山,而不能生于盘石之上②;慈石能引铁,及其于铜,则不行也。

[注释]①湍濑:水浅流急处。 ②紫芝:菌类植物名,木耳之一种。盘石:巨石。

水广者鱼大,山高者木修。广其地而薄其德,譬犹陶人为器也,揲挻其土而不益厚,破乃愈疾①。圣人不先风吹,不先雷毁,不得已而动,故无累②。月盛衰于上,则嬴蚌应于下③,同气相动,不可以为远④。

[注释]①陶人:制作陶器的工匠。揲:椎击之使薄。挻:音shān,糅和。 ②累:忧患,祸患。 ③嬴:通螺。蚌:音bàng,蚌蛤。古人认为月是阴之宗,嬴蚌亦属阴,故月相变化影响嬴蚌生长,月衰,即月晦之时,嬴蚌肉则会干瘪。故此云应于下。 ④为:谓,认为。

执弹而招鸟,挥梲而呼狗①,欲致之,顾反走。故鱼不可以无饵钓也,兽不可以虚气召也②。

[注释]①梲:音 tuō,木棒。 ②兽不可以虚气召也:俞樾云:"气"当作"器"。虚器:没有诱饵的捕兽器具。召:招致。

剥牛皮,鞟以为鼓,正三军之众①,然为牛计者,不若服于轭也②。狐白之裘③,天子被之而坐庙堂,然为狐计者,不若走于泽。

[注释]①鞟:去毛的皮,皮革。正:整饬,指挥。三军:古代诸侯大国分上中下三军,这里泛指军队人数之多。 ②轭:牛车上套住牛颈的弯形部件。 ③狐白之裘:用狐狸腋下白毛制成的皮衣,是皮衣中的珍贵者。

亡羊而得牛①,则莫不利失也;断指而免头②,则莫不利为也。故人之情,于利之中则争取大焉,于害之中则争取小焉。

[注释]①亡:丢失。 ②免:保全。

将军不敢骑白马①,亡者不敢夜揭炬②,保者不敢畜噬狗③。鸡知将旦,鹤知夜半,而不免于鼎俎④。山有猛兽,林木为之不斩,园有螫虫,藜藿为之不采⑤。

[注释]①古以白色为凶色,故骑白马作战为不吉利。 ②亡者:逃亡的人。揭:举。炬:火把。 ③保者:酒保,酒肆的伙计。噬狗:会咬人的恶狗。 ④鹤知夜半:传说鹤半夜而鸣。鼎俎:盛食物的器皿。 ⑤螫虫:马蜂

一类会螯人的昆虫。藜藿：粗劣的蔬菜。

为儒而踞里闾①，为墨而朝吹竽②，欲灭迹而走雪中，拯溺者而欲无濡，是非所行而行所非。今夫暗饮者，非尝不遗饮也，使之自以平，则虽愚无失矣③。是故不同于和，而可以成事者，天下无之矣。

[注释]①踞：蹲坐。里闾：里巷。儒家讲究礼，蹲坐里巷之中是失礼之举。　②墨家尚节俭，反对音乐，吹竽乃违反墨家宗旨。　③暗饮：在黑暗处饮酒。遗饮：指因黑暗看不见，饮酒时将酒溢出。自以平：自己把酒杯端平。

求美则不得美，不求美则美矣；求丑则不得丑，求不丑则有丑矣；不求美又不求丑，则无美无丑矣。是谓玄同①。

[注释]①玄同：与玄妙自然和同。

申徒狄负石自沉于渊，而溺者不可以为抗①；弦高诞而存郑，诞者不可以为常②。事有一应，而不可循行。

[注释]①申徒狄：商朝末年人，因不忍见商纣王暴政，把石头绑在身上投渊而死。抗：高尚。　②弦高：春秋郑国人。弦高矫君命存郑事，已见《道应训》等篇。诞：欺骗。

人有多言者，犹百舌之声①；人有少言者，犹不脂之户也②。六畜生多耳目者不详③，谶书著之④。

[注释]①百舌：鸟名，善鸣叫，其声婉转反复如百鸟之鸣，故名。②脂：油脂，涂抹于门枢中，起润滑作用，使门户开关自如。不脂之户：没有用油脂涂抹的门户，难以开关，比喻人难以开口。　③详：通祥，吉祥。　④谶

书:预言吉凶得失之书。

百人抗浮,不若一人挈而趋①。物固有众而不若少者,引车者二,六而后之②。事固有相待而成者,两人俱溺,不能相拯,一人处陆则可矣。故同不可相治,必待异而后成。

[注释]①抗:举。浮:葫芦。晒干挖空,可作救生浮器。挈:提起。②引车者:在车前牵引车的人。六而后之:六人却在后面推车。

千年之松,下有茯苓,上有兔丝①,上有丛蓍,下有伏龟②,圣人从外知内,以见知隐也③。

[注释]①茯苓:一种菌类植物,寄生于山林松根,可入药。兔丝:也叫女萝,一种蔓生植物名,常缠绕于其他植物上。 ②蓍:shī,多年生草本植物,古代用作占卜。 ③见:同现。

喜武非侠也,喜文非儒也,好方非医也,好马非驺也①,知音非瞽也②,知味非庖也。此有一概而未得主名也③。

[注释]①驺:主管驾驭车马的官吏。 ②瞽:目盲。上古乐官多由盲者担任,故以瞽为乐官之称。 ③一概:大略。

被甲者非为十步之内也,百步之外,则争深浅①,深则达五藏,浅则至肤而止矣。死生相去,不可为道里②。

[注释]①句谓戴上盔甲并非为防御近距离的攻击,然而在百步之外的

距离受到攻击,有无盔甲,则所受的攻击有深浅之分。　②道、里:皆古代行政区划名,这里指相距远。

楚王亡其猨,而林木为之残①;宋君亡其珠,池中鱼为之殚②。故泽失火而林忧。上求材,臣残木;上求鱼,臣干谷;上求楫,而下致船③;上言若丝,下言若纶④。上有一善,下有二誉;上有三衰,下有九杀⑤。

[注释]①楚王:指春秋楚庄王,前613~前591年在位。庄王所养猨猴走入山中,他下令砍伐林木寻找。　②宋君:春秋宋国君。殚:尽。句谓宋君的宝珠遗落池中,便弄干池水寻找,池鱼为之而亡。　③楫:划船。　④纶:丝之粗者。　⑤衰:减。杀:衰减。九杀:形容衰减之甚。

大夫种知所以强越,而不知所以存身①;苌弘知周之所存,而不知身所以亡②。知远而不知近。

[注释]①大夫种:即文种,春秋越国大夫。助越王勾践拯救国家,打败吴王夫差,功成后被赐剑自杀。　②苌弘:春秋周敬王大夫,因卷入晋国公族内讧,周王室被迫杀苌弘。

畏马之辟也,不敢骑①;惧车之覆也,不敢乘;是以虚祸距公利也②。不孝弟者,或詈父母③。生子者,所不能任其必孝也,然犹养而长之④。范氏之败⑤,有窃其钟负而走者,枪然有声⑥,惧人闻之,遽掩其耳。憎人闻之,可也;自掩其耳,悖矣。

[注释]①辟:狂疾,指马受惊狂奔。　②虚祸:虚幻、不是实有的祸患。距:同拒。公利:公认的、现实的利益。　③詈:辱骂。　④任:担保,保证。

⑤范氏:春秋晋国大夫范吉射,后为晋国另一大夫智伯所灭。　⑥枪:象声词,指金石发出的声音。

升之不能大于石也,升在石之中①;夜之不能修其岁也,夜在岁之中;仁义之不能大于道德也,仁义在道德之包。先针而后缕,可以成帷②;先缕而后针,不可以成衣。针成幕,蔂成城③。事之成败,必由小生。言有渐也。染者先青而后黑则可,先黑而后青则不可;工人下漆而上丹则可,下丹而上漆则不可④。万事由此,所先后上下,不可不审。

[注释]①升、石:皆古代容量单位名,十升为一斗,十斗为一石。②夜之不能修其岁也:"其"当作"于"。缕:丝线或麻线。帷:帐幕。　③蔂:盛土的竹笼。　④漆:一种用树脂造的涂料。丹:朱砂,可作红色颜料。

水浊而鱼噞,形劳而神乱①。故国有贤君,折冲万里②。因媒而嫁,而不因媒而成③;因人而交,不因人而亲④。行合趋同,千里相从⑤;行不合,趋不同,对门不通。海水虽大,不受胔芥⑥,日月不应非其气⑦,君子不容非其类也。人不爱倕之手,而爱己之指⑧,不爱江、汉之珠,而爱己之钩⑨。

[注释]①噞:yǎn,鱼因缺氧等原因上浮水面张口呼吸。　②折:折服,制服。冲:一种战车,这里指敌军。折冲万里:在万里之外战胜敌人。③成:成婚。　④因人而交:通过他人介绍实现与第三者的交往。不因人而亲:不是为了介绍人而亲爱第三者。　⑤趋:旨趣。　⑥胔:音 zì,腐肉。芥:小草,喻极细微的东西。　⑦阳燧取火,则与日气相应,方诸取水,则与月气

相应,非阳燧不得火,非方诸不得水,故曰不应非其气。 ⑧倕:音 chuī,传说是黄帝时的巧人,始造规矩准绳及耒耜等器具。 ⑨钩:衣带钩,一般以玉为之。句谓虽江汉有珠,然不可能得到。故不如爱惜现实拥有的小东西。

　　以束薪为鬼,以火烟为气①。以束薪为鬼,揭而走②;以火烟为气,杀豚烹狗③。先事如此,不如其后④。巧者善度,知其善豫⑤。羿死桃部,不给射⑥;庆忌死剑锋,不给搏⑦。灭非者⑧,户告之曰:"我实不与。"我谀乱,谤乃愈起⑨。止言以言,止事以事,譬犹扬堁而弭尘⑩,抱薪而救火。流言雪污,譬犹以涅拭素也⑪。矢之于十步贯兕甲⑫,于三百步不能入鲁缟⑬。骐骥一日千里,其出致释驾而僵⑭。大家攻小家则为暴,大国并小国则为贤,小马非大马之类也,小知非大知之类也。

　　[注释]①束薪:捆束木柴作火把用。 ②揭:去。 ③豚:猪。句谓人误以火烟为吉凶之兆,故杀猪烹狗祭祀,以纳吉禳灾。 ④先事:指对事物率先作出反应,这里指揭而走、杀豚烹狗的行为。其后:指缓慢反应,判断清楚再行动。 ⑤豫:防备。 ⑥羿:神话传说中人物,以善射闻名。部:通棒。桃部:桃木棍。传说逢蒙趁羿不备,用桃木棍击杀羿。给:及。不给射:来不及射箭。 ⑦庆忌:春秋吴国君王僚之子,武勇过人。吴阖闾使专诸刺杀王僚而自立,时庆忌在卫,阖闾派要离刺杀庆忌。 ⑧灭:尽,这里指因犯罪而被处灭门或灭族的刑罚。 ⑨谀:通愈,越。 ⑩堁:尘土。弭:息。 ⑪流:散布,传播。涅:一种黑泥,也指黑色染料。素:白绢。 ⑫兕:雌犀牛。兕甲:以犀牛皮制的盔甲。 ⑬缟:细白的生绢。鲁缟:鲁地所产白绢,以精细著名。 ⑭骐骥:千里马名。出致:这里指马匹年老退出服役。释驾:脱下车套。僵:仆,倒下。句谓骐骥虽曾一日千里,年老亦力不从心,犹矢于三百步不能入鲁缟。

被羊裘而赁,固其事也①;貂裘而负笼②,甚可怪也。以洁白为污辱,譬犹沐浴而抒溷,薰燧而负甑③。治疽不择善恶丑肉而并割之④,农夫不察苗莠而并耘之,岂不虚哉!坏塘以取龟,发屋而求狸⑤,掘室而求鼠,割唇而治龋。桀、跖之徒,君子不与⑥。杀戎马而求狐狸,援两鳖而失灵龟,断右臂而争一毛,折镆邪而争锥刀⑦,用智如此,岂足高乎!

[注释]①羊裘:羊皮衣,质粗劣。赁:庸工,受雇于人。 ②笼:盛土的竹筐。 ③抒:清除,打扫。溷:猪圈。薰:一种香草名,也叫蕙草。薰燧:焚薰草以取香。 ④疽:结成块状的毒疮。不择善恶丑肉而并割之:"丑"字误入正文。 ⑤发:掘开。 ⑥与:为。 ⑦镆邪:宝剑名,也作莫邪。相传春秋吴国工匠干将为吴王铸剑,炉中铁汁不出,其妻莫邪以身投炉中,铁汁乃出,遂成雌雄两剑,雄剑名干将,雌剑名莫邪。锥刀:小刀。

宁百刺以针,无一刺以刀;宁一引重,无久持轻;宁一月饥,无一旬饿①。万人之蹪,愈于一人之隧②。

[注释]①饥:食物不足。饿:饥之甚,没有食物,濒临饿死。 ②蹪:音tuí,颠仆,跌倒。愈:胜。隧:通坠,从高空坠落。

有誉人之力俭者,舂至旦,不中员呈,犹谪之①。察之,乃其母也。故小人之誉人,反为损。

[注释]①力俭:指力气虽小却能尽心尽力。中:音zhòng,符合。员:数。呈:通程,衡量的标准。不中员呈:指所舂米的数量及时间不符合标准。谪:责难。

东家母死,其子哭之不哀,西家子见之,归谓其母曰:"社何爱速死,吾必悲哭社!"①夫欲其母之死者,虽死亦不能悲哭矣。谓学不暇者,虽暇亦不能学矣。

[注释]①社:母亲,古江淮流域方言称母亲为社。爱:舍不得。

见窾木浮而知为舟①,见飞蓬转而知为车②,见鸟迹而知著书③,以类取之。

[注释]①窾:音kuǎn,空。窾木:中间挖空的木。 ②飞蓬:被风吹起,滚动飘浮不定的蓬草。 ③鸟迹:鸟类在地上行走的足迹,类似文字。传说古人受鸟足迹启发而始写字著书。

以非义为义,以非礼为礼,譬犹倮走而追狂人①,盗财而予乞者,窃简而写法律,蹲踞而诵《诗》、《书》②。

[注释]①倮:同裸。 ②蹲踞:蹲坐。这在古代被认为是一种不礼貌的坐态,违反儒家礼节要求。

割而舍之,镆邪不断肉;执而不释,马氂截玉①。圣人无止,无以岁贤昔,日愈昨也②。

[注释]①氂:音máo,长毛。马氂:马尾。 ②无以岁贤昔:"无"疑为衍文。岁:今岁。日:今日。愈:逾,超过,胜过。

马之似鹿者千金,天下无千金之鹿。玉待磓诸而成器①,有千金之璧,而无锱锤之磓诸②。

[注释]①磓诸:治玉之石。 ②锱锤:皆古代重量单位,六铢为锱,八

铢为锤,这里形容价值低微。

受光于隙,照一隅;受光于牖,照北壁;受光于户,照室中无遗物;况受光于宇宙乎①!天下莫不藉明于其前矣②。由此观之,所受者小,则所见者浅;所受者大,则所照者博。

[注释]①宇宙:四方上下曰宇,往古来今曰宙。 ②其:宇宙。

江出岷山①,河出昆仑②,济出王屋③,颍出少室④,汉出嶓冢⑤,分流舛驰,注于东海⑥,所行则异,所归则一。通于学者若车轴,转毂之中,不运于己,与之致千里⑦,终而复始,转无穷之源。不通于学者若迷惑,告之以东西南北,所居聆聆⑧,背而不得,不知凡要⑨。

[注释]①岷山:山名,在四川省北部,绵延四川、甘肃两省边境。古人认为岷山是长江源头。 ②昆仑:山名,在今新疆、西藏之间。 ③济:水名,源出河南济源县。王屋:山名,在今山西省垣曲和河南省济源等县间,乃济水发源地。 ④颍:水名,源出河南登封县西南。少室:山名,在河南登封县北。 ⑤汉:水名,为长江最大支流。嶓冢:山名,在今陕西宁强县北,为汉水发源地。 ⑥舛:音chuǎn,违背。舛驰:背道而驰。 ⑦不运于己:指车轴自己不转动。 ⑧聆聆:明了。 ⑨背:转。凡要:总纲,要领。

寒不能生寒,热不能生热;不寒不热,能生寒热①。故有形出于无形,未有天地能生天地者也,至深微广大矣!

[注释]①寒不三句比喻无形才能生有形。

雨之集无能沾①,待其止而能有濡;矢之发无能贯,待其止而能有穿。唯止能止众止②。因高而为台,就下而为池,各就其势,不敢更为③。

[注释]①集:下,降落。沾:润泽。 ②此句三"止"字含义不同。前一止是停止,指雨水或箭到达物体表面。中一止是控制、作用的意思,末一止是语尾助词。 ③更为:另搞一套。

圣人用物,若用朱丝约刍狗①,若为土龙以求雨②。刍狗待之而求福,土龙待之而得食。鲁人身善制冠③,妻善织履,往徙于越而大困穷,以其所修而游不用之乡④。譬若树荷山上,而畜火井中。操钓上山,揭斧入渊,欲得所求,难也。方车而跖越,乘枹而入胡⑤,欲无穷,不可得也⑥。

[注释]①约:束。刍:草。刍狗:草扎的狗,用于祭祀场合。 ②土龙:土塑的龙,用于求雨仪式。 ③身:本人。 ④修:专长,指制冠、织履。不用之乡:指越。越国古俗赤脚,不著冠。 ⑤方车:大车。跖:至。枹:音fú,竹木编扎成的舟,大曰筏,小曰枹。胡:北方游牧部族。 ⑥穷:困厄。越国水乡,交通便舟而不便车,胡地缺水,交通便车而不便舟,故乘车至越,乘船入胡必然行不通。

楚王有白猿,王自射之,则搏矢而熙①;使养由基射之②,始调弓矫矢,未发而猿拥柱号矣,有先中中者也③。

[注释]①熙:嬉戏。 ②养由基:春秋楚国人,以善射名,据说其射可穿透七层铠甲,可百步穿杨。 ③先中中者:指在箭射出之前已掌握必中之关键。

和氏之璧,夏后之璜①,揖让而进之,以合欢;夜以投人,则为怨,时与不时。

[**注释**]①和氏之璧:楚国卞和所发现的玉璧。夏后:夏后氏,古部落名,禹为其首领。璜:一种玉器,形似半边王璧。

画西施之面,美而不可说①,规孟贲之目,大而不可畏②;君形者亡焉③。

[**注释**]①西施:春秋越国人,貌美,后成为美女的代称。说:同悦。②规:画。孟贲:古代勇士名。 ③君形者:主宰形体的东西,指精神。

人有昆弟相分者,无量①,而众称义焉。夫惟无量,故不可得而量也。登高使人欲望,临深使人欲窥,处使然也。射者使人端,钓者使人恭,事使然也②。曰:"杀罢牛可以赎良马之死,莫之为也③。杀牛,必亡之数,以必亡赎不必死,未能行之者矣④。"

[**注释**]①量:量度。无量:指不斤斤计较,兄弟分家不须度量后平分。 ②端:直,正。射箭须站正直才能射中目标,垂钓须专心致志,形同恭恭敬敬,故云射者使人端,钓者使人恭。 ③罢:通疲,衰弱。 ④不必死:指良马,既然可赎,则说明不必死。

季孙氏劫公家,孔子说之①。先顺其所为,而后与之入政②。曰:"举枉与直,如何而不得③?举直与枉,勿与遂往④。"此所谓同污而异途者。众曲不容直,众枉不容正,故人众则食狼,狼众则食人。欲为邪者,必相明正⑤;欲为曲者,必相达直。公道不立,私欲得容者⑥,自古及今,未尝闻也。此以善托其丑。

[注释]①季孙氏:春秋鲁桓公子季友的后裔,世为大夫,专国政,鲁昭公尝兴兵伐之,不胜,出奔于齐。劫:威胁。公家:鲁国君。说:音 shuì,劝说。 ②政:同正。入政:导入正路。 ③枉:邪曲之人。直:正直之人。句谓将邪曲之人举荐给正直之人,正直之人可以教育、纠正邪曲之人。 ④遂:顺随。 ⑤相明正:表面上互相伪装得光明正确。 ⑥公道:公正之道,指通过表面伪装而取得的社会赞誉。

众议成林,无翼而飞①,三人成市虎,一里能挠椎②。

[注释]①众议成林:众人议论如同平地生林,形容众人传言可以无中生有。 ②三人成市虎:街市本无虎,然只要有三人从街市来说有虎,就足以使人相信。里:古代一种居民组织,先秦以二十五家为里。挠:弯曲。

夫游没者不求沐浴,已自足其中矣①。故食草之兽,不疾易薮②;水居之虫,不疾易水。行小变而不失常③。

[注释]①游没者:游泳、潜水的人。没:潜水。 ②疾:患。薮:草木茂盛的浅湖泽。 ③小变:指变换草地、水域。常:指食草之兽食草之习性,水居之虫居水的习性。

信有非礼而失礼①。尾生死其梁柱之下,此信之非也②;孔氏不丧出母,此礼之失者③。

[注释]①信有非礼而失礼:当作"信有非而礼有失"。 ②尾生:战国时鲁国人,相传他与女子约会于桥下,女子未至而河水上涨,尾生守信不去,遂抱桥柱淹死。其:于。 ③孔氏:指子上,名白,是孔仲尼曾孙孔伋(子思)之子。丧:服丧。出母:被父亲休弃的生母。按礼,儿子要为出母服丧,但子

思不让儿子为其母服丧,故曰礼之失。

曾子立孝,不过胜母之闾①;墨子非乐,不入朝歌之邑②;曾子立廉,不饮盗泉③;所谓养志者也。纣为象箸而箕子唏④,鲁以偶人葬而孔子叹⑤。故圣人见霜而知冰。

[注释]①胜:制服。胜母:地名。闾:乡里。 ②墨子:墨翟,墨家学派始创人,主张节俭非乐。朝(音zhāo)歌:地名,在今河南淇县,尝为殷商都城。 ③盗泉:泉水名。此云曾子所为,盖传闻之异。 ④象箸:象牙制成的筷子。箕子:商纣王叔父,封于箕,故称。唏:哀叹。 ⑤偶人:用土木等制成的人像。古人用作殉葬品。《孟子·梁惠王上》:"仲尼曰:始作俑者,其无后乎!为其象人而用之也。"

有鸟将来,张罗而待之,得鸟者,罗之一目也①。今为一目之罗,则无时得鸟矣。今被甲者,以备矢之至,若使人必知所集,则悬一札而已矣②。事或不可前规,物或不可虑,卒然不戒而至③,故圣人畜道以待时④。

[注释]①目:罗网的孔眼。 ②札:铠甲上用金属或皮革制成的叶片。 ③卒:音cù,猝,突然。 ④畜:涵养,积聚。

髡屯犁牛,既犐以牺①,决鼻而羁,生子而牺,尸祝齐戒以沉诸河②,河伯岂羞其所从出,辞而不享哉③!得万人之兵,不如闻一言之当;得隋侯之珠,不若得事之所由;得和氏之璧,不若得事之所适。

[注释]①髡(音kūn)屯:丑牛的样子。犁牛:杂色牛。犐:kē,无角牛。牺:音xiū,无尾牛。 ②牺:用作祭祀的纯色牛。尸祝:尸是祭祀时代表鬼神

受享祭的人,祝是祭祀时传达鬼神言辞的人。齐:通斋。沉诸河:把牛沉入河中,以祭祀河神。　③河伯:神话传说中的河神。

　　撰良马者,非以逐狐狸,将以射麋鹿①;砥利剑者,非以斩缟衣,将以断兕犀②。故"高山仰止,景行行止"③,乡者其人④。见弹而求鸮炙⑤,见卵而求晨夜⑥,见麷而求成布⑦,虽其理哉,亦不病暮⑧。

　　[注释]①撰:选择。　②砥:磨砺。缟衣:用精细白绢缝制的衣服。兕:雌犀牛。　③引文见《诗经·小雅·车舝》。仰止:仰望。止:语尾助词。景行:大道。　④乡:通向,向往。其人:仰望的对象,具有高山、大道一般品德的人。　⑤弹:弹丸。鸮:鸟名,即猫头鹰。炙:烤肉。　⑥晨:通辰。晨夜:辰夜,司夜,即公鸡。　⑦麷:音fén,麻,可以织布。　⑧暮:迟。不病暮:不嫌迟,意即太早了。几句皆形容求之过急。

　　象解其牙,不憎人之利之也①。死而弃其招簀②,不怨人取之。人能以所不利利人则可。

　　[注释]①解:脱落。利:取。　②招簀(音zé):床上垫塞架柱的方形小木。

　　狂者东走,逐者亦东走,东走则同,所以东走则异。溺者入水,拯之者亦入水,入水则同,所以入水者则异。故圣人同死生,愚人亦同死生。圣人之同死生,通于分理①;愚人之同死生,不知利害所在。徐偃王以仁义亡国,国亡者非必仁义②;比干以忠靡其体,被诛者非必忠也③。故寒颤,惧者亦颤,此同名而异实。

[注释]①分理:人的本分和天理。 ②徐偃王:相传是周穆王时诸侯国君,行仁义,诸侯多尊之,穆王乃令楚灭徐国。 ③比干:殷纣王叔父,纣淫乱,比干犯颜强谏,纣怒,剖比干。靡:损害。

明月之珠,出于蚌蜃①;周之简圭,生于垢石②;大蔡神龟,出于沟壑③。万乘之主,冠锱锤之冠,履百金之车④。牛皮为贱,正三军之众⑤。

[注释]①蚌(音 bàng)蜃:蚌蛤。 ②简圭:大玉圭。玉从玉石料中采得,故云生于垢石。 ③大蔡:地名,其地盛产大龟。 ④万乘之主:指天子。周制天子地方千里,兵车万乘。锱锤:六铢为锱,八铢为锤,形容重量轻微。 ⑤句谓牛皮低贱,然而制成战鼓,可以指挥三军之众。

欲学歌讴者,必先徵羽乐风①;欲美和者,必先始于《阳阿》、《采菱》②。此皆学其所不学,而欲至其所欲学者。

[注释]①徵羽:五音中两个音阶,泛指五音。乐风:乐歌。 ②《阳阿》、《采菱》:皆古代合唱歌曲名。

耀蝉者务在明其火①,钓鱼者务在芳其饵。明其火者,所以耀而致之也;芳其饵者,所以诱而利之也。欲致鱼者先通水,欲致鸟者先树木。水积而鱼聚,木茂而鸟集。好弋者先具缴与矰②,好鱼者先具罟与罠③,未有无其具而得其利。

[注释]①耀:照。耀蝉:古人捕蝉的一种方法,利用蝉向明火之习性,于夜间用火把引蝉自投于火。 ②弋:用绳系箭而射。缴:弋射时系在箭上

的生丝绳。矰:弋射用系着生丝绳的箭。　③罟:音 gǔ,网的通称。罛:音 gū,大鱼网。

遗人马而解其羁,遗人车而税其轭①,所爱者少,而所亡者多。故里人谚曰:"烹牛而不盐,败所为也。"

[注释]①遗:音 wèi,赠送。羁:马笼头。税:音 tuō,通脱,解下。轭:车衡上穿过缰绳的大环。

桀有得事,尧有遗道,嫫母有所美,西施有所丑①。故亡国之法,有可随者;治国之俗,有可非者。

[注释]①嫫(音 mó)母:古代传说中的丑妇。传说她虽貌丑,然而品行端正,故此云其有所美。西施:传说中的美女,古人认为西施虽貌美,然未必贞节,故云有所丑。

琬琰之玉,在污泥之中,虽廉者弗释①;弊箄甑瓾,在袡茵之上②,虽贪者不搏③。美之所在,虽污辱,世不能贱;恶之所在,虽高隆,世不能贵。

[注释]①琬琰:音 wǎn yǎn,美玉。　②弊:破旧。箄:覆盖甑底的竹席。甑:音 zèng,一种瓦制煮具,类似后世之蒸笼。瓾:音 měng,甑带。在袡茵之上:"袡"当作"旃"。旃(音 zhān)茵:毛毡坐褥。　③搏:取。

春贷秋赋,民皆欣①;春赋秋贷,众皆怨。得失同,喜怒为别,其时异也。为鱼德者,非挈而入渊②;为猿赐者,非负而缘木。纵之其所而已。貂裘而杂,不若狐裘而粹,故人莫恶于无常行③。

[注释]①贷:借出钱粮。赋:征收地税。春天青黄不接时放贷,秋天收获时收税,方便民众,故云民皆欣。　②挈:音qiè,提,持。　③常:恒。常行:持久不变的行为。

有相马而失马者,然良马犹在相之中①。今人放烧②,或操火往益之,或接水往救之,两者皆未有功,而怨德相去亦远矣。郢人有买屋栋者,求大三围之木③,而人予车毂,跪而度之,巨虽可,而修不足。蘧伯玉以德化,公孙鞅以刑罪,所极一也④。病者寝席,医之用针石,巫之用糈藉,所救钧也⑤。狸头愈鼠,鸡头已瘘⑥,虻散积血,斫木愈龋⑦,此类之推者也⑧。膏之杀鳖⑨,鹊矢中猬⑩,烂灰生蝇⑪,漆见蟹而不干⑫,此类之不推者也。推与不推,若非而是,若是而非,孰能通其微!

[注释]①失马:不识良马,错过了。犹在相之中:指良马并非真的遗失,仍在所观察的马当中。　②放烧:失火。　③郢:春秋楚国都城,在今湖北江陵西北。栋:屋之正梁。围:量度圆周的量词,或谓径尺为围,或谓两手合抱为围。　④蘧(音qú)伯玉:春秋卫国大夫,名瑗,有贤名。公孙鞅:即商鞅,著名法家,入秦助孝公变法图强。极:目标。　⑤针石:古代中医治病工具。巫:古称能与鬼神相通的人。糈:音xǔ,祭神用的精米。藉:jiè,白茅编成的草垫,用于祭祀仪式。钧:同等。　⑥狸头:即狸。鼠:即鼠瘘,一种病名。鸡头:水生植物名,即芡,种子名芡实,可入药。已:治愈。瘘:lòu,病名,即淋巴腺结核。　⑦斫木:即啄木鸟。龋:音qǔ,蛀牙。　⑧句谓上述治病的动植物与疾病之间有一种类推的联系,如啄木鸟食虫,则治蛀牙,狸食鼠,则治鼠瘘等。　⑨膏:油脂。　⑩鹊:鸟名,即喜鹊。矢:屎。中:杀。猬:兽名,即刺猬。　⑪苍蝇产卵于腐物,孵化为蛆,故古人以为腐物生蝇。　⑫漆:一种树脂造的涂料。几句所云各种现象多属传说,并无多少科学依据。

天下无粹白狐,而有粹白之裘;掇之众白也①。善学者,若齐王之食鸡,必食其跖数十而后足②。

[注释]①掇:选取。粹白之裘是将狐狸腋下白毛集中起来缝制而成,故曰掇之众白。　②跖:鸡脚掌。传说齐王食鸡只食脚掌,故必食数十只鸡脚掌才能满足,这里用来比喻学习应广采博取。

刀便剃毛,至伐大木,非斧不克。物固有以克适成不逮者①。视方寸于牛,不知其大于羊②;总视其体,乃知其大相去之远。孕妇见兔而子缺唇,见麋而子四目③。小马大目,不可谓大马;大马之目眇,可谓之眇马④。物固有似然而似不然者。故决指而身死,或断臂而顾活⑤。类不可必推。

[注释]①克:指物品在某一方面的长处,如刀之剃毛。不逮:指该物品在另一方面的短处,如刀之伐木。　②方寸:一寸见方。　③麋:动物名,即驼鹿。这两句乃民间迷信,没有什么科学根据。　④眇:瞎一只眼。　⑤决:伤。顾:反而。

厉利剑者必以柔砥①,击钟磬者必以濡木②,毂强必以弱辐③,两坚不能相和,两强不能相服。故梧桐断角,马氂截玉④。

[注释]①厉:砺,磨砺。　砥:磨刀石。　②濡:柔软。　③强:硬。辐:车轮中连接轴心和轮圈的直木条。　④梧桐:木名,质较柔软。马氂(máo):马尾。

媒但者,非学谩也,但成而生不信①;立慬者,非学斗争也,儴立而生不让②。故君子不入狱,为其伤恩也;不入市,为其伜廉也③。积不可不慎者也。

[注释]①但:通诞,欺诈。谩:欺骗。句谓媒人对婚事当事双方都有些不实之词,然用意在促成婚事,无意学欺骗,但欺诈形成,就产生不诚实了。 ②儴:音qín,勇。 ③伜:音cuò,通剉,伤害。

走不以手,缚手,走不能疾;飞不以尾,屈尾,飞不能远。物之用者,必待不用者。故使之见者,乃不见者也①;使鼓鸣者,乃不鸣者也。尝一脔肉,知一镬之味②;悬羽与炭,而知燥湿之气③;以小明大。见一叶落,而知岁之将暮;睹瓶中之冰,而知天下之寒;以近论远。

[注释]①句谓使眼睛能看见物体的,是没有视物能力的东西,比如有光,眼睛才能看见,而光是"不能见者",它本身不能看见东西。 ②脔:切成块状的肉。镬:煮食物的釜。 ③古人在衡杆一边悬炭或羽毛,一边悬土,使之平衡,如气候干燥则炭轻,气候潮湿,则炭重,以此知燥湿之气。

三人比肩,不能外出户①;一人相随,可以通天下。足蹋地而为迹,暴行而为影②,此易而难③。

[注释]①比肩:肩并肩。门太小,不容三人并肩而出。 ②暴(音pù)行:在阳光下行走。 ③句谓如外界条件具备,则蹋地为迹等容易实现,如外界条件不具备,如地坚硬无尘,则蹋地难以成迹,故曰易而难。

庄王诛里史,孙叔敖制冠浣衣①,文公弃荏席,后霉黑,咎犯辞归②,故桑叶落而长年悲也③。

[注释]①庄王:指春秋楚庄王。里史:人名,楚庄王之佞臣。孙叔敖:

楚庄王时的令尹。浣:洗涤。句谓庄王诛佞臣,孙叔敖知自己将起用,故缝制新帽,洗净衣服等待任命。　②文公:指春秋晋文公,名重耳。苴:通柤。苴席:卧席。霉黑:脸色脏黑。咎犯:人名,即狐偃,字子犯,晋文公舅父,故称咎(同舅)犯。　③长(音 zhǎng)年:老年人。句谓桑叶老而陨落,老人触景伤悲。

鼎错日用而不足贵,周鼎不爨而不可贱①。物固有以不用而为有用者②。地平则水不流,重钧则衡不倾,物之尤必有所感③,物固有以不用为大用者④。

[注释]①鼎错:小鼎,平常人家用以烹煮食物用。周鼎:安置在周王室祭坛上,作为国家象征的大鼎。爨:炊。　②不用:指周鼎不作为日常所用之物。有用:指周鼎作为国家象征的功用。　③尤:过。句谓衡杆两边物体如重量不均等,有一方过重或过轻,衡杆就会倾斜低仰,有所反应。　④不用:指衡杆两边物体平衡时各自无须表现其作用。大用:指可以测知燥湿的功用。

先倮而浴则可,以浴而倮则不可①;先祭而后飨则可,先飨而后祭则不可②。物之先后,各有所宜也。

[注释]①以:同已。　②飨:乡人共聚饮酒,按礼应先祭祀后进食,如先进食而后祭祀,则是非礼。

祭之日而言狗生①,取妇夕而言衰麻②,置酒之日而言上冢③,渡江河而言阳侯之波④。或曰知其且赦也,而多杀人;或曰知其且赦也,而多活人;其望赦同,所利害异。故或吹火而然,或吹火而灭,所以吹者异也。烹牛以飨其里,而骂其东家母,德不报而身见殆。

[注释]①狗生:骂人之辞。祭祀应斋戒,庄重肃穆,不讲粗口,此时以污秽之语骂人则为大不宜。以下几句皆指各种不宜言行。 ②衰(音 cuī)麻:古代丧服,以粗麻缝制。 ③置酒:操办喜庆筵席。上冢:上坟,携带祭品到坟前祭奠。 ④阳侯:传说中的波涛之神。阳侯本是陵阳国侯,溺死而为波涛之神,能掀起大浪摧毁船只,故乘船忌讳提起阳侯之波。

文王污膺,鲍申伛背,以成楚国之治①。裨谌出郭而知,以成子产之事②。朱儒问径天高于修人③,修人曰:"不知。"曰:"子虽不知,犹近之于我。"故凡问事,必于近者。

[注释]①文王:春秋楚国君,名赀,前689~前677年在位。污:音 wā,通洼,低陷。膺:音 yīng,胸。污膺:胸部内陷。鲍申:人名,曾任楚国令尹。伛:驼背。 ②裨谌:春秋郑国大夫,善谋略。郭:外城墙。知:同智。子产:春秋郑国大夫,曾长时间执郑国政。 ③朱儒:即侏儒,身材特别矮小的人。问径天高于修人:"径"为衍文。修人:身材高大的人。

寇难至,躄者告盲者①,盲者负而走,两人皆活,得其所能也。故使盲者语,使躄者走,失其所也。郢人有鬻其母,为请于买者曰:"此母老矣。幸善食之而勿苦②。"此行大不义而欲为小义者。介虫之动以固,贞虫之动以毒螫③,熊罴之动以攫搏④,兕牛之动以抵触,物莫措其所修,而用其所短也。

[注释]①寇:敌兵。躄:跛脚。 ②食:音 sì,供养,给……吃。 ③介:甲。介虫:龟鳖类有甲壳的动物。贞虫:细腰蜂。古人认为它未及知牝牡之合而死,故谓之贞。螫:昆虫用毒刺刺人。 ④熊罴:两种猛兽名。攫:猛兽用爪抓取。

治国者若薅田,去害苗者而已①。今沐者堕发,而犹为之不止,以所去者少,所利者多。砥石不利,而可以利金;㮯不正,而可以正弓②。物固有不正而可以正,不利而可以利。

[注释]①薅:音 hāo,除草。 ②㮯:音 qíng,矫正弓弩的器械。

力贵齐,知贵捷①。得之同,遬为上②;胜之同,迟为下。所以贵镆邪者,以其应物而断割也。刉靡勿释,牛车绝辚③。

[注释]①齐:敏捷。 ②遬:音 sù,速。 ③刉:摩擦。靡:通摩,接触。辚:门槛。

为孔子之穷于陈、蔡而废六艺,则惑①;为医之不能自治其病,病而不就药,则勃矣②。

[注释]①六艺:指《诗》、《书》、《乐》、《易》、《礼》、《春秋》,儒家称为六经,孔子以教授弟子。《史记·孔子世家》载,孔子出游至陈、蔡之间,遭陈、蔡大夫发徒役围攻,粮食断绝。 ②勃:通悖,谬误。

卷十七　说林训

以一世之度制治天下①，譬犹客之乘舟，中流遗其剑，遽契其舟梶，暮薄而求之②，其不知物类亦甚矣！夫随一隅之迹，而不知因天地以游，惑莫大焉。虽时有所合，然而不足贵也。譬若旱岁之土龙，疾疫之刍狗，是时为帝者也③。曹氏之裂布，蛷者贵之，然非夏后氏之璜④。

[注释]①一世：某一时代。度制：犹制度。　②遽：速。契：刻。梶："梶"当作"枕"，音fàn，船舷。薄：靠岸。　③土龙：土塑的龙，用于天旱求雨仪式。刍狗：用草扎成的狗，在驱除疫病的仪式上使用。帝：神。土龙、刍狗在祭祀时十分高贵，然而祭祀结束后便弃而无用，故云有时而为帝。　④曹氏：古代一户姓曹人家，以制造布著名，故楚方言称布为曹。裂布：断裂的坏布。蛷：一种毒疮。夏后氏：夏朝。璜：玉器名，形似半边玉璧。

无古无今，无始无终，未有天地而生天地，至深微广大矣。足以蹍者浅矣，然待所不蹍而后行①；智所知者褊矣，然待所不知而后明②。游者以足蹶，以手抋③，不得其数，愈蹶愈败④。及其能游者，非手足者矣。

[注释]①蹍：履，踩。浅：少。所不蹍者：指足所未曾踩到的大地。

②褊:狭小。句谓人必须认识尚未认识的事物才能使自己聪明。　③蹴:踏。抪:音pō,击打。　④数:技艺。败:沉没。

　　鸟飞反乡,兔走归窟,狐死首丘,寒将翔水,各哀其所生①。毋贻盲者镜,毋予躄者履,毋赏越人章甫,非其用也②。椎固有柄,不能自椓③;目见百步之外,不能自见其眦④。狗彘不择甂瓯而食,偷肥其体而顾近其死⑤。凤皇高翔千仞之上,故莫之能致。月照天下,蚀于詹诸⑥。腾蛇游雾,而殆于蝍蛆⑦。乌力胜日,而服于雏礼⑧,能有修短也。莫寿于殇子,而彭祖为夭矣⑨。短绠不可以汲深⑩,器小不可以盛大,非其任也。

　　[注释]①寒将:蝉的一种。翔水:飞入水中。蝉幼虫居泥土中,化蛹成虫始从污泥中钻出,故古人以为蝉生于泥水中。哀:通爱。　②贻:赠送。躄:跛。章甫:殷朝一种冠名。越人俗剪发而不着冠。　③椓:敲击。④眦:眼眶。　⑤甂瓯:音biān ōu,盆盂类阔口瓦制食器。偷:苟且。顾:反。狗猪肥则宰杀,故偷肥其体反而加速灭亡。　⑥詹诸:同蟾蜍。神话传说月亮中有蟾蜍不停食月。　⑦腾蛇:传说中一种会飞的蛇。蝍蛆:蜈蚣,传说蜈蚣见蛇即爬上蛇身,咬汲蛇脑。一说蝍蛆乃蟋蟀。　⑧乌力胜日:传说日中有乌鸦,它可经受太阳酷热。服:畏服。雏礼:鸟名,春分始见,凌晨先鸡而鸣。　⑨殇:未成年而死。殇子:夭折的婴儿。彭祖:传说中人物,或谓尧时人,寿八百岁。两句谓长短寿夭乃相对而言。语出《庄子·齐物论》。⑩绠:汲水器上的绳索。

　　怒出于不怒,为出于不为。视于无形,则得其所见矣;听于无声,则得其所闻矣。至味不慊,至言不文①,至乐不笑,至音不叫,大匠不斫,大豆不具,大勇不斗②,得道而德从之矣。譬若黄钟之比宫,太簇之比商,无更调焉③。

[注释]①慊:音 qiè,快意。文:文饰。　②豆:一种器皿,多用于祭祀仪式。具:供设。大豆不具:巨大的豆有固定的放置,不需每次祭祀都盛放祭品。　③黄钟、太簇:皆古代音乐十二律名。宫、商:古代五音中两个音阶。十二律与五音有相应的联系。参见《天文训》。更:改。

以瓦钰者全,以金钰者跋,以玉钰者发①,是故所重者在外,则内为之掘②。逐兽者目不见太山③,嗜欲在外,则明所蔽矣④。听有音之音者聋,听无音之音者聪;不聋不聪,与神明通。卜者操龟,筮者端策,以问于数,安所问之哉⑤!

[注释]①钰:通注,投注。赌博时投下的钱或物品。跋:反身急走。发:迅跑。句谓赌注重则心理压力大,惧怕输掉,故退缩不敢投注。　②外:指金玉等身外物。内:内心。掘:音 zhuō,通拙,笨拙。　③句谓逐兽者心中只想着所追逐的野兽,即使泰山在前也茫然无所见。　④所:或,有时。⑤卜者:古人用火烧龟甲取兆,以预测吉凶,叫卜,从事占卜的人叫卜者。筮者:古人以蓍草,占吉凶,从事筮占的人叫筮者。策:占卜用的蓍草。数:象数,龟占为象,筮占为数。句谓象数出于龟策之中,手持龟策而问象数,则无处可问。

舞者举节,坐者不期而抃皆如一,所极同也①。日出旸谷,入于虞渊②,莫知其动,须臾之间,俯人之颈③。人莫欲学御龙,而皆欲学御马;莫欲学治鬼,而皆欲学治人。急所用也。解门以为薪,塞井以为臼④,人之从事,或时相似。

[注释]①举节:舞者合着节拍起舞。拚:音 biàn,鼓掌。极:准则,指欣赏的标准。 ②旸谷:传说中日出地。虞渊:传说中日入处。 ③俛:反,转。俛人之颈:指太阳从东到西,人仰望之须反转其颈。 ④解:剖开。臼:舂米器。古时掘地为臼,其后渐代之木石。

水火相憎,鳠在其间,五味以和①。骨肉相爱,谗贼间之,而父子相危。

[注释]①鳠:音 suì,一种小鼎,用以烹饪。

夫所以养而害所养①,譬犹削足而适履,杀头而便冠②。昌羊去蚤虱而来蛉穷③,除小害而致大贼,欲小快而害大利。墙之坏也,不若无也,然逾屋之覆④。

[注释]①所以养:为达到怡养目的而采取的措施。所养:怡养的对象、目的。 ②杀:削。 ③昌羊:菖蒲,水草名,古人用以驱杀跳蚤等害虫。来:招致。蛉穷:一种节肢动物,也叫蚰蜒,多生墙屋烂草中,古人认为它会钻入人耳为害。 ④逾:超过。这里是强于、胜于之意。覆:倾倒。

璧瑗成器,磋诸之功①;镆邪断割,砥砺之力②。狡兔得而猎犬烹,高鸟尽而强弩藏。虻与骥,致千里而不飞,无糗粮之资而不饥③。

[注释]①瑗:音 yuàn,孔大边小的璧。磋诸:用以琢磨玉器的石。②镆邪:宝剑名。砥砺:磨刀石,细者为砥,粗者为砺。 ③与:附着,跟从。糗:音 qiǔ,干粮。

失火而遇雨,失火则不幸,遇雨则幸也。故祸中有福也。鬻棺者,欲民之疾病也;畜粟者,欲岁之荒饥也①。

[注释]①鬻:卖。畜:同蓄。

水静则平,平则清,清则见物之形,弗能匿也。故可以为正。川竭而谷虚,丘夷而渊塞①,唇竭而齿寒,河水之深,其壤在山②。

[注释]①夷:平。塞:满。 ②句谓河与山互相依存,山夷平则河干涸,河水深则因为其土堆成山。

钧之缟也,一端以为冠,一端以为袜①,冠则戴致之,袜则蹍履之②。知己者不可诱以物,明于死生者,不可却以危③。故善游者不可惧以涉。

[注释]①钧:同均,平分。缟:细白的生绢。 ②戴致:戴到头上。 ③却:退,作动词用,吓退。

亲莫亲于骨肉,节族之属连也①。心失其制,乃反自害,况疏远乎!圣人之于道,犹葵之与日也。虽不能与终始哉,其乡之诚也②。

[注释]①骨肉:指自己的身体。节:骨节。族:骨肉交错聚结处。属:音 zhǔ,连接。 ②乡:向,仰望。

宫池涔则溢,旱则涸①。江水之原,渊泉不能竭②。盖非橑不能蔽日,轮非辐不能追疾③,然而橑辐未足恃也。金胜木者,非以一刃残林也;土胜水者,非以一璞塞江也④。

[注释]①宫池:挖土而成的水池。涔:音 cén,雨水太多。 ②原:源头。渊泉:深泉。 ③盖:车盖。橑:车盖弓,支撑伞状车盖的细木条。辐:车轮中连接轴心和轮圈的直木条。追疾:快驰。 ④墣:土块。

蹩者见虎而不走,非勇,势不便也。倾者易覆也。倚者易軵也①。几易助也,湿易雨也②。设鼠者机动,钓鱼者泛杭,任动者车鸣也③。刍狗能立而不能行,蛇床似麋芜而不能芳④。谓许由无德,乌获无力,莫不丑于色⑤。人莫不奋于其所不足⑥。以兔之走,使犬如马,则逮日归风⑦;及其为马,则又不能走矣。

[注释]①倚:偏于一边。軵:音 rǒng,推倒。 ②几:近。 ③设鼠:设置机关捕鼠。机:这里指捕鼠的陷笼。泛:钓鱼用的浮标。杭:动。任动者车鸣:任:载。"动"当作"重"。车鸣:指车辆负载过重而发出的杂音。 ④刍狗:用草扎制的狗。蛇床:一种植物名,形状似麋芜,然无香味。麋芜:同蘼芜,也叫芎䒽,一种香草名。 ⑤许由:人名,传说尧曾把天下让给他,不受而去,遁耕于箕山之下。乌获:人名,战国秦时大力士。丑:激怒。 ⑥奋:激励。 ⑦使犬如马:"犬"当作"大"。逮日:追上太阳。归风:追风。形容其速度极快。

冬有雷电,夏有霜雪,然而寒暑之势不易,小变不足以妨大节。黄帝生阴阳,上骈生耳目,桑林生臂手,此女娲所以七十化也①。终日之言,必有圣之事;百发之中,必有羿、逢蒙之巧②。然而世不与也,其守节非也③。牛蹄、彘颅亦骨也,而世弗灼,必问吉凶于龟者,以其历岁久矣。

[注释]①黄帝:天神名,《天文训》云乃中央之帝。阴阳:指男女两性。上骈、桑林:皆传说中神名。女娲:传说中神名,事迹包括炼石补天及始造人类。化:变化。 ②羿:传说中人物,以善射闻名。逢蒙:传说是羿的学生,尽学羿之术,而后将羿杀害。 ③守节:指持守作为圣人和羿、逢蒙的名分。非:假。句谓人或偶有圣贤之巧,然不能持守圣贤之名分。

近敖仓者,不为之多饭①;临江河者,不为之多饮;期满腹而已。

[注释]①敖仓:秦时粮仓名,在今河南荥阳县东北敖山上。

兰芝以芳,未尝见霜①;鼓造辟兵,寿尽五月之望②。舌之与齿,孰先砻也③?镎之与刃,孰先弊也④?绳之与矢,孰先直也⑤?

[注释]①兰芝:兰草和灵芝草。未尝见霜:指兰芝因芳香珍贵而被采摘,未及见霜而亡。 ②鼓造:鸟名,即枭,俗称猫头鹰。望:月圆为望,指农历十五日。 ③砻:音 lóng,磨损。 ④镎:音 duì,矛戟等兵器下端的金属垫。弊:坏。 ⑤孰先直也:"直"当作"折"。

今鳝之与蛇,蚕之与蠋①,状相类而爱憎异。晋以垂棘之璧得虞、虢②,骊戎以美女亡晋国③。

[注释]①蠋:音 zhú,蛾蝶类幼虫。 ②垂棘:春秋晋国地名,其地产美玉。虞:春秋时国名,地在今山西平陆县东北。虢:周朝分封的诸侯国,地在今山西平陆县。晋曾以垂棘所产玉璧为礼物向虞国借道伐虢,虞君贪利许之,晋灭虢后顺道灭虞。 ③骊戎:古部族名,西戎之一支。春秋晋献公伐骊戎,得骊姬及其娣,纳为夫人,后来骊姬进谗言逼死太子申生,逼公子重耳、夷吾出奔,使晋国陷入数世动乱。

聋者不歌,无以自乐;盲者不观,无以接物①。观射者遗其执,观书者忘其爱②。意有所在,则忘其所守。古之所为不可更,则推车至今无蝉匷③,使但吹竽,使工厌窍④,虽中节而不可听。无其君形者也⑤。

[注释]①接:接纳,看见。 ②执:事。爱:爱好。 ③推车:当作"椎车",用整块圆木作车轮的原始车子。蝉匷(音 jué):车的一种。 ④但:当作倡。倡:歌舞艺人。工:乐工。厌:通压。窍:竽的发音孔。 ⑤中节:符合音调节奏。君行者:指主宰行为的精神。

与死者同病,难为良医;与亡国同道,难与为谋。为客治饭而自藜藿,名尊于实也①。乳狗之噬虎也,伏鸡之搏狸也,恩之所加,不量其力②。使景曲者,形也;使响浊者,声也③。情泄者,中易测④,华不时者,不可食也⑤。

[注释]①治饭:准备饭食。藜藿:两种野菜名。尊:重。名尊于实:款待客人的仁义之名重于家境无力为饭的实际。 ②乳狗:哺乳的母狗。伏鸡:孵蛋的母鸡。恩之所加:指母狗、母鸡表现出对后代的恩爱。 ③景:同影。响:回响,回音。声:形成回响的声源。 ④情:内心真情。中:内心世界。 ⑤华:花。古人认为非正常开花结的果实,食之使人生病。

跖越者,或以舟,或以车,虽异路,所极一也①。佳人不同体,美人不同面,而皆说于目;梨、橘、枣、栗不同味,而皆调于口。

[注释]①跖:至。极:目标,目的地。

人有盗而富者，富者未必盗；有廉而贫者，贫者未必廉。蒚苗类絮，而不可以絮①；豮不类布②，而可以为布。出林者不得直道，行险者不得履绳③。

[**注释**]①蒚：同"荻"。荻：草名，形似芦苇而叶较宽韧。荻苗：荻花絮。絮：弹松的棉花。 ②豮：音 fén，粗麻。 ③绳：直。履绳，走笔直的路。

羿之所以射远中微者，非弓矢也；造父之所以追速致远者，非辔衔也①。海内其所出，故能大②；轮复其所过，故能远③。

[**注释**]①造父：传说是周穆王时善御者。辔衔：马缰绳和衔勒，指驾驭的工具。 ②内：音 nà，同纳，容纳。其所出：指水。海水气蒸发而为云，云飘入内地降为雨，雨水集流成江河，江河皆流入海，故云海内其所出。 ③轮复其所过：指轮周而复始。

羊肉不慕蚁，蚁慕于羊肉，羊肉膻也①；醯酸不慕蚋，蚋慕于醯酸②。尝一脔肉而知一镬之味③；悬羽与炭而知燥湿之气④。以小见大，以近喻远。

[**注释**]①膻：音 shān，羊腥味。 ②醯：音 xī，醋。蚋：音 ruì，蚊子。 ③脔：音 luán，切成块状的肉。镬：煮食物的釜。 ④古人用一根衡杆，一边悬炭或羽毛，一边悬土，使之平衡，如气候干燥则炭轻，潮湿则炭重，以此知气候燥湿。

十顷之陂，可以灌四十顷①；而一顷之陂，可以灌四顷；大小之衰然②。明月之光，可以远望，而不可以细书③；甚雾之朝，可以细书，而不可以远望寻常之外④。

[注释]①陂:音 bēi,蓄水的池塘。 ②衰:音 cuī,等差。 ③细书:书写细小的文字。 ④不可以远望寻常之外:"远"为衍文。寻常:古代长度单位,八尺为寻,十六尺为常,这里指稍远处。

画者谨毛而失貌,射者仪小而遗大①。治鼠穴而坏里间,溃小疱而发痤疽②,若珠之有颣,玉之有瑕③,置之而全,去之而亏④。

[注释]①谨毛:谨慎、拘泥于毛发等细小处。谨毛而失貌:喻顾小而失大。仪:弩弓瞄准用的标尺。遗:失。 ②里间:宅院。痤疽:一种恶性脓疮。 ③颣:音 lèi,珠之斑痕,瑕疵。瑕:玉之斑点,疵病。 ④置之:指保存珠之颣、玉之瑕。

榛巢者处林茂,安也①;窟穴者托堘防,便也②。王子庆忌足蹑麋鹿,手搏兕虎③,置之冥室之中,不能搏龟鳖,势不便也。

[注释]①榛:音 zhēn,丛生的树木。榛巢者:在树上筑巢居住的动物。 ②托:寄寓。堘防:堤防。 ③王子庆忌:春秋吴王僚之子,以武勇著称。蹑:追上。

汤放其主而有荣名①,崔杼弑其君而被大谤②,所为之则同,其所以为之则异。吕望使老者奋③,项托使婴儿矜④,以类相慕。

[注释]①汤:商汤王。汤伐夏,放逐夏桀王。 ②崔杼:春秋齐大夫。齐庄公与崔杼妻私通, 崔杼弑庄公,齐太史书曰:"崔杼弑庄公",崔杼杀之,其弟复书,崔杼复杀之,少弟复书,崔杼乃舍。 ③吕望:即姜太公吕尚。

相传他七十始读书,九十而为文王师。奋:激动。　④项托:春秋时人,传说年七岁而诘难孔子。矜:骄傲。

使叶落者风摇之,使水浊者鱼挠之①。虎豹之文来射,猿狖之捷来乍②。

[注释]①挠:搅动。　②文:指斑斓的毛皮。来:招致。狖:音yòu,长尾猿。乍:假借为措,攻击。

行一棋,不足以见智;弹一弦,不足以见悲。三寸之管而无当,天下弗能满①;十石而有塞,百斗而足矣。以篙测江,篙终而以水为测,惑矣②。

[注释]①当:音dàng,底。　②测江:测量江水的深度。以水为测:以为到了江水最深处。测:深度所至为测。

渔者走渊,木者走山,所急者存也①;朝之市则走,夕过市则步,所求者亡也。

[注释]①木者:伐木者。所急者:所急于追求的东西。渔者之所急者为鱼,木者之所急者为木。

豹裘而杂,不若狐裘之粹;白璧有考,不得为宝①。言至纯之难也。

[注释]①考:玉器上的斑点、裂纹。

战兵死之鬼憎神巫①,盗贼之辈丑吠狗②。无乡之社,易为黍肉③;无国之稷,易为求福④。

[注释]①战兵死之鬼憎神巫:"战"为后人所加。兵死之鬼:战死的鬼魂。迷信以为战死鬼魂善行害人,而神巫则劾杀之。 ②丑:憎恨。 ③社:土地神,也指祭祀土地神之所。无乡之社:设置土地庙一般都有所属,或一乡,或一村。无乡之社是指没有固定归属的土地神庙。黍肉:指各种祭品。易为黍肉:无乡之社少享受祭祀,故容易满足,一般地准备黍肉祭品即可。④稷:谷神,土地粮食为国之本,故国家必有社稷庙。无国之稷:没有所属国家的谷神庙。易为求福:容易满足祭祀者求福的愿望。

鳖无耳,而目不可以蔽①,精于明也;瞽无目,而耳不可以察②,精于聪也。遗腹子不思其父,无貌于心也③;不梦见像,无形于目也。

[注释]①蔽:原作"瞥"。字误而改。②不可以察:"察"当作"塞"。③遗腹子:父死后出生的人。无貌于心:心中没有留下父亲的容貌。

蝮蛇不可为足①,虎豹不可使缘木,马不食脂,桑扈不啄粟,非廉也②。

[注释]①蝮蛇:毒蛇名。 ②脂:油膏。桑扈:鸟名,又名青雀。句谓马不食脂,桑扈不啄粟乃本性使然,并非廉俭。

秦通崤塞,而魏筑城也①。饥马在厩,寂然无声,投刍其旁,争心乃生②。

[注释]①崤塞:即崤山,在今河南洛宁县北,山分东西二崤,山势险峻,为秦与东方诸侯交往之要塞。魏筑城:指战国魏为防御秦进攻而修筑的长城。 ②刍:牲口吃的草料。

引弓而射,非弦不能发矢,弦之为射,百分之一也。道德可常,权不可常①。故遁关不可复,亡圄不可再②,

[注释]①权:权变。 ②遁关:指从关口逃遁,以躲避稽查。圄:古代的扣留所。亡圄:从扣留所逃跑。不可复、不可再:皆指可偶一为之然不可经常。

环可以喻员,不可以轮;绦可以为緌,不必以纠①。日月不并出,狐不二雄,神龙不匹②,猛兽不群,鸷鸟不双。

[注释]①绦:丝带,丝绳。緌:装饰鞋子用的圆丝带。纠:圆形的细丝带。 ②匹:配成双。

循绳而斫则不过,悬衡而量则不差,植表而望则不惑①,损年则嫌于弟,益年则疑于兄②,不如循其理,若其当③。

[注释]①衡:秤杆。表:测量用的表尺。 ②损年:减少寿命。益年:增加寿命。 ③理:指兄弟长幼固然次序。若:顺。当:实。

人不见龙之飞举而能高者,风雨奉之①。蠹众则木折,隙大则墙坏。悬垂之类,有时而隧②;枝格之属,有时而弛③。当冻而不死者,不失其适;当暑而不喝者,不亡其适④;未尝适,亡其适⑤。

[注释]①奉:助。 ②有时:时间长。隧:通坠。 ③枝格:突出横逸的枝条。弛:脱落。 ④喝:音yē,中暑。亡:失。 ⑤亡:忘。句谓人性本来

就是安适的,不需有心去适应,也就是要忘记安适。

汤沐具而虮虱相吊,大厦成而燕雀相贺①,忧乐别也。柳下惠见饴,曰:"可以养老。"②盗跖见饴,曰:"可以粘牡。"③见物同,而用之异。蚕食而不饮,二十二日而化;蝉饮而不食,三十日而脱④;蜉蝣不食不饮,三日而死。人食礜石而死⑤,蚕食之而不饥⑥;鱼食巴菽而死,鼠食之而肥⑦。类不可必推。瓦以火成,不可以得火⑧;竹以水生,不可以得水。

[注释]①汤沐:沐浴用的热水。虮:虱子卵。吊:悲伤。句谓汤沐具则虮虱知大难来临,故互相悲伤,大屋落成则燕雀知有了做窝的地方,故互相庆贺。　②柳下惠:春秋鲁国大夫,名展禽,食邑于柳下,谥惠,故称柳下惠。饴:糖膏。　③盗跖:相传为春秋末期的著名强盗。牡:锁簧。粘牡:古代锁中可以插入和拔出的部分。拔出则锁开。盗贼无钥匙,用饴糖粘出牡。④脱:音tuì,通蜕,指蝉蜕皮去壳。　⑤蜉蝣:一种寿命很短的小虫。　⑥礜(音yù)石:矿物名,有毒。　⑦巴菽:即巴豆,一种药用植物。　⑧得火:指置之火中。瓦置火烧则破裂。

扬堁而欲弭尘①,被裘而以翣翼②,岂若适衣而已哉!

[注释]①堁:尘土。弭:止。　②翣:雉羽制成的扇子。翼:扶助。

槁竹有火,弗钻不然①,土中有水,弗掘无泉。蛖象之病,人之宝也②;人之病,将有谁宝之者乎③?

[注释]①然:通燃,燃烧。　②蛖:蚌。蛖、象之病:蛖之病指蚌中生长的珍珠,象之病指象牙。　③人之病:指人违反本性的思想和行为,如追求利

欲之类。

　　为酒人之利而不酤,则竭①;为车人之利而不僦,则不达②。握火提人,反先之热③。邻之母死,往哭之;妻死而不泣,有所劫以然也④。

　　[注释]①酒人:卖酒人。酤:买酒。竭:干渴。　②车人:驾车载客或出租车辆谋利的人。僦:租赁。　③提:掷击。热:指烧伤。　④劫:胁迫。旧时夫妻情爱不宜公开,即使妻死,丈夫亦不应当众哭泣,以免被人说是溺于情色,故云有所劫以然。

　　西方之倮国,鸟兽弗辟,与为一也①。一膊炭燺,掇之则烂指;万石俱燺,去之十步而不死②。同气异积也③。大勇小勇,有似于此。今有六尺之席,卧而越之,下材弗难④;植而逾之,上材弗易⑤。势施异也。百梅足以为百人酸,一梅不足以为一人和。

　　[注释]①倮:同裸。倮国:传说中西南方国名,其民皆裸体。辟:同避。一:同一。　②膊:量词,通挺,根。一膊:一根。燺:音hàn,用火烘烤。掇:音duó,拾取。　③同气:指一根炭与万石炭发出的同样是热气。异积:不同的积聚方式。　④卧:把席子放在地下。下材:指矮个子。　⑤植:竖起。逾之:跳过席子。

　　有以饭死者,而禁天下之食;有以车为败者,而禁天下之乘;则悖矣①。

　　[注释]①悖:荒谬。

钓者静之,罛者扣舟①,罩者抑之②,罣者举之③,为之异,得鱼一也。见象牙乃知其大于牛,见虎尾乃知其大于狸,一节见而百节知也。

[注释]①罛:当作罺,一种捕鱼方式,积柴于水中,然后叩击船体发出响声,鱼受惊藏于柴下,便壅而取之。扣:击。 ②罩:一种捕鱼用竹器。抑之:指提起鱼罩捕鱼的动作。 ③罣:音guà,一种捕鱼方法,用网挂绊鱼。举之:指用罣网捕鱼的动作。

小国不斗于大国之间,两鹿不斗于伏兕之旁。佐祭者得尝①,救斗者得伤。荫不祥之木,为雷电所扑②。

[注释]①佐祭:帮助、协助祭祀活动。尝:指祭祀时尝饮新酒及祭后分食祭品。 ②荫:动词,居于树荫下,指雷雨时在树荫下躲避。

或谓冢,或谓陇①,或谓笠,或谓簦②。头虱与空木之瑟,名同实异也③。

[注释]①冢:坟墓。陇:通垄,亦指坟墓。 ②笠:遮雨的竹帽。簦:音dēng,有长柄的笠,犹今之伞。 ③瑟:风声。空木之瑟:风吹过空木的声音。虱、瑟古音同。名同实异:意谓上述几种事物名称、读音或相同或相似,然而实际上并不是同一种事物。

日月欲明,而浮云盖之;兰芝欲修,而秋风败之①。虎有子,不能搏攫者,辄杀之,为堕武也②。龟纽之玺,贤者以为佩③;土壤布在田,能者以为富。予拯溺者金玉,不若寻常之缠索④。

[注释]①修:长,指延长生长期。 ②攫:鸟兽用爪抓取搏击。堕:废。

堕武:丧失虎威。　③纽:器物上用以提携的部分。玺:印章。龟纽之玺:印纽雕刻成龟状的印章。　④拯:疑是衍文。寻常:八尺为寻,十六尺为常。缠:绳索。

视书上有酒者,下必有肉;上有年者,下必有月。以类而取之。蒙尘而眯,固其理也,为其不出户而堁之①,也。②

[注释]①堁:作动词用,扬起尘土。　②王引之云:而堁之下当有"非其道"三字。

屠者羹藿①,为车者步行,陶者用缺盆,匠人处狭庐②。为者不必用,用者弗肯为。毂立三十辐③,各尽其力,不得相害。使一辐独入,众辐皆弃,岂能致千里哉！夜行者掩目而前其手,涉水者解其马载之舟。事有所宜,而有所不施。

[注释]①藿:音 huò,豆叶,泛指粗劣野菜。羹藿:用野菜煮成羹食用。②庐:简陋的居屋。　③毂:车轮中间车轴贯入处的圆木。辐:车轮中连接轴心和轮圈的直木条。

橘柚有乡,藿苇有丛①。兽同足者相从游,鸟同翼者相从翔。田中之潦,流入于海②;附耳之言,闻于千里也。苏秦步,曰:"何故?"③趋,曰:"何趋驰?"④有为则议,多事固苛。

[注释]①藿:音 quàn,草名,即荻,与芦同科。　②潦:积水。　③苏秦:战国时人,著名合纵家,尝游说六国抗秦,佩六国相印。　④趋:快走。

驰:当为衍文。句谓名人备受注意,一举一动都招人议论。

皮将弗睹,毛将何顾①?畏首畏尾,身凡有几?欲观九州之土,足无千里之行,心无政教之原,而欲为万民之上,则难②。

[注释]①睹:见。顾:观看。 ②政教之原:政治教化的策略、主张。

昀昀者获,提提者射①,故"大白若辱,大德若不足。"②

[注释]①昀昀:明白,昭著。提提:安舒的样子。射:获取。 ②辱:污。语见《老子》第四十一章。

未尝稼穑,粟满仓;未尝桑蚕,丝满囊;得之不以道,用之必横①。海不受流胔,太山不上小人②,旁光不升俎,骊驳不入牲③。

[注释]①横:放纵。 ②胔:腐肉。 ③旁光:同膀胱,动物的贮尿器官。俎:祭祀时盛放牛羊等祭品的礼器。古俗,膀胱等污秽器官不得作祭品上供。骊:赤体黑鬣尾的马。骊驳:泛指毛色不纯的马。牲:牺牲,供祭祀用的纯色全体牲畜。古俗,祭祀牺牲不得用杂色牲畜。

中夏用箑,快之①,至冬而不知去;褰衣涉水②,至陵而不知下;未可以应变。有山无林,有谷无风,有石无金。满堂之坐,视钩各异,于环带一也③。

[注释]①箑:音shà,扇子。 ②褰:音qiān,撩起衣服。 ③钩:衣带

钩。环带：扣住腰带。

献公之贤，欺于骊姬①；叔孙之智，欺于竖牛②。故郑詹入鲁，《春秋》曰："佞人来。佞人来。"③君子有酒，鄙人鼓缶，虽不见好，亦不见丑④。

[注释]①献公：春秋晋国君，名诡诸，前676～前651年在位。骊姬：骊戎国君之女。晋献公伐骊戎，得骊姬，纳为夫人。后骊姬进谗言逼太子申生自杀，逼公子重耳等出逃，陷晋国于数世动乱之中。　②叔孙：即春秋鲁国大夫叔孙穆子，名豹。竖牛：叔孙豹与在路上遇见的女子私通所生子，得穆子宠爱，最后控制了穆子家族。后穆子病重，竖牛封锁宫室，不给穆子食物，三天后穆子饿死。　③郑詹：春秋郑国大夫。前677年春，齐国执郑詹，夏，郑詹自齐逃到鲁。　④鄙人：鄙陋之人。缶：音 fǒu，古乐器名。句谓君子饮酒表示欢乐，鄙人击缶表示欢乐，虽不见得好，但亦可表情达意，故亦不丑。

人性便丝衣帛，或射之则被铠甲，为其所不便以得所便①。辐之入毂，各值其凿，不得相通②，犹人臣各守其职，不得相干。尝被甲而免射者，被而入水；尝抱壶而度水者，抱而蒙火④；可谓不知类矣。

[注释]①所不便：指被铠甲。所便：指安全。　②值：当。凿：孔，指车辐两端分别插入车毂和车辋的孔眼。　③干：犯。　④壶：通瓠，葫芦瓜，成熟后晒干可作浮筒。

君子之居民上，若以腐索御奔马，若蹑薄冰，蛟在其下①，若入林而遇乳虎②。善用人者，若蚈之足，众而不相害③；若唇之与齿，坚柔相摩而不相败。

[注释]①蛟:传说中水居动物,大概是鳄鱼、鲨鱼一类。 ②乳虎:哺乳期的母虎,性凶猛。 ③蚨:百足虫。

清醠之美,始于耒耜①;黼黻之美,在于杼轴②。布之新,不如纻③;纻之弊,不如布。或善为新,或恶为故。靥辅在颊则好,在颡则丑④;绣以为裳则宜,以为冠则讥。

[注释]①清醠(音 àng):清酒。耒耜:农具名,这里指农田耕作。②黼黻:音 fǔ fú,古代礼服上描绘的花纹,这里代指华美的服饰。杼轴:织布机上的两个部件。杼即梭,轴是机上卷织物的滚筒,这里泛指纺织。 ③布:古代指麻、苎、葛、棉等织物的通称。纻:专指用苎麻织成的布。 ④恶:当为"善"。靥辅:音 yè fǔ,颊边微涡,俗称酒窝。颡:音 sǎng,额。

马齿非牛蹄,檀根非椅枝,故见其一本而万物知①。石生而坚,兰生而芳,少自其质,长而愈明。扶之与提,谢之与让②,故之与先,诺之与已③,也之与矣,相去千里。

[注释]①檀:木名,木质坚硬。椅:木名,材木可制家具。 ②提:掷击。谢:道歉。让:诮让,责难。 ③故:旧。先:前。诺:允诺。已:完成,实现诺言。

污准而粉其颡①,腐鼠在坛,烧薰于宫②,入水而憎濡,怀臭而求芳,虽善者弗能为工。再生者不获,华大早者不胥时落③。

[注释]①准:鼻子。 ②坛:庭院。宫:房屋。 ③早:原作"旱",字之误。再生者:收割后在原株茬上发芽生长的谷物。胥:等待。

毋曰不幸,甑终不堕井①,抽簪招磷,有何为惊②!使人无度河,可;中河使无度,不可。见虎一文,不知其武;见骥一毛,不知善走。水虿为蟌,孑孓为蚊,兔啮为蠹③。物之所为,出于不意,弗知者惊,知者不怪。

[注释]①甑:音 zèng,一种瓦制煮器。 ②磷:磷火,俗称鬼火,火焰呈蓝色,比空气轻,随气流飘荡,故有招之而来的现象。 ③水虿(音 chài):蜻蜓的幼虫,生活在水中,经多次蜕皮后爬出水面变为成虫。蟌:音 cōng,蜻蜓。孑孓:音 jié jié,蚊子的幼虫。今作孑孓。兔啮(音 niè):一种小虫。蠹:音 nài,一种虻虫。

铜英青①,金英黄,玉英白,麋烛捔,膏烛泽也②。以微知明,以外知内。象肉之味不知于口,鬼神之貌不著于目,捕景之说不形于心③。

[注释]①英:光华。 ②麋:音 fèn,麻。麋烛:用麻秆点燃的火炬。捔:音 jué,暗珠。膏烛:用油脂点燃的火炬。泽:光明。 ③景:同影。说:同悦。

冬冰可折,夏木可结①,时难得而易失。木方茂盛,终日采而不知;秋风下霜,一夕而殚②。

[注释]①结:打结,比喻夏天树枝柔软。 ②殚:尽。

病热而强之餐,救喝而饮之寒①,救经而引其索,拯溺而授之石②。欲救之,反为恶。虽欲谨亡马,不发户辚③;虽欲豫就酒,不怀蓐④。

[注释]①热:病名,伤寒之类。古人认为患此病不宜进食。喝:音 yē:

中暑。人中暑时抵抗力低,不宜马上进食寒冷食物。　②经:上吊。引:牵。引其索:指为自经者提供绳索。　③发:掘。轔:音lín,门槛。　④豫:防备。蓐:音rù,通褥,草席。怀蓐:指怀揣草席,以备醉酒倒卧。

　　孟贲探鼠穴,鼠无时死,必噬其指,失其势也①。山云蒸,柱础润②;伏苓掘,兔丝死③,一家失燺,百家皆烧④。谗夫阴谋,百姓暴骸。

　　[注释]①孟贲:古勇士名。无时:随时。噬:咬。失其势:指勇士虽有力,但掏鼠穴便失去优势,虽勇士亦为鼠所伤。　②柱础:柱子下的石墩。柱础润:指快下雨时,空气中湿度增大,柱墩发生湿润的现象。　③伏苓:菌类植物名,多生于老松树下。古人以为乃千年松根所变。兔丝:一种蔓生植物,缠附于其他植物上。掘伏苓则伤及松树,松树枯死则兔丝亦死。　④燺:火。

　　粟得水湿而热,甑得火而液①。水中有火,火中有水。疾雷破石,阴阳相薄②。

　　[注释]①二句谓粟米遇水潮湿膨胀释放出热量,甑蒸煮食物时水蒸气凝成水滴。　②薄:逼迫。

　　汤沐之于河,有益不多①;流潦注海,虽不能益,犹愈于已②。

　　[注释]①汤沐:洗澡用的热水。益:增加。　②流潦:下雨时漫在路上的积水。愈:胜过。已:止。

　　一目之罗,不可以得鸟①;无饵之钓,不可以得鱼;遇士无礼,不可以得贤。

[注释]①目:网的孔眼。罗:罗网。

兔丝无根而生,蛇无足而行,鱼无耳而听,蝉无口而鸣。有然之者也①。鹤寿千岁,以极其游;蜉蝣朝生而暮死,而尽其乐。

[注释]①然之:使它们这样。者:的缘由。

纣醢梅伯,文王与诸侯构之①;桀辜谏者,汤使人哭之②。狂马不触木,猘狗不自投于河③,虽聋虫而不自陷,又况人乎④! 爱熊而食之盐,爱獭而饮之酒⑤,虽欲养之,非其道。

[注释]①醢:把人剁成肉酱。梅伯:商纣王时大臣,数次谏止纣王暴政,被纣王杀害。构:图谋。 ②辜:分裂人肢体的酷刑。 ③猘狗:疯狗。 ④聋:无知。虫泛指动物。 ⑤獭:兽名,即水獭。古人相信熊食盐、獭饮酒则会死亡。

心所说,毁舟为杕①;心所欲,毁钟为铎②。管子以小辱成大荣③,苏秦以百诞成一诚④。

[注释]①杕:音duò,同柁,装在船尾控制船行方向。 ②铎:大铃,一种古乐器,亦用于宣教政令。 ③管子:春秋齐国人,初事齐公子纠,纠与公子小白争入齐为君,管仲箭射小白,中带钩,小白佯死,抢先入齐,为齐桓公,遂逼杀公子纠,囚管仲。后管仲为齐桓公相,九合诸侯一匡天下,使齐桓公成为春秋霸主。小辱:指被囚。大荣:指为相,助桓公成就霸业等。 ④苏秦:战国合纵家,游说诸侯联合抗秦,多有荒诞不实之词,故曰百诞。诚:信,指抗秦主张。

质的张而弓矢集,林木茂而斧斤入,非或召之,形势所致者也①。待利而后拯溺人,亦必以利溺人矣②。

[注释]①质的:箭靶。斧斤:斧头。 ②亦必以利溺人矣:"以"字为衍文。利溺人:在溺水者身上谋取利益。

舟能沉能浮,愚者不加足①。骐骥驱之不进,引之不止,人君不以取道里。

[注释]①能沉能浮:指船体不坚固,性能不良,似沉似浮。加足:置足,指乘舟。

刺我行者,欲与我交①;訾我货者,欲与我市②。以水和水不可食,一弦之瑟不可听。

[注释]①刺:指责,批评。 ②訾:诋毁。市:交易。

骏马以抑死,直士以正穷①;贤者摈于朝,美女摈于宫②;行者思于道,而居者梦于床;慈母吟于巷,适子怀于荆③。赤肉悬则乌鹊集,鹰隼鸷则众鸟散④。物之散聚,交感以然。

[注释]①抑:约束,遏制。正:正直。 ②摈:抛弃。 ③吟:叹息。适子:正妻所生的长子。适:同嫡。荆:荆室,指家室妻子。 ④赤肉:去皮毛的肉。隼:鸟名,善飞性凶猛。鸷:鹰隼等猛禽搏击小鸟。

食其食者不毁其器,食其实者不折其枝;塞其源者竭,背其本者枯。交画不畅①,连环不解,其解之不以解②。

临河而羡鱼,不如归家织网。明月之珠,蚌之病而我之利;虎爪、象牙,禽兽之利而我之害。

[注释]①交画:交错的线条。 ②不以解:不用解。以:用。

易道良马,使人欲驰①;饮酒而乐,使人欲歌。是而行之,故谓之断②;非而行之,必谓之乱。矢疾,不过二里也;步之迟,百舍不休,千里可致③。

[注释]①易:平坦。 ②断:治。 ③舍:一宿为舍。

圣人处于阴,众人处于阳;圣人行于水,众人行于霜①。异音者不可听以一律,异形者不可合于一体;农夫劳而君子养焉,愚者言而智者择焉。

[注释]①行于水:指圣人行而无迹。行于霜:指众人行而有迹。

舍茂林而集于枯,不弋鹄而弋乌,难与有图①。寅丘无壑,泉原不溥②,寻常之壑,灌千顷之泽。见之明白,处之如玉石③;见之暗晦,必留其谋④。

[注释]①弋:音yì,用带绳子的箭射。鹄:音hū,天鹅。图:谋。 ②寅:万物始生为寅,引申之,寅有始、小之意。寅丘:小山丘。溥:音pǔ,广大。 ③处之如玉石:形容行为光明坚定无疑虑。 ④留其谋:指心存疑虑。

以天下之大,托于一人之才,譬若悬千钧之重于木之一枝。负子而登墙,谓之不祥,为其一人陨而两人伤①。善举事者,若乘舟而悲歌,一人唱而千人和。

[注释]①陨:坠、落。

不能耕而欲黍粱,不能织而喜采裳①,无事而求其功,难矣。有荣华者,必有憔悴;有罗纨者,必有麻蒯②。

[注释]①采裳:彩绣的衣裳。 ②罗:质地轻软的经纬丝织品。纨:音wán,一种白色细绢。麻:指用麻织成的布。蒯:音kuǎi,草名,茎可供编织,这里是指粗糙的蒯编织品。

鸟有沸波者,河伯为之不潮,畏其诚也①。故一夫出死,千乘不轻②。蝮蛇螫人,傅以和堇则愈③,物故有重而害反为利者。圣人之处乱世,若夏暴而待暮④,桑榆之间,逾易忍也⑤。

[注释]①沸波:即鱼鹰。它低飞水面,用翅膀扇起水波,使小鱼出而攫食之。河伯:河神。 ②出死:拼死决战。千乘:拥有千乘兵车的军队。轻:轻视。 ③螫:音shì,毒虫刺人。傅:音fū,敷。和堇(音jǐn):草名,也叫乌头,有毒,可入药。 ④暴:音pù,同曝,暴晒。 ⑤桑榆之间:即日在桑榆之间。古人房前屋后植桑榆树,桑榆之间指日之将暮。逾:通愈,更加。

水虽平,必有波;衡虽正,必有差;尺寸虽齐,必有诡①。非规矩不能定方圆,非准绳不能正曲直。用规矩准绳者,亦有规矩准绳焉②。

[注释]①诡:差异。 ②亦有规矩准绳焉:指使用规矩准绳的原则、方法等。

舟覆乃见善游,马奔乃见良御。嚼而无味者,弗能内于喉；视而无形者，不能思于心。

[注释]①内：同纳，接受。

兕虎在于后，随侯之珠在于前①，弗及掇者，先避患而后就利。逐鹿者不顾兔，决千金之货者不争铢两之价②。弓先调而后求劲，马先驯而后求良，人先信而后求能。陶人弃索，车人掇之③；屠者弃销，而锻者拾之④；所缓急异也。

[注释]①随侯之珠：宝珠名，随亦作隋，古诸侯国名，传说随侯尝救活大蛇，大蛇从江中衔大珠相报，故名。②铢：古重量单位，一两的二十四分之一，喻极轻微。③陶人：制陶器的工匠。车人：制造车辆的工匠。掇：音duó，拾取。④销：生铁。锻者：打铁工匠。

百星之明，不如一月之光；十牖之开，不如一户之明①。矢之于十步贯兕甲，及其极，不能入鲁缟②。太山之高，背而弗见；秋豪之末，视之可察。

[注释]①牖：音yǒu，窗。户：门。②兕：雌犀牛。兕甲：犀牛皮制的铠甲。极：尽头。鲁缟：鲁地所产素绢。

山生金，反自刻①；木生蠹，反自食；人生事，反自贼②。巧冶不能铸木，工巧不能斫金者③，形性然也。白玉不琢，美珠不文，质有余也④。故跬步不休，跛鳖千里⑤；累积不辍，可成丘阜⑥。城成于土，木直于下，非有事焉，所缘使然。

[注释]①自刻:指人利用山所出产的金属制成工具掘土挖山。②贼:害。　③工巧不能斫金者:"工巧"当作"巧匠"。　④琢:音zhuó,雕刻玉石。文:刻镂花纹。余:饶,足。　⑤跬:半步,相当于今之一步,喻步幅小。⑥辍:音huò,中止。阜:土山。

凡用人之道,若以燧取火①,疏之则弗得,数之则弗中②,正在疏数之间。从朝视夕者移,从枉准直者亏③。圣人之偶物也,若以镜视形,曲得其情④。

[注释]①燧:古代用以取火的工具。　②疏:稀,慢。数:密,急促。中:音zhòng,适合。　③枉:曲。准:校正。　④偶:遇,接触。曲:曲折周全。

杨子见逵路而哭之,为其可以南,可以北①;墨子见练丝而泣之②,为其可以黄,可以黑。趋舍之相合,犹金石之一调③,相去千岁,合一音也。

[注释]①杨子:即杨朱,战国魏人,著名思想家。逵路:四通八达的道路。　②墨子:春秋战国之际思想家,墨家学派创始人,名翟。练丝:经过漂煮,柔软洁白的熟绢。　③趋舍:追求和舍弃。金石:乐器名,金指钟,石指磬,其音质经久不变。

鸟不干防者,虽近弗射①;其当道,虽远弗释②。酤酒而酸,买肉而臭。然酤酒买肉,不离屠沽之家③。故求物必于近之者。

[注释]①干防:妨碍、危害。鸟不干防者:指对人类没有危害的鸟类,如燕子。　②当道:指妨害人类。　③酤:音gū,买酒。沽:商贩。

以诈应诈，以谲应谲，若披蓑而救火，毁渎而止水，乃愈益多①。

[注释]①蓑：音 suō，一种用草编成的雨具。渎：河川。

西施、毛嫱，状貌不可同，世称其好，美钧也①。尧、舜、禹、汤，法籍殊类，得民心一也。圣人者，随时而举事，因资而立功，涔则具擢对，旱则修土龙②。

[注释]①西施：春秋越国女子名，以美色著称。毛嫱：古代美女名。②涔：音 cén，连续下雨。擢对：一种贮水器。土龙：泥土堆塑的龙，天旱求雨时使用。

临淄之女，织纨而思行者，为之悖戾①。室有美貌，缯为之纂绎②。徵羽之操，不入鄙人之耳③。捘和切适，举坐而善④，

[注释]①临淄：地名，春秋战国时为齐国都城，在今山东淄博市东北。纨：白色细绢。行者：在外征戍或商旅之人。悖戾：音 bèi lì，心绪惑乱。②缯：音 zēng，丝缕，丝线。纂绎：聚结，紊乱。③徵羽：古五音中的两个音阶，代指雅正之乐。操：乐曲。鄙人：鄙陋之人。④捘：音 zhěn，旋转。切：急迫。捘和切适：谓由中和之音转变为激切之音，以迎合听众需要。举坐：在座的所有听众。善：称赞。

过府而负手者，希不有盗心①。故侮人之鬼者，过社而摇其枝②。晋阳处父伐楚以救江③，故解摔者不在于捌格，在于批伉④。木大者根擢，山高者基扶⑤，跖巨者志远，体大者节疏⑥。

[注释]①府:储藏财物的仓库。负手:反手于背。 ②社:土地庙。枝:指在土地庙前后种植的树。古人立社植树以为标志。 ③阳处父:春秋晋国大夫。江:春秋诸侯国名,嬴姓,故城在今河南省息县西南。 ④捽:音zuó,冲突。解捽:平息争斗。捯格:分解。在于批伉:"伉"当作"扰"。批:击。扰:音dǎn,椎击。句谓平息争斗不在于枝节调解,而在于击其要害。⑤攫:qú,通欋,木根盘曲的样子。扶:坚实牢固的样子。 ⑥跖:脚掌。

狂者伤人,莫之怨也;婴儿詈老,莫之疾也①;贼心亡②。尾生之信,不如随牛之诞,而又况一不信者乎③!忧父之疾者子,治之者医;进献者祝,治祭者庖④。

[注释]①詈:音lì,责骂。疾:恨。 ②贼心亡:"亡"字当为"亡也"。③尾生:战国鲁人,与女子约会于桥下,女子不来,河水涨,尾生不去,抱桥柱而死。随牛:人名,事迹不详。一:常。 ④祝:祠庙中负责祭礼的人。庖:厨师。

卷十八　人间训

清净恬愉,人之性也;仪表规矩,事之制也①。知人之性,其自养不勃②;知事之制,其举错不惑③。发一端,散无竟,周八极,总一管④,谓之心;见本而知末,观指而睹归⑤,执一而应万,握要而治详,谓之术;居智所为,行智所之,事智所秉,动智所由⑥,谓之道;道者,置之前而不轾,错之后而不轩⑦;内之寻常而不塞,布之天下而不窕⑧。是故使人高贤称誉己者,心之力也⑨;使人卑下诽谤己者,心之罪也。

[注释]①仪表、规矩:都是法则、标准的意思。制:度。　②勃:通悖,违逆。　③错:通措。　④管:关键。　⑤指:趋向。归:归宿。　⑥居智几句:智皆通知。　⑦轾:音 zhì,通轾,指车子前重后轻,致使车头栽下,车尾翘起。轩:指车子前轻后重,致使车尾栽下,车头翘起。　⑧内:音 nà,同纳。寻常:皆古代长度单位,八尺为寻,二寻为常。这里比喻狭小的地方。塞:壅塞。窕:细小。　⑨高、贤,皆形容词意动用法。

夫言出于口者,不可止于人;行发于迩者,不可禁于远。事者,难成而易败也;名者,难立而易废也。千里之堤,以蝼蚁之穴漏;百寻之屋,以突隙之烟焚①。《尧戒》曰:"战战栗栗,日慎一日。人莫蹪于山,而蹪于垤②。"是故人皆轻小害,易微事,以多悔③。患至而后忧之,是犹病者已倦而索良医也④。虽有扁鹊、俞跗之巧⑤,犹不能生也。夫祸之来也,人自生之;福之来也,人自成之。祸与福同门,利与害为邻,非神圣人,莫之能分。凡人之举事,莫不先以其知规虑揣度⑥,而后敢以定谋,其或利或害,此愚智之所以异也。晓自然以为智,知存亡之枢机,祸福之门户⑦,举而用之,陷溺于难者,不可胜计也。使知所为是者,事必可行,则天下无不达之涂矣⑧。是故知虑者,祸福之门户也;动静者,利害之枢机也⑨。百事之变化,国家之治乱,待而后成。是故不溺于难者成,是故不可不慎也。

[注释]①突:烟囱。突隙之烟:指烟囱裂隙中窜出带火苗的炊烟。 ②蹪:音tuí,颠仆。垤:通垤,音dié,小土丘。 ③易:轻视。以:而。 ④倦:危重。索:求。 ⑤扁鹊:战国时名医,原名秦越人。俞跗:传说是黄帝时名医,他治病不用汤药,而是为患者割皮解肌,洗涤内脏,以去除污物。 ⑥知:同智。揣:量高下曰揣,这里是思量的意思。揣度:忖度。 ⑦枢机、门户:都是关键、途径的意思。 ⑧涂:通途。 ⑨动静:举动和静止,指人的各种行为。

天下有三危:少德而多宠,一危也;才下而位高,二危也;身无大功而受厚禄,三危也。故物或损之而益,或益之而损。何以知其然也?昔者,楚庄王既胜晋于河、雍之间①,归而封孙叔敖②,辞而不受。病疽将死③,谓其子曰:"吾则死矣,王必封女④。女必让肥饶之地,而受沙石之间。有寝丘者。其地确石而名丑⑤,荆人鬼,越人礽⑥,

人莫之利也。"孙叔敖死，王果封其子以肥饶之地。其子辞而不受，请有寝之丘⑦。楚国之俗，功臣二世而爵禄⑧，惟孙叔敖独存。此所谓损之而益也。何谓益之而损？昔晋厉公南伐楚⑨，东伐齐，西伐秦，北伐燕，兵横行天下而无所绻，威服四方而无所诎⑩，遂合诸侯于嘉陵⑪。气充志骄，淫侈无度，暴虐万民。内无辅拂之臣⑫，外无诸侯之助，戮杀大臣，亲近导谀⑬。明年出游匠骊氏⑭，栾书、中行偃劫而幽之⑮。诸侯莫之救，百姓莫之哀，三月而死。夫战胜攻取，地广而名尊，此天下之所愿也，然而终于身死国亡，此所谓益之而损者也。夫孙叔敖之请有寝之丘，沙石之地，所以累世不夺也；晋厉公之合诸侯于嘉陵，所以身死于匠骊氏也。众人皆知利利而病病也⑯，唯圣人知病之为利，知利之为病也。夫再实之木根必伤，掘藏之家必有殃⑰。以言大利而反为害也。张武教智伯夺韩、魏之地而禽于晋阳⑱，申叔时教庄王封陈氏之后而霸天下⑲。孔子读《易》，至《损》、《益》，未尝不愤然而叹，曰⑳："益损者，其王者之事与！"

[注释]①楚庄王：春秋楚国君，前614～前519年在位。前597年楚与晋战于邲（今河南荥阳东北），大败晋军。雍：水名，在今河南商丘东。河、雍之间：指邲。　②孙叔敖：楚国人，楚庄王时为令尹。　③疽：毒疮。　④则：即，就。女：同汝。　⑤寝：丑恶。寝丘：地名。确：瘦瘠。　⑥荆：楚。礼：预测吉凶。　⑦有寝之丘：即寝丘，有、之皆语助词。　⑧二世：第二代。爵尽，爵禄：指国君收回爵禄。　⑨晋厉公：春秋时晋国君，名寿曼，前581年立，前573年被杀。　⑩绻：音 quǎn，弯曲，这里是挫折、不顺的意思。诎：音 qū，通屈。　⑪合：交战。嘉陵：即鄢陵，春秋郑邑名，地在今河南鄢陵县。前575年晋与楚、郑战于鄢陵，楚、郑大败。　⑫辅拂：辅佐匡正。拂：通弼，矫

正。　⑬导谀：阿谀逢迎。　⑭匠骊氏：晋国大夫。　⑮栾书：即栾武子，春秋晋国大夫。中行偃：即荀偃，字伯游，春秋晋国大夫。幽：拘禁。　⑯利利：喜欢得利。病病：厌恶挫折。利利、病病，前一字皆为动词，后一字皆为名词。　⑰再实：一年中两次结果。掘藏：盗墓。　⑱张武：春秋末晋国大夫智伯的家臣。智伯：春秋末晋国大夫荀瑶。韩、魏：指春秋晋国两家大夫。晋阳：地名，在今山西太原西南。智伯是当时晋国最有势力、领地最大的大夫，打算兼并赵、魏、韩三家，后反被三家联合战败于晋阳。　⑲申叔时：春秋楚大夫。前598年，楚庄王因为陈国夏徵舒弑其君灵公而自立，伐陈，杀夏徵舒，灭陈而为楚县。后听从申叔时谏，复陈国，迎立陈灵公子午为君。事见《左传·宣公十一年》。　⑳《损》、《益》：《周易》的两个卦名。

事或欲与利之，适足以害之；或欲害之，乃反以利之。利害之反，祸福之门户，不可不察也。阳虎为乱于鲁，鲁君令人闭城门而捕之①，得者有重赏，失者有重罪。围三匝，而阳虎将举剑而伯颐②，门者止之曰③："天下探之不穷，我将出子④。"阳虎因赴围而逐，扬剑提戈而走⑤。门者出之，顾反取其出之者，以戈推之，攘袪薄腋⑥。出之者怨之曰："我非故与子反也，为之蒙死被罪，而乃反伤我，宜矣其有此难也。"鲁君闻阳虎失，大怒，问所出之门，使有司拘之，以为伤者受大赏，而不伤者被重罪。此所谓害之而反利者也。

[注释]①阳虎：人名，也叫阳货，鲁国贵族季氏家臣，事季平子，平子卒而专鲁国政。前502年，阳虎劫定公和叔孙州仇以伐孟氏，事败，阳虎入定公宫中，取宝玉大弓出奔齐，后又至鲁。鲁君：指鲁定公，名宋，前510～前495年在位。　②匝：圈。伯：迫。颐：面颊，腮。举剑伯颐：指举剑准备自杀。　③门者：守门人。　④探：寻求，搜寻。穷：止。　⑤赴围：冲入包围圈，突围。　⑥攘：撩起。袪：音qū，衣袖。薄腋：指戈顺着手臂插入腋下。

何谓欲利之而反害之？楚恭王与晋人战于鄢陵①，战酣，恭王伤而休。司马子反渴而求饮，竖阳谷奉酒而进之②。子反之为人也，嗜酒而甘之，不能绝于口，遂醉而卧。恭王欲复战，使人召司马子反。辞以心痛。王驾而往视之，入幄中而闻酒臭③。恭王大怒，曰："今日之战，不谷亲伤④。所恃者，司马也。而司马又若此，是亡楚国之社稷，而不率吾众也⑤。不谷无与复战矣。"于是罢师而去之，斩司马子反为僇⑥。故竖阳谷之进酒也，非欲祸子反也，诚爱而欲快之也，而适足以杀之。此所谓欲利之而反害之者也。

[注释]①楚恭王：春秋楚国君，恭亦作共，名审，前591～前560年在位。前575年，楚国和晋国在鄢陵展开一场激烈战斗，楚恭王被射中眼睛受伤，楚司马子反醉酒，兵败。 ②司马：古代官名，主管军政。子反：即楚公子侧，子反是他的字。竖：侍仆。阳谷：人名。 ③幄：音 wò，帐幕。臭：音 xiù，气味。 ④不谷：古代王侯自称的谦词。谷：善。 ⑤亡：通忘。社：土地神。稷：谷神。此以社稷代指国家。率：通恤，体恤。 ⑥僇：音 lù，通戮，一种陈尸示众的刑罚。

夫病湿而强之食，病喝而饮之寒①，此众人之所以为养也，而良医之所以为病也。悦于目，悦于心，愚者之所利也，然而有道者之所辟也。故圣人先忤而后合，众人先合而后忤②。

[注释]①夫病湿而强之食：王念孙云："湿"当作"温"。温：热，病名，伤寒之类。古人认为患此病者不宜进食。喝：音 yē，中暑。人中暑时抵抗力

降低,不宜马上进食寒冷食物。　②忤:音 wǔ,抵触,不顺从。

有功者,人臣之所务也;有罪者,人臣之所辟也。或有功而见疑,或有罪而益信,何也?则有功者离恩义,有罪者不敢失仁心也。魏将乐羊攻中山,其子执在城中①。城中县其子以示乐羊②。乐羊曰:"君臣之义,不得以子为私。"攻之愈急。中山因烹其子,而遗之鼎羹与其首③。乐羊循而泣之④,曰:"是吾子!"已,为使者跪而啜三杯⑤。使者归报,中山曰:"是伏约死节者也,不可忍也⑥。"遂降之。为魏文侯大开地,有功。自此之后,日以不信。此所谓有功而见疑者也。

　　[注释]①乐羊:人名,战国魏文侯的将领。中山:春秋战国时由狄人所建之国,初都于顾(今河北定县),后迁灵寿(今河北灵寿县西北)。执:拘捕。②县:通悬,捆绑在柱子上示众。　③鼎羹:一鼎肉羹。　④循:通揗,抚摩。　⑤为使者跪:使者手持鼎羹,乐羊对着使者下跪。啜:音 chuò,饮。⑥伏:承受。伏约:履行职责、义务。死节:为守节义而死。忍:残酷。不可忍:不可用残忍的手段压服。

何谓有罪而益信?孟孙猎而得麑,使秦西巴持归烹之①。麑母随之而啼,秦西巴弗忍,纵而予之。孟孙归,求麑安在,秦西巴对曰:"其母随而啼,臣诚弗忍,窃纵而予之。"孟孙怒,逐秦西巴。居一年,取以为子傅②。左右曰:"秦西巴有罪于君,今以为子傅,何也?"孟孙曰:"夫一麑而不忍,又何况于人乎!"此谓有罪而益信者也。故趋舍不可不审也。此公孙鞅之所以抵罪于秦,而不得入魏也③。功非不大也,然而累足无所践者,不义之故也④。

[注释]①孟孙:人名,鲁国大夫。麑:幼鹿。秦西巴:人名,姓秦西,名巴,孟孙氏侍从。 ②傅:师傅。 ③公孙鞅:战国时卫人,姓公孙,名鞅,封于商,故亦称商鞅。尝为魏相公叔痤家臣,公叔痤荐之于魏惠王,弗能用,公孙鞅入秦,佐秦孝公变法,为秦将兵伐魏,用计骗房魏公子卬,大败魏师。秦孝公卒,公子虔等攻公孙鞅,鞅逃入魏,魏拒绝收留,公孙鞅返入秦,被车裂以徇。 ④累足:双脚重叠而立。累足无所践:喻无容身之地。

事或夺之而反与之,或与之而反取之。智伯求地于魏宣子①。宣子弗欲与之。任登曰②:"智伯之强,威行于天下,求地而弗与,是为诸侯先受祸也。不若与之。"宣子曰:"求地不已,为之奈何?"任登曰:"与之,使喜,必将复求地于诸侯,诸侯必植耳③。与天下同心而图之,一心所得者,非直吾所亡也④。"魏宣子裂地而授之。又求地于韩康子⑤,韩康子不敢不予。诸侯皆恐。又求地于赵襄子⑥。襄子弗与。于是智伯乃从韩、魏,围襄子于晋阳。三国通谋,禽智伯而三分其国。此所谓夺人而反为人所夺者也。

[注释]①智伯:晋国大夫荀瑶,为晋强族,专国政。魏宣子:晋国大夫,名驹。 ②任登:人名,一作任章。魏宣子相。 ③植耳:耸耳细听,形容非常警惕的样子。 ④一心:指与天下同心。直:仅。 ⑤韩康子:晋国大夫,名虎。 ⑥赵襄子:晋国大夫,名毋恤。

何谓与之而反取之?晋献公欲假道于虞以伐虢①,遗虞垂棘之璧与屈产之乘②。虞公惑于璧与马,而欲与之道。宫之奇谏曰③:"不可!夫虞之与虢,若车之有轮,轮依于车,车亦依轮。虞之与虢,相恃而势也。若假之道,虢朝亡而虞夕从之矣。"虞公弗听,遂假之道。荀息伐虢④,遂克之。还反伐虞,又拔之。此所谓与之而反取者也。

[注释]①晋献公:春秋晋国君,前677~前651年在位。虞:春秋诸侯国名,地在今山西平陆东北。虢:春秋诸侯国名,位于虞之南。 ②遗:赠送。垂棘:晋国地名,盛产美玉。屈:晋国地名,在今山西吉县北,其地产良马。乘:马。 ③宫之奇:人名,虞国臣。 ④荀息:人名,晋国大夫,前658年,他率师假道于虞伐虢。前655年再次假道伐虢灭虞。

圣王布德施惠,非求其报于百姓也;郊望禘尝,非求福于鬼神也①。山致其高,而云起焉;水致其深,而蛟龙生焉;君子致其道,而福禄归焉。夫有阴德者,必有阳报;有阴行者,必有昭名②。古者,沟防不修,水为民害。禹凿龙门,辟伊阙③,平治水土,使民得陆处。百姓不亲,五品不慎④,契教以君臣之义,父子之亲,夫妻之辨,长幼之序⑤。田野不修,民食不足,后稷乃教之辟地垦草,粪土种谷,令百姓家给人足⑥。故三后之后,无不王者,有阴德也⑦。周室衰,礼义废,孔子以三代之道教导于世。其后继嗣至今不绝者,有隐行也。秦王赵政兼吞天下而亡⑧,智伯侵地而灭,商鞅支解,李斯车裂⑨。三代种德而王,齐桓继绝而霸⑩。故树黍者不获稷,树怨者无报德。

[注释]①郊:祭祀天地。望:祭祀山川日月,遥望而祭,故称。禘尝:祭祀宗庙。 ②阴德:暗中施德于人。阴行:暗中的德行。 ③龙门:山名,也叫禹门口,在今山西河津县西北。伊阙:地名,在今河南洛阳市南。 ④五

品:即五伦,指君臣、父子、兄弟、夫妇、朋友之间的五种关系。慎:谨慎持重。 ⑤契:音 xiè,人名,是传说中商族始祖帝喾的儿子,舜之臣,助禹治水有功,被封于商。 ⑥后稷:传说是周族的先祖,名弃,别姓姬氏,为舜的农官。垦草:开发荒地。粪:施肥。 ⑦三后:指夏的先祖禹、商的先祖契和周的先祖后稷。后:君主。 ⑧赵政:即秦始皇,姓嬴,名政。 ⑨李斯:战国末楚国上蔡人,入秦为客卿。秦统一中国,以李斯为丞相。秦始皇死后,被赵高等诬陷处死。 ⑩齐桓:春秋齐国君,前685～前643年在位,是春秋五霸之一。继绝:继绝世的省称,恢复已灭绝的世纪。

昔者,宋人好善者,三世不解①。家无故而黑牛生白犊。以问先生②。先生曰:"此吉祥,以飨鬼神③。"居一年,其父无故而盲。牛又复生白犊。其父又复使其子以问先生。其子曰:"前听先生言而失明,今又复问之,奈何?"其父曰:"圣人之言,先忤而后合。其事未究,固试往,复问之。"其子又复问先生。先生曰:"此吉祥也,复以飨鬼神。"归致命其父④。其父曰:"行先生之言也。"居一年,其子又无故而盲。其后楚攻宋,围其城⑤。当此之时,易子而食,析骸而炊。丁壮者死,老病童儿皆上城,牢守而不下。楚王大怒。城已破,诸城守者皆屠之。此独以父子盲之故,得无乘城⑥。军罢围解,则父子俱视。夫祸福之转而相生,其变难见也。

[注释] ①解:音 xiè,通懈,懈怠。 ②先生:年长而有学问的人。 ③飨:献祭。 ④致命:复命。 ⑤据《左传》,前595年九月楚庄王围宋,至次年五月始撤去,包围宋都长达九个月。 ⑥乘:登上。

近塞上之人有善术者,马无故亡而入胡①。人皆吊之②。其父曰:"此何遽不为福乎?③"居数月,其马将胡骏马而归④。人皆贺之。其父曰:"此何遽不能为祸乎?"家富良马,其子好骑,堕而折其髀⑤。人皆吊之。其父曰:"此何遽不为福乎?"居一年,胡人大入塞,丁壮者引弦而战,近塞之人,死者十九,此独以跛之故,父子相保。故福之为祸,祸之为福,化不可极,深不可测也。

[注释]①术:道术。胡:古代对西北民族的统称,多指匈奴。 ②吊:对遭受灾祸的人表示慰问。 ③遽:遂。 ④将:带领。 ⑤髀:大腿骨。

或直于辞而不害于事者①,或亏于耳以忤于心,而合于实者②。高阳魋将为室③,问匠人。匠人对曰:"未可也。木尚生,加涂其上,必将挠④。以生材任重涂,今虽成,后必败。"高阳魋曰:"不然。夫木枯则益劲,涂干则益轻,以劲材任轻涂,今虽恶,后必善。"匠人穷于辞,无以对。受令而为室。其始成,竘然善也⑤,而后果败。此所谓直于辞而不可用者也。何谓亏于耳、忤于心而合于实?靖郭君将城薛,宾客多止之,弗听。靖郭君谓谒者曰⑥:"无为宾通言。"齐人有请见者,曰:"臣请道三言而已⑦。过三言,请烹⑧。"靖郭君闻而见之。宾趋而进,再拜而兴。因称曰⑨:"海大鱼。"则反走。靖郭君止之曰:"愿闻其说。"宾曰:"臣不敢以死为熙⑩。"靖郭君曰:"先生不远道而至此,为寡人称之。"宾曰:"海大鱼,网弗能止也,钓弗能牵也。荡而失水,则蝼蚁皆得志焉⑪。今夫齐,君之渊也。君失齐,则薛能自存乎⑫?"靖郭君曰:"善!"乃止不城薛。此所谓亏于耳、忤于心而得事实者也。

[注释]①而不害于事者:"害"当作"周",二字相似而误。周:合。②亏:违逆,不合。以:而。 ③高阳魋(音tuī):人名,宋大夫。室:房屋。④生:湿,不干。涂:指涂在屋顶和四壁的泥。挠:弯曲。 ⑤竘:音qǔ,高壮的样子。 ⑥靖郭君:战国时齐人,姓田名婴,号靖郭君,相齐十一年,封于薛。薛:地名,在今山东滕州南。城薛:在薛修筑城墙。 谒(音yè)者:负责通报、接待宾客的近侍。 ⑦言:一个字为一言。 ⑧烹:古代用锅煮人的酷刑。 ⑨趋:快走。古礼,在尊者面前应小步快走,以示尊敬。兴:起来。称:说。 ⑩熙:戏,开玩笑。 ⑪荡:跳跃。句谓大鱼离水,蝼蚁皆可食其肉。⑫句谓靖郭君城薛将引起齐王猜忌,而失去信任,薛亦不能自存。

夫以"无城薛"止城薛,其于以行说,乃不若"海大鱼"。故物或远之而近,或近之而远。或说听计当而身疏,或言不用、计不行而益亲。何以明之?三国伐齐,围平陆①,括子以报于牛子曰②:"三国之地,不接于我,逾邻国而围平陆,利不足贪也。然则求名于我也。请以齐侯往③。"牛子以为善。括子出,无害子入④。牛子以括子言告无害子。无害子曰:"异乎臣之所闻。"牛子曰:"国危而不安,患结而不解。何谓贵智?"⑤无害子曰:"臣闻之,有裂壤土以安社稷者,闻杀身破家以存其国者,不闻出其君以为封疆者。"牛子不听无害子之言,而用括子之计,三国之兵罢,而平陆之地存。自此之后,括子日以疏,无害子日以进。故谋患而患解,图国而国存,括子之智得矣。无害子之虑无中于策,谋无益于国,然而心调于君,有义行也⑥。今人待冠而饰首,待履而行地。冠履之于人也,寒不能暖,风不能障,暴不能蔽也⑦。然而冠冠履履者,其所自托者然也⑧。夫咎犯战胜城濮,而雍季无尺寸之功⑨,

然而雍季先赏而咎犯后存者,其言有贵者也⑩。故义者,天下之所赏也。百言百当,不如择趋而审行也。

[注释]①三国:指韩、魏、赵三国。平陆:战国齐地,在今山东汶上县西北。 ②括子、牛子:皆齐国臣。报:告。 ③以齐侯往:让齐国君亲自向三国求和。 ④无害子:齐国臣。 ⑤句谓之所以敬重有智谋的贤士,是因为他可以解救国家危难。如果他不能出谋献策解救国家忧患,那就用不着敬重智者了。 ⑥调:和合。 ⑦暴:音pù,晒。 ⑧自托:指头、脚本身需要寄托。 ⑨咎犯:春秋晋国大夫狐偃,字子犯,是晋文公之舅,故称舅犯(舅同咎)。城濮:地名,在今山东范县西南一带。前632年,晋国与楚国在城濮交战,楚大败,令尹子玉自杀。此战奠定了晋文公霸主地位。咎犯在城濮之战中任晋军上军副将。雍季:人名,或谓即公子雍,晋文公的小儿子。 ⑩存:慰问。

或无功而先举,或有功而后赏。何以明之?昔晋文公将与楚战城濮,问于咎犯曰:"为奈何?"咎犯曰:"仁义之事,君子不厌忠信;战陈之事,不厌诈伪。君其诈之而已矣。"辞咎犯,问雍季。雍季对曰:"焚林而猎,愈多得兽,后必无兽。以诈伪遇人,虽愈利,后无复。君其正之而已矣。"于是不听雍季之计,而用咎犯之谋。与楚人战,大破之。还归赏有功者,先雍季而后咎犯。左右曰:"城濮之战,咎犯之谋也,君行赏先雍季何也?"文公曰:"咎犯之言,一时之权也;雍季之言,万世之利也。吾岂可以先一时之权,而后万世之利也哉?"智伯率韩、魏二国伐赵。围晋阳,决晋水而灌之①。城下缘木而处,县釜而炊。襄子谓张孟谈曰②:"城中力已尽,粮食匮乏,大夫病,为之奈何?"张孟谈曰:"亡不能存,危不能安,无为贵智士。臣请试潜行,见韩、魏之君而约之③。"乃见韩、魏之君,说之曰:"臣闻之,唇亡而齿寒。今智伯率二君而伐赵,赵将亡矣。赵亡则君为之次矣。及今而不图之,祸将及二君!"二君曰:"智伯之为人也,粗中而少亲④,我谋而泄,事必败,为之奈何?"张孟谈曰:"言出君之口,入臣之耳,人孰知之者乎?且同情相成,同利相死。君其图之。"二君乃与张孟谈阴谋,与之期⑤。张孟谈乃报襄子。至其日之夜,赵氏杀其守堤之吏,决水灌智伯。智伯军救水而乱。韩、魏翼而击之⑥,襄子将卒犯其前⑦,大败智伯军,杀其身而三分其国。襄子乃赏有功者,而高赫为赏首⑧。群臣请曰:"晋阳之存,张孟谈之功也。而赫为赏首,何也?"襄子曰:"晋阳之围也,寡人国家危,社稷殆。群臣无不有骄侮之心者,唯赫不失君臣之礼,吾是以先之。"由此观之,义者,人之大本也,虽有战胜存亡之功,不如行义之隆。故君子曰:"美言可以市尊,美行可以加人。"⑨

[注释]①智伯率韩、魏伐赵,事在前455年,已见前注。晋水:水名,源出山西太原西南,东流入汾河。 ②襄子:赵襄子,晋国卿。张孟谈:赵襄子谋臣。 ③潜行:隐蔽地出行。约:商定。 ④粗:暴戾。 ⑤期:约定。指约定共同攻智伯的时间、方法。 ⑥翼:战阵的两侧。 ⑦犯:攻击。 ⑧高赫:赵襄子近臣。 ⑨语见《老子》第六十二章。市:获取。加:逾,超越。

或有罪而可赏也,或有功而可罪也。西门豹治邺①,廪无积粟,府无储钱,库无甲兵,官无计会②,人数言其过于文侯③。文侯身行其县,果若人言。文侯曰:"翟璜任子治邺,而大乱④。子能道则可,不能,将加诛于子⑤!"西门豹曰："臣闻王主富民,霸主富武,亡国富库⑥。今王欲为霸王者也,臣故稸积于民⑦。君以为不然,臣请升城鼓之,甲兵粟米,可立具也。"于是乃升城而鼓之⑧。一鼓,民被甲括矢,操兵弩而出⑨;再鼓,负辇粟而至⑩。文侯曰:"罢之。"西门豹曰:"与民约信,非一日之积也。一举而欺之,后不可复用也。燕常侵魏八城⑪,臣请北击之,以复侵地。"遂举兵击燕,复地而后反。此有罪而可赏者也。解扁为东封⑫,上计而入三倍。有司请赏之⑬。文侯曰:"吾土地非益广也,人民非益众也,入何以三倍?"对曰:"以冬伐木而积之,于春浮之河而鬻之⑭。"文侯曰:"民春以力耕,暑以强耘⑮,秋以收敛,冬间无事,以伐林而积之,负辂而浮之河⑯。是用民不得休息也,民以敝矣⑰。虽有三倍之入,将焉用之!"此有功而可罪者也。

[注释] ①西门豹:战国魏人,复姓西门,名豹。魏文侯时任邺令。邺:战国魏县名,在今河北县临漳县西南。 ②廪:粮仓。府:储存钱财的仓库。库:储藏兵甲战车的屋舍。官:官府。计会(音 kuài):犹今言会计,总计支出收入。 ③过:过失,错误。文侯:战国魏国君,名斯,前445~前396年在位。 ④翟璜:战国魏文侯臣,尝推荐西门豹为邺令。 ⑤道:解释清楚。诛:惩罚,治罪。 ⑥王主:帝王。富武:武力强盛。富库:仓库富裕,指收敛太甚。 ⑦稸:音 xù,积蓄。 ⑧升:登。升城:登上城楼。 ⑨括:箭的末端。括矢:泛指箭。 ⑩负:以背载物。辇:人力拉车。负辇粟:人背车载粮食。 ⑪燕:战国诸侯国名,在魏东北方。常:尝。 ⑫解(音 xiè)扁:人名,战国魏臣。封:疆界。为东封:任东面边境地方官。 ⑬上计:战国秦汉时一种地方官吏考核统计制度,年终由地方官遣吏至京,向中央报告全年辖内人口及财政等情况。 ⑭浮:漂流。鬻:卖。 ⑮力耕:尽力耕作。暑:夏。强耘:勉力耕耘。 ⑯以:而。辂:安在车横上以套住马颈的部件。负辂:拉车。

⑰敝:疲惫。

贤主不苟得,忠臣不苟利。何以明之?中行穆伯攻鼓①,弗能下。馈闻伦曰②:"鼓之啬夫,闻伦知之③。请无罢武大夫,而鼓可得也④。"穆伯弗应。左右曰:"不折一戟,不伤一卒,而鼓可得也。君奚为弗使⑤?"穆伯曰:"闻伦为人,佞而不仁。若使闻伦下之,吾可以勿赏乎?若赏之,是赏佞人。佞人得志,是使晋国之武,舍仁而后佞⑥。虽得鼓,将何所用之!"攻城者,欲以广地也,得地不取者,见其本而知其末也。秦穆公使孟盟举兵袭郑。过周以东⑦。郑之贾人弦高、蹇他相与谋曰⑧:"师行数千里,数绝诸侯之地⑨,其势必袭郑。凡袭国者,以为无备也。今示以知其情,必不敢进。"乃矫郑伯之命,以十二牛劳之⑩。三率相与谋曰⑪:"凡袭人者,以为弗知。今已知之矣。守备必固,进必无功。"乃还师而反。晋先轸举兵击之,大破之崤⑫。郑伯乃以存国之功赏弦高⑬,弦高辞之曰:"诞而得赏,则郑国之信废矣。为国而无信,是俗败也,赏一人而败国俗,仁者弗为也。以不信得厚赏,义者弗为也。"遂以其属徙东夷,终身不反⑭。故仁者不以欲伤生⑮,知者不以利害义。圣人之思修,愚人之思叕⑯。

[注释]①中行穆伯:即荀吴,春秋晋大夫,也叫中行穆子。鼓:春秋时国名,姬姓,白狄之别种,地在今河北晋县。 ②馈闻伦:晋国人,或谓乃晋国大夫。 ③啬夫:古代官名,司空的属官。知:交好。 ④武大夫:士大夫,指包围鼓的晋军将士。句谓只要晋国军队保持包围态势,馈闻伦则可令他那位担任鼓啬夫的知友叛城而降。 ⑤使:用,指采用他的计谋。 ⑥武:士。舍

仁而后佞:"后"或作"为"。　⑦秦穆公:春秋秦国君,前659～前621年在位。孟盟:即百里孟明视。盟:通明。前628年,秦穆公令孟明视、西乞术、白乙丙率军东袭郑。事见《左传·僖三十二、三十三年》。周:东周都城洛邑,地在今河南洛阳。　⑧弦高、蹇他:皆郑国商人。弦高到周做生意,在滑与秦军相遇。　⑨绝:穿过。　⑩矫:假托,伪称。劳:音lào,慰劳。　⑪率:通帅,统帅。三率:指秦军孟明视、西乞术、白乙丙三位将领。　⑫先轸:春秋晋文公臣,封于原,故又称原轸。殽:山名,在今河南洛宁县北,其山势险要,为古代著名要塞。前627年,秦军袭郑不成,返国途中在殽山受到晋军伏击,大败。　⑬郑伯:即郑穆公,春秋郑国君,名兰,前627～前606年在位。　⑭东夷:古代对东方诸民族的通称。反:同返。　⑮生:本性。　⑯叕:音zhuó,短。

忠臣者务崇君之德①,谄臣者务广君之地。何以明之?陈夏徵舒弑其君,楚庄王伐之②,陈人听令。庄王以讨有罪,遣卒戍陈③,大夫毕贺。申叔时使于齐④,反还而不贺。庄王曰:"陈为无道,寡人起九军以讨之⑤。征暴乱,诛罪人,君臣皆贺,而子独不贺,何也?"申叔时曰:"牵牛蹊人之田⑥,田主杀其人而夺之牛,罪则有之,罚亦重矣。今君王以陈为无道,兴兵而攻,因以诛罪人,遣人戍陈。诸侯闻之,以王为非诛罪人也,贪陈国也。盖闻君子不弃义以取利。"王曰:"善"。乃罢陈之戍,立陈之后⑦。诸侯闻之,皆朝于楚。此务崇君之德者也。张武为智伯谋曰⑧:"晋六将军,中行文子最弱⑨,而上下离心,可伐以广地。"于是伐范、中行;灭之矣⑩。又教智伯求地于韩、魏、赵。韩、魏裂地而授之,赵氏不与,乃率韩、魏而伐赵,围晋阳三年,三国阴谋同计,以击智氏,遂灭之。此务为君广地者也。夫为君崇德者霸,为君广地者灭。故千乘之国,行文德者王,汤、武是也⑪;万乘之国,好广地者亡,智伯是也。

[注释]①崇:发扬。 ②夏徵舒:春秋陈国大夫。据《左传》,陈灵公及陈国卿仪行父等与夏徵舒母夏姬私通。前599年,陈灵公等到夏徵舒家饮酒,而取笑夏;夏徵舒大怒,杀灵公,自立为陈侯。第二年,楚庄王伐陈,杀夏徵舒;灭陈以为楚县。申叔时谏止庄王,遂恢复陈国。 ③遣卒戍陈:派遣军队留守陈国,即灭陈占为楚国领土。 ④申叔时:楚庄王大夫。 ⑤九军:泛指军队。九乃夸饰其多。 ⑥蹊:踩踏。 ⑦《史记·陈杞世家》云:"乃迎陈灵公太子午于晋而立之,复君陈如故,是为成公。" ⑧张武:春秋末晋国大夫智伯家臣。 ⑨六将军:指晋国最有势力的六位国卿:智伯、赵、韩、魏、范及中行氏。中行文子:指晋国卿荀寅。 ⑩范:指晋国卿范吉射。《史记·晋世家》分载三范、中行氏作乱,被攻灭,前458年,智伯与赵、韩、魏尽分范、中行地。 ⑪文德:与武功相对,指礼乐教化。

非其事者勿仞也①,非其名者勿就也。无故有显名者勿处也,无功而富贵者勿居也。夫就人之名者废,仞人之事者败,无功而大利者后将为害。譬犹缘高木而望四方也,虽愉乐哉,然而疾风至,未尝不恐也。患及身,然后忧之,六骥追之,弗能及也②。是故忠臣之事君也,计功而受赏,不为苟得;积力而受官③,不贪爵禄。其所能者,受之勿辞也;其所不能者,与之勿喜也。辞所能则匿,欲所不能则惑④。辞所不能而受所能,则得无损堕之势,而无不胜之任矣。昔者智伯骄,伐范、中行而克之,又劫韩、魏之君而割其地,尚以为未足,遂兴兵伐赵。韩、魏反之,军败晋阳之下,身死高梁之东⑤,头为饮器⑥,国分为三,为天下笑。此不知足之祸也。《老子》曰:"知足不辱,知止不殆,可以修久。"⑦此之谓也。

　　[注释]①仞:音rèn,通认,承担。　②骥:千里马。　③积力而受官:"积"当作"量"。　④匿:指隐匿才华。　⑤高梁:春秋晋国地名,在今山西临汾东北。　⑥饮器:尿壶。　⑦语见《老子》第四十四章。

　　或誉人而适足以败之,或毁人而乃反以成之。何以知其然也?费无忌复于荆平王曰①:"晋之所以霸者,近诸夏也②;而荆之所以不能与之争者,以其僻远也。楚王若欲从诸侯,不若大城城父③,而令太子建守焉,以来北方④,王自收其南⑤,是得天下也。"楚王悦之,因命太子建守城父,命伍子奢傅之⑥。居一年,伍子奢游人于王侧⑦,言太子甚仁且勇,能得民心。王以告费无忌,无忌曰:"臣固闻之,太子内抚百姓,外约诸侯。齐、晋又辅之,将以害楚,其事已构矣⑧。"王曰:"为我太子,又尚何求?"曰:"以秦女之事怨王⑨。"王因杀太子建而诛伍子奢,此所谓见誉而为祸者也。

　　[注释]①费无忌:楚国大夫。复:告。荆平王:楚平王,名居,前528~前516年在位。荆:楚国别称。　②诸夏:指中原诸侯国。　③从:归顺,跟随,这里是使动用法。城:修筑城墙。城父:春秋楚邑名,在今河南宝丰县东。　④太子建:楚平王太子,名建。来:使动用法,前来归顺。北方:指楚国以北的中原诸侯国。　⑤收:治理。　⑥伍子奢:春秋楚大夫,伍子胥之父。⑦游人:指伍子奢派来向楚王进言的人。　⑧构:谋。　⑨秦女之事:《史记·楚世家》:"平王二年,使费无忌如秦为太子建取妇。妇好,来未至,无忌先归,说平王曰:'秦女好,可自娶,为太子更求。'文王听之,卒自娶秦女,生熊珍。更为太子娶。是时伍奢为太子太傅,无忌为少傅,无忌无宠于太子,常谗恶太子建。"

何谓毁人而反利之？唐子短陈骈子于齐威王①，威王欲杀之，陈骈子与其属出亡奔薛。孟尝君闻之，使人以车迎之②，至而养以刍豢黍粱③，五味之膳，日三至④，冬日被裘罽，夏日服绨纻⑤，出则乘牢车，驾良马⑥。孟尝君问之曰："夫子生于齐，长于齐，夫子亦何思于齐？"对曰："臣思夫唐子者。"孟尝君曰："唐子者，非短子者邪？"曰："是也。"孟尝君曰："子何为思之？"对曰："臣之处于齐也，粝粢之饭，藜藿之羹⑦，冬日则寒冻，夏日则暑伤。自唐子之短臣也，以身归君，食刍豢，饭黍粱⑧，服轻暖，乘牢良，臣故思之。"此谓毁人而反利之者也。是故毁誉之言，不可不审也。

[注释]①唐子：战国齐大夫。短：说别人坏话。陈骈子：也叫田骈，战国齐人。齐威王：战国齐国君，前356～前320年在位。 ②薛：地名，在今山东枣庄市，当时是孟尝君的封地。孟尝君：战国齐国卿，姓田名文，以好养士著名。 ③刍豢：指肉食。黍粱：泛指精美饭食。 ④五味：甜酸苦辣咸五种滋味。五味之膳：指丰盛美味的饮食。日三至：每天送三次饭食，指早中晚三餐。 ⑤裘：皮衣。罽：音jì，一种毛织品。绨：音chī，细葛布。纻：音zhù，苎麻织品。 ⑥牢车：坚固的车辆。 ⑦粝粢：指粗劣的食物。藜藿：两种野菜名，指贫贱者食物。 ⑧粱：原本作粢，字之误。

或贪生而反死，或轻死而得生，或徐行而反疾。何以知其然也？鲁人有为父报仇于齐者，刳其腹而见其心①，坐而正冠，起而更衣，徐行而出门，上车而步马②，颜色不变。其御欲驱，抚而止之曰③："今日为父报仇，以出死，非为生也④。今事已成矣，又何去之⑤！"追者曰："此有节行之人,不可杀也。"解围而去之。使被衣不暇带⑥,冠不及正,蒲伏而走⑦,上车而驰,必不能自免于千步之中矣⑧。今坐而正冠,起而更衣,徐行而出门,上车而步马,颜色不变,此众人所以为必死也,而乃反以得活。此所谓徐而驰,迟于步也⑨。夫走者,人之所以为疾也;步者,人之所以为迟也。今反乃以人之所为迟者反为疾,明于分也。有知徐之为疾,迟之为速者,则几于道矣⑩。故黄帝亡其玄珠,使离朱、捷剟索之⑪,而弗能得之也。于是使忽怳,而后能得之⑫。

[注释]①刳:剖开。 ②步:徐行。步马:驾马缓步而行。 ③抚:按。 ④出死:献身,抱必死之心。 ⑤去:音 qū,通驱,赶马快跑。 ⑥被衣不暇带:"被"当作"彼"。 ⑦蒲伏:通匍匐,伏地用膝爬行,形容狼狈逃跑的样子。 ⑧千步之中:"千"或作"十"。 ⑨此所谓徐而驰,迟于步也:陶鸿庆云,当作此所谓徐而步,疾于驰也。 ⑩几:庶几,差不多。 ⑪玄珠:玄妙宝珠。离朱:传说是古之明目者,能视于百步之外,见秋毫之末。捷剟(音 duó):传说是黄帝之臣,善发现遗失之物。 ⑫忽怳(音 huǎng):糊糊涂涂的样子,这里作为虚构人名。

圣人敬小慎微①,动不失时。百射重戒,祸乃不滋②。计福勿及,虑祸过之。同日被霜,蔽者不伤。愚者有备,与知者同功。夫爝火在缥烟之中也,一指所能息也③;唐漏若鼷穴,一墣之所能塞也④。及至火之燔孟诸而炎云台⑤,水决九江而渐荆州⑥,虽起三军之众,弗能救也。夫积爱成福,积怨成祸。若痈疽之必溃也,所浼者多矣⑦。诸御鞅复于简公曰⑧:"陈成常、宰予二子者⑨,甚相憎也。臣恐其构难而危国也。君不如去一人。"简公不听。居无几何,陈成常果攻宰予于庭中,而弑简公于朝。此不知敬小之所生也。

[注释]①敬:谨慎。 ②射:备。百射:指凡事都有所预备。戒:防备。滋:生长。 ③爝:音jué,用芦苇束的火炬。在缥烟之中:指火炬刚点燃,火苗小而飘忽不定的时候。息:通熄,灭。 ④唐:通塘,池塘。鼷:音xī,一种小鼠。鼷穴:鼠穴,指小洞。墣:音pǔ,土块。 ⑤燔:烧。孟诸:古宋国大沼泽名,故地在今河南商丘东北。炎:焚烧。云台:指高耸入云的台阁。 ⑥九江:长江水系众河流的合称。渐:浸,淹。荆州:古九州之一。 ⑦痈疽:音yōng jū,恶疮名,指大的隐患。浼:音měi,玷污。 ⑧诸御鞅:人名,春秋齐国大夫。复:告。简公:春秋齐国君,名壬,前484~前481年在位。 ⑨陈成常:即田常,也叫田成子,春秋齐大夫,其先本陈国公子,奔齐,以田为氏。至陈成常专齐国政,前481年杀简公,立平公,自任齐相。宰予:春秋鲁人,孔子弟子,仕齐为临菑大夫,因为反对陈成常而被杀,事见《左传·哀公十四年》。

鲁季氏与郈氏斗鸡①,郈氏介其鸡②,而季氏为之金距③。季氏之鸡不胜。季平子怒,因侵郈氏之宫而筑之④。郈昭伯怒,伤之鲁昭公曰⑤:"祷于襄公之庙⑥,舞者二人而已,其余尽舞于季氏⑦。季氏之无道无上,久矣。弗诛,必危社稷!"公以告子家驹⑧。子家驹曰:"季氏之得众,三家为一⑨。其德厚,其威强,君胡得之!"昭公弗听,使郈昭伯将卒以攻之。仲孙氏、叔孙氏相与谋曰⑩:"无季氏,死亡无日矣。"遂兴兵以救之。郈昭伯不胜而死,鲁昭公出奔齐。故祸之所从生者,始于鸡足⑪;及其大也,至于亡社稷。故蔡女荡舟,齐师大侵楚⑫。两人构怨,廷杀宰予,简公遇杀,身死无后,陈氏代之,齐乃无吕⑬。两家斗鸡,季氏金距,郈公作难⑭,鲁昭公出走。故师之所处,生以棘楚⑮,祸生而不蚤灭,若火之得燥,水之得湿,浸而益大⑯。痈疽发于指,其痛遍于体。故蠹啄剖梁柱⑰,蚊虻走牛羊,此之谓也。

[注释]①季氏:春秋鲁国贵族季平子。郈(音 hòu)氏:指春秋鲁国贵族郈昭伯。斗鸡:用两鸡相斗比较胜负的赌博游戏。 ②介:甲。介其鸡:给他的鸡披上铠甲。 ③距:鸡爪。金距:指给鸡套上金属爪子。 ④筑之:建筑房屋。 ⑤伤:诋毁,中伤。鲁昭公:春秋鲁国君,前541~前510年在位。 ⑥祷:祈神求福。襄公:鲁襄公,名午,昭公父,前572~前542年在位。 ⑦舞者二人而已:"二人"当作"二八"。二八:即二佾。古代乐舞的行列,每行八人,叫一佾。按周礼,天子乐舞为八佾,诸侯六佾,大夫四佾。季氏专鲁国政,僭用乐舞,将属于鲁昭公的六佾乐舞自取去四佾,故昭公舞者只剩二佾,季氏则用八佾。 ⑧子家驹:人名,鲁国大夫。 ⑨三家:指鲁桓公的三个儿子:庆父、叔牙、季友的后代孟孙氏、叔孙氏和季孙氏,也就是所谓"三桓"。 ⑩仲孙氏:即孟孙氏。 ⑪始于鸡定:"定"当作"足"。 ⑫蔡女:指春秋齐桓公夫人蔡姬,乃蔡穆侯之妹。 ⑬陈氏:指陈(田)成常家族。陈氏至悼子自立为君,据有齐国。吕:吕氏,春秋齐开国君主为姜太公,吕氏名尚。 ⑭郈公:指郈氏昭伯。 ⑮棘楚:荆棘,杂草。楚:通荆。 ⑯蚤:通"早"。浸:逐渐。 ⑰蠹:蛀虫。

人皆务于救患之备,而莫能知使患无生。夫使患无生,易于救患而莫能加务焉,则未可与言术也①。晋公子重耳过曹②,曹君欲见其骈胁,使之祖而捕鱼③。厘负羁止之曰④:"公子非常也。从者三人,皆霸王之佐也⑤。遇之无礼,必为国忧。"君弗听。重耳反国,起师而伐曹,遂灭之。身死人手,社稷为墟。祸生于祖而捕鱼,齐、楚欲救曹,不能存也。听厘负羁之言,则无亡患矣。今不务使患无生,患生而救之,虽有圣知,弗能为谋耳。

[注释]①术:指使患无生的办法。　②曹:春秋诸侯国名,故地在今山东菏泽、定陶及曹县一带。晋公子重耳出奔各国时,曾经过曹。　③曹君:曹国君共公,名襄,前652～前618年在位。骈胁:指肋骨粘连。袒:裸露上身。　④厘负羁:曹国大夫。　⑤从者三人:指咎犯、赵衰、胥臣,他们追随重耳出奔,日后皆成为晋重臣。

患祸之所由来者,万端无方①。是故圣人深居以避辱,静安以待时。小人不知祸福之门户,妄动而绐罗网②,虽曲为之备,何足以全其身!譬犹失火而凿池,被裘而用箑也③。且唐有万穴④,塞其一,鱼何遽无由出⑤?室有百户,闭其一,盗何遽无从入。夫墙之坏也于隙,剑之折必有啮⑥。圣人见之密,故万物莫能伤也。太宰子朱待饭于令尹子国⑦。令尹子国啜羹而热,投卮浆而沃之⑧。明日,太宰子朱辞官而归。其仆曰:"楚太宰未易得也,辞官去之,何也?"子朱曰:"令尹轻行而简礼⑨,其辱人不难。"明年,伏郎尹而笞之三百⑩。夫仕者先避之,见终始微矣。

[注释]①无方:没有固定的方向和方位。　②绐:音 guà,绊住,挂住。　③箑:音 shà,扇。　④唐:通塘,堤防。　⑤遽:遂。　⑥啮:缺口。　⑦太宰:官名,掌管膳馔。子朱:人名,时任楚太宰。令尹:春秋楚国最高官职,相当于中原之宰相。子国:人名,时任楚国令尹。　⑧啜:音 chuò,尝饮。卮:音 zhī,盛酒容器。浆:指子国所尝之羹。沃:浇。　⑨轻:轻佻。简:倨傲。　⑩伏:压服。郎尹:楚国官名。笞:音 chī,用竹板或荆条打人的刑罚。

夫鸿鹄之未孚于卵也①,一指蔑之,则靡而无形矣②;及至其筋骨之已就,而羽翮之既成也③,则奋翼挥䎝④,凌乎浮云,背负青天,膺摩赤霄⑤,翱翔乎忽荒之上⑥,析惕乎虹霓之间⑦。虽有劲弩利矰微缴,蒲且子之巧⑧,亦弗能加也⑨。江水之始出于岷山也,可褰衣而越也⑩,及至乎下洞庭⑪,骛石城⑫,经丹徒⑬,起波涛,舟杭一日不能济也⑭。是故圣人者,常从事于无形之外,而不留思尽虑于成事之内⑮。是故患祸弗能伤也。

[注释]①鸿鹄:天鹅。孚:同孵。 ②篯:戳。麾:溃烂。 ③翮:音hé,指鸟翼。 ④翾:音huì,鸟羽茎的末端。 ⑤膺:胸。赤霄:指有红色浮云的天空。 ⑥忽荒:泛指迷茫的天空。 ⑦析惕:徜徉,徘徊。霓:古人认为,虹有雌雄之别,色鲜艳者为雄,叫虹,色暗淡者为雌,叫霓。 ⑧矰:系有生丝以射鸟的箭。缴:射鸟时系在箭上的丝绳。蒲且子:人名,古楚国之善射者。 ⑨加:侵凌。 ⑩岷山:山名,在四川省松潘县北。古人认为长江发源于岷山。褰:音qiān,以手提衣。 ⑪洞庭:即今湖南北部之洞庭湖。 ⑫骛:奔驱,这里是奔流的意思。石城:地名,在今安徽贵池县西南。 ⑬丹徒:秦所置县名,治所在今江苏镇江市东南丹徒镇。 ⑭杭:通"航",渡船。 ⑮成事:已成之事。

人或问孔子曰:"颜回何如人也①?"曰:"仁人也。丘弗如也。""子贡何如人也②?"曰:"辩人也。丘弗如也。""子路何如人也③?"曰:"勇人也。丘弗如也。"宾曰:"三人皆贤夫子,而为夫子役④。何也?"孔子曰:"丘能仁且忍,辩且讷⑤,勇且怯。以三子之能,易丘一道⑥,丘弗为也。"孔子知所施之也。

[注释]①颜回:春秋鲁人,孔子弟子,为人好学。乐道安贫,以德行著称。 ②子贡:春秋卫人,姓端木,名赐,孔子弟子,为人能言善辩,善经商。 ③子路:春秋卞人,名仲由,孔子弟子,为人有勇力。 ④贤夫子:意谓比孔子贤能。役:指门徒弟子。 ⑤讷:音nè,言语迟钝。 ⑥道:这里指处世

方法。

秦牛缺径于山中,而遇盗①。夺之车马,解其橐笥,拖其衣被②,盗还反顾之,无惧色忧志,欢然有以自得也③。盗遂问之曰:"吾夺子财货,劫子以刀,而志不动,何也?"秦牛缺曰:"车马所以载身也,衣服所以掩形也,圣人不以所养害其养④。"盗相视而笑曰:"夫不以欲伤生,不以利累形者,世之圣人也。以此而见王者,必且以我为事也⑤。"还反杀之。此能以知知矣,而未能以知不知也⑥。能勇于敢,而未能勇于不敢也⑦。凡有道者,应卒而不乏⑧,遭难而能免,故天下贵之。今知所以自行也,而未知所以为人行也⑨。其所论未之究者也⑩。人能由昭昭于冥冥,则几于道矣⑪。《诗》曰:"人亦有言,无哲不愚。"⑫此之谓也。

[注释]①牛缺:战国时秦人。径:通经,走过。 ②橐:音tuó,盛物的袋子,一说小袋曰橐,大袋曰囊,一说有底曰囊,无底曰橐。笥:一种盛衣物或饭食的竹器。拖:夺。 ③欢然:很高兴的样子。 ④所养:用来养育人生命的东西,指衣食财物。养:指养育的对象,指人本身。 ⑤以我为事:想办法来对付我们。 ⑥知知:以智慧去知道。以知不知:用智慧去不知道。 ⑦敢:坚强。不敢:柔弱。 ⑧卒:通猝,突然。应卒:应对突然变故。 ⑨自行:指自我修养。为人行:指处世接物。 ⑩究:极,指完善的境界。 ⑪昭昭:明亮。冥冥:昏暗。 ⑫引《诗》见《大雅·抑》。哲:哲人,聪明人。

事或为之,适足以败之;或备之,适足以致之。何以知其然也?秦皇挟录图①,见其传曰②:"亡秦者,胡也。"因发卒五十万,使蒙公、杨翁子将,筑修城③。西属流沙,北击辽水④,东结朝鲜,中国内郡挽车而饷之⑤。又利越之犀角、象齿、翡翠、珠玑⑥,乃使尉屠睢发卒五十万⑦,为五军,一军塞镡城之岭⑧,一军守九疑之塞⑨,一军处番禺之都⑩,一军守南野之界⑪,一军结余干之水⑫。三年不解甲弛弩,使监禄无以转饷⑬。又以卒凿渠而通粮道,以与越人战,杀西呕君译吁宋⑭。而越人皆入丛薄中⑮,与禽兽处,莫肯为秦虏。相置桀骏以为将⑯,而夜攻秦人,大破之。杀尉屠睢,伏尸流血数十万,乃发适戍以备之⑰。当此之时,男子不得修农亩,妇人不得剡麻考缕⑱,羸弱服格于道⑲,大夫箕会于衢⑳,病者不得养,死者不得葬。于是陈胜起于大泽㉑,奋臂大呼,天下席卷,而至于戏㉒。刘、项兴义㉓,兵随而定,若折槁振落,遂失天下。祸在备胡而利越也。欲知筑修城以备亡,不知筑修城之所以亡也。发适戍以备越,而不知难之从中发也。夫鹊先识岁之多风也,去高木而巢扶枝㉔,大人过之则探鷇㉕,婴儿过之则挑其卵;知备远难而忘近患。故秦之设备也,乌鹊之智也。

[注释]①秦皇:秦始皇。挟:拥有,得到。录图:谶纬一类的书。②传:音zhuàn,记载。 ③蒙公:即蒙恬,秦国将领。杨翁子:人名,秦国将领。 ④属:音zhǔ,连接。流沙:泛指我国西北沙漠地区。击:接触。辽水:水名,即辽河,在今辽宁省,这里指辽东地区。 ⑤挽:拉车。饷:军粮。饷之:运送军粮。 ⑥越:秦时散居江浙粤闽一带的部族。玑:不圆的珠。⑦尉屠睢:秦朝将领。 ⑧塞:扼守。镡(音xín)城:地名,在今湖南靖县南,西汉置为镡成县。 ⑨九疑:山名,疑亦作嶷,在今湖南宁远县南。 ⑩番禺:秦置县名,即今广州市。都:邑。 ⑪南野:秦置县名,在今江西南康县南。 ⑫余干:地名,在今江西余干县。余干之水:指流经余干西南的余水。⑬监禄:人名,秦朝将领。使监禄无以转饷:"无以"为衍文。转:传运。转

饷:运输粮食。 ⑭西呕:越族部落名。译吁宋:西呕部族首领。 ⑮丛薄:草木丛生的地方,指山间丛林。 ⑯桀骏:杰出人才。骏:同俊。 ⑰适:音zhé,戍:以罪被罚戍边的人。适通谪。 ⑱刬:音 yǎn,织。刬麻:用麻编织。考:成。缕:麻线,丝线。 ⑲羸:音 léi,瘦弱疲病。服:伏地。格:通辂,安装在车辕上用以拉车的横木。 ⑳大夫:泛指官吏。箕会:苛敛民财。衢:音qú,四通八达的道路。 ㉑陈胜:字涉,秦二世元年,与吴广率领戍卒九百人揭竿起义。大泽:地名,即大泽乡,在今安徽宿县西南。陈胜、吴广在这里首倡起义。 ㉒戏:音 xī,地名,在今陕西临潼县东。 ㉓刘、项:刘邦、项羽。 ㉔扶枝:树木旁边的枝条。 ㉕鷇:音 kòu,待母哺食的幼鸟。

或争利而反强之,或听从而反止之。何以知其然也?鲁哀公欲西益宅①,史争之,以为西益宅不祥②。哀公作色而怒。左右数谏不听。乃以问其傅宰折睢曰③:"吾欲益宅,而史以为不祥。子以为何如?"宰折睢曰:"天下有三不祥,西益宅不与焉。"哀公大悦而喜。顷,复问曰:"何谓三不祥?"对曰:"不行礼义,一不祥也;嗜欲无止,二不祥也;不听强谏,三不祥也。"哀公默然深念,愤然自反④,遂不西益宅。夫史以争为可以止之,而不知不争而反取之也。智者离路而得道,愚者守道而失路。夫兒说之巧⑤,于闭结无不解。非能闭结而尽解之也,不解不可解也。至乎以弗解解之者,可与及言论矣。

[注释]①鲁哀公:春秋鲁国君,前494～前468年在位。西益宅:在住宅西边扩建住宅。 ②史:负责记录君主言行及国事的官。争:音 zhèng,通诤,规劝。 ③傅:太傅,官名。宰折睢:人名。 ④愤然:感慨的样子。自反:自我反省。 ⑤兒(音 ní)说:人名,宋国大夫,以善解闭结闻名。

或明礼义、推道体而不行，或解构妄言而反当①。何以明之？孔子行游，马失②，食农夫之稼，野人怒，取马而系之③。子贡往说之④，卑辞而不能得也。孔子曰："夫以人之所不能听说人，譬以大牢享野兽⑤，以《九韶》乐飞鸟也⑥。予之罪也，非彼人之过也⑦。"乃使马圉往说之⑧。至，见野人曰："予耕于东海，至于西海，吾马之失，安得不食子之苗？"野人大喜，解马而与之。说若此其无方也，而反行⑨。事有所至，而巧不若拙。故圣人量凿而正枘⑩。夫歌《采菱》，发《阳阿》⑪，鄙人听之，不若此《延路》、《阳局》⑫。非歌者拙也，听者异也。故交画不畅⑬，连环不解，物之不通者，圣人不争也。

[注释]①解构：附会造作。　②失：通逸，跑脱。　③野人：乡野之人，指农夫。系：拴。　④子贡：姓端木，名赐，孔子弟子，以善辩著名。　⑤大牢：即太牢，盛牲的食器叫牢，大的叫太牢，太牢盛放牛、羊、豕三牲，因此把在宴会或祭祀时享用牛、羊、豕称为太牢。　⑥《九韶》：传说中古乐名，也作《九招》，或谓帝喾命咸黑所作，或谓帝喾命质所修，或谓夏禹所作，皆不足据。　⑦彼人：指野人。　⑧马圉：养马人。　⑨方：方法，技巧。　⑩凿：卯眼。枘：音ruì，榫头。　⑪《采菱》、《阳阿》：皆古代乐曲名，曲调较为高深。　⑫《延路》、《阳局》：民间粗俗歌曲名。　⑬交画：交错的线条。

仁者，百姓之所慕也；义者，众庶之所高也。为人之所慕，行人之所高，此严父之所以教子，而忠臣之所以事君也。然世或用之而身死国亡者，不同于时也①。昔徐偃王好行仁义，陆地之朝者三十二国②。王孙厉谓楚庄王曰③："王不伐徐，必反朝徐。"王曰："偃王，有道之君也，好行仁义，不可伐。"王孙厉曰："臣闻之，大之与小，强之与弱也,犹石之投卵,虎之啗豚④,又何疑焉?且夫为文而不能达其德,为武而不能任其力,乱莫大焉。"楚王曰:"善"。乃举兵而伐徐,遂灭之。知仁义而不知世变者也。申菽、杜茝,美人之所怀服也⑤;及渐之于滫⑥,则不能保其芳矣。古者,五帝贵德⑦,三王用义⑧,五霸任力⑨。今取帝王之道,而施之五霸之世,是由乘骥逐人于榛薄,而蓑笠盘旋也⑩。

[**注释**]①同:和,合。 ②徐偃王:相传是周穆王时徐国君,施行仁义,诸侯共尊为王,周穆王令楚出兵灭徐国。陆地:指海内。 ③王孙厉:人名,楚臣。楚庄王:当指春秋楚国君,名侣,前613~前591年在位。然而楚庄王与周穆王并不同时,有关徐偃王的传说分歧很多,盖传说中人与事,难以凿实。 ④啗:音dàn,食。 ⑤申菽、杜茝(音zhǐ):皆香草名。 ⑥渐:浸入。滫:臭水。 ⑦五帝:传说中上古五位帝王,《史记》以黄帝、颛顼、喾、尧、舜为五帝。 ⑧三王:指夏、商、周三代开国君主。 ⑨五霸:春秋诸侯中称霸一时的五位国君,或以齐桓、晋文、楚庄、吴阖闾、越勾践为五霸。 ⑩榛薄:丛杂的草木。蓑笠:蓑衣,竹帽。

今霜降而树谷,冰泮而求获①,欲其食则难矣。故《易》曰:"潜龙勿用"者②,言时之不可以行也。故"君子终日乾乾,夕惕若厉,无咎"。③"终日乾乾,"以阳动也;"夕惕若厉",以阴息也。因日以动,因夜以息,唯有道者能行之。夫徐偃王为义而灭,燕子哙行仁而亡④,哀公好儒而削⑤,代君为墨而残⑥。灭亡削残,暴乱之所致也,而四君独以仁义儒墨而亡者,遭时之务异也⑦。非仁义儒墨不行,非其世而用之,则为之擒矣。夫戟者,所以攻城也;镜者,所以照形也。宫人得戟,则以刈葵⑧;盲者得镜,则以盖卮⑨。不知所施之也。故善鄙不同,诽誉在俗;趋舍不同,逆顺在君⑩。狂谲不受禄而诛⑪,段干木辞相而显⑫,所行同也,而利害异者,时使然也。故圣人虽有其志,不遇其世,仅足以容身,何功名之可致也!

[注释]①泮:溶解。 ②语见《周易·乾·初九》爻辞。 ③语见《周易·乾·九三》爻辞。乾乾:指阳刚强健的样子。惕:警惕。厉:危险。无咎:没有灾害。 ④燕子哙:战国燕国君,名哙,前320~前312年在位。 ⑤哀公:春秋鲁国君,名将。前494~前468年在位。儒:儒家学说。 ⑥代:战国诸侯国名,在今河北蔚县一带,后为赵襄子所灭。墨:墨家学说。 ⑦遭时:应对时势。务:事务。 ⑧宫人:负责宫中杂役的宦侍。刘:割。葵:一种植物名,可作蔬菜。 ⑨卮:古代盛酒的器皿。 ⑩故善鄙不同,诽誉在俗;趋舍不同:王念孙云,两个"不"字,为后人所加。 ⑪狂谲:传说是周朝初年齐地隐士,自耕自食,辞不受禄,齐太公以为饰虚乱民而诛之。 ⑫段干木:战国魏人,隐居不仕,魏文侯以礼事之,过其门必伏轼致敬。

知天之所为,知人之所行,则有以任于世矣①。知天而不知人,则无以与俗交;知人而不知天,则无以与道游。单豹倍世离俗,岩居谷饮②,不衣丝麻,不食五谷,行年七十,犹有童子之颜色。卒而遇饥虎,杀而食之。张毅好恭③,过宫室廊庙必趋,见门闾聚众必下④,厮徒马圉,皆与伉礼⑤。然不终其寿,内热而死⑥。豹养其内而虎食其外,毅修其外而疾攻其内。故直意适情,则坚强贼之⑦;以身役物,则阴阳食之⑧。此皆载务而戏乎其调者也⑨。得道之士,外化而内不化,外化,所以入人也⑩,内不化,所以全其身也。故内有一定之操,而外能诎伸、赢缩、卷舒⑪,与物推移,故万举而不陷。所以贵圣人者,以其能龙变也⑫。今捲捲然守一节⑬,推一行,虽以毁碎灭沉,犹且弗易者,此察于小好,而塞于大道也。

[**注释**]①任于世:胜任在世上的所作所为。 ②单豹:人名,古之隐士。倍:同背。谷饮:就山谷饮水。 ③张毅:人名,古代好礼之人。 ④宫室:指帝王宫殿。廊庙:指朝廷。趋:小步快走,以示恭敬。门闾:里巷。 ⑤厮徒:杂役。马圉:马夫。伉礼:施行对等的礼节。 ⑥内热:病名,指体内热毒致病。 ⑦直意:任随自己的意志。坚强:指外界强大不可抵御的势力。贼:害。 ⑧以身役物:压抑内心而受外物驱使。阴阳:阴阳之气。食:通蚀,侵蚀。句谓以身役物,则内心二气交侵以伤其身。 ⑨此皆载务而戏乎其调者也:"戏"当作"亏"。亏:失。调:和。 ⑩入:纳。入人:被世人所容纳。 ⑪诎:同屈。赢:盈、满。 ⑫龙变:指像龙那样升腾潜藏,变化无端。 ⑬捲捲然:勤苦用力的样子。

赵宣孟活饥人于委桑之下,而天下称仁焉①。荆伋非犯河中之难,不失其守,而天下称勇焉②。是故见小行则可以论大体矣。田子方见老马于道③,喟然有志焉。以问其御曰:"此何马也?"其御曰:"此故公家畜也④。老罢而不为用,出而鬻之⑤。"田子方曰:"少而贪其力,老而弃其身,仁者弗为也。"束帛以赎之⑥。罢武闻之,知所以归心矣⑦。齐庄公出猎⑧,有一虫举足将搏其轮,问其御曰:"此何虫也?"对曰:"此所谓螳螂者也。其为虫也,知进而不知却,不量力而轻敌。"庄公曰:"此为人而必为天下勇武矣⑨。"回车而避之。勇武闻之,知所尽死矣。故田子方隐一老马而魏国载之⑩,齐庄公避一螳螂而勇武归之。汤教祝网者,而四十国朝⑪;文王葬死人之骸,而九夷归之⑫;武王荫暍人于樾下,左拥而右扇之⑬,而天下怀其德;越王勾践一决狱不辜,援龙渊而切其股⑭,血流至足,以自罚也,而战武士必其死⑮。故圣人行之于小,则可以覆大矣;审之于近,则可以怀远矣。孙叔敖决期思之水,而灌雩娄之野⑯,庄王知其可以为令尹也⑰。子发辩击剧而劳佚齐,楚国知其可以为兵主也⑱。此皆形于小微而通于大理者也。

[注释]①赵宣孟:即赵盾,春秋晋国卿。赵宣孟活饥人于委桑事见《左传·宣公二年》。委桑:荫翳下垂的桑树。 ②佽非:楚国人。《道应训》云,佽非得宝剑于干队,还反渡江,阳侯之波两蛟挟绕其船。佽非赴江斩蛟,船中人尽活。 ③田子方:战国魏人,名无择,为魏国有德望者,魏文侯尝师事之。 ④公家:诸侯之家。 ⑤罢:通疲,疲乏。鬻:卖。 ⑥束帛:古代聘问的礼物,帛五匹为一束。 ⑦罢武:年老疲病的士人。武:士。归心:从内心归附。 ⑧齐庄公:春秋齐国君,前794～前731年在位。 ⑨勇武:勇士。 ⑩隐:怜悯,痛惜。载:通戴,拥戴。 ⑪汤:商汤王。祝:祈祷。《史记·殷本纪》:"汤出,见野张网四面,祝曰:'自天下四方皆入吾网。'汤曰:'嘻,尽之矣。'乃去其三面,祝曰:'欲左,左;欲右,右。不用命,乃入吾网。'诸侯闻之,曰:'汤德至矣,及禽兽。'" ⑫文王:周文王。九夷:泛指华夏族之外的边远部族。传说周文王修筑灵台,挖出死人骨骸,周文王以礼葬之。 ⑬武王:周武王。喝:音yē,中暑。樾:树荫。 ⑭勾践:战国越国君,前496～前465年在位。决狱:判决诉讼。不辜:无罪。龙渊:宝剑名,相传春秋时越王因吴王请欧冶子、干将二人做铁剑,二人凿茨山,泄其溪,取铁英,做剑三枚,其一曰龙渊。 ⑮而战武士必其死:"士"字乃后人所加。必其死:不惜献出生命。 ⑯孙叔敖:春秋楚国令尹。期思:地名,春秋楚邑,地在今河南固始县西北。期思之水:指期思陂,孙叔敖所造陂塘,在今河南商城县及其附近一带。雩(音yú)娄:古地名,在今河南固始县东南。 ⑰庄王:楚庄王,春秋楚国君,前613～前591年在位。 ⑱子发:人名,战国楚将领。辩:治理,这里指治军。击:攻打,进攻。击剧:攻战激烈。佚:通逸,安闲。齐:同。兵主:军队的统帅。

圣人之举事,不加忧焉,察其所以而已矣。今万人调钟,不能比之律①;诚得知者,一人而足矣。说者之论,亦犹此也②。诚得其数,则无所用多矣。夫车之所以能转千里者,以其要在三寸之辖③。夫劝人而弗能使也④,禁人而弗能止也,其所由者非理也。昔者,卫君朝于吴,吴王囚之⑤,欲流之于海。说者冠盖相望,而弗能止。鲁君闻之,撤钟鼓之县,缟素而朝⑥。仲尼入见,曰:"君胡为有忧色?"鲁君曰:"诸侯无亲,以诸侯为亲;大夫无党,以大夫为党⑦。今卫君朝于吴王,吴王囚之,而欲流之于海,孰意卫君之仁义而遭此难也!吾欲免之而不能,为奈何?"仲尼曰:"若欲免之,则请子贡行⑧。"鲁君召子贡,授之将军之印。子贡辞曰:"贵无益于解患,在所由之道。"敛躬而行,至于吴,见太宰嚭⑨。太宰嚭甚悦之,欲荐之于王。子贡曰:"子不能行说于王,奈何吾因子也⑩!"太宰嚭曰:"子焉知嚭之不能也?"子贡曰:"卫君之来也,卫国之半曰:'不若朝于晋。'其半曰:'不若朝于吴。'然卫君以为吴可以归骸骨也。故束身以受命⑪。今子受卫君而囚之,又欲流之于海,是赏言朝于晋者,而罚言朝于吴也。且卫君之来也,诸侯皆以为蓍龟兆⑫,今朝于吴而不利,则皆移心于晋矣。子之欲成霸王之业,不亦难乎!"太宰嚭入,复之于王⑬。王报出令于百官曰:"比十日,而卫君之礼不具者,死⑭!"子贡可谓知所以说矣。

[注释]①比:合。律:音律。 ②论:通伦,类。 ③辖:固定车轮与车轴位置,插入轴端孔穴的销钉。 ④劝:勉励。 ⑤卫君:春秋卫国君卫出

公,名辄,前492～前481年在位。吴王:春秋吴国君夫差,前495～前473年在位。卫出公入吴被扣留,事见《左传·哀公十二年》。 ⑥鲁君:指春秋鲁哀公,前494～前468年在位。县:同悬。缟素:白色丧服。当时鲁卫乃盟国。 ⑦党:朋,群。 ⑧子贡:孔子弟子。 ⑨敛躬而行:秘密前往。太宰:官名。太宰嚭:春秋吴国太宰,名伯嚭,吴夫差破越后,嚭受贿劝夫差许越和,终使吴为越所灭,嚭亦被越诛杀。 ⑩行说:推行自己的主张。因:依靠,求助。 ⑪束身:自缚就范。 ⑫蓍龟:用蓍草和龟甲占卜。兆:占卜时得到的征兆。句谓诸侯皆将卫君入吴视作占卦的征兆,并根据这一征兆来决定以后亲吴与否。 ⑬复:报告。 ⑭比:及,等到。

鲁哀公为室而大,公宣子谏曰①:"室大,众与人处则哗②,少与人处则悲。愿公之适③。"公曰:"寡人闻命矣。"筑室不辍④。公宣子复见曰:"国小而室大。百姓闻之,必怨吾君;诸侯闻之,必轻吾国。"鲁君曰:"闻命矣。"筑室不辍。公宣子复见曰:"左昭而右穆,为大室以临二先君之庙,得无害于子乎⑤?"公乃令罢役,除版而去之⑥。鲁君之欲为室,诚矣;公宣子止之,必矣。然三说而一听者,其二者非其道也。夫临河而钓,日入而不能得一鯈鱼者⑦,非江河鱼不食也,所以饵之者非其欲也。及至良工执竿,投而摆唇吻者⑧,能以其所欲而钓者也。夫物无不可奈何,有人无奈何。铅之与丹,异类殊色⑨,而可以为丹者,得其数也。故繁称文辞,无益于说,审其所由而已矣。

[注释]①公宣子:人名,鲁国大夫。 ②哗:喧哗,吵闹。 ③之适:改为合适的大小。 ④辍:音chuò,停止。 ⑤左昭而右穆:古代宗法制度,宗庙或墓地的辈次排列,以始祖居中,而后双数世系如二世、四世,位于始祖之左方,称为昭,单数世系如三世、五世居始祖之右方,称为穆。 ⑥版:筑墙的

夹板。　⑦鯈:音 chóu,鱼名,即小白鱼。　⑧擐:音 guān,贯,穿。　⑨铅:金属名,古人称为青金。丹:道家指用金属炼成的药物,古人认为铅经火炼可成铅丹,也叫铅华,可以代谷食。

物类之相摩,近而异门户者,众而难识也①。故或类之而非,或不类之而是;或若然而不然者,或不若然而然者。谚曰:"鸢堕腐鼠,而虞氏以亡②。"何谓也?曰:虞氏,梁之大富人也③。家充盈殷富,金钱无量,财货无赀④。升高楼,临大路,设乐陈酒,积博其上⑤。游侠相随而行楼下⑥,博上者射朋张中反两而笑⑦,飞鸢适堕其腐鼠而中游侠。游侠相与言曰:"虞氏富乐之日久矣,而常有轻易人之志⑧。吾不敢侵犯,而乃辱我以腐鼠。如此不报,无以立务于天下⑨。请与公僇力一志⑩,悉率徒属,而必以灭其家。"⑪此所谓类之而非者也。

[注释]①摩近:接近。　②鸢:音 yuān,一种猛禽,俗称鹞鹰,常捕捉蛇鼠等为食。　③梁:地名,在今河南临汝县西南。　④赀:计量。　⑤积博其上:"积"当作"击"。击博:一种下棋游戏,也叫双陆棋,用棋子十二,白黑各六。　⑥游侠:好交游侠义的人。　⑦博上者:在楼上击博的人。射:投掷。下棋时二人互掷采行棋。朋:二枚为朋。张中:击中。反两:行棋名,翻得二鱼。　⑧易:简慢。　⑨务:势,勇。　⑩僇力:尽力。　⑪此处似有脱文。《列子·说符》下有"皆许诺。至期日之夜,聚众积力以攻虞氏,大灭其家"数句。

何谓非类而是?屈建告石乞曰①:"白公胜将为乱②。"石乞曰:"不然。白公胜卑身下士,不敢骄贤,其家无管籥之信,关楗之固③。大斗斛以出,轻斤两以内④,而乃论之,以不宜也。"屈建曰:"此乃所以反也。"居三年,白公胜果为乱,杀令尹子椒、司马子期⑤。此所谓弗类而是者也。

[注释]①屈建:春秋时楚国大夫。石乞:人名,白公胜之党。《道应训》作白乙。　②白公胜:春秋楚平王太子建之子,名胜,封于白,故称。前479年,白公胜作乱,袭杀令尹子西、司马子期,劫楚惠王,自立为王。后兵败自杀。　③管:音 guǎn,钥匙。籥:音 yuè,锁钥。信:符契。关楗:锁门的工具。横的门闩叫关,竖的门闩叫楗。　④斗斛:量器名,也是容量单位名,十斗为一斛。出:指粜出或借出。内:通纳,指籴入或收还。　⑤子椒:据《左传》、《史记》,子椒当作子西。子期:楚大夫,即楚昭王兄公子结。

何谓若然而不然?子发为上蔡令①,民有罪当刑,狱断论定,决于令尹前②。子发喟然有凄怆之心,罪人已刑而不忘其恩。此其后,子发盘罪威王而出奔③,刑者遂袭恩者④,恩者逃之于城下之庐⑤。追者至,踹足而怒,曰⑥:"子发视决吾罪而被吾刑,怨之憯于骨髓⑦,使我得其肉而食之,其知厌乎⑧!"追者以为然而不索其内,果活子发。此所谓若然而不然者。

[注释]①子发:战国楚国将领。上蔡:地名,在今河南上蔡县西南。②狱断:诉讼判决。论:定罪。令:指上蔡令。决于令尹前:"尹"为衍文。③盘:构。盘罪:得罪,获罪。威王:战国楚国君,前339～前329年在位。④刑者:即上文之罪人,已受刑,故云刑者。袭:掩藏。　⑤恩者逃之于城下之庐:"恩者"二字不当复。庐:简陋的房屋。　⑥踹:跺脚,顿足。此句主语为刑者。　⑦子发视决吾罪:"视"当为"亲"。被:遭受,这里是使动用法。憯:痛恨。　⑧厌:满足。

何谓不然而若然者?昔越王勾践卑下吴王夫差①,请身为臣,妻为妾,奉四时之祭祀②,而入春秋之贡职③,委社稷,效民力④,隐居为蔽,而战为锋行⑤。礼甚卑,辞甚服,其离叛之心远矣。然而甲卒三千人,以擒夫差于姑胥⑥。

[**注释**]①昔越王句:前494年,吴王夫差攻越,越王勾践以士卒五千退守会稽山,使文种入吴求和,勾践卑事夫差,亲为夫差前马。事见《国语·越语上》。　②四时:春夏秋冬四季。古代天子、诸侯,四季皆要依时祭祀祖先。句谓向吴按时进贡祭品,以供吴四时祭祀祖先用。　③贡职:向朝廷进贡财物赋税。进奉地方所产方物为贡,交纳赋税为职。　④社稷:土地神和谷神,代表国家。　⑤隐居为蔽:"隐居为蔽"当作"居为隐蔽"。锋行:开路先锋。　⑥姑胥:山名,即姑苏。春秋属吴国,在江苏吴县西南,山上有吴王所筑姑苏台。前473年,越王勾践灭吴,擒吴王夫差。

此四策者,不可不审也。夫事之所以难知者,以其窜端匿迹①。立私于公,倚邪于正,而以胜惑人之心者也②。若使人之所怀于内者,与所见于外者,若合符节③,则天下无亡国败家矣。夫狐之捕雉也,必先卑体弭耳④,以待其来也。雉见而信之,故可得而擒也。使狐瞋目植睹⑤,见必杀之势,雉亦知惊惮远飞,以避其怒矣。夫人伪之相欺也,非直禽兽之诈计也,物类相似若然,而不可从外论者,众而难识矣。是故不可不察也。

[**注释**]①窜:隐藏。端:头绪。　②胜:美好。　③符节:古时用作凭证的信物,符以竹木或金属为之,上书文字,剖分为二,各执其一,用时以两片相合为验。　④弭:止息。弭耳:贴着耳朵。　⑤瞋(音zhēn)目:怒目。植:通直。睹:视。植睹:指眼睛逼视。

卷十九　修务训

或曰："无为者,寂然无声,漠然不动,引之不来,推之不往。如此者,乃得道之像①。"吾以为不然。尝试问之矣:"若夫神农、尧、舜、禹、汤,可谓圣人乎?"有论者必不能废②。以五圣观之,则莫得无为,明矣③。古者,民茹草饮水④,采树木之实,食蠃蚘之肉⑤。时多疾病毒伤之害,于是神农乃始教民播种五谷⑥,相土地宜,燥湿肥垮高下⑦,尝百草之滋味,水泉之甘苦,令民知所辟就。当此之时,一日而遇七十毒。尧立孝慈仁爱,使民如子弟。西教沃民⑧,东至黑齿⑨,北抚幽都⑩,南道交趾⑪。放讙兜于崇山⑫,窜三苗于三危⑬,流共工于幽州⑭,殛鲧于羽山⑮。舜作室,筑墙茨屋⑯,辟地树谷,令民皆知去岩穴,各有家室。南征三苗,道死苍梧⑰。禹沐浴霪雨⑱,栉扶风⑲,决江疏河,凿龙门⑳,辟伊阙㉑,修彭蠡之防㉒,乘四载㉓,随山刊木㉔,平治水土,定千八百国。汤夙兴夜寐,以致聪明,轻赋薄敛,以宽民氓㉕,布德施惠,以振困穷,吊死问疾,以养孤孀㉖。百姓亲附,政令流行,乃整兵鸣条㉗,困夏南巢㉘,谯以其过㉙,放之历山㉚。此五圣者,天下之盛主,劳形尽虑,为民兴利除害而不懈。奉一爵酒㉛不知于色㉜,挈一石之尊㉝,则白汗交流,又况赢天下之忧㉞,而海内之事者乎?㉟其重于尊亦远也!且夫圣人者,不耻身之贱,而愧道之不行;不忧命之短,而忧百姓之穷。是故禹之为水㊱,以身解于阳盱之河㊲。汤旱,以身祷于桑山之林㊳。圣人忧民,如此其明也,而称以"无为",岂不悖哉!

[注释]①像:法,原则。 ②废:这里是否认的意思。 ③无为:这里指上文"或曰"所说的那种"无为"。 ④茹:吃。 ⑤蠃:音luó,蚌属。蚌:音bàng,蚌蛤。 ⑥五谷:指菽、麦、黍、稷、稻。 ⑦墝:qiāo,瘦瘠的土地。 ⑧沃民:传说中西方国名。 ⑨黑齿:传说中东方国名。 ⑩幽都:即幽州,地在今河北北部及辽宁一带。 ⑪交趾:泛指今五岭以南地区。 ⑫讙(音huān)兜:传说是尧舜时的恶人,被放逐到崇山。崇山:在今湖南大庸县西南。 ⑬窜:放逐。三苗:古部族名,生活在今长江中游以南一带。三危:山名,在今甘肃敦煌县境内。 ⑭流:流放。共工:相传是尧的大臣。 ⑮殛:杀。鲧:相传是夏禹之父,尧时治水无功,被舜杀于羽山。讙兜、三苗、共工、鲧被称为"四凶"。羽山:山名,传说各异,或谓在今江苏赣榆县境。 ⑯茨:音cí,用茅草、芦苇等盖屋顶。 ⑰苍梧:山名,即九嶷山,在今湖南宁远县境。 ⑱霪雨:淫雨,持续时间很长的雨。 ⑲栉:音zhì,梳理头发。扶风:疾风。 ⑳龙门:山名,在今山西河津县西北。 ㉑伊阙:山名,在今河南洛阳市南。 ㉒彭蠡:湖名,即今鄱阳湖,在江西省。防:堤围。 ㉓四载:四种乘载工具,说法各异,本篇下文云:"水之用舟,沙之用鸠,泥之用辀,山之用蔂。"盖即所谓四载,详彼文注。 ㉔刊:砍削。刊木:在山林中行走时在树木上砍削记号作为标志。 ㉕宽:宽裕,使动用法。民氓:人民,百姓。 ㉖孤:幼而无父曰孤。孀:寡妇。 ㉗鸣条:地名,或谓在今河南封丘县东。相传商汤伐夏桀,战于鸣条之野。 ㉘南巢:地名,即今安徽巢县。相传商汤流放夏桀于此。 ㉙谯:斥责。 ㉚历山:即历阳山,在今安徽和县西北。 ㉛爵:

古代的一种酒器,形似高脚杯。　㉜知:见。　㉝挈:提起。石:容量单位,十斗为一石。尊:通樽,古代盛酒的较大容器,常用作祭祀礼器。　㉞赢:担,负。　㉟而海内之事者:王念孙云:海内上脱"任"字。　㊱为:治。　㊲解,祭祀神灵,以解除祸患,祈求福祉。阳盱:《地形训》谓九薮之一有秦之阳纡,阳盱或即阳纡,在今陕西境内。　㊳桑山之林:即桑林。

　　且古之立帝王者,非以奉养其欲也;圣人践位者,非以逸乐其身也。为天下强掩弱①,众暴寡,诈欺愚,勇侵怯,怀知而不以相教,积财而不以相分,故立天子以齐一之②。为一人聪明而不足以遍照海内,故立三公九卿以辅翼之③。绝国殊俗④、僻远幽闲之处,不能被德承泽,故立诸侯以教诲之。是以地无不任⑤,时无不应,官无隐事⑥,国无遗利。所以衣寒食饥,养老弱而息劳倦也。若以布衣徒步之人观之⑦,则伊尹负鼎而干汤⑧,吕望鼓刀而入周⑨,百里奚转鬻⑩,管仲束缚⑪,孔子无黔突⑫,墨子无暖席。是以圣人不高山,不广河,蒙耻辱以干世主⑬,非以贪禄慕位,欲事起天下利,而除万民之害。盖闻传书曰⑭:"神农憔悴,尧瘦臞⑮,舜霉黑⑯,禹胼胝⑰。"由此观之,则圣人之忧劳百姓甚矣。故自天子以下至于庶人,四肢不动,思虑不用,事治求澹者,未之闻也。夫地势,水东流,人必事焉,然后水潦得谷行⑱。禾稼春生,人必加功焉,故五谷得遂长。听其自流,待其自生,则鲧、禹之功不立,而后稷之智不用。若吾所谓无为者,私志不得入公道⑲,嗜欲不得枉正术,循理而举事,因资而立⑳,权自然之势,而曲故不得容者㉑,事成而身弗伐㉒,功立而名弗有,非谓其感而不应,攻而不动者。若夫以火熯井㉓,以淮灌山,此用己而背自然，故谓之有为。若夫水之用舟，沙之用鸠㉔，泥之用輴㉕，山之用蔂㉖，夏渎而冬陂㉗，因高为田，因下为池，此非吾所谓为之。

[注释]①掩：袭击。　②齐一：等同，指统一人民的道德行为。　③三公：协助天子处理军政大事的高级官职，周代指太师、太傅、太保。九卿：古代中央政权九个高级官职，历代设职各有不同。　④绝国：极远的邦国。殊俗：风俗不同的地方，指异邦。　⑤任：利用。　⑥隐事：指违法失职之事。　⑦布衣徒步之人：指普通老百姓。　⑧伊尹：商汤之臣，名挚。鼎：烹调用的锅。干：求取。传说伊尹想向汤陈说政事而没有门路，便充当厨师以接近汤。　⑨吕望：即太公望，周初人，姜姓吕氏名尚。鼓刀：操刀。史载吕尚尝屠牛于朝歌，卖饮于孟津。　⑩百里奚：春秋时虞国大夫。晋献公灭虞时被俘，以为秦穆公夫人陪嫁之臣，奚逃走，被楚人俘获，秦穆公闻其贤，以五张羊皮把他赎回，任为相。鬻：出卖。　⑪管仲：春秋齐桓公相。早年辅佐齐公子纠，曾用箭射中公子小白衣钩。后来公子小白入齐为君，是为齐桓公，鲁国将管仲囚缚押送回齐，齐桓公任管仲为相。　⑫黔：黑。突：烟囱。无黔突：形容流离辗转，居无定所，连炉灶的烟囱还没熏黑又迁居了。　⑬世主：国君。　⑭盖：句首语气词。传书：史籍。　⑮臞：音qú，消瘦。　⑯霉：脸脏黑。　⑰胼胝：手掌、脚底上长的茧。　⑱水潦：盛大的水流。谷：流水道。谷行：指水沿河床而流动，不泛滥为害。　⑲私志：个人的意志。入：干扰。公道：指公正之道。　⑳资：凭借，指客观实际。因资而立：王念孙云：因资而立下脱一"功"字。　㉑曲故：不正当的智巧。　㉒伐：夸耀功劳叫伐。　㉓煤：用火烘干。　㉔鸠：一种在沙地上行走的小车。　㉕輴：一种在泥泞路上行走的工具，字亦作橇。　㉖蔂：一种登山时乘坐的工具，类似缆车。　㉗渎：沟渠。陂：池塘。

圣人之从事也，殊体而合于理①，其所由异路而同归，其存危定倾若一②，志不忘于欲利人也。何以明之？昔者楚欲攻宋，墨子闻而悼之③，自鲁趋而④，十日十夜，足重茧而不休息,裂衣裳裹足,至于郢,见楚王曰⑤:"臣闻大王举兵将攻宋,计必得宋而后攻之乎?亡其苦众劳民,顿兵挫锐,负天下以不义之名,而不得咫尺之地,犹且攻之乎⑥?"王曰:"必不得宋,又且为不义,曷为攻之!"墨子曰:"臣见大王之必伤义而不得宋。"王曰:"公输,天下之巧士⑦,作云梯之械设以攻宋,曷为弗取⑧!"墨子曰:"令公输设攻,臣请守之⑨。"于是公输般设攻宋之械,墨子设守宋之备,九攻而墨子九却之,弗能入。于是乃偃兵,辍不攻宋⑩。段干木辞禄而处家,魏文侯过其闾而轼之⑪。其仆曰:"君何为轼?"文侯曰:"段干木在,是以轼。"其仆曰:"段干木布衣之士,君轼其闾,不已甚乎?"文侯曰:"段干木不趋势利,怀君子之道,隐处穷巷,声施千里⑫,寡人敢勿轼乎!段干木光于德,寡人光于势⑬;段干木富于义,寡人富于财。势不若德尊,财不若义高。干木虽以己易寡人不为⑭。吾日悠悠惭于影⑮,子何以轻之哉!"其后秦将起兵伐魏,司马庾谏曰⑯:"段干木贤者,其君礼之,天下莫不知,诸侯莫不闻,举兵伐之,无乃妨于义乎!"于是秦乃偃兵,辍不攻魏。夫墨子跌蹄而趋千里,以存楚、宋⑰;段干木阖门不出,以安秦、魏。夫行与止也⑱,其势相反,而皆可以存国,此所谓异路而同归者也。今夫救火者,汲水而趋之,或以瓮瓴,或以盆盂⑲,其方员锐椭不同,盛水各异,其于灭火钧也⑳。故秦、楚、燕、魏之歌也,异转而皆乐㉑;九夷八狄之哭也㉒,殊声而皆悲;一也。夫歌者,乐之征也;哭者,悲之效也㉓。愤于中则应于外,故在所以感㉔。夫圣人之心,日夜不忘于欲利人,其泽之所及者,效亦大矣。

[注释]①体:行。　②存危:使处于危险的事物得以安全保存。定倾:使将要倾倒的物体得以安定。一:同一,一致。　③悼:伤。墨子止楚攻宋事,见《墨子·公输》。　④趋:奔向。自鲁趋而:王念孙云:趋而下脱一"往"字。　⑤郢:地名,楚国都城,在今湖北省江陵市。楚王:孙诒让《墨子闲诂》谓指楚惠王,前488~前432年在位。　⑥亡(音 wú)其:转折词,还是,抑或。顿:钝,不锋利。挫:挫折。锐:指兵器。负:受。咫尺:八寸为咫,咫尺以喻极近距离。　⑦公输:姓公输,名般,春秋时鲁人,古代著名工匠,世称鲁班。　⑧云梯:古代一种攻城器械,形似装在车上的长梯。械设:器械。　⑨设攻:实施进攻。句谓与鲁班进行攻守演习,以示攻宋必败。　⑩辍:中止。　⑪段干木:战国魏人,隐居而不受官禄。魏文侯:战国魏国君,名斯,前435~前396年在位。闾:里巷之门。轼:乘车时站立注视,手扶车厢前横木以表示敬意。　⑫声:声名。施:布,及。　⑬光:充裕,富有。　⑭己:指段干木的隐居身份。易:指与魏文侯交换国君的地位。　⑮悠悠:忧虑的样子。影:指自己的身影。　⑯司马:官名。司马庚:秦国人,任司马,名庚。　⑰跌踬:行走时跌跌撞撞的样子,形容长途奔走困顿劳累的样子。　⑱行:指墨子。止:指段干木。　⑲汲:取水。瓮:陶制盛器。瓴:盛水瓶。　⑳钧:通均,同等。　㉑秦、楚、燕、魏之歌:代指四方之歌。转:声音。　㉒九夷:古称东方部族为夷,传说夷有九种。这里泛指东方各部族。八狄:古以北方部族为狄,传说狄有八种,这里泛指北方各部族。　㉓征:表现。效:征验,效果。　㉔愤:积聚,抑郁。在:存在。感:感应。

世俗废衰,而非学者多①。"人性各有所修短,若鱼之跃,若鹊之驳②,此自然者,不可损益。"吾以为不然。夫鱼者跃,鹊者驳也,犹人马之为人马,筋骨形体,所受于天,不可变。以此论之,则不类矣。夫马之为草驹之时③,跳跃扬蹄,翘尾而走,人不能制,龁咋足以噆肌碎骨,蹶蹄足以破卢陷匈④;及至圉人扰之,良御教之⑤,掩以衡扼,连以辔衔⑥,则虽历险超堑弗敢辞⑦。故其形之为马,马不可化;其可驾御,教之所为也。马,聋虫也⑧,而可以通气志,犹待教而成,又况人乎!

[注释]①非:非难,指责。 ②驳:黑白颜色相杂。 ③草驹:驹是小马,放养草丛中,故曰草驹。 ④龁:音 hé,咬。咋:音 zé,也是咬的意思。嚼:音 zǎn,咬穿。蹶:用脚踢。卢:通颅,头骨。匈:同胸。 ⑤圉:养马官。扰:驯服。 ⑥掩:这里是套上的意思。衡:车辕前端的横木。扼:通轭,驾车马颈上的弯木,一端与衡连接。辔:音 pèi,驾驭牲口的缰绳。衔:马嚼子,在马口中,以制驭马行止。 ⑦堑:壕沟。 ⑧聋虫:指无知的禽兽。

且夫身正性善,发愤而成仁,帽凭而为义①,性命可说②,不待学问而合于道者,尧、舜、文王也;沉湎耽荒③,不可教以道,不可喻以德,严父弗能正,贤师不能化者,丹朱、商均也④。曼颊皓齿,形夸骨佳⑤,不待脂粉芳泽而性可说者,西施、阳文也⑥;嗜䏐哆呁,篷蔌戚施⑦,虽粉白黛黑弗能为美者,嫫母、仳倠也⑧。夫上不及尧、舜,下不及商均,美不及西施,恶不若嫫母,此教训之所谕也,而芳泽之所施⑨。且子有弑父者,然而天下莫疏其子,何也?爱父者众也。儒有邪辟者,而先王之道不废,何也?其行之者多也。今以为学者之有过而非学者,则是以一饱之故⑩,绝谷不食,以一蹪之难⑪,辍足不行,惑也。今有良马,不待策锤而行,驽马虽两锤之不能进,为此不用策锤而御,则愚矣。夫怯夫操利剑,击则不能断,刺则不能入,及至勇武攘卷一搗,则摺胁伤干⑬,为此弃干将、镆邪而以手战,则悖矣⑭。

[注释]①帽凭而为义:"帽"当作"愄"。愄:音 wèi,慷慨。凭:盈满的样子。 ②性命:人的本性及所禀受的天命。说:言说。 ③湎:沉溺于酒。

耽荒:沉溺于欢乐。　④丹朱:传说是尧之子,不肖,尧禅位于舜而不传丹朱。商均:传说是舜之子,不肖,舜传位于禹不传商均。　⑤曼:皮肤细腻美好。颊:脸的两旁。夸:同姱,美好。　⑥芳泽:古代妇女用以润发的香油。性:指体态容貌。说:通悦。西施、阳文:皆传说中美女名。　⑦龋:音 quán,缺齿的样子。䁔:音 kuì,丑恶的样子。哆:音 chǐ,大口的样子。呐:音 huī,张口不正的样子。籧蒢:音 qú chú,指前胸凸起不能俯身之人。戚施:驼背而不能仰身的人。　⑧黛:一种青黑色的颜料,古代女子用以画眉。嫫(音 mó)母、仳催(音 pí suī):皆传说中丑女名。　⑨谕:知晓。　⑩以一饱之故:"饱"当为"噎"。噎:食物堵住喉咙。　⑪踬:音 tuí,跌倒。　⑫策:马鞭。锤:音 zhuì,马鞭末端的针刺,用以刺马快跑。　⑬武:士。高诱注云:"楚人谓士为武"。攘:音 ráng,捋。卷:通拳。攘卷:捋衣握拳。捣:击。摺:折断。干:躯体。⑭干将、镆邪:皆宝剑名,相传为春秋时吴人干将与其妻莫邪所铸,遂以其夫妻之名命名。悖:惑乱。

　　所谓言者,齐于众而同于俗。今不称九天之顶,则言黄泉之底①,是两末之端议,何可以公论乎②!夫橘柚冬生,而人曰冬死,死者众③;荠麦夏死,人曰夏生,生者众④。江、河之回曲,亦时有南北者,而人谓江、河东流;摄提镇星日月东行⑤,而人谓星辰日月西移者;以大氐为本⑥。胡人有知利者,而人谓之驻⑦;越人有重迟者,而人谓之诊⑧;以多者名之。若夫尧眉八彩,九窍通洞⑨,而公正无私,一言而万民齐⑩;舜二瞳子,是谓重明⑪,作事成法,出言成章;禹耳参漏,是谓大通⑫,兴利除害,疏河决江;文王四乳,是谓大仁⑬,天下所归,百姓所亲;皋陶马喙,是谓至信⑭,决狱明白,察于人情;禹生于石⑮;契生于卵⑯;史皇产而能书⑰;羿左臂修而善射⑱。若此九贤者⑲,千岁而一出,犹继踵而生⑳。今无五圣之天奉,四俊之才难㉑,欲弃学而循性,是谓犹释船欲而欲蹑水也㉒。夫纯钩、鱼肠之始下型㉓,击则不能断,刺则不能入,及加之以砥砺,摩其锋锷㉔,则水断龙舟,陆刲犀甲㉕。明镜之始下型,矇然未见形容,及其粉以玄锡,摩以白旃㉖,鬓眉微豪,可得而察。夫学,亦人之砥锡也,而谓学无益者,所以论之过。

[注释]①九天:传说天分九重。九天之顶:极言其高。黄泉:地下的泉水。黄泉之底:极言其低。 ②末:端。两末之端议:固执两端的偏激言论。公论:公平之论。 ③橘柚:两种果树名,形相似,其实橘小而柚大。王念孙谓橘柚当作亭历。死者众:意谓冬天枯死的植物多,故人们笼统地认为植物冬天枯死。 ④荠:音jì,荠菜,植物名。 ⑤摄提:古代岁星纪年法,太岁在寅为摄提,这里代指太岁的运行。镇星:土星。古人测得土星二十八年周天一次,每年经一宿,好像逐年镇压二十八宿一样,故称镇星。 ⑥大氐:大概,指大多数星辰的运行。 ⑦骘:音zhì,横蛮固执。 ⑧重迟:缓慢、迟钝。诇:音chào,敏捷。 ⑨尧眉八彩:传说尧之母庆都乃天帝之女,出观于河,有赤龙负图而至,图上绘有人颜面有八种彩色。赤龙与庆都合而生尧,尧长相如图所绘,眉有八彩之色。九窍:指眼耳口鼻及前后阴。洞:畅达。 ⑩齐:整治。 ⑪二瞳子:一只眼中有两个瞳孔。 ⑫参:三。漏:穴。耳参漏:一只耳朵有三个孔穴。 ⑬大仁:高诱注曰:"乳所以养人,故曰大仁也。" ⑭皋陶:也作咎繇,传说是舜之臣,掌刑狱之事。喙:音huì,口。马喙:嘴巴长得如同马嘴。高诱注曰:"喙若马口,出言皆不虚,故曰至信。" ⑮禹生于石:"禹"当作"启"。启生于石:《汉书·武帝本纪》颜师古注引《淮南子》"禹治鸿水,通轘辕山,化为熊,谓涂山氏曰:'欲饷,闻鼓声乃来。'禹跳石,误中鼓。涂山氏往,见禹方作熊,惭而去。至嵩高山下化为石,方生启。禹曰:'归我子。'石破北方而启生。" ⑯契:商族之祖,传说乃帝喾之子,其母简狄吞玄鸟卵而生。 ⑰史皇:即苍颉,传说是文字发明者,生而见鸟迹,感而创文字。产:出生。 ⑱羿:传说中的善射者,事见《本经训》。 ⑲九贤:指上文之尧、舜、禹、文王、皋陶、启、契、史皇、羿。 ⑳继踵:接踵,前后相接。 ㉑五圣:指尧、舜、禹、文王、皋陶。天奉:天赋。四俊:指启、契、史皇、羿。才难:难得

的人才。　㉒蹝:履。　㉓纯钩、鱼肠:皆宝剑名。型:铸造器物的模子。用木做的叫模,用竹做的叫范,用土做的叫型。　㉔砥砺:磨刀石。细者为砥,粗者为砺。摩:通磨。锷:刀剑之刃。　㉕龙舟:指大船。刿:割。犀甲:用犀牛皮制成的铠甲。　㉖粉:涂饰。玄锡;指铅。摩以白:磨砺使白。旃:音zhān,语助词,之。

知者之所短,不若愚者之所修;贤者之所不足,不若众人之有余。何以知其然?夫宋画吴冶,刻刑镂法,乱修曲出①,其为微妙,尧、舜之圣不能及。蔡之幼女,卫之稚质②,梱纂组,杂奇彩,抑墨质,扬赤文③,禹、汤之智不能逮④。夫天之所覆,地之所载,包于六合之内,托于宇宙之间⑤,阴阳之所生,血气之精,含牙戴角,前爪后距⑥,奋翼攫肆,蚑行蛲动之虫⑦,喜而合,怒而斗,见利而就,避害而去,其情一也。虽所好恶,其与人无以异。然其爪牙虽利,筋骨虽强,不免制于人者,知不能相通,才力不能相一也。各有其自然之势⑧,无禀受于外,故力竭功沮⑨。夫雁顺风,以爱气力⑩,衔芦而翔,以备矰弋⑪。蚁知为垤,獾貉为曲穴⑫,虎豹有茂草,野彘有芜菁⑬,槎栉堀虚,连比以像宫室⑭,阴以防雨,景以蔽日⑮。此亦鸟兽之所以知求合于其所利。今使人生于辟陋之国,长于穷檐漏室之下⑯,长无兄弟,少无父母,目未尝见礼节,耳未尝闻先古⑰,独守专室而不出门⑱,使其性虽不愚,然其知者必寡矣。昔者,苍颉作书⑲,容成造历⑳,胡曹为衣㉑,后稷耕稼㉒,仪狄作酒㉓,奚仲为车㉔,此六人者,皆有神明之道,圣智之迹,故人作一事而遗后世,非能一人而独兼有之。各悉其知,贵其所欲达,遂为天下备㉕。今使六子者易事,而明弗能见者何㉖?万物至众,而知不足以奄之㉗。周室以后,无六子之贤,而皆修其业㉘;当世之人,无一人之才,而知其六贤之道者何?教顺施续,而知能流通㉙。由此观之,学不可已,明矣!

[**注释**]①宋画吴冶:宋国人以绘画著名,吴国人以铸造著名。刑:通型,典范。乱修曲出:线条长者繁乱,突出者曲折,指绘画及冶炼品花纹繁复精巧。　②蔡:周诸侯国名,地在今河南上蔡、新蔡一带。卫:周诸侯国名,地在今河北、河南之间。稚质:指少女。　③梱:通捆,编织时叩击使牢固。纂组:赤色绶带。墨质:黑色。赤文:红色花纹。　④逮:及。　⑤六合:天地四方。宇宙:指时间与空间。　⑥距:指雄鸡足后突出的尖骨。　⑦攫:禽用爪抓捕食物。肆:极,尽。蚑:虫爬行的样子。蛲:蛲虫,一种人体寄生虫。⑧自然之势:指动物受之于天的本性,天赋的力量。　⑨禀受于外:指接受智慧学问等后天的力量。沮:终止。　⑩顺风:顺随风势飞行。爱:爱惜,节省。　⑪芦:芦苇。矰(音 zēng)弋:系有生丝以射鸟的短箭。　⑫垤:蚂蚁在下雨前筑于洞口的小土堆,以防水浸入巢中。玃:一种哺乳动物,穴居山野。貉:一种哺乳动物,似狸。曲穴:挖掘弯曲的洞穴以防敌害。　⑬芄菅:禽兽巢穴中杂乱的垫草。　⑭槎枿:密集参差的样子。堀:音 kū,通窟,洞穴。虚:丘。连比:连接。　⑮景:日光,指天晴日晒。　⑯辟:偏僻,陋:边远狭小。檐:屋檐。　⑰先古:指古代圣贤之道。　⑱专室:小屋。　⑲苍颉:传说是黄帝的史官,始作文字。　⑳容成:相传是黄帝的大臣,始创历法。㉑胡曹:相传是黄帝的大臣,始制衣服。　㉒后稷:相传是舜的农官,周之先祖,始教民稼穑。　㉓仪狄:相传是夏禹时发明酿酒的人。　㉔奚仲:相传是夏代的车正,始造车辆。　㉕悉:尽。达:通,指各自所专长的方面。备:用。㉖易事:改变所从事的工作。见:同现,表现。　㉗奄:覆盖,包括。㉘修:学习,从事。其业:指六子的事业。　㉙顺:训。施:延。句谓六子之才学通过教育得以延续。

今夫盲者,目不能别昼夜,分白黑,然而搏琴抚弦,参弹复徽,攫援摽拂①,手若蔑蒙,不失一弦②。使未尝鼓瑟者,虽有离朱之明,攫掇之捷,犹不能屈伸其指③。何则?服习积贯之所致④。故弓待檠而后能调,剑待砥而后能利⑤。玉坚无敌,镂以为兽,首尾成形,礛诸之功⑥。木直中绳,揉以为轮,其曲中规,檃括之力⑦。唐碧坚忍之类,犹可刻镂,揉以成器用⑧,又况心意乎!

[注释]①搏:击,奏。抚:按。参(音 cān)弹:弹琴的一种指法,同时弹奏多根琴弦。徽:通挥,弹奏。复徽:弹琴的一种技法,手指上下滑动弹奏。攫援:弹奏的一种指法,用两指挑弦,使之发出短促乐音。摽拂:弹琴的一种指法,以手指挥拂,使之发出连续泛音。 ②蔑蒙:手指动作飞快的样子。 ③离朱:传说是黄帝时人,以视力超群著称,能见百步之外秋毫之末。攫掇:传说是黄帝时人,以动作敏捷疾速闻名。 ④服习:反复练习。积贯:积久而熟习,熟能生巧。 ⑤檠:音 qíng,校正弓的器具。砥:磨刀石。 ⑥礛诸:治玉之石。 ⑦中:音 zhòng,符合。中绳:形容木材笔直。揉:使木材改变形状,比如使直木弯曲。规:指圆规画出的曲线。檃括:矫正竹木弯曲的工具。 ⑧唐碧:一种类似玉的石。坚忍:坚硬。

且夫精神滑淖纤微①,倏忽变化,与物推移②,云蒸风行,在所设施③。君子有能精摇摩监,砥砺其才,自试神明④,览物之博,通物之壅⑤,观始卒之端,见无外之境⑥,以逍遥仿佯于尘埃之外⑦,超然独立,卓然离世,此圣人之所以游心⑧。若此而不能,闲居静思,鼓琴读书,追观上古及贤大夫,学问讲辩⑨,日以自娱,苏援世事,分白黑利害⑩,筹策得失,以观祸福⑪,设仪立度,可以为法则⑫,穷道本末,究事之情,立是废非,明示后人,死有遗业,生有荣名。如此者,人才之所能逮。然而莫能至焉者,偷慢懈惰,多"不暇日"之故⑬。夫瘠地之民多有心者,劳也⑭;沃地之民多不才者,饶也⑮。由此观之,知人无务,不若愚而好学⑯。自人君公卿至于庶人,不自强而功成者,天下未之有也。《诗》云:"日就月将,学有缉熙于光明。"⑰此之谓也。

[注释]①滑淖(音 nào):畅顺而无阻滞。 ②倏(音 shū)忽:迅速,形容时间极短。推移:变易。 ③施:用。 ④精摇:精神震动。摩监:揣摩借鉴。自试:自我测试,检验。神明:与道相通的智慧。 ⑤壅:障蔽,堵塞。⑥始卒之端:开始和结束的头绪。无外之境:无边的境界,极言其远。 ⑦仿佯:徘徊,游荡。尘埃:指世俗。 ⑧游心:留心,留意。 ⑨学问:学习,询问。讲辩:论辩。 ⑩苏:求索。援:征引。 ⑪筹策:谋划。 ⑫仪:法度,标准。 ⑬不暇日:没有空闲的日子。这里是引用偷慢懈惰者的借口。⑭有心:有向义之心。 ⑮饶:安逸。 ⑯知:同智。务:努力从事某项工作。⑰引《诗》见《周颂·敬之》。就:往。将:行。缉熙:持续奋进。

名可务立,功可强成①,故君子积志委正,以趣明师②,励节亢高,以绝世俗③。何以明之?昔者南荣畴耻圣道之独亡于己④,身淬霜露,敕跻跌⑤,跋涉山川,冒蒙荆棘,百舍重跰⑥,不敢休息,南见老聃⑦。受教一言,精神晓泠,钝闻条达⑧,欣然七日不食,如飨太牢⑨,是以明照四海,名施后世,达略天地,察分秋豪⑩,称誉叶语,至今不休⑪。此所谓名可强立者。吴与楚战,莫嚣大心抚其御之手曰⑫:"今日距强敌,犯白刃,蒙矢石⑬,战而身死,卒胜民治,全我社稷,可以庶几乎⑭?"遂入不返,决腹断头,不旋踵运轨而死⑮。申包胥竭筋力以赴严敌⑯,伏尸流血,不过一卒之才,不如约身卑辞,求救于诸侯⑰。于是乃赢粮跣走,跋涉谷行⑱,上峭山,赴深溪,游川水,犯津关⑲,躏蒙笼,蹶沙石⑳,跖达膝曾茧重胝㉑,七日七夜,至于秦庭。鹤跱而不食,昼吟宵哭㉒,面若死灰,颜色霉黑㉓,涕液交集,以见秦王。曰㉔:"吴为封豨修蛇,蚕食上国,虐始于楚㉕。寡君失社稷,越在草茅㉖,百姓离散,夫妇男女,不遑启处㉗,使下臣告急。"秦王乃发车千乘,步卒七万,属之子虎㉘,逾塞而东,击吴浊水之上㉙,果大破之,以存楚国。烈藏庙堂,著于宪法㉚。此功之可强成者也。

[注释]①务:事。强:勉力。　②委:积聚。正:正直。趣:趋向。师:典范。　③励节:勉励气节。亢高:正直崇高。　④南荣畴:人名,姓南荣,名畴。传说是老子学生庚桑楚的学生。　⑤淬:音cuì,沐浴,引申为蒙受,冒。敕:著。跻:草鞋。趹:奔跑。　⑥舍:住宿。百舍:行走百里才停宿。形容赶路心切,不遑止宿。百舍重跰:"跰"当作"骈"。骈:脚底因赶路摩擦而生成的硬茧。重跰:一重重的茧。　⑦老聃:即老子,春秋楚苦县人,道家学说的创始人。　⑧晓:明。泠:明了。钝闻:迟钝昏昧。条达:畅通。　⑨飨:通享,享受。太牢:牛、羊、猪三牲。　⑩达:通达。略:巡视,视察。秋豪:鸟兽秋天长出的毫毛,喻极纤细。　⑪叶:世。叶语:世代传颂。　⑫吴与楚战:高诱注谓指吴王阖闾与楚昭王在柏举的战役,事在前506年。莫嚣:即莫敖,楚国官名,位次于令尹。大心:人名。　⑬犯:冒,遭受。矢石:箭与石。古时作战,射箭抛石杀伤敌人。　⑭庶几:差不多,表示一种愿望。　⑮决:断,剖开。旋踵:转身,指退却。运轨:指调转车头。　⑯申包胥:春秋楚国大夫,封于申,故号申包胥。楚大夫伍员为报楚昭三杀父兄之仇,率吴军攻楚。申包胥至秦求救,哭于秦廷七日七夜,终于感动秦国出兵救楚,败吴军。楚昭王返国赏申包胥,申包胥逃而不受。事见《左传·定四、五年》。严敌:凶猛强大的敌人。　⑰约:卑下。约身:降低身份。　⑱赢:担负。赢粮:担负着粮食。跣:音xiǎn,光着脚。跋涉:跋山涉水,在没有路的地方行走。谷行:在山谷中行进。　⑲游:渡。犯:越。津关:设在水路要冲的关口。　⑳躏:超越。蒙

笼;指茂密的草木。蹶:踏。 ㉑跖:脚掌。达:至,到。跖达膝:从脚掌直至膝盖。曾茧重胝:指一重重的茧。 ㉒鹤跱:像鹤那样独立久站。吟:叹息。 ㉓霉:脸面垢黑。 ㉔涕液:泪水。秦王:指秦哀公,前536～前501年在位。 ㉕封:大。豨:猪。上国:中原之国。虐:害。虐始于楚:意谓吴侵楚只是其吞食上国计划开始,楚亡则次至攻秦了。 ㉖越:远。草茅:喻丛野。其时楚昭王避难于随。 ㉗遑:空暇。不遑:没有空暇,不可能。启:跪。处:居。启处:犹言起居,指正常生活。 ㉘属:交付,委托。子虎:人名,秦国将领。 ㉙塞:指秦国武关,在今陕西商南县西北,为秦之南塞,秦向楚用兵,当出此塞。浊水:水名,源出今湖北襄樊市北,东南流入白河。 ㉚烈:功业。藏:记载。宪法:国法。

　　夫七尺之形,心知忧愁劳苦,肤知疾痛寒暑,人情一也。圣人知时之难得,务可趣也①,苦身劳形,焦心怖肝②,不避烦难,不违危殆③。盖闻子发之战④,进如激矢,合如雷电,解如风雨,员之中规,方之中矩,破敌陷陈,莫能雍御⑤,泽战必克,攻城必下。彼非轻身而乐死,务在于前,遗利于后,故名立而不堕⑥。此自强而成功者也。是故田者不强,囷仓不盈⑦;官御不厉,心意不精⑧;将相不强,功烈不成⑨;侯王懈惰,后世无名⑩。《诗》云:"我马唯骐,六辔如丝。载驰载驱,周爰谘谋。"⑪以言人之有所务也。

　　[注释]①务:事业。趣:从速,急。 ②焦心:心情忧虑焦急。怖肝:戒惧。 ③违:避。 ④子发:人名,战国楚国将领。 ⑤雍御:抵御。 ⑥遗利:为后人留下好处。堕:废。 ⑦田者:耕田人。强:勉力。囷:音 qūn,圆形仓。囷仓:粮仓。 ⑧官御:官吏。厉:振奋。精:专一。 ⑨功烈:功业。 ⑩世:身。后世:身后 ⑪引《诗》见《小雅·皇皇者华》。今本《诗经》谟作谋。骐:青黑色的马。辔:马缰绳。如丝:马辔用麻编成,此言其白柔如丝。

载:动词词头。周:忠实。爰:于。谘:商量。谟:谋划。

通于物者,不可惊以怪①;喻于道者,不可动以奇②;察于辞者,不可耀以名;审于形者,不可遁以状③。世俗之人,多尊古而贱今,故为道者必托之于神农、黄帝而后能入说④。乱世暗主⑤,高远其所从来,因而贵之。为学者蔽于论而尊其所闻,相与危坐而称之,正领而诵之⑥。此见是非之分不明。夫无规矩,虽奚仲不能以定方圆⑦;无准绳,虽鲁般不能以定曲直⑧。是故钟子期死而伯牙绝弦破琴,知世莫赏也⑨;惠施死而庄子寝说言,见世莫可为语者也⑩。夫项托七岁为孔子师,孔子有以听其言也⑪。以年之少,为闾丈人说,救敂不给,何道之能明也⑫?

[注释]①通:达。通于物:通晓万物奥秘。 ②喻:明。动:动摇,改变。 ③遁:欺骗。状:貌。 ④入说:使学说被人接受。 ⑤暗:昏昧。 ⑥危坐:端坐。古人两膝着地而坐,危坐则正身而跪。称:颂扬。诵:熟读。 ⑦奚仲:相传是夏代的车正,始造车辆。 ⑧鲁般:即公输般,春秋鲁国人,故称。般亦作班,古代著名工匠。 ⑨钟子期:春秋楚人,精于音律。伯牙:春秋时人,以精于琴艺著名。传说伯牙鼓琴,志在高山流水,唯钟子期能完全理解琴意。钟子期死,伯牙以为世无知音,终身不复鼓琴。 ⑩惠施:又称惠子,战国宋人,名家代表人物,曾任魏惠王相,是庄子的好朋友,尝相与论辩。庄子:名周,战国宋人,道家主要代表人物。寝:止息。 ⑪项托:春秋时人,相传其七岁为孔子师。托亦作橐。 ⑫闾丈人:乡里老人。敂:指老人用拐杖敲小童头。给:音 jǐ,及。

昔者,谢子见于秦惠王①,惠王说之,以问唐姑梁②,唐姑梁曰:"谢子,山东辩士,固权说以取少主③。"惠王因藏怒而待之。后日复见,逆而弗听也。非其说异也,所以听者易。夫以徵为羽,非弦之罪④;以甘为苦,非味之过。楚人有烹猴而召其邻人,以为狗羹也,而甘之⑤。后闻其猴也,据地而吐之,尽写其食⑥。此未始知味者也。邯郸师有出新曲者,托之李奇⑦,诸人皆争学之。后知其非也,而皆弃其曲,此未始知音者也。鄙人有得玉璞者⑧,喜其状,以为宝而藏之。以示人,人以为石也,因而弃之。此未始知玉者也。故有符于中,则贵是而同今古⑨;无以听其说⑩,则所从来者远而贵之耳。此和氏之所以泣血于荆山之下⑪。

[注释]①谢子:姓谢,子是尊称。为墨家人物。秦惠王:即秦惠文王,战国秦国君,名驷,前337～前311年在位。 ②唐姑梁:人名,秦国大夫。③权说:诡诈辩说。取:取悦。少主:指秦惠王太子。 ④徵、羽:古代五音中的两个音阶。 ⑤召:请。 ⑥据地:趴在地上。写:音xiè,呕吐。 ⑦邯郸:战国赵国都,在今河北省。师:乐师。出:创作。李奇:人名,赵国著名音乐家。 ⑧鄙人:鄙陋之人。玉璞:未经雕琢加工的玉石。 ⑨符:验,指对事物的透彻看法。是:实。同今古:对古今事物标准相同,皆以求实为准。⑩无以听其说:心中没有判断各种学说正确与否的标准。 ⑪和氏:即卞和,春秋楚人。曾发现一块玉璞,先后献给楚厉王、楚武王,都认为是石头而被砍去左右脚。楚文王即位,卞和抱玉璞哭于荆山之下,泪尽继之以血,文王使玉人剖璞加工,果得和氏璧,事见《韩非子·和氏》。荆山:山名,在今湖北省南漳县西。

今剑或绝侧羸文,啮缺卷铔①,而称以顷襄之剑,则贵人争带之②;琴或拨剌枉橈,阔解漏越③,而称为楚庄之琴,侧室争鼓之④。苗山之铤,羊头之销⑤,虽水断龙舟,陆刳兕甲，莫之服带⑥。山桐之琴，涧梓之腹⑦，虽鸣廉修营，唐牙莫之鼓也⑧。通人则不然。服剑者期于恬利，而不期于墨阳、莫邪⑨；乘马者期于千里，而不期于骅骝、绿耳⑩；鼓琴者期于鸣廉修营，而不期于滥胁、号钟⑪；诵《诗》《书》者期于通道略物，而不期于《洪范》、《商颂》⑫。圣人见是非，若白黑之于目辨，清浊之于耳听⑬。众人则不然。中无主以受之，譬若遗腹子之上陇⑭，以礼哭泣之，而无所归心⑮。故夫孪子之相似者，唯其母能知之⑯；玉石之相类者，唯良工能识之；书传之微者，唯圣人能论之⑰。今取新圣人书，名之孔、墨，则弟子句指而受者必众矣⑱。故美人者，非必西施之种⑲；通士者，不必孔、墨之类。晓然意有所通于物，故作书以喻意，以为知者也⑳。诚得清明之士，执玄鉴于心㉑，照物明白，不为古今易意㉒，撼书明指以示之，虽阖棺亦不恨矣㉓。昔晋平公令官为钟。钟成，而示师旷㉔。师旷曰："钟音不调。"平公曰："寡人以示工，工皆以为调。而以为不调，何也？"师旷曰："使后世无知音者则已，若有知音者，必知钟之不调。"故师旷之欲善调钟也，以为后之有知音者也。

[注释]①侧：指剑的侧锋。绝侧：使剑锋残缺断裂。羸：音léi，毁坏。羸文：毁坏剑上刻铸的花纹。啮：音niè，咬，啃。啮缺：谓刀刃缺口，如同被啃咬。钝：rěn，锋刃。卷钝：剑锋残缺卷起。　②顷襄：指楚顷襄王，名横，前298～前263年在位。　③拨剌：象声词，指走音变调的琴声。枉桡：指发音不准的琴声。阔解：损坏。漏越：琴声散逸不纯。　④楚庄：春秋楚国君，名侣，前613～前591年在位。侧室：旁侧的房间，指后房宠姬。　⑤苗山：楚国山名，其地出产优质金属。铤：音chán，铁把短矛。羊头：三棱形的箭头。

销:生铁。 ⑥龙舟:大船。 刌:tuán,割。 兕:雌犀牛。兕甲:用犀牛皮制成的铠甲。 ⑦山桐:长在山间的桐树。梓:木名,木质轻而易割,常用作制琴瑟。涧梓:长在山涧的梓树。腹:琴腹,琴身中间部分。 ⑧廉:廉隅,这里指琴声纯正不苟。修营:指琴声的和谐优美。唐:通堂,指师堂,传说是春秋时乐师,以善鼓琴闻名。牙:伯牙,古之善鼓琴者。 ⑨恬:同"铦"。铦:音xiān,锐利。墨阳、莫邪:皆宝剑名。 ⑩骅骝、绿耳:皆骏马名。传说周穆王有八匹骏马,其中就有骅骝、绿耳。 ⑪滥胁、号钟:皆著名古琴名,传说是齐桓公所用之琴。 ⑫略:达。《洪范》:《尚书》篇名。《商颂》:《诗经》三颂之一,共五篇。 ⑬清:指清亮之音。浊:指重浊之音。 ⑭遗腹子:父亲死后才出生的人。陇:指坟墓。 ⑮归心:动心,从心里感到悲哀。 ⑯孪子:双胞胎。 ⑰书传:典籍。微:指微妙之处。论:阐述。 ⑱句指:毕恭毕敬的样子。受:受业,学习。 ⑲西施:春秋越国女子名,以美色著称。种:类。 ⑳喻:明。喻意:表达心意。为知者:指为后世聪明人所阅读、利用。 ㉑玄鉴:指高明透彻的见解。 ㉒易意:改变思想、见解。 ㉓摅:抒发。摅书:作书。指:通旨,意旨。明指:阐明意旨。阖棺:喻死亡。 ㉔晋平公:春秋晋国君,前557～前532年在位。师旷:晋平公乐师,以善辨音乐著称。

　　三代与我同行,五伯与我齐智①,彼独有圣智之实,我曾无有闾里之闻,穷巷之知者何②?彼并身而立节,我诞谩而悠忽③。今夫毛嫱、西施,天下之美人,若使之衔腐鼠,蒙狷皮④,衣豹裘,带死蛇,则布衣韦带之人过者,莫不左右睥睨而掩鼻⑤。尝试使之施芳泽,正娥眉⑥,设笄珥,衣阿锡,曳齐纨⑦,粉白黛黑,佩玉环,揄步⑧,杂芝若,笼蒙目视⑨,冶由笑,目流眺,口曾挠⑩,奇牙出,靥酺摇⑪,则虽王公大人,有严志颉颃之行者⑫,无不惮悇痒心而悦其色矣⑬。今以中人之才,蒙愚惑之智,被污辱之行⑭,无本业所修,方术所务⑮,焉得无有睥面掩鼻之容哉!今鼓舞者,绕身若环⑯,曾挠摩地,扶旋猗那⑰,动容转曲,便媚拟神⑱。身若秋药被风,发若结旌,骋驰若骛⑲;木熙者,举梧槚,据句枉⑳,猿自纵,好茂叶,龙夭矫,燕枝拘㉑,援丰条,舞扶疏㉒,龙从鸟集,搏援攫肆,蒙蒙踊跃㉓。且夫观者莫不为之损心酸足㉔,彼乃始徐行微笑,被衣修擢㉕。夫鼓舞者非柔纵,而木熙者非眇劲㉖,淹浸渍渐摩使然也㉗。是故生木之长,莫见其益,有时而修;砥砺礛坚,莫见其损,有时而薄㉘。藜藿之生,蠕蠕然日加数寸,不可以为栌栋㉙;梗楠豫章之生也,七年而后知,故可以为棺舟㉚。夫事有易成者名小,难成者功大。君子修美,虽未有利,福将在后至。故《诗》云:"日就月将,学有缉熙于光明㉛。"此之谓也。

[注释]①五伯:即春秋五霸。伯:同霸。　②曾:乃,却。　③并身:忘身。立节:树立高尚节操。诞谩:放纵,散漫。悠忽:指轻忽放荡,消磨岁月。　④猬:一种哺乳动物名,即刺猬。　⑤韦:经加工的熟皮革。布衣韦带:指贫贱之人。睥睨:音 pì nì,斜视,不忍看。　⑥芳泽:妇女用以润发的香油。娥眉:形容女子姿色美丽。　⑦笄:发簪。珥:音 ěr,耳饰。阿锡:一种精致的丝织物。锡:通缌。纴:白色细绢。齐纴:齐地所产的细绢,以精美闻名。⑧黛:古代妇女用以画眉的一种青黑色颜料。揄步:步履轻盈飘逸的样子。　⑨杂:掺杂,交错。芝:通芷,香草名。若:香草名,即杜若。笼蒙:高远的样子。这里指目光有神。目视:注视。　⑩冶由:妖媚的神态。流眺:目光流转观看。曾:乃,则。挠:弱,说话声音纤弱的样子。　⑪奇:美好。出:露。靥酺:颊边的酒窝。　⑫严志:坚强的意志。颉颃:倔强,坚毅。　⑬无不惮悇痒心:"惮悇"应作"憛悇"为是。憛悇:音 tán tú,贪图,爱好。痒心:心有所欲的样子。　⑭中人:平常人。　⑮本业:本身从事的行业。方术:道术。⑯无有睥面掩鼻之容哉:"睥面"当作"睥睨"。鼓舞:合乐起舞。绕身若环:谓舞姿盘旋,身体柔软弯曲若环。　⑰曾:乃。挠:弯曲。摩地:触地。扶旋

猗那:"旋"当作"于"。扶于:舞姿缓急有致的样子。猗那:柔美的样子。 ⑱动容:舞姿摇荡的样子。转曲:谓一曲终了更换一曲。便媚:轻盈美丽的样子。拟:像。 ⑲药:香草名,即白芷。被风:指香草被风吹拂,摇晃欲伏。结旌:旗帜飘动时结时散的样子,形容头发在舞动时屈而复舒。骋驰若骛:骛当作惊。骋驰:喻舞步迅疾。 ⑳熙:嬉戏。木熙:古代一种杂技,攀得树干,在树上完成各种惊险动作。举:攀缘,往上爬。梧:木名,也叫梧桐。槚:一种树名。据:抓住。句枉:弯曲的树枝。 ㉑夭矫:屈伸自如的样子。枝拘:停集枝头。几句以猿、龙、燕比喻木熙者在树上的从容表演。 ㉒援:持。丰条:粗大的枝条。扶疏:舞姿优美的样子。 ㉓搏援:搏击。攫肆:放肆地抓捕,这里是形容木熙者在树上模仿鸟禽的各种动作。蔑蒙:动作飞快的样子。㉔损心:惊心。酸足:因害怕而脚软。 ㉕擢:通翟,一种手持翟羽为道具的舞蹈。 ㉖柔纵:柔软委纵。眇劲:轻捷有劲。 ㉗淹:久。浸渍、渐靡:都是逐渐积累的意思,指持久的锻炼。 ㉘砥砺:磨刀石。礛坚:磨砺坚硬的物体。 ㉙藜藿:两种野菜名,嫩时可食。蠕蠕:虫蠕动的样子。这里是指植物冉冉生长的样子。栌:大柱头上承托栋梁的方木。 ㉚梗、楠、豫章:皆树木名。棺:棺木。 ㉛引《诗》见《周颂·敬之》。缉熙:持续奋进。

卷二十　泰族训

　　天设日月,列星辰,调阴阳,张四时①,日以暴之,夜以息之②,风以干之,雨露以濡之③。其生物也,莫见其所养而物长;其杀物也,莫见其所丧而物亡④。此之谓神明。圣人象之,故其起福也,不见其所由而福起;其除祸也,不见其所以而祸除。远之则迩,延之则疏⑤;稽之弗得⑥,察之不虚;日计无算,岁计有余⑦。夫湿之至也,莫见其形而炭已重矣⑧;风之至也,莫见其象而木已动矣⑨;日之行也,不见其移;骐骥倍日而驰⑩,草木为之靡;县烽未转⑪,而日在其前。故天之且风,草木未动而鸟已翔矣;其且雨也,阴曀未集而鱼已唵矣⑫。以阴阳之气相动也。故寒暑燥湿,以类相从;声响疾徐,以音相应也。故《易》曰:"鸣鹤在阴,其子和之。"⑬

　　[**注释**]①张:设,安排。　②暴:同曝,晒。　③濡:湿润。　④丧:毁弃。　⑤迩:近。延:接。　⑥稽:考核。　⑦句谓不可拘泥于一时,而要着眼长远。以短时间尺度衡量看不出变化,用长时间尺度衡量变化就明显了。　⑧古有悬土炭以验气的做法:将一包土和一包炭分挂衡杆两端,使之平衡。空气潮湿,炭重量增加,衡杆向炭包一端下沉。　⑨木已动:指树木被风吹摇

动。　⑩骐骥:千里马名。倍:通背。　⑪县:同悬。烽:边防报警的烟火。县烽:古代边防地区相隔一段距离设一烽火台,有警时白天举烟,夜晚举火,后一烽火台见前台举烽火,也要点燃烟火,以次传送警报。县烽未转:指烽火台还来不及点燃烟火,形容时间极快。　⑫曀:音 yì,风雨时天色阴沉的样子。唵:音 yǎn,鱼在水面张口呼吸。下雨时水中缺氧,故鱼上游水面呼吸。　⑬二句见《周易·中孚·九二》。阴:树荫。子:指鸣鹤的配偶。

　　高宗谅暗①,三年不言,四海之内寂然无声;一言声然②,大动天下。是以天心呿唵者也③,故一动其本而百枝皆应,若春雨之灌万物也,浑然而流,沛然而施④,无地而不澍⑤,无物而不生。故圣人者怀天心,声然能动化天下者也。故精诚感于内,形气动于天,则景星见⑥,黄龙下,祥凤至,醴泉出⑦,嘉谷生⑧,河不满溢,海不溶波⑨。故《诗》云:"怀柔百神,及河峤岳。"⑩逆天暴物,则日月薄蚀⑪,五星失行,四时干乖⑫,昼冥宵光,山崩川涸,冬雷夏霜。《诗》曰:"正月繁霜,我心忧伤。"⑬天之与人,有以相通也。故国危亡而天文变,世惑乱而虹霓见,万物有以相连,精祲有以相荡也⑭。

　　[注释]①高宗:指殷王武丁。武丁任用傅说为相,勤修政事,国势中兴,死后号高宗。谅暗:天子、诸侯居丧。　②声然:声音洪亮的样子。③天心:天之心,自然之心。呿:音 qū,张口。唵:闭口。呿唵:指呼吸。句谓天心动如呼吸之微而天下响应。　④浑然、沛然:皆水充盛盈满的样子。⑤澍:沾润。　⑥景星:瑞星。古人相信这种星出现将给人间带来祥瑞。以下几句之黄龙、祥凤等皆指传说中的祥瑞物。　⑦醴泉:甘美的泉水。⑧嘉谷:古以粟为嘉谷,后来以嘉谷总称五谷。　⑨满溢:指河水泛滥为害。溶:通涌。溶波:指翻卷波浪,形成灾害。　⑩引《诗》见《周颂·时迈》。怀柔:安抚,这里是祭望的意思。河,黄河。峤(音 qiáo)岳:高山。今本《诗经》

峤作乔。　⑪薄蚀:日月相掩食,如日食、月食。　⑫五星:金木水火土五大行星。干:抵触。乖:违背。　⑬引《诗》见《小雅·正月》。繁:多。　⑭精祲:阴阳二气相侵形成的灾害之气。荡:通。

　　故神明之事,不可以智巧为也,不可以筋力致也。天地所包,阴阳所呕①,雨露所濡,化生万物,瑶碧玉珠,翡翠玳瑁②,文彩明朗,润泽若濡,摩而不玩③,久而不渝,奚仲不能旅④,鲁般不能造⑤,此之谓大巧。宋人有以象为其君为楮叶者⑥,三年而成,茎柯豪芒,锋杀颜泽⑦,乱之楮叶之中而不可知也。列子曰⑧:"使天地三年而成一叶,则万物之有叶者寡矣。夫天地之施化也,呕之而生⑨,吹之而落,岂此契契哉⑩!"故凡可度者,小也;可数者,少也。至大,非度之所能及也;至众,非数之所能领也。故九州不可顷亩也⑪,八极不可道里也⑫;太山不可丈尺也⑬,江海不可斗斛也⑭。故大人者,与天地合德,日月合明,鬼神合灵,与四时合信⑮。故圣人怀天气,抱天心,执中含和,不下庙堂而衍四海⑯,变习易俗,民化而迁善,若性诸己⑰,能以神化也。《诗》云:"神之听之,终和且平⑱。"夫鬼神视之无形,听之无声,然而郊天、望山川⑲,祷祠而求福⑳,雩兑而请雨㉑,卜筮而决事㉒。《诗》云:"神之格思,不可度思,矧可射思。"㉓此之谓也。

[注释]①呕:抚育。　②瑶碧:玉名。玳瑁:海洋中龟类动物名,甲片可作装饰品。　③玩:通刓,磨损。　④奚仲:人名,夏代的车正,相传是车的发明者。旅:众,这里作动词用,有增加、仿造出的意思。　⑤鲁般:即鲁班,春秋时鲁国的巧匠。　⑥象:指象牙。楮:木名,叶似桑叶。　⑦茎柯:叶脉。

豪芒:指叶上的细毛微芒。锋杀:长短。颜泽:颜色光泽。 ⑧列子:即列御寇,战国郑人。 ⑨呴:音 xū,嘘,缓缓吐气。 ⑩契契:勤苦的样子。 ⑪九州:指中国。 ⑫八极:八方极远处,是地的尽头。道里:皆古代行政区划名。 ⑬太山:即泰山。 ⑭斛:容量单位名,十斗为一斛。 ⑮信:指有规律的变化。 ⑯庙堂:指朝廷。衍:推广,推行。 ⑰性:通生。 ⑱引《诗》见《小雅·伐木》。 ⑲郊:祭天地。望:祭山川。 ⑳祷祠:祈祷。 ㉑雩:音 yú,古代求雨之祭。兑:通说,祭名,祭祀时陈说事实而责让之。 ㉒卜筮:两种占卜法,用龟占叫卜,用蓍草占叫筮。 ㉓引《诗》见《大雅·抑》。格:至,来。思:语气词。度:揣度。矧:音 shěn,况且。射:音 yì,厌。

天致其高,地致其厚;月照其夜,日照其昼;阴阳化,列星朗①,非其道而物自然②。故阴阳四时,非生万物也;雨露时降,非养草木也。神明接,阴阳和,而万物生矣。故高山深林,非为虎豹也;大木茂枝,非为飞鸟也;流源千里③,渊深百仞,非为蛟龙也。致其高崇,成其广大,山居木栖,巢枝穴藏④,水潜陆行,各得其所宁焉。夫大生小,多生少,天之道也。故丘阜不能生云雨⑤,荥水不能生鱼鳖者⑥,小也。牛马之气蒸,生虮虱⑦;虮虱之气蒸,不能生牛马。故化生于外,非生于内也。夫蛟龙伏寝于渊,而卵割于陵⑧。螣蛇雄鸣于上风⑨,雌鸣于下风而化成形⑩,精之至也。故圣人养心,莫善于诚,至诚而能动化矣。

[注释]①列:众。列星:指满天的恒星。 ②道:技艺。 ③流源千里:"流源"当作"源流"。 ④枝:支撑。巢枝:在树上筑巢安身。 ⑤丘阜:小土山。 ⑥荥:小水。 ⑦虮:虱子卵。古人相信虱子是牛马身上热气上蒸形成的。 ⑧割:裂开。传说蛟龙上岸产卵后离去,小蛟龙自己破卵而出。 ⑨螣(音 téng)蛇:传说中的神蛇。 ⑩化成形:指孕育出新一代。

今夫道者①，藏精于内，栖神于心，静漠恬淡，讼缪胸中②，邪气无所留滞，四枝节族，毛蒸理泄③，则机枢调利，百脉九窍莫不顺比④，其所居神者得其位也，岂节拊而毛修之哉⑤！圣主在上，廓然无形，寂然无声，官府若无事，朝廷若无人。无隐士，无轶民⑥，无劳役，无冤刑，四海之内，莫不仰上之德，象主之指⑦，夷狄之国，重译而至⑧，非户辩而家说之也，推其诚心，施之天下而已矣。《诗》曰："惠此中国，以绥四方。"⑨内顺而外宁矣。

[**注释**]①道者：这里指得道者。 ②讼：音róng，通容，纳。缪：音mù，通穆，诚。 ③枝：通肢。节：骨节。族：骨肉交错聚结的部位。理：筋络文理。泄：排泄。 ④机枢：指身体的关键部位。调利：调和顺利。百脉：泛指全身经脉。九窍：眼耳口鼻及前后阴。比：顺。 ⑤所居神者：人精神所居处，即心性。拊：抚，抚慰。节拊毛修：指修养皮毛。 ⑥轶：通逸。轶民：遁世隐居之人。 ⑦象：形象，引申有实现之意。指：通旨，意旨。 ⑧夷狄：古代对边地异族的称呼，东方叫夷，北方叫狄。重（音chóng）译：辗转翻译。 ⑨引《诗》见《大雅·民劳》。中国：指周王畿地区。绥：安抚。四方：指四方诸侯国。

太王亶父处邠①，狄人攻之，杖策而去。百姓携幼扶老，负釜甑②，逾梁山③，而国乎岐周，非令之所能召也。秦穆公为野人食骏马肉之伤也④，饮之美酒，韩之战，以其死力报，非券之所责也⑤。密子治亶父⑥，巫马期往观化焉⑦，见夜渔者，得小即释之，非刑之所能禁也⑧。孔子为鲁司寇⑨，道不拾遗，市买不豫贾⑩，田渔皆让长，而斑白不戴负⑪，非法之所能致也。夫矢之所以射远贯牢者，弩力也；其所以中的剖微者⑫，正心也⑬；赏善罚暴者，政令也；其所以能行者，精诚也。故弩虽强，不能独中；令虽明，不能独行;必自精气所以与之施道⑭。故摅道以被民⑮,而民弗从者,诚心弗施也。

[注释]①太王亶父:即古公亶父,周文王祖父。周族原居豳(地在今陕西旬邑西南),因狄族等入侵,古公亶父率周人迁到岐(也叫周,地在今陕西岐山县东北)立国,开始了周民族兴盛的历史。邠:同豳。 ②釜:锅。甑:音zèng,瓦制的煮饮器具。 ③梁山:山名,在今陕西乾县西北。 ④秦穆公饮野人酒:事见《泛论训》。 ⑤券:契据。非券之所责也:王念孙云:责上脱"能"字。责:要求,约束。 ⑥宓子:即宓不齐,宓同密,春秋末鲁国人,孔子弟子。亶父:地名,即单父,在今山东单县。 ⑦巫马期:人名,孔子弟子。据《吕氏春秋·察贤》,巫马期亦曾任单父宰。化:教化。 ⑧古有不得捕杀小鱼幼兽之法,以保护自然资源。夜渔无人,得小仍释之,说明是自觉行动,而不只是畏惮刑罚。 ⑨司寇:官名,主管刑狱。 ⑩豫:变动。贾:同价。豫贾:货不定价,见机抬价。 ⑪斑白:头发花白,指老人。戴:以头顶物。 ⑫的:靶心。剖微:穿破细小物体。 ⑬正心也:王念孙云:"正心"本作"人心"。 ⑭精气所以:精气所产生的地方,即心。施道:施行其道,指射箭中的,法令实行。 ⑮摅:音shū,抒发。被:及。

天地四时,非生万物也,神明接,阴阳和,而万物生之。圣人之治天下,非易民性也,拊循其所有而涤荡之①,故因则大,化则细矣②。禹凿龙门,辟伊阙③,决江浚河,东注之海④,因水之流也。后稷垦草发菑⑤,粪土树谷,使五种各得其宜⑥,因地之势也。汤、武革车三百乘⑦,甲卒三千人,讨暴乱,制夏、商,因民之欲也。故能因,则无敌于天下矣。

[注释]①拊循:抚慰。涤荡:清除污垢。 ②化:为,造作。细:小。 ③龙门:地名,在今山西河津县西北,传说禹治水时凿此山以导河水。伊阙:地名,在今河南洛阳市南,传说禹曾在此疏导水流。 ④浚:疏通河道。 ⑤后稷:周之先祖,传说始教民农耕。垦草:开发荒地。菑:音zī,荒废的农

田。 ⑥五种:五种谷物,说法不同,或以黍、稷、菽、麦、麻为五种。 ⑦革车:兵车。

夫物有以自然,而后人事有治也。故良匠不能斫金,巧冶不能铄木①,金之势不可斫,而木之性不可铄也。埏埴而为器②,窬木而为舟③,铄铁而为刃④,铸金而为钟,因其可也。驾马服牛,令鸡司夜⑤,令狗守门,因其然也。民有好色之性,故有大婚之礼;有饮食之性,故有大飨之谊⑥;有喜乐之性,故有钟鼓管弦之音;有悲哀之性,故有衰绖哭踊之节⑦。故先王之制法也,因民之所好而为之节文者也⑧。因其好色而制婚姻之礼,故男女有别;因其喜音而正雅、颂之声⑨,故风俗不流⑩;因其宁家室、乐妻子,教之以顺,故父子有亲;因其喜朋友而教之以悌⑪,故长幼有序。然后修朝聘以明贵贱⑫,飨饮习射以明长幼⑬,时搜振旅以习用兵也⑭,入学庠序以修人伦⑮。此皆人之所有于性,而圣人之所匠成也⑯。

[注释]①斫:砍削。冶:铸造金属器物的工匠。铄:音 shuò,销熔。 ②埏:音 shān,以水和土。埴:黏土,可制作陶器。 ③窬:音 yú,钻空木头。 ④刃:刀。 ⑤司夜:与司晨义同,报晓。 ⑥飨:大宴宾客。谊:适宜的行为。 ⑦衰:音 cuī,服丧时披在胸前的麻布条。绖:音 dié,丧期结在头上或腰间的麻带。衰绖:泛指居丧之服。哭踊:一种丧仪,踊指悲痛至极捶胸顿足而跳的动作。 ⑧节文:节制修饰。 ⑨雅、颂:本是《诗经》的两种分类名称,这里指平正规范之乐。 ⑩流:放荡。 ⑪悌:敬爱兄长。 ⑫朝(音 cháo)聘:古代诸侯定期朝见天子之礼。 ⑬飨饮:乡人共聚饮酒的活动。习射:古代重武习射,宴饮之时有射礼。宴饮及习射以长幼为序。 ⑭搜:搜索,这里有演习之义。振旅:整顿部队。 ⑮庠序:古代学校名。人伦:社会

中人的等级关系。　⑯匠成:培养造就。

　　故无其性,不可教训;有其性,无其养,不能遵道。茧之性为丝,然非得工女煮以热汤而抽其统纪①,则不能成丝;卵之化为雏,非慈雌呕暖覆伏②,累日积久,则不能为雏;人之性有仁义之资,非圣人为之法度而教导之,则不可使乡方③。故先王之教也,因其所喜以劝善,因其所恶以禁奸。故刑罚不用,而威行如流;政令约省,而化耀如神。故因其性则天下听从,拂其性则法县而不用④。

　　[注释]①统纪:丝的头绪。　②呕:音 xū,抚育。　③乡:通向,向往,归化。方:道。　④拂:违背。县:悬的本字,颁立。

　　昔者,五帝三王之莅政施教①,必用参五。何谓参五②?仰取象于天,俯取度于地,中取法于人,乃立明堂之朝③,行明堂之令,以调阴阳之气,以和四时之节,以辟疾病之灾④。俯视地理,以制度量,察陵陆水泽肥墩高下之宜⑤,立事生财⑥,以除饥寒之患。中考乎人德,以制礼乐,行仁义之道,以治人伦而除暴乱之祸。乃澄列金木水火土之性⑦,故立父子之亲而成家;别清浊五音六律相生之数⑧,以立君臣之义而成国;察四时季孟之序⑨,以立长幼之礼而成官。此之谓参。制君臣之义,父子之亲,夫妇之辨,长幼之序,朋友之际,此之谓五。乃裂地而州之⑩,分职而治之,筑城而居之,割宅而异之,分财而衣食之,立大学而教诲之⑪,夙兴夜寐而劳力之⑫。此治之纲纪也。

　　[注释]①莅:到,临。莅政:临朝处理政事。　②参:通三。　③明堂:

古代帝王宣明政教的地方,有一套复杂的制度,后来学者加以渲染,成为他们理想中的政治体制。 ④辟:避免、排除。 ⑤陵:土山。陆:高平之地。墩:音qiāo,瘦瘠之地。 ⑥立事:建立事业。 ⑦澄:清。 ⑧故:当作以。五音:古代音乐的五个音阶:宫商角徵羽。六律:十二音律分为阴阳各六律,故以六律代指音律。五音六律相生理论参见《天文训》。 ⑨季孟之序:一季三月,分别以孟仲季为序。 ⑩州:古代地方行政区域,周代以二千五百家为一州。这里用作动词。 ⑪大(音tài)学:古代贵族子弟的学校。 ⑫夙:音sù,早。

然得其人则举,失其人则废。尧治天下,政教平,德润洽①,在位七十载,乃求所属天下之统②,令四岳扬侧陋③。四岳举舜而荐之尧。尧乃妻以二女,以观其内④;任以百官,以观其外⑤。既入大麓⑥,烈风雷雨而不迷,乃属以九子⑦,赠以昭华之玉,而传天下焉⑧。以为虽有法度,而朱弗能统也⑨。

[注释]①德润:德泽。洽:沾润。 ②属:领属。统:治理天下的帝统。 ③四岳:古代四方部族的首领。侧陋:地位卑贱却有才德的人。 ④二女:尧的两位女儿,一名娥皇,一名女英。 ⑤百官:官吏的泛称。 ⑥麓:山脚。大麓:大山林。 ⑦属:音zhǔ,托付。九子:指尧的九个儿子。 ⑧昭华:玉名。 ⑨朱:指尧之子丹朱。

夫物未尝有张而不弛①,成而不毁者也。惟圣人能盛而不衰,盈而不亏。神农之初作琴也,以归神②;及其淫也,反其天心③。夔之初作乐也④,皆合六律而调五音,以通八风⑤;及其衰也,以沉湎淫康⑥,不顾政治,至于灭亡。苍颉之初作书⑦,以辩治百官,领理万事⑧,愚者得以不忘,智者得以志远⑨;至其衰也,为奸刻伪书,以解有罪⑩,

以杀不辜。汤之初作囿也⑪,以奉宗庙鲜犒之具⑫,简士卒⑬,习射御,以戒不虞⑭;及至其衰也,驰骋猎射,以夺民时,罢民之力⑮。尧之举禹、契、后稷、皋陶⑯,政教平,奸宄息⑰,狱讼止而衣食足⑱,贤者劝善⑲,而不肖者怀其德;及至其末,朋党比周,各推其与⑳,废公趋私,内外相推举㉑,奸人在朝,而贤者隐处。故《易》之失也卦;《书》之失也敷㉒;《乐》之失也淫;《诗》之失也辟㉓;《礼》之失也责㉔;《春秋》之失也刺㉕。

[注释]①张:拉开弓,指事物兴盛。弛:松弓,指事物衰落。 ②神农:传说中古帝名。归神:归化于神明。 ③淫:过度。反:违背。 ④夔:传说是尧舜的乐官。 ⑤八风:八方之风。 ⑥沉湎:沉溺于酒。淫康:醉心于享乐。 ⑦苍颉:传说中始创文字的人。书:文字。 ⑧辩:治。领:治理。 ⑨志:记。 ⑩解:开脱。 ⑪囿:放养禽兽以供猎捕的园地。 ⑫鲜:鲜肉。犒:音gǎo,干肉。 ⑬简:检阅,考察。 ⑭不虞:不测,没有料到的事。 ⑮罢:通疲,疲困。 ⑯契:传说是帝喾之子,舜时助禹治水,为司徒。皋陶:也作咎繇,舜之臣,掌刑狱。 ⑰宄:音guǐ,盗窃或作乱的坏人。 ⑱狱讼:以罪名相告为狱,有关财物的争执为讼。 ⑲劝:努力。 ⑳与:同类。 ㉑内:亲戚。外:同党。 ㉒敷:陈敷文藻而不实。 ㉓辟:偏邪不正。 ㉔责:苛责。 ㉕刺:讽刺指责。

天地之道,极则反,盈则损。五色虽朗①,有时而渝;茂木丰草,有时而落;物有隆杀,不得自若②。故圣人事穷而更为,法弊而改制,非乐变古易常也,将以救败扶衰,黜淫济非③,以调天地之气,顺万物之宜也。圣人天覆地载,日月照,阴阳调,四时化,万物不同,无故无新,无疏无亲,故能法天。天不一时,地不一利,人不一事,是以绪业不得不多端④,趋行不得不殊方⑤。五行异气而皆适调,六艺异科而皆同道⑥。温惠柔良者,《诗》之风也;淳庞敦厚者,《书》之教也⑦;清明条达者,《易》之义也⑧;恭俭尊让者,《礼》之为也⑨;宽裕简易者,《乐》之化也;刺几辩义者,《春秋》之靡也⑩。故《易》之失鬼⑪,《乐》之失淫,《诗》之失愚⑫,《书》之失拘,《礼》之失忮⑬;《春秋》之失訾⑭。六者,圣人兼用而财制之⑮。

[注释]①五色:青黄赤白黑,这里泛指各种颜色。 ②自若:保持原样。 ③黜:革除。济:停止。 ④绪业:事业。 ⑤趋行:旨趣行为。殊方:不同的方向、旨趣。 ⑥六艺:指《诗》、《书》、《易》、《礼》、《乐》、《春秋》,皆儒家经典。 ⑦庞:厚实。 ⑧条达:条理畅达。 ⑨尊让:揖让,谦让。 ⑩几:读为讥。刺几:讽刺。义:读为议。靡:美。 ⑪鬼:隐秘不测。 ⑫句谓诗人时怨时怒似愚。 ⑬忮:音 zhì,固执,僵化。 ⑭訾:音 zī,诋毁,怨恨。 ⑮财:通裁。

失本则乱,得本则治。其美在调,其失在权①。水火金木土谷,异物而皆任②;规矩权衡准绳③,异形而皆施;丹青胶漆④,不同而皆用,各有所适,物各有宜。轮圆舆方,辕从衡横⑤,势施便也;骖欲驰,服欲步⑥;带不厌新,钩不厌故⑦,处地宜也。《关雎》兴于鸟⑧,而君子美之,为其雌雄之不乖居也⑨;《鹿鸣》兴于兽⑩,君子大之⑪,取其见食而相呼也;泓之战,军败君获⑫,而《春秋》大之,取其不鼓不成列也⑬;宋伯姬坐烧而死⑭,《春秋》大之,取其不逾礼而行也。成功立事,岂足多哉⑮!方指所言而取一概焉尔⑯。

[注释]①权:诡变。 ②任,用。 ③规:圆规。矩:画方形的工具。权:秤砣。衡:秤杆。准:测定平面的器具。绳:量直线的墨线。 ④丹青:丹砂和青䕅(音hù),可分别提炼出红色、青色颜料的两种矿石。这里泛指各种颜料。胶:黏合剂。漆:涂料。 ⑤舆:车厢。辕:车前驾牲畜的直木。从:通纵。衡:车辕前端的横木。 ⑥骖、服:皆指驾车之马。在中间驾辕的叫服,两旁的叫骖。中间的马受车辕约束,故欲步,两旁的马受束缚小,故欲驰。 ⑦带:古人束衣的带子。钩:束腰皮带上的金属钩。 ⑧《关雎》:是《诗经·国风·周南》的一首诗,今人一般认为是古代民间的恋歌。兴:起兴,一种诗歌表现手法,《关雎》则以鸟在河之洲,兴起男女的追求。 ⑨乖:违反。乖居:偏离所应处的地位。 ⑩《鹿鸣》:是《诗经·小雅》的一篇,以野鹿在欢鸣进食兴起周王宴请宾客。 ⑪大:尊,重,这里是意动用法。 ⑫泓:水名,故道约在今河南柘城西北。前638年,宋襄公率军与楚军在此交战,宋司马建议趁楚军渡河之时进攻,宋襄公认为不义,不许。建议趁楚军刚渡河尚未排好阵式时进攻,又不许。楚军排好阵势后进攻,宋军大败,襄公伤大腿,不久死去。事见《左传·僖二十二年》。获:射中目标。 ⑬鼓:击鼓攻击。 ⑭宋伯姬:春秋宋共公夫人。前543年,宋国大火灾,烧及伯姬住处,左右劝她躲避。伯姬说:妇人之义,傅母不在,晚上不离住室。结果被烧死。事见《春秋谷梁传·襄十三年》。 ⑮多:称赞。 ⑯方:方正,合于道。指:通旨,美。方指所言:所言方指的倒装。概:风范、节操。

王乔、赤松①,去尘埃之间,离群慝之纷②,吸阴阳之和,食天地之精,呼而出故,吸而入新,蹀虚轻举③,乘云游雾,可谓养性矣,而未可谓孝子也。周公诛管叔、蔡叔④,以平国弭乱⑤,可谓忠臣也,而未可谓弟也。汤放桀,武王伐纣,以为天下去残除贼,可谓惠君,而未可谓忠臣矣。乐羊攻中山未能下⑥,中山烹其子,而食之以示威,可谓良将,而未可谓慈父也。故可乎可,而不可乎不可;不可乎不可,而可乎可。舜、许由异行而皆圣⑦,伊尹、伯夷异道而皆仁⑧,箕子、比干异趋而皆贤⑨。故用兵者,或轻、或重、或贪、或廉⑩,此四者相反,而不可一无也。轻者欲发,重者欲止,贪者欲取,廉者不利非其有。故勇者可令进斗,而不可令持牢;重者可令埴固⑪,而不可令凌敌⑫;贪者可令进取,而不可令守职;廉者可令守分,而不可令进取;信者可令持约,而不可令应变。五者相反,圣人兼用而财使之。夫天地不包一物,阴阳不生一类。海不让水潦以成其大⑬,山不让土石以成其高。夫守一隅而遗万方,取一物而弃其余,则所得者鲜,而所治者浅矣。

[注释]①王乔、赤松:传说中两位仙人名字。　②慝:邪恶。尘埃之间、群慝之纷:皆指世俗社会。　③蹀:踏。虚:空。举:飞升。　④周公:姬旦,周武王弟。管叔、蔡叔:皆周武王弟,分封于管、蔡,故称。武王死,成王即位年幼,周公摄政,管、蔡与纣王子武庚作乱,周公率军东征,诛管叔、放逐蔡叔。　⑤弭:平息。　⑥乐羊:人名,战国魏国将领。中山:战国诸侯国,当时国都顿,地在今河北定县。　⑦许由:传说是尧时隐士,尧将天下传给他,他不受而去。　⑧伊尹:商汤王之臣,佐汤伐夏桀,被尊为宰相。伯夷:人名,商孤竹君之子,因不受君位,与弟叔齐一起逃入周。　⑨箕子:商纣王诸父,封国于箕,故称。纣暴虐,箕子讽谏无效,便假装狂颠以自保。比干:也是商纣王之诸父,他屡犯颜强谏商纣王,被剖心而死。　⑩轻:轻佻,躁动。重:稳重。贪:贪功急利。廉:守成而不苟取。　⑪勇:当作轻。埴:坚固。　⑫凌:进犯。　⑬让:辞。潦:雨后的积水。

治大者道不可以小,地广者制不可以狭,位高者事不可以烦,民众者教不可以苛。夫事碎难治也,法烦难行也,求多难澹也①。寸而度之,至丈必差;铢而称之②,至石必过③。石秤丈量,径而寡失④;简丝数米,烦而不察⑤。故大较易为智,曲辩难为慧⑥。故无益于治,而有益于烦者,圣人不为;无益于用,而有益于费者,智者弗行也。故功不厌约,事不厌省,求不厌寡。功约,易成也;事省,易治也;求寡,易澹也。众易之,于以任人,易矣。孔子曰:"小辩破言,小利破义,小艺破道,小见不达,必简。"

[注释]①澹:通赡,满足。 ②铢:古代重量单位,一两的二十四分之一。 ③石:古代重量单位,一百二十斤为一石。 ④径:直接,快速。 ⑤简:择。简丝:指慢慢地清理丝线。 ⑥大较:大法。

河以逶蛇,故能远;山以陵迟,故能高①;阴阳无为,故能和;道以优游,故能化②。夫彻于一事③,察于一辞,审于一技,可以曲说,而未可广应也。蓼菜成行,甂瓯有堤④,称薪而爨,数米而炊⑤,可以治小,而未可以治大也。员中规,方中矩,动成兽,止成文,可以愉舞,而不可以陈军⑥。涤杯而食,洗爵而饮⑦,盥而后馈⑧,可以养少,而不可以飨众⑨。今夫祭者,屠割烹杀,剥狗烧豕,调平五味者,庖也⑩;陈簠簋,列樽俎,设笾豆者,祝也⑪;齐明盛服,渊默而不言,神之所依者,尸也⑫。宰、祝虽不能,尸不越樽俎而代之。故张瑟者,小弦急而大弦缓;立事者,贱者劳而贵者逸⑬。

[注释]①逶蛇:音 wēi yí,弯曲连绵不断的样子。蛇也作迤。陵迟:延缓的斜坡。 ②优游:悠然自得的样子。 ③彻:通。 ④蓼(音 liǎo)菜:植物名,古人用为调味品。甂瓯:瓦制阔口盆。堤:音 dī,通堤,器皿的底座。 ⑤爨:炊。 ⑥愉舞:戏乐助兴。陈军:指挥军队。 ⑦爵:古代的一种酒器。

⑧盥:音 guàn,洗手。馈:向尊长进献物品。 ⑨飨:赏赐。 ⑩五味:甜酸苦辣咸五种滋味。庖:厨师。 ⑪簠簋:音 fǔ guǐ,古代祭祀、宴享时盛放物品的器皿,簠用来装稻粱,簋用来装黍稷。樽俎:都是盛放酒食的器皿,樽用来装酒,俎用来盛肉。笾豆:皆古代祭祀、宴享时盛放果脯的食器,竹编的叫笾,木制的叫豆。祝:在祭祀时传达鬼神意旨的人。 ⑫齐:音 zhāi,同斋。齐明:斋戒严整。渊默:深沉不语。尸:古代祭祀时代表鬼神受祭的人。 ⑬立:通莅,临。立事:处理政事。

舜为天子,弹五弦之琴,歌《南风》之诗,而天下治①。周公肴臑不收于前,钟鼓不解于悬,而四夷服②。赵政昼决狱而夜理书③,御史冠盖接于郡县④,覆稽趋留⑤,戍五岭以备越,筑修城以守胡⑥,然奸邪萌生,盗贼群居,事愈烦而乱愈生。故法者,治之具也,而非所以为治也,而犹弓矢,中之具,而非所以为中也。黄帝曰:"芒芒昧昧⑦,因天之威,与元同气⑧。"故同气者帝,同义者王,同力者霸,无一焉者亡。

[注释]①《南风》:古诗名。传说舜曾制作五弦琴,歌《南风》诗。②肴:鱼肉之类的荤菜。臑:音 nào,动物的前肢。钟鼓:皆乐器名。悬:钟鼓架。 ③赵政:即秦始皇,名政,秦先祖赵姓,故姓赵氏,一说始皇生于赵,故姓赵氏。 ④御史:秦官名,掌管监察郡县,有弹劾纠察之权。冠:官吏礼帽。盖:车盖。冠盖:代指官吏。 ⑤覆:审查。稽:考核。趋:急走。趋留:形容忙碌的样子。 ⑥五岭:五座山岭的总称,说法不一,大体在今湘赣、桂粤等省交界处。或以越城、都庞、萌渚、骑田、大庾为五岭。越:古时泛指居住在江浙粤闽等地的部族,亦统称百越。修:长。胡:泛指北方及西域地区的游牧部族。 ⑦芒:通茫。 ⑧元:始,万物之源,指蕴含道的纯一状态。

故人主有伐国之志,邑犬群嗥,雄鸡夜鸣,库兵动而戎马惊①。今日解怨偃兵,家老甘卧,巷无聚人,妖菑不生,非法之应也,精气之动也。故不言而信,不施而仁,不怒而威,是以天心动化者也;施而仁,言而信,怒而威,是以精诚感之者也;施而不仁,言而不信,怒而不威,是以外貌为之者也。故有道以统之,法虽少,足以化矣;无道以行之,法虽众,足以乱矣。

[注释]①"故人"四句:原注作"伐国,逆天之行,则时必有大祸"。又作"戎马,兵马也。鸡夜鸣而兵马起,气之感动也"。

治身,太上养神,其次养形;治国,太上养化①,其次正法。神清志平,百节皆宁,养性之本也;肥肌肤,充肠腹,供嗜欲,养生之末也。民交让争处卑,委利争受寡,力事争就劳,日化上迁善而不知其所以然②,此治之上也;利赏而劝善,畏刑而不为非,法令正于上而百姓服于下,此治之末也。上世养本,而下世事末,此太平之所以不起也。夫欲治之主不世出③,而可与兴治之臣不万一④,以万一求不世出,此所以千岁不一会也。

[注释]①养化:修养感化。 ②化上:感化于高尚之道。 ③不世出:不可能每代都有产生。 ④不万一:万人之中没有一个。

水之性,淖以清①,穷谷之污②,生以青苔,不治其性也。掘其所流而深之,茨其所决而高之③,使得循势而行,乘衰而流④,虽有腐髊流渐,弗能污也⑤。其性非异也,通之与不通也。风俗犹此也。诚决其善志⑥,防其邪心,启其善道,塞其奸路,与同出一道,则民性可善,而风俗可美也。所以贵扁鹊者⑦,非贵其随病而调药,贵其摩息脉血⑧,知病之所从生也;所以贵圣人者,非贵随罪而鉴刑也⑨,贵其知乱之所由起也。若不修其风俗⑩,而纵之淫辟,乃随之以刑,绳之以法⑪,法虽残贼⑫,天下弗能禁也。禹以夏王,桀以夏亡;汤以殷王,纣以殷亡。非法度不存也,纪纲不张⑬,风俗坏也。三代之法不亡,而世不治者,无三代之智也;六律具存,而莫能听者,无师旷之耳也⑭。故法虽在,必待圣而后治;律虽具,必待耳而后听。故国之所以存者,非以有法也,以有贤人也;其所以亡者,非以无法也,以无贤人也。晋献公欲伐虞,宫之奇存焉⑮,为之寝不安席,食不甘味,而不敢加兵焉。赂以宝玉骏马,宫之奇谏而不听,言而不用,越疆而去,荀息伐之,兵不血刃,抱宝牵马而去。故守不待渠堑而固⑯,攻不待冲降而拔⑰,得贤之与失贤也。故臧武仲以其智存鲁⑱,而天下莫能亡也;蘧伯玉以其仁宁卫⑲,而天下莫能危也。《易》曰:"丰其屋,蔀其家,窥其户,阒其无人。"⑳无人者,非无众庶也,言无圣人以统理之也。

[注释]①淖:音nào,柔和。 ②窈谷:幽谷。污:不流动的水。 ③茨:堆积。 ④衰:音cuī,由大到小递减,这里指水从高向下流。 ⑤骴:音cī,肉未烂尽的尸骨。渐:浸泡在水中的杂物。 ⑥决:导引。 ⑦扁鹊:战国时名医,原名秦越人。 ⑧厌:音yè,以指按捺。息:呼吸,摩息:中医检查病人呼吸状况的一种方法。脉血:号脉以了解人的血液流通,脉当动词用。 ⑨鉴:定。 ⑩修:整治。 ⑪绳:约束。以:原本无此字,依王念孙说补"以"字。 ⑫贼:伤害。残贼:残酷凶狠。 ⑬纪纲:法度。 ⑭师旷:春秋晋国乐师,目盲而耳聪,善辨声乐。 ⑮晋献公:春秋晋国君,前676~前651年在位。虞:春秋诸侯国名。宫之奇:春秋虞国大夫。存:在。宫之奇事见

《左传》僖二年、五年。　⑯渠壍:护城河。　⑰冲降:即冲隆,古时攻城时用来冲撞城墙的战车。　⑱臧武仲:即臧孙纥,春秋鲁国大夫。　⑲璩(音qú)伯玉:即蘧伯玉,春秋卫国大夫。　⑳引文见《周易·丰·上六》。丰:大。蔀:音pù,蔽,以草席覆盖作为屋顶。阒:音qù,空静。

民无廉耻,不可治也。非修礼义,廉耻不立。民不知礼义,法弗能正也。非崇善废丑,不向礼义。无法不可以为治也,不知礼义,不可以行法。法能杀不孝者,而不能使人为孔、曾之行①;法能刑窃盗者,而不能使人为伯夷之廉。孔子弟子七十,养徒三千人,皆入孝出悌②,言为文章,行为仪表③,教之所成也;墨子服役者百八十人④,皆可使赴火蹈刃,死不还踵⑤,化之所致也。夫刻肌肤,镵皮革⑥,被创流血,至难也。然越为之,以求荣也。圣王在上,明好恶以示之,经诽誉以导之⑦,亲贤而进之,贱不肖而退之,无被创流血之苦,而有高世尊显之名⑧,民孰不从!

[注释]①孔、曾:孔子和他的弟子曾参。曾参以孝道著名。　②悌:敬爱兄长。　③文章:指礼乐法度。仪表:榜样。　④墨子:即墨翟,春秋战国墨家学派创始人。该学派有严密的组织纪律,要求成员身体力行,舍身行道。　⑤踵:脚后跟。　⑥镵:音chán,刺。皮革:皮肤。　⑦经:划分。诽:说别人的坏话,这里是贬斥的意思。　⑧高世:高出世俗。

古者设法而不犯,刑错而不用①,非可刑而不刑也。百工维时,庶绩咸熙②,礼义修而任贤德也。故举天下之高,以为三公③;一国之高,以为九卿④;一县之高,以为二十七大夫⑤;一乡之高,以为八十一元士⑥。故智过万人者谓之英,千人者谓之俊,百人者谓之豪,十人者谓之杰。明于天道,察于地理,通于人情。大足以容众,德足以怀远⑦,信足以一异⑧,知足以知变者,人之英也;德足以教化,行足以隐义⑨,仁足以得众,明足以照下者,人之俊也;行足以为仪表,知足以决嫌疑,廉足以分财,信可使守约,作事可法,出言可道者,人之豪也;守职而不废,处义而不比⑩,见难不苟免,见利不苟得者,人之杰也。英、俊、豪、杰,各以小大之材,处其位,得其宜,由本流末,以重制轻,上唱而民和⑪,上动而下随,四海之内,一心同归,背贪鄙而向义理,其于化民也,若风之摇草木,无之而不靡。今使愚教知,使不肖临贤⑫,虽严刑罚,民弗从也。小不能制大,弱不能使强也。故圣主者举贤以立功,不肖主举其所与同。文王举太公望、召公奭而王⑬,桓公任管仲、隰朋而霸⑭,此举贤以立功也。夫差用太宰嚭而灭⑮,秦任李斯、赵高而亡⑯,此举所与同。故观其所举,而治乱可见也;察其党与,而贤不肖可论也。

[注释]①错:通措,置。 ②百工:百官。维:通惟,思虑。时:善。庶:众。绩:功。熙:兴盛。 ③三公:协助天子处理军政大事的最高官职,周代指太师、太傅、太保。 ④九卿:这里指诸侯国的九个高级官职,说法各不同。 ⑤大夫:这里指郡县一级的官吏。 ⑥元士:贤士。或谓高级之士。 ⑦怀远:安抚远方。 ⑧一异:齐一差异。 ⑨隐:审度。隐义:暗合于义。 ⑩比:比周,结党营私。 ⑪唱:通倡,倡导。 ⑫临:统管。 ⑬太公望:即姜太公吕尚,尝在渭水之滨钓鱼,周文王遇之,举为师。后佐武王灭殷。召公奭(音shì):姓姬名奭,封于召,成王时与周公旦分陕而治。 ⑭桓公:春秋齐桓公,五霸之一。管仲:齐桓公相,助桓公成就霸业。隰(音xí)朋:春秋齐国大夫。 ⑮夫差:春秋末吴国君,曾打败越国,后来任佞臣,远贤人,反被越

打败自杀。太宰嚭(音 pǐ):吴王夫差的宠臣,曾受贿许越和,潜杀伍子胥,终亡吴国。⑯李斯:秦朝丞相,秦始皇死,参与矫诏杀扶苏,立胡亥,后被赵高所杀。赵高:秦宦官,秦始皇死后矫诏杀扶苏,专秦朝国政。后为秦子婴所杀。

夫圣人之屈者,以求伸也;枉者,以求直也;故虽出邪辟之道,行幽昧之途,将欲以直大道,成大功。犹出林之中不得直道,拯溺之人不得不濡足也①。伊尹忧天下之不治,调和五味,负鼎俎而行②。五就桀,五就汤,将欲以浊为清,以危为宁也。周公股肱周室③,辅翼成王,管叔、蔡叔奉公子禄父而欲为乱,周公诛之以定天下④,缘不得已也。管子忧周室之卑⑤,诸侯之力征,夷狄伐中国,民不得宁处,故蒙耻辱而不死⑥,将欲以忧夷狄之患,平夷狄之乱也。孔子欲行王道,东西南北七十说而无所偶⑦,故因卫夫人、弥子瑕而欲通其道⑧。此皆欲平险除秽,由冥冥至照照⑨,动于权而统于善者也。夫观逐者于其反也⑩,而观行者于其终也。故舜放弟⑪,周公杀兄,犹之为仁也;文公树米,曾子架羊,犹之为知也⑫。当今之世,丑必托善以自为解,邪必蒙正以自为辟。游不论国,仕不择官,行不辟污,曰伊尹之道也;分别争财,亲戚兄弟构怨,骨肉相贼,曰周公之义也;行无廉耻,辱而不死,曰管子之趋也;行货赂,趣势门,立私废公,比周而取容,曰孔子之术也。此使君子小人,纷然淆乱,莫知其是非者也。

[注释]①濡:音 rú,浸湿。 ②鼎:古代烹饪用的锅。俎:切肉用的砧板。 ③股肱:大腿和胳膊,这里作动词用,是辅助、捍卫的意思。 ④奉:协

助。公子禄父:商纣王之子。　⑤管子:管仲。　⑥蒙耻辱而不死:指管仲早年佐公子纠与公子小白争君位失败,被囚禁押回齐之事。　⑦偶:合。
⑧卫夫人:指春秋卫灵公夫人南子。孔子在卫时,曾拜见卫夫人,见《论语·雍也》。弥子瑕:卫灵公的宠臣。　⑨照:同昭。照照:明亮。　⑩逐:赛跑。反:同返。　⑪舜放弟:指舜封弟象为诸侯。　⑫文公:晋文公。传说晋文公尝种米于地,希望能长出米来。曾子:曾参。架:同枷,用来约束狗的一种器具。种米于地,以枷束羊,皆违反常理之举。知:智。

故百川并流,不注海者不为川谷;趋行蹐驰①,不归善者不为君子。故善言归乎可行,善行归乎仁义。田子方、段干木轻爵禄而重其身②,不以欲伤生,不以利累形,李克竭股肱之力③,领理百官,辑穆万民④,使其君生无废事,死无遗忧,此异行而归于善者。张仪、苏秦家无常居⑤,身无定君,约从衡之事,为倾覆之谋,浊乱天下,挠滑诸侯⑥,使百姓不遑启居⑦,或从或横,或合众弱,或辅富强,此异行而归于丑者也。故君子之过也,犹日月之蚀,何害于明!小人之可也,犹狗之昼吠,鸱之夜见⑧,何益于善!

[注释]①蹐:音jí,轻步。蹐驰:指谋生的各种手段。　②田子方、段干木:皆战国魏人。田子方曾与魏太子相遇,太子下车拜见,而田子方不为礼,以为贫贱者骄人。段干木则不受官禄,魏文侯路过其门必定向段干木致敬。③李克:即李悝,战国魏人,魏文侯相,废除世卿世禄,发展生产,使魏强盛。
④辑:亲睦。穆:通睦。　⑤张仪:战国著名连衡家,魏国人。苏秦:战国著名纵家,洛阳人。　⑥挠滑(音gǔ):扰乱。　⑦遑:空暇。启居:安居休息。　⑧鸱:音chī,猫头鹰。

夫知者不妄发①,择善而为之,计义而行之,故事成而功足赖也,身死而名足称也。虽有知能,必以仁义为之本,然后可立也,知能蹺驰,百事并行。圣人一以仁义为之准绳,中之者谓之君子,弗中者谓之小人。君子虽死亡,其名不灭;小人虽得势,其罪不除。使人左据天下之图而右刎喉②,愚者不为也,身贵于天下也。死君亲之难③,视死若归,义重于身也。天下,大利也,比之身则小,身之重也;比之义则轻;义所全也④。《诗》曰:"恺悌君子,求福不回。"⑤言以信义为准绳也。

[注释]①发:奋起行动。 ②图:地图。据天下之图:代指拥有天下。 ③死君:死君主的名位,即得天下而自刎其喉之君。 ④全:统括。 ⑤引《诗》见《大雅·旱麓》。恺悌:平易近人。回:邪僻。

欲成霸王之业者,必得胜者也;能得胜者,必强者也;能强者,必用人力者也;能用人力者,必得人心者也;能得人心者,必自得者也。故心者,身之本也;身者,国之本也。未有得己而失人者也,未有失己而得人者也。故为治之本,务在宁民;宁民之本,在于足用;足用之本,在于勿夺时;勿夺时之本,在于省事;省事之本,在于节用;节用之本,在于反性。未有能摇其本而静其末,浊其源而清其流者也。故知性之情者,不务性之所无以为;知命之情者,不忧命之所无奈何。故不高宫室者,非爱木也①;不大钟鼎者,非爱金也。直行性命之情②,而制度可以为万民仪③。今目悦五色,口嚼滋味④,耳淫五声⑤,七窍交争⑥,以害其性,日引邪欲而浇其身⑦。夫调身弗能治,奈天下何!故自养得其节,则养民得其心矣。

[注释]①爱:吝啬。　②直:只是。　③仪:标准。　④嚌:品味。
⑤淫:沉溺。五声:五音。　⑥七窍:眼目鼻口,泛指人的感官。　⑦引:用。

所谓有天下者,非谓其履势位,受传籍①,称尊号也,言运天下之力,而得天下之心。纣之地,左东海,右流沙,前交趾,后幽都②,师起容关,至浦水,士亿有余万③,然皆倒矢而射,傍戟而战④。武王左操黄钺,右执白旄以麾之⑤,则瓦解而走,遂土崩而下。纣有南面之名,而无一人之德⑥,此失天下也。故桀、纣不为王,汤、武不为放⑦。周处酆镐之地⑧,方不过百里,而誓纣牧之野⑨,入据殷国⑩,朝成汤之庙⑪,表商容之闾⑫,封比干之墓⑬,解箕子之囚⑭。乃折枹毁鼓,偃五兵⑮,纵牛马,搢笏而朝天下⑯,百姓歌讴而乐之,诸侯执禽而朝之⑰,得民心也。阖闾伐楚⑱,五战入郢⑲,烧高府之粟,破九龙之钟⑳,鞭荆平王之墓,舍昭王之宫㉑,昭王奔随㉒,百姓父兄携幼扶老而随之,乃相率而为致勇之寇㉓,皆方命奋臂而为之斗㉔。当此之时,无将卒以行列之㉕,各致其死,却吴兵,复楚地。灵王作章华之台,发干溪之役㉖,外内搔动,百姓罢敝,弃疾乘民之怨而立公子比㉗。百姓放臂而去之㉘,饿于干溪,食莽饮水㉙,枕块而死。楚国山川不变,土地不易,民性不殊,昭王则相率而殉之,灵王则倍畔而去之㉚,得民之与失民也。故天子得道,守在四夷;天子失道,守在诸侯。诸侯得道,守在四邻㉛;诸侯失道,守在四境。故汤处亳七十里㉜,文王处酆百里,皆令行禁止于天下。周之衰也,戎伐凡伯于楚丘以归㉝。故得道则以百里之地令于诸侯,失道则以天下之大畏于冀州㉞。故曰：无恃其不吾夺也，恃吾不可夺。行可夺之道，而非篡弑之行，无益于持天下矣。

[注释]①势位：指天子的权势地位。籍：位。传籍：世代相传的皇位。 ②东海：大致相当于今黄海全部及东海北部范围。流沙：指我国西北沙漠地区。交趾：泛指今五岭以南地区。幽都：即幽州，地在今河北北部及辽宁一带。 ③容关：地名，当在今广西容县西北之大容山。浦水：水名，即今广西廉江。亿：十万。 ④傍：方，逆。戟：一种兵器名，合戈矛一体，可直刺和横击。 ⑤钺：大斧。黄钺：以黄金装饰的大斧。旄：旄牛尾装饰的旗。黄钺、白旄皆天子指挥军队的仪仗。麾：同挥。 ⑥南面：古代以坐北朝南为尊位，后以南面代指天子即位统治。一人：指帝王。 ⑦放：放纵。 ⑧酆：地名，周国都城，地在今陕西户县东。镐：地名，地在今陕西西安西南，周武王时将国都迁于此。 ⑨誓纣：誓师讨伐商纣。牧之野：即牧野，地名，在今河南淇县南，周武王讨伐纣时曾在此誓师。 ⑩殷国：指商都城殷，在今河南安阳小屯村，盘庚迁都至此。 ⑪成汤：商代开国之君，子姓，名履。 ⑫表：刻有褒扬铭识的木柱，用途与现代之纪念铭牌相似。商容：传说是商代贤人，曾遭商纣贬退。闾：里巷的大门。 ⑬封：堆土修筑坟墓。 ⑭解：释放。箕子佯狂为奴，被商纣囚禁，周武王灭商后释放了箕子。 ⑮枹：音fú，鼓槌。偃：停息。五兵：五种兵器，说法各异。一以矛、戟、钺、楯、弓矢为五兵。这里泛指兵器。 ⑯搢：音jìn，插。笏：古代朝会时所执用以记事的手板。搢笏：把笏板插在腰带上。朝天下：君临天下。 ⑰执禽：古代礼节，诸侯大夫朝会时持野鸡、大雁等飞禽为见面礼。 ⑱阖闾：也作阖庐，春秋吴国公子，名光，前514年，用专诸刺杀吴王僚而自立为君。 ⑲吴王阖闾曾多次攻楚，前506年曾攻占楚都郢（地在今湖北江陵北），这里五战是泛指多次交战。 ⑳高府：国家储藏粮食的仓库。九龙之钟：楚国宝物，雕刻有九龙图案的钟鼓架。 ㉑荆平王：楚平王，名居，前529～前516年在位。楚平王杀伍奢及其长子伍尚，其次子伍子胥逃到吴国，助阖闾夺取王位，而后率军攻楚，占领郢都，其时楚平王已死，伍子胥从坟墓中挖出平王尸体，鞭尸以报杀父兄之仇。昭王：楚平王子，前516～前489年在位。 ㉒随：春秋诸侯国名，地在今湖北随州，当

时是楚的附庸国。　㉓相率：相互招呼、勉励。致：效，献。之：于。寇：敌军，指吴军。　㉔方：并。方命：齐心协力。　㉕行列：军队的队列，这里当动词用，是约束、指挥的意思。　㉖灵王：春秋楚国君，前541～前529年在位。章华之台：相传是楚灵王所造之高台，地在今湖北监利县西北。干溪：春秋楚国地名，地在今安徽亳州东南。楚灵王十一年（前530年），楚攻伐徐国以威胁吴国，灵王率军驻扎在干溪，纵欢作乐，国人都苦于徭役。　㉗弃疾：即楚平王，楚共王幼子，灵王弟，前529～前516年在位。前529年，弃疾趁灵王在干溪的机会与兄公子比杀灵王太子禄，立公子比为王，不久又逼公子比自杀，自立为王。　㉘放臂：甩臂。之：指楚灵王。　㉙莽：草。　㉚倍：通背。畔：通叛。　㉛四邻：四方邻国。　㉜亳：商汤的国都，故址在今河南商丘北。㉝戎：古代对西部民族的称呼。凡伯：周王室卿士。楚丘：地名，在今山东曹县东南。《春秋·隐七年》载，周天子命凡伯出使鲁国，半路遭到戎人伏击，凡伯被劫持入戎。　㉞冀州：古九州之一，地域相当于今山西、河北及河南北部、辽宁西部一带。上古王朝国都多在冀州地域，所以冀州成为王朝统治中心、王畿的代名词。

　　凡人之所以生者，衣与食也，今囚之冥室之中，虽养之以刍豢，衣之以绮绣，不能乐也①。以目之无见，耳之无闻，穿隙穴，见雨零②，则快然而叹之，况开户发牖③，从冥冥见炤炤乎！从冥冥见炤炤，犹尚肆然而喜④，又况出室坐堂，见日月光乎！见日月光，旷然而乐，又况登泰山，履石封，以望八荒⑤，视天都若盖⑥，江河若带，又况万物在其间者乎！其为乐岂不大哉！且聋者，耳形具而无能闻也；盲者，目形存而无能见也。夫言者，所以通己于人也；闻者，所以通人于己也。喑者不言⑦，聋者不闻，既喑且聋，人道不通。故有喑、聋之病者，虽破家求医，不顾其费，岂独形骸有喑、聋哉！心志亦有之。夫指之拘也，莫不事申也⑧;心之塞也,莫知务通也,不明于类也。夫观六艺之广崇,穷道德之渊深,达乎无上,至乎无下,运乎无极,翔乎无形,广于四海,崇于太山,富于江河,旷然而通,昭然而明,天地之间无所系戾⑨,其所以监观,岂不大哉!

[注释]①刍豢:音 chú huàn,食草的牲畜叫刍,食谷的牲畜叫豢,这里指牛羊猪等肉食。绮:素地织纹起花的丝织物。绣:绣以五彩花纹的衣服。此以绮绣指华美服饰。　②零:落。　③牖:音 yǒu,窗户。　④肆然:纵情惬意的样子。　⑤履:行,执行。石:指刻石纪功的活动。封:设坛祭天。八荒:八方极远处。　⑥天都:天空。　⑦喑:音 yīn,哑。　⑧拘:指手指痉挛,不能伸直。事:求。申:通伸。　⑨系:通击。系戾:违逆。

人之所知者浅,而物变无穷,曩不知而今知之①,非知益多也,问学之所加也。夫物常见则识之,尝为则能之,故因其患则造其备,犯其难则得其便。夫以一世之寿,而观千岁之知,今古之论,虽未尝更也,其道理素具,可不谓有术乎!人欲知高下而不能,教之用管准则说②;欲知轻重而无以,予之以权衡则喜;欲知远近而不能,教之以金目则快射③。又况知应无方而不穷哉④!犯大难而不慑,见烦缪而不惑⑤,晏然自得,其为乐也,岂直一说之快哉!

[注释]①曩:音 nǎng,从前。　②管准:管状的测量平面的仪器,犹今之水准仪。　③金目:古代的一种望远镜。教之以金目则快射:"射"字为衍文。　④无方:所有方面,所有事物。　⑤缪:乖错。

夫道,有形者皆生焉,其为亲亦戚矣①;享谷食气者皆受焉,其为君亦惠矣;诸有智者皆学焉,其为师亦博矣。射者数发不中,人教之以仪则喜矣②,又况生仪者乎!人莫不知学之有益于己也,然而不能者,嬉戏害人也。人皆多以无用害有用,故智不博而日不足,以凿观池之力耕,则田野必辟矣③;以积土山之高修堤防,则水用必足矣;以食狗马鸿雁之费养士,则名誉必荣矣④;以弋猎博弈之日诵《诗》、读《书》,闻识必博矣⑤。故不学之与学也,犹喑、聋之比于人也。凡学者能明于天人之分,通于治乱之本,澄心清意以存之⑥,见其终始,可谓知略矣。

[注释]①戚:亲爱。 ②仪:标准。 ③观池:观赏用的池塘、人工湖等。 ④食:音sì,豢养。 ⑤弋:音yì,射箭。博:古代一种赌输赢的游戏。弈:下围棋。 ⑥澄心:心情清静。存:保养。之:指所学之闻识智慧。

天之所为①,禽兽草木;人之所为,礼节制度。构而为宫室②,制而为舟舆是也。治之所以为本者,仁义也;所以为末者,法度也。凡人之所以事生者,本也③;其所以事死者,末也④。本末,一体也;其两爱之,一性也⑤。先本后末,谓之君子;以末害本,谓之小人。君子与小人之性非异也,所在先后而已矣。草木,洪者为本⑥,而杀者为末⑦;禽兽之性,大者为首,而小者为尾。末大于本则折,尾大于要则不掉矣⑧。故食其口而百节肥⑨,灌其本而枝叶美,天地之性也。天地之生物也有本末,其养物也有先后,人之于治也,岂得无终始哉!

[注释]①天:指自然界。为:制造。 ②构:建造房屋。 ③事生者:使人颐养天性、尽其天年的行为。 ④事死者:指满足形体之欲望、促使人趋向死亡的行为。 ⑤一:皆,都。 ⑥洪:大,盛。 ⑦杀:衰亡。 ⑧掉:摇

摆。　⑨百节:全身关节,泛指全身各部位。

　　故仁义者,治之本也。今不知事修其本,而务治其末,是释其根而灌其枝也。且法之生也,以辅仁义,今重法而弃义,是贵其冠履而忘其头足也。故仁义者,为厚基者也。不益其厚而张其广者毁,不广其基而增其高者覆。赵政不增其德而累其高,故灭①;智伯不行仁义而务广地,故亡其国②。语曰:"不大其栋,不能任重。重莫若国,栋莫若德。"③国主之有民也,犹城之有基,木之有根。根深则本固,基美则上宁。五帝三王之道,天下之纲纪,治之仪表也。今商鞅之启塞④,申子之三符⑤,韩非之《孤愤》⑥,张仪、苏秦之从衡⑦,皆掇取之权,一切之术也⑧。非治之大本。

　　[注释]①赵政:即嬴政,秦始皇。　②智伯:春秋末晋国大夫荀瑶。前453年,晋国卿赵、魏、韩三家灭智伯,将晋一分为三国。　③语曰几句:当是古代俗语,亦见《国语·鲁语上》,文有小异。栋:屋中柱梁,也用来比喻重要的人或物。　④商鞅:战国卫人,姓公孙名鞅,入秦帮助秦孝公变法,为秦相十九年,孝公死后,被诬谋反,车裂死。启塞:指商鞅以利开启、诱导,以刑罚堵塞、禁止的主张。　⑤申子:申不害,战国郑人,入韩为相,推行法家学说。三符:高诱注:"申不害治韩有三符验之术。"代指申子学说。　⑥韩非:战国韩人,法家理论集大成者,著有《韩非子》一书。《孤愤》:《韩非子》的一篇,论述法治之士与当权重臣的矛盾斗争,表达势孤的激愤之情。相传秦始皇读《孤愤》而击节赞赏。此以《孤愤》代指韩非的政治主张。　⑦从:通纵。从衡:合纵连横学说。　⑧掇:音 duó,掠取。一切:权宜。

　　事之恒常①,可博闻而世传者也。子囊北而全楚,北不可以为庸②；弦高诞而存郑,诞不可以为常③。今夫《雅》、《颂》之声,皆发于词,本于情,故君臣以睦,父子以亲,故《韶》、《夏》之乐也④,声浸乎金石,润乎草木⑤。今取怨思之声,施之于弦管,闻其音者,不淫则悲,淫则乱男女之辩⑥,悲则感怨思之气。岂所谓乐哉！赵王迁流于房陵⑦,思故乡,作为《山水》之讴⑧,闻者莫不殒涕⑨；荆轲西刺秦王⑩,高渐离、宋意为击筑而歌于易水之上⑪,闻者莫不瞋目裂眦,发植穿冠⑫。因以此声为乐而入宗庙,岂古之所谓乐哉！故弁冕辂舆⑬,可服而不可好也；大羹之和⑭,可食而不可嗜也；朱弦漏越⑮,一唱而三叹,可听而不可快也⑯。故无声者,正其可听者也；其无味者,正其足味者也。吷声清于耳⑰,兼味快于口⑱,非其贵也。故事不本于道德者,不可以为仪；言不合乎先王者,不可以为道；音不调乎《雅》、《颂》者,不可以为乐。故五子之言⑲,所以便说掇取也⑳,非天下之通义也。

[注释]①恒常:常规。　②子囊:春秋楚庄王之子,楚共王、康王时任令尹。北:败。全:保全。子囊北而全楚之事见《吕氏春秋·高义》。庸:常。　③弦高:春秋郑国商人。诞:欺骗。弦高存郑事,参见《人间训》。④《韶》:古乐曲名,传说为舜所作。《夏》:即《大夏》,相传是夏禹时代的乐舞名。　⑤浸:润泽。　⑥辩:通辨,区别。　⑦赵王迁:战国赵国最后一位君主,前228年被秦俘获,流放到房陵(地在今湖北房山县)。　⑧《山水》:赵王迁所作思念故乡的歌曲名。讴:歌。　⑨殒:通陨,落。　⑩荆轲:战国时卫人,为燕太子丹宾客,受命入秦刺秦王,未遂被杀。　⑪高渐离、宋意:皆燕太子丹宾客。筑:古代一种弦乐器,似筝。易水:水名,源于河北易县。⑫瞋(音chēn)目:怒目。眦:音zì,眼眶。裂眦:眼眶裂开,形容盛怒的样子。植:立,竖。　⑬弁(音biàn)冕:都是古代男子所戴帽子名,通常礼服用弁,

吉礼之服用冕。辂:音 lù,古代天子乘坐的大车。舆:泛指车。 ⑭大羹:古代祭祀时用的肉汁。和:调配合适的滋味。 ⑮朱弦:乐器上的红色丝弦。漏:穿。越:音 huó,孔,指琴底的小孔。 ⑯快:放肆。 ⑰吷声清于耳:"吷"当为"咬"。咬:音 yāo,淫声。清:爽。 ⑱兼味:两种以上的菜肴。 ⑲五子:指上文提及的商鞅、申不害、韩非、张仪、苏秦。 ⑳便说:巧辩。

　　圣王之设政施教也,必察其终始,其县法立仪①,必原其本末,不苟以一事备一物而已矣。见其造而思其功②,观其源而知其流,故博施而不竭,弥久而不垢③。夫水出于山而入于海,稼生于田而藏于仓。圣人见其所生,则知其所归矣。故舜深藏黄金于崭岩之山④,所以塞贪鄙之心也。仪狄为酒⑤,禹饮而甘之,遂疏仪狄而绝旨酒,所以遏流湎之行也⑥。师延为平公鼓朝歌北鄙之音⑦,师旷曰:"此亡国之乐也。"⑧大息而抚之⑨,所以防淫辟之风也。故民知书而德衰,知数而厚衰,知券契而信衰⑩,知械机而实衰也⑪。巧诈藏于胸中,则纯白不备,而神德不全矣⑫。琴不鸣,而二十五弦各以其声应;轴不运,而三十辐各以其力旋。弦有缓急小大,然后成曲;车有劳逸动静,而后能致远。使有声者,乃无声者也;能致千里者,乃不动者也。故上下异道则治⑬,同道则乱。位高而道大者从⑭,事大而道小者凶。故小快害义,小慧害道,小辩害治,苛削伤德⑮。大政不险,故民易道⑯;至治宽裕,故下不相贼;至忠复素,故民无匿情。

　　[注释]①县法:颁布法令。 ②造:起始。 ③垢:肮脏。 ④崭岩:险峻的样子。 ⑤仪狄:相传是夏禹时发明酿酒的人。 ⑥疏:疏远。旨:美

味。 流湎：放纵，指沉溺于酒。 ⑦师延为平公鼓："师延"当作"师涓"。师涓：春秋卫灵公的乐官。平公：指晋平公，名彪，前557～前532年在位。鼓：演奏乐器。朝歌：地名，殷都城，西周时卫国亦建都于此。地在今河南淇县。鄙：边境。 ⑧师旷：春秋晋国乐师，目盲而善辨音乐。其事见《韩非子·十过》。 ⑨大：通太。抚：按，制止继续演奏的动作。 ⑩券契：凭证，契据。 ⑪械机：指巧诈的心志。 ⑫神德：神圣的道德，指人的本性。 ⑬上下异道：君臣持守不同的道，即君无为而臣有为。 ⑭从：顺利。 ⑮苛削：苛刻凶狠。 ⑯道：音dǎo，遵循。

商鞅为秦立相坐之法①，而百姓怨矣；吴起为楚减爵禄之令，而功臣畔矣②。商鞅之立法也，吴起之用兵也，天下之善者也。然商鞅之法亡秦，察于刀笔之迹③，而不知治乱之本也。吴起以兵弱楚，习于行陈之事，而不知庙战之权也④。晋献公之伐骊，得其女⑤，非不善也，然而史苏叹之，见其四世之被祸也⑥。吴王夫差破齐艾陵，胜晋黄池⑦，非不捷也，而子胥忧之⑧，见其必擒于越也。小白奔莒⑨，重耳奔曹⑩，非不困也，而鲍叔、咎犯随而辅之⑪，知其可与至于霸也。勾践栖于会稽⑫，修政不殆，谟虑不休⑬，知祸之为福也。襄子再胜而有忧色⑭，畏福之为祸也。故齐桓公亡汶阳之田而霸⑮，智伯兼三晋之地而亡⑯。圣人见祸福于重闭之内，而虑患于九拂之外者也⑰。

[注释]①相坐之法：一人犯罪株连他人的法律。 ②吴起：战国时军事家、政治家，卫国人，曾在魏为将，为权臣所忌，奔楚，楚悼王任为令尹，严明法令，裁减冗官，限制贵族特权，引起楚贵戚大臣怨恨。悼王死，吴起被楚宗室大臣杀害。畔：通叛。 ③刀笔：指文字。 ④行陈：指阵前厮杀。庙战：

在朝廷上制定克敌制胜谋略。 ⑤晋献公:春秋晋国君,前676～前651年在位。骊:古代西戎之一支,地在今陕西临潼附近。晋献公灭骊,得骊君女骊姬,纳为夫人,宠幸有加,引发晋国数世动乱。 ⑥史苏:晋献公的大夫,为占卜之官。四世之被祸:指晋蒙受自献公、奚齐、悼子至惠公共四世的动乱。 ⑦艾陵:地名,在今山东莱芜东北。前484年吴军在艾陵大败齐军。黄池:地名,在今河南封丘西南。前482年,夫差与诸侯在黄池会盟,与晋争霸。 ⑧子胥:伍子胥,春秋吴国大夫。 ⑨小白:即春秋齐襄公弟,后即位为齐桓公。莒:西周诸侯国名,地在今山东莒县。齐襄公暴虐淫乱,其弟恐祸及己身,纷纷逃往国外,次弟小白逃往莒。前686年无知杀齐襄公,不久无知又被人所杀,小白回国为君。 ⑩曹:春秋诸侯国名,国都在今山东定陶县西北,前487年为宋所灭。重耳流亡期间曾到过曹国。 ⑪鲍叔:鲍叔牙,春秋齐国大夫,随同公子小白出奔莒,后辅佐小白返国就君位,桓公即位后任鲍叔牙为宰,他辞让并推荐管仲担任这一职位。咎犯:一作舅犯,春秋晋国卿大夫,重耳的舅父,随同重耳流亡十九年,又辅佐重耳回国即位,咎犯任上军之佐,辅佐晋文公成为春秋五霸之一。 ⑫勾践:春秋末越国君,前494年,吴王夫差大举攻越,越军大败,勾践以残军五千人退守会稽,屈辱求和,赢得休整生息之机,经二十年努力,终于在前473年灭吴,逼吴王夫差自杀。会稽:山名,在今浙江绍兴东南。 ⑬殆:通怠,懈怠。谟:音mó,谋划。 ⑭襄子:指战国初赵国君,前475～前425年在位。 ⑮汶阳:指今山东汶河以北泰安县西南一带。《公羊传》庄公十三年载,齐桓公与鲁庄公会盟,鲁庄公臣曹刿持剑胁迫齐桓公归还汶阳之田。桓公无奈,只得答应,并履行了诺言,取得诸侯信任。 ⑯智伯:春秋末晋大夫荀瑶。三晋:春秋末韩魏赵三家分晋,史称三晋,亦泛指晋国。 ⑰九拂:遥远而迂曲的地方。

原蚕一岁再收,非不利也,然而王法禁之者,为其残桑也①。离先稻熟,而农夫耨之②,不以小利伤大获也。家老异饮而食③,殊器而享,子妇跣而上堂④,跪而斟羹,非不费也,然而不可省者,为其害义也。待媒而结言⑤,聘纳而取妇⑥,初绖而亲迎⑦,非不烦也,然而不可易者,所以防淫也。使民居处相司⑧,有罪相觉⑨,于以举奸,非不掇也⑩,然而伤和睦之心,而构仇雠之怨⑪。故事有凿一孔而生百隙,树一物而生万叶者,所凿不足以为便,而所开足以为败;所树不足以为利,而所生足以为秽⑫。愚者惑于小利,而忘其大害。昌羊去蚤虱⑬,而人弗席者,为其来蛉穷也⑭;狸执鼠,而不可脱于庭者⑮,为搏鸡也。故事有利于小而害于大,得于此而亡于彼者。故行棋者或食两而路穷⑯,或予踦而取胜⑰。偷利不可以为行;而智术不可以为法。

[注释]①原蚕:夏秋第二次孵化的蚕。古有禁原蚕之法。 ②离:稻谷落地次年再生的稻。耨:音nòu,除草。 ③家老:家中的老人。异饭:指专门做给老人食的较好的饭菜。 ④子妇:儿子、媳妇。跣:xiǎn,光着脚。堂:指一家尊长所住的正房。 ⑤结言:口头订立婚约。 ⑥聘纳:指婚礼之纳采仪式,由男方致送求婚礼物。 ⑦初绖而亲迎:"初"当为"纯" 纯绖:音jūn miǎn,黑色礼帽。纯:纯色。绖:通冕。亲迎:古婚礼,结婚之日新郎着礼服至女家,亲自迎接新娘至家拜堂。 ⑧司:音sì,通伺。相司:互相督察。 ⑨觉:告发。 ⑩掇:取,有成效。 ⑪雠:仇敌。 ⑫秽:音huì,通秽,污浊。 ⑬昌羊:菖蒲,一种水草,可编织草席。 ⑭而人弗席者:"席"当为"席"。蛉穷:一种节肢动物,也叫蚰蜒,多生于墙角、烂草中,古人认为它易钻入耳中为患。 ⑮狸:一种哺乳动物。执:捕捉。 ⑯棋:指六博,古代一种棋类游戏,共十二个棋子,黑白各六,二人对弈。 ⑰踦:奇,单。予踦:指让对方吃掉一子。 ⑱偷利:用不正当手段取得利益。

故仁知①,人材之美者也。所谓仁者,爱人也;所谓知者,知人也。爱人则无虐刑矣,知人则无乱政矣。治由文理②,则无悖谬之事矣;刑不侵滥,则无暴虐之行矣。上无烦乱之治,下无怨望之心,则百残除而中和作矣③,此三代之所昌。故《书》曰:"能哲且惠,黎民怀之。何忧讙兜,何迁有苗。"④智伯有五过人之材⑤,而不免于身死人手者,不爱人也;齐王建有三过人之巧⑥,而身虏于秦者,不知贤也。故仁莫大于爱人,知莫大于知人,二者不立,虽察慧捷巧,劬禄疾力⑦,不免于乱也。

[注释]①知:同智。 ②文理:指礼节、法律制度。 ③残:凶残、破败的现象。中和:中正和平。 ④引《书》见《尚书·皋陶谟》。文与今本小异。哲:明达有智慧。黎民:民众,百姓。怀:怀念,感戴。讙(音 huān)兜:传说是尧舜时的恶人,被放逐到崇山。有苗:古部落名,生活在今长江中游以南一带。传说舜将三苗迁徙到三危(今甘肃省敦煌境内)。 ⑤五过人之材:许慎注曰:"智伯美髯长大,一材也,射御足力,二材也,材艺毕给,三材也,攻文辩慧,四材也,强毅果敢,五材也。" ⑥齐王建:战国齐最后一位国君,前265年立,前221年为秦所虏。三过人之巧:许慎注曰:"力能引强,走先驰马,超能越高。" ⑦劬(音 qú)禄:勤劳。禄亦作录。疾力:辛苦劳作。

卷二十一　要略

　　夫作为书论者,所以纪纲道德,经纬人事①,上考之天,下揆之地,中通诸理②,虽未能抽引玄妙之中才,繁然足以观终始矣③。总要举凡,而语不剖判纯朴,靡散大宗④,惧为人之惛惛然弗能知也⑤。故多为之辞,博为之说,又恐人之离本就末也。故言道而不言事,则无以与世浮沉⑥;言事而不言道,则无以与化游息⑦。故著二十篇,有《原道》、有《俶真》、有《天文》、有《地形》、有《时则》、有《览冥》、有《精神》、有《本经》、有《主术》、有《缪称》、有《齐俗》、有《道应》、有《泛论》、有《诠言》、有《兵略》、有《说山》、有《说林》、有《人间》、有《修务》、有《泰族》也。

　　[**注释**]①纪纲:整理,这里是阐明的意思。经纬:规划治理。人事:世间各种事务。　②揆:测度。　③抽引玄妙之中:指在玄妙之中抽引出头绪。才:通哉,语气词,起舒缓语气,引起下文的作用。繁然:丰富,繁多的样子。　④总要:总括要义。举凡:归纳大概,纲要。剖判:分析。靡散:破碎。大宗:事物的根本。　⑤惛惛:音hūn hūn,迷糊不清的样子。　⑥浮沉:顺波逐流,指随同世俗。　⑦化:造化,指道。游息:指与道相伴随。

《原道》者,卢牟六合,混沌万物①,象太一之容,测窈冥之深,以翔虚无之轸②,托小以苞大,守约以治广③,使人知先后之祸富,动静之利害。诚通其志,浩然可以大观矣。欲一言而寤,则尊天而保真④;欲再言而通,则贱物而贵身;欲参言而究,则外物而反情⑤。执其大指,以内洽五藏,瀸濇肌肤⑥,被服法则,而与之终身⑦,所以应待万方,览耦百变也⑧。若转丸掌中,足以自乐也。

[注释]①卢牟:规划,确定格局。六合:天地四方。混沌:统一。混沌万物:揭示万物的共同点。 ②象:描绘形状。太一:指天地形成之前弥漫宇宙的混沌之气。窈冥:深远幽暗的样子,指天地未形成时的状态。轸:通畛,范围,界限。 ③苞:通包,包容。 ④寤:通悟,理解。真:本性。 ⑤参:同叁。究:深入了解。 ⑥大指:大要。瀸濇:音 jiān sè,浸润。 ⑦被服:感受。 ⑧览耦:迎合。

《俶真》者,穷逐终始之化,嬴垀有无之精①,离别万物之变,合同死生之形。使人遗物反己,审仁义之间,通同异之理,观至德之统,知变化之纪②,说符玄妙之中,通回造化之母也③。

[注释]①嬴:环绕。垀:音 hū,繁细。嬴垀:包容深究的意思。精:精髓,精义。 ②至德:最纯粹的道德。统、纪:皆指丝线的头绪,引申为法纪、准则之意。 ③通回:通达。造化之母:造化的本原。

《天文》者,所以和阴阳之气,理日月之光,节开塞之时,列星辰之行①,知逆顺之变,避忌讳之殃,顺时运之应,法五神之常②,使人有以仰天承顺,而不乱其常者也。

[注释]①节:节制。开塞:古有春开秋塞之说。参见《时则训》。②五神:指东南西北中五方之神。

《地形》者,所以穷南北之修,极东西之广,经山陵之形,区川谷之居①,明万物之主,知生类之众,列山渊之数,规远近之路。使人通回周备,不可动以物,不可惊以怪者也。

[注释]①经:量度。区:分别。居:指居处环境。

《时则》者,所以上因天时,下尽地力,据度行当,合诸人则①,形十二节,以为法式②,终而复始,转于无极,因循仿依,以知祸福③,操舍开塞,各有龙忌④,发号施令,以时教期⑤。使君人者知所以从事。

[注释]①度:准则。行当:行为恰当。人则:为人的准则。 ②节:一月为一节。十二节:指一年分为十二月。法式:法则。 ③仿依:仿效。 ④操:持。舍:弃。龙忌:鬼神的忌日。谓忌日不能做相应的事情,如火神忌日则不得举火。 ⑤教期:教化训育。

《览冥》者,所以言至精之通九天也,至微之沦无形也①,纯粹之入至清也,昭昭之通冥冥也②。乃始揽物引类,览取挢掇③,浸想宵类④,物之可以喻意象形者,乃以穿通窘滞,决渎壅塞⑤,引人之意,系之无极,乃以明物类之感,同气之应,阴阳之合,形埒之朕⑥,所以令人远观博见者也。

[注释]①至精:纯粹的精神。沦:没。 ②至清:最纯净高洁的形态,

指道。冥冥:指万物未形之时混沌幽深的形态。 ③挢掇:音jiǎo duó,拾取,搜集。 ④浸想:细细地联想。宵:通肖,相似。类:物类。 ⑤窘:困迫。滞:阻塞不通。渎:河流。 ⑥形埒(音liè):界域。朕:形迹。

《精神》者,所以原本人之所由生,而晓寤其形骸九窍,取象与天①,合同其血气,与雷霆风雨②;比类其喜怒,与昼宵寒暑并明,审死生之分,别同异之迹,节动静之机,以反其性命之宗,所以使人爱养其精神,抚静其魂魄③,不以物易己,而坚守虚无之宅者也。

[注释]①取象:模仿。与:介词,相当于"于"。 ②与:如同。 ③抚静:安定,使清静。魂魄:人的精灵。能离开身体而存在的阳神叫魂,依附于形体又独立存在的阴神叫魄。

《本经》者,所以明大圣之德,通维初之道①,埒略衰世古今之变②,以褒先世之隆盛,而贬末世之曲政也。所以使人黜耳目之聪明,精神之感动③,樽流遁之观,节养性之和④,分帝王之操,列小大之差者也⑤。

[注释]①维:句首助词。初:本原。 ②埒略:区分,辨别。 ③黜:废弃。感动:指精神受外界影响而动摇。 ④樽:音zǔn,通撙,抑制。流遁:逸散。节:节制。 ⑤分:辨。列:区别。

《主术》者,君人之事也。所以因作任督责,使群臣各尽其能也①。明摄权操柄,以制群下,提名责实,考之参伍②,所以使人主秉数持要,不妄喜怒也。其数直施而正邪,外私而立公,使百官条通而辐辏③,各务其业,人致其功。此主术之明也。

[注释]①因作:因循。任:指任用臣下。督责:监督臣下履行职责。②提名:掌握名分。参伍:错综比较,以为验证。 ③条通:通达。辐:车轮中连接轴心和轮圈的木条。辐辏:车辐集中于轴心,指群臣聚集在君主周围。

《缪称》者,破碎道德之论,差次仁义之分①,略杂人间之事,总同乎神明之德②,假象取耦,以相譬喻③,断短为节,以应小具④。所以曲说攻论⑤,应感而不匮者也。

[注释]①破碎:解析。差次:按顺序安排。 ②总同:归纳,集中。神明之德:神圣的道德。 ③假象:借助象征。耦:对。 ④具:才干。 ⑤所以曲说攻论:"攻"当作"巧",形似致误。

《齐俗》者,所以一群生之短修,同九夷之风气①,通古今之论,贯万物之理,财制礼义之宜②,擘画人事之终始者也③。

[注释]①夷:古代对东方部族的称呼。九夷:古人认为夷分九种。这里泛指边远地区。 ②财:通裁,节制。 ③擘(音 bò)画:筹划、处理。

《道应》者,揽掇遂事之踪①,追观往古之迹,察祸福利害之反,考验乎老、庄之术,而以合得失之势者也。

[注释]①揽掇(音 duó):拾取。遂:成。遂事:已经完成的事,以往的事。

《泛论》者,所以箴缕縩縩之间①,攦揳呢齲之隙也②。

接径直施,以推本朴③,而兆见得失之变,利病之反④,所以使人不妄没于势利,不诱惑于事态,有符旸昵,兼稽时势之变⑤,而与化推移者也。

[注释]①箴:同针。箴缕:针线,这里作动词用。縩縿:音 cài shā,衣缝,丝帛缝制成衣服的接线口处。此以针线缝衣喻持论周密,有益应用。②攕:音 xiān,通纤,纤细貌。揳:音 xiè,通楔,插入木榫缝中的尖木块,这里指牙签一类剔牙物。呝齲:音 wā óu,指牙齿参差不齐。此亦以楔补牙缝喻持论周密,有益应用。 ③接径:联系。施:曲。 ④兆见:预见。 ⑤旸昵:音 yǎn nì,太阳运行的轨道,借指天道。稽;考核。

《诠言》者,所以譬类人事之指,解喻治乱之体也①。差择微言之眇,诠以至理之文②,而补缝过失之阙者也。

[注释]①譬类:以譬喻、类比方式说明。指:通旨,意义。解喻:解说。体:表现。 ②差(音 chāi)择:选择。眇:通妙,精微。诠:说明、解释。

《兵略》者,所以明战胜攻取之数,形机之势,诈谲之变①,体因循之道,操持后之论也②。所以知战阵分争之非道不行也,知攻取坚守之非德不强也。诚明其意,进退左右无所失击危③,乘势以为资,清静以为常,避实就虚,若驱群羊,此所以言兵者也。

[注释]①形机之势:形成战机的趋势。 ②体:领悟,体察。持后:即道家不为物先,后发制人的理论。 ③无所失击危:王念孙云,"失"字后人所妄加,当删去。危:通恑。击危:违忤,障碍。

《说山》、《说林》者,所以窈窕穿凿百事之壅遏①,而通行贯扃万物之窒塞者也②。假譬取象,异类殊形,以领理人之意,解堕结细,说捍抟囷而以明事埒事者也。③

[**注释**]①窔窡:贯通。穿凿:也是贯通的意思。壅遏:阻滞。 ②贯扃(音jiǒng):贯穿,打通。 ③堕:脱。结细:打得很紧密的结。说:通脱,解脱。捍:通释,解脱。抟囷:捆束。而以明事埒事者也:王念孙云,下"事"字,因上事字而衍。事埒:征兆。

《人间》者,所以观祸福之变,察利害之反,钻脉得失之迹,标举终始之坛也①。分别百事之微,敷陈存亡之机②,使人知祸之为福,亡之为得,成之为败,利之为害也。诚喻至意③,则有以倾侧偃仰世俗之间,而无伤乎谗贼螫毒者也④。

[**注释**]①钻脉:探究事理。标举:揭示。坛:读为嬗,演变。 ②分别:分析。机:事物发展变化的原因。 ③喻:明白。至意:精义。 ④倾侧偃仰:皆形容从容施展,无所阻滞。伤:害。

《修务》者,所以为人之于道未淹,味论未深①,见其文辞,反之以清静为常,恬淡为本,则懈堕分学②,纵欲适情,欲以偷自佚③,而塞于大道也。今夫狂者无忧,圣人亦无忧。圣人无忧,和以德也;狂者无忧,不知祸福也。故通而无为也,与塞而无为也同;其无为则同,其所以无为则异。故为之浮称流说④,其所以能听,所以使学者孳孳以自几也⑤。

[**注释**]①淹:深。味论:体会道理。 ②分:离,抛弃。 ③偷:苟且。自佚:自纵。佚:通逸。 ④浮称流说:广泛而全面论说。 ⑤孳孳:音zī zī,

同孜孜,勤勉不懈。几:接近,差不多。自几:使自己接近于道。

  《泰族》者,横八极,致高崇①,上明三光,下和水土②,经古今之道,治伦理之序③,总万方之指,而归之一本④,以经纬治道,纪纲王事⑤,乃原心术,理性情⑥,以馆清平之灵,澄彻神明之精⑦,以与天和相婴薄⑧,所以览五帝三王,怀天气,抱天心⑨,执中含和,德形于内,以莙凝天地,发起阴阳⑩,序四时,正流方⑪,绥之斯宁,推之斯行⑫,乃以陶冶万物,游化群生⑬,唱而和,动而随,四海之内,一心同归。故景星见,祥风至,黄龙下⑭,凤巢列树,麟止郊野。德不内形,而行其法籍,专用制度,神祇弗应,福祥不归,四海不宾,兆民弗化。故德形于内,治之大本。此《鸿烈》之《泰族》也。

  [注释]①八极:八方极远处。 ②三光:日月星。 ③经:量度。治:理。 ④万方:各种途径、方法。指:通旨,意义。 ⑤经纬:规划治理。纪纲:治理。 ⑥心术:思想。 ⑦馆:舍,止息。澄彻:明亮透彻。 ⑧天和:自然的和顺之理。婴薄:环绕迫近。 ⑨天气:自然的气韵。天心:自然的旨意。 ⑩莙:音jūn,凝结。 ⑪流方:犹言四面八方。 ⑫绥:音suí,安抚。斯:则。 ⑬陶冶:创造化育。游化:培育滋养。 ⑭景星:预兆祥瑞的星,传说太平之世则有景星出现。祥风:和顺之风。黄龙:传说中的一种龙,世道太平则出现。

  凡属书者,所以窥道开塞,庶后世使知举错取舍之宜适①,外与物接而不眩,内有以处神养气,宴炀至和,而己自乐所受乎天地者也②。故言道而不明终始,则不知所仿依;言终始而不明天地四时,则不知所避讳;言天地四时而不引譬援类,则不知精微;言至精而不原人之神气,则不知养生之机③;原人情而不言大圣之德,则不知五行之差④;言帝道而不言君事,则不知小大之衰⑤;言君事而不为称喻,则不知动静之宜;言称喻而不言俗变,则不知合同大指⑥;已言俗变而不言往事,则不知道德之应;知道德而不知世曲,则无以耦万方⑦;知泛论而不知诠言,则无以从容;通书文而不知兵指,则无以应卒⑧;已知大略而不知譬喻,则无以推明事;知公道而不知人间,则无以应祸福;知人间而不知修务,则无以使学者劝力。欲强省其辞,览总其要,弗曲行区人,则不足以穷道德之意⑨。故著书二十篇,则天地之理究矣,人间之事接矣⑩,帝王之道备矣!其言有小有巨,有微有粗,指奏卷异,各有为语⑪。今专言道,则无不在焉,然而能得本知末者,其唯圣人也。

[注释]①庶:希望。错:通措。 ②宴:安适。炀:温和。所受乎天地者:指人从天地所接受的本性。 ③机:关键。 ④五行:金木水火土。这里指在金木水火土五方面的享受。差:过失。 ⑤衰:音cuī,等级。 ⑥指:通旨。大指:要义。 ⑦耦:合。 ⑧卒:同猝。意外,突然的变故。 ⑨区:音gōu,通勾。曲行区人:指委曲详尽论述。 ⑩接:合。 ⑪指奏:旨趣。

今学者无圣人之才,而不为详说,则终身颠顿乎混溟之中①,而不知觉寤乎昭明之术矣。今《易》之《乾》、《坤》,足以穷道通意也②,八卦可以识吉凶、知祸福矣③,然而伏羲为之六十四变④,周室增以六爻⑤,所以原测淑清之道,而捃逐万物之祖也⑥。夫五音之数不过宫商角徵羽,然而五弦之琴不可鼓也⑦,必有细大驾和,而后可以成曲⑧。今画龙首，观者不知其何兽也，具其形，则不疑矣。今谓之道则多，谓之物则少，谓之术则博，谓之事则浅，推之以论，则无可言者，所以为学者，固欲致之不言而已也。夫道论至深，故多为之辞，以抒其情；万物至众，故博为之说，以通其意。辞虽坛卷连漫，绞纷远缓⑨，所以洮汰涤荡至意⑩，使之无凝竭底滞，卷握而不散也⑪。夫江河之腐胔，不可胜数⑫，然祭者汲焉，大也。一杯酒白，蝇渍其中⑬，匹夫弗尝者，小也。诚通乎二十篇之论，睹凡得要，以通九野，径十门⑭，外天地，捭山川⑮，其于逍遥一世之间，宰匠万物之形，亦优游矣⑯。若然者，挟日月而不姚，润万物而不耗⑰。曼兮洮兮，足以览矣⑱，藐兮浩兮，旷旷兮，可以游矣⑲。

[注释]①颠顿：颠沛困顿。混溟：浑沌。　②《乾》、《坤》：《周易》的两个卦名。《乾》像天、君、阳、父等，《坤》像地、臣、阴、母等，所以乾坤具备宇宙原始的基本物质。　③八卦：《周易》的八种符号，由阴（— —）阳（——）两种线形符号变化而成，被用于占卜吉凶。　④六十四变：指《周易》六十四卦，由八卦自迭和互迭组成。　⑤周室：指周文王。六爻：六十四卦中每一卦画都有六行，每一行叫一爻，故每卦都有六爻。　⑥原测：追原探究。淑清：明朗，纯净。捃：音 jùn，拾取。逐：探究。　⑦鼓：演奏。　⑧驾：通襄。驾和：相协和。　⑨坛卷、连漫：皆形容曲折广博的样子。绞纷：纷繁缠绕。　⑩洮汰：淘汰。　⑪卷握：积聚。　⑫胔：音 zì，腐肉。　⑬白：洁净。渍：淹泡。　⑭九野：指四面八方及中央。十门：八方及上下。　⑮捭：音 bǎi，外，排开。　⑯宰匠：主宰。　⑰挟：持，容纳。姚：音 yáo，狭窄。耗：同耗。　⑱曼、洮：都是曼延宽广的样子。　⑲藐：通邈，广远的样子。

文王之时，纣为天子，赋敛无度，杀戮无止，康梁沉湎，宫中成市①,作为炮烙之刑②,刳谏者③,剔孕妇,天下同心而苦之。文王四世累善④,修德行义,处岐周之间⑤,地方不过百里,天下二垂归之⑥。文王欲以卑弱制强暴,以为天下去残除贼而成王道,故太公之谋生焉⑦。

[注释]①康梁:沉溺于安乐。 ②炮烙:商纣王所用的一种酷刑。③刳:剖开。 ④四世:指周太王、王季、文王、武王。 ⑤岐周:即岐山,在今陕西岐山县东北,周初建国于此,故称岐周。 ⑥二垂:指三分之二。 ⑦太公:即姜太公吕尚。传说他为周出阴符之谋,助周灭商。

文王业之而不卒①,武王继文王之业,用太公之谋,悉索薄赋,躬擐甲胄②,以伐无道而讨不义,誓师牧野③,以践天子之位。天下未定,海内未辑④,武王欲昭文王之令德⑤,使夷狄各以其贿来贡⑥,辽远未能至,故治三年之丧,殡文王于两楹之间,以俟远方⑦。武王立三年而崩,成王在襁褓之中,未能用事⑧,蔡叔、管叔,辅公子禄父而欲为乱⑨,周公继文王之业,持天子之政,以股肱周室,辅翼成王,惧争道之不塞,臣下之危上也⑩,故纵马华山,放牛桃林⑪,败鼓折枹,搢笏而朝⑫,以宁静王室,镇抚诸侯。成王既壮,能从政事,周公受封于鲁,以此移风易俗。孔子修成、康之道⑬,述周公之训,以教七十子⑭,使服其衣冠,修其篇籍,故儒者之学生焉。

[注释]①业:创始。卒:终。 ②薄:少。赋:田地税,这里指兵。古时按田地税出兵,故称兵为赋。擐:穿。 ③牧野:古地名,在今河南省淇县南。 ④辑:和平,安定。 ⑤令德:美好的德行。 ⑥贿:赠送的财物。 ⑦殡:停柩。楹:厅堂的前柱。古时大堂之上有东西两大柱,叫楹,两楹之间即大堂

之中。 ⑧褓襁:背负婴儿的背带和布兜。 ⑨蔡叔、管叔:皆周武王弟,分别封于管、蔡,故称。禄父:即武庚,殷纣王子。武王灭殷,封武庚以继殷祀,使管、蔡监之,周公摄政后,管、蔡联合武庚反叛。 ⑩争道:以武力相争的观念。 ⑪华山:山名,在今陕西华阴县南。桃林:地名,其地约在今河南灵宝县以西、陕西潼关县以东地区。 ⑫枹:鼓槌。揺:插。笏:古时朝会所执之手板,用以记事。 ⑬成:指周成王诵,约前1115～前1079年在位。康:周康王钊,约前1078～前1053年在位。 ⑭七十子:传说孔子弟子三千,而其中受业身通者七十余人。

墨子学儒者之业,受孔子之术,以为其礼烦扰而不说①,厚葬靡财而贫民,服伤生而害事②,故背周道而用夏政。禹之时,天下大水,禹身执虆垂,以为民先③,剔河而道九岐,凿江而通九路④,辟五湖而定东海⑤,当此之时,烧不暇㨯,濡不给扢⑥,死陵者葬陵,死泽者葬泽,故节财、薄葬、闲服生焉⑦。

[注释]①说:通悦,简易。 ②服:指儒家为尊亲长久服丧的制度。 ③虆垂:盛土筐。 ④剔:疏导。岐:同歧,岔道。九岐:泛指黄河众多分支。九路:泛指长江的众多分支。 ⑤五湖:今太湖。 ⑥㨯:排除。给:及。扢:音gǔ,擦拭。 ⑦闲:通简。闲服:简易的服丧制度。

齐桓公之时,天子卑弱,诸侯力征,南夷北狄,交伐中国,中国之不绝如线①。齐国之地,东负海而北障河,地狭田少,而民多智巧,桓公忧中国之患,苦夷狄之乱,欲以存亡继绝,崇天子之位,广文、武之业,故《管子》之书生焉②。

[注释]①不绝如线:如一线之相连,喻形势危急。 ②《管子》:书名,

旧题战国齐管仲撰,今人认为是战国时齐国稷下学者著作总集。

齐景公内好声色,外好狗马,猎射亡归,好色无辩。作为路寝之台①,族铸大钟②,撞之庭下,郊雉皆呴③,一朝用三千钟赣④,梁丘据、子家哙导于左右⑤,故晏子之谏生焉⑥。

[注释]①路寝:天子、诸侯的正室。 ②族:聚,集中。 ③雉:鸟名,即野鸡。呴:音 gòu,鸟鸣声。传说春雷始动则雄雉引颈长鸣,此言钟声如雷,引来雉鸟鸣叫。 ④钟:古容量单位,或谓六石四斗为一钟,或谓十石为一钟。赣:赐。 ⑤梁丘据、子家哙:皆人名,二人皆齐景公臣。导:劝谏。 ⑥晏子:即晏婴,齐景公相,对景公多有劝谏,有《晏子春秋》记述其遗事。

晚世之时,六国诸侯,溪异谷别,水绝山隔,各自治其境内,守其分地,握其权柄,擅其政令。下无方伯①,上无天子,力征争权,胜者为右②,恃连与国,约重致③,剖信符,结远援,以守其国家,持其社稷,故纵横修短生焉④。

[注释]①方伯:一方诸侯之长。 ②右:尊贵。古时以右为尊。 ③与:同盟者。连与:结成联盟的诸侯国。国:当为衍文。致:通质,贸易券契。 ④修短:长短。指战国纵横家的学说。据刘向《战国策书录》,汉时所见纵横家书便有题为《短长》或《长书》、《修书》者。

申子者,韩昭厘之佐①,韩,晋别国也②。地墝民险③,而介于大国之间,晋国之故礼未灭,韩国之新法重出;先君之令未收,后君之令又下,新故相反,前后相缪,百官背乱,不知所用。故刑名之书生焉④。

[注释]①申子：即申不害,战国中期法家,韩昭侯八年(前355年)被任为相,推行法治,使韩国治兵强。韩昭厘(音 xí)：战国韩国君,前362~前333年在位。　②晋别国：从晋国分离出来的国家。春秋末晋大夫赵韩魏三家瓜分晋国,前403年,周天子正式承认三家为诸侯。　③墩：音 qiāo,瘦瘠。险：邪恶。　④刑名：也叫形名,战国法家之一派,以申不害为代表。

秦国之俗,贪狼强力①,寡义而趋利。可威以刑,而不可化以善；可劝以赏,而不可厉以名。被险而带河②,四塞以为固,地利形便,畜积殷富。孝公欲以虎狼之势而吞诸侯③,故商鞅之法生焉④。

[注释]①贪狼：贪婪之狼。　②带：环绕。　③孝公：战国秦诸侯,前361~前338年在位。　④商鞅：战国法家代表人物,姓公孙名鞅,卫国人,亦称卫鞅,受秦孝公封于商邑,故称商鞅。

若刘氏之书①,观天地之象,通古今之事,权事而立制,度形而施宜,原道之心,合三王之风,以储与扈冶②。玄眇之中,精摇靡览③,弃其畛挈,斟其淑静④,以统天下,理万物,应变化,通殊类,非循一迹之路,守一隅之指,拘系牵连之物,而不与世推移也。故置之寻常而不塞⑤,布之天下而不窕。

[注释]①刘氏：淮南王刘安自称。　②储与、扈冶：皆指广大无边的样子。　③精摇：精神运行。靡：细小。　④畛挈：局限,缠累。斟：取。淑：清。　⑤寻常：古长度单位,八尺为寻,二寻为常,这里比喻窄小。　⑥窕：宽松。

参 考 文 献

刘文典:《淮南鸿烈集解》,中华书局1989年版。
杨坚点校:《淮南子》,岳麓书社1989年版。
王念孙:《读书杂志》,北京中国书店1985年影印本。
于鬯:《香草续校书》,中华书局1963年版。
陶方琦:《淮南许注异同诂》,光绪七年刻本。
孙诒让:《札迻》,中华书局1989年版。
陶鸿庆:《读诸子札记》,中华书局1959年版。
杨树达:《淮南子证闻》,上海古籍出版社1985年版。
胡适:《中国中古思想史长编》,华东师范大学出版社1996年版。
熊铁基:《秦汉新道家略论稿》,上海人民出版社1984年版。
牟钟鉴:《〈吕氏春秋〉与〈淮南子〉思想研究》,齐鲁书社1987年版。
王云度:《刘安评传》,南京大学出版社1997年版。
张立文主编:《道》,中国人民大学出版社1989年版。
陈广忠:《淮南子译注》,吉林文史出版社1990年版。
陈一平:《淮南子校注译》,广东人民出版社1994年版。
许匡一译注:《淮南子全译》,贵州人民出版社1995年版。
杨有礼:《新道鸿烈》,河南大学出版社2001年版。

近期国学读物要目

国学新读本

诗经　梁锡锋　注说
论语　臧知非　注说
尚书　姜建设　注说
国语　曹建国　张玖青　注说
孔子家语　杨朝明　注说
山海经　郑慧生　注说
墨子　苏凤捷　程梅花　注说
孟子　何晓明　周春健　注说
庄子　曹础基　注说
荀子　杨朝明　注说
韩非子　赵沛　注说
孙子兵法　赵国华　注说
楚辞　李中华　邹福清　注说
潜夫论　王健　注说
文心雕龙　戚良德　注说
商君书　徐莹　注说
战国策　张彦修　注说
淮南子　杨有礼　注说
老子　曹峰　注说
礼记　杨天宇　注说
吕氏春秋　张福祥　注说
世说新语　赵成林　陈艳　注说
史通　李振宏　注说
春秋繁露　曾振宇　注说

百年河大国学旧著新刊

河洛方言诠诂　王广庆　著
三统历表　邵瑞彭　著
中国戏剧概论　卢前　著
晚明思想史论　嵇文甫　著
论语新探　赵纪彬　著

天问研究　孙作云　著
汉魏六朝文学史　李嘉言　著
金艺文志　金登科记考　万曼　著
唐集叙录　万曼　著
中国文学史新编　张长弓　著
汉碑集释　高文　著
袁中郎研究　任访秋　著
东夷杂考　李白凤　著
宋会要辑稿考校　王云海　著
长江集新校　李嘉言　著
高适岑参选集　高文　王刘纯　选著
花间集注　华锺彦　著
庆湖遗老诗集校注　王梦隐　著
曾瑞散曲集校注　李春祥　著
辛弃疾选集　佟培基　选著

于安澜书画学四种

画论丛刊
画史丛书
画品丛书
书学名著选

元典文化丛书

中华第一经——《周易》与中国文化　宋会群　苗雪兰　著
教化百科——《诗经》与中国文化　孙克强　张小平　著
经国治民之典——《周礼》与中国文化　郝铁川　著
哲人的智慧——《老子》与中国文化　高秀昌　龚力　著
圣人箴言录——《论语》与中国文化　李振宏　著
武学圣典——《孙子兵法》与中国文化　龚留柱　著
亚圣思辨录——《孟子》与中国文化　何晓明　著
逍遥之祖——《庄子》与中国文化　白本松　王利锁　著
外王之学——《荀子》与中国文化　张曙光　著
中国帝王术——《韩非子》与中国文化　王宏斌　著
史家绝唱——《史记》与中国文化　邓鸿光　著
诸经总龟——《春秋》与中国文化　涂文学　周德钧　著
管理宝典——《管子》与中国文化　袁闾　著
纵横家书——《战国策》与中国文化　张彦修　著
人仙之间——《抱朴子》与中国文化　徐仪明　冷天吉　著

医学圣典——《黄帝内经》与中国文化　王庆宪　梁晓珍　著
礼乐渊薮——《礼记》与中国文化　黄宛峰　著
词章之祖——《楚辞》与中国文化　李中华　著
星学宝典——《历书天官书》与中国文化　郑慧生　著
天人衡中——《春秋繁露》与中国文化　曾振宇　范学辉　著
王政全书——《吕氏春秋》与中国文化　张富祥　著
神话之源——《山海经》与中国文化　高有鹏　孟芳　著
新道鸿烈——《淮南子》与中国文化　杨有礼　著
史家龟鉴——《史通》与中国文化　曾凡英　著
政事纲纪——《尚书》与中国文化　姜建设　著
春秋弦歌——《左传》与中国文化　龚留柱　著
平民理想——《墨子》与中国文化　苏凤捷　程梅花　著
人伦本原——《孝经》与中国文化　臧知非　著
法典之王——《唐律疏议》与中国文化　徐永康　吉霁光　郑取　著
文论巨典——《文心雕龙》与中国文化　戚良德　著

宋代研究丛书

北宋诗学　张海鸥　著
宋代东京研究　周宝珠　著
宋代地域经济　程民生　著
宋代监察制度　贾玉英　著
宋代官员选任和管理制度　苗书梅　著
宋代地域文化　程民生　著
宋代文学通论　王水照　主编
宋代司法制度　王云海　主编
宋代教育　苗春德　主编
清明上河图与清明上河学　周宝珠　著
宋代文化史　姚瀛艇　主编
黄庭坚与宋代文化　杨庆存　著
宋代交通管理制度研究　曹家齐　著
岳飞和南宋前期政治与军事研究　王曾瑜　著
成圣之道——北宋二程修养工夫论之研究　温伟耀　著
宋代绘画研究　邓乔彬　著

汉语史专书语法研究丛书

《三朝北盟会编》语法研究　刁晏斌　著
《荀子》虚词研究　黄珊　著
《晏子春秋》词类研究　姚振武　著

《聊斋俚曲》语法研究　冯春田　著
《孟子》词类研究　崔立斌　著
《朱子语类辑略》语法研究　吴福祥　著
敦煌变文 12 种语法研究　吴福祥　著
《吕氏春秋》句法研究　殷国光　著
《尚书》语法论稿　钱宗武　著
《左传》语法研究　何乐士　著
《元典章·刑部》语法研究　李崇兴　祖生利　著
汉语语法史断代专书比较研究　何乐士　著

图书在版编目（CIP）数据

淮南子/杨有礼注说.—开封：河南大学出版社，2010.10(2015.1 重印)
(国学新读本)
ISBN 978-7-5649-0187-5

Ⅰ.①淮… Ⅱ.①杨… Ⅲ.①杂家－中国－西汉时代 ②淮南子－青年读物 Ⅳ.①B234.4-49

中国版本图书馆 CIP 数据核字（2010）第 109896 号

责任编辑	贾怀廷
责任校对	田 园
封面设计	马 龙

出版发行	河南大学出版社
	地址：河南省开封市明伦街 85 号 邮编：475001
	电话：0371－22825003(营销部) 网址：www.hupress.com
排 版	河南新华印刷集团有限公司
印 刷	开封智圣印务有限公司
版 次	2010 年 10 月第 1 版　印 次　2015 年 1 月第 2 次印刷
开 本	650mm×960mm　1/16　印 张　44.25
字 数	555 千字　印 数　1001—2000 册
定 价	80.00 元

（本书如有印装质量问题请与河南大学出版社营销部联系调换）